LE LIVRE NOIR DES SERIAL KILLERS

DU MÊME AUTEUR

SÉRIE B, *avec Pascal Mérigeau,* Edilig, 1983.
ROGER CORMAN, Filmo, 1983.
TERENCE FISHER, Filmo, 1984.
RICHARD FLEISCHER, Filmo, 1986.
FREDRIC BROWN, LE RÊVEUR LUNATIQUE, Encrage, 1988.
JACK L'ÉVENTREUR, Fleuve noir, 1992.
LE CANNIBALE DE MILWAUKEE, Fleuve Noir, 1993 & Méréal, 1999.
L'ÉTRANGLEUR DE BOSTON, Fleuve Noir, 1993 & Méréal, 1998.
FEMMES TUEUSES, Fleuve Noir, 1994.
L'ALMANACH DU CRIME ET DES FAITS DIVERS, Méréal, 1997.
LE LIVRE ROUGE DE JACK L'ÉVENTREUR, Grasset, 1998.
LE VAMPIRE DE DÜSSELDORF, Méréal, 1998.
L'OGRE DE SANTA CRUZ, Méréal, 1998.
LE MONSTRE DE ROCHESTER, Méréal, 1999.
LA MAIN DE LA MORT – HENRY LEE LUCAS & OTTIS TOOLE, Méréal, 1999.
100 ANS DE SERIAL KILLERS, Méréal, 1999.
STÉPHANE BOURGOIN PRÉSENTE 12 SERIAL KILLERS, Manitoba/Les Belles Lettres, 2000.
LE NOUVEL ALMANACH DU CRIME ET DES FAITS DIVERS, e/dite, 2001.
13 NOUVEAUX SERIAL KILLERS, Manitoba/Les Belles Lettres, 2001.
MICKI PISTORIUS, UNE FEMME SUR LA TRACE DES SERIAL KILLERS, Éditions 1, 2001.
LES SERIAL KILLERS SONT PARMI NOUS, Albin Michel, 2003.
SERIAL KILLERS – *Enquête sur les tueurs en série.* Nouvelle édition augmentée : Grasset, 2003.
CRIMES CANNIBALES *(avec Isabelle Longuet, sous le pseudonyme d'Etienne Jallieu)*, Editions Scènes de crimes, 2004.

STÉPHANE BOURGOIN

LE LIVRE NOIR DES SERIAL KILLERS

BERNARD GRASSET
PARIS

Ce livre est dédié à
Pascal Galodé
qui a présidé aux destinées
des Editions Méréal

Avant-propos

Cet ouvrage est composé de sept biographies de tueurs en série depuis Peter Kürten, exécuté en juillet 1931, jusqu'à Gary Ridgway qui a été condamné à la réclusion à perpétuité en décembre 2003. Six d'entre elles ont déjà fait l'objet d'une édition, notamment dans la première collection consacrée aux serial killers en France (Editions Méréal), mais dont tous les titres sont épuisés depuis de nombreuses années. Le septième récit, spécialement écrit pour le présent volume, porte sur le Green River Killer, un meurtrier de prostituées ayant sévi dans les années 80 à Seattle et arrêté en 2001 grâce aux énormes progrès réalisés en matière d'analyses ADN. A ce propos, il est frappant de constater à quel point les fichiers d'empreintes génétiques mis en place au Royaume-Uni et aux Etats-Unis depuis quelques années ont permis de résoudre un nombre croissant de *cold cases* (affaires non résolues). Si le Green River Killer a admis 48 assassinats, il a en fait tué 71 personnes, un chiffre qu'il avance lors des interrogatoires avec les policiers du comté de King durant l'été 2003. Avec ce nombre de 48 victimes *officiellement reconnues*, Gary Ridgway devient le serial killer le plus prolifique de l'histoire du crime américain, puisqu'il dépasse John Wayne Gacy et ses 33 adolescents assassinés.

Les confessions totalement inédites en France de Peter Kürten, le Vampire de Düsseldorf, qui inspirent Fritz Lang pour son chef-d'œuvre *M le maudit* avec Peter Lorre dans le rôle principal, sont un document extraordinaire pour l'étude de ces tueurs en série. Jusque lors, nous en connaissions quelques bribes ou extraits publiés dans divers ouvrages. Cinquante ans avant le programme établi par les agents du F.B.I. afin de dresser un profil psychologique de ces criminels, un psychiatre allemand, le Dr Karl Berg, a mis à jour les principales caractéristiques du psychopathe sadique sexuel. Dans ses aveux, Kürten explique – sans omettre le moindre détail et dans toute son horreur – ses fantasmes, sa soif de sang, ce qui lui passe par la tête avant, pendant et après le crime, son absence de remords, son besoin de retourner sur les lieux de ses crimes pour les revivre intensément, son amour irraisonné pour la pyromanie, en un mot toute une organisation d'une existence vouée au crime.

Incarné au cinéma sous les traits d'un Tony Curtis hallucinant, Albert DeSalvo n'a jamais été officiellement inculpé des meurtres attribués à l'Etrangleur de Boston. En échange de ses aveux, il a été condamné à perpétuité pour les multiples viols qu'il a commis et qui lui ont valu le surnom de l'Homme Vert. Le cas de DeSalvo est très inhabituel puisqu'il s'attaque à deux catégories de victimes totalement différentes, d'abord des femmes âgées puis des jeunes filles. Il commence par des meurtres pour enchaîner par des viols, ce qui le différencie aussi de la grande majorité des tueurs en série chez lesquels on constate plutôt une progression dans l'échelle des crimes. Depuis quelques années, plusieurs experts et membres de familles des victimes demandent une réouverture de l'enquête et des examens ADN afin de dissiper les doutes qui entourent la culpabilité d'Albert DeSalvo.

Relâché par la justice après le meurtre de deux enfants en 1972, Arthur Shawcross, lui, démontre les talents de manipulation des serial killers et les failles du système judiciaire. Une fois libéré en conditionnelle, le tueur s'installe à Rochester, dans l'Etat de New York, sans que quiconque pense à prévenir les autorités locales de la présence d'un dangereux prédateur. Résultat ? Pendant plusieurs années, Shawcross s'attaque à des prostituées qu'il tue sans le moindre remords. Lors de son procès, il tente en vain de se faire passer pour irresponsable, arguant qu'un démon du Moyen Age lui aurait ordonné d'assassiner ses victimes. Il invente des sévices qu'il aurait subis durant son enfance et des traumatismes liés à de terribles expériences vécues pendant la guerre du Vietnam où il fut un magasinier et loin de toute ligne de front.

Le rêve de Jeffrey Dahmer est de créer des esclaves sexuels, d'authentiques zombies, par l'injection d'acide dans le crâne de ses victimes encore vivantes. Son appartement de Milwaukee est transformé en abattoir, rempli de restes démembrés, de crânes peints, d'un squelette accroché dans la douche, de têtes coupées et stockées dans le Frigidaire. Le cauchemar de toute une communauté se termine le 24 juillet 1991 après une longue série de dix-sept victimes masculines étranglées, puis violées et démembrées sur une période de treize ans.

Dans cette affaire très largement médiatisée, les communautés noire et homosexuelle accusent les autorités de ne se préoccuper que de la sécurité des « autres ». Une fois condamné, Jeffrey Dahmer est assassiné en prison, une fin similaire à celle d'Albert DeSalvo.

Géant de plus de deux mètres, Edmund Emil Kemper possède un quotient intellectuel qui confine au génie. Dès sa plus tendre enfance, il voue une haine féroce à l'encontre de sa mère et nourrit des fantasmes morbides mêlant la décapitation à la nécrophilie. A quatorze ans, il tue ses grands-parents par simple jeu. Interné dans un établissement spécialisé, Kemper se documente et apprend à manipuler les psychiatres qui le considèrent comme guéri sept ans plus tard. En l'espace de deux ans, il mutile, décapite, viole et dévore parfois dix nouvelles victimes. Contrairement à la plupart des tueurs en série, il se livre volontairement à la police.

La saga meurtrière du couple homosexuel formé de Henry Lee Lucas et d'Ottis Toole court d'un bout à l'autre des Etats-Unis et met en lumière les problèmes de communication entre les polices locales. Nécrophiles, cannibales, adeptes de la crucifixion, Toole et Lucas manipulent des enquêteurs parfois trop pressés de clore des dossiers et ils vont même prétendre appartenir à une mystérieuse secte satanique pour laquelle ils auraient sacrifié des dizaines d'enfants.

Pour mieux comprendre la psychologie particulière de ces criminels en série dont les mobiles sont liés à leurs pulsions, il est nécessaire, voire indispensable, de saisir ce qui se passe dans leur tête et de s'immiscer dans leurs fantasmes, de se mettre en quelque sorte « dans la peau du tueur ». Et d'espérer qu'à l'avenir, cette compréhension nous permettra de les appréhender plus rapidement.

LE VAMPIRE DE DÜSSELDORF

I. DÜSSELDORF, 1929*

Il fait froid et sombre en cette nuit du 3 février 1929 lorsque Mme Appelonia Kühn, âgée de cinquante ans, se dépêche de rentrer chez elle le long d'une ruelle déserte du quartier de Flingen, à Düsseldorf. Elle sent une présence à ses côtés. La voix plaisante d'un homme lui adresse la parole et, avant qu'elle ait eu le temps de lui répondre, l'inconnu l'agrippe par son manteau pour la frapper à coups de ciseaux. Personne n'entend ses appels à l'aide quand l'agresseur la transperce à vingt-quatre reprises avec une férocité sans égale. Le dernier coup est si violent qu'une des lames se brise et la pointe reste enfoncée dans le dos de Mme Kühn. L'inconnu s'enfuit en laissant la victime allongée sur le trottoir. Heureusement pour elle, un passant la découvre et la fait transporter à l'hôpital où les médecins parviennent à la sauver.

« Il est environ six heures du soir en ce dimanche et j'étais à la recherche d'une victime dans les environs du Hellweg. Dans ce but,

* Les confessions de Peter Kürten ont été traduites de l'allemand par l'auteur.

j'avais emmené une paire de ciseaux. J'ai aperçu cette femme sur la Berthastrasse. Je me suis approché d'elle pour lui crier "Stop !", puis "Pas un bruit !". Ensuite, je l'ai frappée à l'aveuglette. Elle était allongée par terre lorsque j'ai entendu des appels au secours. Je me suis enfui le long du Hellweg. De retour chez moi, je me suis rendu compte qu'une des lames avait été brisée sur une longueur d'environ un centimètre. Je pensais l'avoir transpercée bien plus profondément que ça. »

Quelques jours plus tard, le 9 février 1929, des ouvriers du bâtiment qui travaillent sur un chantier proche de l'église St. Vincent, dans le quartier de Flingen, découvrent le cadavre mutilé d'une fillette de neuf ans, Rosa Ohliger. Elle est lardée de nombreux coups de ciseaux. Elle a disparu de son domicile depuis trois jours. Le corps est en partie brûlé.

« Ce 8 février 1929, je quitte la maison vers six heures du soir pour me diriger vers l'église St. Vincent où je rencontre cette petite fille de huit à dix ans. Je lui demande où elle souhaite se rendre. "A la maison. — Où habites-tu ? — Dans la Langerstrasse." Je déclare : "Allez, viens, je te raccompagne." Je la prends par la main et nous marchons le long de la Kettwiger Strasse jusqu'à un terrain vague clôturé par une palissade. Je la saisis à la gorge, je l'étrangle et je la dépose sur le dos. De la main droite, je prends mes ciseaux pour la frapper à la tempe gauche et à divers endroits dans la région du cœur. L'enfant semblait morte. Je rentre chez moi pour examiner mes vêtements, à la recherche de traces de sang. J'ai aussi nettoyé les ciseaux. Il n'y avait aucune tache sur mes habits. Puis je suis allé au cinéma car je possédais encore un billet gratuit, avant de rentrer de nouveau chez moi. J'ai rempli une bouteille de bière avec du pétrole – nous possédons une lampe à pétrole – pour retourner auprès du corps ; mon intention était de le brûler. Mais il y avait trop de monde. J'ai donc déposé la bouteille contre la palissade pour revenir à la maison. Le lendemain matin, vers les six heures, je me suis levé en indiquant à ma femme que j'allais aux toilettes. J'ai couru à toute vitesse jusqu'au lieu du crime pour verser le pétrole sur le cadavre et y mettre le feu. Le trajet aller-retour ne m'a pas pris plus de cinq ou six minutes. Je n'éprouvais aucune excitation sexuelle et je n'ai pas touché à la fille. Ma motivation consistait seulement à engendrer de l'agitation et de l'indignation. Je voulais encore augmenter ce sentiment d'indignation en mettant le feu au corps.

« Je ne me suis pas masturbé sur le corps et je ne l'ai pas touché sexuellement. L'endroit où je l'ai étranglée et poignardée ne se trouvait qu'à un ou deux mètres de celui où je l'ai laissée. Elle était debout quand je l'ai étranglée de mes deux mains. »

Le 12 février, Rudolph Scheer, un mécanicien d'une quarantaine d'années, est trouvé mort dans un fossé de Gerresheim, dans la banlieue de Düsseldorf. On l'a poignardé à vingt reprises à coups de ciseaux alors qu'il rentre chez lui après une soirée bien arrosée entre amis.

« Le 12 février 1929, j'ai quitté mon domicile vers huit heures du soir pour chercher en vain une victime pendant trois heures. Je savais que ma femme devait rentrer à la maison vers une heure. A Hellweg, j'ai heurté accidentellement un homme. Il faisait beaucoup de bruit et semblait ivre. Il m'a repoussé : "Que voulez-vous ?" J'ai jeté un coup d'œil à ses mains pour voir s'il était armé. Puis, du plat de la main, je l'ai frappé à la gorge. Il a chancelé pour chuter face contre terre. J'ai pris les ciseaux pour le poignarder de toutes mes forces. Il a essayé de s'agripper à mes jambes et, à moitié allongé, à moitié agenouillé, me faisant face, il s'est accroché à moi. Du coup, je l'ai frappé à la tempe droite, puis dans le cou. J'ai enfoncé les ciseaux tellement fort dans son dos que c'est à peine si j'ai pu les retirer. Au coup suivant dans le dos, j'ai entendu le sang jaillir. Scheer s'est effondré. Ses doigts ont lâché prise et libéré mes jambes, il est tombé face contre terre. Malgré l'obscurité je voyais la mare de sang. Je l'ai tiré par les pieds pour le faire basculer dans le fossé. Ensuite, je me suis décidé à rentrer chez moi mais, au bout d'une trentaine de mètres, je suis revenu sur mes pas afin d'effacer les traces de mes empreintes digitales sur le haut de ses bottes. Le tout a dû me prendre environ huit minutes, pas plus. Le lendemain matin, vers huit heures, je suis retourné sur le lieu du crime. En chemin, j'ai rencontré un détective avec lequel j'ai engagé la conversation. Lui aussi se rendait sur place pour rejoindre un groupe de policiers que j'ai aperçu près du fossé. L'inspecteur m'a observé avec suspicion. Comment étais-je au courant du meurtre ? m'a-t-il demandé. Je lui ai répondu qu'on m'avait averti par téléphone. Entre-temps, nous étions arrivés sur place et j'ai été stoppé devant le cordon. »

Le règne de terreur du Vampire de Düsseldorf vient juste de commencer.

En raison des similitudes entre ces trois affaires, la police estime qu'un même homme est responsable des trois meurtres. Mais l'aspect le plus étonnant réside dans la sélection des trois victimes : une femme, un homme d'âge moyen et une fillette. Du coup, aucun des habitants de Düsseldorf ne peut se sentir à l'abri des attaques du mystérieux assassin. La panique engendrée augmente d'autant plus lorsque la police reconnaît qu'elle ne possède aucun indice ni piste sérieuse.

ON ARRÊTE UN COUPABLE

L'agitation monte d'un cran le 2 avril 1929 quand Erna Penning, une jeune fille de seize ans, est poursuivie par un inconnu qui lui lance un nœud coulant autour du cou. Fort heureusement, elle se débat et crie avec une telle vigueur que l'assaillant prend la fuite. Voici sa déposition telle qu'elle est consignée dans le rapport de police :

« Mes deux mains étaient sous la corde et, de toutes mes forces, j'ai essayé d'empêcher l'homme de serrer le nœud coulant. Il était très excité et tentait à tout prix de resserrer son emprise. J'ai titubé en direction du fossé. L'agresseur tenait la corde d'une main et, de l'autre, il tentait de m'étrangler. Il est parvenu à me faire basculer sur le dos, s'est agenouillé à côté de moi tout en continuant sa strangulation. Je lui ai saisi le nez pour pincer fortement les narines. Dans un ultime effort, j'ai réussi à me relever. L'inconnu a reculé et il a retiré son lasso. Pendant tout ce temps, il est resté muet. Je me suis enfuie en courant. »

Voici les déclarations de Peter Kürten :

« La fille me dépassait d'une tête. Elle avait remonté le col de son manteau, un manteau de fourrure. A cause de ça, je n'ai pas pu bien serrer la corde que j'avais apportée avec moi. A un bout, j'avais fait un nœud et une boucle à l'autre extrémité pour mieux la tenir en main. Lorsque je l'ai aperçue, j'ai pris la corde dans ma poche pour la lui passer autour du cou. Elle s'est débattue, m'a donné des coups de pied et elle s'est mise à hurler. On était tous les deux par terre. Elle m'a violemment pincé les narines et j'ai dû la relâcher. Tout cela s'est déroulé en silence, et je suis parti en courant. »

La nuit suivante, une jeune femme, Mme Flake, est victime de l'homme au lasso. Il l'attire dans un champ et elle ne doit son salut qu'à l'intervention d'un couple qui a entendu ses cris. Les témoins sont incapables de donner une description précise de l'agresseur, mis à part qu'il doit être jeune pour s'enfuir aussi vite. Le récit qui suit est le témoignage de Mme Flake :

« Ce 3 avril 1929, je rentrais du travail dans la partie nord de la ville en empruntant une rue mal éclairée lorsque j'ai entendu des pas d'homme s'approcher de moi. J'ai ralenti mon allure pour le laisser me dépasser. Il a dû se jeter très rapidement sur moi car j'ai senti quelque chose passer au-dessus de ma tête et j'ai été brusquement tirée en arrière. On m'a fait quitter le chemin pour un champ voisin. J'étais incapable de crier, l'inconnu ayant tenté de forcer un mouchoir dans ma bouche. J'ai serré les dents. Il a pris la parole, criant : "Ouvre ta bouche !" Il a resserré le nœud d'un cran. Puis il s'est penché pour voir si je respirais encore et il a tenu une main devant ma bouche. Il m'a tirée dix mètres plus loin dans le champ. J'ai entendu des bruits de pas mais j'étais dans l'impossibilité de crier au secours. Je me suis débattue avec les jambes. C'est alors que l'étreinte s'est relâchée et que l'agresseur m'a tourné le dos pour s'enfuir en courant. J'ai défait le nœud coulant et je me suis relevée pour m'approcher de gens qui se trouvaient sur la route. »

L'attaque a été très violente, comme le prouve l'examen médical du lendemain. Mme Flake est incapable d'avaler quoi que ce soit. De larges traces marbrent son cou et son visage arbore de nombreuses contusions de toutes tailles. La conjonctive de ses yeux est congestionnée. La membrane muqueuse de sa bouche porte plusieurs abrasions. Les témoins parviennent à donner une description sommaire de l'assaillant. Non loin de là, des policiers arrêtent un jeune homme qui s'enfuit à leur approche. Johann Strausberg est un retardé mental qui souffre d'épilepsie et qui est connu pour prendre la fuite à toutes jambes dès que quelqu'un l'approche dans la rue. On lui demande s'il sait quelque chose sur ces meurtres. « Oui, répond-il avec entrain. Je suis le Monstre de Düsseldorf. » Il en profite aussi pour endosser la responsabilité de toute une série d'actes de pyromanie commis en janvier 1929 dans la proche région de Düsseldorf.

Etant donné son état mental, Strausberg est envoyé dans un asile psychiatrique. Les journaux ayant annoncé l'arrestation du « Monstre », les habitants de Düsseldorf recommencent à respirer, d'autant plus que les semaines suivantes semblent confirmer l'hypothèse des policiers.

II. LA TERREUR CONTINUE

Le 21 août 1929, Anna Goldhausen est poignardée dans le dos. La même nuit, deux autres attaques à l'arme blanche se déroulent avec, pour victimes, un homme, Heinrich Kornblum, ainsi qu'une jeune femme mariée du nom de Mantel qui est frappée dans le dos alors qu'elle rentre chez elle après une soirée passée dans une fête foraine à Lierenfeld, dans la banlieue de Düsseldorf. Sa blessure n'est pas trop grave et elle se retourne immédiatement pour tenter d'identifier son agresseur mais elle ne fait qu'apercevoir une silhouette qui s'enfuit dans les ténèbres ; tous les deux sont frappés dans le dos et se révèlent incapables de donner une description précise de l'inconnu. Anna Goldhausen est la plus gravement atteinte et elle met plusieurs mois à se rétablir. Les médecins estiment qu'une lame de 15 cm a pénétré entre la sixième et septième côte, perforant à la fois l'estomac et le foie.

« Le jour de la célébration du Bal du couronnement, au Lierenfelder Festival, j'ai fait des heures supplémentaires jusqu'à dix heures du soir. Je me suis dirigé vers le Schutzenplatz, le long de la Erkrather Strasse, pour me trouver une victime. J'ai observé les jeunes femmes, en attendant une occasion favorable. J'en ai suivi deux qui se sont arrêtées devant une porte cochère. Je les ai dépassées en me disant que l'une d'elles allait probablement poursuivre son chemin. J'ai traversé la rue et j'ai vu qu'une des filles s'était mise à marcher. J'ai de nouveau changé de trottoir tout en préparant ma dague. Je l'ai poignardée dans le flanc gauche, à hauteur de la poitrine. C'était Goldhausen. Elle est tombée sans un cri. Je me suis enfui en gardant la dague dégainée. J'ai entendu des appels au secours derrière moi. Un peu plus loin, toujours sur la Erkrather Strasse, j'ai aperçu une femme se diriger vers moi. Je lui ai proposé de l'accompagner. La femme ne m'a pas répondu, mais elle a traversé la rue. Je l'ai suivie pour la poignarder à deux reprises dans le dos.

« J'ai traversé le chemin qui passe à travers champs. Un homme se trouvait dans un fossé et il rampait à quatre pattes le long de la berge. Je l'ai frappé dans le dos. J'ai rengainé mon arme et je l'ai cachée près de la Erkrather Strasse. Je suis resté sur place pour observer l'arrivée d'un médecin et d'une ambulance, bientôt suivis par toute une foule de badauds. Dans ma tête, je me suis imaginé leur indignation et je suis rentré chez moi. Il était deux heures et demie du matin. »

La vague de terreur atteint son apogée le 25 août 1929, avec la découverte des cadavres de deux enfants, Gertrud Hamacher et Louisa Lenzen, respectivement âgées de cinq et quatorze ans, dans un lotissement proche de Düsseldorf. Les fillettes ont disparu depuis deux jours ; on les a aperçues pour la dernière fois dans une fête foraine à Flehe. Elles ont été étranglées et on leur a tranché la gorge sans qu'il y ait eu de sévices sexuels.

« Le 24 août, je suis sorti de chez moi vers huit heures du soir en emportant une dague. J'avais entendu dire que le Festival se déroulait à Flehe. Jusqu'à dix heures, j'ai observé des victimes potentielles dans les rues de Flehe. J'ai aperçu ces deux filles. Elles ont emprunté un chemin à travers champs. Je les ai suivies, puis j'ai accosté la plus grande pour lui demander d'aller me chercher quatre cigarettes au kiosque pour vingt pfennigs. Elle est partie en courant et je suis resté avec la plus petite. Je l'ai saisie à la gorge avant de l'emporter sous le bras vers un champ plus petit où poussaient des haricots. J'y ai déposé la fille Hamacher qui avait perdu connaissance avant de prendre la dague pour lui trancher la gorge. J'étais accroupi au-dessus du corps de l'enfant, les jambes écartées et j'ai tranché de gauche à droite. J'ai rengainé la dague pour la remettre dans une poche de ma veste.

« Je suis retourné attendre Lenzen, la plus grande des deux, à l'endroit où elle nous avait quittés. Elle m'a donné les cigarettes. Je l'ai saisie à la gorge pour l'étrangler. Avec mon bras gauche, je l'ai emportée vers le champ de haricots tout en continuant de l'étrangler avec mon autre main. J'étais à l'abri des plantes. J'ai relâché mon étreinte. Lenzen s'est affalée. Je me suis rendu compte qu'elle n'était pas tout à fait évanouie. Elle s'est débattue en poussant des cris. Je l'ai de nouveau saisie à la gorge avec mon bras gauche et, en la maintenant dans cette position, j'ai dégainé mon couteau pour la frapper dans la poitrine et le flanc. Puis j'ai relâché mon étreinte. Lenzen est tombée par terre. Je suis rentré chez moi vers onze heures et demie. Ma femme était toujours debout. Nous avons parlé tout à fait naturellement. Il n'y avait aucune trace de sang sur mes vêtements. Pas plus que sur mes mains. En chemin, j'en avais profité pour nettoyer la lame avec un vieux chiffon trouvé par terre. J'ai laissé Lenzen allongée sur le dos. Elle s'est défendue avec beaucoup de vigueur en me donnant des coups de pied et de poing.

« Le dimanche suivant, le 25 août, je suis retourné à Flehe pour savourer l'effet de mon crime. J'ai écouté les diverses conversations des habitants en me promenant d'un groupe à l'autre. Ils étaient très excités. Cela m'a procuré un immense plaisir de savoir que ce magnifique dimanche ensoleillé à Düsseldorf avait été ruiné comme par un brusque coup de foudre. »

Le 27 août, une servante de vingt-sept ans, Gertrud Schulte, se promène le long d'une berge pour se rendre à une fête foraine à Neuss lorsqu'un homme l'aborde en la persuadant de l'accompagner. Quand ils s'approchent d'une forêt, l'inconnu exige avec force d'avoir des rapports avec elle, mais Gertrud répond qu'elle préfère mourir que se soumettre. « Crève, alors ! » répond-il avec calme tout en la poignardant à quatorze reprises avec un petit couteau. Elle survit à ses blessures, mais sans pouvoir donner d'autres renseignements sur l'assaillant que des yeux « flamboyants » et un visage de diable. Voici son témoignage, suivi par celui de son agresseur :

* GERTRUD SCHULTE : « Kürten avait été correct jusqu'à la fin. Il n'avait même pas parlé de m'embrasser avant que nous nous installions. Puis il a essayé d'enlever ma culotte et de me faire basculer en arrière. Nous nous sommes débattus pendant un peu moins de deux minutes environ. Il m'a brusquement relâchée pour me prendre la main et me dire : “Viens ! Sens-la. Je n'ai qu'une petite queue.” Il s'est ensuite jeté sur moi pour s'agenouiller entre mes jambes. Je l'ai menacé de crier. Il m'a répondu : “Tu peux crier autant que tu le veux. Personne ne t'entendra.” Il paraît évident que Kürten n'avait pas vu qu'il y avait une tente non loin de là. Il a éclaté de rire quand je lui dis que j'aimerais mieux mourir que me soumettre. “Crève, alors !” J'ai senti une coupure sur mon cou et je me suis mise à hurler. Ensuite, une autre blessure douloureuse dans le dos et j'ai perdu connaissance. »

* KÜRTEN : « A ce moment-là, j'étais totalement sous l'emprise de mes obsessions. Comme j'étais assez confiant dans mes capacités à trouver une victime en cette journée, j'avais emporté ma dague.

J'ai traversé le Pont du Rhin jusqu'à Oberkassel où j'ai accosté une jeune femme. Nous sommes partis ensemble à la fête foraine de Neuss qui battait son plein. J'ai suggéré que nous empruntions un sentier à l'écart qui serpentait le long des berges du fleuve. Tout le long du chemin, nous nous sommes constamment embrassés. Une fois assis près du Rhin, je l'ai caressée, mais elle a refusé tout rapport sexuel. Je me suis agenouillé près d'elle, puis de la main gauche j'ai effleuré sa chevelure, tandis qu'avec mon autre main j'ai tenté de lui trancher la gorge. Elle a hurlé avec force et s'est débattue. Du coup, je me suis mis à la poignarder à l'aveuglette. Ses cris ont fini par attirer des curieux qui demandaient : "Qu'est-ce qui se passe ?"

« Je suis parti me cacher un peu plus loin dans un fossé pour observer la réaction des gens qui découvraient Schulte. J'ai traversé tranquillement le barrage qui menait au Pont du Rhin. Je pouvais toujours entendre des gens qui criaient : "Vite ! Prévenez la police !" En frappant mon dernier coup, je m'étais rendu compte que ma dague s'était brisée ; c'est pourquoi je m'en suis débarrassé. Une fois arrivé à Oberkassel, j'ai sorti le sac à main de Schulte pour en garder une photo et une montre et jeter le reste dans un jardin. Assis sur un banc, j'ai attendu l'arrivée de la police. J'étais curieux de savoir combien de temps ils mettraient pour intervenir sur les lieux. Au bout d'une vingtaine de minutes, je me suis senti soulagé de ma tension en sachant que la police devait être occupée avec ma victime. Je pensais que Schulte allait mourir de ses blessures. A la lueur d'un lampadaire j'ai examiné mes vêtements à la recherche d'éventuelles traces de sang, puis je suis rentré chez moi. Il n'y avait pas de sang. »

Schulte passe six mois à l'hôpital pour récupérer et, à sa sortie, la police lui propose un travail de secrétaire. Tous les suspects arrêtés par les enquêteurs lui sont soumis à des fins d'identification. Ils sont tous rejetés, sauf le véritable assassin qu'elle reconnaîtra le moment venu.

Fin août et le 26 septembre, deux tentatives de strangulation sont commises à l'encontre de jeunes femmes, Lina Her et Maria Rad, âgée de vingt-huit ans. Le mode opératoire est identique : elles sont attaquées par-derrière et laissées évanouies, sans être en mesure d'identifier l'inconnu.

* LINA HER : « J'ai rencontré cet homme qui avait promis de me trouver un logement. Sur les berges de la Düssel il a essayé de me

violer. Comme il n'a pas réussi, il m'a poussée dans le fleuve. Je suis parvenue à me sauver d'extrême justesse. »

* KÜRTEN : « C'était un samedi, et j'ai trouvé cette fille à la gare de Düsseldorf. Nous sommes allés chez Schumacher's pour y boire un demi avant de nous promener dans le Hofgarten jusqu'à une heure du matin. Lina semblait prête à venir chez moi. Comme le dernier train venait de partir, nous nous sommes promenés le long des rives de la Düssel, par Flingern et en direction du Ostpark. Puis, j'ai saisi Lina à la gorge dans le but de l'étrangler. Elle s'est défendue avec beaucoup de vigueur et j'ai relâché mon étreinte. Mais j'ai recommencé à l'étrangler, avant de la balancer dans la Düssel. »

* MARIA RAD : « Kürten m'a saisi les parties sexuelles et me les a tordues violemment ; elles étaient enflées. Sinon, je ne trouve rien à redire à son témoignage. »

* KÜRTEN : « Vers la fin du mois de septembre 1929, il devait être aux environs de huit heures du soir et j'attendais une victime sur Dreherstrasse. Ce n'est que vers minuit que j'ai vu cette femme approcher. J'ai marché dans sa direction, je l'ai saisie à la gorge pour l'étrangler. Nous sommes tombés dans le fossé en bordure du champ. J'ai tripoté les parties sexuelles de la femme à travers ses habits. Elle a crié d'une voix forte. Du coup, j'ai quitté les lieux. On m'a poursuivi. C'est d'ailleurs la seule fois où l'on m'a pourchassé. »

Une troisième jeune femme, Sofie Ruck, est trouvée le crâne fracturé, mais on pense tout d'abord qu'elle a fait une chute de bicyclette avant de découvrir que les coups proviennent d'un burin. Les témoignages de Ruck et de Kürten sont contradictoires.

* KÜRTEN : « Pendant l'automne 1929, j'ai fait la connaissance d'un couple sur la Rosstrasse. Je suis intervenu. J'ai d'abord frappé l'homme à la tête avec un burin. Il est parti en courant. Puis j'ai frappé la fille à plusieurs reprises. Elle est tombée. Je me suis enfui. »

* SOFIE RUCK : « Je circulais à bicyclette le long de la Rosstrasse. Un homme a bondi d'une rue transversale, il s'est emparé de moi pour me frapper à la tête. Je perdis connaissance pendant quelques minutes. Ensuite, des gens sont arrivés pour me porter secours. C'était le 31 août 1929, à dix heures du soir. J'étais toute seule. »

Le 30 septembre, Ida Reuter, une domestique de trente-deux ans, ne rentre pas de sa promenade du dimanche après-midi. On découvre son corps le lendemain dans un pré en bordure du Rhin. Sa tête porte la trace de treize coups de marteau. Elle a été violée et ses sous-vêtements ont été emportés par le meurtrier.

« Un dimanche, je suis sorti de chez moi vers six heures du soir. J'avais un marteau en poche. A la gare, j'ai vu cette jeune femme que j'ai accostée pour lui proposer une promenade. Nous avons été prendre une bière chez Schumacher's avant de nous balader dans le Hofgarten, puis nous avons traversé le Pont du Rhin jusqu'au bois de peupliers. Pendant ce temps, la nuit est tombée. Reuter hésitait à aller plus loin. Nous sommes donc revenus sur nos pas. Je me suis assuré que personne ne se trouvait aux alentours avant de sortir le marteau de ma poche et de la frapper à la tempe droite. Pour ce faire, je m'étais placé à la droite de Reuter. Elle s'est effondrée sans un bruit. Des gens approchaient par le bois. J'ai tiré Reuter depuis le barrage jusqu'à un champ. J'ai attendu que les promeneurs s'éloignent. Entre-temps, elle s'était réveillée. Elle a déclaré : "Laissez-moi tranquille." Je l'ai traînée encore plus loin tout en lui donnant de nouveaux coups de marteau, et je l'ai violée. Je lui ai retiré sa culotte avant de me laver les mains dans le Rhin. Je l'ai laissée sur place pour retourner à la Hansaallee en emportant sa petite sacoche. J'y ai remarqué un anneau que j'ai empoché pour en faire un éventuel cadeau à une future petite amie. Une fois arrivé au Pont du Rhin, j'ai décidé de revenir sur les lieux pour jeter Reuter dans le fleuve. Je crois qu'elle était morte. Je l'ai prise par les jambes pour la tirer vers la rive, mais j'ai remarqué un promeneur et son chien. Alors je suis parti. »

Dix jours à peine s'écoulent, le 11 octobre 1929, lorsqu'une autre servante, Elisabeth Dorrier, âgée de vingt-deux ans, est battue à mort à coups de marteau – des coups nombreux – alors qu'elle se balade sur les rives de la Düssel, à Graffenberg. Elle ne porte pas de trace de violence sexuelle.

« C'était un jour de semaine et j'ai quitté le domicile vers les neuf heures du soir, en empochant mon marteau. Devant le Théâtre Residenz, j'ai rencontré une jeune fille mince qui m'a indiqué, un peu plus tard, que son nom était Dorrier. Je lui ai demandé de m'accompagner en promenade. Elle a d'abord refusé. Finalement, elle a accepté de venir chez Schumacher's. Nous avons pris le tramway jusqu'au Grafenberg pour marcher le long des berges de la Düssel. Dorrier se situait sur ma gauche. Soudain, je l'ai frappée de toutes mes forces à la tempe droite. Pour ce faire, j'ai reculé. Elle s'est effondrée en silence. Je l'ai prise par le poignet pour la tirer à l'écart, hors du chemin. J'en ai tiré parti sexuellement, après avoir retiré sa culotte d'une des jambes. Ensuite je l'ai frappée avec force à la tête. Après le premier coup, elle n'a plus parlé et s'est contentée de gémir. Je lui ai pris son manteau et aussi son chapeau qui était couvert de sang. J'ai caché ces objets un peu plus loin, dans des buissons. (Ces articles furent retrouvés par les enquêteurs. Les manches du manteau avaient été arrachées. Commentaire de Kürten :) Cela vous montre à quel point j'étais excité. »

Le 25 octobre, Mme Meurer, trente-quatre ans, est abordée par un homme dans les faubourgs de Düsseldorf. « Puis-je vous accompagner jusqu'à votre domicile, jeune dame ? » A la lueur de phares d'une voiture qui les croise, elle aperçoit brièvement son visage qu'elle prend pour celui d'un jeune homme avenant. Malgré la panique ambiante et les avertissements quotidiens de la presse et de la police, Mme Meurer n'a pas peur car le visage de l'inconnu lui inspire confiance, ce n'est pas celui d'un « monstre » tel qu'elle se l'imagine. Elle ne s'effraie même pas quand l'homme lui montre avec calme l'endroit où Rudolph Scheer a été assassiné.

— Vous n'avez pas peur de vous faire attaquer ? demande-t-il. (Mme Meurer lui assure qu'elle n'est pas nerveuse, mais elle commence à avoir des doutes lorsqu'il poursuit :) Il n'y a pas de policiers dans le coin. Ils sont tous en train de boire de la bière dans une taverne loin d'ici.

Elle hâte le pas et déclare que son mari est en route pour la rejoindre, qu'il ne devrait pas tarder à arriver. Elle est soulagée quand l'homme ralentit. A son réveil dans un hôpital quelques heures plus tard, elle est incapable de se souvenir de quoi que ce soit d'autre. Elle a été frappée à la tête à coups de marteau.

« J'ai quitté la maison vers huit heures du soir. Dehors, j'avais caché le marteau dont je m'étais servi pour Reuter et Dorrier. Je l'ai récupéré. Dans la Bruchstrasse, j'ai remarqué une femme qui longeait le Hellweg. L'obscurité était totale. Je l'ai suivie pour la dépasser près du premier immeuble neuf. J'ai débuté une conversation sur les dangers du Hellweg et l'insécurité qui y régnait. Nous sommes arrivés devant l'arche du chemin de fer. Comme je connaissais à merveille les lieux, j'avais déjà décidé que c'était là que j'allais commettre mon crime. Je me suis placé à la droite de Mme Reuter, j'ai reculé d'un pas avant de la frapper violemment à la tempe droite. J'ignore si je l'ai vraiment touchée à cet endroit. En tout cas, elle est tombée sans un cri. J'ai continué à la frapper alors qu'elle était allongée par terre. Je me suis emparé de sa mallette et je suis revenu sur mes pas, le long du Hellweg. Plus tard, j'ai jeté la mallette. »

Quelques heures après, une autre femme, une servante du nom de Wanders, est trouvée inconsciente dans le parc du centre de Düsseldorf, victime de plusieurs coups de marteau.

« Après l'attaque sur Meurer, je ne suis pas rentré chez moi mais au Hofgarten. J'y ai été accosté par une femme qui fumait une cigarette et qui s'est offerte à moi. Je l'ai accompagnée jusqu'au Ananasburg, là où le chemin est caché par des buissons. Wanders s'y est arrêtée pour avoir des rapports sexuels avec moi. Je l'ai fait pivoter sur elle-même tout en m'emparant du marteau qui était dans ma poche, et je l'ai frappée à la tempe droite. Elle a basculé sans un bruit par-dessus les barrières basses. Je lui ai donné de nouveaux coups à la tête mais le manche du marteau s'est brisé tandis que la tête est partie quelque part dans les buissons. J'ai abandonné Wanders sur place pour continuer mon chemin. Elle me répugnait car je savais que c'était une prostituée et je n'accoste jamais ce genre de filles. Au bout d'un quart d'heure, je suis revenu pour chercher en vain la tête du marteau. »

Le 27 novembre 1929, c'est une fillette de cinq ans, Gertrud Albermann, qui disparaît du domicile familial. Le lendemain matin, un des quotidiens communiste de la ville reçoit une note qui indique la présence du corps « près du mur de Haniel ». L'enfant a été étranglée, puis lardée de trente-six coups de couteau et son cadavre se trouve bien à l'endroit indiqué, caché dans des orties près du mur d'enceinte de l'usine de mécanique Haniel.

« Le 27 novembre 1929, je suis parti vers cinq heures du soir en emportant une paire de ciseaux. J'ai rencontré une petite fille sur la Ackerstrasse. Je lui ai adressé la parole pour lui demander calmement si elle voulait bien m'accompagner. Nous avons traversé plusieurs lotissements jusqu'au mur d'enceinte de l'usine Haniel. L'enfant m'a suivi sans le moindre problème et elle n'a pas pleuré.

Je l'ai prise à la gorge pour l'étrangler. Je l'ai poignardée à la tempe gauche. L'enfant s'est effondrée sans un bruit. De la main gauche je la tenais à la gorge et, en m'agenouillant, j'ai poignardé le flanc gauche de sa poitrine avec mes ciseaux. Ensuite, j'ai tripoté son vagin de ma main droite après lui avoir retiré sa culotte. J'ai transporté le corps quelques mètres plus loin, vers la Lenaustrasse, pour le déposer dans un champ d'orties. Je me suis nettoyé les mains dans l'herbe humide. Il pleuvait. Il n'y avait aucune tache de sang sur mes habits. »

Un plan au dessin grossier accompagne la note macabre et fait état du « meurtre de Pappendell », un endroit qui se situe à environ deux kilomètres de Düsseldorf. Sans plus de précisions, la police effectue des recherches pour découvrir que trois mois auparavant, le 11 août, une servante, Maria Hahn, a disparu avant qu'un fermier ne ramasse un chapeau de femme, un sac à main et un trousseau de clefs dans les environs de Pappendell. Une première fouille de l'endroit ne donne rien, ce qui est mentionné dans des articles de presse. Dès le lendemain, une carte postale est adressée à la police : « Continuez de creuser ». Les enquêteurs poursuivent leurs recherches pendant cinq jours avant dc découvrir le corps de Maria Hahn qui est enterrée, complètement nue, à six pieds sous terre. Elle a été poignardée à vingt reprises, violée et sodomisée. Voici comment Kürten raconte ce crime qui est resté inconnu jusqu'à l'envoi du plan :

« Le 8 août 1929, je me baladais dans le quartier du zoo de Düsseldorf. Je n'avais aucune intention mauvaise ce jour-là. Sur la Hansaplatz, j'ai aperçu cette fille assise sur un banc. Elle m'a accosté. Je me suis installé à côté d'elle et nous avons discuté plaisamment avant de prendre rendez-vous pour une excursion au Neanderthal, le dimanche suivant. Il était pile une heure et demie de l'après-midi lorsque je l'ai retrouvée sur la Hansaplatz. Elle m'y attendait déjà. Nous sommes allés au Neanderthal, puis à une taverne en plein air avant d'arriver au moulin de Stinter. Nous y sommes restés trois heures, tout en sirotant un verre de vin rouge chacun. Je lui ai aussi acheté une tablette de chocolat. Vers sept heures, nous avons soupé à Erkrath en buvant de la bière. Puis nous nous sommes baladés le long du fleuve. Là, nous avons eu des rapports sexuels. Nous avons quitté les berges pour aller à l'intérieur des terres. C'est à ce moment-là que j'ai décidé de la tuer. J'ai guidé Hahn jusqu'à un épais buisson situé en bordure d'un fossé et nous nous sommes installés. Il était neuf heures et demie du soir. Brusquement je l'ai saisie à la gorge pour l'étrangler jusqu'à ce qu'elle perde connaissance, mais elle est rapidement revenue à elle. Je l'ai étranglée de nouveau. Au bout d'un moment je l'ai frappée à la gorge avec mes ciseaux. Elle a perdu beaucoup de sang mais elle vivait toujours puisqu'elle m'a demandé d'une voix faible de l'épargner. Je l'ai frappée à la poitrine d'un coup qui a probablement dû lui transpercer le cœur. Ensuite, j'ai continué à la poignarder à la tête et dans la poitrine. En tout, elle a dû mettre environ une heure à mourir. J'ai fait rouler le corps dans un fossé et je l'ai recouvert de branches. Puis j'ai traversé le champ qui rejoint la route de Morps à Pappendell. J'avais emporté son sac à main avec moi. Je l'ai fouillé pour garder la montre que j'ai donnée à une autre fille quelque temps après. Je me suis débarrassé du sac et des clefs en les jetant dans un champ de blé.

« A mon retour chez moi, ma femme était déjà couchée. Le lendemain matin nous nous sommes disputés car elle avait des soupçons sur mes activités du jour précédent. Elle était si excitée que j'ai pris la décision de retourner sur les lieux du crime afin de m'assurer que le cadavre de Hahn ne soit pas découvert, sinon mon épouse aurait pu faire le rapprochement avec les taches de sang qu'elle avait observées sur mes habits. Ce même lundi, après mon travail, je suis revenu sur les lieux pour trouver un endroit où enterrer le corps. Je suis retourné chez moi pour y chercher une pelle tout en inventant une excuse pour ma femme. Dans un coin de la forêt, proche de l'endroit où je l'avais tuée, j'ai creusé un trou profond dans un champ en friche. J'ai sauté dans la tombe pour tirer le cadavre jusqu'à moi. Je l'ai déposé sur le dos, comme dans les enterrements. Une chaussure avait glissé de son pied et je l'ai posée près du corps. Puis j'ai rempli la fosse. Pendant tout le temps qu'a duré cette cérémonie funéraire, j'ai eu une impression bizarre, quasi sentimentale. J'ai caressé sa chevelure et j'ai jeté doucement la première pelletée de terre sur son corps. Avec mes pieds, j'ai fait en sorte d'égaliser la terre pour effacer toutes traces d'une tombe fraîchement creusée. Comme ma chemise était tachée de sang après le transport du cadavre, je l'ai lavée dans le fleuve avant de l'enfiler encore mouillée. J'ai caché la pelle près des berges avant de rentrer à la maison aux environs de six heures du soir. Ma femme a réitéré ses remontrances à mon égard et m'a demandé où je me trouvais la nuit précédente. J'avais nettoyé avec soin mes chaussures dans l'herbe et grâce à un chiffon que je transportais toujours sur moi. Je crois que j'ai bu du café et que j'ai gardé les mêmes vêtements pour aller travailler. Une fois le corps déposé au fond de la tombe, j'avais pris sa montre. Quatre semaines plus tard je l'ai donnée à Kate Wimmers qui habite dans notre immeuble. Elle venait souvent à la maison pour avoir des rapports sexuels. » (Kürten ment pour impliquer Kate Wimmers qui est vierge et a toujours refusé les avances répétées de son voisin. De plus, il désire se venger à cause du rôle qu'elle va jouer lors de son arrestation.)

Quelque temps après, une tante de la petite Gertrud Albermann reçoit une lettre révoltante qui décrit en détail les souffrances de l'enfant. La missive porte la marque de « Dortmund-Aachen (Aix-la-Chapelle) », cette dernière étant une ville frontalière avec la Belgique. Les autorités allemandes et belges craignent que le « Monstre » ne s'expatrie pour commettre ses forfaits ailleurs. Bientôt, de nombreux crimes lui sont attribués un peu partout, y compris en Belgique et même en Pologne, où la presse fait état de six meurtres non résolus de jeunes filles âgées de six à vingt ans, à Varsovie, en 1926. A Düsseldorf, la police reçoit plus d'une dizaine de milliers de lettres de dénonciation. Neuf mille personnes sont questionnées, pour la plupart des hommes soupçonnés d'être le tueur en série ; l'opinion publique pense en effet qu'un seul homme est responsable de toutes les attaques, au contraire de nombreux enquêteurs qui estiment que deux, voire trois criminels différents sont peut-être à l'œuvre. A plusieurs reprises, certains échappent de peu au lynchage parce qu'ils sont vus en train de se promener avec un enfant.

III. À COUPS DE CISEAUX

L'enquête est au point mort et aucune piste sérieuse ne se fait jour pendant les premiers mois de l'année 1930. Dès le mois de février, des attaques répétées semblent marquer le début d'une nouvelle vague de terreur.

« J'ai rencontré une fille sur Schadowstrasse. Nous sommes allés chez Schumacher's puis au Grafenberg. Nous avons discuté de relations sexuelles assis sur un banc. Elle était très nerveuse.

Soudain, à minuit, je lui ai sauté dessus pour l'étrangler. Elle s'est défendue vigoureusement. J'ai eu un rapport sexuel avec elle allongée sur le banc. Puis je l'ai accompagnée jusqu'à son appartement de la Cranachstrasse. Elle a promis de ne rien dire sur ma tentative de strangulation.

« Le dimanche suivant, le 2 mars 1930, je suis retourné à la Cranachstrasse pour m'assurer qu'Hildegard Eid avait tenu parole. Elle était déjà à sa fenêtre en train de m'attendre. Ensemble, nous avons été boire de la bière dans diverses tavernes à ciel ouvert. Nous sommes allés chez moi pour nous déshabiller et coucher ensemble. Mais, avant que nous ayons eu le temps de faire l'amour, ma femme nous a surpris au lit. Elle est restée tout à fait calme, se contentant de demander à la fille de se rhabiller et de la reconduire à la Cranachstrasse. »

« Vers la mi-mars, j'ai invité cette fille, Marianne, à boire une bière chez Schumacher's. Elle m'a indiqué qu'elle n'était pas opposée à diverses formes de perversions. Nous avons décidé d'en essayer quelques-unes, et c'est dans ce but que nous sommes allés dans la forêt de Grafenberg. Là-bas, j'ai brusquement tenté de l'étrangler. Elle s'est défendue et m'a dit : "Tu peux tout faire avec moi !" Je lui ai répondu : "Je ne veux rien de toi." Avant d'essayer à nouveau de l'étrangler. Mais elle est parvenue à se libérer et à s'enfuir. »

Voici le témoignage de Marianne : « Kürten s'est présenté à moi comme un riche célibataire. Il m'a dit que je pourrais dormir sans problème dans sa villa située en dehors de la ville. Dans les bois, j'ai décidé de rentrer. Il m'a soudainement attaquée par-derrière en m'agrippant par le cou pour me jeter à terre et tenter de m'étrangler. J'ai essayé de l'apaiser mais il s'est à nouveau jeté sur moi comme un éclair. Je suis tombée par terre. Il était debout devant moi, les jambes écartées. Je lui ai donné des coups de pied. Je suis arrivée à me libérer. Je me suis enfuie pour me cacher dans des buissons. J'y suis restée de dix heures du soir jusqu'à six heures du matin. Pendant des heures, j'ai entendu des gens passer devant moi sans oser me manifester de crainte qu'il ne s'agisse de Kürten. »

« Toujours au mois de mars 1930, je suis sorti en emportant mes ciseaux. A la gare, une fille de vingt-trois ans m'a abordé. Je l'ai emmenée chez Schumacher's puis dans la forêt de Grafenberg. Elle se prénommait Irma et elle devait mesurer aux alentours d'un mètre soixante-huit. Près de Hirschburg, je l'ai saisie à la gorge pour l'étrangler violemment. Elle s'est défendue avec force en hurlant. Je l'ai poussée dans un fossé avant de m'enfuir. »

* IRMA BECKER : « Je venais de descendre du train de Cologne lorsque j'ai été abordée par ce gentleman. Nous voulions aller chez lui. Pendant que nous traversions la forêt je croyais toujours que c'était le chemin de son appartement. Kürten m'a alors dit qu'il m'avait emmenée en ces lieux par ruse et il m'a poussée avec force vers un banc. Il a soulevé ma jupe, retiré ma culotte en la déchirant pour me saisir les parties génitales. Je me suis défendue, avant de remettre mes vêtements en place. Il voulait me guider par le bras pour que nous allions un peu plus loin dans les bois. Au bout de quelques mètres, il m'a poussée dans un fossé. J'ai crié au secours tout en dévalant la pente. J'avais brisé mon parapluie en frappant Kürten lorsqu'il avait essayé de me violer. »

« Le 30 mars 1930, j'ai rencontré une fille sur la Königsallee. Elle avait vingt-neuf ans et se prénommait Syvilla. Nous avons bavardé sur un banc du Hofgarten ; puis nous sommes tombés d'accord pour une promenade un dimanche dans les bois. Pendant cette balade, nous avons eu un rapport sexuel sur un banc et je l'ai étranglée. Mais comme il y avait des passants, j'ai dû m'enfuir avant d'en finir avec elle. »

« Début avril, j'ai abordé une belle jeune fille d'environ vingt ans à la gare. Elle devait mesurer un mètre soixante-cinq. Nous sommes allés dans un café, puis jusqu'à Oberkassel. En chemin, dans un endroit suffisamment désert, je l'ai étranglée brusquement. Elle a crié très fort au secours. Je l'ai relâchée pour retourner à la gare. Le dimanche suivant, je l'ai reconnue qui se promenait sur Graf Adolf Strasse. J'ai pris une rue transversale, la Steinstrasse. Soudain, quelqu'un m'a agrippé par le bras. "Vous allez me suivre jusqu'à un policier !" J'ai immédiatement reconnu la fille. "Et si tu venais avec moi voir un policier pour lui parler du portefeuille que tu m'as volé avec trente marks à l'intérieur ?" Sur ces paroles, je m'en suis débarrassé. » (Cette jeune femme n'a jamais été identifiée et elle ne s'est pas manifestée lors de l'arrestation de Kürten.)

« Le vendredi 13 avril 1930, j'ai fait connaissance avec une fille de trente ans sur la Königsallee. Je l'ai accompagnée jusqu'à un café, puis au Hofgarten. Nous y sommes restés jusqu'à onze heures du soir. Soudain, je l'ai tripotée sous ses jupes. Elle m'a frappé au visage. Et j'en ai fait de même. »

* HAU : « J'ai rencontré cet homme respectable, un certain Franz Becker, un soi-disant architecte. Dans le Hofgarten il a voulu faire l'amour avec moi. Il m'a attirée vers lui tout en essayant de me tripoter les parties sexuelles. Je lui ai donné un coup de poing dans l'œil. Il m'a frappée en retour. Ma lèvre saignait. Il a dit : "Voilà donc ma récompense pour t'avoir invitée ?" Je lui ai donné trois marks et il m'a rendu deux marks et quinze pfennigs. Il m'a embrassé la bouche pour en lécher le sang. Il voulait que je reste avec lui mais je me suis enfuie. Il a crié après moi : "Tu as beaucoup de chance que nous ne soyons pas seuls au Hofgarten ce soir !" »

Dans les deux semaines qui suivent, Kürten tente en vain d'attaquer trois jeunes femmes mais il est interrompu à chaque fois avant d'avoir pu commencer à les étrangler. Malgré des appels à témoins, suite à son arrestation, ces trois personnes n'ont jamais pu être identifiées.

* * *

« Il était neuf heures du soir, quand j'ai fait la connaissance de cette fille dans la rue pour l'emmener chez Schumacher's puis dans la forêt de Grafenberg. J'ai calmé ses soupçons en lui affirmant qu'il y avait toujours de nombreux couples dans les bois à cette heure. Arrivés dans une clairière où la visibilité était meilleure, je lui ai donné un coup de marteau à la tempe droite. Elle s'est effondrée en hurlant. Je l'ai laissée sur place. Par la suite j'ai aperçu cette fille à plusieurs reprises, y compris pour la dernière fois le mercredi qui a précédé mon arrestation. Le marteau dont je me suis servi était semblable à celui que j'avais utilisé précédemment. J'ai frappé à plusieurs reprises et j'ai vu le sang couler. »

* CHARLOTTE ULRICH : « Kürten m'a accostée vers minuit sur Graf Adolf Strasse et il m'a invitée à boire une bière avec lui. Du coup, j'ai raté mon dernier train qui me ramenait chez moi. Comme il pleuvait énormément, j'ai accepté de le suivre jusqu'à un café chic qui restait ouvert toute la nuit. Il m'avait proposé de venir chez lui mais j'avais refusé. Je ne connaissais pas bien Düsseldorf et j'ai pris peur lorsque nous sommes passés par la forêt de Grafenberg. Kürten m'a alors dit : "Tu crois peut-être que je suis le meurtrier de Düssel-

dorf ?" Il a essayé de me prendre par surprise en me jetant sur un banc mais je me suis défendue. Pendant la lutte, j'ai vu qu'il déboutonnait son manteau pour prendre quelque chose dans une poche. Un peu plus tard, j'ai senti un coup sur le côté de la tête. Le sang coulait à flots. Un second coup m'a fait perdre connaissance. Lorsque j'ai repris mes esprits, mes mains étaient couvertes de sang et mon sac avait été dérobé. J'ai déchiré mon jupon en lanières pour étancher le sang et, en suivant les lumières, je suis arrivée jusqu'à la gare. J'ai demandé à un employé où je pourrais me faire soigner, mais il m'a conseillé d'aller au poste de police. Cela m'était impossible car j'étais recherchée par la police. Finalement, ce brave homme a eu pitié de moi et il m'a accompagnée jusqu'à des amis à lui qui m'ont soignée pendant deux semaines. Mes mains étaient enflées et noires à cause des coups de marteau. J'avais un ongle arraché car j'avais levé les mains pour me protéger. Un peu plus tard, j'ai écopé de trois mois de prison pour vol et le médecin qui m'a examinée a déclaré que c'était un vrai miracle que je sois toujours vivante. Sur les deux côtés de la tête, j'avais des cicatrices roses et angulaires. Sous la peau, on pouvait toujours sentir les fractures du crâne. »

« Sur la Schadowstrasse, j'ai fait la connaissance d'une fille et nous avons décidé de nous revoir le lendemain soir dans le Parc du Rhin. Nous avons essayé d'avoir des rapports sexuels sur un banc du parc, mais il y avait trop de passage. Nous nous sommes fixé rendez-vous pour le dimanche suivant au Nordfriedhof. Il y a eu une brusque tempête de pluie et Gertrud m'a emmené dans sa chambre. Nous avons eu des relations dans son lit mais sa patronne est venue frapper à la porte en posant toutes sortes de questions. Nous sommes alors convenus d'un autre rendez-vous dans sa chambre pour le 24 mai, mais j'ai été arrêté entre-temps. »

* GERTRUD BELL : « Kürten s'est présenté à moi sous l'identité de Franz Weidlich lorsque j'ai fait sa connaissance à l'arrêt du tramway. Après que nous avons eu des rapports sexuels, Weidlich était très nerveux. Je lui ai demandé de passer la nuit avec moi, sans succès. Le jeudi suivant je l'ai rencontré sur la Worringerplatz. Là, il m'a déclaré que j'étais trop bien pour lui, qu'après tout, je le connaissais à peine et qu'il était un mauvais homme. »

Comme souvent dans ce genre d'affaires, c'est grâce à un coup de pouce du destin que l'assassin est finalement démasqué. Nous sommes le 14 mai 1930 et une jeune femme, Maria Budlich, se rend de Cologne à Düsseldorf pour tenter de trouver un travail d'employée de maison. A cause des crimes, elle craint beaucoup cette visite. A son arrivée, elle entre en contact avec une Mme Bruckner qui promet de venir la chercher à la gare à huit heures du soir. Mais Mme Bruckner ne vient pas et Maria est au bord de la crise de nerfs, d'autant plus qu'un inconnu à l'aspect sinistre se propose de la guider jusqu'à son employeur. Elle pousse un soupir de soulagement lorsqu'un autre homme au visage souriant et habillé avec soin intervient pour chasser l'importun. Il paraît si respectable qu'elle accepte avec joie son offre d'un rafraîchissement à son domicile du 71 Mettmannerstrasse. Il lui prépare un sandwich au jambon et un verre de lait, avant de la guider jusqu'à l'adresse de son patron. La nuit est tombée et son inquiétude s'éveille quand l'homme la guide à travers des ruelles mal éclairées et qu'il lui annonce qu'il faut maintenant traverser un chemin qui serpente à travers les bois du Grafenberger Park.

Dès qu'ils se trouvent à l'écart, il la saisit à la gorge et exige des rapports sexuels. Ils font l'amour debout. Ensuite, il demande si elle se souvient où il habite. Maria Budlich répond par la négative, qu'elle n'en a pas la moindre idée. Cela lui sauve très certainement la vie, car son agresseur se contente de cette réponse.

Il ne vient pas à l'idée de Maria de déposer plainte auprès de la police. Elle se contente de décrire l'incident, sur le ton de la plaisanterie, dans une lettre adressée à sa nouvelle amie, Mme Bruckner. Mais Maria s'est trompée d'adresse et la lettre atterrit sur le bureau des réclamations de la Poste de Düsseldorf. L'enveloppe ne comportant pas les coordonnées de l'expéditeur, l'employé lit le courrier et décide de transmettre la missive à la police.

« Le 14 mai 1930, j'ai vu un homme aborder une jeune fille à la gare et partir avec elle. Par curiosité, j'ai décidé de les suivre le long de la Graf Adolf Strasse, Karlstrasse, Klosterstrasse, Kölnerstrasse, Stoffeler Strasse jusqu'au Volksgarten. Lorsque l'individu a voulu persuader sa compagne de le suivre dans le parc sombre, elle a résisté. J'ai saisi l'occasion pour m'approcher du couple.

« Je lui ai demandé quelles étaient ses intentions au sujet de la jeune femme. Il a indiqué qu'elle n'avait pas de logement et qu'il lui avait offert de se rendre chez sa sœur. A cet instant, elle voulut savoir si la Achenbachstrasse se trouvait dans le quartier – c'était là que la sœur de l'homme était supposée vivre. Lorsque je lui ai assuré avec conviction que cette rue se situait dans un tout autre quartier, elle s'est rangée à mes côtés et l'homme est parti sans demander son reste. Elle m'a dit être sans travail et n'avoir nulle part où dormir. Elle a accepté mon invitation à me suivre jusqu'à mon domicile du 71 Mettmannerstrasse. Vers les onze heures, nous sommes arrivés à mon appartement du troisième étage. Elle m'a indiqué brusquement qu'elle ne souhaitait pas avoir de rapports sexuels et si je ne connaissais pas un autre endroit où elle pourrait passer la nuit. Je lui ai répondu par l'affirmative. Nous avons pris le tramway pour la Worringerplatz et la forêt du Grafenberg, en suivant le Wolfschlucht jusqu'aux dernières maisons d'habitation. C'est là que j'ai saisi Budlich d'une main au cou, en pressant très fortement sa tête vers l'arrière pour l'embrasser. Je lui ai demandé de se laisser faire. Je pensais qu'avec les circonstances présentes, elle accepterait et j'avais raison. Après le rapport, je l'ai questionnée pour savoir si je lui avais fait du mal ; elle a répondu que non. Je voulais la ramener au tram mais je ne l'ai pas tout à fait accompagnée jusqu'à l'arrêt parce que je craignais qu'elle informe le policier de service à mon sujet. Je n'avais aucune intention de tuer Budlich. Elle n'avait offert aucune résistance. Nous avions fait l'amour debout, après que je lui eus retiré sa culotte. Il y avait aussi une autre raison qui m'avait empêché d'aller plus loin avec elle : j'avais été aperçu en sa compagnie par un ami à bord du tram. Je ne croyais pas que Budlich serait capable de retrouver son chemin jusqu'à mon appartement car la Mettmannerstrasse est fort peu éclairée la nuit venue.

« J'ai donc été extrêmement surpris de la retrouver dans mon immeuble le mercredi 21 mai. Maria Budlich est facilement reconnaissable par sa chevelure blonde, ses yeux bridés et ses jambes arquées. Elle a ensuite quitté la maison. Elle y est revenue à l'heure du déjeuner. Cette fois-ci, elle était accompagnée par un officier de police. Je l'ai vue parler avec la propriétaire. L'après-midi, elle a visité pour la troisième fois l'immeuble et s'est rendue jusqu'au palier du troisième étage. Elle est entrée dans l'appartement de ma voisine, la dénommée Wimmers, et c'est là qu'elle m'a vu. Elle a paru surprise. Je suis sûr qu'elle m'avait reconnu à cet instant. Dès lors, pour moi la suite des événements était inéluctable !

« Le soir même, je suis allé chercher ma femme à son travail : "Je dois quitter l'appartement." Je lui ai expliqué l'affaire Budlich. Mais je me suis contenté de lui parler de ma tentative de faire l'amour et que ce "viol", venant après toutes mes peines de prison, me vaudrait au bas mot une condamnation à quinze ans de travaux forcés. Il fallait donc que je prenne la fuite. J'ai changé de vêtements. Toute la nuit, j'ai marché dans les rues. Le jeudi 22 mai, j'ai rendu visite à ma femme à l'appartement. J'ai pris des affaires dans une valise pour louer une chambre sur la Adlerstrasse. J'ai dormi tranquillement jusqu'au vendredi matin.

« Il était neuf heures du matin quand je me suis rendu chez moi. Juste avant d'arriver au n° 71, deux hommes sont sortis de l'immeuble. J'ai tout de suite su qu'il s'agissait d'inspecteurs de police. Ma femme se trouvait toujours à l'appartement. Lorsque je lui ai demandé pourquoi elle n'était pas partie travailler, elle m'a répondu : “Je l'avais fait, mais deux détectives sont venus me chercher pour me ramener à la maison.” Ils ont fouillé l'appartement, avant de repartir. Elle m'a alors demandé de m'en aller, car elle ne voulait pas que je sois arrêté sur place, au vu et au su de tous les voisins. J'ai suivi ses instructions pour la retrouver un peu plus tard sur son lieu de travail. Je lui ai demandé de m'accompagner pendant quelque temps. Je lui avais déjà parlé de l'affaire Budlich et, ce matin du 23 mai, je lui ai avoué que j'étais aussi responsable du cas Schulte, y ajoutant ma remarque habituelle quant à une condamnation minimum à dix ans de séparation, peut-être bien plus. Ma femme a paru inconsolable. Elle a parlé de son âge, du chômage, du manque de moyens, d'une vieillesse sans joie et de la décrépitude. A l'approche de l'heure du déjeuner, je n'avais pas réussi à apaiser ses craintes. Elle délirait en disant que je devais me suicider. Et qu'elle en ferait de même puisqu'elle n'avait plus aucun espoir pour l'avenir. En fin d'après-midi, je lui ai affirmé que je pourrais l'aider. Que je pourrais toujours être quelqu'un à ses yeux. Je lui ai déclaré que j'étais le meurtrier de Düsseldorf. Bien sûr, elle ne croyait pas que ce soit possible et elle ne voulait pas non plus y croire. C'est alors que je lui ai raconté tous les crimes que j'avais commis. Elle ne voyait pas en quoi cela pourrait l'aider, c'est pourquoi je lui ai parlé de l'énorme récompense prévue pour l'arrestation du criminel ; qu'elle pourrait la toucher ou, du moins, une partie, si elle allait me dénoncer auprès de la police. Évidemment, cela n'a pas été facile pour moi de la convaincre qu'il ne s'agissait pas d'une trahison mais, bien au contraire, qu'elle agirait pour le bien de l'humanité et de la justice. Ce ne fut que bien plus tard dans la soirée qu'elle se rangea à mes arguments tout en promettant qu'elle ne se suiciderait pas. Je l'ai raccompagnée jusqu'à la porte de notre appartement. Il était onze heures du soir lorsque nous avons pris congé. De retour dans ma chambre de location, je me suis couché pour m'endormir sur-le-champ. Ce qui s'est passé le lendemain matin, le 24 mai, est de notoriété publique.

« D'abord, un bain, puis plusieurs visites dans les environs de l'appartement des Kortzingen – où j'avais prévu d'effectuer un cambriolage. Déjeuner, une visite chez le coiffeur, avant le rendez-vous de trois heures avec ma femme. C'est là que l'arrestation a eu lieu. En fait, ma femme avait suivi un peu trop vite mes instructions. Je tiens à affirmer que je n'ai jamais changé d'avis quant à mes intentions le 23 ou le 24 mai. »

IV. LES AVEUX DU MONSTRE

Lorsque les policiers l'entourent, Kürten s'avance un sourire aux lèvres et calme l'inspecteur qui pointe avec nervosité son revolver. Dès le début de son interrogatoire, il énumère un à un tous les crimes qu'il a commis. Il se réjouit visiblement de l'horreur et de la stupéfaction de ses interlocuteurs. La sténographe doit plusieurs fois interrompre son travail devant le récit de ses forfaits. En authentique psychopathe, il manipule ses auditeurs, c'est lui qui dirige la manœuvre. Il ment quant aux motivations de ses meurtres quand il est questionné par des policiers ou des magistrats, indiquant qu'il est animé par un désir de vengeance et de destruction vis-à-vis de la société, en raison des sévices qu'il a subis durant son enfance et de toutes les condamnations à des peines de prison qui lui ont été infligées ; il sera tout à fait honnête et franc lorsqu'il parlera aux psychiatres et, plus particulièrement, au Dr Karl Berg. Tout le monde est frappé par son intelligence et son calme. Comme toujours chez lui, Kürten est terriblement imbu de sa propre image. C'est un homme très vain qui possède un grand nombre de costumes toujours repassés avec le plus grand soin. Il passe des heures à se laver et à se pommader les cheveux. Ses collègues de travail parlent d'un maniaque de la propreté. Dès qu'il sort de chez lui, il emporte un chiffon destiné à nettoyer et à lustrer ses chaussures. Cette vanité du personnage se retrouve dans la manière dont il se délecte à horrifier et à raconter la longue litanie de ses crimes. Sa mégalomanie lui permet de crier à la face du monde : « C'est moi le Monstre de Düsseldorf, et j'ai été plus fort que vous. » Voici comment il énumère tous ses forfaits par ordre chronologique dans ce premier rapport de police (rappelons que Peter Kürten est né en 1883) ; les majuscules sont de son fait.

Novembre 1899 : Tentative de strangulation Jeune fille de 18 ans (identité inconnue)
1900-1904 : En prison
1904 : Incendie Une grange à foin
1904 : Incendie Une grande à blé
1904 : Incendie Deux meules de foin
1905-1913 : En prison
1913 : Tentative de strangulation Margaret Schäfer
1913 : Meurtre par strangulation Christine Klein, & gorge tranchée Mülheim
1913 : Coups de hache Homme inconnu
1913 : Coups de hache Femme inconnue
1913 : Tentative de coups de hache Hermes, jeune femme
1913 : Strangulation Gertrud Franken
1913 : Incendie Meule de foin & chariot
1913-1921 : En prison
1921 : Strangulation Une veuve de guerre
1925 : Strangulation Tiede
1925 : Strangulation Mech
1925 : Strangulation Kiefer
1926 : Strangulation Wack
1927 : Incendie Trois meules de foin
1927 : Incendie Bottes de blé
1927 : Incendie Deux granges
1927 : Tentative de strangulation Annie Ist
1927 : Incendie Deux granges
1927 : Incendie Une plantation
1928 : Incendie Une grange
1928 : Incendie Une ferme
1928 : Incendie Deux bottes de foin
1928 : Incendie Meule de foin
1928 : Incendie Un chariot à blé
1928 : Incendie Une maison
1928 : Incendie Une maison
1928 : Incendie Une grange
1928 : Incendie Un feu de forêt
1928 : Incendie Des meules de foin
1928 : Incendie Plusieurs granges
1929 : Incendie Des meules de foin
1929 : Incendie Des granges & des meules de foin (10 cas)

1929

3 février : Attaque avec ciseaux Kühn
13 février : Meurtre Rudolf Scheer
8 mars : Strangulation Rosa Ohliger
Mars : Tentative de strangulation Edith Boukorn
Juillet : Tentative de strangulation Maria Witt
Juillet : Tentative de strangulation Maria Mass
Juillet : Tentative de strangulation Une servante inconnue
Août : Strangulation Maria Hahn
Août : Strangulation & noyade Anni, une servante
Août : Poignardée avec dague Anna Goldhausen
Août : Poignardée avec dague Mantel
Août : Poignardé avec dague Kornblum
Août : Étranglée & gorge tranchée Hamacher
Août : Étranglée & poignardée Lenzen
Août : Tentative de strangulation Heer
Septembre : Coups de burin Ruckl
Septembre : Tentative de strangulation Maria Rad
Septembre : Meurtre à coups de marteau Ida Reuter
Octobre : Meurtre à coups de marteau Elisabeth Dorrier
Octobre : Attaque à coups de marteau Meurer
Octobre : Attaque à coups de marteau Wanders
Novembre : Étranglée & poignardée à Albermann
coups de ciseaux

1930

Février : Tentative de strangulation Hilde
Mars : Tentative de strangulation Maria del Sant
Mars : Tentative de strangulation Irma
Avril : Tentative de strangulation Sybille
Avril : Tentative de strangulation Victime inconnue
Avril : Tentative de strangulation Hau
Avril : Trois attaques Jeunes filles inconnues
Avril : Attaque avec marteau Charlotte Ulrich
Mai : Tentative de strangulation Maria Budlich
Mai : Tentative de meurtre Gertrud Bell

A cette liste impressionnante il faudrait ajouter plusieurs centaines de vols, cambriolages et escroqueries les plus diverses. Lors de ce premier interrogatoire de police – il en est de même pour les suivants

– Kürten omet la plupart des mobiles sexuels de ses forfaits (qu'il avoue franchement au psychiatre Karl Berg, comme on peut le constater dans les chapitres suivants).

LE PREMIER CRIME (NOVEMBRE 1899)

« En novembre 1899, j'ai fait la connaissance d'une fille de dix-huit ans sur la Alleestrasse. Je suis allé en sa compagnie au Hofgarten, près du zoo, jusqu'à Rolandsburg. Sur le chemin du retour, la campagne était d'ailleurs fort jolie, je l'ai étranglée. Je l'ai laissée pour morte, sans jamais plus entendre parler d'elle, ni dans les journaux ni d'aucune autre façon. »

JUIN 1913

« En juin 1913, j'aı fait la connaissance d'une fille suı Brehmstrasse et nous sommes sortis à plusieurs reprises ensemble. Un dimanche, nous avons dansé à Gerresheim. En revenant à Düsseldorf je l'ai étranglée plusieurs fois. Lorsqu'elle a eu peur, je lui ai dit : "Voilà qui t'apprendra ce qu'est l'amour. Mais je ne vais pas te tuer." Après ça, elle a accepté que nous ayons des rapports sexuels sur un banc. »

Voici le témoignage de la victime, Margaret Schäfer : « Nous avons marché dans les bois toute la nuit. C'est lui qui avait mon sac qui contenait mes clefs. Il voulait m'embrasser et il m'a frappée à plusieurs reprises avant de se calmer et de redevenir gentil. Puis, il m'a jetée sur un banc pour essayer d'avoir des rapports sexuels. Dans la lutte ma robe s'est déchirée et je me suis mise à pleurer ; il s'est à nouveau comporté comme un gentleman. J'avais l'air affreuse et je ne pouvais absolument pas prendre le tramway dans cet état. Nous nous sommes installés sur un banc. Kürten nous a recouverts de son manteau et nous avons dormi. L'aube s'est levée et je l'ai réveillé. Il s'est encore jeté sur moi pour arracher mes boucles d'oreilles, me mordre et m'étrangler à moitié, en prenant des mèches de cheveux à pleines poignées. On aurait dit le Diable incarné. Je l'ai supplié de se calmer, faute de quoi il irait tout droit en enfer. Mes paroles ont dû avoir un certain effet car il s'est calmé. Il m'a fait promettre de garder le silence au cas où nous rencontrerions quelqu'un en chemin. Une fois arrivés à Rolandsburg, Kürten a pris un petit déjeuner très copieux. Pendant ce temps, je suis allée voir les serveurs qui étaient attablés dans une salle voisine pour tout leur raconter. »

ÉTÉ 1913

« Durant l'été 1913, j'ai commis de nombreux vols. Je m'étais spécialisé dans les maisons où le rez-de-chaussée servait au commerce, comme les auberges par exemple. La plupart du temps, le propriétaire et sa famille résidaient dans les étages supérieurs. Il était facile de fouiller ces endroits sans crainte d'être découvert. Dans ce but j'avais même quitté Düsseldorf pour d'autres villes. Je me suis rendu à Cologne et, plus particulièrement, à Köln-Mülheim, qui est d'ailleurs mon lieu de naissance. Un dimanche en soirée, c'était un jour de fête, j'étais à la recherche d'une demeure adéquate lorsque je suis arrivé à la Wolfstrasse, où se situait l'auberge des Klein.

« Je suis monté au premier. Il devait être aux alentours de dix-onze heures. J'ai ouvert plusieurs portes mais sans rien découvrir de valable à dérober. Dans une chambre face aux escaliers, j'ai vu un lit du côté gauche de la fenêtre. C'était un grand lit de taille adulte. Dans cette pièce, il y avait aussi une commode et une table. Les lampadaires de la rue illuminaient si bien cette chambre qu'on y voyait comme en plein jour. Sur le lit, j'ai aperçu une fillette endormie d'environ dix ans. Elle était recouverte d'un édredon. Elle était allongée avec la tête vers la fenêtre. Je l'ai saisie par le cou pour l'étrangler pendant une ou deux minutes. L'enfant s'est réveillée, elle s'est débattue pour tenter de se libérer, m'a griffé la main avant de sombrer dans l'inconscience et de rester immobile. J'ai positionné ses bras au-dessus de sa tête et j'ai retiré l'édredon. A l'aide d'un ou deux doigts je l'ai pénétrée vaginalement. J'ai pris un petit couteau très aiguisé pour lui trancher profondément la gorge de gauche à droite. (En fait, le rapport du médecin légiste indique quatre coupures.) J'ai entendu le sang gargouiller et tomber goutte à goutte sur la carpette. Il avait éclaboussé ma main droite. Toute cette affaire n'a pas dû me prendre plus de trois minutes. J'ai alors quitté cette chambre et je me suis enfui.

« Un samedi soir, toujours en juin 1913, je suis parti de chez moi vers huit heures pour me rendre à Gerresheim. Dans une cave sous l'église de la Sainte-Trinité, j'ai volé un fendoir. Vers onze heures, j'ai aperçu une fille seule qui entrait dans une maison. Dans un passage, je lui ai donné un coup très violent à la tête si bien qu'elle est tombée par terre sans un murmure. Une fille assez grande, environ un mètre soixante-huit, mince et qui devait avoir dans les dix-huit-vingt ans.

« Le mois suivant, je suis retourné à Gerresheim avec un fendoir. Il était aux environs de neuf heures du soir. Au bout d'une longue quête, j'ai vu un homme installé sur un banc du parc. Je me suis glissé en silence derrière lui pour le frapper à la tête. Il est tombé sans un bruit. Sur le chemin du retour, j'ai mis le feu à un chariot rempli de blé.

« En juillet 1913, je suis monté au premier étage de la maison située au coin de Münster et Ulmenstrasse. J'avais un fendoir avec moi. Je connaissais déjà les lieux pour les avoir visités une fois auparavant. Je m'apprêtais à frapper à la tête une jeune fille de seize ans quand un homme a jailli hors de son lit. Je me suis enfui en jetant le fendoir sur le lit. (Les témoignages du propriétaire de la maison confirment les aveux de Kürten.)

« Un autre samedi du mois de juillet 1913, il devait être neuf heures du soir lorsque je me suis rendu à la maison des Loscheckes. J'avais emporté un rossignol qui m'a permis d'accéder au premier étage. Dans une des chambres, j'ai étranglé une enfant avant de rentrer chez moi. Il y avait trois lits dans cette pièce. La fille devait avoir dans les seize-dix-sept ans. Elle n'a pas crié du tout. »

1925

« Cette année-là, j'ai fait la connaissance de Tied avec qui j'ai eu des rapports sexuels dans une chambre qu'elle occupait chez son employeur, dans la Bodinusstrasse. On y mangeait aussi très bien, ce qui m'était d'un grand réconfort étant donné que je travaillais beaucoup à cette époque. Une semaine plus tard, j'ai rencontré Mech qui travaillait comme bonne dans une maison bourgeoise de la Bergischen Landstrasse. Là aussi, les repas étaient très copieux. Je saisissais souvent Tiede à la gorge. Quelquefois, elle se mettait en colère et je tentais alors de la calmer : "C'est ça, l'amour", lui expliquais-je. Ce qui avait le don de la pacifier. Je ne lui avais pas indiqué ma véritable identité et je m'étais rajeuni de dix ans. De même, j'avais embelli ma position sociale. Puis, ma femme nous a surpris un jour et Tiede, qui ignorait que j'étais marié, m'a dénoncé à la police. J'ai été condamné à deux mois de prison. Malgré une défense acharnée lors du procès, j'ai dû purger cette peine durant l'année 1927. Ensuite, Mech et Tiede se sont rencontrées et cela a fait des étincelles. Mech m'a accusé de viol mais j'ai été acquitté. Elle a déposé une plainte pour menaces et insultes répétées : j'ai écopé de huit mois de prison. J'en ai passé six en prison, les deux mois restants étant annulés à la condition que je quitte Düsseldorf. Ce n'était pas facile à exécuter, aussi ai-je écrit au Ministère qui m'a fait grâce de cette obligation.

« Pendant l'été 1925, j'ai fait la connaissance de Maria Kiefer sur la Parkstrasse. Nous avons décidé de nous revoir le lendemain soir. Je suis allé chez elle et Kiefer m'attendait sur le pas de sa porte. Il devait être aux environs de dix heures. Nous sommes allés dans la buanderie qui se situait dans la cave de son immeuble où nous avons eu des rapports sexuels, avec son assentiment. Puis, je l'ai saisie à la gorge pour l'étrangler mais Kiefer a réussi à se dégager de mon emprise et elle s'est mise à hurler. J'ai donc rapidement quitté la maison. »

1926

« Au printemps de 1926, j'ai rencontré Maria Wack sur la Duisburgstrasse. Nous sommes allés dans le Hofgarten pour faire plus ample connaissance. Nous avons juste discuté. Par la suite, nous nous sommes vus fréquemment et, un dimanche, je l'ai emmenée jusque dans les bois du Grafenberg. J'ai alors essayé de la faire basculer sur un banc, tout en la tenant à la gorge. Comme elle résistait avec force, j'ai abandonné ma tentative pour la laisser sur ce banc. Je ne l'ai plus jamais revue. »

Voici le témoignage de Maria Wack : « En juin 1926, j'ai fait la connaissance d'un homme qui se présenta sous l'identité de Fritz Ketteler. J'étais en train de nettoyer le perron d'un immeuble lorsqu'il m'accosta. Nous avons pris rendez-vous et, en l'espace de trois semaines, nous sommes sortis cinq fois ensemble. Ketteler était un employé du chemin de fer qui s'était toujours comporté à merveille à mon égard. Un dimanche, il a suggéré une promenade dans la forêt du Grafenberg. La nuit tombait dans les bois et nous passions devant un banc lorsqu'il m'a brusquement sauté dessus. Il m'a jetée sur le banc tandis que d'une main il me tripotait sous ma robe. Je me suis défendue. Apparemment, des promeneurs ont dû lui faire peur car il a stoppé sa tentative. Je me suis relevée pour partir à toute vitesse en emportant son chapeau. Il m'a crié après, afin de récupérer son couvre-chef. Nous avons échangé nos chapeaux respectifs et il m'a fait remarquer que j'aurais dû me montrer plus humaine. Il m'abandonna sur place. »

1927

« Pendant l'été 1927, j'ai rencontré cette fille, Annie Ist, sur la Brehmstrasse. Nous nous sommes vus souvent. Un samedi soir, je l'ai emmenée dans la forêt de Grafenberg. Nous avons eu des rapports sur un banc. J'ai pris Ist par le cou pour tenter de l'étrangler. Mais c'était une fille robuste et elle est parvenue à se libérer. Elle s'est enfuie en poussant des hurlements. Sa robe était en partie déchirée à hauteur du cou. »

* ANNIE IST : « Kürten s'était présenté à moi sous le nom de Ketteler, du 71 Mettmanner Strasse. Nous nous sommes vus à plusieurs reprises. Une fois, nous avons eu des rapports sexuels. A la fin du mois de juillet 1927 nous nous sommes rendus à une fête à Rath et nous sommes rentrés par la forêt de Grafenberg. Nous y avons eu des rapports sexuels mais Kürten a voulu de nouveau faire l'amour et j'ai refusé, avant de céder à ses désirs. Ensuite il m'a étranglée sans la moindre raison, tout en me frappant au visage et en déchirant le haut de ma robe. Malgré tout je lui ai demandé de me raccompagner jusqu'à chez moi, ce qu'il a fait. Nous nous sommes encore vus plusieurs fois, mais sans qu'il y ait de rapports sexuels. Je me suis renseignée à son sujet et j'ai découvert qu'il était marié et que son identité n'était pas du tout Ketteler. J'ai rompu toute relation avec lui. Lorsque j'ai vu dans les journaux la photo du meurtrier de Düsseldorf, je l'ai tout de suite reconnu, mais je ne l'ai pas dénoncé à la police. »

Face au juge d'instruction, Peter Kürten confirme en tout point les aveux qu'il a faits aux policiers lors de ces premiers jours d'emprisonnement. Mais quand le magistrat le confronte à son épouse, le 24 juin 1930, Kürten change complètement d'avis. Il affirme avec force et n'en démord pas : « Je ne suis pas le meurtrier de Düsseldorf. » Il a avoué tous ces crimes uniquement pour que sa femme puisse toucher la récompense. Comment explique-t-il la profusion de détails qu'il a donnés ? Par la lecture des journaux. Les jours suivants, Kürten persiste. Le magistrat est perplexe. L'affaire prend une mauvaise tournure avec ce rebondissement totalement inattendu. Mais Peter Kürten a oublié un fait d'importance : aucun journal n'a pu relater l'assassinat de Maria Hahn étant donné que personne ne savait qu'elle était morte, sauf son meurtrier. Grâce à l'habileté du juge d'instruction et à ses qualités d'interrogateur, Peter Kürten finit par reconnaître ses premiers aveux, au bout de deux mois de dénégations acharnées. Quand le magistrat instructeur lui demande s'il a une conscience, la réponse de Kürten est sans équivoque : « Je n'en ai pas. Jamais je n'ai éprouvé le moindre doute dans mon âme. Jamais je ne me suis dit que ce que je faisais était mal, même si la société condamne de tels actes. Quand je serai exécuté, mon sang et celui de mes victimes retomberont sur la tête de mes bourreaux, du moins s'il existe une justice divine. J'ai beaucoup réfléchi à la loi de cause à effet. Il doit exister un Être Supérieur qui a dû donner la toute première étincelle de vie. Cet Être Supérieur devrait aussi considérer que j'ai agi pour la bonne cause, vu que je me suis vengé de l'injustice. Les punitions que j'ai subies ont détruit en moi tout sentiment d'être humain. Voilà pourquoi je n'éprouve aucune pitié pour mes victimes. »

V. LE VAMPIRE SE CONFESSE

Dans l'attente de son procès, Kürten est examiné par plusieurs psychiatres qui doivent considérer son état mental. Très vite, il apprend à apprécier le Dr Karl Berg à qui il confie les véritables mobiles sexuels de ses crimes. Le Dr Berg arrive à la conclusion que son interlocuteur n'est pas fou et qu'il a affaire à un psychopathe, un sadique sexuel. Kürten lui explique pourquoi il a fait des aveux complets à la police : « Professeur, il faut que vous compreniez que j'éprouve des sentiments pour ma femme. Je lui ai causé beaucoup de tort, je l'ai trompée à d'innombrables reprises au fil des ans. Ma femme le savait et, pourtant, elle ne m'a jamais rien dit. Même lorsque je lui ai parlé de mes nombreuses condamnations à des peines de prison, elle m'a dit : "Je ne te laisserai jamais tomber, sinon tu serais complètement perdu." Vous avez entendu parler de la forte récompense qui était offerte pour ma capture ? En tout près de vingt mille marks, si l'on tient compte des diverses affaires d'incendies. C'est à ce moment-là que je me suis dit : si tu avoues uniquement le cas de la fille Schulte que l'on peut facilement prouver à ton encontre, tu vas écoper d'au moins quinze ans de prison, à cause de tous tes antécédents judiciaires. J'ai quarante-sept ans. Lorsque je sortirai de prison, j'aurai soixante-deux ans. Il ne faut pas se leurrer. Quelle vie aurais-je encore à soixante-deux ans ? Mon existence serait achevée. Ma vie était déjà finie lorsque je me suis rendu compte pour la première fois que la police était sur mes traces. Je voulais que ma femme ait une vieillesse sans souci car elle a droit à au moins une part de cette récompense. Voilà pourquoi j'ai plaidé coupable à tous ces crimes. Mais je me rendais bien compte qu'on ne me croirait peut-être pas à cause de Strausberg. »

Kürten évoque à nouveau les sentiments qu'il éprouve vis-à-vis de sa femme quand Berg le confronte à ses déclarations au magistrat instructeur quant à son absence de remords : « J'ai dit effectivement que je n'avais pas de conscience. Mais j'en ai une. Je l'ai souvent sentie. Même au cours de ces dernières années. C'était quand je commettais des actes adultères. Là, je pensais souvent à quel point c'était mal de ma part avec une épouse qui travaillait si durement. »

La future Mme Kürten est née en 1880, en Silésie. Elle a donc trois ans de plus que son époux. Son père est un tailleur qui possède sa propre maison. A seize ans, elle est engagée comme domestique à Berlin, mais retourne chez elle moins d'un an après pour travailler en usine. Elle a des relations intimes avec un jardinier en 1903 ; celui-ci lui promet le mariage mais renie sa parole en 1911. Furieuse, elle lui tire dessus et écope de cinq années de bagne. Libérée en 1915, elle s'installe pendant cinq ans à Leipzig avant de déménager à Altenburg, où elle fait la connaissance d'une des sœurs de Kürten. Quant à Peter Kürten, elle le rencontre le 12 mai 1921. Ils ont des relations sexuelles, avant de se marier en 1923. Durant cette période à Altenburg, Kürten se fait élire à la commission de contrôle ouvrier de l'usine où il travaille. Une fois qu'ils sont arrivés à Düsseldorf, Mme Kürten est employée comme plongeuse dans une brasserie de la ville tandis que Kürten trouve un emploi occasionnel de camionneur. Voici comment Mme Kürten parle de sa vie conjugale auprès du « Vampire de Düsseldorf » : « Kürten était quelqu'un de très surexcité et, dans ces cas-là, il pouvait devenir brutal et hurler. Mais quand il voyait que je gardais mon calme, lui aussi finissait par se tranquilliser assez rapidement. Pour ma part, je considère toutes ces choses comme une punition pour ma vie d'autrefois. La période d'Altenburg a été de loin la meilleure. Il était très attentionné et participait à la vie du village. C'est à Altenburg que Kürten a abandonné l'Eglise catholique, mais uniquement à cause des taxes. Ce n'est qu'à notre arrivée à Düsseldorf que nous nous sommes mariés à l'église. Mais Kürten ne voulait jamais entendre parler d'aller à l'église ou que l'on parle de Dieu. En 1928, il a écrit de prison pour me dire qu'il avait complètement changé mais, une fois libéré, il a oublié toutes ses promesses. Un jour où j'avais parlé des crimes pour lui dire que j'avais peur, il s'était proposé de me raccompagner à la maison les soirs où je travaillais. Je n'ai jamais vu aucune trace de ses crimes. Il avait fréquemment des rapports sexuels avec moi, même contre ma volonté. Ces deux dernières années, son appétit avait beaucoup augmenté. Durant cette période, il avait pour habitude de me demander de m'allonger nue sur le lit. »

LES CONFESSIONS DU VAMPIRE

« Je suis né le 26 mai 1883, à Köln-Mülheim. En 1895, mes parents ont déménagé à Düsseldorf Grafenberg où j'ai suivi mes études scolaires. J'étais un bon élève. Je suis devenu apprenti chez un mouleur, le même métier que mon père. C'était un bon ouvrier, mais aussi un ivrogne invétéré. Il s'adonnait constamment à la boisson. Dans cette profession, c'était habituel à cette époque. Maintenant les mœurs ont changé et on boit moins. Toute la famille souffrait lorsqu'il buvait. Mon père devenait terrible dans ces cas-là. Les fenêtres étaient brisées, ainsi que les meubles. Et comme j'étais l'aîné, c'était moi la cible principale. Souvent, je me cachais pour échapper à ses crises de rage et je me réfugiais dans les bois ou à l'école. Pendant des semaines je ne rentrais plus chez moi. Dans ces moments, je devenais un véritable vagabond. J'avais pour habitude de voler de l'argent aux femmes et aux enfants qui faisaient les courses. Une fois, on m'a arrêté et je me serais très certainement retrouvé en maison de redressement sans l'intervention de mes parents. Comme vous pouvez vous en douter, nous étions terriblement pauvres car tout le salaire de mon père passait dans la boisson. Nous vivions tous dans une seule pièce ; en tout, nous étions dix frères et sœurs, mais deux enfants sont morts très jeunes et un autre à la guerre. Vous imaginez aisément l'influence que cette promiscuité a eue sur ma sexualité. Cette misère a pris une tournure encore plus destructrice quand mon père a été condamné en 1897 à dix-huit mois de prison pour avoir eu des relations sexuelles avec sa fille aînée. Lorsqu'il est sorti de prison, il a retrouvé son travail. J'ai travaillé dans la même fonderie que lui. Il n'y avait jamais de dimanche ou de jours de repos, car mon père en profitait pour effectuer de petits boulots et je devais l'aider. Il s'était installé une petite fonderie dans la cave afin de fabriquer de petits objets en aluminium. Ma mère était quelqu'un de bien et de respectable.

« Quand je réfléchis à la vie sexuelle de mes parents, elle me fait plus penser à une suite de viols répétés qu'à l'existence d'un couple marié.

« Père n'était pas orthodoxe et il ne voulait rien savoir de la religion catholique. En résumé, ma jeunesse fut un véritable calvaire. Je n'avais pas encore seize ans lorsque j'ai volé de l'argent à l'usine pour m'enfuir. »

L'histoire de la famille Kürten fait l'objet d'une enquête des magistrats et des psychiatres suite à l'arrestation du criminel en 1930. Dans une large mesure, elle confirme les dires de Peter Kürten. Son père est né en 1859 et il est considéré comme un bon ouvrier. Tous ceux qui l'ont connu redoutent ses colères provoquées par l'alcool. Presque tout son salaire est dépensé pour la boisson. C'est un homme sans morale qui ne supporte pas qu'on le contredise et qui exige le respect. Il est extrêmement égocentrique. Son casier judiciaire indique sept condamnations pour voies de fait et violences diverses. En 1897, il purge une peine de dix-huit mois pour inceste sur la personne de la sœur aînée de Kürten. Il a neuf frères et sœurs, dont deux sont connus pour être des ivrognes invétérés. Le grand-père de Peter Kürten est d'origine paysanne, mais il a travaillé comme cheminot avant d'être renvoyé pour son goût immodéré pour la boisson et des vols répétés. Lui aussi est condamné à plusieurs peines de prison. Peter Kürten a dix frères et sœurs ; deux décèdent en bas âge et un frère meurt pendant la guerre de 14-18. Deux autres de ses frères sont condamnés à de lourdes peines de prison.

« Je ne suis jamais plus revenu à la maison. C'est à l'âge de neuf ans que j'ai commis mes deux premiers crimes, déguisés en “accidents”. A cette époque je jouais avec d'autres garçons sur les berges du Rhin, à Mülheim. Il y avait des troncs d'arbres qui étaient attachés en trains de bois et qui nous servaient de radeaux improvisés. On adorait se balader le long du Rhin avec ces radeaux. Un jour, j'ai poussé sous l'eau la tête d'un garçon qui avait perdu l'équilibre. Il est mort noyé. Une autre fois, c'est moi-même qui ai jeté un autre camarade de jeux dans le Rhin. Il a été emporté par le courant et est mort noyé, lui aussi. Je savais très bien que ce que je faisais était mal, mais ces actes m'ont fait éprouver d'agréables sensations.

« Je ne désire pas omettre mes expériences de prison car je suis convaincu qu'elles expliquent en partie mon existence par la suite. Une fois, j'ai été condamné à deux jours de prison. Quand je suis sorti, un agent de police m'a fait traverser enchaîné toute la ville pour me conduire jusqu'aux portes. Vous pouvez imaginer ce que j'ai ressenti ! J'ai su alors ce qu'était la vie d'un vagabond sans toit ni loi.

« Les crimes que j'ai commis à cette époque peuvent se comprendre par le simple besoin de survivre. Je volais pour manger ; j'ai obtenu de la nourriture sous de faux prétextes. En 1909, j'ai été condamné à une semaine derrière les barreaux ; en 1910, à six semaines, puis six mois, trois jours, etc. jusqu'à passer les trois quarts de l'année en prison. Ensuite, il y a eu une longue condamnation jusqu'en 1914. C'est à cette époque que j'ai connu la sévérité du régime disciplinaire. J'en ai terriblement souffert. Une véritable barbarie. Je suppose que je méritais en partie ces condamnations pour mes vols. Je ne condamne pas ces peines en elles-mêmes, mais je condamne la manière dont elles sont exécutées à l'encontre des jeunes gens. Le personnel des prisons était très différent à l'époque de ce qu'il est maintenant. L'enchaînement était une forme habituelle de punition. Une fois, j'ai été enchaîné pendant trois semaines de suite. A cette époque, il y avait un lieutenant qui était chargé de recevoir les visiteurs et les curieux. Il leur faisait visiter les lieux et me sortait de ma cellule pour m'exhiber. Le lieutenant prononçait un petit discours à mon sujet, en expliquant à quel point j'étais un prisonnier difficile. Un des visiteurs était un homme d'Eglise. Il s'est agenouillé pour embrasser mes chaînes.

« Tout ceci eut un très mauvais effet sur moi, et je peux en parler en connaissance de cause. Rien n'est pire que la souffrance spirituelle d'une personne qui est torturée dans sa chair. Certains de mes actes commis en prison ne peuvent s'expliquer que par le fait que je n'étais pas moi-même – une sorte de psychose. Parfois, cela n'avait aucun sens. Une folie de prisonnier. Je n'étais pas capable de penser en toute logique.

« Toutes mes condamnations jusqu'en 1903 se sont déroulées à Düsseldorf. Le traitement des prisonniers y était extrêmement sévère, bien plus qu'à l'heure actuelle. Ce n'est pas pour me justifier et je ne cherche pas à dire que tous ces châtiments étaient injustes. Ma colère et ma rancune sont exclusivement dirigées vers le personnel de prison dont les rapports exagérés me valaient ces punitions.

« Je dois avouer que je ne travaillais pas toujours au mieux de mes capacités. De 1905 à 1912, j'ai passé la plupart de mon temps à tourner comme un lion en cage dans ma cellule. Mes crises de rage, qui étaient fréquentes, étaient le résultat du régime sévère qui m'était imposé. A Münster, j'ai connu une sorte de psychose de la prison. Une fois, je me suis même enroulé dans un tissu de soie sous une table pour ne plus bouger.

« J'ai souvent eu des conflits avec des gardiens de prison. Il faut dire que je travaillais le moins possible, je dirais même le strict minimum. Dès que j'étais seul, je me laissais aller à un grand nombre de rêveries où mes fantasmes s'exprimaient en toute liberté ; certains bâtissent des châteaux de sable, d'autres passent le temps à s'imaginer dans des postures sexuelles avec les femmes. Au début, ce fut pareil pour moi, mais mes pensées ont pris une tournure plus violente. Cela m'a procuré du plaisir et, la nuit venue, allongé sur mon lit, les yeux fermés, mes pensées vagabondaient ainsi : si vous attaquez quelqu'un pour le blesser très sérieusement, cela vous apporte une gratification sexuelle. Quand mon imagination inventait de telles scènes, j'obtenais habituellement des éjaculations. Si je me voyais en train d'ouvrir l'estomac d'une personne ou de lui trancher la gorge, j'avais presque toujours une satisfaction sexuelle pleine et entière. C'est comme ça que se sont déroulés mes séjours en prison. Il ne sert à rien pour moi de cacher cet aspect sexuel de ma personnalité. J'en suis tout à fait conscient. J'ai toujours eu cette trame sinistre et sombre dans ma vie avec, à la base, cette forte activité sexuelle.

« Voilà pourquoi je n'ai jamais beaucoup travaillé. Ces pensées m'occupaient aussi pendant la journée. Je m'imaginais également en train de causer des accidents qui affecteraient des milliers de personnes, en inventant toutes sortes d'idées plus folles les unes que les autres, comme de détruire des ponts ou d'affaiblir les soubassements de jetées. Bien sûr, je n'aurais jamais pu faire ce genre de choses. Mais j'avais ma petite idée à ce sujet car j'avais étudié sérieusement ces possibilités. Dans mes pensées, je voyais de nombreuses personnes être précipitées dans les flots et y périr noyées. Ensuite, je rêvais aussi d'empoisonner des réservoirs d'eau potable avec divers bacilles qui auraient entraîné une véritable calamité. Je m'imaginais en train d'utiliser des écoles à la campagne où je pourrais poursuivre ces meurtres par la distribution d'échantillons de chocolat mélangés à de l'arsenic que j'aurais pu obtenir sans risque grâce à mes cambriolages.

« Lorsque j'avais ces visions et que mon cerveau formait ces images, j'étais toujours très heureux d'y jouer le rôle central. J'y trouvais un plaisir similaire à celui des personnes qui rêvent de femmes nues. Et pour cela, je ne peux m'en prendre qu'à moi-même. J'aurais pu combattre ces idées, au lieu d'y succomber. J'en retirais de plus en plus de plaisir ; je dois admettre que s'y est aussi ajoutée, dans une certaine mesure, la notion de vengeance.

« Mes idées à ce sujet étaient les suivantes : ce traitement que je subissais était barbare, uniquement valable pour des chiens. Encore jeune, je me suis dit, "Attendez donc un peu, bande de salopards !". J'avais toutes sortes d'idées et je me concentrais sur différents actes, ce qui me procurait toujours beaucoup de plaisir. Cela continua à se développer au fil des ans, à Münster notamment. Je me disais : si tu agis de telle ou telle façon, cela va affecter tes bourreaux. Par exemple, je tue une personne innocente et qui n'est pas responsable de mes mauvais traitements, mais s'il existe vraiment sur cette terre la notion de compensation, mes bourreaux en ressentiront les effets ; cela se transférera sur eux, même s'ils ignorent que j'en suis l'auteur, le responsable de ce crime.

« En avril 1921, j'ai été libéré de la prison de Brieg. J'avais eu une remise de peine de sept mois pour bonne conduite. Pour avoir évacué un gardien blessé sous le feu nourri des mutins de cette prison. D'un autre côté, je dois admettre que j'avais participé à une autre mutinerie. Je discutais souvent de mes aventures sexuelles avec d'autres prisonniers. Parfois je les choquais volontairement, comme lorsque je leur racontais que j'avais mordu les parties génitales d'une femme. Lorsque le sang gicle, il n'y a rien de plus excitant au monde.

« Dès mon plus jeune âge, j'ai toujours aimé allumer des incendies. J'ai commis ces actes pour la même raison que tout le reste – mes tendances sadiques. J'avais du plaisir en voyant les lueurs du feu et les cris des personnes qui demandaient de l'aide. C'était une telle excitation que j'en retirais toujours un orgasme très violent. Et il en était de même pour les lettres que j'écrivis à la police. Je pensais que l'influence de ces lettres et l'excitation qu'elles causeraient auraient un effet sexuel sur moi, et je ne me suis pas trompé. La première de ces lettres fut écrite en 1913, après le meurtre de la fille Klein à Köln-Mülheim. En plus, j'étais persuadé que le sang innocent de ma victime châtierait ceux qui me tourmentaient.

« J'étais continuellement en proie au désir – vous appellerez ça le désir de tuer – et plus il y en avait, mieux c'était. Oui, si j'en avais eu la possibilité, j'aurais tué des masses de gens. J'aurais engendré des catastrophes. Tous les soirs, quand ma femme travaillait tard, j'écumais les rues de la ville à la recherche d'une victime. Mais ce n'était pas si facile que ça d'en trouver une.

« Lorsque je rentrais à minuit passé, parfois gorgé du sang de mes victimes, j'effaçais toute trace suspecte de mes mains et de mes vêtements. Au retour de ma femme, nous discutions tranquillement de notre journée de travail, de nos voisins, avant de nous endormir côte à côte. Je ne faisais jamais de mauvais rêves et mes nuits n'étaient jamais troublées par le manque de sommeil.

« Mes relations avec ma femme ont toujours été bonnes. Je ne l'aimais pas d'un point de vue sensuel, mais à cause de mon admiration pour son extraordinaire caractère. J'ai toujours possédé un très fort appétit sexuel, qui s'est encore accru ces dernières années et qui était d'autant plus stimulé par les crimes eux-mêmes. Pour cette raison, j'ai constamment été poussé à chercher une nouvelle victime. Parfois j'avais même un orgasme rien qu'en saisissant une victime à la gorge ; d'autres fois, non, mais cela m'arrivait quand je poignardais la victime. Ce n'était pas dans mes intentions d'obtenir satisfaction par une pénétration normale, mais bien par l'acte de tuer. Lorsque la victime se débattait, cela ne faisait que stimuler mon désir. Je prendrai pour exemple le cas d'Ohliger pour lequel Stausberg fut accusé à tort. Je n'ai pas eu de rapports avec l'enfant. Ce n'était pas nécessaire car j'avais déjà éjaculé. La réaction s'était déjà produite pendant que je lui serrais la gorge, mais pas l'éjaculation. Ce n'est qu'au moment où je l'ai poignardée que j'ai eu une éjaculation. Mon membre était sorti et l'éjaculation s'est produite sans qu'il y ait eu érection, ce qui est bien meilleur ; il en a été de même pour Hahn, au point que j'en ai eu un frisson tout le long de la colonne vertébrale. Pour en revenir à Ohliger, pendant que je l'étranglais, j'avais inséré mon médius dans son vagin. J'avais baissé un peu son slip avant de le remettre en place par la suite. Mais je n'avais encore rien ressenti, ce n'est que lorsque je me suis emparé des ciseaux pour la poignarder que j'ai eu une éjaculation instantanée. En tripotant l'enfant, j'ai peut-être introduit un peu de fluide séminal avec mon doigt. A minuit, je suis retourné voir le cadavre. Je voulais le toucher à nouveau. Je ne nie pas que c'était pour ressentir une nouvelle excitation sexuelle, mais il n'y a pas eu d'éjaculation cette fois-ci. Autre chose : je l'ai uniquement tripotée à travers ses vêtements. Je ne pouvais pas rester longtemps car ma femme n'allait pas tarder à rentrer.

« Pourquoi brûler le corps ? Bien évidemment je ne l'ai pas fait pour le détruire. C'était pour obtenir une excitation sexuelle, mais il n'y a pas eu d'éjaculation. Le lendemain matin, à neuf heures, je suis revenu encore une fois sur les lieux, après qu'elle eut été découverte. J'ai vu les policiers et toute cette foule et j'ai failli jouir. Toutes ces envies sexuelles n'étaient pas normales, et vous en avez la confirmation dans le cas de Scheer, puisqu'il s'agit d'un homme.

« Je me promenais le long du Hellweg, à la recherche d'une victime. J'ai vu un homme s'approcher. Et j'ai tout de suite pensé : "Celui-là est pour moi." Personne en vue ! L'homme titubait. Il m'a heurté. Il était ivre. Je l'ai poignardé avec mes ciseaux. Au premier coup dans la tempe, il est tombé par terre. J'ai immédiatement éprouvé une grande excitation sexuelle qui s'accroissait à chacun des coups que je lui assenais. Suite à un sérieux coup dans la gorge, j'ai entendu distinctement le sang gicler. Ce fut l'orgasme suivi d'une éjaculation. J'ai arrêté de le frapper pour faire rouler son corps jusqu'au bord de la rivière.

« Le lendemain matin je suis retourné sur les lieux et les enquêteurs s'y trouvaient déjà. Malgré le froid intense j'ai eu une autre éjaculation. Il faisait vraiment très froid. Et pourtant je n'en avais absolument pas conscience malgré la légèreté des habits que je portais. Lorsque je suis dans cet état, je ne suis même pas conscient de la fatigue. Pendant mes longues nuits de traque, j'ai parfois couvert d'énormes distances à pied sans me rendre compte du tout de la fatigue. Et cela, malgré une journée de travail bien remplie.

« La première fois que j'ai ressenti une tendance à la cruauté ? Cela doit remonter à des décennies. Enfant, je ne torturais pas les animaux, du moins, pas plus que les autres. Bien sûr, nous partions à la recherche de nids d'oiseaux et j'avais attrapé des grenouilles. Mais j'ai eu un développement sexuel prématuré et à l'âge de quinze-seize ans j'étais déjà comme ça ; ensuite, je me suis mis à poignarder des moutons dans les prés du Grafenberg. En agissant ainsi, je me suis rendu compte que j'éprouvais une sensation agréable mais sans éjaculation. C'était le début, et la première fois que je devins conscient du lien qui unissait la cruauté au désir sexuel. A cette époque, j'avais aussi coupé la tête d'un chien. Une sensation très agréable. Je vous la recommande, Professeur, vous devriez essayer vous-même. Le sang coule dans un silence absolu lorsque vous coupez la tête d'une oie. L'origine de cette sensation remonte à loin. Quand nous vivions à Köln-Mülheim, un de nos voisins était un employé chargé de la capture des chiens errants. Les animaux étaient capturés, abattus et mangés. Le lard était vendu séparément pour servir à panser des blessures. Cet employé avait pour habitude de torturer les chiens qu'il capturait. Par exemple, il les frappait avec une aiguille ou leur brisait la queue, en déclarant que c'était pour voir si les animaux étaient en bonne santé. J'assistais fréquemment à ce spectacle qui me plaisait beaucoup. Je devais avoir dans les neuf ans. Il m'a aussi montré comment exciter les chiens et leurs parties génitales pour qu'ils éjaculent. Plus tard, à l'âge de treize ans, je me suis souvent souvenu de cet employé quand j'attrapais de jeunes buses et des hiboux avec mes camarades d'école, et quand je prenais des écureuils ou des martres. On les revendait à ce marchand, Otten, sur le marché. Et ça nous rapportait un bon paquet d'argent de poche. Tenez, j'ai toujours une cicatrice au doigt, là où un écureuil m'a mordu. J'ai dû lui serrer le cou pour le faire lâcher prise. J'avais quatorze ans et pourtant je bandais comme un malade. Plus tard, au travers de conversations et de mes lectures, j'ai parfait mes connaissances sur ce sujet. Voir du sang me donnait une sensation plaisante. A cette époque, les gens tuaient encore fréquemment des porcs chez eux, et cela a toujours été un spectacle de choix pour moi.

« Alors que j'étais à l'école, j'adorais les incendies. Les hurlements et toute cette excitation me mettaient en joie. J'ignore si cela avait un rapport avec mon onanisme. Peu importe, de toute façon, puisque que ce n'était que temporaire. A treize ans, je savais tout des relations sexuelles puisque j'avais vu mes parents le faire. Bien entendu, j'ai décidé d'expérimenter à mon tour. J'ai commencé avec une copine d'école mais, bien que dénudés, je ne suis pas arrivé à la pénétrer parce qu'elle bougeait trop et me résistait. Du coup, je me suis rabattu sur des animaux. Dans les étables, il y avait des chèvres et des moutons. J'ai eu des rapports avec pas mal d'animaux femelles du voisinage ; je les pénétrais de force avec mon membre. Après, ça ne m'intéressait plus. Cela a duré un temps, vers l'âge de treize ans.

« Peu de temps après, je me suis rendu compte du plaisir ressenti à la vue du sang. Même aujourd'hui, j'ignore pourquoi je suis allé dans ces étables au-delà de Hirschburg. La ferme s'y trouve toujours. J'ai poignardé un cochon dans le dos : il saignait affreusement tout en poussant des hurlements. Quelqu'un m'a aperçu et il m'a reconnu car il faisait partie de mon école. Je me suis fait sacrément engueuler à la maison.

« C'est à treize ans que j'ai connu mon premier orgasme complet en poignardant un mouton. J'étais en train de pénétrer l'animal, mais je ne me souviens plus si la bête a bougé ou si j'étais satisfait par mon rapport. En tout cas, j'ai poignardé l'animal et j'ai éjaculé sur-le-champ. J'ai fréquemment répété cet acte pendant les deux à trois années suivantes. Ensuite, je n'ai plus eu que des rapports avec des femmes. Je me trouvais alors à Coblence.

« Je venais juste de m'enfuir avec de l'argent volé quand j'ai été accosté dans la rue par une fille de dix-huit ans environ. On a vécu ensemble jusqu'à ce qu'il n'y ait plus d'argent. Nos rapports sexuels étaient tout ce qu'il y avait de plus normal. Et pourtant, même à cette époque, je la pinçais avec force durant nos rapports ; je n'avais pas besoin de la blesser pour jouir. Elle ne m'attirait pas beaucoup ; en trois ou quatre semaines, nos rapports pouvaient se compter sur les doigts d'une main. Ce qui paraît plutôt curieux pour un jeune homme.

« C'est à cette époque que j'ai connu ma première peine de prison. Je pensais déjà à blesser et à poignarder mais ces idées n'étaient pas aussi fréquentes. Lorsque je suis sorti de prison j'ai fait par hasard la connaissance d'une femme et de sa fille de seize ans. C'était cette femme qui m'attirait et non pas sa fille. Cela peut sembler étrange. Mes rapports étaient satisfaisants uniquement lorsque je la maltraitais. Au début elle a accepté cette situation, mais cela s'est aggravé au point que j'ai menacé de la tuer. Elle m'a dénoncé à la police et j'ai écopé d'une semaine d'emprisonnement.

« Pendant ma première longue condamnation de huit mois pour vol, j'ai été séparé de cette femme. Je l'ai rencontrée de nouveau en 1904 et, cette fois-ci, je me suis intéressé à sa fille. Je lui ai fait subir des sévices tout en la menaçant d'un revolver. L'arme était bien trop ancienne pour lui faire du mal. Je me suis beaucoup amusé en leur tirant dessus tandis qu'elles s'enfuyaient. Cela m'a fait éjaculer.

« C'est à la même époque que je me suis servi de nouveau d'une arme à feu. Pendant mon séjour en prison je rêvais de tirer sur cette fille que je connaissais à Grafenberg. Rien que cette pensée me faisait jouir. Je l'avais connue à l'école. Je me suis mis à épier ses moindres faits et gestes, au point d'attendre des journées entières le moment favorable pour la tuer. Un matin, je l'ai vue sortir du lit et j'ai tiré. Au bout d'un moment, lorsque les choses se sont calmées, je suis revenu pour tirer à nouveau un soir à travers la fenêtre de sa chambre. Puis j'ai pris la fuite dans la forêt de Grafenberg où l'on m'a poursuivi avant de m'arrêter, l'arme à la main. Je suis passé aux aveux et on m'a condamné à un an de prison.

« Ces longues condamnations ont eu une très mauvaise influence sur moi. J'étais encore jeune. Les autres prisonniers pensaient à des femmes nues et ils se masturbaient. Je ne le faisais que rarement.

Cela ne me procurait aucun plaisir. Je ne jouissais qu'en imaginant une quelconque scène horrible le soir dans ma cellule. Par exemple, d'ouvrir le ventre de quelqu'un et de penser à quel point les gens seraient horrifiés. Blesser une personne était ce qui me faisait jouir; c'est comme ça que j'éjaculais. Cela m'est arrivé pour la première fois dans la prison de Metz en 1905. Il en a été ainsi pendant des années. Sans ça, je crois bien que je me serais pendu. Une fois sorti de prison, il n'y a donc rien d'étonnant à ce que ces pulsions s'emparent de moi. Mon imagination me poussait à agir. Lorsque j'ai commis ce crime à Mülheim, je venais juste de passer sept ans dans la centrale de Münster. En fait, je voulais commettre un vol et le meurtre fut un accident. Mais ce crime ne fut pas unique pendant toutes ces années. Non, j'ai commis des tas d'autres actes, mais qui n'étaient pas aussi graves. Ce fut une opportunité dont je profitais au contraire de ces dernières années où les pulsions me dominaient constamment. La petite Klein dormait dans son lit. Je l'ai prise à la gorge et mon excitation sexuelle s'est éveillée sur-le-champ. Pendant que je l'étranglais d'une main, je tentais de lui déchiqueter le vagin avec mes doigts, mais ce ne fut pas suffisant pour satisfaire mes besoins : je lui ai tranché la gorge. La plupart du temps, c'est le sang qui importe, étrangler ne suffit pas à produire une éjaculation.

« Prenons l'exemple de cette Italienne. Je ne connais que son prénom, Marianne. Elle trouvait son plaisir en me suçant, mais ce n'était pas réciproque. C'est pourquoi j'ai tenté de l'étrangler pendant une dizaine de minutes. Sans succès. Elle ne criait pas et se contentait de lutter avec vigueur. Quant à Anna Ist, son corps était devenu marbré de bleu et de noir sous mes coups répétés. Malgré cela, elle est de nouveau sortie avec moi. Les femmes sont vraiment bizarres !

« Je ne peux pas vous dire s'il y avait des périodes où mes pulsions étaient plus fortes qu'à d'autres. Il n'y a guère que pendant l'époque où je mourais de faim dans la prison de Brieg que je n'ai éprouvé aucun désir sexuel : j'étais devenu un mort-vivant. Voilà pourquoi il ne s'est rien passé à Altenburg. Si je maltraitais les femmes, c'était uniquement pour obtenir une éjaculation, sans connaître de rapport sexuel complet. Ce n'est qu'à mon arrivée à Düsseldorf, lorsque j'ai commencé à avoir des relations avec Tiede que je me suis laissé aller à des actes de cruauté de plus en plus fréquents. Au début, Tiede s'est laissé faire. Puis elle a appris que j'étais marié et elle a déposé plainte contre moi. Mais je fréquentais aussi Mech et Kiefer qui habitaient toutes les deux sur la Parkstrasse. Quand vous remarquez ces longs moments où je suis resté sans commettre de crimes, cela est uniquement dû à des périodes d'emprisonnement ou à des tentatives qui ont échoué. Il y a eu aussi d'autres méfaits moins graves dont j'ai à peine gardé le souvenir et qu'il m'est donc impossible d'avouer.

« C'est à cette même époque que j'ai commis de nombreux actes de pyromanie. Lors de mon arrestation, je n'en ai reconnu qu'une faible partie. Et j'ai indiqué une autre raison qui m'a d'ailleurs été suggérée par la police elle-même; je n'avais pas envie de me fatiguer à les contredire. Il est faux que je voulais tuer les vagabonds qui dormaient dans les meules de foin. Jamais une telle idée ne m'a effleurée. Dans mon imagination, le feu jouait le même rôle que mes autres forfaits; quand les gens s'enfuyaient en criant, j'éprouvais une jouissance incroyable. Les flammes brillantes qui illuminaient la nuit m'excitaient, mais une chose est sûre : la fréquence de mes actes incendiaires ces dernières années provenait de l'injustice des condamnations que je devais subir. Quand j'ai été condamné en 1926 j'étais absolument fou de rage. J'avais l'impression d'être innocent. Mes pulsions sexuelles ne faisaient qu'ajouter à mon état d'esprit. Une fois libéré en 1927, j'ai commis beaucoup plus d'incendies que ceux qui figurent dans mon procès-verbal. Il en est de même pour de nombreuses agressions où j'ai tenté en vain d'étrangler mes victimes. En 1927, j'ai été de nouveau condamné injustement. Tiede avait fait une fausse déclaration sous serment. L'année suivante, encore une condamnation injustifiée pour des soi-disant insultes et menaces. J'étais totalement innocent. A ce jour, je leur en veux toujours. »

VI. UN SADIQUE SEXUEL

« Vous voulez savoir si j'ai été suspecté de tous ces meurtres? Non. J'ai tout avoué après mon arrestation sans même qu'on me le demande. Je ne nie pas qu'il y ait eu un certain désir de vantardise de ma part, probablement un héritage de mon père. Mettez-vous un peu à ma place. Les plus hauts gradés de la police s'occupaient de mon cas. Ils me considéraient tous comme un miracle. Voilà pourquoi j'ai même endossé la responsabilité de crimes que je n'avais pas commis.

« Comme, par exemple, ces crimes d'Altenburg dont les détails m'étaient connus par de nombreuses discussions. On s'est souvent extasié sur ma mémoire. Je me souviens dans le moindre détail d'événements qui se sont déroulés il y a vingt ou trente ans. Je me rappelle du jour et de l'heure du moindre de mes incendies. Mais je n'avais jamais l'intention de brûler des gens lorsque j'allumais ces feux. Par contre, pendant le feu, je dois avouer que le fait qu'il puisse y avoir des êtres humains brûlés ajoutait encore aux sensations que j'éprouvais. J'assistais toujours à ces incendies, au point que certains spectateurs m'ont même demandé de les aider pour les éteindre. Sinon, je me mêlais à la foule des badauds. Les cris des gens et la lueur des flammes me causaient une grande excitation. Les flammes les plus hautes entraînaient toujours une éjaculation. S'il m'arrivait d'allumer plusieurs incendies dans une même soirée, c'est parce que le premier ou le deuxième ne me satisfaisait pas. J'avais aussi une éjaculation lorsque je mettais le feu à une forêt. La vue était magnifique quand un pin après l'autre se consumait dans les flammes attisées par le vent d'est... une vraie merveille.

« A Wolfsaap, j'ai eu du mal à démarrer l'incendie, alors je suis parti à la ferme de Stutzhof pour mettre le feu à une grange. Mais l'endroit était isolé et il y avait trop peu de monde à mon goût, ce qui m'a obligé à revenir à Wolfsaap. Entre-temps l'excitation avait monté d'un cran. Les engins des pompiers étaient déjà sur place ; les tuiles du toit craquaient sous l'effet de la chaleur. Les hiboux de la forêt se sont mis à hululer et j'ai éjaculé. Il m'est arrivé la même chose à Heumieten. Pas assez de bruit. Un policier a dû s'employer à réveiller les gens qui n'ont même pas pris la peine de se lever. Voilà pourquoi j'ai allumé un autre foyer d'incendie à Hohenzollern, la même nuit. Là, il y avait beaucoup de monde et j'ai eu une grande jouissance. A plusieurs reprises j'ai tenté de mettre le feu à l'orphelinat de Düsseldorf, mais le feu s'est éteint à chaque fois. J'aurais probablement mieux fait de ne pas y toucher à cause des enfants.

« Les trois incendies de janvier 1929, qui se sont déclenchés la même nuit, ont été la conséquence d'un premier départ de feu raté – pas assez d'agitation – pour les meules de foin de Papendell.

« Vous devez vous demander si je pouvais connaître des rapports sexuels normaux ? Eh bien, si je ne maltraitais pas la femme, il m'était impossible d'avoir un orgasme. Même avec ma femme, je devais utiliser une sorte de fantasme sinon j'étais impuissant. C'était généralement elle qui prenait l'initiative. Au bout de six mois de mariage elle avait pour habitude de déclarer : “Sommes-nous mariés ou pas ?” Elle était toujours obligée de m'aider à avoir une érection : pour que le rapport puisse être mené à son terme, cela me prenait un temps fou. Je devais imaginer tout un tas de trucs pour y arriver. Il en était de même pour mes victimes : je n'y suis jamais parvenu sans brutalité, y compris pour Hahn. Elle a cru que j'avais eu un rapport complet avec elle mais je n'ai pas éjaculé. Sans violence dans son cas, mais sans éjaculation non plus. En l'absence de violence, mon membre mollit dans le vagin.

« Mais ce qui importait vraiment pour moi, c'était de voir tout ce sang. A ce sujet, laissez-moi vous raconter un incident récent. Dès que j'étais témoin d'un accident grave, j'étais immédiatement dans un état de grande excitation sexuelle. Peu de temps avant mon arrestation j'ai vu chuter le serre-frein d'un tramway de la Erkrather Strasse. Il est passé sous les roues. Le sang a jailli en gros bouillons et j'ai fait semblant de lui porter secours. Mon orgasme a été immédiat. De tels incidents se déroulent fréquemment, y compris pour des animaux. Une fois, au coin de la Mintropstrasse, j'ai observé un cheval qui saignait à mort. Par un coup de chance, j'étais présent sur les lieux et j'ai éjaculé.

« Le fait que j'utilise un couteau, des ciseaux ou un marteau pour voir le sang couler m'était totalement égal ou un fait du hasard, suivant ce qui me tombait sous la main. Souvent, après des coups de marteau, les victimes ensanglantées bougeaient et se débattaient, comme lorsque je les étranglais. Je n'ai jamais joui au début de mes attaques, voilà pourquoi je devais poursuivre ma tâche. Ainsi, dans le cas d'Albermann, je n'ai rien éprouvé pendant la strangulation. C'est pour cela que j'ai répété le geste que j'avais effectué à Mülheim, en introduisant mes doigts dans le vagin de l'enfant. J'ai tout de suite eu une érection et j'ai pénétré le vagin de l'enfant. Ce n'était qu'une tentative car mon membre a molli de nouveau et j'ai été obligé de la poignarder. Du coup, j'ai connu une éjaculation. J'entends le sang couler, même quand je poignarde le cœur d'une victime à travers ses vêtements.

« J'étais allongé sur la petite Albermann, mon membre était toujours dans son vagin tandis que je continuais à la poignarder dans la poitrine. Pareil pour Hahn. Là aussi, pas de satisfaction durant l'acte sexuel. J'ai de nouveau bandé lorsque je l'ai étranglée; ensuite, je l'ai égorgée, le sang a jailli de la blessure et je l'ai bu à pleines gorgées pour éjaculer enfin. J'ai probablement bu trop de sang parce que j'ai fini par vomir. La fille Hahn était encore vivante malgré ses terribles pertes de sang. Finalement, pour la tuer, je l'ai frappée à la poitrine et j'ai de nouveau entendu le sang couler. Si je suis revenu à deux reprises auprès du corps, c'était pour des raisons de sécurité : je ne pouvais pas laisser le cadavre dans la rivière. Pendant que je transportais le corps pour l'enterrer dans une tombe que j'avais creusée, j'ai eu l'idée de la crucifier. J'avais sur moi de longs clous très solides et je voulais la clouer à un arbre les bras en croix. Mais je n'ai pas eu le temps. Bien évidemment, cela aurait provoqué une certaine excitation. Une fois dans la tombe, j'ai tiré le corps jusqu'à moi. La partie inférieure était dénudée et je l'ai tripotée tout en la tenant fermement ; je me suis senti excité encore une fois et j'ai eu un orgasme. J'ai été frappé par le fait que le cadavre ne soit pas raide mais tout à fait flasque. Qu'est-ce qui avait empêché la rigidité cadavérique de se développer ?

« Le simple fait de poignarder quelqu'un était suffisant pour satisfaire mon désir sexuel. Par exemple, lorsque je m'en suis pris à Anna Goldhausen, j'ai éprouvé une excitation sexuelle rien qu'en tournant le coin de la rue pour l'apercevoir qui se dirigeait vers moi. J'avais une érection en la poignardant, mais pas d'orgasme, voilà pourquoi j'ai continué à la frapper. Je n'ai eu aucune satisfaction quand j'ai poignardé Mme Mantel parce que cette femme criait tellement fort que j'ai dû m'enfuir le plus vite possible. Ce n'est qu'à la troisième attaque au couteau que j'ai obtenu un orgasme – pour Kornblum – mais sans connaître une érection complète. Suite à cette agression et à celle de Hahn, ma femme a découvert des taches sur mes vêtements et elle m'en a fait le reproche.

« Avec Mme Kühn, j'ai aussi eu un orgasme malgré le froid glacial et la brièveté de l'attaque qui s'est déroulée en l'espace de quelques secondes. Pour ce qui concerne les enfants de Flehe, le fait que j'étrangle Hamacher et qu'elle se débatte m'a excité, tandis que le bruit de son sang m'a fait éjaculer lorsque je lui ai tranché la gorge. Quant à l'autre enfant, Lenzen, c'est sa résistance qui m'a stimulé et le fait de le poignarder m'a apporté de la jouissance, mais sans érection. Ce soir-là, j'étais dans un état de grande surexcitation sexuelle. Le lendemain, lorsque je me suis de nouveau rendu à Flehe et que j'ai constaté l'agitation énorme de la population, j'ai éjaculé.

« Le cas de Schulte, le lendemain, ne différait pas des autres. Mon désir sexuel était apaisé avec ce qui s'était passé le jour précédent. Ce fut uniquement la nuit venue, avec les cris et les coups de couteau, que j'ai obtenu un orgasme.

« Dans le cas de Reuter, j'ai aussi éjaculé. La fille s'était effondrée dès le premier coup de marteau. Quand je l'ai traînée hors du chemin, elle a repris connaissance pour me mordre et se défendre. C'est à cause de ça que je me suis excité, alors que le sang n'avait pas encore coulé. Cependant, j'ai dû continuer à la frapper avec le marteau car je n'avais pas eu d'éjaculation lors de notre rapport. C'était à peu près pareil pour Dorrier quand elle était allongée par terre, après le premier coup de marteau. Je m'étais déjà dévêtu, j'avais une érection, je l'avais pénétrée, mais j'ai dû poursuivre mes frappes à coups de marteau jusqu'à ce que j'éjacule. Je l'avais aussi saisie à la gorge avec ma main gauche.

« Pour Wanders, l'excitation n'a pas eu de conclusion parce que le marteau s'est brisé. Sa tête était plus dure que le marteau.

« Je vous ai déjà parlé du cas de Hahn. J'ai bu son sang à même le cou. Je l'avais poignardée à la gorge, puis je m'étais allongé en travers de son corps pour boire le sang à la source de sa blessure. Pendant que je le faisais je tenais les ciseaux dans ma main droite et je continuais de la frapper mais, cette fois-ci, à la poitrine.

« Pour Ohliger aussi, j'ai bu du sang à la tempe et pour Scheer, ce fut dans le cou. Pour la fille Schulte, je me suis contenté de lécher le sang de ses mains. Il en a été de même pour ce cygne du Hofgarten. Je me baladais très souvent la nuit dans le Hofgarten et, au printemps 1930, j'ai remarqué ce cygne qui dormait sur une des berges du lac. Je lui ai tranché la gorge. Le sang a giclé et j'ai bu au moignon, avant d'éjaculer.

« Est-ce que j'ai des remords d'avoir agi ainsi ? Je dois vous avouer franchement que l'évocation de tous ces détails n'est pas du tout désagréable. J'y prends même du plaisir. Bien sûr, j'éprouve de la pitié pour les victimes, mais ces souvenirs excitent mon imagination et je parviens même à obtenir une gratification sexuelle. Ces explications, je vous les donne parce que vous êtes un savant et que je vous raconte avec une totale franchise mes sentiments les plus profonds. Quant à ma propre destinée, je suis serein. C'est pour cette raison que je suis capable de vous répondre avec le plus grand calme que je n'éprouve aucun remords. Il vaut mieux que j'en ai ainsi fini. Jamais je n'aurais stoppé mes attaques. J'étais continuellement poussé à les poursuivre, encore et encore. Mais je veux aussi souligner que j'étais capable de maîtriser mes pulsions. Voilà où se situe ma culpabilité : je n'ai pas été capable de le faire lors de mes assassinats. Je sais fort bien que dans ce cas précis je suis coupable. En conséquence, j'accepte ma punition. Ayant passé vingt-quatre années derrière les barreaux, je préfère la mort à la prison. Bien que la prison soit différente de ce qu'elle était autrefois, je vois bien le mépris qui s'affiche à mon égard sur les visages du personnel pénitentiaire et des autres détenus. Ces hommes, Professeur, ne comprennent pas, comme d'habitude. Mais, après tout, les gens ont raison de dire : "Le monstre ! La bête sauvage !"

« Je me rends compte que cette notion de vengeance et d'expiation était une erreur. Pendant des heures je suis resté assis auprès des tombes de mes victimes afin de renoncer à cette idée. L'aspect sexuel de la chose demeurait en arrière-plan, mais il prenait parfois le dessus. Par exemple, j'avais enfoncé mes doigts dans la terre de la tombe de Klein. Son portrait était fixé sur la pierre tombale, je voyais les tresses qui tombaient sur ses épaules. En y pensant, j'ai éjaculé. Il en a été de même pour Hahn. J'y suis retourné plus d'une dizaine de fois dans les trois mois qui ont suivi son assassinat. Encore et encore. C'était comme un aimant qui m'attirait. Ce genre de chose, bien sûr, vous pouvez le comprendre, en tant que criminologue... que le criminel retourne toujours sur les lieux de son crime. Chaque fois que je fouillais les tombes, j'obtenais un orgasme. J'étais même attiré lorsque je partais en promenade avec ma femme qui, elle, préférait se rendre au Grafenberg ; moi, je voulais toujours me rendre dans la direction opposée, à Papendell, auprès de la tombe de Hahn. Une autre fois, j'étais sorti me balader avec mon père et je suis revenu sur les lieux où j'avais rencontré Ohliger et Scheer. Et j'y suis retourné seul de nombreuses fois et, à chaque fois, j'ai connu un orgasme en me souvenant de tout ce qui s'y était déroulé.

« En prison, j'en profitais pour lire tous les journaux qui me tombaient sous la main. Surtout, toutes les affaires de meurtres. Et, invariablement, j'étais excité d'un point de vue sexuel. Quelquefois, c'était les photos qui m'excitaient ; j'apercevais une expression d'horreur sur les visages des gens photographiés. J'adorais lire un ouvrage sur "Jack l'Eventreur". Je l'ai lu d'innombrables fois. J'aimais aussi aller au cinéma, surtout les films avec des séquences excitantes, comme lorsque quelqu'un était saisi par le cou ou précipité au bas d'une falaise.

« A présent (nous sommes au début de 1931) que l'enquête préliminaire est achevée, le procès va probablement se dérouler en avril. Je suis en faveur d'une sorte de procès discret. Je vais demander à ce que les débats se déroulent à huis clos afin que les jeunes ne puissent pas lire de comptes rendus dans les journaux. Grâce à mon expérience personnelle, je sais combien de tels articles relatant des crimes sexuels agissaient sur moi. On m'a également dit que de très jeunes filles sont au comble de l'excitation lorsqu'il s'agit de mettre la main sur de tels récits dans les journaux ; elles promettent des bonbons au chocolat à celles de leurs amies qui parviendra à leur obtenir la dernière édition. Pendant que je commettais mes crimes, j'ai même entendu une fille déclarer dans la rue à une amie : "J'aimerais beaucoup faire sa connaissance, au moins une fois, si j'étais sûre qu'il ne me fasse pas de mal." Elle faisait référence au meurtrier de Düsseldorf. »

Le 13 avril 1931 s'ouvre le procès du Vampire de Düsseldorf dont l'issue ne fait aucun doute et qui n'apporte aucun élément nouveau. Il dure dix jours et se déroule dans le gymnase d'une caserne, la cour du Palais de justice de Düsseldorf étant trop petite pour l'occasion. Malgré les aveux répétés de Kürten, chacun de ses crimes est examiné en détail. L'accusé ne réfute jamais l'ensemble des témoignages, il se contente de corriger certaines erreurs des différents témoins ou rescapés. Encore une fois, il fait preuve d'une incroyable maîtrise et sa mémoire des événements est tout simplement prodigieuse. Voici comment un célèbre chroniqueur judiciaire de l'époque, Marcel Montarron, décrit l'atmosphère du procès :

« J'ai pu voir de près celui qu'on nomma le Vampire de Düsseldorf. Peter Kürten, le mystérieux assassin des kermesses de Düsseldorf, offrait l'apparence d'une rassurante respectabilité. Sous ses cheveux bruns toujours soigneusement coiffés, ses traits réguliers, ses yeux pâles ne portaient aucune trace de cette folie meurtrière qui avait conduit cet ancien repris de justice à devenir un maniaque du crime. Mais son regard de rat et son calme funèbre faisaient peur. Je me souviens des minutes qui précédèrent le verdict. Nous vivions depuis plus d'une semaine dans une atmosphère de réunion publique dont le décor entretenait l'illusion : pour conduire à son ultime étape le destin maudit de Peter Kürten, la justice s'était installée dans une salle de gymnase d'une ancienne caserne d'infanterie. Le public admis dans cette enceinte avait été limité à une cinquantaine de personnes. Et sur leur estrade, les robes noires des juges composaient une sorte d'apparat funèbre, propre à mieux nous préparer à subir le moite univers de cauchemar qui allait nous baigner jour après jour.

« Cependant, tout était soumis à une discipline des plus strictes. Les éclats de voix de l'accusation et de la défense semblaient réglés par un mécanisme d'horloge. Les médecins avaient nié que le vampire fût atteint de folie. A leur dialectique, le défenseur de Peter Kürten n'opposait que des arguments de style, à savoir qu'il était possible que Peter Kürten fût dément, sans que sa démence fût continuelle. Les médecins répondaient que chacun de nous peut ressentir des troubles de la raison et de l'instinct et cependant n'être pas dominé par eux. Ils posaient, comme cela fut fait trente ans plus tôt à propos de Vacher, l'éventreur de bergères, le problème angoissant de la volonté et du libre arbitre.

« Nous étions haletants. Peter Kürten était-il un malade irresponsable ou un monstrueux assassin ? Rappelant l'importance du dilemme qu'ils avaient à trancher, le président avait rappelé les experts à la barre. Leur réponse avait été catégorique :

— Peter Kürten a la pleine conscience de ses actes. Nous l'avons examiné pendant plusieurs mois. Rien ne nous a révélé sa folie. Ses souvenirs, son esprit critique sont intacts. Il n'a jamais perdu la notion du bien et du mal. Il a fait volontairement le mal.

« Et comme pour leur donner raison devant l'histoire criminelle de tous les temps, le vampire se leva et parla à son tour.

« J'étais assis à côté des psychiatres qui surveillaient ses expressions comme si cet accusé exceptionnel n'eût été qu'un précieux sujet d'expérience.

« Peter Kürten faisait par instants penser à Landru – un Landru sans barbe – parce qu'à plusieurs reprises il empruntait les attitudes de l'homme de Gambais. Lui aussi, comme Landru, avait toujours à la portée de la main un cahier épais où il avait écrit sa vie, noté les repères essentiels de sa descente aux enfers.

« Ce qui étonnait le plus dans ce quadragénaire un peu empâté et dont le visage gris et flasque était animé par deux petits yeux d'un bleu très clair, c'était sa mémoire sans faille. Il se souvenait des moindres épisodes de son enfance effroyable. Il ne faisait grâce d'aucun détail. Car, pour lui, il fallait mettre tous ses crimes sur le compte de l'atavisme. »

La Cour l'autorise à une ultime déclaration. Peter Kürten se lève et s'adresse aux spectateurs :

« Je vois à présent l'horreur des crimes que j'ai commis et pour lesquels je ne cherche aucune excuse. Malgré tout, je ressens une certaine amertume lorsque je pense à ce couple de médecins de Stuttgart qui ont taché leurs mains avec le sang humain de 1 500 meurtres (Kürten fait référence à une affaire d'avorteurs qui défraye la chronique). Je ne veux accuser personne, mais juste vous montrer ce que j'ai sur le cœur. Je ne peux pas m'empêcher de vous adresser un reproche, Professeur Sioli (un des psychiatres experts appelé à la barre), quand vous affirmez que les conditions du domicile familial ne sont pas un facteur décisif. Bien au contraire, je peux vous garantir que le milieu familial d'un enfant est décisif pour le développement du caractère. J'ai parfois envié en silence d'autres familles durant ma jeunesse, en me demandant pourquoi nous ne pourrions pas être comme les autres.

« Je contredis le procureur de la République lorsqu'il déclare que c'est par lâcheté que je suis revenu sur mes aveux. A l'instant même où j'en ai fait part à ma femme, je savais fort bien les conséquences qu'entraînerait une telle confession. D'une certaine manière, je me suis senti libéré et j'avais la ferme intention de maintenir ces aveux afin de pouvoir enfin faire quelque chose de valable pour mon épouse. Mais la véritable raison est qu'il arrive un moment dans la vie de tout criminel où il lui est impossible d'aller plus loin. C'est ce qui s'est passé pour moi, avec cet effondrement d'ordre psychique. Comme je l'ai déjà indiqué, je suivais scrupuleusement tous les articles qui paraissaient dans les journaux ; il en fut de même après mon arrestation. D'une manière générale, j'estime qu'ils ont plutôt fait preuve de modération. Par contre, en ce qui concerne la presse en général, je dirais que je m'intoxiquais littéralement à la lecture des faits divers les plus sanglants : c'était un poison en partie responsable de toute mon existence criminelle. En faisant preuve de modération à l'heure actuelle, elle a permis, pour une grande part, d'empêcher l'empoisonnement du public. Je me sens poussé à faire une autre déclaration : certaines victimes m'ont grandement facilité la tâche en se laissant faire.

« Je ne veux pas oublier de mentionner ce que j'ai fréquemment déclaré : je déteste les crimes et j'éprouve une peine profonde pour les familles. J'ose même demander à ces parents de me pardonner, si cela leur est possible. De plus, et contrairement à ce qu'affirme le procureur de la République, je n'ai jamais torturé une de mes victimes. Je ne cherche pas d'excuse à la commission de ces crimes. J'ai déjà indiqué que je suis prêt à assumer les conséquences de mes forfaits. J'espère ainsi réparer pour une grande part ce que j'ai fait. Bien que je ne puisse être exécuté qu'une seule fois, je peux vous assurer que ce n'est qu'une des nombreuses tortures inconnues que l'on endure pendant ce temps d'attente de l'exécution ; j'ai vécu des douzaines de fois le moment de l'exécution. Et lorsque vous prenez en compte ceci et que vous reconnaissez mon désir de réparation pour tous mes crimes, j'estime que cette terrible envie de vengeance et de haine ne peut plus perdurer. Et je veux vous demander de me pardonner. »

Le jury le déclare coupable de neuf assassinats et de sept autres tentatives de meurtres. Il est condamné à la peine capitale le 23 avril 1931. Peter Kürten décide de ne pas exercer son droit à faire appel, mais il adresse une demande de pardon car le ministre de la Justice en place est alors un farouche opposant à la peine capitale. Jusqu'à la fin juin, il pense que sa demande va être couronnée de succès. Il écrit très souvent à sa femme et se montre très heureux qu'elle ait pu toucher quatre mille marks de récompense pour sa dénonciation. Pendant le mois de juin, il renoue le contact avec la religion catholique par l'intermédiaire d'un aumônier de prison. Il confie au Dr Karl Berg qu'il est devenu un autre homme et que ses fantasmes sadiques ont totalement disparu. Lui qui confiait à son psychiatre que le plaisir ultime consisterait à entendre son propre sang jaillir lorsque la lame de la guillotine lui trancherait la gorge semble perdre de sa morgue à l'approche du moment fatidique.

Le 1er juillet, il apprend que sa demande de pardon est rejetée et qu'il sera exécuté le lendemain, à six heures du matin. Dans la nuit, il écrit treize lettres aux familles de ses victimes pour leur demander pardon et de prier pour lui, comme lui le fera une fois monté au ciel. Cela ne lui coupe pas son légendaire appétit : il exige une double ration pour son ultime repas. Il est accompagné jusqu'à l'échafaud par son confesseur. Peter Kürten est guillotiné le 2 juillet 1931.

« Ce qu'un homme devient n'a rien à voir avec lui. Il est forgé par ses parents et ceci s'applique aussi dans mon cas. On ne choisit pas d'être un criminel juste pour le plaisir de faire le mal, il y a toujours un certain quelque chose d'autre qui s'en mêle et pour lequel cet individu n'est pas responsable.

« Si on devait me relâcher aujourd'hui, je ne pourrais absolument pas garantir que je ne recommencerais pas immédiatement mes attaques. Je n'ai absolument aucun remords. Après tout, j'étais là pour accomplir ma mission. Je n'ai du regret que pour les victimes innocentes. Je n'aurais pas pu agir différemment. »

VII. LE PROFIL PSYCHOLOGIQUE

Ces confessions inédites de Peter Kürten sont un document d'une importance capitale dans l'histoire de la criminologie moderne. Elles démontrent à l'évidence que cinquante ans avant les agents du F.B.I., des psychiatres allemands ont mis le doigt sur tout ce qui caractérise un serial killer, ses fantasmes, son rituel et sa manière d'agir avant, pendant et après le crime.

Les meurtres sans motif apparent, où l'assassin et sa victime ne se connaissent pas avant leur rencontre, ont toujours existé, mais ils sont en constante progression ces dernières années. Ces crimes, pour la plupart l'œuvre d'un tueur en série, ont un motif caché, de nature sexuelle, qui se niche dans les obsessions de l'assassin. Capturer un serial killer, voilà une tâche extrêmement difficile, surtout s'il s'agit d'un psychopathe organisé, la catégorie la plus importante de ces assassins. La police se retrouve face à un crime sans mobile et, la plupart du temps, elle ne dispose d'aucun indice matériel.

Une enquête traditionnelle ne permet pas de résoudre ces crimes et il a fallu que les forces de police s'adaptent à ce nouveau type de criminalité, en ayant recours aux ordinateurs (programmes VICAP pour les Etats-Unis, SALVAC en France ou HOLMES en Angleterre), et à l'élément humain, aussi, avec le développement du profil psychologique. Ces nouvelles méthodes de détection ne peuvent fonctionner qu'à partir d'informations et de paramètres qu'il a fallu déceler dans le cerveau des criminels. Des recherches sur les meurtriers sexuels avaient déjà été menées par des psychiatres ou des psychologues. Il fallait maintenant questionner ces criminels dans une perspective policière, en se concentrant sur la victimologie, sur l'analyse du lieu du crime. Ce processus d'interviews se poursuit à l'heure actuelle ; il a débuté en 1979, avec l'interrogatoire par des agents du F.B.I. de trente-six serial killers et meurtriers sexuels. Les spécialistes du profil psychologique au sein du F.B.I. ont établi deux types de meurtriers en série. Le criminel organisé planifie ses forfaits de manière consciente et amène ses victimes sur les lieux du crime. Le criminel désorganisé est bien moins soucieux d'établir un plan, et les endroits de ses crimes reflètent son désordre mental. Dans un rapport du F.B.I. datant de 1990 sur les homicides sexuels, un tableau nous montre les différences entre ces deux types de tueurs.

Tueur organisé

Quotient intellectuel élevé.
Compétent socialement.
Préférence pour un travail qualifié.
Sexuellement compétent.
Enfant unique ou aîné de la famille.
Emploi stable du père.
Père absent, délinquant ou violent.
Discipline inconsistante durant l'enfance.
Sociable superficiellement.
Voyage souvent.

Se contrôle pendant le crime.
Utilisation d'alcool au moment du crime.
Une situation de stress – financier, marital ou relationnel – précipite l'acte criminel.
Vit avec un(e) partenaire.
Suit le crime dans les médias.
Peut changer d'emploi ou quitter la ville.
Crime planifié.
Victime : un(e) inconnu(e) choisi(e) suivant un type spécifique.
Personnalise la victime.
Conversation maîtrisée.
Le lieu du crime reflète sa préparation.
Exige une victime soumise.
Victime attachée.
Actes agressifs commis avant de donner la mort.
Corps caché ou enterré.
Pas d'arme ni de preuve sur place.
Transporte le corps de sa victime.
Antécédents pénaux fréquents.
Antécédents psychiatriques rares.
Sadisme sexuel possible.
Quitte les lieux du crime.
Cherche à échapper à la police.

Tueur désorganisé

Intelligence moyenne.
Socialement immature.
Emplois peu qualifiés ; grande instabilité dans le travail.
Incompétent sexuellement.
Parmi les enfants derniers-nés de la famille.
Emploi instable du père.
Mère pathologique.
Discipline parentale très dure pendant l'enfance.
Solitaire.
Voyage peu.
Disposition anxieuse durant le crime.
Utilisation minime d'alcool au moment du crime.
Peu de stress.
Vit seul.
S'intéresse fort peu aux médias.
Ne change quasiment rien à son mode de vie.
Forfait spontané.
Victime ou lieu connus.
Dépersonnalisation de la victime.
Pas ou peu de conversation.

Lieu du crime en grand désordre : beaucoup d'indices.
Une violence soudaine et quasi immédiate est exercée envers la victime.
Pas ou peu de liens utilisés.
Actes sexuels post mortem.
Corps laissé en évidence.
Preuves et arme laissées sur place.
Corps laissé sur place.
Antécédents pénaux rares.
Antécédents psychiatriques fréquents.
Acte sexuel non sadique possible.
Prostration parfois près du cadavre de sa victime.
Se dénonce ou se laisse arrêter sans résistance.

Il paraît intéressant d'étudier Peter Kürten à la lumière des conclusions de ce tableau. Il appartient visiblement à la catégorie du « tueur organisé ». Reprenons une à une les caractéristiques de ce type de serial killer :

* *Il possède un quotient intellectuel élevé :*

A la lecture de ses confessions, on reste frappé par l'intelligence de Kürten et ses facultés d'auto-analyse. Il possède une mémoire d'une précision incroyable, au point de se souvenir d'infimes détails près de vingt ans après avoir commis certains forfaits. Il utilise cette intelligence pour se sortir avec sang-froid des situations les plus périlleuses, comme l'apparition de témoins imprévus. « Vous voulez savoir si j'ai été suspecté de tous ces meurtres ? Non. J'ai tout avoué après mon arrestation sans même qu'on me le demande. Je ne nie pas qu'il y ait eu un certain désir de vantardise de ma part, probablement un héritage de mon père. Mettez-vous un peu à ma place. Les plus hauts gradés de la police s'occupaient de mon cas. Ils me considéraient tous comme un miracle. Voilà pourquoi j'ai même endossé la responsabilité de crimes que je n'avais même pas commis.

« Comme, par exemple, ces crimes d'Altenburg, dont les détails m'étaient connus par de nombreuses discussions. On s'est souvent extasié sur ma mémoire. Je me souviens dans le moindre détail d'événements qui se sont déroulés il y a vingt ou trente ans. Je me rappelle du jour et de l'heure du moindre de mes incendies. »

* *Il est compétent socialement ; sociable superficiellement :*

Aux yeux de tous et de la plupart des victimes rescapées, il présente un masque de normalité absolue. Il est toujours habillé de manière impeccable, ses chaussures sont lustrées avec soin et il donne l'apparence d'un parfait gentleman. Durant les six années que dure son mariage, Mme Kürten ne se rend compte de rien concernant les crimes de son époux, même si elle sait qu'il lui est constamment infidèle. Ses collègues de travail le considèrent comme un homme tranquille, économe et vaniteux pour le soin qu'il apporte à son apparence physique. Fait typique du psychopathe organisé, on ne lui connaît aucun ami proche.

* *Il est sexuellement compétent :*

Mme Kürten indique qu'il est sexuellement compétent, même s'il éprouve parfois des difficultés à avoir une érection. Kürten mène par ailleurs une vie sexuelle très riche, ayant de nombreuses maîtresses, même pendant les périodes où il est pris d'une véritable frénésie meurtrière.

* *Enfant unique ou aîné de la famille :*

Peter Kürten a dix frères et sœurs. Il est l'aîné de la famille.

* *Emploi stable du père :*

Le père de Kürten est employé comme mouleur et effectue de petits boulots pour le voisinage pendant les week-ends, dans une fonderie qu'il a installée dans la cave de la demeure familiale.

* *Père absent, délinquant ou violent :*

Le père est un alcoolique invétéré et très brutal. Il est condamné à sept reprises pour violences. Il purge même dix-huit mois de prison pour inceste.

* *Discipline inconsistante durant l'enfance :*

Voici ce que Kürten déclare à propos de son enfance : « Toute la famille souffrait lorsqu'il buvait. Mon père devenait terrible dans ces cas-là. Les fenêtres étaient brisées, ainsi que les meubles. Et comme j'étais l'aîné, c'était moi la cible principale. Souvent, je me cachais pour échapper à ses crises de rage et je me réfugiais dans les bois ou à l'école. Pendant des semaines, je ne rentrais plus chez moi. Dans ces moments, je devenais un véritable vagabond. J'avais pour habitude de voler de l'argent aux femmes et aux enfants qui faisaient les courses. Une fois, on m'a arrêté et je me serais très certainement retrouvé en maison de redressement sans l'intervention de mes parents. »

* *Il voyage beaucoup parfois :*

Pendant toute sa carrière criminelle, Kürten a déménagé fréquemment, avant de s'installer à Düsseldorf. Il ne tient jamais en place et sort pratiquement tous les soirs pour se promener dans les bois du Grafenberg ou dans divers parcs, comme le Hofgarten. Il visite tous les villages des environs, surtout lors de fêtes foraines, pour trouver de nouvelles victimes : « Lorsque je suis dans cet état, je ne suis même pas conscient de la fatigue. Pendant mes longues nuits de traque, j'ai parfois couvert d'énormes distances à pied, sans me rendre compte du tout de la fatigue. Et cela, malgré une journée de travail bien remplie. »

* *Il se contrôle pendant le crime :*

Il est d'une maîtrise totale pendant l'exécution de ses crimes. Si un témoin imprévu surgit ou si la victime se débat avec force, Kürten stoppe immédiatement ses activités criminelles. Il s'enfuit en courant ou va même jusqu'à raccompagner la victime chez elle, ce qui dénote un sang-froid assez extraordinaire.

* *Utilisation d'alcool au moment du crime :*

Lorsqu'il fait la connaissance de ses victimes, Kürten les emmène fréquemment boire de la bière chez Schumacher's, une brasserie de Düsseldorf. En chemin vers le lieu du crime, il n'oublie jamais de s'alimenter copieusement et d'arroser ses repas de vin blanc ou de bière.

* *Une situation de stress – financier, marital ou relationnel – précipite l'acte criminel :*

Ses crimes en série sont souvent commis à la suite d'une dispute avec l'une de ses maîtresses ou parce que l'une d'elles a découvert qu'il était marié ou la trompait quant à sa véritable identité. Lors de ses promenades nocturnes, Kürten est parfois frustré de ne trouver personne et cela précipite ses actes criminels et la frénésie de ses attaques.

* *Il vit avec un(e) partenaire :*

Au plus fort du règne de terreur du Vampire de Düsseldorf, Kürten est marié depuis six ans. Durant ces autres périodes criminelles (1913 ; 1921-1928), il a toujours eu des maîtresses et des relations suivies avec de nombreuses femmes.

* *Il suit le crime dans les médias :*

Dans ses aveux, il reconnaît être très excité par la lecture des faits divers les plus sanglants, y compris ses propres crimes.

* *Crime planifié :*

Lorsqu'il part en balade le soir ou le week-end, Kürten sait toujours à l'avance qu'il est à la recherche d'une victime. Il emmène avec lui un couteau, une dague, des ciseaux ou un marteau. Il a un chiffon qui lui permet d'essuyer les traces de sang éventuelles. Il a repéré des lieux qui lui sont familiers et où il peut tuer ses victimes sans être dérangé. Il sait comment les manipuler.

* *Victime : un(e) inconnu(e) choisi(e) suivant un type spécifique :*

Dans la très grande majorité des cas, les victimes de Kürten sont des jeunes femmes ou des fillettes pas très sophistiquées et qui lui accordent une confiance sans réserve. Les rares fois où il doit se contenter d'un homme, le meurtrier les choisit avec soin. Jamais il ne s'attaque à quelqu'un de plus fort que lui ; ses victimes masculines sont toujours ivres et incapables de se défendre : « Le 12 février 1929, j'ai quitté mon domicile vers huit heures du soir pour chercher en vain une victime pendant trois heures. Je savais que ma femme devait rentrer à la maison vers une heure. A Hellweg, j'ai heurté accidentellement un homme. Il faisait beaucoup de bruit et semblait ivre. »

* *Conversation maîtrisée :*

Kürten est toujours maître de soi et il sait comment calmer les craintes de ses futures victimes, même lorsqu'il les emmène dans des bois isolés, la nuit et au plus fort de la vague de crimes qui s'abat sur Düsseldorf. Il leur parle longuement et reste parfois une journée entière (généralement, le dimanche) en leur compagnie. Lorsqu'une tentative de strangulation échoue, il trouve les mots justes pour les calmer ou les empêcher de donner l'alarme.

* *Le lieu du crime reflète sa préparation ; pas d'arme ni de preuves laissées sur place :*

Les endroits isolés sont choisis à l'avance. Il connaît par cœur les bois du Grafenberg ou les recoins les plus sombres du Hofgarten, de même que des terrains vagues ou des chantiers à l'écart dans le centre-ville de Düsseldorf. Jamais il ne laisse un indice ni une arme permettant de l'identifier. « J'ai quitté la maison vers huit heures du soir. J'avais caché dehors le marteau dont je m'étais servi pour Reuter et Dorrier. Je l'ai récupéré. Dans la Bruchstrasse, j'ai remarqué une femme qui longeait le Hellweg qui était plongé dans l'obscurité. Je l'ai suivie pour la dépasser près du premier immeuble neuf. J'ai débuté une conversation sur les ténèbres égyptiennes du Hellweg et sur l'insécurité qui régnait. Nous sommes arrivés devant l'arche du chemin de fer. Comme je connaissais à merveille les lieux, j'avais déjà décidé que c'était là que j'allais commettre mon crime. »

* *Il exige une victime soumise ou attachée :*

Il sait d'instinct choisir des victimes incapables de se défendre (enfants, hommes ivres) ou parfois très naïves (jeunes femmes sélectionnées à la gare, à leur descente du train). Il les domine à la fois par son intelligence, sa brutalité et la terreur qu'il inspire. Lors des crimes, il les attaque de manière très brusque, généralement par-derrière, pour les saisir à la gorge, les frapper à coups de couteau ou de marteau, afin de les réduire au plus vite à l'impuissance et pouvoir jouir en toute tranquillité de leur corps.

* *Actes agressifs commis avant de donner la mort :*

Kürten agresse toujours ses victimes avant de les tuer : tentatives de strangulation, coups de poignard, de ciseaux ou de marteau.

* *Corps caché ou enterré :*

Après une attaque surprise qui réduit presque toujours la victime à l'impuissance, Kürten traîne le corps à l'écart pour le cacher ou l'enterrer. Il revient très fréquemment sur les lieux où il a commis ses crimes ou enterré les corps. C'est une véritable jouissance sexuelle qu'il ressent en triturant la terre de la tombe de ses victimes : « Par exemple, j'avais enfoncé mes doigts dans la terre de la tombe de Klein. Son portrait était fixé sur la pierre tombale, je voyais les tresses qui tombaient sur ses épaules. En y pensant, j'ai éjaculé. »

* *Antécédents pénaux fréquents :*

Peter Kürten a passé vingt-quatre des quarante-huit années de son existence à purger diverses peines de prison.

* *Antécédents psychiatriques rares :*

Il n'a jamais été interné dans un quelconque asile psychiatrique.

* *Sadisme sexuel possible :*

Son sadisme sexuel est évident. La vue du sang et de toutes formes de blessures et de mutilations a le don de le faire jouir immédiatement. Souvenons-nous des déclarations de Kürten : « Mais ce qui importait vraiment pour moi, c'était de voir tout ce sang. Le fait que j'utilise un couteau, des ciseaux ou un marteau pour voir le sang couler m'était totalement égal ou un fait du hasard, suivant ce qui me tombait sous la main. Souvent, après des coups de marteau, les victimes ensanglantées bougeaient et se débattaient, comme lorsque je les étranglais. Je n'ai jamais joui au début de mes attaques, voilà pourquoi je devais poursuivre ma tâche. »

* *Il quitte les lieux du crime :*

Kürten ne reste jamais prostré près du cadavre d'une de ses victimes. Son forfait accompli, il rentre chez lui après avoir pris soin d'examiner ses vêtements, à la recherche de traces de sang. Quitte à revenir un peu plus tard pour se mêler à la foule des badauds et partager leur excitation.

* *Il cherche à échapper à la police :*

Peter Kürten est un criminel endurci dont la carrière s'étend sur plus de trente ans. Lorsqu'il se dénonce en 1930, c'est parce qu'il sait qu'il est sur le point de se faire prendre. Comme tout psychopathe organisé, c'est lui qui veut avoir le dernier mot et qui manipule son entourage. Il demande à sa femme de le dénoncer afin qu'elle puisse toucher la récompense. Totalement imbu de lui-même et d'une vanité incommensurable, Kürten a dû prendre un plaisir inouï à choquer les policiers qui l'interrogent en leur avouant tous ses crimes. Une ultime fois, c'est lui, le Vampire de Düsseldorf, qui mène la danse. S'ils l'ont arrêté, c'est parce qu'il l'a bien voulu. Il est le maître de la situation, au point qu'il est obligé de calmer les tremblements de l'inspecteur qui braque son arme sur lui, lors de l'arrestation en bas de son immeuble.

BIBLIOGRAPHIE

— Jean-Claude ASFOUR : *Meurtres par procuration – Les Assassins à l'écran*, Editions PAC, 1979.
— Maurice AUBENAS : *Les Vampires*, Collection « Les Grands criminels » n°1, Librairie Bernardin-Bechet, 1930.
— Dr Karl BERG : *Der Sadist*, 1932.
— Nigel BLUNDELL : *Encyclopedia of Serial Killers*, 1996.
— J.C. CANNELL : *When Fleet Street Calls*, 1932.
— Bill G. COX : *Crimes of the 20th Century*, 1992.
— Oliver CYRIAX : *The Penguin Encyclopedia of Crime*, 1993.
— Roger DELORME : *Les grands crimes sexuels*, La Table Ronde, 1969
— Roger DELORME : *Les Vampires humains*, Albin Michel, 1979.
— Grierson DICKSON : *Murder by Numbers*, 1958.
— David EVERITT : *Human Monsters*, 1993.
— J.J. GAUTE & Robin ODELL : *The New Murderer's Who's Who*, 1989.
— George GODWIN : *Peter Kürten – A Study in Sadism*, 1938.
— Paul GORDEAUX : *Le Vampire de Düsseldorf*, suivi de *Le Vampire de Mulhouse*, Collection « Le crime ne paie pas », J'ai Lu, 1970.
— Leonard GRIBLE : *They Had a Way with Women*, 1967.
— Jean GUIGNEBERT : *La vie monstrueuse du Vampire de Düsseldorf*, Editions du Tambourin, 1931.
— Richard HAESTIER : *Dead Men Tell Tales*, 1934.
— P. HESSLING : *Trois monstres*.
— Bernhardt J. HURWOOD : *Vampires, Werewolves and Ghouls*, 1968.
— M. JACTA : *Accusé, levez-vous !*
— Brian LANE & Wilfred GREGG : *The Encyclopedia of Serial Killers*, 1992.
— Georgina LLOYD : *One Was Not Enough*, 1986.
— Norman LUCAS : *The Sex Killers*, 1974.
— Brian MARRINER : *A Century of Sex Killers*, 1992.
— R.E.L. MASTERS & Edward LEA : *Sex Crimes in History*, 1966.
— Richard MONACO & Bill BURT : *The Dracula Syndrome*, 1993.
— Marcel MONTARRON : *Histoire des crimes sexuels*, 1970.
— Jay Robert NASH : *World Encyclopedia of 20th Century Murder*, 1989.
— Michael NEWTON : *Hunting Humans – An Encyclopedia of Modern Serial Killers*, 1990.
— Richard NOLANE & Elisabeth CAMPOS : *La Chair et le sang – Vampires et vampirisme*, Vaugirard, 1994.
— Robin ODELL : *The International Murderers' Who's Who*, 1996.
— René REOUVEN : *Dictionnaire des assassins*, Denoël, 1986.
— Harold SCHECHTER & David EVERITT : *The A to Z Encyclopedia of Serial Killers*, 1996.
— Marcel SCHNEIDER & Philippe BRUNET : *Le Vampire de Düsseldorf*, 1975.

— Léon TREICH : *13 Grands Tueurs,* tome IV de la collection « Archives », Office Technique du Livre, 1953.
— Jacques VERGÈS : *Les Sanguinaires*, Edition n°1/Michel Lafon, 1992.
— Margaret Seaton WAGNER : *The Monster of Düsseldorf,* 1932.
— Colin WILSON (préface) : *Monsters of Weimar,* 1993.
— Colin WILSON & Patricia PITMAN : *Encyclopedia of Murder, 1*961.
— Colin WILSON : *A Plague of Murder*, 1995.

Signalons que Pierre Siniac fait référence à Peter Kürten, ainsi qu'à Jack l'Eventreur d'ailleurs, dans son roman *Aime le maudit* (1980).

FILMOGRAPHIE

M LE MAUDIT (M ; Premier titre allemand : MÖRDER UNTER UNS)

Allemagne. 1931. 99 minutes. Noir et blanc.
Réalisateur : Fritz Lang.
Producteur : Nero-Film.
Scénario : Thea von Harbou, Fritz Lang, Paul Falkenberg, Emil Hasler & Adolf Jansen d'après un article d'Egon Jacobson.
Photographie : Fritz Arno Wagner.
Musique : Grieg.
Interprètes : Peter Lorre (Hans Beckert), Otto Wernicke (le commissaire Lohmann), Gustav Grundgens (le chef de la pègre), Ellen Widmann (Mme Beckmann), Inge Landgut (Elsie Beckmann), Ernest Stahl-Nachbaur (le préfet de police), Fritz Stein (le ministre), Theodor Loos (le commissaire Grober), Friedrich Gnass (le cambrioleur), Paul Kemp (un pickpocket), Theo Lingen (l'escroc), Georg John (le marchand de ballons aveugle).

M LE MAUDIT (M)

Etats-Unis. 1951. 87 minutes. Noir et blanc.
Réalisateur : Joseph Losey.
Scénario : Norman Reilly Raine & Leo Katcher d'après le scénario de 1931 de Thea von Harbou, Fritz Lang, Emil Hasler, Adolf Jansen & Paul Falkenberg (inspiré par un article de Egon Jacobson).
Dialogues additionnels : Waldo Salt.
Photographie : Ernest Laszlo.
Décors : Martin Obzina.
Musique : Michel Michelet.
Montage : Edward Mann.

Assistant-réalisateur : Robert Aldrich.
Maquillage : Ted Larsen.
Producteur : Seymour Nebenzal pour Superior Films.
Producteur associé : Harry Nebenzal.
Interprètes : David Wayne (M), Howard da Silva (Carney), Martin Gabel (Marshall), Luther Adler (Langley), Steve Brodie (le lieutenant Becker), Glenn Anders (Riggert), Norman Lloyd (Sutro), Walter Burke (McMahan), Raymond Burr (Potsy).

Un remake très fidèle du film de Fritz Lang qui est transposé à Los Angeles. Une bonne utilisation des décors, notamment de l'immeuble Bradbury, lui donne une touche de « film noir » à l'américaine. L'élément sexuel du psychopathe David Wayne est plus poussé que dans la première version : on le voit ainsi caresser des souliers d'enfant et une poupée ayant appartenu à l'une de ses victimes.

EL VAMPIRO NEGRO (inédit en France)

Argentine. 1953. 86 minutes. Noir et blanc.
Réalisateur : Roman Vinoly Barreto.
Scénario : Roman Vinoly Barreto & Alberto Etchebehere.
Photographie : Anibal Gonzalez Paz.
Musique : Juan Ehlerth.
Décors : Jorge Beghe.
Montage : Jorge Garate & Higinio Vecchione.
Maquillage : Bruno Boval.
Assistants-réalisateurs : Pedro Rapatey & Horacio Parisetto.
Interprètes : Olga Zubarry, Roberto Escalada, Nathan Pinzon, Nelly Panizza, Mariano Vidal Molina, Gloria Castilla, Emma Bernal, Lucia Besse, Pascual Pelliciotta, Ricardo Argemi, Alberto Barcel, Angel Laborde, Ariel Absalon, Enrique Fava, George Riviere, Nina Marqui, Amalia Brito, Veronica Castor, Matilde Garcia Lange, Pedro Garza, Pepe Armil, Leda Zanda, Gogo, Monica Reinque, Amanda Rasmussen, Beatriz Mafone, Betty Ferraro.

L'ombre d'un homme chancelle sur ce qui semble être les marches d'un palais de justice. En surimpression, un carton indique que le film est tiré d'un fait divers réel et qu'il doit servir d'avertissement aux parents afin qu'ils apprennent à mieux protéger leurs enfants. Gros plan sur les yeux d'un inconnu à qui une main anonyme présente des taches d'encre sur des cartons, le test de Rorschach, en lui demandant à quoi cela lui fait penser. A chaque fois qu'il répond « No se » (« Je ne sais pas »), sa mémoire (présentée à l'image par des volutes de fumée) évoque des images fortes : le rire moqueur d'une jeune femme en déshabillé, une petite fille qu'un homme tient par la main. Un fondu enchaîné nous amène à assister à un procès où les jurés doivent réfléchir aux plaidoiries qui concernent un tueur d'enfants, prostré dans son box. L'avocat, qui cite Freud, plaide la folie de l'accusé et donc son internement, tandis que le procureur réclame la peine de mort.

Deux gendarmes emmènent le criminel pour lui faire quitter la salle d'audiences par un escalier. Enchaînement sur la silhouette (vue de dos) du meurtrier qui tient une fillette par la main dans une ruelle désertée en pleine nuit. Une mère affolée court prévenir la police. Les patrouilles se mettent en route. La sirène d'une voiture se transforme en complainte d'un saxo d'une boîte de nuit enfumée. De nombreux gros plans nous montrent d'authentiques « trognes » de clients avinés ou qui dévorent des yeux une chanteuse en tenue sexy. Elle quitte la scène pour aller se changer en vue du numéro suivant. Sa loge se situe au sous-sol du cabaret. Mais, par une lucarne vitrée, elle aperçoit l'ombre de deux mains qui agrippent quelque chose. Elle s'approche pour mieux voir. Un inconnu se penche pour emporter un fardeau après avoir soulevé une plaque d'égout. Elle se met à hurler lorsque l'homme la remarque à son tour...

Au sein des innombrables souterrains vit toute une faune de SDF. Parmi eux, un nain collecte tout ce qu'il peut ramasser en écumant le flot d'immondices charrié par les égouts. Cette fois-ci, c'est le cadavre de l'enfant disparue qu'il retrouve. Interrogé par la police, il est rapidement mis hors de cause. Retour sur l'assassin dont nous connaissons l'identité dès les premières images du film; il ressemble beaucoup à Peter Lorre : visage rond, yeux globuleux proéminents, attitude timide, introverti, pardessus noir et chapeau mou. C'est un professeur d'anglais qui est constamment la cible des moqueries et des rires sarcastiques des femmes qu'il rencontre. A l'image de Peter Lorre, il suit des fillettes en sifflant toujours le même air. Lorsqu'il aperçoit une enfant, ses pulsions deviennent irrésistibles : il pulvérise un verre qu'il tient à la main ou dérange tous les passagers d'un bus pour descendre rejoindre une proie arrêtée devant une boutique de jouets. Comme Peter Lorre, il est reconnu par la mélodie qu'il siffle devant un vendeur de poupées aveugle (dans le film de Lang, il vend des ballons). Mais il n'est pas marqué à la craie, puisque le vendeur le suit jusqu'à une bouche de métro où l'assassin parvient à s'enfuir avec une fillette. Repéré par la police après qu'une mère a donné l'alerte, il est coincé par les projecteurs des voitures de patrouille tout en menaçant une enfant avec son couteau. Il réussit de nouveau à s'enfuir dans les égouts mais, cette fois-ci, les SDF le traquent, emmenés par le nain et le vendeur de poupées aveugle. Il les supplie de ne pas le tuer, affirmant qu'il n'est pas coupable, qu'il ne peut pas s'empêcher de commettre de tels crimes, qu'il a toujours vécu seul et sans amour et que ses actes sont commis parce qu'il entend une musique dans sa tête dès qu'il croise une fillette dans la rue. Au moment où ses poursuivants s'approchent pour lui régler son compte, le réalisateur coupe sur la séquence du procès du début où un lent travelling nous présente tous les protagonistes du récit.

Les jurés rendent leur verdict : le meurtrier est condamné à la peine capitale. Retour sur les marches du palais de justice du générique où l'homme s'effondre le long des marches. Fin du film avec un carton présentant une citation biblique.

El vampiro negro est un excellent film noir que l'on peut rapprocher de l'atmosphère des John Brahm tels que *The Lodger* ou *Hangover Square*. La photographie est superbe et joue constamment sur des gros plans enfumés, des clairs-obscurs et la profondeur de champ, avec même quelques plans de caméra inversée (dans une séquence de boîte de nuit avec une contorsionniste). L'interprétation est marquée par la présence de Nathan Pinzon qui reprend le rôle dévolu à Peter Lorre et la très pulpeuse Olga Zubarry. Notons qu'il n'est nulle part fait mention au générique qu'il s'agit d'un remake de *M le Maudit*.

LE VAMPIRE DE DÜSSELDORF

France/Espagne/Italie. 1964. 86 minutes. Franscope. Noir et blanc.
Réalisateur : Robert Hossein.
Producteur : Georges de Beauregard.
Scénario : Robert Hossein & Claude Desailly.
Adaptation : Claude Desailly.
Dialogues : Georges-André Tabet.
Photographie : Alain Levent.
Musique : André Hossein.
Décors : François de Lamotte.
Montage : Marie-Sophie Dubus & André Davanture.
Directeur de production : René Lemoulin.
Assistant-réalisateur : Pierre Cosson.
Interprètes : Robert Hossein (Peter Kurten), Marie-France Pisier (Anna), Roger Dutoit (le commissaire Momberg), Annie Andersson (Paula), Paloma Valdes (Rosa), Danick Patisson (Erna), Michel Dacquin (Beck), Paul Pavel (Lehndorf), Robert Le Béal (Schrœder), Norma Dugo (la prostituée).

M.

Un court-métrage de 10 minutes tourné en noir et blanc pour la télévision au début des années 80.

Réalisateur : Claude Chabrol.

Equipe technique : Jean-Claude Basselet, Michel Commo, Pierre Dommadieu, Monique Fardoulis, Eric Guichard, Philippe Hamez, Xavier Legris, Bernard Michon, Pascal Para, Jean-Louis Perreau, Jean Rabier, Jean-Marc Rabier.

Interprètes : Maurice Rich (M), François Arnaud, Henri Attal, Marie Caron, Serge Feuillard, Jean Tsaoussis, Gilles Varga.

Cet hommage à Fritz Lang, bien plus réussi que le *Dr M* du même Claude Chabrol en 1990, reprend dans ses grandes lignes les scènes mémorables de *M le Maudit* : la comptine enfantine chantée sur un M peint sur un mur de briques, la fillette qui joue au ballon, la mère qui hurle « Elsie », l'ombre de l'assassin qui se profile sur son avis de recherches, la vitrine et les couteaux qui s'y reflètent, le sifflotement du tueur, le marchand de ballons aveugle, le « M » inscrit à la craie, la traque du criminel dans les entrepôts. Les dernières images sont empruntées au tribunal des criminels de la version de Lang.

L'ÉTRANGLEUR DE BOSTON

AVERTISSEMENT

Les divers passages de ce livre écrits à la première personne sont extraits des authentiques confessions de l'Etrangleur de Boston, recueillies à la fois par les psychiatres et les enquêteurs. Dans sa traduction, l'auteur a veillé à en respecter la lettre et l'esprit, jusqu'à en reproduire les bizarreries de style ainsi que les mauvaises concordances de temps.

I. SEXE, MENSONGES ET PERVERSIONS

« J'ai toujours eu un besoin irrésistible de sexe. Faire l'amour cinq ou six fois par jour me suffisait à peine. Il m'en fallait toujours davantage. Cette envie insatiable ne me quittait jamais...

« A tout moment, j'apprenais des choses que j'aurais mieux fait d'ignorer complètement. Mon père m'emmenait avec lui dans des boutiques de Chelsea ou de Boston et m'entraînait à piquer de la marchandise. J'étais âgé de cinq ans.

« Mes premières expériences sexuelles datent de cette époque. On trouvait toujours quelqu'un à Chelsea pour vous mettre au parfum sur ces perversions. Il y avait des filles qui venaient vous tripoter les parties ou vous excitaient ; certaines m'ont appris le 69 avant même que j'aie dix ans. Une fois, je me suis même fait prendre par mon frère Joe : j'étais très embarrassé car j'avais une fille dans mon lit avec moi. Joe m'a insulté mais je savais très bien que lui et ses copains faisaient comme moi. Il y avait les "tantes", les vieux pédés, les "grecs", ainsi que les femmes d'âge mûr en quête d'enfants, à défaut d'hommes de leur âge qui ne voulaient plus d'elles. Il y avait même ce pédé de flic d'Eastie qui se baladait sous les pontons pour y emmener un gosse ou un autre...

« J'ai commencé par la fauche dans les magasins, avant de voler des sacs à la tire, puis les vols avec effraction et les cambriolages. Et maintenant, les viols et les meurtres.

« Cela fait longtemps que je sais que j'avais besoin d'aide. Mais je n'ai rien fait. J'aurais dû mais c'est comme ça. Personne ne m'a poussé dans ce sens. Plus tard, lorsque les choses ont empiré et que j'étais marié avec Irmgard, elle n'a pas compris que j'avais besoin d'aide et non pas d'un enfer. Elle n'a jamais rien pigé, avant qu'il ne soit trop tard. Pourtant, je l'aime et je lui pardonne.

« A douze ans, on m'a envoyé dans une maison de redressement, la Lyman School, pour un vol de bijoux d'une valeur de vingt-sept dollars. En fait, c'était de la pacotille qui ne valait pas un clou, mais le flic était ravi de se débarrasser de deux petits voyous.

« A Lyman, on est supposé apprendre de bonnes choses et se faire réhabiliter. Il y a vraiment de quoi rire. En réalité, j'y ai appris toutes les perversions sexuelles possibles et imaginables. Lorsque vous sortez de Lyman, vous savez comment pense un criminel et vous êtes un enfant qui s'y connaît en perversions sexuelles.

« Mais je ne cherche pas à blâmer Lyman pour ce que je suis. Je suis entièrement responsable. Certains psychiatres affirment que je peux blâmer la société... mais je ne le veux pas. Un homme agit comme il l'entend.

« Je déteste parler de Lyman. L'endroit évoque de mauvais souvenirs pour moi. J'étais bien plus heureux à Chelsea, dans la Williams School, où les professeurs m'appréciaient. Je m'y plaisais, bien que n'aimant pas trop le travail scolaire qui m'endormait souvent ou me donnait l'impression d'être un prisonnier. Mais ce séjour de dix mois à Lyman fut une terrible expérience. »

UN ENFER FAMILIAL

« Mon père rentrait presque tout le temps soûl à la maison et il était accompagné par des prostituées. Il frappait ma mère devant elles. J'avais honte de l'avoir comme père. Ma mère était une femme si gentille.

« Un de mes premiers souvenirs d'enfance le montre frappant ma mère. J'avais sûrement moins de cinq ans mais je m'en souviens encore. Il l'a renversée sur le divan à coups de poing, avant de lui faire tellement mal à la main que j'entends toujours ses hurlements de douleur qui se mêlaient à nos propres cris. Puis, il nous frappait aussi jusqu'à ce qu'un policier intervienne. Là, mon père se calmait, car il ne battait que les personnes plus faibles que lui.

« Mon grand-père a été coiffeur et mon père avait hérité d'une épaisse sangle de cuir qui lui servait à aiguiser son rasoir. Le cuir en était très épais et il l'utilisait pour nous taper dessus. Pourtant, nous ne faisions pas grand-chose pour mériter un tel châtiment ; en fait, il suffisait que nous soyons présents quand il était d'humeur à nous corriger. Mais, la plupart du temps, nous parvenions à nous enfuir à temps pour nous cacher à Eastie, à Noddle Island, sous les pontons des quais où il avait trop la trouille pour venir nous chercher, étant donné que les autres gosses nous auraient aidés à le tuer pour les quelques dollars qu'ils auraient pu lui piquer.

« Notre maison était chauffée au charbon et nous avions toujours très froid pendant l'hiver. Le peu de charbon que nous avions venait d'œuvres de charité, et mon père le revendait souvent pour se payer à boire. Et nous avions faim la plupart du temps. Non, nous ne mourions pas de faim, mais nous n'avions pas assez à manger. Même aujourd'hui, je me rappelle ce sentiment de gêne que j'éprouvais alors, ce désir de nourriture qui n'était jamais satisfait. D'autres étaient bien plus malheureux que nous : je sais que certains de mes copains allaient jusqu'à gratter le plâtre des murs afin de trouver quelque chose à manger. Et lorsqu'un tel enfant grandit, il a en lui le désir de tout posséder, et à n'importe quel prix.

« Tout allait bien quand mon père était en prison ou qu'il se trouvait quelque part avec ses copains ou une autre femme. Ma mère pouvait mieux s'occuper de nous, nous mangions presque à notre faim et la maison était chaude. C'était une bonne mère qui faisait de son mieux pour notre famille. Ce n'était pas de sa faute si mon père était un mauvais homme. Je ne lui pardonnerai jamais pour ce qu'il nous a fait. »

« Je vous ai déjà parlé des pontons d'Eastie qui étaient comme une seconde maison pour moi et mes frères. C'était un vrai coupe-gorge. Il y avait là des enfants qui n'avaient plus de parents ou qui y vivaient en permanence, ou dans de vieux entrepôts abandonnés.

C'était envahi par des millions de rats – et ils n'étaient pas petits. Mais ces enfants agissaient parfois comme des rats qui s'attaquent à un des leurs malade. Un jour, j'ai vu toute une bande de gosses se précipiter sur un clochard ivre et le déchiqueter en pièces, jusqu'à ce qu'il soit mort et réduit à l'état de squelette. Puis, ils ont balancé son corps ou ce qu'il en restait dans l'eau. Voilà l'endroit où je passais pas mal de temps mais, moi, je n'étais pas vicieux comme certains d'entre eux. J'avais trop peur et j'étais trop timide. Je n'aimais pas me battre et je ne pensais pas pouvoir en être capable. A ma grande surprise, je devais découvrir que j'en étais tout à fait capable et que je me débrouillais pas si mal que ça. Ce fut bien plus tard, lorsque j'avais grandi. A l'armée, on m'a dit que c'était parce que j'avais de grandes mains. C'est peut-être le cas mais je sais que je suis très fort et que je pouvais avoir le dessus sur des types bien plus costauds que moi, si j'en éprouvais l'envie.

« Tout ça se passait avant mes douze ans. Après, j'ai été arrêté à deux reprises – pour un vol sur une personne et un cambriolage avec effraction. C'est à Lyman School que j'ai vraiment appris des choses et que le sexe a pris une telle importance à mes yeux.

« Quand mon père était absent – pour une raison ou une autre – on se payait du bon temps. Des personnes, qui nous évitaient en temps ordinaire, venaient nous rendre visite. Les enfants du quartier, de la Troisième et Quatrième Rue, jouaient à la maison, sans crainte de se faire cogner dessus. Parfois, certains de nos professeurs de la Williams School passaient également.

« Ma grand-mère maternelle donnait un coup de main pour la cuisine. Elle confectionnait des tartes aux pommes et de délicieux plats. Elle était toujours très bonne avec nous, comme notre mère, et elle faisait tout son possible pour nous aider. Je fus très triste lorsque j'appris qu'elle se fit interner à Danvers pour ses vieux jours. Je lui ai rendu visite à mon retour d'Allemagne, probablement en 1956, et elle ne m'a même pas reconnu. Elle parlait sans cesse, mais cela n'avait ni queue ni tête. »

« JE RESSENTAIS UNE TELLE COLÈRE EN MOI »

« Pendant mon adolescence, c'était l'époque des gangs mais je n'en ai jamais fait partie, bien que j'aie fréquenté celui de la Première Rue, à Chelsea. Je suis plutôt individualiste de nature. Et puis, il fallait tout le temps se battre ou discuter afin de prouver à quel point vous étiez un dur ou un malin. Je n'ai jamais appartenu à un groupe quelconque. Ce n'est pas mon truc. Boire ou fumer ne m'intéressait pas. J'avais l'exemple de mon père devant les yeux. Mais il n'y avait pas que ça – je n'avais pas confiance en moi ou en qui que ce soit. J'aimais faire des choses par moi-même – ou juste avec une femme –, du moins, en ce qui concerne les choses sexuelles. Presque toujours, j'arrivais à jouir tout seul, rien qu'en pensant à la Femme. J'adorais les chevaux mais je déteste les chats. A l'époque, je tirais sur les chats avec un arc et des flèches ; parfois, je les voyais s'enfuir en hurlant avec une flèche dans le ventre. Mais ça ne me faisait rien du tout, bien que je sois plutôt quelqu'un d'émotionnel. Juste avant de décocher une flèche, quand je les tenais dans ma ligne de mire, je ressentais une telle colère en moi que je crois que j'aurais pu les déchiqueter de mes mains. J'ignore pourquoi mais, à cet instant précis, je les haïssais et pourtant ces chats ne m'avaient jamais rien fait.

« Pendant tout ce temps-là, je continue à fréquenter la Williams School à Chelsea. Je ne sais pas pourquoi parce que je n'aime pas aller à l'école. Peut-être parce que je m'entendais bien avec mes professeurs ? J'ai quitté l'école à seize ans, en juin 1948. Dans notre quartier de Chelsea, il fallait penser à gagner sa croûte très rapidement. Certains de mes copains travaillaient comme débardeurs sur le port, malgré leur jeune âge. Mais il fallait connaître des gens du syndicat pour avoir ce type de boulot, ou faire partie d'un gang, ce qui n'était pas mon cas. Je n'avais pas trop envie de travailler, bien que j'aie toujours bien bossé lorsque j'avais un emploi. J'aimais bien l'idée d'entrer par effraction chez les gens, mais ça ne payait pas. De toute façon, je crois que je cherchais quelque chose d'autre, et c'est peut-être pour ça que je ne ramenais pas grand-chose de valable. Mais c'est un travail de solitaire et, sûrement, une des raisons qui m'attirent dans ce genre de boulot. Je savais très bien vers quoi tous ces cambriolages allaient m'emmener un jour : obliger une femme à faire tout ce dont j'avais envie.

« De nombreuses fois, alors que je me trouvais dans un appartement, je suis resté sur le pas de la porte d'une chambre à coucher pour regarder longuement une femme en train de dormir, mais sans avoir le courage de faire quoi que ce soit. Plus tard, quand j'ai eu les couilles d'agir, je me suis aperçu qu'un grand nombre d'entre elles voulaient que vous les baisiez, même que vous les violiez pendant qu'elles faisaient semblant de ne pas aimer ça, alors que ce n'était pas vrai.

« Il était difficile de traîner à Chelsea si vous n'alliez pas à l'école ou si vous n'aviez pas de boulot, car les flics vous repéraient vite fait, surtout si vous aviez de la monnaie dont vous ne pouviez pas expliquer la provenance. Il fallait que je trouve un travail, mais rien ne me plaisait – et, de toute façon, je ne me voyais pas en train de bosser juste pour quelques misérables dollars. C'était ce que faisaient la plupart de mes copains, et c'est ce que j'ai fait plus tard pour nourrir ma femme et mes gosses. Mais c'était bien plus tard, à ma sortie de l'armée, lorsque j'avais vingt-sept ans. »

« JE PENSAIS TOUT LE TEMPS AU SEXE »

« A cette époque, je n'avais que seize ans, et je ne pensais qu'à tirer un coup avec la première femme venue ou des pédés. Je pensais tout le temps au sexe et j'avais des besoins énormes. Si seulement quelqu'un avait pu s'apercevoir de mon problème et me dire que je n'étais pas normal, même malade ; et qu'on pouvait faire quelque chose pour m'aider... mais personne n'a jamais rien fait et j'étais moi-même trop ignorant pour agir en conséquence. Je n'ai jamais rien fait, jusqu'à ce qu'il soit trop tard...

« Cet été 1948, j'ai trouvé du boulot comme plongeur dans un motel de Cape Cod. J'étais assez libre de mon temps et j'en profitais pour aller nager et rencontrer des filles sur la plage. Je suis un bon nageur et je n'ai pas tardé à lier connaissance avec ces filles qui provenaient de collèges huppés de Boston et des environs ; la plupart du temps, elles étaient plus âgées que moi. Quand elles se sont aperçues que j'étais inépuisable, elles revenaient tout le temps me trouver. Vous pensez peut-être que je me vante, mais c'est la vérité. Elles allaient même au motel pour me chercher et souvent on passait des nuits entières à baiser sur la plage – elles n'avaient jamais vu un type capable de recommencer tant de fois de suite. Et c'est vrai – je ne suis jamais réellement satisfait. Je ne me souviens plus de la dernière fois où j'ai été comblé pour plus d'une demi-heure avant d'avoir envie de baiser à nouveau. Même quand j'ai été marié, cela n'était pas suffisant, et plus je demandais à ma femme, plus elle me traitait comme un chien. Elle n'était pas comme ces autres femmes qui trouvent que c'est chouette d'avoir quelqu'un qui soit capable de le faire si souvent. Elle, ma femme, Irmgard, trouvait que c'était sale et me l'a répété plein de fois, et je me sentais coupable. Mais ne croyez pas que je dise du mal d'elle, c'est une bonne épouse ; je l'aime et je lui pardonne, encore maintenant.

« Pendant cet été 1948, je me suis bien amusé et je montais sur le toit du motel pour mater les couples faisant l'amour dans les chambres, mais je détestais mon travail et le patron nous engueulait constamment. Je n'aime pas faire le sale boulot des autres. Un travail dur ne me fait pas peur, dans une usine, sur un chantier ou de la peinture – choses que j'ai faites – mais je déteste nettoyer derrière quelqu'un, laver la vaisselle, etc. Jamais je n'aurais pu être un domestique. Ce n'est pas pour moi. A la fin de l'été, je décidai de m'engager dans l'armée, ce que je fis le 3 septembre 1948.

« Juste avant de partir pour l'armée, je suis retourné à la maison de correction de Lyman. Je haïssais cet endroit. Je voulais à tout prix partir à l'étranger, en Europe, aussi loin que possible de Lyman, de Chelsea et de Boston. Je me suis fait avoir de façon stupide. La première fois, ça a été une erreur. Les flics ont cru que je tabassais quelqu'un, et ce type a déclaré que je lui avais volé quelque chose. Mon professeur, Mr Sheinfeld, m'a aidé sur ce coup-là, car les accusations étaient plutôt foireuses. Un peu plus tard, j'emprunte la voiture d'un copain à moi. Je ne lui ai pas demandé la permission et il la déclare volée. Les flics m'arrêtent. Quand il apprend ça, mon copain retire sa plainte, mais les flics me font quand même passer devant le juge pour avoir emprunté un véhicule sans autorisation. Ça a été suffisant pour me renvoyer à Lyman.

« En m'engageant, je m'étais mis en tête de devenir le meilleur soldat possible. J'y suis resté sept ans et demi. Je suis parti avec le grade de sergent. J'ai rencontré une jeune femme issue d'une très bonne famille allemande et je l'ai épousée. Nous avons eu une petite fille, Judy. Je crois que je menais mieux ma barque qu'autrefois.

« Une chose importante : jamais je ne me suis fait arrêter pour quoi que ce soit pendant tout mon service militaire. J'ai souvent mal agi, mais je ne me suis jamais fait arrêter. Mon dossier mentionne seulement un refus d'obéissance qui me coûta cinquante dollars et mes galons, mais je les ai récupérés par la suite. Ce que j'ai fait en Allemagne ne peut pas être prouvé, mais je ne me suis pas privé. Les Allemandes ne demandaient que ça, et les Américaines étaient nombreuses – elles étaient mariées à des soldats. Notre compagnie motorisée, composée surtout de tanks, ne bougeait pas beaucoup. Il n'y avait pas grand-chose à faire, de toute façon. Pendant un moment, je fis partie de la Police militaire, ce qui me donna encore plus de facilités pour me balader, et je peux vous dire que j'en ai profité. Il était très facile de cambrioler les maisons ou des magasins en Allemagne. Et je ne me suis jamais fait prendre. Tout ça, je l'ai appris pendant mon séjour à la maison de correction de Lyman.

« Ma femme n'était jamais sortie avec un homme avant l'âge de dix-huit ans. Ses parents étaient très stricts. Ils ne savaient même pas ce qu'était une prison. Lorsque nous nous sommes rencontrés pour la première fois, j'ai essayé de l'embobiner comme toutes les autres mais je me suis tout de suite rendu compte qu'elle était innocente. Je me suis senti coupable. C'était très étrange. Je ne voulais pas lui faire de mal. Bien au contraire, j'avais envie de la protéger – même de moi – car je la désirais physiquement. Mais je l'aimais, et c'est ce qui a tout changé. Je crois que c'est la première fois que j'aimais réellement une fille. Elle était très innocente et avait peur du sexe. Ce sont ses parents qui lui ont appris à avoir peur du sexe, et elle n'a jamais pu s'en remettre tout à fait. Mais, pour être honnête avec vous, je pense que c'est une femme frigide. Et c'était vraiment pas de chance avec moi qui avais constamment besoin de faire l'amour. Vous pigez ? Mais je n'y peux rien, car je suis tombé amoureux d'elle. Je la désirais tout le temps, matin, midi et soir, sans arrêt, même après notre mariage. Et après lui avoir fait l'amour, j'avais encore envie d'elle. Cela n'avait jamais de fin. Mes besoins étaient irrésistibles. Elle n'aimait pas ça. Elle trouvait que c'était sale. Je la répugnais. Elle ne se rendait pas compte que j'avais besoin d'aide. Comment l'aurait-elle su ? Et, au lieu de m'aider, elle transforma mon existence en enfer. Alors que je l'adorais. J'aurais tout fait pour elle, n'importe quoi... Si seulement quelqu'un avait pu m'aider, les choses auraient été différentes.

« Il m'était impossible de discuter de ces choses-là avec Irmgard. Jamais je n'ai même osé lui demander de m'aider. J'avais peur de causer du tort à ma famille. Ou que ma femme ne me quitte en emmenant les enfants. J'aime Irmgard mais, dès le début, il y a eu des problèmes au sujet du sexe. Elle m'a toujours traité avec beaucoup de froideur. Elle me méprisait et avait le chic pour m'abaisser. J'avais un complexe d'infériorité. Pourtant j'ai toujours été un bon époux. Quand nous sommes revenus aux Etats-Unis, j'ai trouvé un emploi à Chelsea, dans une usine à caoutchouc. J'ai acheté une voiture, ainsi qu'une maison à crédit, à Malden. Je travaillais dur tous les jours. Ma femme et mes enfants ne manquaient de rien. J'étais tous les soirs auprès d'eux. Mais c'était bien plus tard. Quand j'ai rencontré Irmgard en Allemagne, j'ai su tout de suite qu'elle était différente des autres femmes. Je voulais l'épouser. Jamais je n'ai éprouvé pareil sentiment avec une autre femme. Avec elle, c'était autre chose. Et pourtant, si elle m'avait donné ce dont j'avais envie, je suis sûr que les choses auraient changé. Il fallait toujours que je cherche ailleurs pour trouver satisfaction. Je voulais qu'elle fasse le premier geste. Jamais elle ne m'a donné l'impression d'être un homme au lit, avec elle. Elle déclarait que j'étais un dégueulasse et que j'agissais comme un animal. »

RETOUR AUX ÉTATS-UNIS

« Je suis revenu d'Allemagne en 1956 pour m'installer à Fort Dix où j'achevai mon service. Je m'ennuyais et, pour passer le temps, j'empruntais des voitures et je me baladais. Mais je n'avais pas encore assez de courage pour violer des femmes américaines, comme je l'avais fait en Allemagne. Et pourtant, pas mal de femmes m'avaient fait rentrer chez elles ; j'étais seul avec elles. Je ne sais plus quand j'ai commencé à les violer. Probablement en 1958. En moins de deux ans, j'étais entré dans des centaines de maisons et mon désir se faisait de plus en plus pressant. A la fin, je passais à l'acte, mais je ne sais plus où ni avec qui. Par contre, je me souviens de cette petite fille dans le New Jersey ; elle devait avoir dans les sept ou huit ans. La mère était absente et je sonne à la porte. Je crois qu'il y avait aussi un autre enfant, un peu plus jeune. Je m'aperçois tout de suite qu'ils sont seuls chez eux... Je me saisis de la petite fille et je joue un peu avec elle, juste l'espace d'une minute ou deux, mais elle prend peur et se met à crier, et je fiche le camp. Quelques minutes plus tard, je me fais arrêter par une patrouille de police. Je crois que c'est pour la petite fille, mais les flics m'emmènent vers une autre maison où une femme déclare que je l'embêtais, leur raconte que je cherchais à louer une demeure, tout en restant à l'épier dans ma voiture ou en allumant mes phares, ce qui était vrai. J'ai dit aux flics et à cette femme qu'ils se trompaient sur mes intentions, que je voulais réellement louer une baraque et que j'avais vu un rôdeur ; et c'est pour ça que j'avais allumé mes phares, parce que je désirais me rendre utile.

« Ils m'ont laissé partir.

« Puis, la semaine suivante, ils m'ont arrêté pour la petite fille et son frère qui m'ont reconnu tous les deux. Cette fois-ci, je suis coincé et je passe en jugement. Mais la mère craint le scandale et retire sa plainte. Ils doivent me relâcher. Je l'ai échappé belle. Après mon service, je suis retourné dans le Massachusetts et, pendant plusieurs années, j'ai fait des tas de choses sans jamais me faire prendre une seule fois. Mais les flics ne m'ont jamais laissé tranquille. Je me suis même fait arrêter pour avoir brûlé un feu rouge.

Plutôt comique, non ? Ce n'est qu'en 1958 que j'ai eu à nouveau des ennuis.

« Ils m'ont coincé derrière une maison de Dorcester que je tentais de cambrioler. Je venais juste de retirer le grillage d'une fenêtre. Devant le juge, j'ai prétendu que je voulais surprendre un vieux copain de régiment mais que je m'étais trompé de maison. Ils ne m'ont pas cru.

« J'ai eu trois mois avec sursis. Je m'en tirais plutôt bien pour un mec qui avait fait deux séjours à Lyman. Peut-être que mes états de service avaient joué en ma faveur ? Je sentais en moi que j'allais bientôt m'attaquer à ces femmes dont je violais déjà l'intimité en pénétrant chez elles. Ce n'était plus qu'une question de temps, mais comment le juge ou les flics auraient-ils pu le savoir ? Un mois plus tard, je me faisais à nouveau poisser, mais la main dans le sac, avec mon butin. Vol avec effraction. Pour vingt-quatre dollars et quelques bijoux de pacotille. Mais ce n'était pas l'argent ou les bijoux qui m'intéressaient dans ces cambriolages. Je ne le savais pas encore. C'est plus tard que je m'en suis rendu compte. J'étais poussé par mes pulsions, mes désirs sexuels. C'est à ce moment-là que je suis devenu le "Mesureur". Je leur demandais la permission d'entrer chez elles. Après, je me suis débrouillé autrement. Je pénétrais par n'importe quel moyen et je les menaçais même d'un couteau afin de pouvoir les ligoter, et les tenir à ma merci pour jouer avec elles, avant de les violer. Mais, à cette époque, j'ignorais encore que ce n'était pas vraiment l'argent que je voulais.

« IL ÉTAIT DÉJÀ TROP TARD POUR SAUVER TOUTES CES FEMMES »

« On m'a condamné à trois ans de prison ferme, avant que le juge ne change la sentence et me mette en liberté surveillée. J'ignore encore pourquoi. Je savais que quelque chose allait exploser en moi, entre les frustrations sexuelles que je ressentais chez moi et les milliers de serrures ou de fenêtres qui s'offraient à mes yeux à Boston ou à Cambridge, avec toutes ces jeunes femmes, tellement belles et désirables. Le juge m'a envoyé subir un examen psychiatrique à Bridgewater. Mais je vous garantis que ce n'est pas l'endroit idéal pour vous faire aider. Pas plus à cette époque que maintenant, ça, je peux vous l'assurer. Ce psychiatre a dit que j'avais besoin d'aide, que j'étais déjà malade depuis longtemps et il a recommandé une étude psychologique. Il a déclaré que j'avais des tendances psychopathiques et qu'il ne fallait pas me mettre en prison.

« Mais ils ne m'ont pas aidé : ils m'ont mis en prison.

« J'en suis sorti au bout de onze mois, deux mois avant le premier crime de l'Etrangleur. Il était déjà trop tard pour sauver toutes ces femmes.

« Quand je suis revenu chez moi, à Malden, dans notre maison du 11 Florence Street, j'avais deux enfants, un garçon et une fille. En quittant la prison de Middlesex, c'est Irmgard qui m'a placé en liberté surveillée. Je devais lui prouver que je pouvais éviter les ennuis et contrôler mes envies sexuelles. C'est à cette époque que j'ai presque tué une femme à Boston, un mois avant Anna Slesers, en mai 1962. C'était la première fois que je savais consciemment ce que j'allais faire... que je pouvais, que je devais tuer...

« Les flics m'ont autorisé à conduire une voiture, mais j'avais un permis spécial et je ne pouvais l'utiliser qu'entre sept heures et dix-neuf heures. Je leur avais dit que j'avais besoin du véhicule pour me rendre à mon travail. Il faisait très chaud ce jour-là, et je sentais les tensions s'accumuler en moi. J'avais fini un peu plus tôt que d'habitude et je décidai d'aller à Boston. Je regardais toutes ces maisons en pensant : “Elles sont remplies de femmes qui ne demandent que ça. Certaines en ont envie sans avoir l'occasion de faire l'amour. J'ai le droit d'aller chez elles pour les satisfaire. J'ai tellement à leur offrir.” Voilà ce que je pensais.

« J'étais dans un quartier que je ne connaissais pas très bien, vers Jamaica Plain. Je me suis garé devant un immeuble dont la porte d'entrée est fermée. Je n'eus aucun mal à la forcer. J'étais pris d'une grande excitation. Oui, je pense qu'elle était de nature sexuelle. Je sentais toutes ces femmes qui m'entouraient et ça me rendait dingue. C'est ce jour-là que j'ai franchi le pas, car jamais je n'avais encore forcé une femme. Mais je ne comprends pas pourquoi j'avais besoin de les tuer. Je me rends compte qu'il y a plusieurs femmes seules qui habitent cet immeuble. Je ne me souviens plus du nom près de la sonnette, mais je crois que c'était un nom d'origine suédoise.

« Une blonde aux yeux bleus, appétissante, dans les vingt-cinq ou vingt-six ans. Elle m'ouvre la porte, en la bloquant de son corps.

— Oui ?

— Vous êtes miss... ?

— En effet. Que voulez-vous ?

— On ne vous a pas prévenu pour les plafonds ?

— Qui ? Mr Enrich, le gérant ?

— Oui. Il m'a dit qu'il allait vous téléphoner. Dommage, car j'aurais aimé les examiner pour savoir quel matériel emporter avec moi.

— Oh, ce n'est pas grave. Entrez donc.

« Elle n'avait pas peur. C'était une personne très gentille. Et j'ignore comment j'ai pu agir ainsi. Je fais semblant de regarder les plafonds qui sont dans un triste état. Mais je n'avais rien préparé à l'avance ; c'est quelque chose qui m'est venu dans l'inspiration du moment en sonnant à la porte. La force de l'habitude, peut-être ?

— Ces plafonds ont vraiment besoin d'être retapés.

— Bien sûr. Après tout, vous êtes là pour ça ?

« Elle riait. Une femme très attirante et sympathique.

— Et celui de la salle de bains ?

— Suivez-moi.

« Elle me tourne le dos pour entrer dans la salle de bains. Je sens quelque chose exploser dans ma tête, une pression effroyable, comme si mon cerveau se coupe en deux. J'ai du mal à respirer, et je la suis alors qu'elle rit toujours et me parle en même temps. Je mets mon bras autour de son cou dans le but de l'étrangler et de la violer. Je suis prêt à agir mais je me vois dans le miroir au-dessus de l'évier. J'observe ce regard de terreur effrayante et cette douleur sur son visage... et je vois mon propre visage... je ne peux plus continuer et je retire mon bras.

« Elle se retourne et s'adosse à l'évier, en se tenant la gorge, sans dire un mot, et elle me regarde. Pas une parole. Elle ne m'examine pas comme on le ferait avec une bête féroce, c'est plutôt un regard de surprise, comme si elle se sentait trahie.

« Je peux vous dire que j'avais honte de moi. Je me suis mis à pleurer. Je me suis agenouillé devant elle en criant : "Oh, mon Dieu, qu'est-ce que j'ai voulu faire ? Je suis pourtant un bon catholique, marié avec des enfants. Je ne sais pas quoi faire... Je ne vous demande pas de me pardonner... J'allais vous faire quelque chose d'horrible, commettre un terrible péché. S'il vous plaît, téléphonez à la police."

— Que vouliez-vous faire ?

— J'allais vous violer... et peut-être vous tuer. Ma femme aura le cœur brisé quand elle l'apprendra...

« Mais cette femme n'a pas téléphoné à la police. Si seulement elle l'avait fait ! Cela aurait tout changé...

— Partez d'ici et rentrez chez vous. Je crois que vous êtes sincèrement désolé de votre geste. Essayez de savoir pourquoi vous avez agi ainsi.

« C'était une personne très bonne, et elle voulait agir pour mon bien. Mais elle aurait mieux fait de prévenir la police. »

II. LE MESUREUR

Le 17 mars est le jour de la Saint-Patrick, une date importante pour la nombreuse colonie irlandaise de Boston. Mais ce 17 mars 1961 est aussi une date capitale dans l'histoire de l'Etrangleur de Boston. A priori, l'arrestation par le détective Cloran d'un suspect de vingt-neuf ans, Albert DeSalvo, dans la cité de banlieue de Malden, ne paraît pas de nature à bouleverser la chronique des faits divers. L'homme s'enfuit en courant du 424 Broadway, à la vue d'une voiture de patrouille. Après une brève poursuite, il est maîtrisé. Sur sa personne, le détective Cloran découvre une paire de gants en cuir et un mètre. Un tournevis est sur le sol, près des pieds du suspect.

— A quoi vous servent ces objets ?

— Le tournevis n'est pas à moi. Je l'ai vu par terre.

— Et le mètre ?

— Oui, il m'appartient.

— Vous êtes tailleur ?

— Non.

— Je sais à quoi il vous sert. Je crois que vous prenez les mesures des femmes un peu partout à Cambridge ?

DeSalvo reste muet.

— Et ce tournevis est un outil de cambrioleur. On va vous emmener au poste pour des vérifications.

— Ecoutez... Je n'ai jamais fait de mal à personne.

— On n'a jamais dit le contraire. Allez, Albert, on y va.

Depuis quelque temps, la police de Cambridge a reçu des plaintes de femmes et de jeunes filles habitant autour du quartier de Harvard Square. Un peu après neuf heures du matin, un homme frappe à leur porte et se présente poliment comme venant de la part d'une agence de mannequins – dont il indique rarement le nom – car on lui a recommandé cette femme comme un mannequin potentiel, « une profession intéressante et lucrative », ne manque-t-il pas de préciser. Il s'empresse d'ajouter que ce serait uniquement pour des besoins publicitaires, et non pas pour des photos de charme, et que les élues seront payées quarante à cinquante dollars de l'heure. Puis, il leur demande leurs mesures, tout en sortant un mètre de tailleur de sa poche. Après avoir accompli sa tâche, qui prend un certain temps, l'inconnu déclare qu'un des cadres de l'agence, une femme, passera dans les jours suivants afin de finaliser la transaction. Mais la personne en question ne venait jamais. La plupart des femmes visitées se plaignait justement de cette curieuse anomalie, sans trouver toutefois quelque chose à redire sur la conduite du « Mesureur ».

La police est troublée : elle ne comprend pas où l'homme veut en venir. Quel est le but de sa combine ? Ce n'est pas une question d'argent puisqu'il ne demande jamais le moindre paiement. Il ne semble pas avoir de motifs sexuels puisque aucune des femmes ne s'est jamais plainte du moindre sévice. Certains inspecteurs croient qu'il s'agit d'un cambrioleur qui examine les lieux en vue d'un futur casse. Mais là aussi, la théorie ne tient pas debout car l'homme ne donne jamais suite à sa première visite.

L'interrogatoire du suspect se poursuit au commissariat de Cambridge.

— Albert, tu nous dis que tu es un ouvrier : alors pourquoi te balades-tu avec un mètre ?

— J'en ai quelquefois besoin pour mon boulot. Je dois mesurer des choses...

— Et quel est ton travail ?

— Je travaille en usine. Il m'arrive de repeindre des maisons. J'ai aussi d'autres emplois dans le bâtiment.

— Il me semble que tu devrais plutôt utiliser une règle de visée ou un mètre pliant ?

DeSalvo reste muet, pendant qu'un autre policier apporte un télex concernant son casier judiciaire.

— Tu es bien Albert DeSalvo, né à Chelsea ?

— Bon, d'accord, j'ai déjà fait de la prison à Lyman pour cambriolage. Ecoutez, donnez-moi une chance et je vous dis la vérité.

— Que veux-tu ?

— Je ne veux pas que ma femme me voie les menottes aux mains.

— D'accord.

— Quand votre voiture m'a surpris, j'essayais de pénétrer par effraction dans un appartement. Mais je ne voulais pas faire de mal aux locataires. Je connaissais des infirmières qui y habitaient et je souhaitais juste m'amuser un peu, les surprendre à leur retour du travail...

— Et c'est pour ça que tu avais un tournevis ? Pour pénétrer par effraction ?

— Oui.

— D'accord. Et pour ce mètre ?

DeSalvo ne dit rien.

— Albert, es-tu le « Mesureur » ?

— Je vais vous dire la vérité. Ma vie n'a pas été facile. Ma famille était très pauvre. Je ne vous raconte pas de bobards. Un soir, où je me trouvais à Cambridge, j'ai entendu du bruit provenant d'un appartement. Des gens devaient s'amuser. Ils étaient nombreux. Je frappe à la porte en me présentant comme le voisin d'en face. On m'invite à participer aux festivités. Je pense qu'ils étaient drogués. Ils se sont mis à danser de façon très suggestive. Une femme s'est déshabillée comme pour un strip-tease. Bientôt, il en a été de même pour tous les participants. Puis, chacun a commencé à mesurer les attributs physiques des autres. C'était très excitant. Et, quelque temps après, j'ai vu une émission à la télévision avec Robert Cummings qui jouait le rôle d'un photographe. Il faisait pareil : il mesurait des femmes qu'il choisissait pour devenir des mannequins. J'ai pensé que ce serait un bon truc avec les femmes pour trouver une raison valable de les mesurer.

— Ecoute, Albert, tu dois avoir une autre raison que ça pour les mesurer ? Tu voulais visiter les lieux pour de futurs cambriolages ou quoi ?

— Non, non. Pas du tout. C'était ma façon de leur montrer que j'étais supérieur à elles, à toutes ces étudiantes.

— Tu aimais les toucher ?

Pas de réponse.

— Tu sais ce que tu risques, Albert. Une lourde condamnation. Alors, tu ferais mieux de nous dire la vérité.

— Je le sais. Et j'y suis prêt. Et je peux même vous avouer que je le souhaite, mais ça, vous ne pouvez pas le comprendre.

— Et pourquoi ?

— C'est une longue histoire. Je veux simplement parler à ma femme, et sans porter de menottes. Lui raconter tous mes problèmes.

— On t'a déjà dit qu'on est d'accord. Tu sais qu'on a aussi retrouvé d'autres tournevis dans ta voiture, ainsi que des rossignols, du sparadrap et un cran d'arrêt. Non seulement tu risques une condamnation pour tentative d'effraction, mais aussi pour viol avec violence si jamais une de ces femmes porte plainte.

— Je le sais. Mais, Dieu merci, je n'ai jamais fait de mal à personne. Et je sais que j'ai besoin d'aide avant que les choses ne tournent mal.

Quelques jours plus tard, plusieurs femmes déposent plainte à l'encontre d'Albert DeSalvo. Il est inculpé de tentatives d'effraction et de possession d'outils de cambriolage pour quatre agressions accompagnées de violences, ainsi que de lubricité dans deux affaires.

« J'AI TOUJOURS EU LE DON DE MANIPULER LES FEMMES À MA GUISE »

« Avant que je sois condamné pour ces histoires de "Mesureur", j'ai discuté avec un inspecteur et un officier de probation de Cambridge. Je leur ai dit que quelque chose de grave allait se passer. Mais j'ai été incapable de leur en préciser la nature. Je voulais juste en parler avec un psychiatre. C'était un homme très compréhensif : il a déclaré que j'avais des tendances psychopathiques et que j'avais besoin d'aide.

« Dans son rapport, il a écrit à la cour qu'il fallait m'interner ou me mettre en probation sous forte surveillance psychiatrique. Ils ne l'ont pas écouté. On m'a envoyé au Middlesex County House of Corrections le 5 mai 1961, pour y passer onze mois sans la moindre aide. Cette histoire de "Mesureur" m'a appris comment manipuler les femmes en leur parlant. Et pourtant un gosse ne se laisserait pas avoir par ce type de boniment. Il suffit de poser quelques questions sensées pour s'apercevoir que c'est des conneries, mais elles étaient trop bêtes pour ça.

« Pour la plupart, c'étaient des femmes mariées qui n'avaient pas des silhouettes de mannequins. Mais elles étaient flattées, ça les caressait dans le sens du poil, et elles marchaient à fond dans la combine. Celles qui ont téléphoné aux flics pour se plaindre l'ont fait parce qu'elles étaient déçues que je n'avais envoyé personne. Et elles voulaient savoir pourquoi.

« C'est surtout les filles de Harvard qui me faisaient bander. Je ne suis pas éduqué et on ne peut pas dire que je sois un Adonis, mais ça me plaisait d'avoir le dessus sur des filles de la haute. Je sais qu'elles méprisent les gens qui sont de mon milieu. Elles se croient supérieures. Elles allaient à l'université, alors que je n'avais jamais rien eu, mais j'étais plus malin qu'elles. Quand je leur déclarais qu'elles pouvaient être des mannequins, cela revenait au même :

vous m'êtes supérieures, vous êtes mieux que toutes les autres, vous pouvez devenir un top model. Cela les flattait, et elles se laissaient faire. Elles ne m'ont jamais demandé une preuve quelconque.

« Il y en a eu des tonnes. Au moins cinq cents et certaines d'entre elles étaient tellement excitées par ce que je disais qu'elles me laissaient prendre leurs mesures complètement à poil. Il ne fallait pas les pousser beaucoup pour qu'elles acceptent de coucher avec moi. Je le voyais dès le premier coup d'œil, mais je savais aussi m'arrêter à temps, du moins dans la majorité des cas. C'est quelque chose que l'on apprend avec l'expérience. Lorsque j'étais le “Mesureur”, je les haïssais parfois d'être si stupides, et je voulais leur faire quelque chose... Quelque chose qui les ferait réfléchir, ne serait-ce qu'un temps. J'ai toujours eu ce don de pouvoir manipuler les femmes à ma guise, de leur parler et de les obliger à satisfaire mes désirs. Qu'elles soient jeunes ou vieilles, c'était du pareil au même. Je me suis rendu dans des centaines d'habitations de Cambridge ou de Boston, et parfois même en dehors du Massachusetts. Mais c'était près des écoles ou universités de Boston et de Cambridge que cela marchait le mieux. Souvent, il y avait plusieurs filles qui partageaient le même appartement.

« La fille qui m'ouvre la porte déclare : “Moi ? Un mannequin ?” Elle feignait la surprise, mais je voyais bien qu'elle était flattée. Je pénètre dans l'appartement et toutes ses copines sont présentes. “Cet homme est à la recherche de mannequins. On lui a dit de nous rendre visite.” La plupart du temps, elles étaient à peine vêtues, et ne se sentaient pas gênées puisqu'elles étaient entre elles. “Que pensez-vous de moi ?” Je m'approche d'elle pour la regarder de plus près. “Il va falloir que je prenne vos mesures.” Et ça se passait sans le moindre problème. Parfois, elles se mettaient en file indienne pour que je les mesure à tour de rôle. Et je commence à les tripoter un peu pour voir leur réaction. Si elles ne protestaient pas, je m'empressais de continuer, avant de leur suggérer de se déshabiller complètement pour les mesurer plus facilement. On pourrait croire qu'une ruse aussi grossière ne marcherait pas, mais vous vous trompez. Vous les flattez, avant de les toucher et de vous retrouver au lit avec elles. Je n'avais pas besoin de les forcer, ça me prenait environ vingt minutes pour en finir et rentrer chez moi.

« Certaines me laissaient soulever leur jupe pour les mesurer de la hanche jusqu'au genou ; je me souviens de l'une d'elles, que j'ai pu toucher sur ses parties intimes. Et elle n'a rien dit. Elle me regardait faire, avant de parler finalement : “Il vaudrait mieux que je me déshabille complètement. Ce sera plus facile de prendre mes mesures." A cette époque, j'avais encore peur de les forcer, et si je rencontrais la moindre résistance, je fichais le camp le plus rapidement possible.

« Ce n'est que bien après que les choses devinrent plus violentes. En tant que "Mesureur", tout cela aurait pu encore être stoppé. A ma sortie du Middlesex County House of Corrections, il était déjà trop tard : on ne pouvait plus m'arrêter.

« Et puis les choses ont commencé à virer à l'aigre. Je ne me souviens plus tout à fait quand. Jusque-là, c'était un amusement pour moi. Je n'avais pas du tout peur que les flics m'arrêtent ; après tout, je ne faisais rien de mal. A Cambridge, ça s'est plutôt mal passé avec deux filles qui m'ont dit qu'elles allaient prévenir la police, et je suis parti en courant de chez elles. Mais je n'avais rien fait de mal et mon désir me forçait à continuer, alors même que je savais que les flics de Cambridge devaient être à l'affût.

« Je me rappelle l'une de ces femmes. C'est une jeune fille qui porte une alliance :

— On m'a dit que vous vouliez devenir mannequin.

— Cela ne m'intéresse pas.

— Et pourquoi pas ? Vous avez une jolie silhouette. Est-ce qu'on a déjà pris vos mesures ? (Je sors mon mètre en m'approchant d'elle.) Laissez-moi vous mesurer.

« Mais elle recule, en me déclarant froidement :

— Je vous ai déjà dit que ça ne m'intéresse pas.

« A cet instant, j'aurais dû quitter les lieux, mais mes pulsions étaient devenues trop fortes à contrôler. J'aurais eu besoin d'aide. J'ai poursuivi mes avances, jusqu'à ce qu'elle crie à ses amies de venir à son secours. Elles m'ont pratiquement jeté dehors.

« Du jour au lendemain, les choses avaient basculé vers l'horreur. Puis, tout est allé très vite, et je n'avais plus la possibilité de me maîtriser. Si seulement j'avais pu voir un docteur, un spécialiste, mais ceux que j'ai vus n'allaient pas assez loin, parce qu'ils n'ont pas eu le temps ou parce que ça ne les intéressait pas. Et le seul médecin qui ait vu juste n'a pas été écouté – c'était ce docteur de Cambridge, du temps du "Mesureur". Il a vu que j'avais besoin d'aide et que les choses allaient empirer, mais personne n'a prêté attention à ce qu'il racontait. Et ils m'ont mis en prison. »

« IL PARVIENT À CONTRÔLER SES SENTIMENTS AGRESSIFS »

Avant de passer en jugement, Albert DeSalvo est envoyé au Massachusetts State Hospital de Westborough pour une période d'observation de trente-cinq jours. Agé de vingt-neuf ans, mesurant un mètre soixante-quatorze pour quatre-vingt-six kilos, arborant une luxuriante chevelure marron et des yeux couleur noisette, DeSalvo se comporte comme un prisonnier modèle auprès des psychiatres et des infirmières de l'établissement. Divers rapports notent les éléments suivants à son sujet : « Il se rase régulièrement, il est toujours impeccable, ses ongles sont propres, il travaille bien avec les autres patients, se propose même d'effectuer des tâches et il obéit aux moindres ordres. Lors des séances de psychothérapie de groupe, c'est toujours lui qui anime la discussion. Il mange et dort bien. Aujourd'hui, il a longuement parlé de sa femme et de sa petite fille.

"Au bout d'une journée ici, je me rends compte du mal que j'ai causé à ma femme. Quand je vois toutes ces femmes malades à la cafétéria, j'imagine ce qu'elle peut éprouver. Elle n'est jamais en bonne santé, et j'en suis le principal responsable. C'est un miracle qu'elle ne se trouve pas ici et tout ça est de ma faute. J'attends avec impatience le jour où je quitterai cet établissement, afin de me retrouver à ses côtés et réparer le mal que je lui ai fait, même si je dois pour cela lui laver les pieds. Si seulement j'y avais pensé avant ! Je veux savoir pourquoi j'en suis arrivé là. Est-ce qu'ils parviendront à me faire comprendre ce qui s'est passé ?"

« Il a les larmes aux yeux quand il évoque sa femme et la possibilité qu'elle puisse demander le divorce. Il a peur d'être seul et de perdre ses deux enfants. Mais, lorsqu'il évoque ses aventures de "Mesureur" avec les étudiantes, il fait preuve de vantardise et se montre très satisfait de lui.

« Il pose problème. Il trouve que l'on ne s'occupe pas assez de lui. Lorsqu'une infirmière lui a administré des piqûres, il s'est mis à pleurer comme un bébé : "Non, arrêtez. Cela fait trop mal." Il veut toujours être la vedette au sein du groupe. Si on ne l'interrompt pas brutalement, c'est lui qui parlera pendant une heure dans les psychothérapies de groupe.

« Le patient s'intéresse à tout mais son intelligence est plutôt médiocre. Sa culture générale est pauvre. Sa perspicacité est limitée. Cependant, il parle avec volubilité et s'exprime aisément, y compris de ses propres problèmes. Il a les pieds sur terre. Son identité psychosexuelle est masculine et ses tendances homosexuelles sont minimes, à l'image de ce que l'on retrouve chez tout un chacun. Différents facteurs suggèrent des relations sociales et personnelles d'une très pauvre qualité. Sa personnalité présente des traits schizoïdes. Ses besoins basiques le poussent à tenter de projeter une image définitive de lui-même, de découvrir son identité. Il se juge sans valeur en tant qu'individu. Ce désir s'est accentué avec la naissance de son fils, car il a l'impression que l'enfant aura besoin d'un modèle pour mûrir. Bien que manifestant des sentiments agressifs, il parvient à les contrôler. Des phobies ajoutées à des traits compulsifs et obsessionnels le plongent dans une dépression permanente qui le rend totalement improductif. On dirait que son mode de vie habituel est un effort constant pour se contrôler et s'élever au-dessus de ce qui était sa condition dans les premières années de son existence. Il montre, selon toute vraisemblance depuis longtemps, des troubles de la personnalité avec des tendances polymorphes perverses, accentuées par des fantasmes de grandeur et d'omnipotence. C'est un excellent sujet pour une psychothérapie de groupe. »

L'hôpital ne le considère pas comme fou, et il doit retourner devant le juge de la cour d'East Cambridge. Le 4 mai 1961, Albert DeSalvo est condamné à deux ans de prison à la maison d'arrêt de Billerica. En septembre 1961, son avocat parvient à convaincre le juge de réduire la sentence à dix-huit mois d'emprisonnement, au vu de la bonne conduite du prisonnier. Le 9 avril 1962, onze mois après sa condamnation, DeSalvo sort de prison en liberté conditionnelle. Une semaine plus tard, il obtient un travail à Chelsea, chez Munro, une entreprise spécialisée dans la réparation des navires, puis pour Highland Contractors, à Wakefield. Parfois, pour les besoins de son emploi, il se rend chez des particuliers pour réparer ou vérifier des chaudières.

Deux mois après la libération de DeSalvo, un homme se dirige vers le 77 Gainsborough Street, une rue tranquille de Boston. Nous sommes en fin d'après-midi et l'inconnu hésite un instant devant les noms de l'interphone. Finalement, il appuie sur la plaque indiquant « Anna Slesers ».

Personne ne le sait encore mais le cauchemar a commencé.

III. 14 JUIN 1962

Depuis la fin des années 50, Boston a connu un lent déclin. Capitale de la Nouvelle-Angleterre, cette métropole de sept cent mille habitants, à laquelle vient s'ajouter près d'un demi-million de visiteurs quotidiens, est la seule ville des Etats-Unis à enregistrer une baisse de population. Par trop traditionnelles, ses industries n'ont pas réussi à s'adapter au monde moderne et aux méthodes capitalistes. La criminalité y est rare, puisque l'on compte environ cinquante à soixante crimes par an dans les années 60, contre plus de cent quarante meurtres à l'heure actuelle.

Ce 14 juin 1962 est une date importante pour Boston. La Chambre de Commerce annonce le lancement de la campagne du « Nouveau Boston », destinée à promouvoir la rénovation de nombreux quartiers de la ville ainsi que l'implantation d'industries de pointe. En tout, plus de huit milliards vont être dépensés à cet effet.

Mais ce jour est aussi l'occasion pour près de deux cent mille Bostoniens de fêter la venue de l'astronaute Alan B. Shepard dont le défilé motorisé s'achève en fin d'après-midi. Il est environ dix-neuf heures lorsque Juris Slesers, un ingénieur en électronique, gare sa voiture dans Gainsborough Street, une rue tranquille et bordée d'arbres du quartier de Back Bay, non loin de l'Université de Northeastern. Quelques minutes après, il frappe à la porte de l'appartement de sa mère, Anna Slesers, au troisième étage du 77 Gainsborough Street, un immeuble en briques rouges qui en comporte quatre. Pas de réponse. Juris ne s'inquiète pas car ils ont rendez-vous pour aller à l'église luthérienne et sa mère a l'habitude d'écouter de la musique classique. C'est d'ailleurs la seule excentricité qu'elle se permet dans une vie très rangée, avec son modeste salaire de couturière à deux cent quarante dollars par mois. Sa collection de disques classiques est assez importante et elle assiste au moins une fois par semaine à des concerts au Symphony Hall qui se situe tout près de son domicile.

Agée de cinquante-cinq ans, Anna Slesers possède un diplôme

d'agronomie. Originaire de Lettonie, mère de deux enfants, elle divorce en 1937 et va s'installer comme institutrice à Riga. Elle quitte le pays lors de l'annexion soviétique en 1939. La Seconde Guerre mondiale l'oblige à travailler sous le joug des nazis, à Rudersdorf, près de Berlin. Avec ses deux enfants, elle parvient à survivre aux bombardements alliés avant de retourner brièvement en Lettonie. Des parents installés aux Etats-Unis l'aident à immigrer et à s'installer dans le Michigan, en 1950. Puis, elle vit avec son fils dans le Massachusetts où elle emménage dans son appartement de Gainsborough Street le 1er juin 1962. Son fils, qui vit à Lexington dans la banlieue de Boston, lui téléphone tous les jours pour prendre de ses nouvelles.

Juris frappe de nouveau à la porte. Toujours pas de réponse. Il tend l'oreille, mais n'entend aucun bruit à l'intérieur : peut-être est-elle sortie faire quelques courses ? Il fait la tournée des commerçants du coin, sans rencontrer sa mère. Il retourne à l'appartement, pensant qu'elle est peut-être revenue entre-temps. Toujours rien. Il est maintenant dix-neuf heures trente et Juris est inquiet, d'autant plus qu'il connaît l'exactitude de sa mère en matière de rendez-vous.

« Cela m'arrive brusquement, sans crier gare. Je me lève le matin et je sais que je suis possédé. Je dis à ma femme que je vais travailler, mais ce n'est pas vrai. Je ne cherche pas quelqu'un de spécifique – juste une femme, l'image de la Femme. Simplement une femme pour assouvir mes besoins sexuels.

« Ce jour-là, pour la première, je crois que nous étions à l'été 1962 et qu'il pleuvait, parce que je me souviens d'avoir mon imperméable avec moi. J'indique à mon épouse que je vais pêcher. Je prends ma canne et un filet alourdi par des morceaux de tuyaux de plomb – je me suis servi d'un de ces tuyaux sur cette femme... J'étais dans le quartier de Back Bay. Je ne sais pas pourquoi. Je conduis au hasard, sentant la pression monter en moi, et quand elle fut trop forte, au point que je ne pouvais plus me retenir, je gare la voiture. C'était près de l'Université de Northeastern, sur la rue qui mène au Y.M.C.A. Je trouve une place en face de l'église, avant de revenir en arrière, vers un groupe d'immeubles d'habitation en briques. Il y a quatre ou cinq marches de pierre devant l'entrée du n° 77. Je dois savoir ce que je dois faire, car le plomb se trouve dans la poche de mon imperméable lorsque je suis entré dans son immeuble.

« J'ai frappé à la porte de l'appartement 3 F. Une femme vêtue d'une robe de flanelle bleue m'a ouvert. Comme la plupart des autres, elle avait peur au départ, mais je n'ai pas la langue dans ma poche et j'agis comme si cela m'était complètement égal qu'elle me fasse entrer ou non. Je parle très vite et, quelquefois, elles ne comprennent pas très bien ce que je dis. Je l'ai fait à des centaines de femmes. Presque toutes m'ont fait entrer chez elles.

— Je viens pour les travaux.

« Elle m'a fait entrer chez elle. A gauche, il y a la cuisine puis, trois mètres après un petit hall, la salle de bains. La lumière y est allumée. Je remarque une machine à coudre, de couleur marron. Une fenêtre avec des rideaux, un divan, un tourne-disques. La salle de bains est peinte en jaune, et elle se préparait à prendre un bain, car la baignoire est remplie. On entend de la musique, une symphonie ou un truc de ce genre. Par la suite, j'ai éteint la musique. Elle me précède pour me montrer la salle de bains et les travaux à effectuer. Lorsque je constate qu'elle me tourne le dos, je la frappe à la tête avec le tuyau de plomb. Elle tombe. Je la rattrape par le cou et nous tombons tous les deux par terre. Je suis couvert de son sang. Je me lève pour lui retirer sa robe. Avec sa ceinture bleue je lui entoure la gorge à deux reprises – en serrant très fort – puis, je fais un nœud que je laisse tel quel.

« Je crois qu'elle est encore vivante quand je la baise.

« Je regarde autour de moi, et je suis très en colère, tout en ne sachant pas pourquoi.

« Je me nettoie dans la salle de bains, et je me rends compte que je porte des gants. Ma chemise et ma veste sont tachées de son sang. Après les avoir enlevées, je m'empare d'un imperméable de sa penderie et je l'enfile. Les manches sont trop courtes pour ma taille. Je vois un billet de vingt dollars sur une étagère et je le prends. C'est la seule fois où j'ai pris de l'argent. Avant de quitter les lieux, je fais un paquet de mes vêtements ensanglantés. Une fois dehors, la première chose que je vois est un flic. Il me dépasse en me jetant un bref coup d'œil. Je me dirige vers ma voiture avant de démarrer. Un peu plus loin, je remarque une boutique de surplus de l'armée. Je défais son imperméable que je laisse dans la voiture. Je m'achète une chemise blanche que j'enfile dans le magasin.

« Je me dirige vers Lynn, tout en déchiquetant ma chemise et ma veste avec mon couteau à poisson. Je m'en débarrasse dans un marais où je sais que les vagues les emporteront au loin. Un homme m'observe mais je ne pense pas qu'il sait ce que je fais.

« Et je rentre à la maison. »

Juris Slesers descend les escaliers pour demander au gardien les clefs du 3 F, mais la loge est vide. Au bout de quelques minutes d'attente, il se dit que sa mère a peut-être été victime d'un malaise. Il frappe à nouveau à la porte. Pas de réponse. Il ne lui reste plus qu'une chose à faire : défoncer le battant. Il s'attend à quelques difficultés car Juris est un homme mince et de petite taille. A sa grande surprise, la porte s'ouvre dès son premier coup d'épaule. Sa mère n'avait pas mis la chaîne de sécurité. L'appartement est plongé dans l'obscurité; il est dix-neuf heures quarante-cinq et le soleil s'est couché depuis un peu plus de vingt minutes. Une seule lumière brille dans la pénombre, celle de la cuisine. Anna Slesers est bien chez elle; Juris la découvre allongée sur le dos, à quelques mètres à peine de la salle de bains dont la porte est ouverte. Sa robe de chambre bleue est défaite de haut en bas. Son corps est entièrement nu sous le vêtement. La jambe gauche est inclinée à hauteur du genou, la droite forme un angle avec le reste du cadavre. Le bras droit est tendu à angle droit. La ceinture de la robe de chambre est nouée autour de son cou.

Après avoir prévenu la police, qui arrive sur les lieux un quart d'heure plus tard, Juris Slesers visite le reste de l'appartement. Sa mère devait se préparer à prendre un bain. Ses chaussons sont devant la baignoire qui est remplie au tiers. Dans le salon, trois tiroirs de la commode sont ouverts. Leur contenu a été fouillé. Une boîte avec des photos souvenirs a été éparpillée sur le plancher. Une armoire à vêtements est entrebâillée. Près du corps, il remarque divers objets : des allumettes, un agenda, des lingettes démaquillantes, un paquet de cigarettes, une corbeille à papier renversée et un stylo. Des muffins préparés par Anna Slesers pour son fils se trouvent sur la table de cuisine, ainsi qu'un porte-monnaie vide. Même si l'appartement a été fouillé, il ne semble pas que l'assassin ait emporté quelque chose. Visiblement, la victime ne s'attendait pas à la visite de son agresseur; pourtant, il ne paraît pas y avoir eu effraction étant donné que la serrure et la chaîne de sécurité sont intactes.

L'enquête placée sous la responsabilité du lieutenant Donovan, patron de la brigade criminelle de Boston, assisté par les détectives John Barry, Jerome McCallum, James Mellon et Edward Sherry montre rapidement qu'Anna Slesers ne possédait pas beaucoup d'argent chez elle. Son employeur indique qu'elle n'est pas venue chercher son salaire de la semaine. Et pourtant, des bijoux d'une valeur certaine se trouvent encore dans l'appartement : un pendentif en argent, une broche, une montre et un bracelet en or, sans oublier quelques bagues. Anna Slesers ne semble pas avoir d'ennemis et menait une vie tranquille.

L'autopsie révèle une grande lacération à la base du crâne, du côté gauche, mais le coup n'a pas été suffisant pour entraîner la mort. On remarque deux contusions sur le genou gauche. La cause de la mort est « asphyxie par strangulation » : l'os hyoïde est complètement fracturé. Le rapport conclut qu'« après examen du vagin, on y trouve trace de plusieurs lacérations (...) et qu'il saigne ». En revanche, tout sperme est absent.

Pendant quelques jours, ce meurtre fait la une des quotidiens locaux. La police annonce clairement qu'Anna Slesers a été victime d'une étrange attaque à caractère sexuel de la part d'un cambrioleur furieux du maigre butin découvert chez elle, et qui se serait ainsi vengé.

Pour Juris Slesers, « il est certain qu'il n'y a rien de personnel dans l'assassinat de ma mère. Elle n'a pas été tuée par quelqu'un de son entourage. Personne parmi son entourage n'avait de raison de la tuer. Je ne sais pas s'il s'agit d'un cambrioleur comme l'affirme la police, mais je ne suis pas tout à fait de cet avis. Ses objets de valeur ont été retrouvés intacts. J'ai l'impression qu'il s'agissait de la rencontre de deux étrangers. Elle ne connaissait pas son meurtrier, même si lui, il l'épiait peut-être depuis quelque temps. »

IV. PANIQUE SUR LA VILLE

« Je sais que cette vieille dame de Commonwealth Avenue n'est pas incluse dans la liste des femmes de l'Etrangleur mais, pour moi, elle en fait partie. Elle était très âgée, plus de soixante-dix ans ou peut-être même dans ses quatre-vingts printemps. Et je suis sûr que vous pourrez vérifier qu'une telle femme est bien décédée sur Commonwealth Avenue deux semaines environ après Anna Slesers, deux jours avant Helen Blake et Nina Nichols. On a dû la trouver morte sur le divan de son appartement. En apparence, elle n'est pas une victime de l'Etrangleur, mais c'est tout de même l'une de *mes* femmes.

« Je vous ai dessiné un plan de son appartement. Je me souviens d'un fauteuil où je me suis installé alors que cette femme s'est assise sur une chaise à bascule noire. Par la suite, elle s'est effondrée près de la chaise où j'ai aussi déposé le contenu de son sac et ses clefs.

Vous verrez que je vous dis la vérité. Tout s'est déroulé de façon tellement simple, comme un rêve étrange, un vrai cauchemar.

« Je monte au deuxième étage pour frapper à la première porte que je trouve. Au hasard. Elle ouvre et je lui raconte que j'ai des travaux à effectuer chez elle. Elle marche, comme la quasi-majorité des centaines d'autres à qui j'ai déclaré le même boniment. Il faut croire que j'avais la gueule de l'emploi et que je leur inspirais confiance. Ça fonctionnait toujours. Dès que j'avais vingt minutes de libre, j'étais capable de me rendre à Boston pour me farcir une nana et rentrer chez moi par le pont de la Mystic River, avec à peine quelques minutes de retard sur mon horaire habituel, sans que mon épouse Irmgard puisse se poser des questions. Car, dans ces cas-là, elle le prenait très mal, devenait malade et vomissait de nervosité.

« Pour en revenir à cette vieille femme, je dois dire que c'était une personne très gentille. Elle m'invite à m'asseoir en face d'elle. Essayer de me souvenir d'elle me trouble beaucoup. Surtout elle. Plus que toutes les autres. C'est comme un double cauchemar, car elle ressemble à ma grand-mère. Ça me fait du mal. Je me rappelle ma grand-mère préparant des tartes aux pommes rien que pour moi.

« Elle se lève, tout en continuant de parler, et je passe derrière elle. Elle n'éprouve aucune crainte. Je lui serre le cou avec mon bras. Vu son âge, cela ne demande pas beaucoup d'effort, mais je n'ai même pas besoin de le faire. Elle tombe comme une masse, très certainement frappée de terreur en se rendant compte de ce que je vais lui faire. Je tente de la rattraper, mais elle glisse par terre. Je crois qu'elle est déjà morte. Elle décède dans mes bras, le choc a été trop rude pour elle. Je ne lui ai rien fait. Je ne la touche même pas. Elle s'est évanouie pour tomber par terre. Et quand je la dépose sur le divan, je sais qu'elle est déjà morte. Elle est partie tellement vite et aussi facilement que cela n'a même pas duré l'espace d'un clin d'œil. Personne ne pouvait connaître la vraie raison de son décès.

« Mais, c'est bien l'une de *mes* femmes, et j'en suis profondément désolé car elle a été si gentille avec moi, et aussi parce qu'elle ressemblait à ma grand-mère. »

Lorsque la police vérifie les propos de l'Etrangleur concernant le décès de cette vieille femme, elle découvre qu'une certaine Mary Mullen, âgée de quatre-vingt-cinq ans, et demeurant au 1435 Commonwealth Avenue, est morte pendant l'après-midi du 28 juin 1962, précisément deux semaines après le meurtre d'Anna Slesers. Le certificat de décès indique une mort naturelle due à une crise cardiaque. Les clefs et le contenu de son sac à main se trouvent bien au pied de la chaise à bascule noire. Le plan de l'appartement de Mary Mullen, dessiné par l'Etrangleur, correspond tout à fait aux photos prises par la police. La vieille dame, le visage serein et les lunettes sur le nez, repose allongée sur le divan, ainsi que son assassin l'avait affirmé.

« JE CHERCHE LA FEMME »

« C'était un samedi matin, comme cela a parfois été le cas pour les autres. Je dis à Irmgard que je pars travailler mais je cherche la Femme. J'y pense déjà en embrassant Irmgard et mes deux enfants, Judy et Michael. Je me dirige vers Swampscott, un endroit chic avec de grandes maisons remplies de nanas intelligentes et éduquées, comme celles avec lesquelles je m'amusais à Harvard Square, quelques années auparavant. Mais maintenant, elles ont grandi, se sont mariées et ont des enfants – des filles. Et je me demande si ces filles vont aux toilettes, si elles sentent mauvais et se tripotent. Vous connaissez cette expression familière de Boston : « Elle pense que sa merde ne pue pas. » Une fille est faite pour coucher avec un homme quand il en a envie ; elle doit le laisser agir à sa guise, même si elle pense que ça n'est pas correct. Certaines se croient trop bonnes pour ça, et elles vous disent "non", "tu es un salaud", "il ne faut pas", etc.

« Quelquefois, je travaillais pour un type qui habitait à Swampscott, mais ce n'est pas pour ça que j'y allais le plus souvent... Elles me donnaient l'impression d'être un animal, ces salopes, et voilà pourquoi je mettais toujours quelque chose pour leur couvrir le visage et les yeux... afin qu'elles ne puissent pas me regarder.

« Mais, ce jour-là, je suis allé à Salem, puis à Lynn. Je n'avais pas vraiment de destination en tête. C'était d'ailleurs toujours comme ça. Je vais et je viens, sans idée précise. J'ignore pourquoi... mais cette image de la Femme me hante... me tourmente. Je ne sais pas encore que j'ai besoin d'aide. Les choses ont empiré petit à petit. Parfois, la pression devient intolérable, au point que je jouis dans mon slip. Mais cinq minutes plus tard, je bande à nouveau et l'image revient me hanter, ma tête me donne l'impression qu'elle va exploser.

« Nous sommes le matin du 30 juin 1962, à Lynn, devant le 72 Newhall Street. Je connaissais déjà l'immeuble pour y avoir bonimenté une nana, une brune de trente-cinq ans, pas mal foutue, mais ça n'avait pas marché et j'étais parti sans rien faire.

« Devant la porte en bois sombre, avec une ouverture vitrée, de cette Helen Blake, je remarque deux bouteilles de lait. Je prends les bouteilles pendant que je lui parle des travaux à effectuer chez elle, et je fais très attention de ne pas laisser d'empreintes sur le verre. Quand elle m'ouvre la porte, je vois qu'elle est vêtue d'un pyjama en coton, rouge et blanc, avec des rayures. Elle était en train de secouer des tapis à la fenêtre de son salon.

— Je viens pour les travaux du plafond.

— C'est la première fois que j'en entends parler.

— Eh bien, je vous en parle maintenant, madame. Je ne veux pas vous déranger.

« J'esquisse un pas en arrière, ce qui est toujours une bonne tactique – et ça marche presque à tous les coups ; et pourtant, dans mon for intérieur, je souhaite sincèrement qu'elle ne va pas me faire rentrer chez elle, parce que je sais très bien ce qui va se passer. Lorsque je les tue, j'ai généralement une bonne raison de le faire, parce qu'elles me tournent le dos ou à cause de la pression dans ma tête.

— Ce n'est pas grave. Si je ne fais pas ce boulot, vous ne pourrez pas dire que c'est de ma faute. Après, il ne faudra pas vous plaindre au gérant. On est bien d'accord, madame ?

— Eh bien, c'est curieux que je n'en aie pas entendu parler.

— Il faut aussi que j'examine les fenêtres pour voir s'il y a des fuites.

— C'est pas trop tôt. Dès qu'il pleut, j'ai de l'eau qui coule sur les tapis. Mais je ne vous connais pas.

— Je travaille pour le propriétaire de l'appartement. Vous avez déjà dû me voir bosser dans le coin... mais, vous savez, je ne suis pas pressé, j'ai d'autres travaux qui m'attendent... Je le dirai au patron...

« Elle me laisse pénétrer dans l'appartement. Il y a un manteau de cheminée blanc sur lequel on remarque des photos. Un vieux poste de télé, avec le portrait d'une jeune fille de dix-huit ou vingt ans. Peut-être sa fille ou une nièce. Je discute un moment avec elle. Les femmes sont étranges. Elles aiment parler, et elles croient connaître ainsi un homme. C'est de la rigolade. Déjà qu'un homme ne sait pas comment il va agir quand le désir le prend. Comment une femme pourrait-elle apprendre à connaître un homme simplement en lui parlant sur le pas de sa porte. Il est facile de bavarder : on ne peut pas respecter un homme simplement parce qu'il est capable de parler, il faut le juger sur ses actes.

« Je me laisse guider jusqu'à la chambre à coucher, en lui proposant d'examiner les fenêtres. Elle se penche pour me montrer des fissures sous le rebord, et c'est à ce moment-là que je lui serre le cou de mes deux bras. Nous tombons par terre, près du lit, elle est sur moi et a déjà perdu connaissance. Je me redresse pour l'examiner : du sang coule de son nez, je lui retire ses lunettes pour les poser près d'elle. Je la prends dans mes bras et l'allonge sur le lit. J'enlève le pantalon de son pyjama, et remonte le haut, afin de dénuder ses seins – ils sont énormes et lourds. Je lui fais l'amour, elle est toujours vivante, mais inconsciente. Je mords sa poitrine ainsi que d'autres parties de son corps... son ventre aussi. Puis, je m'empare de son soutien-gorge qui est posé près du lit. Je lui mets autour du cou et je serre de toutes mes forces... J'y ajoute un bas en nylon... Je crois qu'elle est morte et je distingue un peu de sang qui coule de son nez, de même que les marques rouges de mes morsures sur ses gros seins et son bas-ventre. Jusqu'à ses parties privées, c'est bien le mot, non ? Jusqu'aux poils de son sexe. Pour une vieille femme, elle possède un très beau corps. Et je vois ces marques rouges. Et ça me rend fou de rage de la voir ainsi morte, et je lui serre encore le cou.

« Je fouille son appartement mais sans rien prendre. Je ne sais pas ce que je cherche. Je suis très en colère et j'ignore pourquoi. Au bout de quelques minutes, je vais dans la salle de bains pour m'essuyer la transpiration du visage. Il fait sombre dans sa chambre. Mais, pas au début. J'ai dû baisser les stores et pourtant je n'en garde aucun souvenir. Avec la lame d'un couteau pris dans la cuisine, j'ai essayé de forcer la serrure d'un petit coffre situé sous son lit, mais la lame s'est brisée. Ensuite, je pars. Il est environ dix heures vingt du matin. »

L'assassinat de Helen Blake est découvert le 2 juillet 1962, vers dix-neuf heures, lorsque des voisines s'inquiètent de son absence depuis plusieurs jours. Ses habitudes sont tellement régulières que son emploi du temps ne varie presque jamais d'un jour sur l'autre.

Agée de soixante-cinq ans, Helen Blake était une infirmière à la retraite, dont l'existence s'était petit à petit enfoncée dans la grisaille. La maladie de sa mère l'avait obligée à abandonner ses études pour devenir une infirmière qualifiée. Un bref mariage de quelques mois avait été annulé en 1927, sans qu'elle ait eu besoin de divorcer. Elle n'avait pas d'enfant, et son plus proche parent était une petite-nièce. Sa seule passion consistait à jouer du piano et à assister à des concerts avec un groupe d'amies

N'obtenant aucune réponse, une des trois voisines part chercher un double des clefs chez le gardien. Un coup d'œil lui suffit pour déterminer l'ampleur du drame : « Je suis entrée dans le hall. J'ai vu des vêtements éparpillés un peu partout, et je ne suis pas allée plus loin. J'ai refermé la porte en me disant qu'il valait mieux prévenir sa petite-nièce. »

Après l'arrivée de celle-ci et d'un ami à elle, la police est avertie. Vers dix-neuf heures cinquante, le médecin légiste du comté d'Essex, E. Jannino, effectue les premières constatations. Il est accompagné par les détectives Leary et Tuney. Andrew J. Tuney devait par la suite faire partie du Bureau de l'Etrangleur, et il remarque tout de suite une chose étrange : « Le pillage de l'appartement me surprend. Il ne ressemble pas du tout à la fouille habituelle d'un cambrioleur. » Comme pour confirmer ses dires, on retrouve de l'argent liquide, deux montres de valeur, tandis que le coffre à bijoux a été ouvert et son contenu éparpillé sur le sol. Il semble qu'aucun objet de prix n'est manquant.

Les aveux du criminel sont en accord avec les faits tels qu'ils sont connus. Il se trompe sur quelques points de détails. Il signale ainsi que le crime a eu lieu au 72 Newhall, alors que l'agression se déroule au numéro 73. Le manche d'un couteau à la lame brisée est retrouvé sous le lit de la victime. La pointe de la lame se trouve encore dans la serrure du coffre. Le pyjama d'Helen Blake est conforme à la description du meurtrier, de même que le plan dessiné de l'appartement ; il y a bien une photo d'une jeune fille sur le vieux poste de télévision. Les lunettes de la victime sont près de son lit. En revanche, il y a contradiction au sujet des ligatures ayant servi à étrangler la vieille femme. Le rapport d'autopsie du médecin légiste Jannino mentionne (à la page 3) deux bas, puis un seul bas (sur la page 5), alors que l'Etrangleur parle d'un soutien-gorge et d'un bas de nylon.

« JE SUIS TOUJOURS FOU DE RAGE »

Ce samedi 30 juin 1962, Mme Nina Nichols, âgée de soixante-huit ans et divorcée depuis vingt-trois années, retourne chez elle, au 1940 Commonwealth Avenue (à quelque cinq cents numéros de l'adresse où Mary Mullen est décédée deux jours auparavant, dans l'indifférence générale), après avoir rendu visite à des amis de Duxbury, à Cape Cod. Très active pour son âge, Nina Nichols, bien qu'à la retraite depuis 1959, exerce encore parfois son métier de physiothérapeute. Passionnée de musique classique et de photographie, elle a pris rendez-vous pour dîner avec sa sœur Marguerite et son mari, le procureur Chester C. Steadman. Il est dix-sept heures lorsqu'elle téléphone à sa sœur, lui annonçant sa venue à Wellesley, une banlieue chic de Boston, sur le coup de dix-huit heures. Elle lui indique qu'elle va prendre un bain et se changer ; il fait très chaud dans le Massachusetts. Leur conversation est interrompue par le bruit de la sonnette de la porte d'entrée de son appartement du quatrième étage. « Je vais devoir te laisser. On vient de sonner. C'est peut-être un des malades que j'ai en consultation. Ecoute, Marge, je me débarrasse de lui et je te rappelle dans quelques minutes. »

Nina Nichols raccroche et se dirige vers le hall d'entrée pour presser sur l'interphone. Elle n'a plus qu'à recevoir ce visiteur inattendu...

« Je me suis baladé en voiture toute la journée, avant de me garer sur ce parking de Commonwealth Avenue. Je suis allé jusqu'au numéro 1940. Il faisait horriblement chaud et il devait être dans les quatre heures et demie de l'après-midi. Je transpirais beaucoup et je pouvais sentir l'odeur de mon corps. Je n'aime pas ça, car je suis toujours très propre. Je regarde les noms figurant sur les boîtes à lettres, je choisis deux noms, et j'appuie sur le bouton d'appel du premier. J'attends, pendant que la pression gonfle en moi et que l'image de la Femme s'impose à mon esprit. Je ne pense même pas à ce que je vais lui dire, car je sais que je serais capable d'improviser sans la moindre difficulté.

« Rien ne se passe. Je presse sur le second bouton et, au bout d'une à deux minutes, on m'ouvre la porte d'entrée de l'immeuble. L'escalier s'enroule autour d'un ascenseur et j'escalade les marches une à une, sans me presser le moins du monde. Et si cette première femme m'avait répondu ? Un coup de chance, peut-être était-elle occupée ou absente ? La chance tient à vraiment peu de chose. Elle porte une robe d'intérieur, de couleur rose, des lunettes et des espadrilles bleues.

— Qu'est-ce qu'il y a ?

« Sa voix est irritée, impatiente, comme si je la dérangeais.

— Nous voulons vérifier vos fenêtres, au cas où il y aurait des fuites.

— Qui vous a envoyé ici ?

— C'est le gérant de l'immeuble.

— Eh bien, je ne sais pas... Est-ce qu'il faut que ça soit fait maintenant ?

— Non, pas du tout. Mais c'est le gérant qui m'a dit de monter. Vous pouvez lui téléphoner, si vous voulez.

— Bon, d'accord. Entrez, mais faites vite. Je me préparais à sortir dans quelques minutes.

« Mais je sais déjà qu'elle n'ira nulle part dès l'instant où elle referme la porte. Je tente de résister à la tentation. C'est bizarre, je ne voulais pas entrer ici. Je ne veux pas que ça arrive...

« Je la suis à travers l'appartement. Dans la chambre à coucher, elle me tourne le dos et je vois sa nuque. J'ai chaud, au point que je pense que ma tête va exploser, dès que je vois l'arrière de son crâne... pas son visage... La pression devient intolérable... Nous tombons tous les deux sur le lit, elle est au-dessus de moi. Elle est toujours vivante. Je me souviens m'être emparé d'une ceinture pour lui passer autour du cou, mais elle s'est rompue. Ses ongles s'enfoncent dans ma main pendant tout le temps qu'elle se débat. Mes jambes maintiennent ses pieds prisonniers. Elle me griffe de plus en plus, au point que je sens le sang couler entre mes doigts. La police a dû retrouver des lambeaux de ma peau sous ses ongles.

« Sa robe d'intérieur est un tissu fragile, avec des boutons. Je ne me rappelle plus si elle porte des bas. Et puis, il y a cette histoire de bouteille. Vous comprenez que je n'aime pas trop en parler. Elle est allongée sur le lit et j'ai la bouteille à la main. C'est très dur pour moi... Je pose son corps sur le plancher et j'enlève sa robe en arrachant quelques boutons. Elle porte des sous-vêtements que je lui retire. Je lui fais l'amour, par terre. Et tout ce que j'avais dans la tête se libère d'un seul coup comme un barrage qui s'effondre tout d'un coup. L'espace d'un instant, je me sens bien. Puis, je la regarde et je crois qu'elle est toujours vivante. Je prends deux bas en nylon et je serre le cou au maximum avec l'un d'eux, je fais trois nœuds. Ma tête recommence à gonfler, la pression augmente et je suis très en colère pendant que je l'examine. Elle n'a plus ses lunettes et ses yeux vitreux sont grands ouverts. J'ignore si elle est encore vivante ; en tout cas, elle ne bouge pas, et ça me met dans une rage folle de la voir ainsi. Je prends le second bas pour le nouer avec le précédent et je serre tellement fort que le nylon s'enfonce dans la chair de son cou. Quelques minutes plus tard, je reviens faire de jolis nœuds et des boucles avec les extrémités des deux bas. Comme pour un paquet-cadeau. Elle ne m'a rien fait, et pourtant je lui en veux terriblement. Je suis fou de rage.

« Cette colère ne me quitte pas lorsque je fouille son appartement, en vidant les tiroirs par terre et en jetant des vêtements un peu partout. Des valises sont encore remplies et je les renverse dans sa chambre à coucher. J'ignore ce que je cherche, et cela accroît encore ma fureur. C'est alors que je m'empare de la bouteille. Je veux vous en parler. Ce n'était pas la première fois que je me servais d'un objet sur une femme. Certaines aiment bien ça et me demandent de revenir pour recommencer. Mais je crois que cette femme était morte.

« C'était une bouteille de vin. Et je l'ai enfoncée de toutes mes forces. J'ai continué à pousser jusqu'à ce qu'elle soit complètement coincée. Je crois qu'il restait encore un peu de vin dans la bouteille. Je ne sais pas pourquoi j'ai fait ça. Et c'est difficile pour moi d'en parler. J'ai honte de mon geste. Je sais que c'est moi qui ai fait ça, mais, quelquefois, j'ai l'impression que c'est quelqu'un d'autre qui a agi. C'est difficile à expliquer, et je ne sais pas si vous voyez ce que je veux dire.

« Pourquoi j'ai fouillé son appartement ? Je l'ignore aussi. Je ne sais pas ce que je cherchais. N'importe quoi. De l'argent ? Peut-être. En tout cas, je n'ai rien emporté avec moi. Ni chez les autres non plus. Si, chez Anna Slesers, j'ai pris un billet de vingt dollars.

« Après l'épisode de la bouteille, je suis toujours fou de rage et je lui mords les seins. Pas pour boire du sang, mais suffisamment fort pour laisser la marque de mes dents dans sa chair. J'ignore pourquoi j'ai fait ça, mais je sais qu'il fallait que je le fasse. Puis, le téléphone a sonné trois, quatre fois, et cela m'a rendu très nerveux. Je transpire abondamment, il fait une chaleur à crever, et je quitte l'appartement à toute vitesse. Lorsque j'ouvre la porte d'entrée, je me retourne une dernière fois et j'aperçois ses jambes écartées.

« Il y a du bruit en bas de la cage d'escalier. L'ascenseur descend à vide devant le palier. Tout est calme, mis à part le bruit de la personne qui monte à bord de la cabine. Les câbles de l'ascenseur se tendent et se balancent comme des serpents devant moi. Mes mains sont mouillées et je les essuie sur mon pantalon, puis je vois du sang sur mes doigts et je les enfonce dans les poches. L'ascenseur s'arrête un étage en dessous. Je vois que c'est une femme qui traverse le hall pour rentrer chez elle. J'entends le bruit des clefs dans la serrure, la porte se referme. Je descends à pied, sans rencontrer personne. En sortant de l'immeuble, deux vieilles femmes me croisent pour y pénétrer. Nous nous regardons, mais je ne suis pas inquiet car les personnes âgées oublient vite et ne font pas très attention. Je prends ma voiture pour tourner sur Commonwealth Avenue et me diriger vers la Route 3 qui me ramène à Malden. Il n'est pas loin de dix-huit heures ; c'est ce même jour que je me trouve le matin à Lynn lorsque Helen Blake est morte. »

FERMEZ VOS PORTES !

Le temps passe, il est maintenant plus de dix-huit heures et la sœur de Nina Nichols à Wellesley s'inquiète au point de lui téléphoner toutes les dix minutes. A dix-neuf heures quinze, Chester Steadman décide de joindre Thomas Bruce, le gardien du 1940 Commonwealth Avenue. Il lui demande de vérifier si la voiture de Nina Nichols est garée dans le parking de l'immeuble, ce qui est bien le cas. Avec la chaleur étouffante qui règne sur Boston, Steadman pense que sa belle-sœur a peut-être eu un malaise. Il enjoint Thomas Bruce de monter chez Nina Nichols. A dix-neuf heures vingt-cinq, le concierge découvre le corps de la vieille femme. Quelques minutes plus tard, les détectives Edward Sherry et John Donovan débutent leurs investigations en compagnie du médecin légiste du comté de Suffolk, le Dr Michael Luongo.

Nina Nichols est allongée sur le dos, près de la table de nuit de sa chambre à coucher. Sa robe d'intérieur est déchirée, la combinaison remontée à hauteur de la taille. Un morceau de ceinture se trouve sous sa tête. Elle a été étranglée avec deux bas de nylon qui lui enserrent le cou. Le corps est placé dans la même posture grotesque que celui d'Anna Slesers deux semaines auparavant. Sur le dessus-de-lit, on remarque ses lunettes, une valise, un sac à main, ainsi qu'une boîte métallique contenant du matériel photo de valeur. Rien n'a été emporté. Le salon est dans un grand désordre. Des vêtements sont éparpillés çà et là, un tiroir du bureau est béant, des albums photos sont ouverts, certains clichés jetés à même le sol. Des livres de comptes ont été examinés. Les policiers ne trouvent que cinq dollars dans le portefeuille de la victime. Au vu du standing de Mme Nichols, ils pensent tout d'abord qu'un vol a été le motif du crime. Mais une voisine leur indique que la victime n'avait presque jamais de liquide sur elle, préférant tout régler par chèque, y compris ses achats chez le marchand de journaux.

Comme pour Anna Slesers et Helen Blake, ce qui intrigue la police est la manière dont l'assassin a pénétré dans les lieux. Pas de trace d'effraction. L'interphone était partiellement en panne, il ne permettait pas de s'enquérir de l'identité de celui qui l'utilisait. L'enquête démontre que Nina Nichols n'a pas d'ennemi et aucun suspect n'est arrêté, malgré une vérification de routine des fichiers de police. L'autopsie révèle l'absence de sperme dans le vagin, mais Nina Nichols a été violée à l'aide d'une bouteille, causant de nombreuses lacérations et une déchirure de la membrane à la jonction des petites lèvres.

L'annonce du double meurtre du 30 juin 1962, ajouté à celui d'Anna Slesers deux semaines auparavant, provoque un vent de panique dans la ville de Boston. Les journaux publient leur une sur le « Tueur fantôme » ou l'« Etrangleur fantôme ». Les ventes de chiens de garde, d'armes à feu et de verrous atteignent des records à travers la ville. Interrogé, le préfet Edward McNamara, récemment nommé – en mai 1962 – pour combattre la corruption dans les rangs de la police, donne un certain nombre de conseils aux habitants de Boston : « Fermez vos portes. Vérifiez le bon fonctionnement de vos serrures et, si possible, faites installer des verrous de sûreté. Exigez des gardiens ou gérants qu'ils ferment à clef l'accès principal de vos immeubles. Ne laissez pas entrer des inconnus sans avoir au préalable effectué une identification. S'il s'agit d'employés d'un quelconque service, demandez-leur de se présenter au concierge ou au gérant de l'immeuble. Informez votre commissariat le plus proche de toute activité suspecte dans votre quartier. » Un numéro d'appel d'urgence est communiqué par voie de presse, de radio et de télévision.

L'enquête progresse à petits pas. Les trois victimes sont toutes des femmes âgées, habitant seules dans des appartements qui n'ont pas été forcés. Deux ont un passé médical, en tant qu'infirmière et psychothérapeute. Les trois partagent une même passion pour la musique classique. L'assassin aurait-il repéré ses victimes lors d'un concert, ou chez un disquaire ? Deux sont laissées dans une position quasi identique, allongées sur le dos à même le sol ; la troisième repose sur le ventre et sur son lit. Les trois femmes sont dans une posture grotesque, destinée à choquer les personnes qui les découvrent. Toutes trois ont été étranglées, même si les moyens diffèrent dans les trois cas ; des nœuds élaborés sont communs aux trois strangulations. Les corps d'Anna Slesers, Helen Blake et Nina Nichols se sont vu infliger de brutales blessures vaginales, dans deux des cas on ignore avec quel objet ; pour Nina Nichols, il s'agit d'une bouteille de vin. Aucune trace de sperme n'est retrouvée dans les vagins ; du fluide séminal est découvert sur les seins et les cuisses, suggérant que l'assassin s'est masturbé sur ses victimes. Les appartements ont été fouillés, mais sans qu'aucun objet de valeur ait été emporté. Aucun témoin n'a vu quoi que ce soit lors de ces trois meurtres. « Les trois strangulations sont probablement l'œuvre d'un seul homme », indique le lieutenant Donovan. « Mais nous n'écartons pas l'hypothèse que le deuxième et troisième meurtres pourraient être des imitations du premier. »

Personne ne sait encore qu'il y a une quatrième victime, Mary Mullen, décédée dans son appartement deux semaines après l'assassinat d'Anna Slesers et juste deux jours avant ceux de Helen Blake et Nina Nichols. Tout le monde ignore même qu'elle a péri autrement que de mort naturelle, cause établie sur son certificat de décès.

V. L'HEURE DE L'ÉTRANGLEUR

Pendant tout le mois de juillet, le préfet McNamara organise les forces de police. Il sélectionne cinquante détectives et leur fait suivre une conférence sur les crimes sexuels donnée par Walter McLaughlin, un agent spécial du F.B.I. Parmi ces cinquante enquêteurs figurent les lieutenants Edward Sherry et John Donovan, James Mellon et Phil DiNatale qui suivront l'affaire du début jusqu'à sa conclusion. Lorsque l'Etrangleur est arrêté, il offrira même au détective DiNatale un portefeuille en cuir, gravé de ses initiales, qu'il a entièrement fabriqué de ses mains. Cet objet appartient à l'heure actuelle à Richard Fleischer, réalisateur du film *L'Etrangleur de Boston* dont Phil DiNatale fut d'ailleurs un des conseillers.

D'après certains psychiatres, dont les docteurs Kanter et Tartakoff, le meurtrier est un homme jeune, entre vingt et quarante ans, en proie à un délire de la persécution et qui cherche symboliquement à tuer sa mère. Il serait célibataire et vivrait seul en compagnie de sa mère. Il a déjà dû effectuer des séjours en hôpital psychiatrique pour problèmes sexuels, ou a été récemment libéré d'un tel établissement. « Les attaques sexuelles ne sont pas une indication d'un désir d'une relation incestueuse avec la mère, mais plutôt motivées par l'envie de soumettre le “symbole maternel” à une dégradation ultime. » Ces praticiens pensent que l'assassin – ou les assassins – souffre(nt) de paranoïa aiguë, et qu'il est très probable que l'homme soit un homosexuel.

Que le meurtrier soit ou non un homosexuel qui hait sa mère, il est évident qu'il désire dégrader ses victimes, ce qui est confirmé par la posture du cadavre d'Ida Irga, découvert le 21 août 1962, vers dix-neuf heures quarante-cinq...

« JE ME LAISSE GUIDER PAR LE HASARD »

« Cela fait plus d'un mois et demi que Helen Blake et Nina Nichols sont mortes. Je circule comme d'habitude lorsque ça me prend à nouveau. Je ne connais pas l'immeuble. Il y a une place libre sur Grove Street, et c'est ainsi que cela se passe. Vous comprenez ? Je me laisse guider par le hasard. S'il n'y avait pas eu cette place, jamais je ne l'aurais tuée. Je suis en face du 7 Grove Street.

« A cette époque, tout le monde a peur de l'Etrangleur. On en entend parler dans les journaux, à la radio et à la télévision. Je regarde les informations avec Irmgard et les enfants. Les gens, et plus spécialement les femmes seules, étaient avertis – mais je n'ai jamais eu la moindre difficulté à me faire admettre dans les appartements. Cela a toujours été très facile, à croire qu'elles se moquaient de prendre des précautions. Sinon, elles seraient toujours vivantes à l'heure actuelle.

« Dans le hall de l'immeuble, je sélectionne quatre touches avec des prénoms féminins. C'est elle qui répond en premier. Lorsqu'elle m'ouvre, je l'entends qui m'interpelle :

— Qui est-ce ? Que voulez-vous ?

« Je l'aperçois penchée par-dessus la rampe de l'escalier. Elle doit être au quatrième ou cinquième étage.

— Je viens pour les travaux.

« Je commence à escalader les marches.

— Un dimanche soir ?

— Oui. Je ne travaille pas à plein temps. Uniquement, quand j'ai un moment de libre.

« Jamais je ne prépare à l'avance ce que je vais leur dire. Je suis toujours capable d'inventer une histoire sur-le-champ. Cela ne me pose aucun problème. Je vous dis ça à cause de tout le fromage qu'on a fait sur la manière dont l'Etrangleur s'y est pris pour pénétrer sans effraction dans les appartements. Elle m'attend au dernier étage, le cinquième. De petite taille, âgée et forte. Pas trop jolie, mais la beauté n'a jamais rien à voir là-dedans. Ce qui compte, c'est qu'elle soit une femme. Par contre, je suis incapable de me souvenir de ce qu'elle portait.

— C'est quoi comme travaux ?

« Sa porte est entrouverte et je m'aperçois que son plafond est craquelé. Je le lui dis.

— Mais je ne vous connais pas. (Elle parle avec un accent allemand ou juif.)

— C'est normal. C'est la première fois que je viens dans cet immeuble. Je comprends que vous soyez méfiante. Ne vous inquiétez pas, je vais leur dire de vous téléphoner. J'aime autant revenir demain, ça m'arrange plutôt.

« Et je commence à redescendre les marches.

— Attendez...

« Je m'arrête. Elle serait toujours vivante si elle m'avait laissé partir. Pourquoi a-t-elle changé d'avis ?

— Eh bien, venez. Vous pouvez regarder. Mais faites attention de ne rien salir.

« L'endroit est impeccable, mais ça sent le vieux. L'appartement a vraiment besoin d'être retapé, et elle me montre ce qui ne va pas. Elle me guide jusqu'à la chambre à coucher. Elle continue de parler. Je lui demande à regarder derrière les rideaux pour examiner d'éventuelles fissures aux fenêtres.

« Quand elle me tourne le dos, je l'étrangle de mes mains.

« Du sang coule de son oreille droite. Il suinte avec lenteur le long de sa joue et de son cou. Elle perd très rapidement connaissance. J'achève le travail à l'aide d'une taie d'oreiller, et je vois mieux son sang qui coule. Il est pourpre et sombre. J'ai du mal à attacher l'oreiller autour de son cou, il faut que je m'y reprenne à plusieurs reprises ; je ne peux faire qu'un seul nœud. Je crois que je l'ai baisée, mais je n'ai pas trop envie d'en parler. Elle devait avoir dans les soixante-dix ans.

« Je fouille son appartement et examine le contenu de ses tiroirs et armoires. Elle n'était sûrement pas très riche. Cette médiocrité, cette femme offerte à mes yeux, avec son accent prononcé et du sang qui coule de son oreille... tout ça me met dans une rage folle. La colère brûle en moi. Je balance ses affaires un peu partout, à la recherche de quelque chose que j'ignore... Peut-être des objets de valeur, de l'argent, mais je n'ai rien pris. Puis, je l'aperçois à nouveau.

« Je l'emmène dans la pièce du devant et je pose ses pieds écartés sur deux chaises. Ils ne tiennent pas et je dois les attacher aux dossiers de ces deux chaises ; ensuite, je prends un oreiller que je place sous ses fesses. Je ne pense à rien de particulier en agissant ainsi. Oui, je sais que c'est la position adoptée par les femmes lorsqu'elles accouchent, mais ça ne m'a pas effleuré l'esprit. Je ne pensais à rien de précis. »

UNE ANNONCE DANS LE JOURNAL POUR RETROUVER L'ASSASSIN

Agée de soixante-quinze ans, et vivant seule depuis le décès de son mari en Russie dans les années 30, Ida Irga mène l'existence tranquille d'une retraitée. D'origine modeste, elle a longtemps travaillé dans une usine de Boston à fabriquer des bonnets. Très fière de la réussite de son fils diplômé de chimie du Massachusetts Institute of Technology, elle se sent très proche de sa sœur de Dorchester (un quartier de Boston) à qui elle parle tous les jours au téléphone. En ce dimanche 19 août 1962, les deux sœurs discutent comme d'habitude. Ida raconte qu'elle s'est promenée dans le parc de Boston Common avec une amie et qu'elle va se préparer un poulet pour le lendemain. Ses plaisirs sont simples et se limitent à des promenades ou à des concerts de musique en plein air.

Le lundi, Ida Irga ne téléphone pas à sa sœur mais celle-ci ne s'inquiète pas puisqu'il lui arrive parfois d'oublier de le faire. Le lendemain, elle tente une dizaine de fois de la joindre, mais sans succès. Le soir venu, en ce mardi 21 août 1962, elle demande à leur cousin de se rendre au 7 Grove Street. Il frappe à la porte. Pas de réponse. Il décide d'aller voir le gardien pour lui expliquer la situation. En son absence, c'est son fils de treize ans qui se propose d'accompagner le cousin avec le double des clefs de l'appartement d'Ida Irga. Il est dix-neuf heures quarante-cinq lorsque l'adolescent découvre avec effarement le corps de la vieille femme. L'assassin l'a positionné de manière à ce qu'on l'aperçoive aussitôt en entrant dans l'appartement.

Arrivé sur les lieux, le médecin légiste, le Dr Michael Luongo, fait transporter le cadavre à la morgue où l'autopsie débute vers minuit. Le meurtrier a tellement serré le nœud de la taie d'oreiller autour du cou d'Ida Irga que l'os hyoïde est fracturé. L'homme est doté d'une force prodigieuse. Encore une fois, on remarque des abrasions sur la fourchette vulvaire et les parois vaginales, ainsi que sur les bords des petites lèvres qui ont entraîné un léger saignement. Aucune trace de sperme n'est découverte dans le vagin de la victime.

Le préfet McNamara envoie quatre-vingts de ses hommes interroger les habitants du voisinage. Personne n'a rien vu, ni entendu quoi que ce soit de suspect. Assailli par les journalistes qui lui demandent combien de policiers vont être assignés à l'enquête, McNamara rétorque sèchement : « Deux mille six cent trente-cinq ! », soit l'ensemble des forces de l'ordre de Boston. Toutes les vacances et permissions sont annulées et de nouveaux budgets sont affectés au paiement des heures supplémentaires des policiers. Cette fois-ci, certains détails du crime, notamment les mutilations sexuelles et la posture de la victime, sont volontairement cachés à la presse, afin de mieux pouvoir identifier l'assassin et éviter de perdre du temps avec les fausses confessions qu'une affaire de cette ampleur entraîne inévitablement.

Questionnée longuement par les enquêteurs au sujet d'Ida Irga, sa sœur évoque un incident bizarre survenu un an plus tôt : « C'était l'hiver dernier et il faisait déjà nuit. On sonne à sa porte et elle fait entrer l'homme qui se présente comme un ami de son fils. Il l'a connu à l'université, au M.I.T., et à son travail, prétend-il. Pourtant, l'inconnu ne s'intéresse pas du tout aux photos de famille qu'Ida lui montre. Il ne les regarde même pas. Il reste un peu moins d'une heure, mais sans prendre la peine de s'asseoir. Il ne donne pas son nom. Son attitude étrange rend Ida nerveuse, car l'homme, qui est grand et plutôt beau garçon, examine soigneusement l'appartement, allant jusqu'à ouvrir des tiroirs pour en observer le contenu. Ida lui demande s'il cherche quelque chose. Il répond qu'il ne fait que regarder et ne prend rien. Puis, soudain, il part en annonçant : "Je viendrai vous rendre visite à nouveau." Je me souviens avoir dit à Ida qu'elle avait eu de la chance et que cet homme aurait pu la tuer. »

S'il faut en croire les aveux ultérieurs de l'assassin, ce visiteur inconnu ne serait pas l'Etrangleur de Boston.

Parallèlement à l'enquête, McNamara réorganise les policiers en trois forces distinctes, chaque groupe ayant la charge de différents districts de la ville. Des détectives à la retraite et de jeunes recrues sont incorporés au sein de cette « Tactical Patrol Force » que les journalistes surnomment bientôt les « Strangler Corps ».

Courant 1964, trois dimanches consécutifs, une petite annonce d'un quotidien de Boston indique : « Identité du meurtrier d'Ida Irga ou celle des membres de sa famille. Récompense en cas d'information correcte. Pas de plaisantins S.V.P. Ecrivez au journal. »

C'est le fils d'Ida qui a l'idée de cette initiative. Il n'obtient aucune réponse.

« Le 19 août, ce fut Ida Irga, et, dès le lendemain, la Chose s'était à nouveau emparée de moi. Après avoir conduit pendant des heures, je me retrouve à Dorchester devant le 435 Columbia Road, où quelques marches vous amènent à un hall d'entrée décoré par un revêtement de sol à damier noir et blanc. C'est la première fois que je viens ici. J'examine les noms sur les boîtes aux lettres et je presse l'interphone du premier prénom féminin que je remarque. On m'ouvre sur-le-champ. La femme se trouve au premier étage et je frappe à sa porte. Elle a tellement peur qu'elle me parle à travers le battant :

— C'est pour quoi ?

— Je suis envoyé par le gérant pour effectuer des travaux dans certains appartements.

— Quel genre de travaux ?

— Ecoutez, madame, je n'aime pas trop discuter ainsi sur le palier. Ouvrez donc votre porte.

— Excusez-moi mais je suis plutôt méfiante avec toutes ces attaques de femmes âgées.

— Je vous comprends. Ce n'est pas grave. Je reviendrai plus tard. Mais nous ne pourrons jamais savoir ce qu'il faut faire chez vous si vous ne nous laissez pas examiner les lieux.

« C'est alors qu'elle entrebâille la porte, en gardant la chaîne de sécurité. Une femme forte avec des cheveux blancs, et elle semble très nerveuse et effrayée. Je remarque un léger accent irlandais lorsqu'elle parle. J'essaie de jeter un coup d'œil à son appartement, par-dessus son épaule. Si je trouve quelque chose, je sais que je parviendrai à la convaincre. Je vois des cartons empilés et je comprends qu'elle est en plein déménagement.

– Ça y est, vous êtes installée, maintenant ? J'ai d'autres logements à visiter. Je reviens en fin d'après-midi pour aller dans les étages.

« Avec elle, ce fut loin d'être aussi facile que pour les autres, mais j'ai continué à parler à toute vitesse. J'étais là afin d'effectuer des travaux chez elle. Nom de Dieu, elle était réellement nerveuse ! Elle veut savoir qui m'a envoyé. Je lui réponds si rapidement qu'elle pense qu'il doit s'agir des déménageurs ou du propriétaire.

« Elle me fait entrer dans l'appartement.

« Cette femme est vêtue d'une robe d'intérieur rouge à boutons blancs. Ses chaussures blanches ressemblent à celles que portent les infirmières. Son visage est jeune d'apparence. Elle me guide de pièce en pièce pour me montrer tout ce qu'il y a à faire. Je lui dis de ne pas oublier les placards, pensant que c'est un bon endroit pour l'attaquer. Mais elle me tourne le dos devant la salle de bains. Je lui saute dessus et nous tombons tous les deux par terre. Elle se débat avec fureur. Elle a presque réussi à m'échapper. Mon bras droit la tient par le cou, tandis que mes jambes emprisonnent les siennes mais elle est costaud et possède beaucoup de force musculaire. Je peux à peine la maintenir en place. Une seconde de plus et elle est libre. Mais elle s'évanouit.

« Elle est toujours vivante, mais sans connaissance. Son cœur bat encore et elle respire. Je la baise ainsi, à même le sol. Après avoir joui, je la regarde. De la force émane de son corps presque entièrement dénudé. La voir comme ça me met en colère. Je vais dans la cuisine pour y chercher un balai que je lui enfonce... Je prends deux bas de nylon avec lesquels je lui entoure le cou. Les nœuds sont sur le devant, et je serre de toutes mes forces. Je fais couler un bain et la dépose dedans afin que l'eau recouvre son visage. Je me souviens l'avoir poussée sous la surface. Puis, je quitte les lieux. »

PREMIÈRES DIFFÉRENCES

Le 30 août 1962, à seize heures trente, Dennis Mahoney découvre sa tante, Jane Sullivan, assassinée dans sa baignoire. La victime, une infirmière de soixante-sept ans, vivait seule dans cet appartement où elle s'était installée le 1er juillet. Le corps, partiellement décomposé, est agenouillé dans la baignoire, la tête reposant dans quinze centimètres d'eau. La robe d'intérieur en coton rouge est relevée à hauteur des épaules et le soutien-gorge est déchiré en deux, comme s'il avait été arraché avec violence. Le slip est descendu sur les chevilles. Deux bas de nylon sont incrustés avec force dans la chair de son cou. Elle est morte depuis dix jours et une autopsie est difficile, mais la cause du décès ne fait aucun doute : Jane Sullivan a été étranglée et son vagin soumis à un assaut sexuel par l'entremise d'un objet non déterminé – les aveux du criminel indiquent qu'il s'agissait d'un manche à balai. L'Etrangleur a donc tué deux victimes en deux jours : Ida Irga, le 19, et Jane Sullivan, le 20 août.

La position du cadavre de l'infirmière constitue une nouveauté dans les crimes de l'Etrangleur. Autre différence avec les forfaits précédents, des taches de sang sont retrouvées sur le manche d'un balai, et sur le plancher du salon et de la chambre à coucher, mais pas d'empreintes identifiables. La marque d'un talon de chaussure d'homme est découverte sur un carreau de la cuisine, ainsi qu'une empreinte partielle de pied sur une des parties du soutien-gorge. Cette fois-ci, l'assassin n'a presque pas fouillé l'appartement de sa victime.

Au vu des habitudes de Jane Sullivan, les policiers se demandent comment le meurtrier a pu pénétrer chez elle. Menant une vie solitaire, très méfiante de nature, au point de refuser de manger avec les couverts et assiettes fournis par l'hôpital de Longwood où elle travaille, à moins d'avoir été préalablement ébouillantés. De même, elle ne veut pas se soumettre à des rayons X de peur de dévoiler sa poitrine. Catholique fervente, Jane Sullivan se rend tous les matins à la messe, et on ne l'a jamais vue en compagnie d'un homme. Et pourtant, elle a laissé un homme pénétrer chez elle qui l'a violée et assassinée, sans qu'il y ait eu effraction. Les enquêteurs sont perplexes sur cette question. Comme d'habitude, le crime est brièvement décrit dans les médias, sans qu'il soit fait mention de la posture du corps, des mutilations et des vêtements portés par la victime.

Aucun suspect notable n'est arrêté. La panique gagne les milliers de femmes de Boston qui n'osent plus sortir seules ni ouvrir leurs portes. Elles craignent particulièrement l'heure qui précède la tombée de la nuit, « l'Heure de l'Etrangleur »...

VI. UN OU DEUX ÉTRANGLEURS ?

Un peu plus de trois mois se sont écoulés depuis le meurtre de Jane Sullivan, et la ville de Boston semble retrouver une certaine tranquillité. Comme dans le cas de Jack l'Eventreur au siècle précédent, le mystérieux criminel a tué à cinq reprises – on ignore encore qu'il existe une autre victime, Mary Mullen, dont le décès est imputé à une mort naturelle – dans un laps de temps très court, soixante-neuf jours, entre le 14 juin et le 20 août 1962, avant de disparaître sans laisser de trace ni d'indice.

DES VICTIMES JEUNES

Mais une seconde série de meurtres par strangulation, entre le 5 décembre 1962 et le 4 janvier 1964, va plonger les enquêteurs dans un abîme de perplexité. Similaires dans leur nature et le mode opératoire – victimes dénudées, offertes dans des postures grotesques, étranglées avec leurs propres affaires et à l'aide de nœuds caractéristiques, appartements fouillés, entrées sans effraction – les forfaits présentent pourtant de grandes différences avec les six premiers assassinats. Les victimes sont très jeunes (vingt, vingt-trois ou dix-neuf ans, à l'exception de Mary Brown, soixante-neuf ans, et Evelyn Corbin, cinquante-huit ans, mais qui semblent bien plus jeunes que leur âge) et toutes paraissent très désirables. Nombre d'entre elles ne vivent pas seules dans leur appartement et elles sont, cette fois-ci, violées par le meurtrier. Pour la plupart des policiers et des psychiatres consultés, il s'agit d'un second Etrangleur, d'un imitateur, car sa motivation psychologique ne peut plus être un comportement psychotique résultant d'une haine de la mère et de tendances homosexuelles ; ce n'est plus l'impuissant dépeint par les experts, puisqu'il « consomme » sexuellement les jeunes femmes. Ce second Etrangleur prend son temps. L'intervalle entre chaque crime augmente par rapport à la première série de victimes âgées, et le tueur reste plus longtemps sur les lieux. Mais il n'emporte toujours aucun souvenir avec lui.

Installée depuis septembre 1962 au 315 Huntington Avenue, Sophie Clark, une belle jeune fille noire de vingt-trois ans, y partage un appartement du quatrième étage avec deux étudiantes de vingt ans, Audri et Gloria. Toutes trois suivent des études au Carnegie Institute for Medical Associates pour devenir techniciennes en milieu hospitalier. Sophie Clark doit obtenir son diplôme en février 1963, date à laquelle elle envisage de retourner dans le New Jersey pour y épouser son fiancé Chuck, à qui elle écrit justement en cet après-midi du mercredi 5 décembre 1962, et qu'elle doit recevoir à Boston pour le week-end.

« L'Envie est à nouveau présente. Cette Chose ne me quitte jamais mais je ne comprends pas pourquoi elle m'oblige parfois à tuer. Et je ne le sais pas à l'avance. Il n'y a jamais de raison valable, cohérente, qui me pousse au meurtre. De temps à autre, c'est un regard ou quelques paroles. Une femme qui me tourne le dos et je vois sa nuque... J'ignore aussi pourquoi je choisis telle ou telle victime. Je ne les connaissais pas et elles ne m'avaient rien fait de mal.

« La journée est horrible. Il a neigé la nuit précédente, et, ce matin-là, il pleut et fait très froid. Le 5 décembre est le jour de mon anniversaire et j'avais pris congé. Il fallait absolument que je trouve satisfaction, que je cherche la Femme, et j'indique à Irmgard que j'ai un boulot à effectuer dans l'après-midi.

« Je me dirige vers le quartier de Back Bay, au-delà de Symphony Hall. Peu importe où je me trouve. De toute façon, ma décision est prise. Je me gare sur Huntington Avenue. Il est un peu plus de quatorze heures. La rue est pleine de neige fondue et un vent froid me cingle le visage. Je me retrouve devant le numéro 315.

« C'est le froid qui me pousse vers le premier immeuble venu. Je suis seulement vêtu d'un pantalon vert, d'une chemise et d'une veste, et je me sens gelé. Je sonne et je parle à cette femme de couleur. Ce n'est pas Sophie Clark, mais quelqu'un d'autre. Elle est très jolie, porte des lunettes et possède un piano dans sa chambre. Je remarque que son appartement a besoin d'un bon coup de peinture.

— Je viens examiner les lieux. Nous allons repeindre chez vous.

— Voilà une bonne nouvelle. Cela fait longtemps que nous le demandons. Qui vous envoie ? L'agence ?

« Je vois tout de suite qu'elle est très intelligente et qu'elle m'étudie.

— Oui. Il faut que je jette un coup d'œil.

« Je pénètre dans l'appartement. Quelque chose me fait peur. Je ne pourrais pas vous dire quoi exactement. Je me tiens prêt à décamper à toute vitesse. Il me semble que son regard me transperce et qu'elle est capable de lire mes moindres pensées. Pourtant notre discussion reste normale, et ce n'est qu'à la fin... et je suis parti rapidement. Je remarque qu'elle laisse la porte d'entrée ouverte. Je l'avais fermée mais elle l'a ouverte derrière moi.

— Cet endroit a vraiment besoin d'être repeint. Dites, vous jouez du piano ?

— Oui.

— Vous êtes très jolie. Vous avez une belle silhouette. Je parie que vous pourriez gagner pas mal d'argent comme mannequin.

« J'ai tout de suite vu qu'elle prenait peur. Je sais maintenant que ça ne va pas marcher et je sens la panique me gagner aussi. Quelque chose me dit qu'il faut partir. Un petit enfant vient la rejoindre.

— Eh bien, continuons la visite...

« Elle porte un doigt à ses lèvres pour m'intimer le silence.

— Chut, mon mari dort dans la pièce voisine. Il ne faut pas le réveiller.

— Okay. Je vais prévenir le patron pour la peinture. Je vous laisse, j'ai d'autres appartements à visiter. Merci de votre aide.

« Je la quitte mais je reste dans l'immeuble. Cela m'est déjà souvent arrivé d'avoir à sonner à trois ou quatre portes différentes avant de tomber sur une femme seule. A dire vrai, ça ne me gêne pas du tout s'il y a deux ou trois filles. Lorsque je m'amusais en tant que “Mesureur”, j'avais parfois eu jusqu'à quatre femmes en même temps. Mais là, je cherche une femme seule. Je me dirige vers un autre coin de l'immeuble pour regarder les noms figurant près de l'interphone. L'appartement 4 C offre plusieurs possibilités intéressantes. Je note les noms sur le dos de ma main. On peut mieux s'en souvenir et ça se lave facilement après coup. Je frappe à la porte et c'est Sophie Clark qui m'ouvre.

« C'est une jeune fille de couleur, on aurait dit une Hawaiienne. Vêtue d'une robe blanche, très sexy, de chaussures noires à talons aiguilles et de bas noirs. De superbes et longs cheveux noirs, des yeux marron foncé. Elle est grande, plus grande que moi. Elle est très appétissante, la façon dont elle est habillée me plaît beaucoup...

— J'ai des travaux à effectuer chez vous.

— Oh ! mais je ne peux pas vous laisser entrer, les amies avec qui je partage l'appartement ne sont pas là. (Elle se rend compte que ce n'est pas très malin de dire ça, et ajoute :) Elles sont au Y.M.C.A., de l'autre côté de la rue pour y suivre un cours. Et elles ne vont pas tarder à revenir, je les attends d'une minute à l'autre.

— Eh bien, tant mieux. On va les attendre, comme ça on pourra discuter ensemble des travaux.

« Je sais qu'elle a peur mais je continue à parler et elle me laisse finalement entrer chez elle. Nous discutons dans le hall d'entrée, je suis adossé contre un mur, et je lui ressors mon boniment sur le “Mesureur”.

— Je vais vous dire quelque chose, Sophie. Vos amies Gloria et Audri m'ont souvent parlé de votre silhouette. Vous pourriez fort bien devenir un mannequin.

— Oh, elles exagèrent ! Elles ne parlaient pas sérieusement.

« Mais je vois qu'elle est flattée. Elles le sont toutes, ces femmes, lorsque vous leur dites qu'elles sont meilleures – plus belles, plus intelligentes – que vous ou qu'une autre femme.

— Non, ce n'est pas du baratin, Sophie. Je m'y connais, puisque j'ai travaillé dans ce secteur en aidant quelques filles.

— Comment ça se passe ?

— Eh bien, je connais un photographe qui travaille beaucoup dans la pub. Je leur fais signer un contrat avec lui. Certaines vont jusqu'à gagner quarante dollars de l'heure.

« Mon bon vieux truc du “Mesureur”. Elle marche à fond, et elle n'est pas la seule.

— Ecoutez, vous connaissez vos mesures ?

— Non...

— Ce n'est pas grave. Tournez-vous pour que je vous voie mieux. Ne soyez pas gênée. J'ai l'habitude, vous savez...

« Elle obéit et je lui saute dessus, par-derrière, lui emprisonnant le cou de mon bras droit. Elle tente en vain d'enlever mon bras. Elle a du mal à respirer et ne peut pas parler. Elle est faible, probablement paralysée par la peur, et ne m'oppose aucune résistance.

« Je la baise.

« Elle est évanouie. Mais je ne la déshabille pas encore. Cela, je le fais plus tard. Lorsque je vois qu'elle est en train de reprendre connaissance, je m'empare de deux bas en nylon dans un tiroir. Quelque chose tombe par terre. Un paquet de cigarettes, je crois. Je n'ai pas envie qu'elle me regarde ou qu'elle crie. Je commence à nouer les nylons autour de son cou. Elle se débat à présent. Je lui enfonce son slip rose dans la bouche. Elle me fixe dans les yeux, et je suis obligé de lui serrer le cou. De toutes mes forces. Je ne vois même plus le nœud tellement il s'est enfoncé dans la chair. J'arrache sa combinaison pour lui passer autour du cou, et j'en fais de même avec une ceinture en plastique. Et je crois que c'est à cet instant qu'elle meurt. J'ai tout noué ensemble. Je lui fais des choses...

« Je me souviens lui avoir écarté les jambes : elle a l'air très sexy avec son porte-jarretelles blanc et ses bas noirs. Je fouille l'appartement, sans savoir pourquoi. J'examine des photos et divers papiers. Elle était en train d'écrire une lettre à son petit ami. Sophie devait être une étudiante. Ce n'était pas une salope, mais quelqu'un de bien. Elle ne méritait pas de mourir. Mais ce n'est pas pour ça que je l'ai tuée. Je n'avais aucune raison de me trouver là. Je me remets à fouiller. Je ne trouve rien que je désire. Je n'emporte rien, pas d'argent, ni un quelconque objet. Rien. Tout ça se déroule très vite. Il est presque trois heures lorsque je m'en vais. Je me demande ce que je fais chez elle ? Il me faut partir au plus vite. C'est ce que je fais. »

« J'AI TELLEMENT PEUR DE L'ÉTRANGLEUR »

Sophie suit des cours le matin et profite de ses après-midi pour étudier à l'appartement où elle prépare aussi son dîner et celui de ses deux amies. Celles-ci travaillent dans un des laboratoires de l'hôpital du Massachusetts General. Profitant du temps libre entre deux visites, elles téléphonent souvent à Sophie dont les habitudes sont très régulières. Elles discutent encore ensemble vers quatorze heures trente. Par la suite, la ligne ne répond plus. Peut-être est-elle sortie faire des courses ? Mais ce n'est pas le cas.

Lorsque Audri retourne à l'appartement 4 C vers dix-sept heures trente, elle découvre le cadavre de son amie. Une Sophie Clark qui déclarait ce matin-là à une camarade de classe : « J'ai tellement peur de l'Etrangleur. »

Selon le rapport du médecin légiste, le Dr Richard Ford : « Le corps est allongé nu, sur le dos, les jambes largement entrouvertes. Une combinaison blanche est enroulée autour du cou, avec en dessous un bas en nylon fortement noué également (...) Les lunettes brisées reposent près du corps avec le soutien-gorge qui a été arraché violemment. Elle a été violée. On ne remarque pas de blessures externes sur les parties génitales. Les seins sont dénués de meurtrissures (...) Des taches de sperme sont trouvées sur un tapis près du cadavre. »

L'appartement a été l'objet d'une fouille, des tiroirs et un album de photos sont ouverts, le contenu d'un sac à main de Sophie Clark est éparpillé sur le divan. Pour une raison inconnue, l'assassin a brisé le pied d'une table du salon. Qu'il s'agisse du même Etrangleur ou d'un imitateur, l'homme, en tuant Sophie Clark au 315 Huntington Avenue, a sélectionné un immeuble situé à peine à quelques dizaines de mètres de l'endroit, le 77 Gainsborough Street, où Anna Slesers est morte six mois auparavant.

Après l'assassinat de Sophie Clark, et malgré le silence des enquêteurs auprès des médias, des rumeurs commencent à circuler parmi les habitants de Boston concernant les bizarreries sexuelles perpétrées à l'encontre des victimes. Le bouche à oreille fait état d'une bouteille et d'un balai utilisés pour violer les corps, ainsi que d'un parapluie (ce qui est faux). On parle de la manière élaborée que l'assassin emploie pour dramatiser au maximum l'impact de la découverte des cadavres, par des poses de plus en plus grotesques. D'aucuns indiquent même que les policiers ont trouvé des emballages de pellicules photo près de certaines des victimes, suggérant que l'Etrangleur les photographierait – de leur vivant ou après leur décès –, imitant en cela le serial killer Harvey Glatman, exécuté en août 1959, qui sévissait à Los Angeles dans les années 1957-58.

« JE NE PEUX PLUS ME CONTRÔLER »

Lundi 31 décembre 1962. Il est huit heures du matin lorsqu'un des cadres de la Engineering Systems se gare devant le 515 Park Drive. Comme il en a pris l'habitude depuis plusieurs mois, il vient chercher sa secrétaire de vingt-trois ans, Patricia Bissette, qui habite sur le chemin menant à son travail. Il klaxonne à plusieurs reprises, avant de se décider de sonner à la porte de Patricia. Toujours pas de réponse, ce qui est plutôt étrange pour cette jeune femme très ponctuelle. Il finit par s'en aller, après avoir passé un coup de fil d'une cabine publique. A neuf heures trente, elle n'est toujours pas arrivée à son travail et son employeur commence à s'inquiéter car le téléphone ne répond toujours pas. Il se décide à retourner au 515 Park Drive.

Pour en avoir le cœur net, il questionne le gardien de l'immeuble, Christian Von Olst. « Je l'ai vue hier, dimanche après-midi, pour la dernière fois. Elle avait un sac à linge à la main. » Il ne possède pas de double des clefs de l'appartement de Patricia Bissette mais, comme celui-ci se situe au premier étage, Von Olst place une échelle contre le mur de l'immeuble. Il grimpe et défait le cadre du grillage d'une des fenêtres du salon. La fenêtre est ouverte et Von Olst pénètre à l'intérieur de l'appartement. Il tend l'oreille mais ne perçoit aucun bruit.

— Hello. Vous êtes là, miss Bissette ? C'est moi, Von Olst, le gardien.

Il se dirige vers la chambre à coucher pour y jeter un coup d'œil. Les rideaux sont tirés, mais la pénombre lui permet de voir la silhouette allongée de Patricia sur un des lits jumeaux. Une couverture lui monte jusqu'au menton.

— Miss Bissette ?

« Je connais l'appartement du 515 Park Drive pour y avoir été déjà à quatre ou cinq reprises. L'immeuble est situé près des universités et des écoles, et les locataires changent très souvent. Mais je ne savais pas qui y habitait à ce moment-là. Je ne m'attendais pas à y trouver quelqu'un car c'était juste avant les fêtes de fin d'année, environ trois semaines après Sophie Clark.

« Ce jour-là, ce n'est pas la Chose qui me fait agir mais un simple vol avec effraction. Je vous répète que je pense que l'appartement est vide. Je ne cherche même pas à sonner à la porte puisque je crochète aisément la serrure. Dès que j'ouvre la porte, j'entends ce bruit – des clochettes de Noël fixées sur le chambranle – et une voix en provenance d'une pièce voisine :

— Qui est là ?

« L'espace d'un instant, je suis surpris, avant de répondre :

— C'est moi, Al Johnson, votre voisin du dessus.

— C'est Pat. Que voulez-vous ?

— Je venais voir une de vos copines.

— Eh bien, je suis toute seule pour le moment !

« Son visage n'est pas très beau, au contraire de ses yeux bleus et de ses cheveux marron coupés plutôt court. Elle porte une sorte de robe de chambre dont je ne me souviens plus, mais avec un pyjama assez sexy en dessous, genre léopard. Lorsque je la regarde à cet instant, je pense toujours à un simple vol. Ça ne dure pas longtemps.

— Ainsi vous êtes un de nos voisins du dessus.

« Elle sourit. Ses dents sont blanches et impeccables. On voit tout de suite que c'est quelqu'un de gentil. Elle ne soupçonne rien, n'éprouve pas la moindre peur et elle semble plutôt heureuse de rencontrer quelqu'un.

— Excusez-moi, mais je ne savais pas qu'elles étaient parties pour le week-end. Je me présente, Al. Et vous êtes Pat ?

— Patricia Bissette.

— Qu'est-ce que vous faites, Pat ?

— Je suis secrétaire et je travaille tout près de l'Université de Boston.

« Elle est très gentille avec moi, elle me traite comme un homme. Je pense à ce que je vais lui faire, puis je parviens à me raisonner. Mais la manière dont tout ça s'est enchaîné est plutôt étrange. Vous savez, je voulais réellement m'en aller. Je savais très bien que si je m'attardais... Aussi, je me lève.

— Eh bien, il faut que je m'en aille. Dites à vos amies que je suis passé les voir.

« Elle a été trop gentille. C'est presque comme si elle m'avait aidé à la tuer !

— Oh, attendez une minute ! Je vais préparer du café.

« Je vous jure que même à cet instant, je voulais encore quitter les lieux.

— Je vais aller chercher des beignets. (Ne pensant pas revenir.)

— Ce n'est pas la peine. Il fait trop froid dehors. J'ai ce qu'il faut.

« Là, c'en était fini. Il est déjà trop tard. Je ne le voulais pas, mais, à cet instant, je sais ce qui va se passer. Elle apporte les tasses. Elle pose une bouilloire sur un des feux de la cuisinière. Nous nous trouvons maintenant dans la cuisine. Je m'installe sur une chaise. Dès que l'eau bout, elle nous sert du café en poudre.

— Du sucre et du lait ?

— Oui, mais juste un petit peu.

— Vous surveillez votre silhouette ?

« Je lui réponds, mais je pense déjà à ce que je vais lui faire et ça me fait mal :

— Oui, c'est un peu ça.

« Nous restons assis un moment à discuter tandis qu'elle boit son café. Je suis trop excité pour toucher au mien.

— Vous avez une belle silhouette, Pat. J'aimerais la mesurer pour voir si vous pourriez devenir mannequin.

— Vous connaissez des mannequins ?

— Et comment ! J'ai travaillé pour une agence.

« Elle éclate de rire.

— Quel boniment ! Vous êtes tous pareils.

— Non, je vous jure. Je sais exactement ce qu'il faut pour devenir un mannequin.

— Ça, j'en suis sûre.

« Je me lève et je désire vraiment partir pour ne pas lui faire de mal, car elle a été très gentille avec moi. Mais le Désir est là, urgent et pressant. Elle me dit :

— Bon, allons dans le salon. On va continuer notre discussion.

« Croyez-moi, je connais la musique. Je sais quand une femme est prête. Mais ce n'était pas le cas avec elle. Si cela avait été quelqu'un d'autre, j'aurais pris ça pour une invite. Je ne peux plus me contrôler. Je la suis jusqu'au salon. Il y a un divan avec une table basse, ainsi qu'un sapin de Noël. Elle met un disque. Je suis nerveux en sa présence. Je sirote mon café, mais sans le terminer. De toute façon, je n'aime pas beaucoup boire, que ce soit du café ou de l'alcool ; cela me rappelle trop mon père. Lorsque nous quittons la cuisine, je fais attention d'emporter la tasse et la soucoupe, sans laisser d'empreintes. C'est une chose à laquelle je porte toute mon attention, je suis un pro. Je ne pense pas avoir commis d'erreurs, telles qu'empreintes ou indices, sur aucun des crimes de l'Etrangleur.

— Vous savez que vous feriez un chouette mannequin. (Je

m'agenouille devant elle en lui tenant les chevilles.) J'aimerais vous mesurer, Pat.

— Hé, Al, attention. Vous ne trouvez pas que vous allez un peu vite en besogne ?

« Mais elle ne se fâche pas. J'entends de la musique de Noël. Malheureusement, je sais que je ne peux plus faire machine arrière.

— Ecoutez, j'ai les mains posées sur vos chevilles. Mais je peux aller plus loin encore. Personne n'est là pour m'en empêcher. Vous êtes toute seule. Personne n'entendra vos cris. Je peux faire ce que je veux de vous.

— Si vous continuez à parler ainsi, il vaut mieux que vous vous en alliez. (Elle est en colère.) Je n'aime pas les gens comme vous.

« Elle se lève et me tourne le dos. Je me dresse d'un bond, pour lui entourer le cou de mon bras. Elle ne dit pas un mot, elle est trop surprise. Elle tombe sur moi, évanouie. Le choc et la surprise ont dû être trop forts pour elle. Je la prends entre mes bras et la pose sur un des lits de la chambre à coucher. Je la regarde. J'ouvre sa robe de chambre. Je ne crois pas lui avoir enlevée. J'arrache son pyjama sexy en léopard. Je souhaite à tout prix voir sa poitrine. Elle est complètement nue sur un des lits ; sur l'autre, il y a des cadeaux de Noël. Je lui fais l'amour pendant qu'elle est inconsciente.

« Je suis désolé pour celle-là, car je ne voulais vraiment pas lui faire de mal. Elle a été gentille avec moi, et je me sens coupable d'agir ainsi. Cette Chose me pousse. J'ignore si je fais ça pour le sexe, par haine ou pour une autre raison. Je crois que c'est plutôt de la haine envers elle – pas elle en particulier, mais une haine envers la Femme. Je n'ai pas aimé les relations sexuelles avec cette femme. Je pensais trop à elle. Il n'y a pas eu de plaisir.

« Je l'ai étranglée avec un bas en nylon et un chemisier que j'ai attachés ensemble, en serrant très fort. Elle n'était pas comme les autres, elle était différente. Elle m'a parlé comme à un homme. Je ne voulais pas qu'on la voie comme les autres, dénudée. Mais je me souviens lui avoir serré le cou ; elle ne peut plus respirer, tandis que son visage se gonfle. J'avais rajouté un second bas, puis ce chemisier. Son visage grossissait et devenait de plus en plus rouge, comme s'il allait exploser. Je ne sais pas pourquoi j'ai agi ainsi. Elle ne m'avait fait aucun mal. Elle m'a traité comme un homme. »

— Miss Bissette ?...

Von Olst s'approche du lit et aperçoit les ligatures encerclant le cou. Il sait qu'elle est morte. En tremblant, il va ouvrir la porte de l'appartement pour prévenir le patron de Patricia.

— Que se passe-t-il ?

— Elle est morte. On l'a assassinée... étranglée.

L'autopsie révèle des traces de sperme dans le vagin de la victime, mais sans que l'on puisse dire si elles ont été laissées par l'Etrangleur ou par un autre homme, avant le meurtre. Patricia Bissette était enceinte d'un mois et avait pour amant un homme marié que la police suspecte un moment du crime, avant de l'exonérer. Le mode opératoire est semblable aux meurtres précédents de l'Etrangleur, avec la présence de nœuds caractéristiques mais, cette fois-ci, les différences sont encore plus nombreuses. La victime n'est pas placée dans une position grotesque – elle est même recouverte d'un drap et de couvertures. L'assassin n'a pas fouillé l'appartement. Il y a aussi des traces d'effraction sur la serrure de la porte d'entrée. De plus, le meurtrier a pour la première fois eu une relation sexuelle « normale » avec la victime.

En questionnant les voisins, le lieutenant Sherry rencontre une jeune étudiante amie de Patricia Bissette.

— Elle savait que l'Etrangleur allait l'avoir.

— Comment ça ?

— Parce qu'elle a eu un cauchemar à ce sujet il y a quelques nuits. Un rêve très détaillé. Elle se réveillait une nuit pour découvrir un homme couché près d'elle. Elle lui demande qui il est, et l'inconnu répond : « Je suis l'Etrangleur Fou. »

Patricia Bissette n'était pas la seule femme de Boston à avoir des cauchemars au sujet de l'Etrangleur. Hélas pour elle, le cauchemar était devenu réalité.

VII. PREMIERS SUSPECTS

UNE TENTATIVE QUI ÉCHOUE

Le 18 février 1963, un mois et demi après le décès de Patricia Bissette, un incident qui aurait pu se révéler décisif pour l'enquête se déroule dans un appartement de Melrose Street, dans le quartier du South End de Boston.

Gertrude Gruen, qui vient de s'installer aux Etats-Unis, est une grande et forte Allemande de vingt-huit ans. Elle est serveuse dans un restaurant de la ville mais, souffrante à cause d'un virus, elle ne se rend pas à son travail. Tôt ce matin-là, le bruit d'ouvriers occupés sur le toit de son immeuble la tire de son sommeil. Aussi n'est-elle pas surprise lorsqu'on frappe à sa porte. L'homme qui se présente possède toutes les apparences d'un des ouvriers : vêtu d'un blouson militaire et d'un pantalon de travail vert, il est solidement bâti.

— Nous faisons des réparations dans l'immeuble. Il faut que je coupe l'arrivée d'eau de votre salle de bains. Les autres me feront signe du haut du toit.

— Vous ne pouvez pas le faire ailleurs ? Je suis malade. Un virus.

— Désolé, mais il faut que ça soit coupé ici. Je m'excuse du dérangement. Cela ne prendra que quelques minutes.

— Bon, d'accord. Mais faites vite. J'ai besoin de me reposer.

— Ne vous inquiétez pas. Les autres me feront signe le moment venu.

Tout en continuant de discuter, l'inconnu pénètre dans l'appartement...

« Je veux vous montrer à quel point elle est différente des autres. Lorsque j'entre dans l'immeuble, je vois tout de suite ces ouvriers sur le toit et j'en prends bonne note. La porte d'accès est facile à crocheter, je n'ai même pas besoin d'utiliser l'interphone. Je remarque les noms de plusieurs femmes seules. Je monte l'escalier pour frapper à la porte de la première que je trouve. Plutôt jolie, un peu moins de trente ans, les cheveux et les yeux marron, et très costaud. Je sens immédiatement qu'elle a beaucoup de force musculaire. Je ne me souviens plus exactement comment elle est habillée, une robe de chambre, mais le reste... ?

« La porte se referme toute seule derrière moi. J'ai un couteau dans la poche. Il fait très chaud et je retire mon blouson de l'Air Force. Elle me regarde d'un air bizarre. Elle est très nerveuse mais il en est de même pour toutes les femmes de Boston en ce moment. L'Etrangleur occupe leurs pensées. Son accent me rappelle celui d'Irmgard. J'ai beau essayer de la rassurer par tous les moyens, je constate que mes efforts restent inutiles. Elle ouvre une fenêtre donnant sur la rue que je referme aussitôt après elle.

— Il fait chaud ici. J'ai vu que vous avez retiré votre blouson.

— C'est mieux de la laisser fermée. A cause de votre virus. Ce serait moche si vous tombiez réellement malade. Vous savez que vous êtes très jolie. Vous pourriez être un mannequin.

— Moi ? Un mannequin ? Ça, c'est la meilleure !

« Elle éclate de rire, mais je sens qu'elle est très nerveuse et méfiante. Si je dois agir, il faut que je le fasse rapidement, d'autant que sa nervosité s'accroît de minute en minute. Elle risque de donner l'alarme.

— Je ne plaisante pas du tout. Ils payent trente à quarante dollars de l'heure. Je connais un type qui travaille dans la partie. Je pourrais vous aider à démarrer.

« Elle n'écoute qu'à moitié ce que je dis. Elle sourit d'un air crispé et n'arrête pas d'emporter des choses du salon vers la table de cuisine. A chaque fois, elle prend soin de passer à distance de moi. Je m'approche d'elle, en lui disant :

— Vous avez quelque chose, une tache ou de la poussière sur votre robe de chambre.

« Elle se retourne pour regarder et je sais que j'ai gagné la partie. Mais je me trompe. Elle a très peur, elle craignait peut-être une attaque de ma part. En tout cas, elle se bat comme une furie. Elle me mord profondément la main. Je sens le sang qui coule. Je n'arrive pas à lui maintenir les jambes avec les miennes car elle rue et me donne de violents coups de pied. J'ai mon bras autour de son cou et je sens qu'elle faiblit. Elle est en position et, à cet instant, je sais que c'est une femme morte. C'est ce qui se passe d'habitude. J'aurais dû l'achever, mais je n'y arrive pas. J'ignore pourquoi. Je relâche quelque peu ma prise et elle se retourne pour me regarder. Elle continue à me mordre jusqu'à l'os. Je tente de lui ouvrir la bouche avec mon autre main, en vain. Je devrais l'assommer d'un coup de poing ou me servir de mon couteau. Je ne sais pas ce qui me retient.

— Je ne vais pas le faire. (Je répète cette phrase sans arrêt, mais elle ne m'écoute pas : elle est hystérique.) Je vais vous relâcher.

« Elle continue à se débattre et à me mordre. Je parviens enfin à lui entrouvrir la mâchoire et à libérer mon doigt. Je la repousse violemment en arrière, je prends mon blouson et je fiche le camp à toute vitesse. Je la vois qui se redresse pour ouvrir la fenêtre et crier au secours. Ma main pisse le sang et j'enroule mon blouson autour. Elle hurle et elle hurle. Arrivé en bas des marches, il y a des types qui ont entendu les cris. Ils me remarquent et je ne leur laisse pas le temps de me poser des questions. Je hurle :

— Vite, il est en haut. Regardez ma main. Je n'ai pas pu le stopper. Il faut l'arrêter...

« Ils se précipitent dans l'escalier. Je cours vers ma voiture et je jette mon blouson dans une allée. Je fais le tour du pâté de maisons pour revenir sur mes pas et monter à bord de mon auto. Quelques heures plus tard, quand les choses se sont calmées, je retourne chercher mon blouson. Je ne sais vraiment pas pourquoi je n'ai pas tué cette fille. J'aurais pu le faire, mais quelque chose m'a stoppé. »

Les enquêteurs sont persuadés que l'assaillant de Gertrude Gruen est bien l'Etrangleur (ou un des Etrangleurs). Malheureusement, si la jeune femme parvient à décrire la silhouette, les vêtements et les moindres faits et gestes de son agresseur, elle est totalement incapable de se souvenir des traits de son visage. Même l'aide de psychiatres et d'un hypnotiseur ne réussissent pas à briser ce blocage chez elle. Des recherches menées auprès des services d'urgence des hôpitaux ou de médecins ne donnent aucun résultat concret : l'Etrangleur a dû soigner lui-même sa blessure à la main. Encore une fois, il a eu beaucoup de chance.

UNE VICTIME OUBLIÉE

Pendant très longtemps, la police et la population de Boston croient que l'Etrangleur n'a pas commis de meurtre entre le 31 décembre 1962, date du décès de Patricia Bissette, et le 6 mai 1963, lorsqu'il assassine Beverly Samans. D'aucuns pensent que son agression manquée du 18 février 1963 a pu le traumatiser, au point de le stopper. Ce n'est que quelques années plus tard, lors de ses aveux, que la mort de Mary Brown, âgée de soixante-neuf ans, le 9 mars 1963, est reconnue comme faisant partie de la série de meurtres de l'Etrangleur.

« Il est aux environs de dix heures du matin. Cela fait maintenant plus de deux heures que je roule depuis que j'ai quitté mon domicile de Malden. La Chose s'est emparée de moi pendant que je buvais un café dans le petit restaurant près de chez moi. Aussitôt, je me suis précipité à bord de ma voiture pour partir. Je devrais déjà être à mon travail depuis longtemps. Je me retrouve à Lawrence devant le 319 Park Avenue, où je me gare. Lorsque j'entre dans le hall de l'immeuble, je remarque un tuyau de cuivre de vingt centimètres de long ; il est lourd et se trouve derrière la porte du vestibule. Je m'en empare, sans savoir pourquoi.

« Je regarde les noms près de l'interphone. Mrs Mary Brown.

Voilà quelqu'un qui doit vivre seul, sinon il y aurait eu le prénom de son mari. Je ne sonne même pas. Le tuyau est dans la poche arrière de mon pantalon lorsque je frappe à sa porte. C'est une femme âgée, je dirais la soixantaine, les cheveux gris et elle porte des lunettes.

— Je viens pour peindre la cuisine.

— Très bien. Mais vous n'avez pas apporté de peinture avec vous ?

— J'ai tout ce qu'il me faut dans la voiture. Je voulais seulement voir ce dont j'avais besoin.

— Vous auriez pu prévenir à l'avance. Rien n'est prêt.

— Ce n'est pas grave. Il ne faut surtout pas vous inquiéter, je vous aiderai à débarrasser la cuisine. Cela ira très vite, vous verrez.

« Elle ouvre la porte et me tourne le dos pour me montrer le chemin de la cuisine. Je la suis et tout se passe très vite. Je la frappe sur le crâne avec le tuyau. Elle tombe par terre. Elle perd connaissance et son sang coule en abondance. Je ne sais pas ce qui m'arrive mais je continue à la frapper de toutes mes forces à la tête. C'est comme un cauchemar... C'est horrible. Puis, je prends une fourchette dans la cuisine et je la lui enfonce dans le sein gauche. Je laisse la fourchette comme ça. Il y a du sang partout. Je recouvre le corps d'un drap. Je fouille son appartement, mais sans rien voler. Je lui déchire sa robe de chambre... et je l'étrangle aussi de mes mains, sans me servir d'un bas ou d'un quelconque objet. Mon Dieu, tout ça a été horrible ! »

Malgré des similitudes avec les crimes précédents de l'Etrangleur, le procureur général de l'Etat du Massachusetts conclut que « Mary Brown, de Lawrence, a été surprise dans son appartement par un cambrioleur qui ne s'attendait pas à la trouver sur les lieux ». Lors de ses aveux, l'Etrangleur dessine avec précision un plan de l'appartement de la victime et les moindres détails qu'il donne coïncident exactement avec ceux des rapports de police. Dans la tourmente médiatique des assassinats de l'Etrangleur, le crime de Mary Brown passe quelque peu inaperçu. La presse publie à peine quelques articles en pages intérieures. Les enquêteurs ont caché certains points importants que seul le meurtrier pouvait connaître, ne serait-ce que la mutilation post mortem de la victime à l'aide d'une fourchette. Il apparaît indiscutable que Mary Brown fait partie des victimes de l'Etrangleur de Boston malgré les nombreuses différences dans le mode opératoire. Mais le crime de Mary Brown n'est pas le seul à poser des problèmes aux enquêteurs.

Le 20 février 1962, Jennie Woronowski, une veuve de soixante et onze ans, est étranglée dans son appartement d'Olsen Terrace, à

Lynn. Son cadavre a été recouvert par un tas formé de ses propres vêtements et l'appartement a été fouillé de fond en comble. L'assassin va même jusqu'à démonter l'arrière de son téléviseur et défaire la chasse d'eau des toilettes. Mais elle n'a pas été violée.

C'est dans une chambre d'hôtel du quartier de South End, à Boston, qu'un employé découvre, le 10 juillet 1962 à onze heures du matin, le corps de Margaret Davis, soixante ans et divorcée à deux reprises. Elle s'est fait draguer par un certain « Byron Spinney », 344 Riverway, Roxbury, décrit comme un homme de cinquante ans, mesurant un mètre soixante-quinze et portant un costume marron. Margaret Davis a été étranglée à mains nues et son cadavre est entièrement dénudé. Le « Byron Spinney » en question ainsi que l'adresse indiquée n'existent pas. Le procureur général Brooke note dans son rapport que « la mort semble avoir été le résultat d'une dispute avec son compagnon ».

Dans le même quartier du South End de Boston, c'est dans une impasse de Tremont Street qu'un passant bute sur le corps de Modeste Freeman, une jeune et jolie divorcée de trente-sept ans, le matin du 13 octobre 1962. On l'a battue sauvagement avant de l'étrangler. Cette fois-ci, les enquêteurs sont certains que Modeste Freeman ne fait pas partie des crimes de l'Etrangleur. Elle est tuée sur place, en pleine rue et de nuit, ce qui semble l'éliminer d'office.

Dans un rapport en date du 13 août 1964, le procureur général Edward Brooke résume ainsi les conclusions concernant les meurtres de Jennie Woronowski, Margaret Davis, Modeste Freeman et Mary Brown : « Il y a des suspects pour ces quatre homicides. Mais pas suffisamment de preuves pour prouver une culpabilité certaine. Un suspect est actuellement derrière les barreaux pour d'autres forfaits. Un autre suspect est en fuite et activement recherché à travers les Etats-Unis. Un troisième est enfermé dans un hôpital psychiatrique pour des agressions similaires, mais qui n'ont pas entraîné la mort des victimes. On pense qu'un de ces suspects est au moins responsable de deux de ces quatre homicides. »

« JE N'AI QUE DU MÉPRIS POUR CES GARCES »

« Lundi 6 mai 1963, il est environ huit heures trente du matin et je me rends à mon travail lorsque la Chose me prend. Je me rends à Cambridge, un peu au hasard, suivant mon habitude, car comme je l'ai déjà dit, il me faut, la plupart du temps, à peine vingt minutes pour me farcir une nana et revenir sur mes pas. Avec toute cette libération sexuelle et la pilule, c'est devenu enfantin pour quelqu'un comme moi. Surtout dans un endroit tel que Cambridge.

« Je suis sur University Road et je reconnais l'immeuble, je crois que c'est le numéro 4. Ce jour-là, j'ai un couteau pliant sur moi ; je l'avais trouvé en débarrassant une cave, dans le tiroir d'un vieux bureau. Le 4 University Road me semble familier. J'y ai déjà été en tant que "Mesureur". Mais ça ne change rien. Je n'ai que du mépris pour ces garces qui ne sont pas assez intelligentes pour savoir ce que je leur veux. Jamais elles ne pensent à me poser les questions les plus simples, ni même à me demander des papiers ou une carte de visite. De vraies connes. On ne peut pas les respecter. J'examine les noms dans le hall d'entrée et le choix est vaste. J'ignore ce qui me fait choisir un nom plutôt qu'un autre. C'est à se demander si Dieu ou le Destin a quelque chose à voir là-dedans.

« Peu importe, après tout. Je choisis un nom et je presse sur le bouton d'appel. La sonnette retentit. Parfois, je me demande comment elles peuvent être assez bêtes pour ouvrir ainsi sans savoir qui se trouve en bas ? Ce pourrait être n'importe qui, un monstre, et ces temps-ci, même l'Etrangleur de Boston... Si j'étais à leur place, j'aurais fait très attention.

« Son appartement se situe au deuxième étage. Elle est plus petite que moi, vêtue d'une robe d'intérieur avec une fermeture Eclair. Je ne sais pas pourquoi, mais j'ai l'impression qu'elle a des difficultés à m'entendre et qu'elle lit sur mes lèvres. Pendant une minute, nous nous regardons en silence.

— Oui, que voulez-vous ?

— Oh ! j'ai du travail à faire dans cet appartement.

« A nouveau, il me semble qu'elle lit sur mes lèvres, car elle prend du temps avant de me répondre :

— Du travail dans mon appartement ? Ici ? Vous êtes sûr qu'il n'y a pas erreur ? C'est la première fois que j'en entends parler.

— Ils veulent que ce soit fait pour le printemps.

— Eh bien, je n'ai rien à dire. Tant mieux.

« Je suis toujours sur le seuil de la porte. Elle me regarde un instant. On ne peut pas dire que ce soit une beauté. Son visage est attractif, mais le menton est un peu trop grand. De toute façon, ça n'a pas une grande importance pour ce que je cherche. Elle possède tous les attributs que je désire. Et que je désigne du nom de Femme.

— Bon, vous pouvez entrer. Au fait, où sont vos outils ?

— D'abord, il faut que j'examine les lieux pour voir ce que je dois apporter.

— Oui, c'est juste. Mais vous ne pouvez pas revenir un peu plus tard ?

— Non, aujourd'hui c'est impossible.

« A cet instant, je suis dans l'appartement dont j'ai refermé la porte derrière moi. Mais les choses ne sont pas aussi simples que ça. Cette fille est différente, elle est plus prude et plus stricte que les autres. Je parviens à la convaincre de la plus simple des manières :

— Ecoutez, si vous ne voulez pas que j'effectue ce travail, ça dépend uniquement de vous. Je dirai au gérant que vous ne le voulez pas, un point c'est tout.

« Je lui tourne le dos pour m'en aller. Et, cette fois-ci, je ne fais pas semblant, car j'en ai marre de cette fille. Elle est trop intelligente et coincée. Je suis sûr qu'elle doit aller à la messe tous les dimanches.

— Bon, d'accord. Entrez et faites votre boulot.

« Et c'est exactement ce que je fais. J'entre à nouveau chez elle, en refermant la porte derrière moi, tout en sortant le couteau de ma poche pour déplier la lame.

— Mais... qu'est-ce que vous faites ?

— Si vous ne criez pas, je ne vous ferai pas de mal.

— Que voulez-vous ?

— Je veux seulement te faire l'amour.

— Jamais je ne vous laisserai faire. Ce n'est pas bien.

« J'aurais dû partir à ce moment-là. Pourquoi ne l'ai-je pas fait ? Les mots qu'elle prononce ressemblent à s'y méprendre à ceux de mon épouse, Irmgard. Je crois entendre ses paroles résonner à mes oreilles. Je la menace d'un couteau et elle tente de me dire ce que je dois ou ne dois pas faire ? Il n'y a rien de pire pour un homme que d'entendre une femme lui ordonner d'agir de telle ou telle façon, alors que c'est lui qui a le dessus et qui détient le pouvoir.

— Parfait, je ne vais pas te baiser, juste un peu m'amuser avec toi.

— Mais, promettez-moi que je ne serai pas enceinte. Vous n'allez pas me violer ni me mettre enceinte ? Jurez-le-moi.

— Non, je vais simplement m'amuser un petit peu et je vous laisserai tranquille.

— D'accord.

« Nous sommes dans le salon, et je peux vous dire que je suis très en colère. Je hais cette nana avec ses "ce n'est pas bien".

— Ne vous inquiétez pas, je veux juste m'amuser un peu avec vous et je partirai ensuite.

— Je peux aller dans la salle de bains pour me laver ?

— Oui, mais faites vite.

« Je n'ai pas du tout confiance en elle. Il y a quelque chose qui me répugne dans cette nana, elle me donne l'impression que je la supplie de m'accorder une faveur, quelque chose de "sale". C'est difficile à expliquer. Je ne suis pas aussi mauvais qu'on le croit. J'ai besoin de la Femme. Il me faut prendre ce dont j'ai besoin. En fait, tous les hommes sont pareils, avec leurs désirs et leurs besoins.

— Je vous accompagne.

— S'il vous plaît, je ne pourrai jamais me laver si un homme est présent à côté de moi. Je veux juste me laver pour être propre et plus jolie.

— De toute façon, vous ne vous êtes jamais retrouvée dans une telle situation. Je sais que vous avez besoin d'aller à la salle de bains, c'est pareil pour tout le monde. Alors, allez-y, mais je vous accompagne.

« Elle reste silencieuse et se rend dans la salle de bains où je l'observe en train de se laver. Elle retourne ensuite avec moi dans la chambre à coucher.

— Pourquoi vous avez fait ça ? Cela vous plaît de regarder les jeunes femmes se laver ?

— Non, j'avais peur que vous alliez crier au secours. Vous auriez pu vous enfermer et appeler à l'aide par la fenêtre de la salle de bains.

— Et maintenant, que voulez-vous que je fasse ?

— Allongez-vous sur le lit.

— Souvenez-vous de votre promesse. Je ne veux pas être enceinte.

— Nom de Dieu, ne vous inquiétez pas pour ça ! Allongez-vous sur le lit.

— Qu'allez-vous faire ?

— Je vais vous attacher et m'amuser un peu.

— Vous êtes l'Etrangleur de Boston ?

— Oui, c'est moi.

« Je crois qu'elle s'est évanouie à cet instant. Elle avait perdu connaissance lorsque je l'ai déshabillée et attachée. Juste au moment où je me prépare à la violer, elle revient à elle. Cela fait quelques minutes que je regarde son corps, et je suis drôlement excité. Quel dommage qu'une fille aussi bien foutue soit tellement prude. Elle a plein de choses à offrir à un homme. Mais je comprends mieux en voyant les bouquins de sa bibliothèque qui parlent d'homosexualité ; j'ai l'impression que c'est quelque chose qui l'intéresse. Ça me rend malade qu'elle ait envie de faire ça. Ses amis garçons ou filles ne doivent pas être normaux, s'ils aiment faire des choses bizarres, si vous me comprenez ?

« Je lui enfonce un bâillon dans la bouche, mais elle le recrache. Je n'ai pas envie qu'elle me voie pendant que je la baise, aussi je lui enveloppe le visage avec un chemisier pour qu'elle ne puisse pas crier, et je lui mets un bandeau sur les yeux. Ses cris seront étouffés par le tissu, mais elle peut encore me parler. Si elle n'avait pas repris connaissance, elle serait peut-être encore vivante pour vous raconter toute cette expérience. Je m'amuse un peu avec elle, et je sais très bien que je vais la baiser, même si ça ne lui plaît pas. Je n'en ai rien à foutre. Ma tête est sur le point d'exploser lorsqu'elle se met à me parler et à me supplier :

— Vous avez promis. Ne le faites pas, je vous en supplie. Je vais être enceinte.

— Taisez-vous... La ferme... (Je répète sans cesse ces deux phrases, mais elle continue de parler :)

— Ne faites pas ça. Vous avez promis. Ne me faites pas ça.

« Elle commence à hausser le ton et j'ai peur que des voisins ne l'entendent. Je ne sais plus trop quoi faire avec une fille comme ça. Puis, elle se met à dire des choses qui me font penser que je suis quelqu'un de sale :

— Vous n'êtes pas un homme, mais un animal. Ce n'est pas bien... Pourquoi faites-vous ça ?... Pourquoi vous m'embrassez comme ça ?... Vous n'êtes pas un homme... Un homme ne ferait jamais ça... Vous êtes un animal...

« Elle me parle exactement comme Irmgard. Quoi que je fasse, elle n'aimera jamais ce que je fais. Et elle ne ferme pas sa gueule. J'avais posé le couteau sur le bord de la table basse. Je le prends pour la poignarder à la gorge. Une fois, puis je ne peux plus m'arrêter. Je saisis le couteau dans ma main gauche, tandis que de l'autre main je tiens la pointe de son sein, avant d'enfoncer durement la lame à deux reprises. Elle ne dit plus rien, son corps bouge et le sang gicle partout. Je continue à la frapper, encore et encore. Sa gorge pisse le sang. Pourquoi ai-je agi ainsi ? Je crois que c'est à cause d'Irmgard. “Fais-le vite, dépêche-toi. Qu'on en finisse au plus vite.” Voilà ce qu'elle me répétait toujours. Elle dit que je suis un animal, mais une bête est mieux traitée que ça. Je l'aime tant et pourtant je la déteste. “Arrête. Ce que tu fais n'est pas bien.” C'est ce que Irmgard m'avait dit hier soir. Il n'y a rien de mal à ce que je fais. C'est quelque chose de naturel. Et avec cette femme, c'était pareil : “Ne faites pas ça. Ce n'est pas bien. Vous êtes un animal.” Je croyais entendre Irmgard me bassiner les mêmes choses. Et j'ai continué à la frapper de toutes mes forces, encore et encore... »

LES POINTS COMMUNS ENTRE LES VICTIMES

Le meurtre de Beverly Samans, une mezzo-soprano de vingt-trois ans qui rêve de devenir chanteuse au Metropolitan Opera de Boston, pose un grave problème aux enquêteurs. Doit-on le considérer comme un crime de l'Etrangleur? Plus que nul autre, il semble l'œuvre d'un imitateur. La victime est bien garrottée mais elle n'est pas étranglée : elle est poignardée à de très nombreuses reprises dans le cou et la poitrine.

Fille unique, originaire de Virginie, diplômée du Conservatoire de musique de Nouvelle-Angleterre, Beverly Samans travaille comme musicothérapeute dans une institution psychiatrique, le Medfield State Hospital, et aide des adolescents retardés au Fernard School de Waltham. Parallèlement, elle poursuit des études universitaires et prépare une thèse sur l'homosexualité masculine, comme l'attestent des ouvrages sur le sujet dans sa bibliothèque. Dure d'oreille, elle se sert parfois d'un appareil auditif et reçoit certains de ses patients à son domicile, un deux-pièces situé au deuxième étage du 4 University Road.

Son corps est découvert le mercredi 8 mai 1963, vers dix-neuf heures dix, par son fiancé, Oliver, qui possède une clef de l'appartement. Beverly est aperçue pour la dernière fois le dimanche 5, à vingt-trois heure trente alors qu'elle rentre chez elle. Contrairement à son habitude, elle manque deux répétitions de la chorale dont elle fait partie. Inquiète de constater que le téléphone ne répond pas, une amie commune prévient Oliver qui se rend à son domicile.

Les rideaux de la salle de séjour sont tirés et il fait très sombre. Le divan convertible est ouvert, la silhouette familière de Beverly semble y dormir. Oliver allume le plafonnier de la pièce...

Ainsi que l'indique le rapport des deux médecins légistes, « le corps dénudé repose allongé sur le dos sur un lit de l'appartement. Une écharpe blanche est ligaturée autour du cou ; sous la ligature, on distingue deux bas nylon. Les mains sont attachées derrière le dos avec une écharpe multicolore. Les jambes largement écartées sont attachées aux supports du divan convertible. En retirant la ligature, on remarque quatre incisions sur la gorge, résultant de coups de couteau (...) Commençant juste au-dessus du sein gauche, et s'achevant en dessous, on compte dix-sept impacts de coups de couteau. Le poumon gauche et le ventricule gauche du cœur ont été transpercés, tandis que l'artère carotide gauche est tranchée ».

Le procureur général Brooke ajoute en conclusion que « les endroits où elle a été poignardée offrent des similitudes avec les positions arrangées des corps de certaines des autres victimes. Cependant, l'utilisation d'une arme blanche est une différence frappante avec le mode opératoire des victimes précédentes. La mort est causée par trois de ces nombreux coups de couteau. Dans ce cas précis, les ligatures ont été nouées uniquement à des fins "décoratives", et pour imiter les "strangulations", qui ont reçu une publicité énorme par voie de presse. De très fortes possibilités existent pour que cet homicide soit différent des autres. Néanmoins, je recommande qu'il reste inclus dans le dossier jusqu'à preuve du contraire. »

L'appartement de Beverly Samans est en grand désordre. Un vase est renversé par terre, cinq coussins sont éparpillés un peu partout, son sac à main est ouvert et repose sur un tapis, des livres et des vêtements ont été jetés sur le plancher. Près du divan, on aperçoit la robe de chambre de la victime, ainsi que sa gaine. La police retrouve l'arme du crime, un couteau, parmi les ustensiles de cuisine. Il y a du sang sur la lame mais aucune empreinte n'est visible.

A ce stade de l'enquête, la police croit toujours que le nombre des victimes s'élève à huit femmes. Quatre présentent des blessures vaginales infligées à l'aide d'un objet, une autre dont l'état de décomposition avancée ne permet pas de déterminer s'il y a eu attaque ou non, pas de blessure génitale dans un des cas (mais du sperme retrouvé sur un tapis près du corps), du sperme dans le vagin de la victime suivante, ainsi qu'une lacération du rectum, aucune blessure sur les parties sexuelles de Beverly Samans et une absence de sperme.

Les cinq premières victimes se situent toutes dans la même tranche d'âge allant de cinquante-cinq à soixante-quinze ans. Plusieurs points communs entre les victimes intriguent les policiers, notamment un contact plus ou moins direct avec le milieu hospitalier :

* Anna Slesers suit des consultations au New England Hospital, dans le quartier de Roxbury.

* Nina Nichols est une physiothérapeute en semi-retraite au Massachusetts Memorial Hospital. Elle sert de consultante pour des personnes âgées au St. Patrick's Manor, une maison de retraite catholique de Commonwealth Avenue où elle réside également.

* Helen Blake est une infirmière à la retraite qui continue à s'occuper de quelques malades. Elle a travaillé dans plusieurs hôpitaux de Boston et de Lynn.

* Ida Irga se rend presque tous les jours en consultation au Massachusetts Memorial Hospital. Elle a plusieurs fois été admise comme Massachusetts Eye and Ear Infirmary sur Charles Street, à Boston.

* Jane Sullivan travaille comme infirmière de nuit au Longwood Hospital, dans le quartier de Roxbury.

* Sophie Clark étudie pour devenir assistante médicale dans un laboratoire hospitalier. Elle a effectué plusieurs stages de formation, entre autres au Children's Medical Center de Boston.

* Patricia Bissette est secrétaire, mais la société qui l'emploie se trouve dans le même pâté de maisons que la clinique de Lahey.

* Beverly Samans travaille comme musicothérapeute pour deux établissements médicaux, le Medfield State Hospital et le Fernard School.

Autre point commun, les huit victimes adorent la musique classique, assistent à des concerts, achètent régulièrement des disques, chantent ou jouent même d'un instrument. Les policiers se demandent si l'assassin – ou les assassins – choisit ses victimes dans les hôpitaux ou s'il possède lui-même un lien avec une profession médicale, à moins qu'il ne fréquente les salles de concert ou les rayons des disquaires pour y traquer ses futures victimes. Mais, au-delà des suspects habituels – amants, détraqués sexuels, etc. – rien de concret ne ressort de ces éléments communs. La ville de Boston est en proie à une panique indescriptible qui s'apaise à peine avec le passage de l'été, sans qu'aucun nouveau meurtre vienne défrayer la chronique.

VIII. L'ENQUÊTE PIÉTINE

Au fur et à mesure que les mois s'écoulent sans apporter d'éléments nouveaux, Boston commence à oublier l'Etrangleur. D'autres événements captivent les habitants comme la présence d'un Bostonien, John F. Kennedy, à la Maison-Blanche. En ce qui concerne l'univers du crime, Boston ne se repose pas sur ses lauriers. Le vol du courrier postal de Plymouth parvient à faire oublier le fameux « Brink's Job » du 7 janvier 1950. Par un curieux fait du hasard, Hollywood choisit le même acteur, Tony Curtis, pour jouer le rôle principal dans *La Police était au rendez-vous* (1955) de Joseph Pevney sur le hold-up du Brink's (qui inspire aussi un film de William Friedkin) et pour *L'Etrangleur de Boston* (1968) de Richard Fleischer.

Durant cet été et cet automne 1963, une guerre des gangs ravage le milieu bostonien, causant la mort de près de quarante gangsters. Début septembre, les femmes recommencent à sortir et à ne plus prendre de précautions, mais l'Etrangleur se rappelle à leur bon souvenir le dimanche 8 septembre.

« Je me dirige vers Salem ce matin-là, et le désir s'est à nouveau emparé de moi. J'ignore où je vais. Je me gare devant cet immeuble mais je ne me souviens plus du numéro, ni du nom de la rue. Je sais que son appartement est le n° 3. Dans le vestibule, j'ai appuyé sur plusieurs sonnettes avant de pénétrer à l'intérieur. Je frappe. Une voix de femme me répond à travers la porte :

— Qui est-ce ?

— Je viens de la part du gérant pour effectuer des travaux chez vous.

— Quel genre de travaux ?

— Il veut faire vérifier une fuite dans la tuyauterie de la salle de bains.

« Elle reste muette une minute avant de me répondre :

— Ecoutez, vous ne pourriez pas revenir d'ici quelque temps ? J'étais prête à aller à l'église.

— Non, je suis désolé. J'ai un emploi à plein temps et je ne fais que rendre service au gérant, en prenant sur mon jour de congé.

« Au bout d'une autre minute, elle ouvre la porte pour me regarder. Une femme blonde, plus petite que moi et à l'allure attrayante. Elle est vêtue d'une robe d'intérieur et de petites chaussettes blanches.

— C'est plutôt inhabituel de travailler un dimanche, non ?

— Vous savez, on fait ce qu'on peut. Sinon, le travail ne sera peut-être jamais fait.

— Je suis désolée d'être aussi suspicieuse. Ces temps-ci, on ne sait pas qui peut venir frapper à votre porte. (Puis, elle ajoute en plaisantant :) Comment savoir si vous n'êtes pas l'Etrangleur de Boston ?

— Je peux partir, si vous le souhaitez.

— Non, mais faites vite, car je n'ai pas beaucoup de temps.

« Elle me fait entrer chez elle et nous allons tout de suite dans la salle de bains, où je dégaine mon couteau.

— Taisez-vous et je ne vous ferai pas de mal.

— Que voulez-vous ?

— Juste faire l'amour avec vous.

— C'est impossible. Mon médecin m'a ordonné de ne pas le faire. Je suis malade.

« Je la saisis par le devant de sa robe. Elle se retourne et les boutons sautent. La robe se déchire, ainsi que la chemise de nuit qu'elle porte en dessous. Je l'étrangle de mes mains. Je la dépose sur le lit. Elle n'est pas encore morte. Je m'installe sur elle, assis sur ses mains et je mets un coussin sur son visage pour ne pas avoir à la regarder. Puis, je lui serre le cou jusqu'à ce qu'elle meure. Ensuite, je fouille son appartement à la recherche de quelque chose, mais j'ignore quoi. Je retourne près du corps en emmenant deux bas nylon que je noue autour de son cou, avant de déchirer complètement ses vêtements et de lui écarter les jambes. Je prends un autre bas en nylon que je noue autour de sa cheville. Je ne sais pas pourquoi j'agis ainsi. Puis, je quitte l'appartement, sans que personne me remarque. »

Il est treize heures quinze en ce dimanche 8 septembre 1963 lorsque Flora Manchester frappe à la porte de la suite 3 du 224 Lafayette Street, à Salem. Comme tous les dimanches, elle attend sa meilleure amie et voisine, Evelyn Corbin, une femme divorcée de cinquante-huit ans, et celle-ci a déjà plus d'un quart d'heure de retard, ce qui est plutôt inhabituel pour cette employée de la Sylvania Electric Products' Hygrade Plant, où elle assemble des lampes à la chaîne depuis près de vingt ans. N'obtenant aucune réponse par téléphone ni en tapant à la porte, Flora Manchester retourne chez elle chercher un double des clefs de l'appartement d'Evelyn Corbin en demandant à une voisine de palier de l'accompagner.

Les deux femmes découvrent Evelyn Corbin allongée sur son lit. Flora Manchester croit que son amie est malade et retourne chez elle pour appeler une ambulance. Son fils, qui vient d'arriver sur les lieux, se précipite auprès d'Evelyn Corbin pour se rendre compte qu'elle est bâillonnée, un détail qui avait échappé à sa mère. Il lui retire le bâillon et tente vainement de la ranimer en pratiquant le bouche-à-bouche.

Les enquêteurs remarquent sur-le-champ que l'appartement est presque intact. Seuls signes de désordre, un tiroir entrouvert où l'on distingue plusieurs bas et, près du lit, des lingettes démaquillantes froissées, un sac à main, un soutien-gorge et un morceau de chewing-gum. Le rapport des médecins légistes du comté d'Essex indique que « le corps est allongé sur le dos, à l'exception de la jambe gauche qui pend du côté gauche du lit. Deux bas nylon n'appartenant pas à la même paire sont noués autour du cou, les nœuds apparaissent sur le devant. La main droite et l'avant-bras sont sous le corps qui est vêtu d'une robe de chambre à laquelle il manque trois boutons, d'une chemise de nuit et de socquettes blanches. La chemise de nuit est déchirée, exposant le sein gauche et le haut de l'abdomen. On note une meurtrissure sur le sein gauche. Les parties génitales sont en partie visibles. Un bas est noué autour de la cheville gauche (...) On constate des lacérations, contusions et traces d'hémorragies. Pas de blessure apparente sur les parties génitales ».

Pour le procureur général, Edward Brooke, « dans ce cas précis, la mort est survenue par strangulation manuelle. Toutefois, certains détails du meurtre et de la scène du crime suggèrent fortement un facteur d'imitation qui prédomine dans le cerveau du tueur. Ses connaissances des détails des crimes précédents sont suffisamment incomplètes pour mettre en échec son plan. Des investigations très poussées sont menées concernant trois individus qui restent des suspects potentiels ».

A présent, de nombreux policiers pensent qu'il pourrait même exister plus de deux Etrangleurs de Boston. Car, pour chacune des similitudes entre les divers crimes, ils peuvent aussi toucher du doigt un nombre égal de différences.

UNE MORT QUI PASSE INAPERÇUE

Soixante-quinze jours après le décès d'Evelyn Corbin, c'est au tour d'une timide jeune femme de vingt-trois ans, Joanne Graff, de tomber entre les mains du tueur. Diplômée de l'Institut d'Art de Chicago en juillet 1963, elle s'est installée à Lawrence, près de Boston, pour y travailler comme dessinatrice chez Bolta Products, une filiale de la General Tire & Rubber Company. Complexée par un problème d'acné et une poitrine qu'elle juge trop ample, Joanne Graff est aussi quelqu'un de très religieux. Tous les dimanches, elle enseigne le catéchisme à l'église luthérienne de Lawrence. C'est d'ailleurs le pasteur de sa paroisse qui lui trouve son modeste trois-pièces situé au troisième étage du 54 Essex Street. On ne lui connaît aucun fiancé ou petit ami.

Curieusement, la mort de Joanne Graff, le samedi 23 novembre 1963, passe tout à fait inaperçue, y compris à Boston, sauf des services de police : le jour précédent, le Président John F. Kennedy a été assassiné à Dallas. Le 23 novembre est même décrété jour de deuil national aux Etats-Unis.

Vers midi trente, le propriétaire de l'immeuble passe chez elle collecter le loyer hebdomadaire. Juste avant quinze heures trente, Ken Rowe, un locataire, aperçoit un inconnu en vêtements de travail qui se promène dans l'escalier. Celui-ci lui demande où se trouve l'appartement de « Joan », en se trompant sur la prononciation de son prénom. Plus personne ne la reverra vivante. Sauf son assassin.

« Je ne la connais pas et je ne l'ai jamais vue. C'est juste un nom sur une boîte aux lettres. Le seul nom avec un prénom féminin. Je frappe à sa porte qu'elle ouvre un peu.

— Oui ?

— Je viens de la part du gérant. C'est pour des travaux à effectuer dans votre appartement.

— Je ne suis pas au courant. Qui vous a envoyé ici ?

— Le gérant. Et ne vous inquiétez pas, cela ne prendra que quelques minutes pour regarder ce qu'il y a à faire.

« Sa voix est timide, presque un murmure.

— Bon. Si vous êtes sûr que cela ira vite... Il faut que je sorte bientôt.

« L'appartement est dans un triste état. Il a vraiment besoin d'être retapé et elle ne semble pas très heureuse d'y habiter. Le plancher est abîmé en de nombreux endroits, les murs et les plafonds laissent apparaître des taches d'humidité. Il y a des fissures un peu partout et un énorme trou dans le plâtre d'un des murs. Tout le mobilier est vieux et invendable.

— Il y a beaucoup de travail à faire. Je crois qu'il faudra tout retaper.

— Oui, je sais.

— Il vaut mieux que j'examine la salle de bains. Vous m'indiquerez ce qu'il faut faire.

— Je l'ignore. Je n'avais même pas entendu parler de travaux avant votre visite.

« Je me rends compte qu'elle a peur de m'accompagner dans la salle de bains telle qu'elle est vêtue, en robe de chambre et avec un justaucorps noir.

— Ecoutez, j'ai besoin de savoir dans quel état elle se trouve. Allez-y toute seule et vous me direz ensuite ce qu'il faut faire. Sinon, vous ne pourrez pas vous plaindre qu'on a oublié de réparer telle ou telle chose.

« C'est quelqu'un de très timide. Elle a l'habitude d'être commandée. Elle fait ce que je lui dis. Je la suis dans la salle de bains. Ma tête est sur le point d'exploser et mon corps brûle. Quand elle s'aperçoit que je l'ai suivie, elle veut quitter la pièce. Mais c'est impossible. Elle est coincée. Elle s'en rend compte et reste immobile. Je ne sais pas ce qu'elle pense à ce moment-là. Je sors mon couteau.

— Ne criez pas. Je ne vous ferai pas de mal. Allons jusqu'au lit, maintenant.

« Elle est comme pétrifiée, totalement incapable de crier à l'aide, même si elle l'avait voulu. Son visage est blanc comme un linge. J'entends quelqu'un marcher sur le palier et je m'approche de la porte pour écouter, avant de retourner près d'elle. C'est alors qu'elle tente de s'échapper. Je l'attrape par le cou et nous tombons tous les deux à la renverse sur le lit. Elle s'évanouit tout de suite. Je déchire son chemisier et son justaucorps noir que je lui passe autour du cou. Je la déshabille presque entièrement. Son corps est magnifique, avec de très gros seins ; ils sont doux au toucher. Elle est toujours sans connaissance quand je lui fais l'amour. Puis, elle ouvre les yeux.

— Je vais vous attacher.

— Qu'avez-vous fait de moi ?

— J'ai fait l'amour, c'est tout.

« Elle se met à pleurer pendant que je lui lie les mains.

— Ne m'attachez pas. Je vous en prie, ne m'attachez pas les mains !

— Impossible. Il faut que j'aie le temps de m'enfuir. Mais je ne vais pas trop serrer les nœuds pour que vous puissiez les défaire facilement.

— Non, je vous en supplie. Ne m'attachez pas.

« Elle ne se laisse pas faire et se débat. Je m'empare du justaucorps, qui se trouve déjà autour de son cou, et je commence à serrer de toutes mes forces. Elle essaye de m'empêcher mais n'y arrive pas. J'augmente encore la pression et je la sens partir. Ensuite, je crois que je lui ai mis deux bas nylon autour du cou, mais je n'en suis plus très sûr. Je la laisse allongée sur le lit, avec une jambe pendante qui touche le plancher. Au moment où je vais quitter l'appartement, quelqu'un descend l'escalier et je referme la porte pour attendre qu'il passe. Personne ne me voit partir. Un peu plus tôt, j'ai demandé où elle habitait à un des locataires. C'est à peine s'il m'a aperçu. J'arrive très bien à cacher mon visage derrière mes mains et à tourner la tête au bon moment. Il est le seul à m'avoir vu dans l'immeuble. Il me faut à peine plus d'une demi-heure pour rentrer chez moi, à Malden. »

Le lendemain matin, dimanche 24 novembre 1963, le pasteur s'inquiète de l'absence de Joanne Graff. Sa ligne ne répond pas. Vers onze heures, John Johnson, un des membres de la paroisse, frappe à sa porte. Toujours pas de réponse. Angoissé, il décide d'appeler la police de Lawrence qui envoie une patrouille sur les lieux. Après avoir obtenu un double des clefs auprès du propriétaire, les trois policiers et John Johnson découvrent Joanne Graff nue sur son lit.

Au contraire d'Evelyn Corbin et de Beverly Samans, elle a la jambe droite qui touche le sol. Son chemisier rose et blanc est remonté jusqu'au cou ; il est déchiré, il ne reste qu'un bouton. Son pied droit est encore chaussé. Ses lunettes reposent près de sa tête. Sa culotte est par terre et son soutien-gorge, arraché, se trouve sous le corps.

En comparaison des cas précédents, c'est à peine si l'appartement a été fouillé. Le compte rendu de l'autopsie mentionne « trois ligatures très serrées comprenant la jambe d'un justaucorps noir et deux bas nylon marron noués sur le côté droit du cou, chacun des nœuds étant différent. (...) Neuf contusions, lacérations et abrasions sur le torse et la poitrine. (...) Des déchirures ensanglantées autour et à l'intérieur du vagin (...) où l'on trouve un grand nombre de spermatozoïdes ». Pour la seconde fois, semble-t-il, après Patricia Bissette, l'assassin a eu un rapport « normal » se terminant par une éjaculation.

« SUIS-JE UN ÊTRE HUMAIN ? »

Si le décès de Joanne Graff ne soulève pas l'indignation du public, surtout en raison du traumatisme engendré par l'assassinat du Président Kennedy, il n'en est pas de même pour la dernière victime attribuée à l'Etrangleur de Boston.

Nous sommes le samedi 4 janvier 1964. Il est presque seize heures lorsqu'un inconnu frappe à la porte de Mary Sullivan, une secrétaire de dix-neuf ans qui a emménagé trois jours auparavant dans cet appartement du 44A Charles Street qu'elle partage avec plusieurs amies. L'immeuble est situé dans le quartier de Back Bay, non loin de celui d'Ida Irga, une des premières victimes.

« Elle porte un blue-jean coupé court et un chemisier jaune. Je n'ai aucun mal à la convaincre avec mon baratin habituel de travaux à effectuer.

— Vous êtes seule ?

— Oui. Mes amies travaillent. Cela ne fait que quelques jours que j'habite ici. J'ai pris un jour de congé pour ranger mes affaires.

« Je fais semblant de m'intéresser à l'appartement, tout en continuant à parler. Le désir monte en moi ; je sens que je vais bientôt exploser. J'essaye déjà d'imaginer à quoi ressemble son corps. Elle a gobé ce que je lui ai raconté. Elle n'éprouve pas le moindre soupçon. C'est une gentille fille et j'en ai presque honte tellement c'est facile. Nous arrivons dans la cuisine où elle commence à ranger des ustensiles, lorsque je lui montre mon couteau.

— Ne criez pas et je ne vous ferai aucun mal.

— Mais... pourquoi ?

— On va aller dans la chambre à coucher et je vais te faire l'amour.

— Je me demande vraiment ce qui cloche avec vous, me répond-elle en souriant.

« Elle ne paraît pas du tout perturbée par ce que je viens de lui dire. Sur les centaines de femmes mariées ou étudiantes que j'ai connues, c'est la première qui réagit ainsi. Et pourtant, je suis sûr que c'est une chouette fille. Mais il est déjà trop tard pour elle, je ne peux plus reculer, la pression est trop forte et j'ai l'impression que ma tête va exploser. Je la pousse en direction de la chambre.

— Je vais te déshabiller et t'attacher sur le lit.

— Pourquoi ? Il y a quelque chose qui ne va pas chez vous ou quoi ?

— Monte sur le lit. Et tais-toi, pas un cri ! Je vais t'attacher. De toute façon, tu ne peux rien y changer.

« Il y a deux lits dans la chambre à coucher et je la fais s'allonger sur celui le plus proche du salon. Elle ne veut pas qu'on l'attache et elle continue à me parler. C'est tout juste si je comprends ce qu'elle me dit, car je suis complètement sous l'emprise de la Chose. Elle répète plusieurs fois que ce n'est pas la peine que je l'attache. Pour moi, ça signifie que je peux lui faire tout ce que je veux, sans avoir à la forcer, mais il m'est impossible de revenir en arrière. L'appartement m'est familier comme tous les autres de cet immeuble, et même de Charles Street. Ces sept dernières années, j'y suis allé d'innombrables fois, puisque les locataires changent très souvent, et ce sont presque toujours des jeunes filles ou des étudiantes. Je connais tellement bien les lieux que j'ai un peu l'impression d'être chez moi.

« Je lui arrache ses vêtements. Il ne reste plus qu'une partie du soutien-gorge et un morceau de chemisier que je remonte au-dessus de ses seins. J'attache ses mains avec un foulard. C'est alors que je remarque qu'elle tient un petit couteau de cuisine à la main. Elle l'avait déjà pendant que nous discutions un peu plus tôt dans la cuisine, probablement pour préparer son dîner et celui de ses amies. Je crois que comme moi, elle avait oublié qu'elle le tenait encore. Elle aurait pu se défendre et me poignarder, mais elle cherche plutôt à me convaincre d'arrêter en parlant. Pendant ce temps, je lui attache les jambes au pied du lit.

— Vous ne me connaissez pas. Je suis de Hyannis et cela fait seulement trois jours que j'habite ici. Pourquoi voulez-vous faire ça à quelqu'un que vous ne connaissez même pas ? Si vous me détachez, je vous promets que je ne dirai rien à personne...

« Ses paroles me soûlent. J'en ai mal à la tête. Il faut qu'elle se taise, j'ai peur qu'elle se mette à crier au secours. Je la frappe à plusieurs reprises avec mon poing. Elle se débat maintenant mais ne perd pas connaissance. Elle continue à parler et elle prononce des mots qu'elle n'aurait pas dû dire, que je ne suis pas quelqu'un de bien, un homme dégoûtant... Je la frappe au visage, sur les seins et dans le ventre. Mais elle poursuit :

— Arrêtez... Vous n'avez pas besoin de me frapper... Je vous supplie de m'écouter... Ne faites pas ça... Je veux seulement discuter avec vous... Essayez de comprendre... Je cherche à vous faciliter les choses...

« Au fond de moi, je sais qu'elle a raison, je peux lui faire ce que je veux, elle ne m'opposera aucune résistance. Je ne comprends pas pourquoi, mais je suis en colère, très en colère après elle, au point de déchirer complètement le peu de vêtements qu'il lui reste. Je m'empare d'un sweater que je lui mets sur la tête. Je ne veux pas qu'elle me regarde ou qu'elle crie au secours. Mais ce n'est pas pour l'empêcher totalement de parler. A mon avis, cela aurait été injuste. C'est une brave fille qui cherche à me faire saisir ce qu'elle ressent. Elle veut y mettre du sien, mais je ne veux pas, je ne peux pas la laisser faire. C'est un sweater à grosses mailles et elle n'éprouve aucune difficulté à respirer. Elle m'indique qu'elle étouffe et qu'il fait chaud avec ce sweater sur le visage. Je ne prête aucune attention à ce qu'elle me dit. Elle est presque nue, avec les mains attachées devant elle.

« Je la baise à ce moment-là. Puis, je m'installe à califourchon sur elle pour lui immobiliser les bras et qu'elle ne puisse pas me griffer. Mes mains montent tout naturellement vers sa gorge et je l'étrangle. Elle me regarde à travers les mailles de son sweater. Je presse les pouces contre son cou. Elle tente de se redresser.

« A cet instant, je me souviens avoir pensé que c'était la dernière fois que je commettais un tel acte. Pourquoi ? Je l'ignore. C'est quelque chose que j'ai ressenti très fort. Ce n'est pas que je ne voulais pas, ou ne pouvais pas le faire, mais c'était quelque chose que je faisais, que je pouvais recommencer, mais que je ne désirais probablement plus jamais refaire... J'avoue que j'ai du mal à le comprendre moi-même ou à l'expliquer aux autres.

« Une fois qu'elle est morte, je retire le sweater pour la regarder. Elle a les yeux grands ouverts, avec une expression de surprise, de reproche même pour la façon dont je l'ai traitée. Elle tient toujours le petit couteau de cuisine entre ses doigts et je le lui enlève pour couper le foulard qui lui entrave les mains. Je la prends entre mes bras pour la déposer sur le lit jumeau. Je vais dans la salle de bains avec le foulard que je coupe en morceaux, avant de les jeter dans la cuvette des toilettes et tirer la chasse d'eau. Je retourne m'asseoir à côté d'elle. Je la soulève pour lui installer un coussin sous les fesses et l'adosser contre la tête du lit, si bien qu'on a l'impression qu'elle est assise. Je lui parle :

— Je ne sais pas pourquoi je fais ça, mais je ne peux pas m'en empêcher.

« Je réalise que j'ai commis un acte effroyable et que les gens seront choqués. Ils vont se demander si je suis réellement un être humain. Je suis ce que je suis.

« Ensuite, je me mets à fouiller l'appartement, à ouvrir des tiroirs et à en jeter le contenu par terre. Je retourne dans la salle de bains pour en faire de même avec les serviettes de toilette et le linge. Je ne sais pas ce que je cherche. Je vais dans le salon et je vide son sac à main sur le divan. Je renverse une table, des chaises, des coussins et bien d'autres choses encore. Je ne crois pas avoir emporté quoi que ce soit avec moi. Elle est assise sur le lit. Je m'approche pour lui nouer un bas autour du cou, deux nœuds très serrés. Je prends cette écharpe rose et j'en fais de même, en y ajoutant un truc rose et blanc, je crois que c'est un chemisier, avant de faire un gros nœud avec le tout.

« Dans la cuisine, je cherche un balai pour le ramener dans la chambre à coucher. Je reste debout à la regarder, le balai à la main, et je sens la colère monter en moi. Elle me met en fureur, rien qu'à la regarder, et j'ignore pourquoi. J'enfonce le manche à balai dans son vagin et, en continuant mes recherches dans l'appartement, je tombe sur une carte de vœux pour le Nouvel An. Je la dépose contre le pied droit. Elle indique : “Bonne et heureuse année”. Je ne sais pas pourquoi je fais ça.

« En partant de chez elle, je n'arrive même pas à y croire. On dirait un cauchemar. J'ai l'impression que c'est quelqu'un d'autre qui a fait tout ça. J'ignore pourquoi de telles idées me viennent à l'esprit. Peut-être est-ce la lecture de tous ces magazines policiers racontant des crimes réels pendant mes onze mois de prison pour ces histoires du "Mesureur" ? Lorsque je quitte Charles Street, il fait déjà nuit. Mais, d'une certaine manière, je sais qu'ici il s'est passé quelque chose de très important pour moi. Je ne pourrais pas dire exactement quoi. Ce n'est pas à quelqu'un comme moi de le deviner. C'est bien pour ça que je dis depuis longtemps que j'avais besoin d'aide.

« Pendant que je marche dans l'obscurité le long de Charles Street, j'ai comme l'impression qu'aucune femme ne verra plus jamais l'Etrangleur de Boston. Et je ne pourrais pas vous expliquer pour quelle raison, mais c'est comme ça... »

LE BUREAU DE L'ÉTRANGLEUR

Il est dix-huit heures trente lorsque les deux colocataires de Mary Sullivan rentrent ensemble de leur travail. L'une d'elles ouvre la porte de la chambre à coucher et, dans la pénombre, aperçoit la silhouette immobile de son amie qui est, semble-t-il, endormie sur un des lits. Les deux jeunes filles préparent tranquillement le dîner et, au bout de vingt minutes, se décident à réveiller Mary. Mais leurs appels demeurent sans réponse. Lorsqu'elles découvrent le corps en enclenchant le plafonnier, il leur est impossible de prévenir sur-le-champ la police, l'appartement ne possédant pas de ligne téléphonique. Elles se précipitent dans Charles Street pour crier au secours et attirer l'attention d'un agent en patrouille.

Deux des vétérans de l'enquête, les lieutenants Edward F. Sherry et John J. Donovan, sont parmi les premiers sur les lieux, et c'est le médecin légiste, le Dr Michael Luongo, qui se charge des premiers examens puis de l'autopsie :

« Le cadavre est placé en position assise à la tête du lit, appuyé contre le dosseret. Le corps, en état de rigidité cadavérique, est nu à l'exception du haut des épaules partiellement recouvertes par un chemisier et un soutien-gorge. Les seins sont dénudés. Les cuisses et les genoux sont fléchis et écartés. Le cou est incliné, le menton repose sur le haut de la poitrine et la tête est penchée vers la droite. La bouche contient des sécrétions mucoïdes et poisseuses (...) Un manche à balai est présent dans le vagin, le reste du manche et la brosse reposant à plat sur le lit. »

On ne trouve aucune trace de sperme dans le vagin ou l'anus ; en revanche, il paraît évident que l'assassin a éjaculé dans la bouche de sa victime. Encore une fois, le tueur fantôme n'a laissé aucune preuve ni indice de son passage : personne n'a rien vu, pas d'empreinte ni de trace de pas, aucun corps étranger utilisable, que ce soit fibres de vêtements, cheveux ou rognures d'ongles. La victime n'a pas pu se défendre en griffant ou en blessant son assaillant. Seul élément nouveau, la découverte d'un emballage aluminium servant à protéger les pellicules photo qui peut laisser à penser encore une fois que l'Etrangleur prend des clichés de certaines de ses victimes.

Tous les derniers crimes montrent que l'assassin ne se contente plus seulement de tuer à Boston, puisque son champ d'action s'est étendu à Lynn, Salem, Lawrence et Cambridge. Cela crée d'inévitables problèmes de communication entre les différents services de police des diverses localités, chacune ayant la mainmise sur l'enquête concernant la (ou les) victime(s) tuée(s) dans sa juridiction. Ainsi, Garrett Byrne, le district attorney du comté de Suffolk, qui dépend de Boston, attend depuis treize mois qu'on lui fasse parvenir un double du rapport d'autopsie d'une des victimes décédées en dehors de la ville, malgré des demandes réitérées à de nombreuses reprises.

Le préfet McNamara décide d'organiser une réunion au sommet, le 14 janvier 1964, mais celle-ci ne débouche sur aucun résultat concret. Lors de la conférence de presse qui s'ensuit, McNamara, qui répond aux questions, est l'objet de nombreuses critiques et sarcasmes de la part des journalistes. Cette initiative spectaculaire, destinée à redonner confiance aux Bostoniens, se retourne finalement contre son instigateur. La lecture des journaux du lendemain prouve l'ampleur du fiasco. Dans une interview, un policier, qui préfère garder l'anonymat, évoque cet échec :

« La seule chose que nous avons apprise lors de cette réunion est toute une série de nouveaux termes médicaux de la part des psychiatres et professeurs de l'Université de Boston. A mon avis, le but de cette rencontre était plutôt politique, afin de soulager la pression qui s'exerce à l'encontre de la police de Boston. J'aurais mieux fait de rester chez moi. Il est grand temps que le procureur général reprenne les rênes de cette enquête, puisque c'est son rôle de diriger tout ce qui concerne le maintien de l'ordre dans cet Etat. »

Un éditorialiste local va encore plus loin en dressant la liste des questions laissées sans réponse par McNamara :

« Pourquoi les détectives de chacune des cités incriminées ne se sont-ils jamais réunis pour échanger toutes leurs informations ?

« Pourquoi n'a-t-on jamais rassemblé toutes les informations sur chacun des crimes en un lieu unique et accessible à tous les différents départements de police ?

« Pourquoi certains des rapports médicaux n'étaient-ils pas en possession de la police de Boston en janvier 1963, soit sept mois après l'assassinat de la première victime ?

« Pourquoi n'a-t-on jamais fait circuler une liste de tous les suspects, qu'ils possèdent ou non un casier judiciaire, auprès des diverses juridictions concernées ?

« Pourquoi n'avoir jamais mis sur pied un corps d'élite comprenant des inspecteurs de chacune des juridictions afin de travailler ensemble jusqu'à la conclusion de l'enquête ?

« Pourquoi un certain détective a-t-il rejeté une femme qui téléphonait pour donner le nom d'un homme qu'elle pensait être l'Etrangleur ? Car s'il avait noté le nom et, au cas où l'information aurait circulé entre les différents départements de police, on se serait aperçu que cet homme figurait déjà parmi les suspects dans une autre ville.

« Pourquoi existe-t-il une telle controverse sur le nombre exact des Etrangleurs ? Un, deux, trois, ou plus encore ? »

Tout ce brouhaha médiatique trouve sa conclusion logique le 17 janvier 1964 par une réunion au sommet dans le bureau du procureur général Edward Brooke. Parmi les personnes présentes, le préfet McNamara, les chefs de la police de Salem, Lawrence, Lynn et Cambridge, les médecins légistes des trois comtés, les détectives Donovan et Tuney, le capitaine Michael Cullinane, patron du Bureau d'Investigation Criminelle, ainsi que d'autres officiels représentant le gouverneur et la mairie.

Le procureur Brooke leur annonce qu'il assume dès ce jour le commandement de toutes les investigations concernant les meurtres de l'Etrangleur, selon le chapitre XII des lois générales de l'Etat du Massachusetts. Pour McNamara, le désaveu est total. Afin de centraliser l'enquête, Brooke nomme le procureur général adjoint John S. Bottomly pour diriger le Bureau de l'Etrangleur et offre une récompense de dix mille dollars pour toute information permettant l'arrestation du criminel.

Bien que peu au fait des méthodes policières, John Bottomly, un homme de loi, est connu pour ses talents d'organisateur, sa diplomatie et son ouverture d'esprit. Il se met immédiatement au travail, sa première tâche consistant à collecter en un rapport unique de trente-sept mille cinq cents pages toutes les informations sur la série de crimes ; on y trouve aussi des fiches signalétiques sur près de deux mille trois cents suspects interrogés. Ce Bureau est complété par quatre enquêteurs : le lieutenant détective Andrew Tuney, chargé de diriger toutes les investigations policières, le détective Philip DiNatale de la police de Boston, l'officier Stephen Delaney de la police métropolitaine et James Mellon, présent sur l'enquête depuis le début.

Ainsi que le souligne le communiqué officiel du procureur Edward Brooke, « le procureur général adjoint Bottomly possède tous les pouvoirs nécessaires pour coordonner le travail des différents départements de police et pour engager l'aide de psychiatres, psychologues, criminologues, sociologues, experts médicaux, ou toute autre personne appropriée. Je garantis à mes concitoyens que les meilleurs cerveaux, non seulement du Massachusetts, mais de l'ensemble des Etats-Unis seront employés pour mettre un terme à cette série de crimes abominables ». John Bottomly ne tarde pas à mettre en pratique ces directives, n'hésitant pas à se servir de méthodes pour le moins peu orthodoxes dans des enquêtes policières traditionnelles.

Un comité médico-psychiatrique, placé sous l'égide du Dr Donald Kenefick, est chargé de dresser un profil psychologique du (ou des) Etrangleur(s). John Bottomly fait également appel à des agents spéciaux du F.B.I. pour le conseiller sur divers aspects de l'enquête. Toutefois, sa décision la plus controversée consiste à accepter l'aide du médium et voyant psychique d'origine néerlandaise, Peter Hurkos.

IX. PETER HURKOS : LE MÉDIUM A DES VISIONS

A de très nombreuses reprises, les auteurs de romans policiers ont été friands de détectives psychiques, que ce soit sir Arthur Conan Doyle (*Le Mystère de Cloomber*), par ailleurs fervent propagateur des idées spirites, Sax Rohmer avec son personnage de Morris Klaw,

William Irish (*Les Yeux de la nuit*), ou, plus près de nous, certaines œuvres de Dean Koontz (*Miroirs de sang*, *La Nuit des cafards*), de Stephen King (*Dead Zone*) et de Thomas Harris (*Dragon rouge*).

Le cinéma, lui aussi, fait la part belle à ce nouveau type d'enquêteurs dans des films tels que *The Clairvoyant* (1934) de Maurice Elvey, *The Amazing Mr X* (1948) de Bernard Vorhaus, *Le Charlatan* (1947) d'Edmund Goulding, *L'Etrangleur de Boston* (1968) de Richard Fleischer, *Psychic Killer* (1975) de Ray Danton ou *Le Sixième Sens* (1986) de Michael Mann, sans oublier plusieurs épisodes des investigations de Fox Mulder et Dana Scully dans *X-Files – Aux frontières du réel*.

Ces personnages fictifs se sont souvent inspirés de véritables voyants psychiques dont on retrouve la trace dans des affaires criminelles aussi célèbres que les meurtres en série de Wayne Williams à Atlanta, de John Wayne Gacy à Chicago ou de Charles Manson à Los Angeles. Dans un passé plus lointain, nous avons l'exemple de la « vision » de Robert Lees concernant Jack l'Eventreur.

Cependant, les voyants psychiques les plus célèbres en matière d'affaires criminelles proviennent tous d'un seul pays, les Pays-Bas, avec Marinus Dykshoorn, Cor Heilijgers, Jean Steers, Gerard Croiset et Peter Hurkos.

Né Peter Cornelis van der Hurk, en mai 1911, Hurkos incarne à merveille les ambiguïtés de ce type d'individus. Probablement doté de certains dons de voyance, il a aussi souvent été pris en flagrant délit de mensonges, ou s'est trompé dans ses prédictions. Son autobiographie, *Psychic*, contredit à plusieurs reprises les deux ouvrages de sa biographe attitrée, Norma Lee Browning. Au début des années 80, Piet Hœbens, un journaliste spécialisé dans l'occultisme, effectue des recherches très poussées sur la plupart des voyants néerlandais, dont Gerard Croiset et Peter Hurkos, afin de vérifier leurs assertions. Les deux hommes n'en sortent pas indemnes. En ce qui concerne Hurkos (un nom de résistance qu'il utilise pour éviter les représailles envers sa famille durant la Seconde Guerre mondiale), il travaille dans la marine marchande et sa vie se déroule sans le moindre éclat jusqu'en juillet 1941 où il chute d'une hauteur de dix mètres en repeignant un hangar. Au bout de quatre jours d'un coma profond dû à des blessures à la tête et aux épaules, il se réveille pour se rendre compte qu'il possède un don : il sait des choses au sujet des personnes par le simple fait de les toucher ou de poser la main sur des objets leur appartenant.

D'après Hurkos, un de ses voisins de chambre à l'hôpital se révèle être un agent secret britannique. Dans une vision, il voit cet homme se faire abattre dans la Kalverstraat, à Amsterdam, et il le prévient de sa destinée. Quelques jours plus tard, l'agent secret tombe sous les balles de la Gestapo. Quarante ans plus tard, le journaliste Piet Hœbens ne trouve aucune trace d'un tel assassinat perpétré en 1941 à Amsterdam ni dans toute autre ville néerlandaise.

Pendant le reste de la Seconde Guerre mondiale, Hurkos aurait accompli de nombreux actes héroïques sous les ordres d'un certain Goozens, le chef de sa section de résistants, dont personne n'a jamais pu prouver l'existence, que ce soit par des témoins de l'époque ou dans les documents d'archives de la Résistance néelandaise.

Dans son autobiographie, Hurkos indique qu'il a été envoyé au camp de Buchenwald à la suite d'un contrôle d'identité où il aurait montré de faux papiers. Mais dans les biographies officielles de Norma Lee Browning, on le retrouve interné dans le camp de Vught pour avoir « coupé du bois afin de garder au chaud sa famille ».

Il prétend parler couramment sept langues, dont le chinois, mais lors de l'affaire de l'Etrangleur de Boston, toutes les personnes qu'il approche sont frappées par la pauvreté de son anglais, alors même qu'il séjourne déjà aux Etats-Unis depuis de nombreuses années.

PETER HURKOS, DÉTECTIVE DE L'IMPOSSIBLE

Les premières enquêtes psychiques de Hurkos se déroulent en 1946. Dans la province du Limbourg, il identifie un assassin et indique à la police que l'arme du crime se trouve sur un toit, ce qui est effectivement le cas. Malheureusement pour le voyant, une investigation de Hœbens révèle que la police avait déjà arrêté le meurtrier *avant* la vision de Hurkos. Il a aussi menti concernant l'arme du crime : il a bien contacté les détectives locaux, mais pour leur dire que le revolver était dans un puits.

Quelques années plus tard, il propose ses services à Scotland Yard pour rechercher un des joyaux de la Couronne dérobé par des nationalistes écossais. Il donne de « nombreux indices utiles aux inspecteurs et leur indique que la pierre précieuse est à Glasgow ». Interrogé par la suite, Scotland Yard nie formellement toute intervention de Hurkos ou d'un quelconque autre voyant. De plus, la pierre est découverte dans une église en ruine, à Arbroath, fort loin de Glasgow.

L'affaire qui le rend célèbre aux Pays-Bas est l'arrestation d'un adolescent pyromane, le 17 août 1951. Malheureusement pour

Hurkos, les vérifications de Hœbens prouvent que le voyant intervient seulement le 18 août 1951, soit un jour *après* l'appréhension du suspect.

Durant les années 50, lors de différentes interviews ou conférences de presse, Hurkos affirme qu'Adolf Hitler est toujours vivant et se balade sur les routes d'Espagne déguisé en moine. Quelques jours après ces révélations, il reçoit la visite de deux anciens nazis qui le menacent de mort s'il parle de nouveau. Il prétend aussi avoir reçu une lettre du pape le remerciant d'avoir gardé secrètes les motivations qui se cachent derrière le meurtre d'un prêtre à Amsterdam – celui-ci aurait été marié et père d'un enfant – tout en identifiant le coupable. Là encore, les allégations de Hurkos tombent à plat puisqu'aucun prêtre n'a été assassiné à Amsterdam entre 1945 et 1970.

En 1958, Hurkos s'installe aux Etats-Unis. Il y cultive son image d'homme mystérieux aux déclarations énigmatiques tout autant que sibyllines (des mauvaises langues diraient que c'est dû à son anglais approximatif), à travers de nombreuses émissions de télévision et de radio. L'Amérique connaît à l'époque une grande vague de mysticisme, s'entichant de récits d'hypnotisme, de réincarnation ou se passionnant pour les O.V.N.I... Un téléfilm raconte la vie de Peter Hurkos avec Albert Salmi dans le rôle principal. Le tout-Hollywood s'arrache le voyant, et des acteurs tels que Frank Sinatra, Marlon Brando ou Glenn Ford le consultent fréquemment. Glenn Ford désire porter sa vie à l'écran, et il prend même une option sur l'autobiographie de Hurkos dont il rêve d'incarner le personnage.

En 1959, Hurkos est consulté sur une affaire de meurtres en série où il accuse formellement un suspect innocent. Ce n'est qu'après les aveux du véritable assassin, Melvin David Rees, un musicien de jazz, que l'erreur est réparée. Pendant les années qui suivent, le voyant évite avec soin de se mêler à des histoires criminelles, préférant se consacrer au show business. Ses dons de précognition semblent l'abandonner un temps, car il se trompe beaucoup. Il achète une concession minière où il croit que le « Hollandais volant » a enterré son or ; résultat : il est ruiné et sa femme le quitte au bras de l'ingénieur qui gérait son exploitation.

Lorsque Bottomly est chargé de prendre en main les rênes de l'enquête sur l'Etrangleur de Boston, Hurkos vit aux crochets de son ami, l'acteur Glenn Ford.

La proposition de faire venir le voyant à Boston émane d'un industriel de la région qui préfère conserver l'anonymat. Lui et ses amis paieront Hurkos et prendront en charge tous les frais de son séjour. Cette offre est accompagnée d'un livre, *The Door to the Future* (1961) de Jesse Stearn, où l'un des chapitres retrace la carrière de Hurkos. Après l'avoir lu, Bottomly décide de se renseigner auprès des deux chefs de police locale dont les noms figurent dans l'ouvrage. Tous deux expriment des avis très favorables sur l'aide apportée par le voyant.

Faire appel à un tel personnage pose évidemment quelques problèmes de crédibilité auprès des médias et de l'opinion publique, en cas d'échec flagrant. Cependant, Bottomly est rassuré par la caution morale des deux chefs de police : Hurkos n'est pas un charlatan, et il paraît sincère dans ses croyances. En outre, Bottomly voit plusieurs avantages à la venue de Hurkos : s'il possède réellement des dons, il pourra peut-être apporter certains éléments nouveaux à l'enquête qui est dans une impasse. Et si Hurkos échoue, sa venue ne coûtera rien aux habitants de Boston, et elle aura eu au moins le mérite de chatouiller la susceptibilité des policiers qui redoubleront d'efforts pour mettre la main sur l'assassin.

Au cours d'une conférence avec le préfet McNamara, Bottomly reçoit l'assurance de la coopération des services de police afin de faciliter les recherches du voyant, à la condition que ce dernier n'empiète pas sur leur propre enquête. Pour Hurkos, Bottomly demande – et obtient – un silence médiatique absolu, tant en ce qui concerne la presse que la radio et la télévision.

Accompagné par un garde du corps personnel, Hurkos débarque sous une fausse identité à l'aéroport de Providence, à plus de soixante kilomètres de Boston. Les deux hommes sont conduits par John Bottomly et le sergent Martin vers un motel discret de la banlieue de Boston. Alors que les quatre hommes conversent devant une tasse de café, Hurkos s'adresse brusquement à Martin et lui parle de manière très précise de sa mère et de son épouse, citant des détails que seul Martin est à même de connaître. Bottomly est impressionné car, jusqu'au dernier moment, il ignorait le nom du détective qui viendrait avec lui à l'aéroport. Mais le sergent Martin fait partie de l'équipe mise en place par Bottomly et Hurkos aurait pu au préalable se renseigner sur chacun des membres de son équipe. Puis, Bottomly indique à Hurkos qu'il lui assigne le bras droit du procureur général du Massachusetts, Julian Soshnick, pour l'aider dans ses recherches. Il s'apprête à le décrire afin que Hurkos soit en mesure de le reconnaître lorsque le voyant l'arrête d'un geste de la main :

— Ce n'est pas nécessaire. Un homme de taille moyenne, environ trente ans, avec des yeux noirs. Il marche avec les pieds pointés vers l'extérieur. Une démarche très particulière, si bien que les talons de ses chaussures sont toujours usés. Il ne porte jamais de chapeau parce que cela lui emmêle la chevelure.

Cette fois-ci, Bottomly est stupéfait, d'autant que Julian Soshnick ne fait pas partie de son équipe. Son nom n'est même jamais apparu au cours de l'enquête sur les différents crimes. Il l'a choisi parmi une vingtaine de candidats potentiels, et ce choix a été effectué alors que l'avion emmenant Peter Hurkos avait déjà décollé de Los Angeles !

UN SUSPECT EST IDENTIFIÉ

Le lendemain matin, Soshnick, accompagné par deux détectives, rend visite à l'homme au « cerveau radar ». Un sténographe et un magnétophone enregistrent les paroles de Hurkos. Sur le lit de la chambre, Soshnick dépose une quinzaine d'enveloppes identiques contenant près de trois cents clichés de toutes les scènes des crimes. Un carton renferme les écharpes, ceintures ou bas ayant servi à l'Etrangleur pour tuer ses victimes. Hurkos commence à entourer les enveloppes de ses doigts. Au-dessus de l'une d'elles il s'écrie brusquement :

— Vous voulez me tromper ! Celle-ci ne fait pas partie des autres !

Soshnick lui adresse un sourire embarrassé et lui explique qu'il désirait juste le tester. Une femme étranglée ne fait pas partie des victimes de Boston. Il ouvre les enveloppes une à une et sort les photos pour les décrire au fur et à mesure, sans les regarder. Toujours sans les voir, Hurkos adopte les différentes postures des victimes et les montre aux policiers. Puis, il s'empare d'un des bas et se met à décrire le profil mental de l'assassin :

— Un homme mince. D'environ un mètre soixante-dix, pesant entre soixante et soixante-cinq kilos. Un nez pointu. Une cicatrice sur le bras gauche, suite à un accident avec une machine. Je vois des images comme à la télévision... Elles partent et elles reviennent. Et quelque chose ne va pas avec son pouce qui est abîmé – un défaut de la peau, pas de sensations... Je vois un homme... il vient de l'hôpital, il descend dans une cave... une femme qui aime danser, elle est jeune, pas vieille... l'homme se sert d'un bâton, il l'enfonce dans le vagin, et se masturbe. Je ne suis pas certain qu'elle soit déjà morte. Je vois beaucoup de dégâts à l'intérieur. Peut-être est-elle évanouie à cause de l'étranglement ? Je ne suis pas sûr qu'elle soit morte...

« Je vois des traces de la masturbation, du sperme sur les draps, sur le corps. L'homme est comme sauvage... C'est un Blanc. Il aime les chaussures, il les adore. Pourquoi ? Je l'ignore. Peut-être se masturbe-t-il dans les chaussures... Quand il la tue, il faut qu'elle porte des chaussures. Mais il doit être propre pour Dieu. Dieu marche pieds nus, aussi il retire ses chaussures, avant de l'assassiner... Il se lave les mains dans les toilettes et ne prend jamais de bain. Il ne dort pas sur un lit, il se couche à même le sol ; une fois qu'il a tué, il dort comme Dieu, sur du fer, des aiguilles... Vite, donnez-moi un plan.

Soshnick lui tend un plan de Boston arraché d'un annuaire local et Hurkos entoure d'un trait de crayon une zone autour de Boston College et du séminaire de St. John's.

— L'homme a vécu ici. C'est un prêtre. Non, lui habillé comme un prêtre. Lui travailler dans hôpital. Non, non. Pas un prêtre, ni un docteur. Il s'habille comme un prêtre. Je le vois avec beaucoup de prêtres, dans un immeuble blanc avec de nombreuses petites fenêtres. Il parle comme une fille. L'anglais et le français. J'entends un accent français. Cet homme... il mange de la soupe. Le repas est gratuit. Il ne paye pas.

Le lendemain, Soshnick conduit Peter Hurkos à Boston pour y rencontrer John Bottomly et faire le point de l'affaire. Quelques jours avant l'arrivée du médium, les jésuites de Boston College avaient reçu une lettre dont le ton leur avait paru suffisamment étrange pour qu'ils la transmettent au Bureau de l'Etrangleur.

Ecole d'Infirmières de Boston College
Boston College
Chestnut Hill
Newton 67, Massachusetts
A l'attention de la directrice

« Chère Madame,

« J'ai un problème qui vous fera peut-être sourire (excusez-moi de vous écrire avec un crayon) mais je crois que vous pourrez m'aider.

« Depuis que j'ai obtenu mon diplôme, les années ont passé ; je me suis essayé à la vente pendant pas mal de temps, et je suis toujours dans cette branche ; je m'étais même juré de devenir un dessinateur de B.D., mais sans succès. J'espère essayer à nouveau et raconter une histoire pour les enfants, que les adultes apprécieraient également.

« Si je vous écris cette lettre, c'est pour vous dire que je suis un célibataire qui est à la recherche d'une bonne infirmière catholique qui aurait obtenu son diplôme en 1950; une étudiante ferait aussi l'affaire; il faudrait qu'elle travaille à Boston ou dans les environs.

« J'ai même eu l'idée d'écrire un article sur cette promotion, en effectuant le plus d'interviews possible, pour connaître leurs opinions et leurs expériences, à la fois sur le terrain et dans leur apprentissage ; puis, proposer cet article dans un journal professionnel.

« Pendant ces interviews, je pourrais rencontrer une infirmière qui m'aimerait autant que je l'apprécierais moi-même. Et si tel était le cas, nous pourrions démarrer une relation qui nous amènerait jusqu'à l'autel.

« Je pense qu'il doit y en avoir fort peu de disponibles, et je ne crois même pas qu'elles me trouveraient à leur goût. Bon, d'accord. S'il en existe, peut-être y a-t-il un meilleur moyen de faire connaissance que celui que j'ai suggéré.

« Je serais heureux de vous rencontrer à votre bureau pour en discuter, si vous le souhaitez ? Si tel est le cas, vous pouvez téléphoner au Dr Richard H. Wright, 1190 Beacon Street, Brookline ; cela fait des années qu'il me connaît.

Avec mes vœux les plus chers,
Sincèrement vôtre,
X »

Une vérification auprès du fichier des suspects indique la présence de « X » : quelques mois auparavant, un informateur anonyme l'a dénoncé comme étant peut-être l'Etrangleur. Aucune vérification n'a suivi. Bottomly ordonne une enquête immédiate et téléphone en personne au Dr Wright mentionné dans la lettre de « X ». Oui, il le connaît. C'est un homme de cinquante-sept ans présentant des antécédents psychiatriques. Le frère de « X » a tenté de le persuader de se faire interner volontairement pour suivre un traitement.

D'autres détectives apportent de nouveaux renseignements. « X » mesure un mètre soixante-dix pour cinquante-neuf kilos. Il a un nez pointu, une cicatrice sur le bras gauche, et le pouce de cette main est déformé. Il s'exprime d'une voix efféminée et l'un de ses métiers consistait à vendre des chaussures de femmes en porte-à-porte et, plus spécifiquement, des chaussures d'infirmières.

Les informations continuent à arriver, confirmant en tout point la vision de Peter Hurkos. « X » s'est brièvement inscrit au séminaire de St. John's, « un immeuble blanc avec de nombreuses petites fenêtres », dans le but d'y devenir trappiste, un ordre religieux français où les moines s'habillent « comme des prêtres » et « mangent de la soupe » et du pain.

Accompagné d'un détective, Hurkos rend visite à « X » qui habite dans une chambre d'un meublé du quartier de Back Bay. Le suspect entrouvre à peine la porte avant de la leur claquer au nez et de se barricader à l'intérieur. Mais Hurkos l'a aperçu et entendu parler d'une voix de fausset. Pour lui, il n'existe pas de doute :

— C'est lui. Cet homme est l'assassin !

Cette nuit-là, le garde du corps du médium conseille à Soshnick d'installer un magnétophone près du lit de Hurkos car il a souvent l'habitude de parler pendant son sommeil. Soshnick décide de veiller dans une chambre voisine du motel. Il est environ quatre heures du matin quand Hurkos se met à parler :

— Sophia morte... Sophia morte ! W-2-D-K-1. W-2-D-K-1... Sophia mortica... J'enlève les chaussures, je la déshabille. Je vais à l'église. Je n'ai rien fait de mal. Je me lave les mains dans les toilettes... Je vous dis que vous êtes dingue. Complètement cinglé !...

Suivent alors des mots en portugais.

Sophia doit se référer à Sophia Clark, la jeune femme noire assassinée le 5 décembre 1962. Et le père de la victime était portugais. Quant à W2DK1, cela ressemble à l'identification d'une station de radio. La seule qui s'en approche est W-2-D-K, une radio amateur située dans le New Jersey et appartenant à un cousin de Sophie Clark.

Le Bureau de l'Etrangleur se trouve dans une impasse : comment faire pour interroger « X » ? Ce n'est pas un suspect. Il n'existe aucune preuve le reliant aux crimes. La police ne peut donc pas l'arrêter. Brusquement, Soshnick se souvient d'une astuce légale de l'Etat du Massachusetts qui permet l'emprisonnement en hôpital psychiatrique pour une période de dix jours d'une personne soupçonnée de « dérangement ».

Armés des documents adéquats, Soshnick, Hurkos, un médecin et plusieurs officiers de police frappent à la porte de « X ». Celui-ci leur ouvre et les fait entrer chez lui, en déclarant :

— Je suis très content que vous soyez finalement venus.

Dans le désordre de sa chambre, les policiers découvrent un journal intime révélateur des tourments de « X » :

« IL FAUT TOUJOURS INSTANTANÉMENT FUIR LA TENTATION À TOUT PRIX ! (...) Un jour, près de Harvard, je regarde les jambes d'une femme. Lorsque je me promène dans la rue, je dois me forcer à ne pas me frotter aux femmes que je croise (...) Il faut que j'arrête de me masturber la nuit. J'ai essayé divers moyens, comme de dormir sur le plancher afin de contrôler mes actes impurs (...) Je suis en colère, fou de rage. Ces femmes dans les salles d'attente de docteurs qui exposent leurs jambes à loisir. Se promenant avec leurs jupes serrées et leurs parfums érotiques. »

Le silence d'hommes préoccupés par leur fouille est interrompu par le cri de triomphe de Peter Hurkos :

— Ce type, il a consigné ses crimes sur du papier. Ça y est ! J'ai trouvé !

Et il brandit un ouvrage sur le yoga qui se termine par plusieurs dizaines de pages d'illustrations de diverses poses. Les silhouettes féminines ont été complètement obscurcies par de l'encre de Chine. Hurkos épelle à voix haute le nombre de ces femmes ainsi défigurées :

— Un... deux (...) onze !

Une pour chaque victime de l'Etrangleur.

Dans un tiroir de la commode de « X », on découvre des croquis d'intérieurs d'appartements, avec des croix dessinées à divers endroits. Une chambre à coucher où le dossier du lit est marqué – Mary Sullivan, une des victimes, a été retrouvée ainsi adossée. Une salle de bains, avec la baignoire mise en évidence, comme dans le cas de Jane Sullivan découverte morte dans sa baignoire. Ou encore une croix indiquant un hall d'entrée comme pour la toute première victime, Anna Slesers.

Ailleurs, Soshnick brandit triomphalement des cravates et écharpes nouées ensemble. Tous ces indices semblent converger vers une culpabilité de « X ». Hurkos est rayonnant. La fouille terminée, le suspect est emmené à l'hôpital psychiatrique où il est interrogé deux jours de suite, à partir du 2 février 1964, par Soshnick, Hurkos et Bottomly, en présence d'un médecin de l'établissement. Ils lui montrent les photos des victimes dénudées mais la réaction de « X » est tout à fait normale. Il ne paraît pas particulièrement agité.

— Pourquoi avoir obscurci à l'encre de Chine ces onze dessins de femmes ?

— Je recouvre toujours les silhouettes de femmes. Quand je recopie des statues de nus dans les cours de dessin, je les habille de jupes ou de robes. Pourquoi onze ? Je n'en sais rien. C'est le hasard.

— Et ces « X » sur les croquis d'appartements ?

— Je rêvais de devenir un artiste commercial de B.D. C'était pendant les cours que je suivais. On nous disait de nous exercer à dresser des plans et on mettait des croix pour savoir qu'on devait les noircir d'encre par la suite.

— Et ces cravates et écharpes nouées dans le tiroir de la commode ?

— C'était pour me souvenir de les donner aux œuvres de Saint Vincent de Paul.

Toutes les réponses de « X » semblent logiques aux inspecteurs, même si le suspect se montre parfois incohérent et visiblement dérangé. Hurkos est désappointé.

— J'étais persuadé qu'il avouerait à la vue des photos des victimes. Mais cet homme est l'Etrangleur. J'en suis sûr. Mon travail est terminé.

Le 5 février 1964, Peter Hurkos quitte Boston pour New York dans la discrétion la plus totale. Le procureur général de l'Etat du Massachusetts, Brooke, annonce aux médias qu'ils sont à présent libres de parler de l'intervention du médium sur cette affaire. Au cours d'une conférence de presse, Brooke indique qu'un suspect identifié par Hurkos se trouve en observation pendant dix jours en hôpital psychiatrique, mais que l'homme n'a pas encore été inculpé pour les crimes de l'Etrangleur.

— S'agit-il d'un homosexuel ?

— Non, mais il a des antécédents liés à des problèmes sexuels et psychiatriques. Il est en observation. Il n'est pas sous mandat d'arrêt. A cet instant, je ne peux pas vous dire si nous sommes proches d'une solution (...) Hurkos nous a été utile de plusieurs manières. Il a suggéré des « comportements probables » du meurtrier au moment où celui-ci commettait ses actes. Il a ouvert de « nouvelles voies » à l'enquête. Toutes ces informations doivent être analysées et vérifiées. Je n'en dirai pas plus pour l'instant.

LA DÉSILLUSION

Le 8 février 1964, Hurkos est arrêté à trois heures du matin à son hôtel de New York par des agents du F.B.I. qui l'accusent de s'être fait passer pour l'un des leurs, le 10 décembre 1963, alors qu'il faisait le plein dans une station-service du Wisconsin. Le médium affirme pour sa défense que tout cela est faux, et que son anglais châtié est probablement la cause de cette méprise. Il est très vite relâché et lavé de tout soupçon, mais la presse nationale en fait sa une pendant plusieurs jours, plongeant Bottomly, Soshnick et le procureur général Brooke dans l'embarras le plus total.

Certains journaux de Boston avancent même l'hypothèse d'une

machination politique organisée par les démocrates contre le républicain noir Edward Brooke. Des éditorialistes se demandent pourquoi le F.B.I. a mis trois mois à retrouver Peter Hurkos, alors qu'il n'a fallu que deux heures à Brooke pour découvrir que le médium habitait chez son ami, l'acteur Glenn Ford ? De nombreux policiers avaient vu d'un mauvais œil la publicité octroyée à Hurkos. Le préfet de police McNamara, que Brooke a remplacé à la tête de l'enquête sur les crimes, a passé seize ans en tant que membre du F.B.I. Cette hypothèse pourrait être confirmée par un bref communiqué de presse issu du bureau de McNamara à la suite de l'intervention de Hurkos : « Le préfet de police McNamara et le Boston Police Department ne sont pas responsables de la venue de M. Hurkos à Boston. Un autre département est responsable. »

Pour ajouter encore au brouhaha ambiant, diverses associations de droit civil affirment avec véhémence que les droits à la défense de « X » ont été totalement bafoués dans cette affaire et que Soshnick et Bottomly se sont comportés comme des dictateurs, au mépris des lois les plus élémentaires. Cette venue de Hurkos reste longtemps un point sensible pour Bottomly, ainsi qu'il l'explique quelques mois plus tard, en août 1964 :

« Lorsque j'ai accepté les services de Mr Hurkos, je ne m'attendais pas à ce qu'il nous présente l'assassin sur un plateau. Je souhaitais qu'il stimule quelques idées que nous aurions pu négliger par le passé, à cause de la masse d'informations que nous avions accumulée. Dans ce contexte, Mr Hurkos ne nous a nullement déçus. Cependant, l'étendue de sa contribution reste encore vague. Examiner les idées qu'il nous proposait va dans le sens de l'intérêt public. Je ne voulais négliger aucune piste possible, même la plus incroyable. Si je n'avais pas prêté attention à ses suggestions parce qu'il utilise des méthodes peu orthodoxes ou parce qu'il est trop connu ou détesté par certains, on aurait pu dire que je n'avais pas fait mon devoir de citoyen respectueux des lois. »

Dix jours après sa période d'observation en hôpital psychiatrique, « X » est relâché et lavé de tout soupçon concernant les crimes de l'Etrangleur, à la fois par les médecins et les détectives de l'équipe de Bottomly. Il n'est pas considéré comme dangereux pour la société.

Après l'échec de sa « vision » à Boston, Hurkos évite les affaires criminelles mais accepte malgré tout de se rendre le 22 juillet 1969 à Ann Arbor, dans le Michigan, pour aider les autorités locales sur une série de six crimes sexuels dont sont victimes des étudiantes. Il décrit l'assassin comme une personne âgée de vingt-cinq ou vingt-six ans, au visage de bébé, qui mesure un mètre soixante-dix pour soixante-dix kilos, aux cheveux blonds. Ce serait un étudiant qui suit les cours du soir et travaille de jour comme vendeur. En privé, il aime s'habiller en femme, c'est un drogué qui a déjà été arrêté par la police alors qu'il conduisait une voiture ou une moto. Deux jours plus tard, Hurkos ajoute que l'homme est un étranger et appartient très certainement à une secte satanique.

Le 1er août 1969, le meurtrier est arrêté. John Norman Collins a vingt-deux ans, il mesure un mètre quatre-vingts et il a les cheveux noirs. Il n'est ni étudiant ni vendeur et n'a jamais connu d'expériences homosexuelles (bien au contraire, ses amis le décrivent comme une véritable « bête de sexe »). Il est on ne peut plus américain et n'a jamais été membre d'une secte satanique.

Après d'autres échecs dans une affaire de kidnapping et dans celle des crimes de Charles Manson en 1969, Hurkos se consacre uniquement à des conférences et à des consultations privées. Il décède le 1er juin 1988, à l'âge de soixante-dix-sept ans. Avec lui disparaît le plus médiatique – mais certainement pas le plus « efficace » – des détectives psychiques.

X. LE PROFIL PSYCHOLOGIQUE

« Tuer quelqu'un n'est pas chose facile, affirme John Douglas, patron du Département d'analyse criminelle du F.B.I. C'est une interaction entre deux personnes : l'assassin et sa victime. Vous avez besoin de savoir ce que la victime a pu faire. Et ce n'est pas quelque chose que l'on trouve dans un manuel. Plus le tueur agira sur les lieux du crime, plus il nous sera facile d'en définir un profil psychologique. »

La douzaine d'agents qui composent cette unité d'élite du F.B.I., dont les bureaux sont situés au sous-sol de l'Académie de Quantico dans un ancien abri antiatomique, sont tous des vétérans d'investigations criminelles. On les voit notamment à l'œuvre dans *Le Silence des agneaux* à travers les acteurs Jodi Foster et Scott Glenn, dont le personnage est directement inspiré de John Douglas. Mais leur travail ne se limite pas uniquement à dresser des profils psychologiques de serial killers car les agents du F.B.I. s'intéressent aussi aux pyromanes récidivistes, aux violeurs en série, à des cas de kidnapping et de chantage ou de prises d'otages pour conseiller les équipes sur le terrain sur la meilleure attitude à adopter en étudiant minutieusement les conversations téléphoniques avec les criminels. Ils ont ainsi développé un logiciel basé sur le vocabulaire employé par les kidnappeurs, maîtres chanteurs ou preneurs d'otages, afin d'en établir un portrait-robot psychologique.

Quatre ou cinq de ces agents se réunissent chaque jour pour étudier quelques-uns des mille cas qui leur sont soumis annuellement. De manière curieuse, ils rejoignent dans l'esprit la création de détectives fictifs, tels que Sherlock Holmes ou Nero Wolfe, puisqu'ils étudient à distance les rapports, plans, photos et vidéos des crimes. Afin de parfaire et d'affiner cette étude psychologique, le F.B.I. mit sur pied dès 1979 un programme d'interviews systématiques des criminels emprisonnés pour mieux comprendre leurs fantasmes, mode de pensée, motivations, approche des victimes et leurs faits et gestes avant, pendant et après le forfait.

« Certaines de nos déductions paraissent relever de la devinette quand elles sont issues d'années d'expérience et de paramètres statistiques établis par l'interview systématique de criminels violents, explique John Douglas. Ainsi, si le visage d'une victime est rendu méconnaissable par des coups ou toute autre mutilation, cela indique, dans plus de 80 % des cas, une connaissancc préalable entre l'assassin et la victime. Autre exemple, lorsque les lieux d'un crime sanglant comportent un élément d'une très grande netteté, tel qu'une baignoire nettoyée avec soin de toute tache de sang, cela implique très probablement que le meurtrier a été libéré depuis moins de six mois d'un établissement psychiatrique.

« Etablir le profil psychologique d'un individu n'est pas une fin en soi puisque cela ne permet pas d'identifier le criminel, mais lorsque ce portrait-robot d'un nouveau genre est correctement analysé, il permet d'indiquer le type de personne le plus à même d'avoir commis un crime comportant certaines caractéristiques définies. »

Le profil psychologique n'est pas une science exacte. Un détective doit garder à l'esprit qu'un suspect qui colle au profil n'est pas forcément le coupable. Cette méthode ne remplacera jamais une enquête bien menée : toutes les pistes sérieuses doivent être épuisées avant de faire appel à une telle technique qui ne s'applique que sur les lieux d'un forfait reflétant la présence d'une psychopathologie à l'œuvre.

Plus les analystes du F.B.I. comprendront le mode de pensée des criminels, plus ils seront à même de les capturer. Le profil psychologique, qui demeure un art déductif et intuitif, basé sur des probabilités statistiques, se développe petit à petit pour devenir une science et un instrument déterminants dans la lutte contre le crime.

UN OU DEUX ÉTRANGLEURS ?

Le 9 février 1964, lorsque John S. Bottomly contacte le Dr James Brussel pour lui demander de participer au comité médico-psychiatrique du Bureau de l'Etrangleur, le psychiatre new-yorkais n'a plus travaillé sur une affaire criminelle depuis un an. Agé de cinquante-neuf ans au moment des faits, le Dr Brussel est un grand amateur de sir Arthur Conan Doyle et de son détective fictif, Sherlock Holmes, avec lequel il partage de nombreux attributs. Il est l'auteur d'un roman policier à suspense, *Just Murder, Darling* (1959), et de plusieurs ouvrages sur la médecine et la psychiatrie. Engagé dans la Seconde Guerre mondiale et le conflit coréen, le Dr Brussel termine ses neuf années de service avec le grade de lieutenant-colonel. Il travaille par la suite comme consultant auprès du F.B.I. et de la police new-yorkaise.

Le comité médico-psychiatrique se réunit pour la première fois le 10 avril 1964, dans des locaux de l'Université de Boston. Cela fait maintenant près de quatre mois que John Bottomly a repris en main les rênes de l'enquête afin de coordonner au mieux les investigations des différents services de police, des psychiatres et des criminologues. Son Bureau de l'Etrangleur a rassemblé toutes les pièces éparses concernant chacun des meurtres et ce rapport monstrueux comprend près de trente-sept mille cinq cents pages dactylographiées ! Parallèlement, des fiches ont été établies sur deux mille trois cents suspects ou témoins questionnés.

Cette première conférence rassemble une douzaine de personnes et le comité est dirigé par le Dr Kenefick de l'Institut de recherche médico-légale de Boston. Parmi les autres membres, le Dr Luongo, médecin légiste du comté de Suffolk, deux psychiatres du privé, les Drs Rinkel et Alexander, une graphologue, le Dr McBay du laboratoire de la police du Massachusetts, ainsi qu'un sociologue et plusieurs policiers qui manifestent ouvertement leur hostilité face à l'intrusion de ces « amateurs ».

John Bottomly résume les faits, montre les photos des différentes victimes et fait le point de l'enquête qui en est au point mort. Il annonce une deuxième réunion pour le 29 avril, en demandant à chacun des participants de réfléchir à la question primordiale qui se pose aux enquêteurs : y a-t-il un ou deux Etrangleurs ? Sur onze victimes reconnues à l'époque, les cinq premières sont des personnes âgées, suivies d'une série de six jeunes femmes. Les similitudes et les différences entre les deux groupes de victimes semblent d'égale importance. Certaines ont exercé une profession médicale ou se sont trouvées en proche contact avec ce milieu. D'autres sont mélomanes ou jouent d'un instrument. La médecine ou la musique ? Mais ces caractéristiques communes, bien qu'intéressantes, ne donnent lieu à aucune piste concrète. La plupart de ces femmes vivaient dans des appartements à loyers modérés, soit seules ou en compagnie d'autres femmes. Aucun des logements n'a fait l'objet d'une effraction : est-ce à dire que l'Etrangleur (ou les Etrangleurs) connaissai(en)t les victimes ? Vu le caractère modeste des quartiers où elles demeuraient, il est évident qu'elles ne possédaient pas d'objets de valeur, et pourtant la plupart des appartements ont été soumis à une fouille intensive. Les cinq premières femmes âgées n'ont pas été violées, au contraire des six jeunes femmes suivantes.

LES DEUX ÉTRANGLEURS

Ce 29 avril 1964, tous les participants du comité sauf un optent pour la thèse des deux Etrangleurs : « Il est important de noter la présence de sperme sur des parties très différentes du corps des victimes. Dans certains cas, c'est le vagin ; pour d'autres, autour du vagin, sur les seins ou par terre. Une autre fois, l'assassin a éjaculé dans la bouche. Ces pulsions sexuelles sont très divergentes et nous avons donc affaire à des hommes différents. »

Seul le Dr Brussel n'est pas de cet avis, mais il le sent encore de manière intuitive, sans avoir d'argument de nature à étayer son opinion. Pour le moment, il se contente de laisser parler les autres, en particulier le Dr Kenefick qui tente de dresser un profil psychologique des Etrangleurs :

« Aucun doute n'est possible : seule une certaine catégorie de personnes a pu commettre ces assassinats. Mais cela ne veut absolument pas dire qu'un seul homme est responsable de tous les crimes. Boston a son lot de sadiques sexuels. Ce type de meurtrier présente une apparence extérieure de compassion et de gentillesse mais, en son for intérieur, il est plein de rage à l'encontre d'une personne importante des premières années de sa vie. Il est obsédé par des fantasmes sadiques. Sa personnalité est d'ordinaire incolore, il est gentil, plaisant, engageant, très adolescent dans sa tête. Il présente de nombreuses similarités avec les escrocs professionnels, certains homosexuels et beaucoup d'hommes normaux des classes moyennes et défavorisées. Je serais prêt à parier qu'il est d'habitude plus ou moins impuissant. Mais la structure complexe de sa personnalité est vulnérable face à des stress spécifiques. Lesquels ? Le plus important serait, j'imagine, la perte de sa mère bien-aimée. Ou tout événement qui contribue à son humiliation ou qui l'atteigne dans sa virilité. Un mariage tardif avec une femme qui pensait le voir fonctionner en tant qu'adulte, bien qu'il épouse en toute probabilité une seconde mère. La perte d'un emploi ou, pis encore, une dégradation de son statut professionnel. Il pourrait s'agir d'un accroissement de ses responsabilités. En conséquence, il s'adonne à la boisson pour affronter les premières difficultés de son travail, ce qui augmente encore plus son problème mental. Quoi qu'il puisse arriver, le trauma se focalise en dépression, de laquelle il émerge de manière explosive et temporaire par un meurtre.

« Comment définir la mère d'un tel homme ? Une femme douce, ordonnée, méticuleuse jusqu'à l'obsession, séduisante, prompte à punir son fils et exerçant une domination absolue. Elle peut très bien se promener à moitié nue chez elle, tout en châtiant sévèrement son enfant pour toute curiosité sexuelle. Et son père ? Il brille par son absence. De toute façon, aucun mâle ne serait à la hauteur d'une telle femme. Une fois qu'il aurait accompli ses fonctions biologiques, la mère s'en débarrasserait. J'imagine l'(ou les) Etrangleur(s) comme étant fils unique, ou ayant tout au plus une sœur aînée. Ils vivent peut-être avec une tante ou leur grand-mère. L'homme a certainement des fantasmes masturbatoires où il imagine des femmes séduisantes être humiliées, battues et torturées. Pendant son adolescence, il a sans doute concrétisé ces fantasmes sur des animaux ou de jeunes enfants. On peut penser que la fouille des appartements des victimes est destinée à trouver un objet propre à assouvir ses désirs fétichistes.

« Il est fort possible que l'Etrangleur des cinq femmes âgées ait pu se suicider, plutôt qu'être capturé pour un autre délit. Les Etrangleurs ont au moins trente ans, et peut-être même beaucoup plus. Je vois un homme très soigné de sa personne, ordonné, ponctuel, qui ne boit pas. Il travaille de ses mains. C'est un célibataire, ou bien il est séparé ou divorcé. Il n'a pas d'ami proche et ne se confie à personne, même à son épouse, s'il est encore marié.

« Ces dix dernières années, un événement – sa femme qui le quitte ? la mort de sa mère ? – l'a ébranlé si profondément que son travail a dû s'en ressentir. Face à une telle crise, trois solutions s'offrent à un homme comme lui : une activité professionnelle qui s'intensifie, une dépression accrue et un suicide éventuel ou une « justification » de son existence. Jusqu'à présent, il s'est vengé de ses faiblesses sur des animaux domestiques. A présent, il ne voit pas pourquoi il ne sacrifierait pas pour son plaisir quelques vieilles femmes inutiles ? Après tout, il a toujours été un fils dévoué, faisant preuve de gentillesse envers les enfants et les animaux, et maintenant qu'il vieillit, il se dit qu'il a bien le droit à quelque plaisir.

« Un homme qui étrangle porte certainement un grand intérêt psychologique à ses mains. Pour le moins, il doit être fier d'elles. Très probablement un de ses hobbies consiste en un travail manuel.

« Ses origines ? A mon avis, je dirais qu'il est européen du Nord à cause de l'étrange pudibonderie avec laquelle il déshabille les femmes, de la nationalité de celles-ci et du lieu des crimes. La strangulation indique plutôt un Européen du Sud, mais la seule tranche de population importante de Boston qui corresponde à ce type est la colonie italienne, et on ne trouve aucun nom italien parmi les victimes. Toutes ces femmes sont blanches, ce qui implique de nouveau une connotation nord-européenne. »

Sur ce point précis, le Dr Kenefick oublie que Sophie Clark est une jeune femme de race noire. D'autres participants à la réunion prennent la parole, et tous optent pour la thèse des deux Etrangleurs, voire d'un troisième assassin. Quelques-uns l'imaginent comme étant très corpulent.

LA THÈSE DU DR BRUSSEL

Finalement, c'est au tour du Dr Brussel d'énoncer ses arguments. Sa déclaration fait l'effet d'une bombe :

« Je pense que nous avons affaire à un seul Etrangleur. Les différences dans le mode opératoire résultent de changements survenus dans la personnalité de cet homme. Durant cette période de deux ans, il a grandi psychosexuellement, passant de l'enfance à la puberté pour devenir un adulte. Mais cela s'est produit de la manière la plus horrible qui soit. Examinons les traces de sperme et l'évolution des violences sexuelles. Les cinq premières victimes, les femmes âgées, n'ont pas de sperme dans le vagin. Elles ont été manipulées avec un objet ou manuellement. Un petit garçon ne sait pas faire l'amour avec une femme : il n'y aurait pas de pénétration. Et l'Etrangleur a agi comme un enfant. A ses yeux, ces femmes représentent sa mère. Il est furieux contre elle, et il désire la punir pour quelque chose qu'elle avait ou n'avait pas fait. Peut-être lui refusait-elle son amour ? Pris d'une colère aveugle, il commet une parodie infantile de l'acte sexuel adulte.

« Lorsqu'il fouille l'appartement de ses victimes, ce n'est pas pour y dérober un quelconque objet de valeur, et il se peut fort bien qu'il ignore lui-même ce qu'il cherchait. Peut-être ne s'agit-il même pas de quelque chose de matériel. Cette fouille s'apparente alors à celle à laquelle il soumet les corps de ses victimes : un vague désir, mais très puissant, une quête d'une connaissance intime, l'envie de partager des secrets avec sa mère adorée.

« Tout garçon normal finit par évacuer l'obsession qu'il éprouve pour sa mère. Il transfère ses désirs sexuels vers des filles de son âge. Cela s'effectue petit à petit, au fil des ans, pendant la puberté. Je suis convaincu que l'Etrangleur a réalisé ce cheminement en l'espace de quelques mois. Au stade suivant, il est dans un état ressemblant à la puberté. Il tente de faire l'amour avec ses nouvelles victimes. Mais ces tentatives sont maladroites et révèlent son immaturité. A ce moment-là, les victimes sont toutes déjà mortes ou pour le moins inconscientes. Sa pénétration du vagin n'est pas complète pour les deux ou trois premières jeunes femmes. Il les aime et les hait en même temps. Il les désire et les veut mortes. Cette ambiguïté est typique de la schizophrénie. Il expose les cadavres dans des poses grotesques, en les maquillant hideusement afin de démontrer sa haine et son mépris.

« La première des jeunes victimes est simplement étranglée, et elle a du sperme dans le vagin. Les suivantes arborent des traces de morsures, et du sperme est non seulement retrouvé dans le vagin mais aussi sur les seins. L'homme a fourré des sous-vêtements dans la bouche des troisième, quatrième et cinquième victimes : ce n'est pas pour les réduire au silence, car elles étaient déjà, à coup sûr, mortes ou inconscientes, mais pour les humilier davantage. Pour Mary Sullivan, ce fut bien pire. Le sperme est dans sa bouche. De manière symbolique, l'Etrangleur affirme : "Je vous jette mon sexe au visage." Et, au lieu du pénis, il a violemment introduit le manche d'un balai.

« Comment expliquer l'absence de lutte et les expressions sereines des victimes ? Soit il les connaissait déjà – chez des disquaires ou dans des hôpitaux ? – ou, plus probablement, il frappe à leur porte sous un prétexte plausible : pour un sondage ou une vérification de la plomberie. Peut-être ignore-t-il même qu'il va les tuer.

« J'imagine très bien la scène : la femme l'invite à entrer et referme la porte de son appartement. Puis, elle se retourne pour lui montrer le chemin. *Elle lui tourne le dos.* Cela est le symbole du rejet qui l'a troublé toute sa vie. Une rage folle s'empare de lui. Il saisit la victime à la gorge en comprimant fortement les veines jugulaires et la carotide, ce qui entraîne un évanouissement quasi immédiat. Il n'y a pas de lutte.

« Qui est-il ? Un schizophrène du type paranoïde. Cet homme est athlétique puisqu'il étrangle ses victimes en l'espace de quelques secondes. Je situe son âge vers les trente ans, à cause de son état paranoïde. Je ne pense pas qu'il soit plus âgé, étant donné que sa puissance musculaire et ses pulsions sexuelles ne seraient pas aussi fortes. Il *pourrait* avoir quarante ou cinquante ans, mais c'est peu probable. C'est, avec certitude, un "homme moyen", dans toute l'acception du terme. Sa taille est moyenne, sinon les témoins auraient remarqué un géant ou un nain. Mais les gens ne font pas attention à lui : c'est un homme invisible. Il se fond dans son environnement. Comme il ne laisse jamais d'empreintes ni tout autre indice, on peut imaginer quelqu'un de propre et de net dans son apparence extérieure : il est rasé de près, les ongles nettoyés, portant des vêtements discrets. Ses cheveux sont toujours bien coiffés. J'ai même l'intuition qu'ils sont plus que simplement coiffés. Cet homme est obsédé par ses relations avec le sexe opposé : il veut que les femmes soient attirées par lui. Sa chevelure ferait probablement envie à n'importe quelle femme. Je ne pense pas qu'il soit marié. Et je ne crois pas qu'il se fera prendre à la suite d'une enquête traditionnelle. A mon avis, Mary Sullivan a été sa dernière victime. D'une certaine manière, il s'est "guéri" de ses difficultés sexuelles les plus évidentes mais pas de ses autres problèmes émotionnels. A partir de maintenant, il trouvera une satisfaction sexuelle avec des femmes conscientes, de façon plus ou moins normale. Et il paraît possible que cet homme raconte volontiers son histoire. Même s'il n'en parle qu'à une seule personne, il éprouvera le besoin de parler de son "succès". C'est un homme qui a été désespérément troublé par ses problèmes sexuels et, maintenant qu'il les a surmontés, il se peut qu'il ait envie de le dire à d'autres personnes. »

Après un long moment de silence et quelques toux embarrassées, le Dr Kenefick et tous les autres participants émettent les plus grandes réserves sur les déductions du Dr Brussel. Lorsqu'ils se séparent, il est le seul à croire à l'existence d'un unique Etrangleur.

Plus d'un an après, les faits vont prouver la justesse des théories du Dr Brussel. Il ne s'est trompé que sur un détail mineur : l'Etrangleur de Boston était un homme marié.

XI. L'HOMME VERT

Mars 1964. Près de deux mois se sont écoulés depuis le meurtre de Mary Sullivan et l'Etrangleur de Boston commence à quitter la une des journaux, y compris des quotidiens locaux. Après l'échec de Peter Hurkos, le comité médico-psychiatrique continue ses réunions, tandis que le Bureau de l'Etrangleur poursuit ses interrogatoires de suspects, principalement des hommes déjà condamnés pour des crimes sexuels de toute nature. En l'absence de nouveaux meurtres, un calme apparent s'instaure, mais les enquêteurs restent sur le qui-vive car l'assassin a déjà eu plusieurs longues périodes de répit entre ses forfaits.

Pendant ce temps-là, un nombre croissant de femmes se font agresser et violer dans le Massachusetts, et même dans les Etats voisins du Connecticut, New Hampshire et Rhode Island.

En moins de huit mois, vingt-cinq plaintes sont officiellement déposées mais, selon ses dires, l'Homme Vert aurait commis plus de trois cents attaques entre mars et fin octobre 1964. Son surnom lui vient de ses vêtements de travail puisque l'inconnu se présente comme un ouvrier chargé d'effectuer diverses réparations – peinture, robinets qui fuient, plomberie défaillante ou fissures à plâtrer. Toujours impeccable, d'une exquise politesse, soigneusement coiffé et rasé de près, l'Homme Vert s'excuse souvent de ses actes auprès de ses victimes avant de les quitter ; en de rares occasions, il s'en va même sans les toucher. Parfois, il pénètre par effraction dans les appartements ou les maisons.

A Taunton, c'est une femme de quarante ans qui est ligotée avec son propre pyjama et bâillonnée avant d'être violée. L'homme lui vole sept dollars dans son portefeuille. Puis, à Providence, le violeur s'attaque à une victime de soixante ans et l'oblige à lui faire une fellation. En partant, il s'empare de soixante-dix-huit dollars. Le 3 mai 1964, une vieille dame de quatre-vingts ans est victime d'attouchements aux seins à son domicile de Wakefield, mais ses cris obligent l'homme à s'enfuir.

Le 6 mai, entre neuf heures et quatorze heures trente, quatre femmes sont agressées successivement, à Hamden, Hartford, New Haven et Meriden. L'une d'entre elles est bâillonnée avec un bas nylon, et deux autres attachées avec leurs bas, soutien-gorge ou combinaison, d'autres non ; le viol s'accompagne la plupart du temps d'une fellation et d'un vol, mais il n'y a pas de règle établie. Reste que toutes les femmes doivent s'exécuter sous la menace d'un couteau.

ARRESTATION DE DESALVO

En ce matin du 27 octobre 1964, Z a tout pour être heureuse. Etudiante à l'Université de Boston, mariée depuis quelques mois et âgée de vingt ans, elle se prépare à une grasse matinée après le départ de son époux, professeur à l'Université de Tufts. Elle se rendort rapidement dans son appartement de Harvard Square, à Cambridge. Mais au bout de quelques minutes, elle se réveille en sentant la présence de quelqu'un dans la chambre. Lorsqu'elle ouvre les yeux, un homme tout habillé de vert se tient sur le seuil. Il porte d'énormes lunettes de soleil, également de couleur verte.

— Qui êtes-vous ? Que voulez-vous ?

— Ne vous inquiétez pas, dit-il en s'approchant du lit.

— Que faites-vous ici ? Que voulez-vous ?

— Je suis un détective. Je vous ai dit de ne pas vous inquiéter.

— Restez où vous êtes ! Et quittez immédiatement cette chambre !

Z se redresse en serrant les draps autour de sa poitrine et parvient à pousser un cri lorsque l'inconnu lui emprisonne les bras. Sa force est énorme et il l'oblige à s'allonger à nouveau. Il presse un couteau contre la gorge de la jeune femme.

— Pas un bruit, sinon je serais obligé de te tuer. Fais ce que je te dis et tout ira bien. Je vais te faire l'amour et tu verras que ça va te plaire.

— Non, je vous en prie ! Ne faites pas ça ! Ecoutez-moi un instant. Je suis une femme mariée. Et vous l'êtes peut-être aussi ? C'est mal d'agir ainsi. Si vous aimez quelqu'un, c'est différent, que l'on soit marié ou pas... Je suis sûre que vous me comprenez.

— Vous êtes toutes les mêmes, avec votre éducation. Vous avez réponse à tout. Vous croyez tout savoir. Comme si les autres qui n'ont pas pu aller dans les écoles n'y connaissaient rien. Maintenant, tu vas faire ce que je te dis. C'est compris ? Sinon, je te tranche la gorge.

D'un geste brusque, il arrache les draps avant de déchirer la chemise de nuit de sa victime. Apercevant la petite culotte de la jeune femme, posée sur une chaise, il s'en empare pour la lui enfoncer dans la bouche. Puis, il prend des pyjamas appartenant à son mari et l'oblige à écarter les jambes pour les attacher au pied du lit. Les bras sont ligotés au dossier. La jeune femme est totalement impuissante, tandis que l'homme retire ses vêtements et ses lunettes. Il paraît tout à fait à l'aise et maîtrise la situation, comme s'il avait l'habitude d'agir ainsi. Il se met à l'embrasser de la tête aux pieds, tout en murmurant :

— Pourquoi me regardes-tu ?... Ne me regarde pas...

Z cherche à mémoriser les moindres traits du visage de son agresseur. Il jouit entre ses seins et éjacule à plusieurs reprises, mais il ne la viole pas. Au bout d'une heure, il se rhabille, retire le bâillon et défait quelque peu les liens de la jeune femme.

— Tu pourras les retirer au bout de quelques minutes. Je m'excuse. Je suis vraiment désolé.

Z ne perd pas son sang-froid. Une fois libérée, elle téléphone tout de suite au commissariat. On lui demande de se rendre au quartier général de la police d'Etat afin de lui montrer le fichier central des hommes condamnés pour viol et autres délits sexuels. Elle ne reconnaît personne. Mais, avec l'aide d'un policier spécialisé en la matière, elle dresse un portrait-robot très ressemblant de l'Homme Vert. Plusieurs dizaines de photos sont tirées avant d'être diffusées auprès des différents services de police de l'Etat. A Cambridge, le détective Cloran croit reconnaître l'homme du portrait-robot. Il examine ses dossiers et l'identifie comme étant le « Mesureur », Albert Henry DeSalvo, qu'il a arrêté il y a trois ans. Lorsqu'on lui montre la photo, au milieu d'une dizaine d'autres, Z choisit sur-le-champ DeSalvo et le désigne comme son agresseur. Pourtant, pour être tout à fait certaine de ne pas se tromper, la jeune femme demande à entendre la voix de l'homme.

DeSalvo est convoqué au commissariat de Cambridge où il arrive vers vingt heures trente, le 2 novembre 1964. Pendant qu'il discute avec les inspecteurs du service, Z se trouve dans une pièce voisine où elle reconnaît son timbre de voix. Puis, confrontée à DeSalvo en personne, elle l'identifie sans le moindre doute possible.

INTERNEMENT À BRIDGEWATER

Pour la première fois de son existence, DeSalvo est inculpé pour un délit sexuel, bien qu'il nie avoir jamais rencontré Z. Le 6 novembre 1964, Albert DeSalvo est poursuivi en justice par la cour d'East Cambridge et remis en liberté sous paiement d'une caution de huit mille dollars. Mais la nouvelle de son arrestation a franchi les limites du Massachusetts et les enquêteurs du Connecticut, New Hampshire et Rhode Island viennent se renseigner auprès de leurs collègues de Cambridge car le mode opératoire de DeSalvo ressemble à s'y méprendre à des actes similaires commis dans leurs Etats. D'autres victimes identifient à leur tour DeSalvo comme étant leur agresseur. Il est bientôt inculpé de nouveaux chefs d'accusation. En attendant que l'on fixe la date de son procès, son dossier est transmis au Bureau de l'Etrangleur où il rejoint plusieurs milliers d'autres concernant des suspects condamnés pour des délits sexuels. Personne ne prête une attention particulière à son dossier.

Surnommé la « Bastille », le Bridgewater State Hospital n'a d'hôpital que le nom. Situé à environ soixante kilomètres au sud de Boston, cette institution, vieille d'un siècle, abrite près de deux mille détenus. Le personnel d'encadrement appartient plus au domaine pénitentiaire et administratif que médical. C'est à peine si une poignée de psychiatres mal payés se chargent de donner des médicaments à leurs patients qui ne peuvent suivre aucune thérapie, faute de moyens et de temps. Parmi les personnes emprisonnées figurent des malades mentaux, des alcooliques, des assassins et des auteurs de crimes sexuels graves. Suivant une loi particulière de l'Etat du Massachusetts, tout individu accusé de meurtre doit obligatoirement y être envoyé pour une période d'observation de trente-cinq jours afin de déterminer son état mental ou de voir s'il est capable de participer à un procès en justice. Les auteurs de forfaits graves – autres que le meurtre – peuvent aussi y subir le même examen, par décision de la Cour.

Après lecture de divers rapports en provenance de Bridgewater, le juge Edward Pecce décide, le 4 février 1965, de faire interner DeSalvo jusqu'à nouvel ordre dans cet établissement, estimant pour le moins bizarre le comportement de celui qui n'est encore que l'Homme Vert. Le Dr Ames Robey, directeur médical de Bridgewater, indique le 10 décembre 1964 que « DeSalvo souffre d'un désordre de la personnalité sociopathique, d'une déviation sexuelle, avec des tendances modérées à la schizophrénie et à la dépression. Notre équipe médicale pense que le patient peut être considéré comme un danger potentiel d'un point de vue sexuel. En ce moment, et en l'absence de signes apparents de psychose, le patient doit être considéré comme totalement apte à suivre les étapes de la procédure judiciaire. Je recommande donc son retour devant la Cour ».

Mais début janvier 1965, le diagnostic du Dr Robey a évolué au gré du comportement de DeSalvo : « Réaction schizophrénique très aiguë, décompensation accompagnée de déviation sexuelle (schizophrénie pseudo-névrotique) avec des tendances hystériques prédominantes (sexuellement). (...) Avec un suivi médical adéquat, il est possible que le sujet puisse être suffisamment guéri pour participer à son procès d'ici trois à quatre mois. »

L'avocat de DeSalvo, Jon Asgiersson, est du même avis que le Dr Ames Robey et il demande au juge Pecce de donner la parole à son client :

« Votre Honneur, je vous prie de bien vouloir m'écouter quelques minutes. En 1961, j'ai déjà été placé en observation au Westborough State Hospital, où j'avais indiqué posséder une envie incontrôlable – ceci figure à mon dossier. C'était en 1961. Parfois, en rentrant chez moi, je me retrouvais tout d'un coup en train de rebrousser chemin, sans même m'en apercevoir ; ces éléments, je les ai racontés au psychiatre de Westborough. Mais personne n'y a prêté attention. Et, au fil des années, on pourrait dire que j'ai commis d'autres crimes. Lorsque la police est venue chez moi et a parlé à ma femme "Dites à votre mari de nous contacter dès qu'il rentre", j'ai téléphoné à cet inspecteur. "Que voulez-vous ? — Nous aimerions vous parler. — Dites-moi de quoi il s'agit, sinon je ne viens pas. — C'est à propos d'une agression contre une femme." A ce moment-là, je lui ai répondu : "Eh bien, Dieu merci, c'est fini maintenant. J'arrive tout de suite."

« Depuis mon arrivée à Bridgewater, je n'ai eu aucun traitement. Si on me traitait comme une personne, et non pas comme un animal, je raconterais librement tout ce que je sais. Mais quand j'ai vu où on m'emmenait, je suis resté figé. Je n'ai rien dit. Ce que je voulais réellement faire... Je leur ai juste donné les autres choses. Je suis tout à fait capable de participer à ma défense lors du procès. »

Ni le juge, ni l'avocat ne s'interrogent sur certaines des déclarations de DeSalvo concernant ses « autres crimes » et sur ce « tout ce que je sais ». Une fois condamné à un internement « jusqu'à nouvel ordre », DeSalvo retourne l'après-midi même à Bridgewater où il raconte à un gardien que les deux surnoms de « Mesureur » et d'« Homme Vert » sont réellement insignifiants : « Bientôt, j'aurai un nouveau surnom, bien plus important encore. Attendez et vous verrez », ajoute-t-il, très sûr de lui.

XII. LES AVEUX

Le 18 janvier 1965, un événement va précipiter la découverte de l'identité de l'Etrangleur de Boston : comme DeSalvo, George Nassar est envoyé à Bridgewater pour une période d'observation de trente-cinq jours, suite au meurtre d'un propriétaire de station-service à Andover, le 29 septembre 1964.

En 1948, à l'âge de seize ans, aidé par deux complices, Nassar a tué un commerçant dont il voulait cambrioler le magasin de Lawrence. Condamné à perpétuité, il est libéré sur parole en 1961 après avoir purgé douze années de prison.

« PERSONNE N'OUBLIERA MON NOM »

Rappelons que DeSalvo est interné à Bridgewater, le 6 novembre 1964, où, sur recommandation du directeur médical de l'établissement, le Dr Ames Robey, il est jugé « apte à passer en jugement » et quitte les lieux, le 10 décembre 1964. Dans son rapport, le psychiatre mentionne la possibilité d'une crise psychotique qui semble se confirmer, le 14 janvier 1965, lorsque DeSalvo souffre d'hallucinations visuelles et auditives dans la prison d'East Cambridge. Il voit son épouse apparaître et lui parler dans sa cellule.

Le lendemain, les gardiens constatent une détérioration très nette de son comportement. Il retourne à Bridgewater, le 18 janvier, où son compagnon de captivité n'est autre que George Nassar, considéré comme un caïd par les autres détenus. DeSalvo, qui ressent un complexe d'infériorité, se vante de ses exploits sexuels dont il est très fier, mais Nassar ne semble pas impressionné. Vexé, l'Homme

Vert commence à faire allusion à d'autres forfaits « bien plus importants » en ajoutant que « personne n'oubliera mon nom ». Les deux hommes, qui ont le même âge, sont ensemble du 18 janvier au 10 mars 1965, date à laquelle DeSalvo est transféré dans une autre aile de l'établissement. Mais George Nassar n'est pas le premier à qui DeSalvo parle de ses « autres crimes » : il y a eu le juge Pecce, plusieurs gardiens de Bridgewater, ainsi que son avocat, Jon Asgiersson. Juste avant de passer en jugement en novembre 1964 pour les viols commis par l'Homme Vert, il évoque son désir de « raconter quelque chose d'énorme ».

— Énorme comme quoi ? lui demanda Asgiersson.

— Quelque chose de plus important que le hold-up de la Brink's.

— Celui de Plymouth ? (Il fait référence au vol de fourgons postaux à Boston, le 14 août 1962, qui rapporte à leurs auteurs un million cent cinquante et un mille dollars, une somme encore plus considérable que celle du vol de la Brink's.)

— Non, non. C'est pas ça du tout. Quelque chose de plus énorme encore que Jack l'Eventreur.

— Quoi ? L'Etrangleur de Boston ?

Asgiersson se souvient du ton moqueur de sa réponse aux affirmations de son client. Il ne croit pas un mot de ce que lui répète Albert DeSalvo. Et pourtant, celui-ci persiste, en se donnant les surnoms de « Mr S » ou « S-Man », le « S » faisant bien sûr référence à strangulation.

Le 13 janvier 1965, soit cinq jours avant sa première rencontre avec George Nassar à Bridgewater, Albert DeSalvo reçoit la visite d'Edward Keaney, un ami de longue date avec lequel il a effectué son service militaire en Allemagne. Les deux hommes, qui se connaissent depuis 1952, ont tous les deux épousé une Allemande. De plus, Irmgard et la future Mme Keaney se fréquentaient déjà avant leurs mariages respectifs. Depuis leur retour aux Etats-Unis, les deux couples se rendent visite à raison de trois ou quatre fois l'an et se téléphonent au moins une fois par semaine. Voici le témoignage d'Edward Keaney tel qu'il est consigné dans un rapport des inspecteurs Tuney et DiNatale :

« Je ne reconnaissais plus en ce prisonnier l'Albert d'autrefois. Il avait beaucoup changé. Sa manière d'être, sa façon de parler, son apparence et les expressions de son visage étaient différentes. On voyait tout de suite que quelque chose ne tournait pas rond chez lui. Lorsque je lui avais parlé des viols qu'il avait commis, et du risque encouru d'une condamnation à perpétuité, Albert m'a répondu : "Même si on me condamne à cinquante fois cette peine, ce n'est rien par rapport à ce que j'ai fait. Je serai de loin l'homme le plus infâme du Massachusetts. Et ma famille devra changer de nom." Je lui indiquai que je croyais savoir ce qu'il voulait dire. "Oui, peut-être que tu sais. Mais, en fait, tu ne sais rien." Comme d'habitude, il m'a parlé de sexe, un sujet qui lui a toujours tenu à cœur. Albert se vantait tout le temps de ses innombrables "conquêtes" féminines. Ce jour-là (le 13 janvier 1965), il voulait avoir des nouvelles de sa femme, si elle s'inquiétait à son sujet, l'aimait-elle encore ? Si elle allait rester à ses côtés et ce qu'elle faisait de ses journées. Ce n'est qu'en quittant la prison que l'idée m'est venue qu'Albert pouvait être l'Etrangleur de Boston. »

Ce besoin de parler est corroboré par Bill Marks, également détenu à Bridgewater pendant les différents séjours de DeSalvo en 1964-65. Ses déclarations ont été recueillies par les inspecteurs Tuney et DiNatale :

« A mon avis, il dit la vérité. Si j'avais su que quelqu'un pouvait être intéressé, je lui aurais prêté un peu plus d'attention. A dire vrai, j'essayais plutôt de l'éviter. En prison, on n'aime pas ceux qui s'attaquent aux enfants ni les violeurs de femmes car les victimes pourraient être la mère, la sœur ou l'épouse de quelqu'un. Il parlait tout le temps des femmes qu'il avait violées. Personne ne voulait être vu en sa compagnie. Je faisais tout mon possible pour me tenir à l'écart, mais il me suivait partout pour se confier à moi. Tout d'abord, il m'a raconté des histoires de cul pendant sa période du "Mesureur". Comme la fois où il a trouvé ces deux filles dans un appartement. Lorsqu'il demande à les "mesurer" dans une tenue plus légère, il prétend qu'elles se sont complètement déshabillées et qu'il leur a fait l'amour à tour de rôle, plusieurs fois de suite. C'était toujours le même genre de récits. Puis, un ou deux mois après son arrivée, ce devait être vers janvier 1965, il m'a dit un jour : "Ce que t'as fait, c'est rien du tout. Attends un peu que je te raconte ce que j'ai fait, et tu verras. Moi aussi, j'ai tué quelques jeunes femmes." Je ne l'ai pas cru, je pensais qu'il se vantait. Par la suite, il ajoutait des détails qui paraissaient authentiques. Comme cette histoire du manche à balai enfoncé dans le sexe d'une des victimes. Il racontait ça, le sourire aux lèvres. Je ne pense pas qu'il ait pu trouver ce genre d'informations en lisant les journaux. Quelques semaines plus tard, des rumeurs circulaient indiquant qu'il était bien l'Etrangleur. A l'époque, il était tout le temps fourré avec Nassar. On a dit que Nassar et lui avaient passé un accord. Si Nassar touchait la récompense, il en donnerait la moitié à la mère de DeSalvo, mais pas à sa femme. DeSalvo m'a dit qu'il savait qu'il allait passer le reste de sa vie en prison. Il voulait la garantie de quitter Bridgewater pour un établissement plus important de Californie ou de New York, où on pourrait l'étudier et le soigner. »

Le 11 février 1965, le Dr Robey note dans le dossier de son patient que « DeSalvo paraît être soumis à une terrible pression : il souhaite visiblement dire quelque chose. Il indique à de nombreuses reprises qu'il sera bientôt très célèbre sous un autre nom que le "Mesureur" ou l'Homme Vert. Son comportement alterne entre le bizarre et la cohérence. Il semble occulter toute une partie importante de son existence dont il ne parle pas, mais celle-ci est difficile à déterminer car il ne mentionne jamais de dates ».

DeSalvo ne parle pas au Dr Ames Robey mais il se confie à George Nassar, lequel, convaincu de la véracité des propos de son compagnon de cellule, en discute à son tour avec son avocat, F. Lee Bailey.

UN AVOCAT CÉLÈBRE

Homme de petite taille, mais haut en couleur, F. Lee Bailey est déjà un avocat célèbre malgré son jeune âge, trente-quatre ans. Il adore se charger de causes désespérées – et très médiatiques. En 1964, il obtient, contre toute attente, la mise en liberté du Dr Sam Sheppard, un ostéopathe de Cleveland accusé d'avoir assassiné sa femme, Marilyn, le 3 juillet 1954. En 1966, lors d'un troisième procès, le Dr Sheppard sera définitivement acquitté mais le mystère de ce crime reste toujours entier.

Par la suite, Sam Sheppard deviendra catcheur professionnel pour subvenir à ses besoins jusqu'à sa mort en 1970. Dans cette affaire, F. Lee Bailey avait obtenu le soutien non négligeable d'un confrère et écrivain célèbre, Erle Stanley Gardner, qui s'intéresse aussi à l'Etrangleur de Boston en signant plusieurs articles sur le sujet.

Peut-être surnommé le « nouveau Perry Mason » en raison de cette amitié, Bailey possède un style qui lui est propre ; ironique, mordant, parfois théâtral, il s'attire toujours la sympathie du public et des journalistes avec lesquels il aime se confier ou plaisanter. L'avocat ne croit pas aux dires de ce compagnon de Nassar qui prétend être l'Etrangleur. « J'en doute fortement », répond-il à son client qui persiste pourtant lors de chacune de leurs rencontres. Courant février, F. Lee Bailey reçoit deux coups de fil qui ébranlent sa conviction ; l'un provient d'un correspondant anonyme, tandis que l'autre interlocuteur est le Dr Ames Robey. Tous deux affirment la même chose : un détenu de Bridgewater veut absolument lui parler. Lors de sa visite suivante à Bridgewater, dans le but d'y rencontrer George Nassar, Bailey accepte finalement de voir cet homme. Il s'agit de DeSalvo. Nous sommes le 4 mars 1965.

Pour certains policiers et le Dr Ames Robey, George Nassar serait en fait le véritable Etrangleur de Boston, s'abritant derrière DeSalvo. Sur la question des dates, Nassar a été remis en liberté en 1961 et il aurait donc pu commettre les meurtres. De l'avis du Dr Robey, il présente un profil psychologique beaucoup plus proche de l'Etrangleur supposé que DeSalvo.

Sans remords et dépourvu de scrupules, Nassar n'a pas hésité à tirer six balles sur une victime qu'il avait déjà mortellement blessée d'un coup de couteau dans le dos. Doté d'un quotient intellectuel très élevé de 150 (à titre d'exemple, celui de DeSalvo est de 97) et d'une grande force musculaire, il souffre d'une psychose paranoïdo-schizoïde, selon le diagnostic du Dr Robey. Pour le chef médical de Bridgewater, George Nassar aurait donné tous les détails des crimes à DeSalvo, afin que les deux hommes puissent se partager la récompense de plus de cent mille dollars offerte par les autorités du Massachusetts. Autre élément troublant, la serveuse allemande, seule survivante d'une des attaques de l'Etrangleur, ne reconnaît pas Albert DeSalvo alors que le visage de George Nassar lui semble « familier », d'après le terme exact du rapport d'enquête.

UN COMPLOT ENTRE NASSAR ET DESALVO

Cependant, cette hypothèse de Nassar en tant qu'Etrangleur de Boston et se servant de DeSalvo comme « pigeon » paraît fort peu probable pour plusieurs raisons. Comme on l'a constaté, DeSalvo n'a pas attendu la venue de Nassar à Bridgewater pour distiller des insinuations quant à sa culpabilité. Pour ne citer qu'un certain nombre d'entre eux, l'avocat Jon Asgiersson, le juge Edward Pecce, le Dr Ames Robey, Edward Keaney, ainsi que plusieurs détenus et gardiens de Bridgewater ont tenu des propos plus ou moins voilés sur le sujet. La personnalité même de DeSalvo, un individualiste forcené qui, selon ses propres dires, « n'a jamais fait confiance à quiconque de toute son existence », se prête mal à un complot de ce type. Quelle garantie pouvait-il avoir que George Nassar lui donnerait bien sa part de la récompense, une fois les crimes avoués ?

DeSalvo sait que Nassar est un criminel endurci et un psychopathe, en somme un individu auquel il est difficile d'accorder la moindre confiance. Si Nassar avait voulu dénoncer DeSalvo, il lui aurait suffi de prévenir la police, ce qui aurait été bien plus simple que de faire appel à son avocat, F. Lee Bailey. De plus, suite aux aveux de DeSalvo, il paraît important de souligner que George Nassar n'a jamais demandé à toucher la moindre récompense pour son action dans cette affaire. D'autre part, les enquêteurs n'ont jamais pu trouver la moindre preuve physique ni un indice reliant Nassar aux divers assassinats.

Parallèlement aux premières allusions de DeSalvo, après son internement à Bridgewater, l'étau commence à se resserrer autour de lui grâce aux efforts conjoints des inspecteurs DiNatale et Tuney et du Massachusetts Bureau of Identification, en la personne de Robert Roth. Lors de l'arrestation de DeSalvo pour les viols de l'Homme Vert, en novembre 1964, son dossier est transmis au Bureau de l'Etrangleur où il rejoint plusieurs milliers d'autres sur des suspects accusés ou condamnés pour des délits d'ordre sexuel.

Reste que c'est l'intervention d'Andrew Palermo, responsable de la sécurité du Massachusetts General Hospital de Boston, qui se révèle décisive, en janvier 1965. Dès octobre 1962, alors que l'Etrangleur a (officiellement) assassiné cinq femmes, la police croit qu'il existe un lien entre les victimes et le milieu hospitalier et recommande discrètement aux forces de sécurité internes de ces établissements d'ouvrir l'œil.

Andrew Palermo, qui est à la tête de trente-sept hommes, demande à tout le personnel de lui signaler le moindre incident sortant de l'ordinaire. Pendant près de deux ans, rien de significatif ne se passe, mais, en novembre 1964, Palermo reçoit un coup de fil d'une infirmière qui souhaite conserver l'anonymat. En regardant avec attention un numéro du *Record American-Sunday Advertiser*, elle est presque certaine de reconnaître la photo de l'inconnu qui l'a agressée dans son appartement de Beacon Hill. Il s'agit d'Albert DeSalvo qui vient d'être arrêté pour les viols de l'Homme Vert. Malgré l'insistance d'Andrew Palermo, elle refuse de révéler son identité, mais lui suggère que DeSalvo est peut-être l'Etrangleur – ou un des Etrangleurs.

Ancien agent du contre-espionnage durant la Seconde Guerre mondiale, Palermo décide de mener discrètement sa propre enquête en utilisant un certain nombre des hommes de son service. En février 1965, il communique les résultats de ses recherches au Bureau de l'Etrangleur. Les preuves accumulées – mais non révélées à ce jour –

semblent suffisantes pour convaincre les inspecteurs Tuney et DiNatale, ainsi que les lieutenants Donovan et Sherry.

John Bottomly est tenu au courant de l'enquête mais se montre plutôt sceptique. Malgré tout, Bottomly décide de téléphoner au Dr Ames Robey, le 5 mars 1965, afin de l'avertir que DeSalvo pourrait bien être l'Etrangleur. Le même jour, Bottomly mandate DiNatale, lequel se rend à Bridgewater avec l'intention de discuter de DeSalvo avec le Dr Robey. Le jour précédent, DeSalvo avait rencontré F. Lee Bailey qui accepte de s'occuper de son cas conjointement avec son avocat Jon Asgiersson. Et Bailey conseille sur-le-champ à son client de ne plus parler à personne sans son accord.

Après la rencontre avec l'inspecteur DiNatale, le 5 mars 1965, le Dr Ames Robey ajoute cette note au dossier de DeSalvo : « L'équipe médicale pense que ce patient pourrait être l'Etrangleur mais son casier judiciaire indique qu'il purgeait une condamnation de deux ans de prison en 1962, à l'époque des premiers crimes. En conséquence, sa culpabilité a été rejetée. Si le patient est réellement "Mr S", il est probable que la période dont il refuse de parler est celle de ses forfaits ; il serait important de déterminer le motif de crimes aussi bizarres. »

Malheureusement, le dossier de DeSalvo est erroné et omet de mentionner qu'il a été libéré sur parole de Billerica, le 9 avril 1962, après avoir passé dix-huit mois emprisonné, au lieu des deux années prévues, et que les strangulations ont débuté deux mois et demi plus tard. Cela prouve, encore une fois, le manque de communication entre deux administrations judiciaires appartenant pourtant au même Etat, la maison de redressement de Billerica et le Massachusetts Correctional Institution de Bridgewater. Les jours suivants, le Dr Robey poursuit ses consultations :

* 6 mars 1965 : « Conférence avec le préfet de police McNamara et deux de ses lieutenants, ainsi que l'avocat Bailey. Le préfet McNamara s'inquiète de l'avenir du patient et de la situation légale engendrée par son internement. J'ai indiqué que ce patient était considéré comme inapte à passer en jugement, car il présente des tendances ouvertement psychotiques. Par contre, je ne peux pas encore me prononcer sur sa responsabilité criminelle, à savoir s'il connaissait la nature et la qualité de ses actes, et s'il savait différencier le bien du mal. »

* 7 mars 1965 : « Les détectives DiNatale et Tuney sont venus prendre les empreintes digitales du patient. Ce dernier prétend qu'il n'a jamais laissé d'empreintes sur les lieux de ses forfaits. »

L'ÉTRANGLEUR EST DÉJÀ EN PRISON

Dès le 8 mars 1965, plusieurs quotidiens locaux mentionnent qu'un détenu de Bridgewater a avoué être l'Etrangleur. Dans les jours qui suivent, les journalistes précisent que l'homme souffre d'une maladie mentale et qu'il purge sa peine pour d'autres forfaits. Et comme il n'a pas été officiellement inculpé pour aucune des strangulations, son identité n'est pas révélée par la presse.

Afin de prévenir la publication annoncée d'extraits des aveux de l'Etrangleur, le procureur général Brooke demande, le 11 mars, à la Cour suprême de l'Etat du Massachusetts d'intervenir auprès des médias. Il requiert aussi la nomination d'un tuteur légal pour DeSalvo, qui devient effective le 6 mai 1965 en la personne de George McGrath, ancien responsable des établissements pénitentiaires pour l'ensemble du Massachusetts. Malgré quoi, la Cour suprême refuse de réprimer la liberté de la presse et demande aux deux parties un arrangement à l'amiable (qui avait déjà prévalu lors de la venue à Boston du médium Peter Hurkos). C'est grâce à ces aveux du début de mars 1965 que les enquêteurs, la presse et le public apprennent pour la première fois l'existence de deux nouvelles victimes, Mary Brown et Mary Mullen, dont le certificat de décès indique même des causes naturelles. Contrairement à ce qui était répandu dans l'opinion, DeSalvo affirme être l'unique Etrangleur, responsable de la mort de treize femmes, entre juin 1962 et janvier 1964.

Pendant les dix premiers jours de ce mois de mars, F. Lee Bailey rend tous les jours visite à DeSalvo pour le questionner au sujet des crimes. Il téléphone à la police afin de vérifier un certain nombre d'informations qui n'ont jamais été rendues publiques ; Bailey est pratiquement convaincu de la véracité des aveux de son client. Pour en avoir le cœur net, et aussi dans le but d'apprendre le motif de ces crimes que DeSalvo déclare ignorer, Bailey et Asgiersson décident d'employer les services d'un médecin hypnotiseur de renom, le Dr William Bryan Jr, président de l'Institut Américain d'Hypnose.

Durant deux jours, les 20 et 21 mars 1965, le Dr Bryan interroge DeSalvo au sujet des crimes. Comme les autres, il est frappé par la mémoire quasi photographique de DeSalvo qui se souvient des moindres détails relatifs aux appartements, aux paroles échangées, aux vêtements non seulement des treize victimes mais, en outre, des centaines de femmes qu'il a violées. C'est cette profusion de détails, pourtant authentiques et dûment vérifiés dans la quasi-majorité des cas, qui fait douter John Bottomly et ses adjoints. D'autant plus que Bailey et Asgiersson ne les autorisent pas à questionner leur client. Pour le Dr Bryan, Albert DeSalvo s'est, en quelque sorte, hypnotisé lui-même au moment où il commet ses forfaits, ce qui expliquerait des souvenirs d'une telle clarté.

Une fois connus les résultats de ces séances d'hypnotisme, Bailey et Asgiersson choisissent une ligne de défense commune. Si leur client doit malgré tout passer en jugement – à cette époque, il est considéré comme « inapte » par les experts psychiatres – les deux avocats plaideront une folie temporaire, au moment où DeSalvo commettait ses forfaits. Et si un jury accepte de rendre un semblable verdict, il reste que DeSalvo *est* l'Etrangleur de Boston : pour F. Lee Bailey, il faut donc trouver un moyen de le mettre à l'écart de la société, tout en lui permettant d'être soigné et étudié par des psychiatres américains, mais aussi étrangers. Condamner DeSalvo à une prison du style de Bridgewater serait, selon Bailey, un « crime social ».

DESALVO ÉCRIT À SA FEMME

Pendant qu'il est enfermé à Bridgewater, DeSalvo ne se contente pas de parler à Nassar, aux autres détenus et aux gardiens, il écrit aussi à sa femme Irmgard :

« Salut Irma !

J'espère que tu vas bien et les enfants aussi. Pour moi, ça va, et même si j'ai pas mal d'ennuis, je m'inquiète surtout à ton sujet et ce que tu penses de moi. Je ne t'en veux absolument pas ; ce n'est pas de ta faute, ni celle de quiconque. Reconnais que tu m'as traité de façon différente pendant toutes ces années que tu dis avoir perdues en ma compagnie, cet amour que je cherchais et que nous avions lorsque nous nous sommes mariés tu ne me l'as pas donné. Réfléchis, Irma. Ce qui s'est passé à la naissance de Judy et quand nous avons appris qu'elle ne marcherait peut-être jamais. Je me souviens que tu pleurais en suppliant : "Al, je t'en prie, plus de bébés." Irm, à partir de ce jour, tu as changé. Tout ton amour s'est reporté sur Judy. Tu étais frigide et froide avec moi, et ça, tu ne peux pas le nier. Mais ce n'était pas de ta faute. Voilà pourquoi nous nous disputions toujours au sujet du sexe, car tu craignais d'avoir un bébé. Car tu pensais qu'il serait anormal, Irm, j'ai même demandé à des docteurs ce qui clochait dans notre vie sexuelle. Ils m'ont tous dit que tu aimerais à nouveau avec la naissance d'un bébé, en constatant qu'il est normal. Ils avaient raison. Souviens-toi de tes inquiétudes à la naissance de Michael : pour un oui ou pour un non, tu rendais visite au docteur Karp. Puis, tu es venue à moi, Irm, pour me donner l'amour que je désirais tellement, mais il était trop tard. Tu m'as fait souffrir pendant plus de quatre ans. Depuis la naissance de Judy jusqu'à celle de Michael. Je ne savais pas comment m'y prendre pour que tu m'aimes. J'ai découvert trop tard pourquoi tu étais si frigide. Car tu craignais d'avoir un bébé, mais j'étais en prison, et c'est ce qui me fait tellement souffrir maintenant. Lorsque je suis sorti, je croyais en toi. Au lieu de me dire : "Oublions le passé, Al, et recommençons." Non, Irm, pas toi. Que j'ai souffert une année entière en prison ne te suffisait pas. La première chose que tu m'as dite, c'est que tu avais perdu une année. Et que si je recommençais, tu partirais avec les enfants. Et il fallait que je fasse mes preuves avec toi. Mais tu avais oublié ces quatre années qui m'ont amené en prison à cause de toi – ces années où tu m'as fait souffrir. Tu ne m'as donné aucun amour et pourtant tu sais à quel point je t'aime. Les enfants passent toujours avant moi, ce qui n'est pas normal, demande à tout le monde et tu verras. Non, je ne dis pas que tout ça est de ta faute, car c'est moi qui ai mal agi. Mais c'est parce que je t'aimais. Tu me refusais mes droits en tant que mari, et ma vie est devenue un enfer, que tu le veuilles ou non. Je suis réellement et sincèrement désolé pour ce que j'ai fait, et je vais devoir le payer jusqu'à la fin de mes jours. Mais, apparemment, cela ne te suffit pas. Tu me dis de ne pas t'écrire, ou, si je le fais, de ne pas dire que je t'aime. Je suis désespéré et je ne peux pas compter sur ton soutien. Je suis seul, sans espoir, ni ambition, avec ces centaines de personnes autour de moi. J'espère qu'un jour tu comprendras à quel point je t'aime. Et à quel point je suis seul. J'espère que tu me donneras bientôt de tes nouvelles, même si c'est pour la dernière fois. Comme ça je saurai ce que tu as l'intention de faire. Voilà, c'est tout pour cette fois-ci et je souhaite que tout aille pour le mieux pour toi et les enfants.

P.-S. Embrasse ma Judy et Michael de la part de leur Papa de Toujours. Je t'aimerai toujours. Avec tout mon amour. Al. »

Le 25 janvier 1965, Irmgard DeSalvo quitte le domicile conjugal de Malden pour s'installer chez un membre de sa famille, à Denver dans le Colorado. Quelques mois plus tard, elle retourne en Allemagne, dans sa ville natale, où elle vit toujours à l'heure actuelle, après avoir divorcé d'Albert DeSalvo, le 1er décembre 1966.

Dès l'enregistrement des premiers aveux de DeSalvo, F. Lee Bailey téléphone au lieutenant Donovan pour lui faire écouter une partie des bandes. Lui aussi est convaincu de la culpabilité de DeSalvo, ce qui rejoint les présomptions résultant des enquêtes de ses collègues, Tuney et DiNatale. Mais comme Bailey refuse que la police questionne son client, Tuney et DiNatale se sentent frustrés. Petit à petit, ils parviennent tout de même à connaître des extraits des aveux de DeSalvo, ce qui leur permet de se faire une opinion. Pour eux, pas de doute, il s'agit bien de l'Etrangleur. Après plusieurs mois de vérifications, ils transmettent leur avis à John Bottomly qui se montre très sceptique au sujet de DeSalvo.

Lorsque DeSalvo parle à F. Lee Bailey, ce n'est pas un témoignage : il ne fait que répondre aux questions de son avocat. Il n'est inculpé officiellement d'aucun des crimes de l'Etrangleur. Et, grâce à un étrange et unique concours de circonstances des annales judiciaires américaines, Albert DeSalvo bénéficie d'une double immunité pour les treize assassinats.

Au moment où il commence à se confesser, DeSalvo est interné à Bridgewater et considéré comme « inapte », c'est-à-dire incapable d'assurer sa défense de manière légale devant un tribunal : tout ce qu'il déclare ne peut donc pas être retenu contre lui. Puis, John Bottomly accepte une offre de F. Lee Bailey qui renforce encore cette immunité. Le procureur général adjoint pourra discuter aussi longtemps qu'il le désire avec Albert DeSalvo, à la condition expresse que tout ce qu'il entendra ne sera jamais utilisé en tant que preuves de l'accusation, lors d'un éventuel procès.

Bailey souhaite parvenir à un arrangement qui permettrait à son client d'éviter la peine de mort ou un emprisonnement à perpétuité. L'avocat est tout à fait conscient des crimes de DeSalvo et il ne désire nullement le voir en liberté, mais « placé » dans un établissement psychiatrique où il pourrait être étudié et soigné à loisir. Bottomly accepte à contrecœur la proposition de F. Lee Bailey, avec l'approbation de George McGrath, le tuteur légal du détenu.

Les entretiens entre DeSalvo et John Bottomly, auxquels assiste aussi McGrath, débutent le 17 août 1965 pour s'achever le 29 septembre de la même année. Dès les premières rencontres, Bottomly est convaincu de la véracité des aveux de DeSalvo. Coincé par ce dilemme juridique, Bottomly devient, par la force des choses, un spectateur impuissant qui se contente de transmettre les bandes magnétiques des enregistrements aux détectives DiNatale et Tuney à des fins de vérifications.

Dans un rapport soumis au procureur général adjoint à la mi-mars 1966, Andrew Tuney suggère qu'« aucun effort ne soit épargné pour obtenir des preuves physiques, si elles existent, concernant ces homicides par strangulation. Par preuves physiques, j'entends l'existence possible d'articles que DeSalvo aurait pu voler dans les appartements des différentes victimes et que l'on pourrait positivement identifier comme leur ayant appartenu. Ces objets, DeSalvo les a peut-être donnés ou revendus à des membres de sa famille ou à des amis. Seul lui, ou son avocat, peut nous renseigner à ce sujet. La défense pourrait s'opposer à une telle démarche qui irait à l'encontre de leur position probable d'un DeSalvo irresponsable au moment où il commettait ses crimes. L'acte de voler, de revendre ou de donner des objets peut être considéré comme un acte par trop rationnel pour quelqu'un frappé de démence ».

D'autres conseils figurent dans ce mémorandum : soumettre DeSalvo à un test fiable de détecteur de mensonges et envoyer quelqu'un interroger de manière plus poussée Irmgard DeSalvo dans son pays d'origine, étant donné qu'elle aurait pu suspecter son époux pendant leur mariage.

LA DÉMISSION DE BOTTOMLY

Le 22 mars 1966, le Bureau de l'Etrangleur se réunit pour faire le point sur l'enquête et les suggestions contenues dans le rapport d'Andrew Tuney. Outre John Bottomly, les district attorneys des trois comtés dans lesquels les crimes ont eu lieu, Middlesex, Suffolk et Essex, sont également présents, en les personnes de Donald Conn, John McAuliffe et John Jennings ; les forces de police sont représentées par les détectives Edward Sherry, Andrew Tuney, Philip DiNatale, Frank Joyce et Edward Schofield. Cette réunion sert à coordonner la procédure des trois juridictions concernées et à étudier une soudaine demande de Bailey et Asgiersson ; en effet, les deux avocats exigent que George McGrath, le tuteur légal de DeSalvo, soit relevé de ses fonctions par le tribunal. Cette décision de justice, qui intervient le 26 avril 1966, pourrait indiquer un changement de stratégie de la défense, afin que DeSalvo soit déclaré légalement « inapte ».

Dès le lendemain de cette réunion, Bottomly transmet un rapport de sept pages au procureur général de l'Etat du Massachusetts, Edward Brooke, dans lequel il propose un certain nombre de suggestions :

- Rédiger un acte d'accusation pour les homicides à partir des preuves existantes à ce jour.
- Suite à une audition concernant l'aptitude de l'accusé, obtenir des aveux signés de DeSalvo en présence de ses avocats et de représentants de l'ordre des trois comtés respectifs pour les crimes commis dans chacun de ces comtés ; puis, procéder à l'acte d'accusation afin de le déférer devant un tribunal.
- Le déférer devant un tribunal pour les viols, ou tentatives de viols, commis dans le comté de Middlesex, où les preuves et témoins visuels sont particulièrement crédibles. D'après Donald Conn, district attorney du comté de Middlesex, cela n'affecterait en rien la procédure entamée pour les homicides par strangulation, mais John McAuliffe, du comté de Suffolk, est d'un avis contraire.
- Transférer DeSalvo dans les Etats du Connecticut et du Rhode Island afin qu'il y soit jugé pour les viols où des témoins l'ont formellement identifié. La peine de mort existe dans ces deux Etats pour de tels forfaits.
- Selon le lieutenant Schofield et le district attorney Donald Conn, il faut d'abord juger DeSalvo pour les délits sexuels du Middlesex car une fois qu'il serait condamné à un emprisonnement à perpétuité pour ces forfaits, il y aurait moins de problèmes avec les avocats de la défense pour le déférer devant un tribunal au chef des homicides par strangulation. Encore une fois, John McAuliffe exprime un avis contraire.

Bottomly indique qu'il faut agir au plus vite puisque F. Lee Bailey et Jon Asgiersson ont des divergences de vues sur la conduite à tenir, Asgiersson souhaitant que DeSalvo ne collabore plus avec les représentants de l'ordre, « n'ayant rien à gagner à se voir déférer devant un tribunal, que ce soit pour les délits sexuels ou les homicides ».

Dans sa conclusion, John Bottomly ajoute que « le procureur général est intervenu dans cette affaire non seulement pour découvrir l'Etrangleur mais aussi pour assurer la population que le responsable de ces crimes atroces sera définitivement mis à l'écart de la société. Ces considérations prouvent clairement que DeSalvo doit d'abord être jugé pour ces homicides. Nous n'avons rien à perdre en entamant une telle procédure en raison du fait que les autres chefs d'accusation demeurent de première importance. Si, par malheur,

DeSalvo est acquitté pour les meurtres, il peut être immédiatement jugé pour les délits sexuels, sans compter les chefs d'accusation dans trois autres juridictions. John McAuliffe souligne avec force qu'un criminel doit d'abord être jugé pour les crimes les plus sérieux dont il est suspecté. Dans le cas de DeSalvo, il s'agit des homicides par strangulation ».

Le procureur général Edward Brooke ne suit aucune des suggestions de John Bottomly. Il base son refus sur le fait que si DeSalvo est déclaré non coupable des homicides pour des raisons de folie temporaire, il pourrait retrouver la liberté une fois « guéri » et tuer de nouveau. Selon Brooke, il n'existe pas de preuves suffisantes de nature à rédiger un chef d'accusation solide à l'encontre de DeSalvo.

Suite à cette divergence d'opinions, John Bottomly démissionne de ses fonctions le 7 avril 1966, rendant ainsi caduc l'accord passé entre lui et les avocats. Le 26 avril 1966, DeSalvo est jugé « apte » à être déféré devant un tribunal et assurer sa défense. En juin, Bailey et Asgiersson demandent que leur client soit « jugé le plus rapidement possible pour les délits sexuels » et non pas pour les homicides par strangulation. Le 12 juillet 1966, le juge de la Cour suprême du comté de Middlesex, Horace Cahill, fixe la date du procès au 10 octobre 1966 avant que celle-ci ne soit repoussée au 9 janvier 1967 à cause de l'indisponibilité de F. Lee Bailey. Lors de l'audience préliminaire, Albert DeSalvo se déclare « non coupable ».

ULTIMES REBONDISSEMENTS

Pour F. Lee Bailey, « la carrière de l'Etrangleur de Boston en tant que prédateur incontrôlé est terminée. Il est emprisonné et la société qu'il a terrifiée peut pousser un soupir de soulagement. Pour être tout à fait franc, l'ultime tragédie dans cette affaire n'est pas la mort d'une ou de toutes les victimes. Ainsi que l'affirme avec candeur un des psychiatres qui a examiné cet homme : “Le mal a été fait. Ce serait une honte terrible si toutes ces victimes étaient mortes pour rien.” Le responsable est, sans l'ombre d'un doute, le plus grand laboratoire vivant que la science médico-légale puisse étudier. De plus, il souhaite se mettre volontairement entre les mains des médecins ou psychiatres qui pourraient répondre à la question du “pourquoi”, une chose que lui-même est incapable de comprendre.

« Récemment, il y a eu deux massacres à Chicago, où huit infirmières ont péri, et à Austin où un étudiant a abattu quatorze ou quinze passants du haut de la tour de l'Université du Texas. Les hommes qui ont commis ces crimes étaient bien évidemment dérangés. On aurait dû reconnaître les signes du trouble et les examiner avant qu'ils ne perdent les pédales.

« Des études intensives de l'Etrangleur représentent probablement une opportunité unique pour les médecins, la police et les hommes de loi afin de comprendre les symptômes qui poussent un jeune homme à devenir une machine à tuer. Si l'Etrangleur est laissé à l'abandon dans une cellule, ignoré par les professions qui ont un besoin vital des informations qu'il peut leur donner, alors je dis que ces mêmes médecins, policiers ou hommes de loi seront coupables d'une irresponsabilité criminelle vis-à-vis de leurs devoirs qui sera encore bien pire que celle de l'Etrangleur pourrait avoir eue en accomplissant ses forfaits. »

Le procès s'ouvre le 9 janvier 1967 devant le tribunal du Middlesex County Superior Court, à Cambridge dans le Massachusetts. C'est Donald Conn qui est chargé du dossier de l'accusation des crimes de l'Homme Vert. Ses principaux témoins sont quatre victimes des viols de DeSalvo, dont l'identité n'est pas révélée. La défense est assurée par F. Lee Bailey qui plaide pour la démence de son client en s'appuyant sur le témoignage de deux psychiatres, les docteurs James A. Brussel et Robert Ross Mezer dont les diagnostics concordent : DeSalvo est un schizophrène paranoïaque. Conn, quant à lui, prétend que DeSalvo est un authentique psychopathe qui feint une maladie mentale avec l'espoir d'être enfermé dans un hôpital psychiatrique et libéré quelques années plus tard.

Pendant tout le procès, qui se déroule sans véritable surprise, les crimes de l'Etrangleur sont évoqués par les deux parties mais le jury ne doit pas en tenir compte dans son verdict puisque le fond de l'affaire concerne uniquement les délits sexuels de l'Homme Vert. Le 18 janvier 1967, à dix-huit heures et au terme de trois heures et quarante-cinq minutes de délibérations, le jury rend son verdict : Albert DeSalvo est déclaré coupable et condamné à une peine de prison à perpétuité par le juge Moynihan.

En attendant son transfert dans une prison de haute sécurité, DeSalvo, à son grand désespoir, est renvoyé à Bridgewater. Mais, le 24 février 1967 vers six heures du matin, il s'évade en compagnie de deux autres détenus, George Harrison et Frederick Erickson. Tout Boston est terrifié et les autorités promettent sur-le-champ une récompense de cinq mille dollars pour sa capture.

Personne ne prête attention à unc lettre laissée par DeSalvo dans sa cellule pour expliquer sa fuite. Il s'excuse pour son évasion, indiquant qu'il est parti parce qu'il a besoin d'aide et veut quitter Bridgewater où il se retrouve sans le moindre traitement thérapeutique ni aide psychiatrique. DeSalvo conclut en affirmant qu'il ne fera de mal à personne.

Lorsque les journalistes interrogent James Brussel sur les futurs faits et gestes de l'Etrangleur de Boston, le docteur déclare que « DeSalvo ne fera rien. Son évasion est un geste pour attirer l'attention du public sur son sort. Aucun psychopathe digne de ce nom ne se rendrait volontairement, mais je ne serais pas surpris que DeSalvo retourne de son propre chef à Bridgewater ».

Trente-six heures plus tard, Albert DeSalvo se rend dans une boutique de vêtements de Lynn pour téléphoner à F. Lee Bailey et se livrer aux autorités.

Ainsi que le promettait sa lettre, il ne fait de mal à personne. Il a contacté ses deux frères, Richard et John DeSalvo, pour leur demander de l'argent et des habits de rechange. Pendant toute une journée, il a voyagé dans des autobus en écoutant des nouvelles de sa fuite sur une petite radio portable. Son seul méfait a consisté à pénétrer par effraction dans une cave d'une maison de Lynn pour y dormir durant la nuit.

Son évasion lui permet d'obtenir un des résultats qu'il recherchait : il quitte Bridgewater pour la prison de haute sécurité de Walpole dans le Massachusetts où, là non plus, il ne bénéficie pas de soins psychiatriques.

L'histoire de l'Etrangleur de Boston s'achève (provisoirement ?) le 25 novembre 1973 lorsqu'on retrouve Albert DeSalvo mort dans sa cellule, poignardé à six reprises dans le cœur à la suite d'un échange de drogue entre prisonniers qui aurait mal tourné. Son assassin n'a jamais été identifié.

EN GUISE DE CONCLUSION

Quand DeSalvo s'évade le 24 février 1967, les habitants de Boston redécouvrent à quel point l'apparence de l'Etrangleur est ordinaire. Albert DeSalvo n'est pas ce génie du crime dépeint par de nombreux policiers et psychiatres pendant son règne de terreur. Il n'est pas non plus ce désaxé affligé d'une haine de la mère dont les journaux faisaient leurs choux gras. En fait, Albert DeSalvo était apparemment un bon père de famille menant une vie tranquille de banlieusard : marié, un peu ennuyeux et souffrant d'un certain manque d'éducation scolaire. Son absence de planification et de mode opératoire durant les crimes devait précisément lui donner un grand avantage sur la police.

En 1967, Albert DeSalvo se trouve derrière les barreaux pendant que Richard Fleischer et la Twentieth Century Fox préparent le tournage d'un film sur l'affaire, et les Bostoniens respirent, conscients que les strangulations appartiennent au passé. Cependant, malgré la fin supposée de cette série de meurtres, l'idée d'un tueur « Monsieur Tout-le-Monde » était née. Albert DeSalvo nous a permis de recadrer le portrait type et le profil du tueur en série, incarnation des serial killers actuels. La seule justification donnée par DeSalvo est une énorme pulsion sexuelle. Il prétend avoir violé plus de deux mille femmes et la police de Boston peut lui attribuer trois cent cinquante viols avec certitude. De surcroît, ces crimes et ces viols n'étaient qu'un supplément à ses activités conjugales qui le poussaient à faire cinq fois par jour l'amour à sa femme...

Il n'en reste pas moins que, officiellement, le dossier de l'Etrangleur de Boston n'est toujours pas clos à ce jour. En septembre 2003, plusieurs avocats de la famille d'Albert DeSalvo et de la victime Mary Sullivan ont saisi l'attorney général Tom Reilly à la suite de certaines de ses déclarations qui affirment que les investigations « ne sont plus actives ». Ces deux familles demandent que les différentes traces récupérées sur les scènes de crime puissent faire l'objet d'analyses génétiques. Le bureau de presse de Tom Reilly a indiqué que l'affaire reste toujours « non classée », même si elle est dans une « impasse ».

Dans un récent ouvrage, *A Rose for Mary*, Casey Sherman, la nièce de la victime Mary Sullivan, suggère que l'enquête a « oublié » un suspect très important qui vit dans le New Hampshire et que DeSalvo a reconnu les crimes par pure vanité et mégalomanie, car ses soi-disant aveux seraient truffés d'erreurs. Un autre livre publié en 1995 par Susan Kelly, *The Boston Stranglers – The Public Conviction of Albert DeSalvo and the True Story of Eleven Shocking Murders*, conclut à l'existence de plusieurs étrangleurs, dont George Nassar, le voisin de cellule de DeSalvo.

BIBLIOGRAPHIE

— F. Lee BAILEY & Harvey ARONSON : *The Defense Never Rests* (1971).
— Harold BANKS : *The Strangler : The Story of Terror in Boston* (1967).
— Normalee BROWNING : *The Psychic World of Peter Hurkos* (1972).
— James A. BRUSSEL : *Psychanalyse criminelle : Six enquêtes du Dr Brussel* (Tchou) (*Casebook of a Crime Psychiatrist*) (1968).
— Dossier Meurtre n° 9 : *L'Etrangleur de Boston, Albert DeSalvo* (1991).
— Gerold FRANK : *L'Etrangleur de Boston* (Les Belles Lettres) (*The Boston Strangler*) (1966).
— Earl JAMES : *Catching Serial Killers – Learning from Past Serial Murder Investigations* (1991).
— Susan KELLY : *The Boston Stranglers – The Public Conviction of Albert DeSalvo and the True Story of Eleven Shocking Murders* (1995).
— Brian KING : *Lustmord – The Writings and Artifacts of Murderers* (1996).
— Edgar LUSTGARTEN : « Albert DeSalvo – The Boston Strangler » in *The Mammoth Book of Murder* de Richard Glyn Jones (1989).
— Arthur LYONS & Marcello TRUZZI : *The Blue Sense : Psychic Detectives and Crime* (1991).
— George William RAE : *Confessions of the Boston Strangler* (1967).
— Casey SHERMAN : *A Rose for Mary*.
— Jacques VERGÈS : « Albert DeSalvo – L'étrangleur de Boston » in *Les Sanguinaires* (1992).

Signalons que Manuel Vasquez Montalban a mis en scène Albert DeSalvo dans son roman *L'Etrangleur*, paru aux Editions du Seuil.

POSTFACE PAR RICHARD FLEISCHER

C'est lors d'une visite à l'Expo Universelle de Montréal en 1967 que je vis pour la première fois une nouvelle forme de langage cinématographique qui me parut offrir d'excitantes opportunités. Ces films expérimentaux se présentaient sous la forme d'écrans multiples et d'images fragmentées. J'entrevis immédiatement les possibilités de ce nouveau procédé qui, d'un point de vue technique, incarnait une avancée dans l'art de l'écriture cinématographique.

Pour moi il était tout aussi clair que cette technique ne pouvait pas s'adapter à n'importe quel type de film. Sa spécificité nécessitait une histoire adéquate où elle pourrait renforcer l'intrigue pour ne pas devenir un simple gadget tape-à-l'œil. J'espérais vraiment trouver le récit approprié à une telle technique.

Par chance, ou était-ce le Destin ou Kismet ? il se trouve qu'à mon retour à Hollywood, mon studio, la Twentieth Century Fox, me proposa d'adapter le best-seller de Gerold Frank, *L'Etrangleur de Boston*. Je sus tout de suite que c'était le genre d'histoire qui se prêtait à merveille à l'utilisation des techniques que j'avais vues à l'Expo de Montréal.

En l'espace de dix-huit mois, treize femmes avaient été brutalement étranglées à Boston. L'assassin, Albert DeSalvo, était – ce que ne laissait pas supposer l'ampleur de ses crimes – un plombier des plus ordinaires et un bon père de famille. Il était évident que l'individu était un schizophrène, une personnalité multiple classique. Quoi de plus approprié que l'utilisation d'écrans multiples et d'images fragmentées pour transposer son cas à l'écran ?

De plus, plusieurs scènes du récit nécessitaient l'emploi d'un montage en parallèle, comme les interpellations par la police des habituels suspects ou ces femmes terrorisées de Boston qui achetaient des serrures renforcées, des armes à feu, des couteaux ou des chiens de garde, bref, tout et n'importe quoi. Comme tous ces événements se déroulaient en même temps dans chacun des quartiers de la ville, il me semblait intéressant de recourir à cette nouvelle technique plutôt qu'à l'habituel style de montage montrant une image après l'autre.

Naturellement, la résistance à ce nouveau procédé fut intense. Cela serait trop confus, me disait-on, les spectateurs ne sauraient pas où regarder... Je leur répondis que c'était précisément cet effet que je souhaitais obtenir ! Il m'a été très difficile de convaincre tout le monde au studio. J'ai emmené le producteur, Robert Fryer, à Montréal pour lui montrer ce que je désirais faire. Il se rangea à mes arguments. Finalement, Richard Zanuck, le patron du studio, m'accorda le feu vert pour une bobine d'essai. *L'Etrangleur de Boston* fut tourné comme je l'avais visualisé.

Dans les nombreuses péripéties qui émaillèrent la production de ce film, je retiens plus particulièrement mes difficultés à persuader le studio d'engager Tony Curtis pour le rôle de l'étrangleur. Je savais qu'il était capable d'une grande performance d'acteur, mais les pontes de la Fox ne voulaient absolument rien savoir. « Il est trop beau. Il ne ressemble pas à un étrangleur. » « C'est exactement l'effet que je souhaite ! » fut ma réplique. Devant leur obstination, Curtis se mit dans la peau de l'Etrangleur de Boston, y compris avec une légère bosse sur le nez et des vêtements pour le moins défraîchis. Il se fit prendre en photo et m'envoya le résultat qui était saisissant. J'emportai le cliché jusqu'au bureau de Zanuck, pour le poser devant lui. « Que penses-tu de ce type ? » lui demandai-je. Zanuck examina le portrait, sans reconnaître Tony Curtis : « Fantastique ! Il est parfait pour le rôle, mais est-ce qu'il sait jouer ? »

La dernière séquence de ce merveilleux scénario écrit par Edward Anhalt (qui avait déjà remporté deux Oscars) était à mes yeux la scène la plus difficile du film. L'étrangleur revit, en mimant les gestes, son approche et l'attaque d'une de ses victimes. Comme elle allait être filmée dans une pièce entièrement blanche et vide, l'action devait être totalement claire pour que les spectateurs comprennent ce qu'ils ne voyaient pas à l'écran.

Avant le démarrage de la production, j'avais demandé à Curtis de répéter cette scène avec le plus grand soin. Pendant une semaine, j'avais fait venir Tony tous les jours dans un studio. Il y avait aussi une jeune actrice, ainsi qu'une caméra vidéo. J'exigeais de lui qu'il joue cette scène avec sa « victime » comme elle se serait réellement passée, y compris lorsqu'il l'oblige à se déshabiller. Puis, tout de suite après, je faisais répéter à Tony les mêmes gestes, mais sans la présence de sa partenaire. Cela était filmé et nous en discutions par la suite pour analyser ce qui marchait bien ou nécessitait des changements. Ensuite, nous recommencions le même processus qui s'est prolongé pendant toute une semaine. A la fin de cette semaine, nous n'avons plus eu besoin de l'actrice. Lorsque Tony mimait la scène, on aurait vraiment dit que la jeune femme était présente, qu'on la voyait, ainsi que ses expressions et ses moindres gestes.

Je n'ai plus répété cette scène avec Tony avant plusieurs mois, au moment où il dut l'interpréter devant la caméra. Son interprétation fut exceptionnelle.

Le fait de travailler aux côtés de Henry Fonda, d'obtenir la performance de sa vie pour Tony Curtis et de constater à quel point cette nouvelle technique cinématographique a bien fonctionné, tous ces éléments font de *L'Etrangleur de Boston* un des films les plus satisfaisants de ma carrière.

Richard Fleischer
Los Angeles, mars 1998.

Dernier des grands de Hollywood, Richard Fleischer fait partie de ces réalisateurs américains que l'on exclut systématiquement de la sacro-sainte notion d'« auteur ». Classé hâtivement cinéaste commercial ou habile artisan, Fleischer est honteusement ignoré par la critique internationale. Evidemment, Fleischer a le tort de raconter une histoire, sans effets inutiles, et de réaliser des films dits « commerciaux ». De nature modeste, il avoue préférer laisser ses films parler pour lui, au contraire de tant de « jeunes » cinéastes qui passent plus de temps à discuter de leur film qu'ils n'en prennent pour le tourner.

Pourtant, si tous les cinéphiles connaissent *L'Enigme du Chicago Express*, *Les Inconnus dans la ville*, *Les Vikings*, *Bandido Caballero*, *20 000 Lieues sous les mers*, *Le Voyage fantastique* ou *Soleil vert*, peu d'entre eux pourraient citer le nom du cinéaste qui les a réalisés.

Touche-à-tout, Richard Fleischer s'est attaqué avec un égal bonheur à tous les genres tout au long de sa carrière qui comprend quarante-sept films tournés entre 1946 et 1985 : seize films noirs ou policiers, sept drames psychologiques, cinq films d'aventures, quatre comédies, trois films de science-fiction, trois westerns, trois films d'aventures historiques, deux musicaux, deux films de guerre, un documentaire et un film d'horreur.

Dans le domaine qui nous occupe, celui du « true crime », des affaires criminelles qu'il reconstitue pour le grand écran, Richard Fleischer s'est particulièrement illustré avec *La Fille sur la balançoire* (1955) (sur l'affaire Stanford White-Harry Thaw), *Le Génie du mal* (1959) (sur le monstrueux kidnapping de Leopold et Lœb), *L'Etrangleur de Boston* (1968) ou *L'Etrangleur de Rillington Place* (1971) (sur John Reginald Christie, le serial killer nécrophile tueur de six femmes). Il a aussi été le premier à nous montrer l'utilisation du « profil psychologique » sur un tueur en série avec *L'Assassin sans visage* (1949), près de quarante ans avant *Le Silence des agneaux*, sans oublier le tueur psychopathe fictif qui traque Mia Farrow dans *Terreur aveugle* (1971).

L'ÉTRANGLEUR DE BOSTON (The Boston Strangler).

USA. 1968. 114 minutes. Panavision. De Luxe.
Réalisateur : Richard Fleischer
Producteur : Robert Fryer pour Fox
Producteur délégué : James Cresson

Scénario : Edward Anhalt d'après le livre de Gerold Frank
Photo : Richard H. Kline
Musique : Lionel Newman
Direction artistique : Jack Martin Smith & Richard Day
Décorateurs : Walter M. Scott, Stuart A. Reiss & Raphael Bretton
Montage : Marion Rothmann
Maquillage : Dan Striepeke
Conseillers techniques : John S. Bottomly & Philip DiNatale
Interprètes : Tony Curtis (Albert DeSalvo), Henry Fonda (John S. Bottomly), George Kennedy (Phil DiNatale), Mike Kellin (Julian Soshnick), Murray Hamilton (Frank McAfee), Richard X. Slattery (Cpt. Ed Willis), William Marshall (Edward Brooke), George Tyne (Dr Kramer), Jeff Corey (Jon Asgiersson), Carolyn Cornwell (Irmgard DeSalvo), George Voskovec (Peter Hurkos), Hurd Hatfield (Terence Huntley), Sally Kellerman (Dianne Clunny).

Un épisode de la série de Sam Raimi, *American Gothic* (1995-1996), s'intitule *L'Etrangleur de Boston.*

LE MONSTRE DE ROCHESTER

I. SUR LE PONT

3 JANVIER 1990

Il est environ 11 h 40 en ce matin du mercredi 3 janvier 1990 lorsque l'hélicoptère 1H11 de la Police de l'Etat de New York survole le pont de la route 31 qui enjambe la rivière de Salmon Creek, à Ogden, une banlieue résidentielle de Rochester. A son bord, l'enquêteur en chef John McCaffrey et les policiers Kenneth Hunt, Mark Wadopian et Tom Jamieson (tous ont le grade de sergent) aperçoivent un cadavre à environ six mètres en contrebas du pont ; le corps paraît caché par quelque chose de blanc. Sur le pont, un homme de race blanche d'une quarantaine d'années est assis, côté passager, sur le siège d'une Chevrolet Celibrity grise. La portière est ouverte et il est directement garé au-dessus de l'endroit où se trouve le corps (qui sera plus tard identifié comme étant celui de June

Cicero). Dès qu'il voit l'hélicoptère se rapprocher, l'inconnu referme la portière, s'installe au volant et démarre en direction de l'est, le long de la Route 31. L'inspecteur McCaffrey demande au pilote, le sergent Wadopian, de maintenir un contact visuel avec la Chevrolet Celibrity. L'automobiliste prend ensuite la Route 259 en direction de Spencerport, où il se gare sur un parking municipal en face du Wedgewood Nursing Home, une maison de repos.

L'inconnu quitte le véhicule pour pénétrer à l'intérieur de l'établissement. Les policiers peuvent l'observer en détail pour la première fois : il est doté d'un solide embonpoint et porte un blue-jeans, un blouson beige ainsi qu'une casquette à visière qui surmonte des traits lourds. Pendant que l'hélicoptère suit le véhicule, McCaffrey entre en contact radio avec deux patrouilleurs de l'Unité 1E25 de la Police d'Etat, John Standing et Donald Vlack, pour leur demander de se diriger vers les lieux. Les deux policiers arrivent pratiquement en même temps et se garent derrière la Chevrolet Celibrity dont la plaque d'immatriculation est XLT-125. A l'accueil, on leur indique que l'homme vient de descendre au sous-sol. Accompagné par le directeur de l'établissement, Vlack reconnaît l'inconnu grâce à la description sommaire faite par l'inspecteur McCaffrey. Il lui demande ses papiers et l'inconnu lui présente une carte (« Motor Vehicle No-Driver Photo Identification Card », pour être précis) qui comporte les indications suivantes : SHAWCROSS, Arthur J., 241 Alexander St. 101, Rochester, NY 14607, 232-6954, 6/6/45. Lorsque Vlack lui tend son badge, Shawcross annonce spontanément qu'il n'a pas de permis de conduire et qu'il a emprunté le véhicule à l'une de ses amies. Il ajoute : « Et tout ça parce que j'ai pissé un coup sur le bord de la route. » Il montre une bouteille de Pepsi Light vide dans une poubelle et demande si Standing veut la prendre. Le patrouilleur lui demande de la remettre dans la poubelle. (Le policier Vlack la récupérera une demi-heure plus tard.) Arthur Shawcross ne se départit pas de son calme, il est très placide et débonnaire, presque passif pendant ces brefs échanges avec les deux agents. A la demande des policiers, il suit les deux hommes pour s'installer à l'arrière d'un de leurs véhicules où la conversation se poursuit :

« Qu'est-ce que vous faisiez avec cette voiture ?

— Je l'ai empruntée à une amie. Je suis allé à Brockport pour prendre de quoi déjeuner. Je me dirigeais vers Spencerport lorsque je me suis arrêté sur le bas-côté de la route pour manger et pisser. Une fois ma salade avalée, j'ai balancé le récipient plastique par-dessus la rambarde du pont. Au moment où j'ai aperçu l'hélicoptère, je me suis servi de la bouteille de Pepsi vide pour pisser dedans. Je ne pensais pas qu'un tel geste me vaudrait des emmerdements. »

Il est environ midi vingt lorsque les trois hommes sont rejoints par l'inspecteur DeCillis. Ce dernier indique à Shawcross qu'il n'est pas en état d'arrestation et qu'il peut refuser de répondre aux questions qu'il va lui poser. Après lui avoir lu ses droits, DeCillis demande à Shawcross s'il est d'accord pour répondre à quelques questions :

« Ouais. Pas de problème.

— Je crois savoir que la Chevrolet Celibrity ne vous appartient pas ?

— Exact. Elle est à une amie à moi, Clara Neal. Il y a quelques mois de ça, elle a eu un accident sur la Route 31, près de Sugar Creek ; depuis, elle a très souvent mal au dos. Je lui sers quelquefois de conducteur quand elle a besoin d'aller quelque part. Aujourd'hui, je suis allé chez elle vers 3 h 40 ce matin. Je travaille de nuit chez G & G Food Service, au 1180 East Main Street, à Rochester, où je prépare les fruits et légumes pour des salades vendues le lendemain. J'ai quitté mon boulot vers les 3 heures du mat' et Clara se préparait déjà à se rendre à son travail. A six heures moins le quart, je l'ai emmenée au Wedgewood Nursing Home où elle bosse comme cuisinière de 6 heures à 13 heures. Après l'avoir déposée, je me suis garé sur le parking d'en face pour piquer un roupillon jusqu'à 10 heures. Ensuite, je suis allé à Brockport où j'ai roulé une vingtaine de minutes, sans rien faire de spécial. J'avais une petite faim et j'ai commencé à grignoter une salade d'olives que j'avais préparée sur mon lieu de travail. Je suis sur le point de retourner à Spencerport quand j'ai eu envie de pisser. Je l'ai fait dans cette bouteille vide lorsque l'hélico est arrivé.

— Vous aviez emporté cette bouteille ?

— Non, elle était par terre, dans la bagnole.

— Il y avait encore un bouchon ?

— Oui, une capsule qui se visse.

— Vous êtes sorti de la Chevrolet quelque part sur la Route 31 ?

— Non. J'ai juste posé les pieds par terre pour pisser. Et quand j'ai aperçu l'hélico, j'ai remis mon “machin” dans le pantalon, avant de mettre la ceinture et de démarrer pour retourner à Spencerport.

— Qu'avez-vous fait à votre arrivée à la maison de repos ?

— Je suis allé discuter avec Clara et je lui ai donné la bouteille pleine de pisse pour qu'elle la jette. J'ai indiqué qu'un hélicoptère m'avait suivi et que je ne comprenais pas pourquoi ; ma seule infraction a été de pisser dehors.

— Quelles sont vos relations avec Clara ?

— C'est une amie. Elle travaille ici de 6 heures du matin jusqu'à 13 heures. Je suis marié. Le prénom de ma femme est Rose et je crois qu'elle est née le 9 septembre 1937.

— Vous vivez ensemble ?

— Oui. Elle travaille pas très loin d'ici, sur West Avenue. Au 118 West Avenue, à Spencerport, en tant qu'aide-infirmière dans une résidence privée. Quelquefois, elle est employée aussi par le Visiting Nurse Service, au 1609 East Main Street, à Rochester.

— Vous avez un permis de conduire ?

— Non. J'en avais un de l'Etat de New York mais il n'est plus valable. Depuis 1970. J'en ai un provisoire (daté du 5 décembre 1989) et je dois bientôt passer les tests. D'ailleurs, Clara Neal me donne des leçons, notamment pour m'apprendre à me garer en double file.

— Pourquoi avez-vous laissé passer tant de temps avant de renouveler votre permis ?

— J'étais en prison.

— Pour quelle raison ?

— Pour homicide sans préméditation, en 1972.

— Dans quelle prison ?

— La prison d'Etat et à Attica. »

Pendant que DeCillis discute avec Clara Neal, l'inspecteur Blythe demande à Shawcross s'il verrait un inconvénient à ce que la police fouille son appartement du 241 Alexander Street. Shawcross accepte et signe le mandat de perquisition (« Voluntary Consent to Search Form »). Blythe rassure son interlocuteur et lui dit qu'il n'a rien à craindre. Les enquêteurs souhaitent juste lui poser quelques questions car on a retrouvé un cadavre près du pont où il s'est arrêté pour se soulager. Puis DeCillis conduit Shawcross aux bureaux de la Police d'Etat, à Brockport. Il est 14 h 20. Le suspect reste seul dans le véhicule pendant une demi-heure avant que Blythe l'accompagne jusqu'à une salle d'interrogatoire où il le présente à l'inspecteur Militello.

L'attitude de Shawcross paraît bizarre aux détectives. Il est étrangement calme et se soucie peu de savoir ce qu'on lui reproche. Il explique sa présence sur le pont par une envie d'uriner après le déjeuner. Personne ne le croit. Il se trouve dans un lieu relativement fréquenté pendant la journée. De plus, le pont se situe à moins de cinq kilomètres de sa destination, la maison de repos de Wedgewood, où il aurait pu se soulager. La police pense que Shawcross, installé sur le pont, regardait le cadavre pour revivre l'excitation du meurtre et en ressentir une forte jouissance. Peut-être se masturbait-il ?

La présence de Shawcross à proximité d'un cadavre ne suffit pas et ne prouve rien, mais la police croit rarement à de telles coïncidences, d'autant que le casier judiciaire de Shawcross leur apprend qu'il est en liberté conditionnelle depuis 1987 après quinze ans de prison pour le meurtre de deux enfants, Jack Blake et Karen Ann Hill, dans sa ville natale de Watertown.

Lors de son interrogatoire en ce début d'après-midi du 3 janvier 1990, la police apprend avec intérêt que Shawcross travaille de nuit à confectionner des salades pour un traiteur de Rochester. Car la ville est, depuis deux ans, le théâtre d'une série de meurtres de prostituées dont le rythme s'est même accéléré en cette fin d'année 1989. De nouveau, un autre élément coïncide avec le témoignage d'une prostituée inquiète au sujet d'un de ses clients, un certain « Mitch » qui travaille la nuit pour un traiteur : il ne peut jouir que si sa partenaire feint d'être morte.

A 13 h 30, Shawcross accorde aux policiers l'autorisation de fouiller son véhicule, avant d'être reconduit chez lui et placé sous surveillance. Pendant la nuit et la matinée du 4 janvier, la police enquête. Des inspecteurs partent dans les quartiers chauds de Rochester, autour de Lyell et de Lake Avenues. Ils y interrogent à nouveau les prostituées mais, cette fois-ci, ils se munissent de photos d'Arthur Shawcross. Nombre d'entre elles le reconnaissent, c'est « Mitch », un habitué qui a beaucoup de mal à bander et à maintenir une érection. L'une d'elles, Joanne VanNostrand, fournit un témoignage capital : elle a fait l'amour dans la voiture de Shawcross, garée dans le parc de Durand Eastman, tout près de la Genesee River. Il lui a affirmé travailler pour G & G Food Service et raconté comment il s'était blessé au pied dans un accident dû à une chute à Driving Park. Il portait une armature orthopédique en plastique. Pendant leurs rapports sexuels, VanNostrand a gardé un couteau plaqué contre l'armature du pied de Shawcross, une précaution qu'elle prenait à l'égard de tous ses clients depuis le début de la vague de crimes. Elle a remarqué une lunette de visée télescopique calée entre les sièges avant de la voiture de Shawcross. Avant de partir, il lui a offert des sacs de pommes de terre et de pommes. Quelques jours après la fête de Thanksgiving, le quatrième jeudi du mois de novembre, Joanne VanNostrand a reconnu Shawcross vers deux heures du matin en compagnie d'une autre prostituée, Elizabeth Gibson. La jeune femme portait un manteau rose.

La police découvre le corps d'Elizabeth Gibson, dans le comté de

Wayne, à peine onze heures plus tard. Le vernis de la carrosserie de la voiture de Shawcross est parfaitement identique à un éclat de peinture trouvé près du cadavre. Il en est de même pour les traces de pneus.

La fouille de la Chevrolet Celibrity grise permet de découvrir une boucle d'oreille ayant appartenu à June Cicero, une autre prostituée qui a disparu en décembre 1989. Dès le matin du 4 janvier, Shawcross est confronté à ces nouvelles preuves et il finit par avouer le meurtre d'Elizabeth Gibson, qu'il connaissait sous le nom de « Theresa », à 13 h 08 exactement :

« Je la connaissais depuis mars 1989, elle travaillait sur Lake Avenue. Vers la fin novembre, elle est montée dans ma voiture et j'ai traversé le pont, en direction de Upper Falls Boulevard, puis vers Saint Paul. En arrivant dans le comté de Wayne, je me suis garé derrière un immeuble. Nous avons discuté un moment et je lui ai raconté que j'avais un problème pour bander. "Pas de problème, m'a-t-elle répondu, je peux t'arranger ça." Je lui ai demandé combien elle voulait. "On verra ça plus tard", m'a-t-elle dit. Elle s'est mise à me sucer, mais ça ne marchait pas trop bien. Je l'ai caressée un peu et j'ai vu mon portefeuille par terre. J'ignore si elle l'avait chipé ou quoi. Je l'ai replacé dans la poche avant de mon pantalon pendant qu'elle se déshabillait. Nous étions assis sur les sièges avant de la voiture. Nous avons commencé à faire l'amour lorsqu'elle m'a brusquement enfoncé ses doigts dans les yeux. Je l'ai repoussée violemment avec mon bras. Et, vous savez, il a dû se passer quelque chose, car elle ne respirait plus.

— Tu poussais sur son cou ? demande Militello.

— Je crois que j'ai paniqué. J'ai pressé sa gorge avec mon bras... J'ai essayé de lui faire du bouche-à-bouche, mais ça ne marchait pas. Alors je l'ai transportée dans les bois, près d'un vieux tracteur, avant de la déposer sur le sol. Je suis retourné à la voiture pour prendre Lake Road, en direction de la centrale nucléaire. En chemin j'ai balancé ses vêtements par la vitre de la voiture. En franchissant Irondequoit Bridge, je me suis aperçu que j'avais toujours son manteau et je l'ai jeté par-dessus le parapet. Et je suis rentré à la maison. »

Quelques mois plus tard, Shawcross est questionné par un psychiatre pendant la préparation de son procès et il donne une nouvelle version de la mort d'Elizabeth Gibson :

« Je m'arrête chez Mark's sur Lake Avenue, je me gare sur leur parking. Je commande un steak ou du poulet, je ne me souviens plus. Et il faisait très froid dehors. Quand je quitte le resto, je vois cette fille, Elizabeth Gibson, et elle était assise dans ma voiture.

— Qu'est-ce que tu fiches dans ma bagnole ?

— Il fait froid dehors, me dit-elle.

« Je m'installe à l'intérieur, je mets le contact et le chauffage. Je le mets à fond. On est là assis à discuter le bout de gras pendant vingt bonnes minutes, quand je lui dis :

— Eh bien, t'as assez chaud, maintenant ?

— Vous savez, c'est parce que je voulais rentrer chez moi. Tu veux un rendez-vous ? me demande-t-elle.

— Il me reste juste dix dollars parce que je viens de dépenser le reste au restaurant.

— Ça peut aller, dit-elle.

« Puis nous avons commencé à faire l'amour et, je sais pas, mais elle a paniqué. Elle m'a attrapé la figure, vous savez, elle m'a enfoncé ses ongles dans les yeux et son pied gauche a pété le levier de changement de vitesse... la gaine de protection, le plastique, quoi. Moi, de mon côté, je la pousse, j'essaye de la repousser en arrière.

— Qu'est-ce que t'as ?

« Je pousse avec mon bras, vous savez. Sa tête est près du bord du siège, et j'ai été de nouveau pris de panique.

« Quand elle a arrêté de se débattre, vous savez, je me suis installé au volant et je suis resté assis un long moment à regarder le plancher, je vois le levier de vitesse, j'en suis à me demander comment faire : je ne peux même plus mettre la marche arrière, vous savez ? Je ne savais plus quoi faire.

« Il y avait des chiffons qui traînaient dans la bagnole et j'ai essuyé les vitres. J'étais habillé, c'était juste ma braguette qui était défaite, je l'ai réinstallée sur le siège avant de le redresser en position normale. Elle est affalée contre la portière. Moi, j'ouvre la mienne et je tords le levier de vitesse à la force de mes bras. Bon, c'était pas parfait, mais il a retrouvé une position à peu près normale. Par contre, pour la gaine de protection, il y avait rien à faire...

« J'ai jeté le plastique, la marche arrière fonctionnait et je suis revenu à St. Paul en passant devant le zoo, je me suis perdu en route avant de me retrouver quelque part dans le comté de Wayne.

« Il y avait un petit chemin qui serpentait le long d'un champ et je m'y engage. Sur une distance d'environ vingt-trente mètres. Je stoppe et je reste un moment debout près de la voiture, vous savez ?

« Il y avait de la neige et ça caillait. Je ne sentais rien. Suis allé de son côté. J'ouvre la portière et je la déshabille, je la prends entre mes bras et je la porte sur une centaine de mètres à peu près, avant de la déposer par terre...

— Vous l'avez étranglée avec vos deux mains ?

— Non. Je l'ai pas étranglée. J'étais allongé sur elle et je la repoussais de mon bras.

— Je vois.

— Ouais, mais elle m'a salement griffé le visage et j'ai paniqué. Je la repoussais avec mon bras sous le menton.

— Jusqu'à ce qu'elle arrête de vous griffer ?

— Ouais... Ensuite, j'ai essayé de lui faire du bouche-à-bouche, vous savez, mais l'air faisait qu'entrer et ressortir... il n'y avait rien à faire.

— C'était la seule fois que vous avez fait ça ?

— Ouais.

— Quelqu'un a remarqué vos égratignures ?

— Quand je suis allé chez Dunkin' Donuts, tous les gens qui y bossaient cette nuit-là ont vu les marques sur mon visage. Une fille, vous savez, une fille que je connaissais bien m'a dit : "T'as eu une dispute avec ta copine, ou quoi ?" Je lui ai répondu : "Non, ce n'est pas ça. Je chassais un cerf." »

Lors d'une pause repas, au Pantry Restaurant de Brockport, Arthur Shawcross raconte à l'inspecteur Campione qu'il adore autant la chasse que la pêche. Il se vante de pouvoir tuer un cerf armé d'un seul coup de couteau. On écrase du sel de ferme dans un récipient que l'on dépose près d'un cours d'eau. Ensuite, on met de la poudre de munitions dans un autre container à côté du sel. Vous grimpez dans un arbre proche des deux récipients. Au bout d'un moment, le cerf, qui est attiré par le sel, va commencer à le lécher, ainsi que la poudre. La poudre noire agit comme un tranquillisant si bien que le gibier reste pratiquement immobile. Le chasseur n'a plus qu'à descendre de son perchoir pour égorger l'animal.

Mais revenons à cet interrogatoire du 4 janvier 1990. Shawcross nie toute participation aux autres crimes dont on l'accuse. A 16 heures, le détective Borriello lui montre les deux boucles d'oreilles dans des sachets en plastique différents, l'une découverte sur le corps de June Cicero, l'autre trouvée sous le siège avant de la Chevrolet Celibrity grise dont la propriétaire est Clara Neal, la maîtresse de Shawcross. A 16 h 05, l'inspecteur Blythe pénètre dans la salle de conférences en compagnie de Clara Neal. Celle-ci reconnaît qu'elle prête régulièrement sa voiture à Arthur Shawcross. Elle ne s'explique pas la présence de la boucle d'oreille et supplie son amant de dire la vérité. Leonard Borriello accentue la pression en demandant à Shawcross pourquoi il mêle Clara Neal à cette histoire :

« Tu as des rapports avec Clara Neal ? poursuit Blythe.

— Oui, à peu près une fois tous les quinze jours. Elle m'aide pour mon problème. D'ailleurs, j'ai rencontré deux fois un psychologue.

— Quel problème ?

— Je n'arrive pas à avoir d'érection ni d'orgasme. Je pense que c'est à cause d'un sentiment de culpabilité qui vient de mon passé.

— Pourquoi penses-tu ça ?

— C'est ce que le psychologue m'a dit.

— Tu t'entends bien, sexuellement, avec Clara ?

— Avec Clara, j'arrive à bander plus longtemps qu'avec Rose, parce qu'elle me souffle dans l'oreille et y met aussi sa langue. Et elle met un doigt dans le cul. Mais avec Clara non plus, je n'ai pas d'orgasme.

— Et avec ta femme, c'est comment ?

— Nos relations sont bonnes. Elle se met presque toujours sur moi. J'arrive à bander plus longtemps comme ça.

— Tu regardes des cassettes X ou des revues porno ?

— Non, ça ne sert à rien. Elles ne m'aident pas. Je n'ai pas d'orgasme parce que ça me fait mal physiquement, au testicule gauche. C'est pour ça que je n'arrive pas à maintenir une érection très longtemps. »

Shawcross exige la présence de sa femme Rose et l'inspecteur Militello quitte la pièce pour aller la chercher. Il revient à 16 h 28 en compagnie de Rose Shawcross. Tout comme Clara Neal, elle supplie son mari de dire la vérité, et l'assure que, quoi qu'il arrive, elle restera à ses côtés.

« Qu'est-ce qui s'est passé ? lui demande-t-elle.

— Tu te souviens quand je suis rentré un soir à la maison avec des égratignures sur le visage et autour des yeux ?

— Oui, je m'en souviens.

— Eh bien, j'ai été obligé de faire mal à une fille.

— Ecoute, Art, dit Militello, tu voulais voir ta femme et nous l'avons ramenée. Maintenant, il vaut mieux pour tout le monde que tu dises la vérité. »

Rose embrasse son mari et quitte la pièce. Il est 16 h 39. Immédiatement après son départ, Shawcross demande au détective Barnes de lui montrer les photos des disparues. William Barnes lui tend les clichés en lui demandant d'indiquer celles qu'il a tuées. Shawcross les place en deux piles. Dans le tas de gauche, il dépose les photos d'Elizabeth Gibson, Dorothy Blackburn, June Stott, Patty Ives, June

Cicero, Frances Brown, Darlene Trippi, Maria Welch et Anna Steffen. Il hésite longuement en examinant la photo de Felicia Stephens, une prostituée noire, qu'il n'inclut finalement pas dans sa liste de victimes. Shawcross passe des aveux complets concernant dix victimes, mais refuse avec obstination de reconnaître sa culpabilité dans le meurtre de Felicia, alors que son cadavre étranglé a été retrouvé près de ceux de June Cicero et Dorothy Blackburn. Il est 21 h 05.

« Je ne prenais pas de Noires.

— Pourtant tu as bien parlé à quelqu'un de ta préférence pour les pipes ?

— Non.

— Jamais ?

— Non.

— En novembre dernier, tu ne te souviens pas d'une conversation avec Clara Neal et son fils Robert Lee ?

— Non.

— Tu étais chez elle et tu as dit à Clara que tu aimais que les filles noires fassent des pipes parce qu'elles avaient de grosses lèvres ?

— Non, ce n'était pas moi qui ai dit ça. Je ne touche pas aux Noires.

— Ecoute, Art, dit Borriello, on a été sympas avec toi. Je sais que tu es gêné à l'idée que Rose apprenne que tu étais avec une Noire...

— On ne te demandera même pas de signer des aveux, dit Campione, mais nous avons besoin de savoir la vérité.

— Alors, comment tu expliques ce qui lui est arrivé ?

— Je roulais le long de Plymouth Avenue, vers Main Street, et il était environ 2 heures du matin, le mercredi ou le jeudi après Noël. Je me suis arrêté au feu rouge du carrefour de ces deux rues. La vitre côté passager de la Chevrolet Celibrity était à moitié ouverte. Une femme noire s'est précipitée vers la voiture et a passé la tête à l'intérieur; j'ai tout de suite enclenché le système de fermeture automatique, la retenant ainsi prisonnière à la gorge. Avec mes deux mains, je l'ai étranglée parce qu'elle criait au viol. Puis j'ai baissé la vitre et, en la tirant par les cheveux, je l'ai entraînée à l'intérieur de la voiture avant de l'achever. Ensuite, je me suis rendu à Northampton Park pour y balancer le cadavre, dans une sorte de trou, on aurait dit une fondation, sur Colby Street. J'ai jeté son manteau sur le corps, avant de prendre la première à gauche pour retourner à Rochester. En route, j'ai balancé son pantalon par la vitre. Je crois me rappeler que j'ai fait pareil avec ses bottes. Je l'avais complètement déshabillée.

— Pourquoi ?

— Je voulais simplement voir de quoi elle avait l'air. »

II. LA RAGE AU CŒUR (1945-1972)

Arthur John Shawcross est un prématuré de sept mois et pesant deux kilos et demi lorsqu'il naît le 6 juin 1945 à l'Hôpital Naval de Kittery, dans le Maine. Ses parents sont le caporal Arthur Roy Shawcross, 21 ans, et Bessie Yerakes Shawcross, 18 ans. Ils vivent à Portsmouth, dans le Maine, avant de s'installer à Brownville, une petite ville d'un millier d'habitants proche de Watertown, dans l'Etat de New York, où Arthur Sr édifie une petite ferme sur un bout de terrain qui lui est donné par son père. Jusqu'à l'âge de cinq ou six ans, la petite enfance d'Arthur se déroule sans aucun problème ; lui-même reconnaît qu'il est « gâté par sa mère ». Selon lui, les choses commencent à « aller mal » à partir de la naissance de son frère et de ses deux sœurs. La plupart des proches membres de sa famille se souviennent d'Arthur comme d'un enfant très sage, qui ne pleure jamais, ou alors d'un seul œil, mais qui ne rit jamais non plus : son regard est vide, sans expression, tandis que les traits de son visage restent curieusement impassibles. Cette caractéristique est remarquée par les psychiatres et les psychologues qui l'examinent en 1990, après son arrestation. Avant l'âge de dix ans, Arthur fugue de manière répétée et ses absences en classe sont très fréquentes. Personne ne se souvient d'un ami proche en ce qui le concerne. Il s'invente des amis imaginaires en la personne d'un garçon de son âge et d'une fillette plus jeune aux cheveux blonds ; on l'aperçoit souvent en train de discuter avec « eux » pendant des heures. Ses nuits sont peuplées de cauchemars, il fait pipi au lit.

Il n'éprouve aucune affinité avec son frère James ou ses sœurs Jeannie et Donna, même s'il affirme, par la suite, s'être senti très proche de Jeannie ; il prétendra même avoir eu des relations sexuelles avec elle. A l'école, il reste à l'écart des autres et on le surnomme « Oddie » (odd signifiant « étrange ») ou « Crazyboy » (« le cinglé »), avant de devenir le souffre-douleur de l'école. Pour tenter d'amadouer ses camarades de classe, il leur offre de l'argent ou des friandises mais, une fois les cadeaux acceptés, ils le tourmentent deux fois plus. Par conséquent, des professeurs le voient fréquemment serrer les poings de rage ou s'attaquer à des enfants plus jeunes que lui ; de retour à la maison, il se venge sur son frère et ses sœurs. En 1953, une infirmière de son école note dans un rapport :

« Arthur s'enfuit de chez lui. Sa mère ne laisse jamais ses plus jeunes enfants seuls avec lui car il les frappe. Plusieurs fois, il a emporté une barre de fer pour l'utiliser sur ses camarades de classe dans le bus de ramassage scolaire. Il a de bonnes notes en classe et ne pose pas de problèmes sérieux à son institutrice qui sait le remettre à sa place avec fermeté. Sa mère pense que M. Shawcross n'est pas assez autoritaire avec Arthur. »

L'atmosphère familiale prend une mauvaise tournure lorsque Betty Shawcross reçoit une lettre d'une femme en Australie qui affirme avoir eu un enfant avec son mari Arthur Roy. Dès lors, elle est sujette à des crises de rage et de jalousie de plus en plus fréquentes ; si son mari voit une femme à la télévision, elle l'abreuve d'insultes : « Pourquoi tu regardes cette pute ? » L'expression « pute » revient de plus en plus souvent dans la bouche de la mère d'Arthur, tandis que son père se réfugie dans le silence. Vers l'âge de dix ou onze ans, Arthur commence à se vanter de vols dans les magasins et il tyrannise les enfants plus jeunes que lui. Lorsqu'il déclenche une bagarre, il ne sait pas s'arrêter : il casse le nez d'un cousin avec un jouet. Il semble être en recherche constante d'affection et feint à plusieurs reprises des symptômes de maladie. Il est hospitalisé une fois pendant une semaine sans que quoi que ce soit d'anormal soit détecté.

Ses notes en classe empirent et il a bientôt deux ans de retard. Il fait toujours pipi au lit à l'âge de treize ans, tandis que les habitudes étranges se multiplient. Il marche le corps rigide, en agitant les bras, toujours en ligne droite, sans dévier d'un centimètre, même lorsqu'il rencontre un obstacle. Ainsi, il franchit des barrières de fil barbelé et se déchire les jambes plutôt que d'emprunter une porte à quelques mètres de distance. Une autre fois, il s'enlise presque dans un marais et ses promenades quasi quotidiennes l'amènent à parcourir de très longues distances (parfois, jusqu'à quinze kilomètres à pied). Lors de ses excursions, Arthur met le feu à des meules de foin ou à des poubelles. Lorsqu'une de ses cousines a le malheur de le traiter de « stupide », il prépare sa vengeance avec minutie. Plusieurs jours après, il la surprend, la nuit tombée, en la frappant très violemment aux jambes avec une batte de base-ball. Alors qu'elle est par terre il brandit une hache et annonce qu'il va lui « couper la tête ». Elle est sauvée grâce à l'intervention de son petit ami qui met Artie – ainsi que le surnommait sa mère – en fuite. Mais, pendant plus de deux ans, elle aperçoit à plusieurs reprises son cousin qui l'observe si bien qu'elle n'ose plus sortir seule le soir. La dispute s'étend au reste de la famille et les deux pères en viennent aux mains. Ses actes de violence le poussent aussi à torturer des animaux. Un jour, un camarade de classe le rencontre sur la berge d'un lac. Il transporte un sac de toile. Shawcross l'apostrophe : « Il paraît que les chats savent pas nager ? » Et il commence à jeter des chatons dans l'eau, en éclatant de rire. Sa mère se confie à plusieurs reprises à une voisine : « Un de ces jours, Artie va tuer quelqu'un. »

A seize ans, Arthur Shawcross est doté d'une force prodigieuse et se prend de passion pour le sport. Il s'essaye à des sports collectifs mais il est incapable de suivre des ordres ou une quelconque stratégie, il n'en fait qu'à sa tête. Finalement, il opte pour la lutte où ses qualités athlétiques font tout d'abord merveille. Cependant, il manque de concentration et combat toujours comme si sa vie en dépendait. Sa rage est trop forte et lui fait perdre tout contrôle face à des adversaires moins forts mais plus malins. A dix-sept ans, il décide de suivre les exemples de son grand-père et de son père en quittant l'école.

Ses centres d'intérêt tournent autour du vol, du sexe et de la pyromanie. Il éprouve de grandes difficultés à nouer une relation avec les adolescentes de son âge en raison de sa réputation – justifiée – de garçon violent et bizarre. Il est obsédé par le sexe comme il l'explique dans un texte écrit en 1990 à l'intention des psychiatres qui l'assistent dans sa défense (à l'époque, il cherche à se faire passer pour fou et les « souvenirs » qu'il raconte sont obligatoirement sujets à caution) :

« C'est ma tante Tina qui m'a appris les choses du sexe, puis ma mère et ma sœur. J'ai été bouleversé lorsque ma tante nous a quittés. J'avais environ neuf ans. Après ça, je me tripotais la nuit dans mon lit, dans la salle de bains ou dans les bois près de la maison. Pendant une de mes excursions, je suis tombé dans un marécage. J'étais dans la gadoue jusqu'au cou et je hurlais pour qu'on me vienne en aide. Personne ne venait à mon secours, du coup, je me mis à pleurer toutes les larmes de mon corps. C'est alors qu'un garçon de mon âge est arrivé pour me sortir du pétrin. Un peu plus loin, j'ai retiré mes vêtements pour me laver dans une rivière. Mike a fait de même et a plongé dans l'eau pour me rejoindre. Au bout d'un moment, pendant que nous nous séchions au soleil, j'ai commencé à éjaculer. Comme ça, tout d'un coup, sans raison. Et pareil pour Mike. Ensuite, nous nous sommes tripotés et sucés. C'était la première fois que je faisais ça. Mike et moi nous sommes devenus de bons amis. Nous nous sommes vus souvent, mais pas toujours pour se toucher. C'est à ce moment-là que j'ai commencé à faire pareil avec ma sœur Jeannie.

« Un jour, dans une ferme proche de la nôtre, à environ deux kilomètres de distance, Mike et moi nous nous sommes amusés avec un mouton. Nous ne savions pas que les moutons avaient des organes qui ressemblent à ceux d'une femme. A cette époque, cela nous a fait du bien.

« A quatorze ans, une nuit je rentrais d'un entraînement de lutte, après être descendu du bus. Il y avait environ trois kilomètres à pied jusqu'à chez moi. En chemin, une bagnole rouge s'est arrêtée et un type a proposé de me ramener chez moi. J'ai accepté. Une fois installé, il m'a saisi à la gorge pour m'ordonner de baisser mon froc ! Il me tenait par les couilles et me suçait. J'avais peur et je chialais. Puis le type s'est mis en colère parce que je n'arrivais pas à jouir. Il m'a violé. Il m'a déposé près de chez moi. Je n'en ai parlé à personne.

« Après ça, je ne pouvais plus éjaculer quand je me masturbais, à moins de me mettre un doigt dans le cul. Pourquoi ? j'en sais rien, c'est comme ça.

« Un jour, j'ai fait ça à une poule. Elle est morte. Puis à une vache, à un chien et à un cheval. Je savais pas vers quoi ça allait m'amener. »

Shawcross reçoit sa première condamnation en 1963, à l'âge de dix-huit ans, pour une tentative de cambriolage d'un magasin de Watertown où il est surpris par le déclenchement d'une alarme silencieuse. Il explique au juge qu'il n'a pas assez d'argent pour acheter des cadeaux de Noël à sa famille. Il est condamné à une peine de dix-huit mois de prison avec sursis. Peu après, il fait la connaissance de Sarah Chatterton, une vendeuse de deux ans plus âgé que lui. Ils se marient en septembre 1964 et le couple emménage dans une caravane garée sur une parcelle de terrain qui appartient aux parents de Sarah. Shawcross travaille alors pour une entreprise de construction, mais ses accès de colère et sa réticence à accepter des ordres qui ne lui plaisent pas l'obligent à avoir une kyrielle de petits boulots : il creuse des tombes pour le cimetière de Elmwood, est employé dans une fabrique de pâte à papier, puis dans une laiterie et un bowling. Son seul emploi durable à l'époque est apprenti boucher; il adore découper les carcasses d'animaux et régale son entourage avec les récits d'abattage : « Nom de Dieu ! A la fin de la journée, il y avait des flots de sang ! »

Un fils, Michael, naît de son union avec Sarah le 2 octobre 1965. Leur mariage bat de l'aile à cause des nombreuses infidélités de Shawcross. Par la suite, il rejette la faute de ces difficultés matrimoniales sur son épouse : elle lui aurait refusé cunnilingus et fellations. Il continue sa longue litanie de petits boulots, d'où il se fait invariablement virer pour ses écarts de conduite ou ses trop nombreux congés maladie ; il feint aussi à plusieurs reprises des accidents de travail pour percevoir de l'argent. Début 1966, il est condamné une seconde fois. Shawcross, qui est au volant de sa voiture, ne supporte pas qu'un garçon de treize ans lui ait envoyé une boule de neige. Il descend du véhicule et poursuit le gosse jusqu'à la maison d'un voisin où il s'était réfugié. Shawcross défonce la porte mais doit s'enfuir devant les appels au secours. La mère de l'enfant porte plainte et Shawcross reçoit une condamnation supplémentaire à six mois de prison avec sursis. C'en est trop pour Sarah qui décide de divorcer. Leur séparation sera définitive en août 1965. Il fait la connaissance de Linda Ruth Neary qu'il épouse peu de temps après s'être engagé dans l'armée, le 7 avril 1967. Il s'entraîne à Fort Benning, en Géorgie, où il devient un spécialiste en fourniture de pièces détachées. Courant octobre, il part pour le Vietnam où il prétend avoir subi de profonds traumatismes dus aux massacres auxquels il aurait été obligé de participer. Or, selon les documents en ma possession, il semble que Shawcross ne se soit jamais trouvé dans la moindre zone de combat. Il convient donc d'approcher avec précaution les affirmations suivantes de Shawcross. Voici ce qu'il déclare au détective Coleman lors de son interrogatoire :

« Je crois savoir que tu as servi au Vietnam ? demande Coleman.

— Oui et j'ai même trente-neuf morts confirmés avec mon fusil M-16. Et tout un tas d'autres non reconnus parce que j'étais tout seul dans la jungle. C'est l'Oncle Sam qui m'a appris à tuer.

— Tu as eu des problèmes avec les femmes, là-bas ?

— J'en ai tué deux, une jeune fille et une adolescente. C'étaient des Vietcongs. Et je les ai également mutilées.

— Pourquoi ?

— Elles faisaient pareil avec les Américains. »

Le récit des mutilations qui suit provient de souvenirs écrits par Shawcross à l'intention des psychiatres qui l'ont examiné avant son procès.

« A l'époque, j'étais comme dans un brouillard. Dans une vallée non loin de Kontum, j'aperçois cette femme et je la descends. Elle n'était pas encore morte et je l'attache à un arbre. Je prépare un feu de camp. Je remarque alors cet énorme arbre creux : lorsque je l'ai surprise, elle était en train d'y cacher un AK-47. Un petit sentier traverse les bois pour mener à quelques huttes sur pilotis. Il y a plein d'armes, des munitions et de la nourriture. J'entends du bruit dans une des huttes. J'escalade la petite échelle. Une fille en sort. Je la ramène pour l'attacher près de l'autre. Elles sont l'ennemi. Je lui tranche la gorge. Je lui coupe la tête. Les Viets sont superstitieux. J'enfonce sa tête sur un piquet que je plante près de la cachette d'armes. Je ne me reconnaissais plus. Jamais je n'avais fait une chose pareille. Puis je coupe la jambe de cette femme à hauteur de la hanche et jusqu'au genou. Comme un jambon. Je la cuis sur le feu de camp. Ça sentait pas trop bon, mais une fois bien rôti, je me suis mis à en manger. On aurait dit du porc ou du singe. Le reste du corps, je l'ai posé sur une fourmilière. Pendant que je préparais mon repas, l'autre fille s'est évanouie en se pissant dessus. Je l'ai violée mais en la forçant à me sucer d'abord. Elle ne comprenait pas ce que je faisais, mais son corps, lui, comprenait. Je l'ai détachée avant de la lier à deux arbres plus petits. Ensuite je me suis remis à manger un peu et à aiguiser mon couteau en la regardant. Elle s'est évanouie à plusieurs reprises. Je l'ai coupée légèrement de la nuque jusqu'au pubis. Elle a crié et chié de terreur. J'ai pris mon M-16, j'ai enfilé une tétine sur le canon pour le rendre silencieux et, en visant son front, j'ai appuyé sur la gâchette. Finalement, je lui ai coupé la tête en l'installant sur un piquet comme pour l'autre. J'ai suspendu son cadavre par les pieds. Puis je l'ai mutilé comme on le ferait avec une vache. Pourquoi ? Quelques jours plus tard, j'ai dit à certains de nos hommes de passer prendre les armes et les munitions. Ils ont tout brûlé, mais en laissant les têtes. Les Viets ne sont plus jamais revenus. Superstition. Les Viets nous torturaient bien, pourquoi on n'aurait pas fait pareil ?

« Il y a cependant quelque chose qui me tracasse toujours concernant le Vietnam. J'en ai jamais parlé jusqu'à présent, c'est donc que ça doit être terrible.

« J'étais avec quelques types et on a attrapé cette pute pour lui enfiler une lance à incendie dans le corps. On a ouvert le robinet à fond. Elle est morte quasi instantanément. Sa tête a sauté comme un bouchon de champagne.

« Une autre fois, on a pris une autre pute pour lui attacher les jambes à deux petits arbres. Elle était penchée en avant. Elle avait une lame de rasoir dans le vagin. Elle était coupée depuis son anus jusqu'au menton. Puis on a relâché les arbres. Coupée en deux ! Et on l'a laissée ainsi entre ces arbres.

« Le Vietnam a hanté mes nuits avec des cauchemars ! Les filles de là-bas étaient des putes qui avaient toutes entre neuf et quinze ans. Après cet âge-là, je sais pas si elles étaient aussi des putes ! J'ai connu Kie à Pleikue (treize ans), Lyn à Kontum (vingt-quatre ans) et Daktoa qui avait onze berges ; son surnom, c'était Froggy. Des filles propres. Mais les autres, c'était quelque chose.

« A Pleikue, une fillette d'environ six ans s'est pointée au milieu d'un groupe de GI avant d'exploser. Une autre fois, on a aperçu une fille assez grosse assise à pleurer sur un tas d'ordures. Elle ne bougeait pas. On ne s'est pas approchés, on a fait un détour. Et on a eu raison, car elle avait un fil attaché à sa taille qui lui descendait le long de la raie des fesses jusqu'à s'enfoncer dans le sol. Alors, nous avons enfilé une corde sous ses bras, d'environ trente mètres, jusqu'à notre jeep. On a démarré et la fille a décollé de son tas d'ordures. Elle a laissé un cratère de près de dix mètres de diamètre dans le sol et elle y a perdu une de ses guibolles.

« Là-bas, il s'est passé des tas de choses dont personne n'a jamais parlé. Beaucoup de choses que j'ai jamais pu oublier. Je reste allongé à y penser, sans dormir et quand vient le sommeil, il y a les cauchemars. Ça fait mal !

« Cette fille, pourquoi je l'ai torturée. Je l'ai découpée, comme je l'aurais fait avec du gibier. Pourquoi ? J'aimerais bien le savoir ! En 1965, je bossais à la boucherie Adams, dans l'Etat de New York, juste au sud de Watertown. C'est là que j'ai appris à dépecer. Dix-neuf vaches ou bœufs dans la journée. »

Lorsqu'il rentre chez lui, Arthur Shawcross se vante de ses nombreux « exploits » guerriers et, surtout, sexuels. A ses proches, il raconte ses massacres sur le ton de la plaisanterie. Peu après sa démobilisation en automne 1969, il se prétend encore une fois victime de blessures imaginaires au bras gauche et au pouce. A force d'insister, en l'absence de dossier médical, il obtient une pension mensuelle de 70 dollars. Peu de temps après l'attribution de cette pension, il remplit en outre un dossier où il affirme avoir été une victime du fameux agent chimique « Orange » pendant cette même guerre du Vietnam, mais sa réclamation est rejetée.

Dès son retour à Watertown, il ne tarde guère à figurer dans la page des faits divers du *Watertown Daily Times* pour plusieurs agressions, des vols à l'étalage, le cambriolage d'une station-service et trois incendies, dont deux extrêmement sérieux pour ses employeurs, une fabrique de pâte à papier, Knowlton Brothers, et une laiterie ; pour le troisième, il s'agit d'une grange qui cause pour plus de 5 000 dollars de dégâts.

En mars 1970, il divorce une nouvelle fois et se retrouve à la prison d'Attica pour purger une condamnation de cinq ans. Comme à son habitude, il déclare souffrir de divers maux, avoir le dos meurtri par une séquelle de poliomyélite et subir des évanouissements fréquents. Plus tard, il écrit qu'il a été violé par trois détenus noirs pendant son emprisonnement. Un an après, il est transféré dans l'établissement pénitentiaire d'Auburn, où le rapport d'un psychiatre note que Shawcross « exprime des desseins homicides latents lors de ses incendies volontaires. Il nécessite des soins psychiatriques suivis, accompagnés d'une surveillance continue de son officier de probation ». Il est libéré le 18 octobre 1971 après avoir purgé un peu moins de deux ans sur sa peine de cinq ans.

Au début de 1972, il est engagé par les Ponts et Chaussées de Watertown à la condition qu'il rende régulièrement visite à un psychiatre d'un hôpital militaire. Arthur Shawcross ignore simplement tous les rendez-vous, sans que quiconque tire la sonnette d'alarme. Il se marie une troisième fois, avec Penny Sherbino, le 22 avril 1972, ce qui ne l'empêche pas d'agresser une jeune fille de seize ans dans les sous-sols de l'ancienne gare désaffectée de Watertown. Il réussit à échapper à toute poursuite en donnant 10 dollars à l'adolescente.

Le 8 mai 1972, Arthur Shawcross tue Jack Blake, âgé de dix ans, et il récidive le 2 septembre 1972, lorsqu'il viole et assassine Karen Ann Hill, âgée de huit ans.

III. PREMIERS CRIMES (1972)

Jack Blake et son jeune frère de huit ans, Pete, viennent d'une famille extrêmement pauvre pour qui les distractions sont rares. Ils ont l'habitude de partir l'après-midi pour de longues excursions, où ils croisent parfois un ancien du Vietnam (comme leur père), Art, qui semble un pêcheur invétéré. Mary Blake, la mère des enfants, l'a même rencontré puisqu'il les a raccompagnés jusqu'à la maison familiale. L'inconnu lui a paru bizarre et elle a interdit à ses fils de le revoir, ce qui ne les a pas empêchés de désobéir. Art leur a montré un magazine rempli de filles nues en leur expliquant comment il a « eu » sa femme. Une fois, il leur a même fait terriblement peur : Pete et Jack voulaient rentrer chez eux, malgré l'insistance d'Art à rester sur place. Du coup, son regard est devenu comme fou et il a saisi Pete par les épaules pour menacer de le jeter à l'eau s'ils partaient. L'instant d'après, Art éclatait de rire pour faire croire à une plaisanterie. Mais, en ce jour fatidique de la disparition de Jack Blake, les deux frères ne sont pas ensemble. La police de Watertown, qui n'apprécie guère la famille Blake dont plusieurs membres ont souvent enfreint la loi, croit à une fugue de l'enfant, malgré l'insistance de Mary. Au bout de plusieurs heures, elle parvient malgré tout à convaincre un policier de l'accompagner au domicile d'Arthur Shawcross : celui-ci reconnaît avoir aperçu les deux enfants un peu plus tôt dans la journée alors qu'il partait pêcher. Rien dans son attitude ne laisse à penser qu'il a commis un délit et le policier quitte le domicile des Shawcross convaincu de son innocence.

Les jours passent sans apporter d'éléments nouveaux. En désespoir de cause, Mary Blake fait appel à la presse locale qui publie tous les jours des articles sur la disparition de l'enfant.

Le 19 mai 1972, soit onze jours après la disparition, Arthur Shawcross joue avec de jeunes enfants derrière l'immeuble où il habite. Pour une raison inconnue, il se fâche et balance un des garçons dans un fût métallique où brûlent des ordures. Puis il agresse un gosse de six ans et le fesse violemment avant de lui remplir le pantalon avec des poignées de terre. La mère porte plainte et le juge le condamne à une amende de 10 dollars.

Quatre mois se sont écoulés depuis ces événements, ce 2 septembre 1972, lorsque Helene Hill, une femme divorcée, se rend à Watertown avec sa fille de huit ans, Karen Ann, à l'invitation d'un ami qui veut lui présenter sa demi-sœur. Après déjeuner, Karen demande la permission de jouer dehors. Comme elle est très sérieuse, sa mère l'autorise à sortir. Il est 14 heures et plusieurs témoins aperçoivent la fillette qui descend le long de la berge du pont de Pearl Street. Environ trois quarts d'heure plus tard, un jeune homme croise son voisin, Arthur Shawcross, qui quitte en pédalant le pont de Pearl Street. Shawcross semble hésiter un instant avant de retourner le salut de l'adolescent et de le rejoindre pour l'inviter à manger une glace. Son short et son t-shirt sont sales, ce qui est inhabituel pour une personne aussi soigneuse que Shawcross.

Karen Hill est découverte aux alentours de 22 heures. Elle est allongée face contre terre, le bas du corps est dénudé et ses sous-vêtements ensanglantés sont cachés dans une fissure entre deux rochers de la berge, sous le pont. Elle porte des ecchymoses sur le cou et le visage. L'autopsie indique qu'elle a été violée et sodomisée avec une telle violence que les parties génitales sont déchirées. Elle a été étranglée avec sa chemise et l'assassin lui a enfoncé de la terre et de la boue dans la bouche.

Les enquêteurs savent que Shawcross a été vu sur les lieux du crime et le suspect reconnaît qu'il se trouvait bien sur place, mais plus d'une heure après l'heure supposée du décès : il raconte la rencontre avec son voisin. Il n'est même pas troublé d'être considéré comme un coupable éventuel. Faute de preuves, la police doit le relâcher. Au bout de plusieurs autres interrogatoires où Shawcross s'est muré dans un silence total, il finit par admettre qu'« il a dû le faire. Je l'ai probablement fait. Mais je m'en souviens plus ».

Les jours suivants, l'inspecteur Kubinski, qui a obtenu les aveux de Shawcross, tente de lui faire également avouer le meurtre de Jack Blake. Le 6 septembre, Arthur paraît sur le point d'y parvenir et d'amener les policiers sur les lieux où il a déposé le corps lorsqu'un collègue annonce maladroitement la découverte du cadavre en présence de Shawcross. Celui-ci se referme comme une huître et l'enquête sur Jack Blake reste dans une impasse : aucune preuve matérielle ne peut être retenue contre Shawcross dans cette affaire.

Voici la façon dont il décrit lui-même ces deux premiers crimes dans des aveux consignés en 1972, puis réitérés à la police de Rochester, le 4 janvier 1990 :

« J'avais été invité à une soirée d'anniversaire en famille. Comme il faisait beau, j'ai décidé de couper à travers champs pour prendre un raccourci au lieu de suivre la route. Je me prépare à partir quand ce gosse, Blake, frappe à la porte, en demandant si je veux l'accompagner à la pêche. Je lui réponds que ce n'est pas possible. Je referme la porte et sors par l'arrière de la maison, en passant par un champ, vers le centre commercial.

« J'allais souvent pêcher avec lui. Un peu plus loin, je me retrouve dans les marais et j'entends un bruit derrière moi. Le gosse m'a suivi. Je retourne l'aider à sortir de l'étang où il est tombé. Je lui dis : "Ecoute, arrête de me suivre !" Il refuse de m'entendre et me dit qu'il va où il en a envie, que personne ne peut l'en empêcher. Je le laisse et je continue mon chemin. Je franchis une barrière de fil de fer barbelé, puis un autre étang. Je suis vraiment furieux maintenant. Je commence à l'injurier en lui disant de retourner chez lui. Il me répond : “Je vais où j'en ai envie.” Alors j'ai perdu tout contrôle. Je l'ai frappé d'un coup de poing à la tête, sur le front. Il est tombé et je suis parti. Plus tard, je suis arrivé chez ma belle-mère pour la fête. Nous sommes rentrés à la maison vers les 11 heures du soir. Il devait être vers les 2 ou 3 heures du matin lorsque la mère du gosse est venue me demander où se trouvait son fils : “Je ne l'ai pas vu depuis ce matin.” J'ai su d'instinct qu'il devait toujours être là-bas. Trois ou quatre jours plus tard, je suis allé m'en assurer. Il était dans l'eau. J'ai essayé de cacher son corps avec des feuilles avant de retourner à Watertown. J'avais peur, mais j'ai décidé de ne plus y penser. Plus tard, je suis retourné le voir et il n'y avait plus qu'un squelette. »

Le médecin légiste qui autopsie le corps de Jack Blake pense que celui-ci a été forcé à se déshabiller avant son décès ou qu'il l'a été après sa mort. La police soupçonne aussi qu'il a subi des violences sexuelles. Par la suite, Arthur Shawcross donnera une version différente du meurtre de Jack Blake, mais celle-ci est à prendre avec précaution puisqu'elle a été enregistrée par les soins des psychiatres de la défense. Au moment de son procès, en 1990, Shawcross tente de se faire passer pour un cannibale, victime d'abus sexuels très graves durant son enfance : sa mère l'aurait violemment sodomisé avec un manche à balai, elle lui aurait rompu la paroi anale, mais aucune preuve médicale ne permet de soutenir cette thèse. Shawcross ajoute qu'il a appris à tuer et à mutiler des femmes au Vietnam. En pleine audience on projette une vidéo qui le montre sous hypnose. La défense cherche à prouver que Shawcross n'est pas responsable de ses actes et qu'il doit être envoyé en hôpital psychiatrique. Bien que possédant un quotient intellectuel moyen de 96, il s'agit d'un criminel endurci par plus de quinze années de prison et il sait manipuler les autorités judiciaires et psychiatriques. A l'image de la plupart des serial killers, il connaît à merveille les réponses que les psychiatres ou les psychologues attendent d'individus comme lui. Jamais Shawcross n'avait mentionné des abus sexuels ou son goût du cannibalisme quand les policiers l'ont interrogé, ni en 1972, ni en 1990. Voici cette nouvelle version de l'assassinat de Jack Blake :

« Je l'ai frappé à la tête et à la gorge avant de l'étrangler, dit Shawcross. Ça m'a fait le même effet qu'ici à Rochester, car j'ai coupé des morceaux de son corps pour les manger. J'ai emporté son pénis, ses testicules et son cœur pour les dévorer. J'ignore pourquoi j'ai agi ainsi. J'ai également violé son cadavre. Pareil avec toutes les filles de Rochester. Je me suis même allongé un moment auprès de certaines d'entre elles. Je n'arrive pas à m'expliquer mon attitude, mais c'est comme ça. »

En janvier 1990, les détectives Blythe, Militello, Barnes, Borriello et Campione questionnent Arthur Shawcross sur le meurtre des deux enfants. Il répète quasiment mot pour mot ses aveux de 1972, à Watertown – il n'y est pas question de cannibalisme, ni de mutilation post mortem :

« Art, demande le détective Blythe, tu as eu des rapports avec ce garçon ?

— Non, répond Shawcross.

— Tu le connaissais bien ?

— J'allais souvent pêcher avec lui.

— Pourtant le médecin légiste affirme qu'il a été déshabillé ?

— Je ne m'en souviens pas.

— Et la petite fille, tu peux nous dire comment elle était ?

— Oui. Elle avait des cheveux blonds ou châtain clair. Ils lui descendaient jusqu'aux épaules.

— Elle était développée pour son âge ? Avait-elle de la poitrine ?

— Je ne m'en souviens plus. Mais elle était de taille moyenne.

— Elle était jolie ?

— Oui.

— Et ça s'est passé où exactement ?

— Près de Mill Street, à Watertown. J'y pêchais depuis deux heures environ. C'est à l'embranchement avec la Black River. Il faisait très beau ce jour-là. Et je l'ai aperçue. Je lui ai demandé si elle n'avait pas peur d'être toute seule et elle m'a répondu qu'elle venait souvent par ici.

— Tu es resté combien de temps avec elle ?

— Pas plus de dix à quinze minutes.

— Comment était-elle habillée ?

— Je crois qu'elle avait un short. Ou peut-être un pantalon.

— Tu as eu des rapports sexuels avec elle ?

— Oui.

— Et elle était toujours vivante ?

— Oui.

— Tu étais déshabillé ?

— Non, j'avais baissé mon pantalon.

— Et elle était allongée par terre ?

— Non. Je crois qu'elle était penchée en avant.

— Tu lui as retiré ses vêtements ?

— Juste son short ou son pantalon qui était baissé.

— Tu l'as pénétrée par-derrière ?

— Oui. Je l'ai pénétrée avec ma queue.

— Je sais que c'est difficile pour toi de nous raconter tout ça, dit le détective Militello, et je voulais te dire que nous apprécions ton aide.

— J'essaie d'oublier le passé, soupire Shawcross.

— Où étais-tu quand tu l'as étranglée ? reprend Blythe. Tu la pénétrais toujours ?

— Elle était debout quand je l'ai tuée.

— Et tu penses qu'elle t'a suivi parce qu'elle voulait avoir des rapports avec toi ?

— Non, je ne le pense pas, parce qu'elle pleurait et saignait en même temps. Lorsque je l'ai vue, je n'ai plus entendu aucun bruit autour de moi. Tout était silencieux. La lumière du jour est devenue plus étincelante et j'ai cru qu'il s'agissait de ma sœur Jeannie... Je l'ai d'abord obligée à me faire une fellation avant de la violer. Elle avait peur. Elle hurlait. Puis, voyant ce que j'avais fait, je l'ai étranglée. La luminosité a disparu et j'ai recouvert son cadavre avec des débris et des pierres avant de quitter les lieux. »

Sans que les détectives lui en fassent la demande, Arthur Shawcross mentionne les rapports incestueux qui le liaient à sa sœur Jeannie :

« J'ai raconté un jour à ma mère que ma sœur et moi étions plus que de simples frère et sœur.

— Qu'as-tu raconté à ta mère ? demande Blythe.

— Ma sœur Jeannie a trois ans de moins que moi. Elle est maintenant mariée à un militaire, et ils ont longtemps vécu en Grèce. (Il hésite, reste silencieux un moment.)

— Tu avais des rapports avec elle ? poursuit Militello.

— Non, je la suçais seulement et je la caressais. Ça a duré trois ans, jusqu'à ce qu'elle ait dix-sept ans.

— Et elle faisait pareil pour toi ?

— Non, non, elle se laissait faire, c'est tout... »

Interrogée par la suite, la sœur d'Arthur Shawcross, Jeannie Williams, nie fermement avoir eu de quelconques rapports sexuels avec son frère.

Lors de son procès pour les meurtres des deux enfants, Arthur Shawcross, qui a vingt-sept ans au moment des faits, montre son habileté à manipuler la justice. Il passe un marché, que les autorités judiciaires n'auraient jamais dû accepter, en échange de ses aveux volontaires sur les deux crimes puisqu'aucune preuve ne le lie directement à ces forfaits. Il est condamné à vingt-cinq ans de prison pour le seul assassinat de Karen Ann Hill. Aucune poursuite n'est engagée à son égard concernant le meurtre de Jack Blake, pas plus que pour le viol de l'adolescente. On promet aux parents des victimes que Shawcross ne sortira pas de prison avant la fin de sa condamnation et que la commission chargée des mises en liberté ne relâchera jamais un tel criminel, d'autant qu'il a commis ces meurtres alors qu'il était libéré sur parole.

Le 17 octobre 1972, Arthur Shawcross est mis sous les verrous moins de quatre heures après avoir été condamné par le juge Wiltse, au Jefferson County Courthouse.

IV. EN PRISON (1972-1987)

Dès le début de son incarcération, Arthur Shawcross se comporte comme le psychopathe qu'il est. Il tente par tous les moyens d'éviter la psychothérapie qui lui est proposée. Et lorsqu'il est obligé de participer à un traitement, les psychiatres ne peuvent que constater son manque d'enthousiasme : il répond à leurs questions par monosyllabes et semble étrangement absent. Leurs rapports indiquent qu'il n'éprouve pas le moindre remords et qu'il ne se préoccupe que de son propre sort. Moins d'un mois après son incarcération, il est sévèrement battu par d'autres détenus qui ont appris ses crimes par voie de presse. Après un bref séjour à l'hôpital de la prison, Shawcross est transféré dans un établissement pénitentiaire de haute sécurité, le Green Haven Correctional Facility, à Stormville, non loin de New York.

Shawcross refuse de travailler et reste de longues heures prostré dans sa cellule. Plusieurs fois, il se plaint de douleurs à la poitrine qui lui valent des visites à l'infirmerie, sans qu'aucun symptôme physique soit découvert. Ses crises d'évanouissement le reprennent et les médecins estiment qu'il feint d'être malade pour attirer l'attention sur son sort. Menacé par plusieurs détenus, il refuse de quitter sa cellule et va jusqu'à mordre deux gardiens et mettre le feu à son lit. Il faut alors dix gardiens pour le ramener à la raison et l'emmener à l'infirmerie où on lui injecte de la Thorazine (un antipsychotique). Les autorités de la prison le transfèrent dans une aile spéciale où il est relativement protégé. Courant 1974, il se bat à deux reprises et il refuse toujours tout traitement psychiatrique.

Par manque de fonds, son épouse Penny ne peut pas lui rendre visite, mais elle lui écrit de façon régulière. Jusqu'alors, elle a toujours voulu croire à l'innocence de son mari. Cette croyance est anéantie par un courrier de Shawcross qui admet avoir tué les deux enfants, ajoutant que « tu es la seule personne assez stupide pour avoir cru que j'étais innocent ». Elle lui répond qu'il mérite la mort. Arthur Shawcross se comporte en parfait manipulateur : il demande le divorce pour « comportement cruel et inhumain » ! Il explique qu'il veut épouser une aide-infirmière du comté de Delaware qui correspond avec lui depuis son incarcération à Green Haven.

Malgré sa résistance vis-à-vis de toute forme de thérapie, Shawcross est examiné à plusieurs reprises par des psychologues qui notent :

« Il possède une personnalité explosive par intermittence. C'est un pédophile dangereux et schizophrène (...) qui entend des voix lorsqu'il est déprimé. Il se réfugie dans une existence fantasmatique pour y trouver une source de satisfaction. Il présente les signes d'une fixation érotico-orale avec un besoin de protection maternelle.

« Le sujet nous indique qu'il mérite une punition encore plus sévère pour les crimes qu'il a commis mais, en même temps, il en minimise la portée. »

Shawcross s'est ajusté à son environnement carcéral. Il suit les ordres des gardiens sans rechigner. En revanche, il ne cherche à établir aucun lien avec les autres détenus : il demeure seul, la plupart du temps. Il en est de même pour ses contacts avec le monde extérieur : il se contente de correspondre avec sa mère, ses deux sœurs Jeannie et Donna, ainsi que l'aide-infirmière du comté de Delaware. Ses lettres montrent son obsession constante pour tout ce qui touche au sexe. Quand il écrit à sa mère, Shawcross décrit en détail les relations physiques entre deux détenus. Il se vante aussi d'avoir fait l'amour avec une femme plus âgée que lui et qui travaille à la prison. Il n'a aucun rapport ni échange avec son frère ou son père qui l'ignorent à leur tour.

Vers la fin des années 70 son attitude commence à évoluer quelque peu ; le détenu semble sortir de sa coquille. Il participe à des cours de formation dispensés par l'université de l'Etat de Pennsylvanie dans des domaines aussi divers que la serrurerie, la charpente, l'horticulture, l'électricité ou la cuisine. Il se prend de passion pour la peinture sur verre pour laquelle il montre un certain talent. Il lit avec avidité des romans de science-fiction, des magazines qui traitent d'affaires criminelles et tente de résoudre des grilles de mots-croisés, sans jamais les terminer. Finalement, il décide de participer à des séances de thérapie de groupe – peut-être parce que ses passages devant la commission des libérations conditionnelles se soldent tous par un refus étant donné son manque de coopération ? Mais il est absent à vingt des soixante-dix séances, et sa participation est souvent réduite à un long silence, les mains croisées sur son ventre rebondi. Shawcross a beaucoup vieilli et pris du poids, ses cheveux sont gris et il paraît bien plus âgé que la trentaine d'années annoncée par sa carte d'identité. Voici un extrait d'un des nombreux rapports psychiatriques sur Shawcross :

« Vous avez suivi une thérapie à Green Haven ?

— Non.

— Mais vous avez eu des consultations avec des psychiatres et des conseillers ?

— J'ai vu un psychiatre et il s'est endormi pendant notre rencontre.

— Ah bon ?

— Ouais. Puis il s'est fait virer et on m'envoie dans une thérapie de groupe. Du coup, j'ai été obligé de taillader un détenu du bloc, dans la cour pendant la promenade, avec une lame de rasoir, parce qu'il est allé raconter aux autres ce que j'avais fait.

— Pourquoi l'avez-vous blessé ?

— Dans ce genre de thérapie, on est une trentaine de types, tous assis en cercle. Avant d'y aller, on m'avait dit que tous les autres avaient un cas similaire au mien. C'était faux : personne dans cette pièce n'avait fait la même chose que moi. Et puis, vous savez, ce psychologue a commencé à raconter mon histoire. Ensuite, ce mec n'a rien trouvé de mieux que de baver sur moi dans la cour. Je suis allé prendre une lame de rasoir, j'en avais des neuves pour me raser, je monte l'escalier et lui descend les marches. Okay ? Je le vois et je lui dis : "Pourquoi tu as raconté tout ça ?", et il me répond : "Je vais le dire à tout le monde." C'est là que je l'ai coupé. Je tenais la lame avec un bout de papier et je lui ai tailladé le bras. »

Pendant les années 1985 et 1986, Arthur Shawcross donne l'impression de projeter « une attitude positive », il n'a pas de « préoccupations morbides », il est « émotionnellement stable », selon les termes utilisés par un psychiatre qui prépare un rapport écrit en vue d'une nouvelle réunion de la commission des libérations conditionnelles qui se déroule le 24 mars 1987. Arthur Shawcross a quarante et un ans et cela fait maintenant quatorze ans qu'il purge sa peine pour les assassinats de Jack Blake et Karen Ann Hill.

« Bonjour, vous êtes Mr Shawcross ? Arthur Shawcross ?

— Oui.

— Vous vous présentez une nouvelle fois pour une libération sur parole ?

— Oui.

— Bon, la dernière fois, c'était je crois en septembre 85 ?

— Oui, monsieur.

— Et on vous a conseillé de suivre une thérapie ?

— Oui.

— Il semble que vous rencontrez le psychologue tous les mercredis ?

— Oui, monsieur.

— Et cela se passe comment ?

— Bien.

— Cela vous aide ?

— Oui, monsieur.

— Et quels sont vos projets d'avenir ?

— J'ai envoyé des demandes d'emploi. J'ai reçu deux réponses du comté de Delaware et de Delhi, dans l'Etat de New York. Par ailleurs, j'ai trois possibilités de logement...

— D'accord. Je remarque dans votre dossier un courrier où vous nous indiquez qu'une amie que vous avez contactée a dû quitter la ville.

— Oui. Elle a été obligée de partir en Floride parce que sa mère est malade.

— Et elle voulait vous aider à trouver un logement ?

— Oui. En premier, il y avait un hôtel. Une autre possibilité, c'était un endroit privé à Delhi qui a des chambres et des appartements. Et puis, une sorte de pension de famille.

— Okay. Et comment feriez-vous pour vous rendre au bureau de Binghamton, où l'officier de probation...

— Je crois que c'est à quarante kilomètres de Delhi.

— Comment feriez-vous ?

— En taxi, ou quelqu'un m'y conduirait.

— Vous n'avez jamais habité cette région ?

— Non, monsieur, jamais.

— Et la seule personne que vous y connaissez est cette amie ?

— Non. Je connais le révérend Duthie qui s'occupe de mon compte en banque.

— Où habite-t-il ?

— Il est au n° 21 de Second Street, à Delhi. Il est baptiste.

— Vous savez, cela nous pose un problème de vous installer dans un nouvel endroit. Je crois qu'on vous en a déjà parlé. Vous savez, les gens peuvent comprendre un tel désir de votre part. Je veux juste savoir quels liens vous y avez, qui sera en mesure de vous y aider, parce que Delhi est assez loin de tout.

— Eh bien, j'aime la vie à la campagne. Les villes, c'est pas mon truc. Il y a trop de monde, et, vous savez, la famille, ma famille me conseille d'aller dans un coin où je n'ai jamais été, pour commencer une nouvelle vie.

— Votre famille vit toujours dans la région de Watertown ?

— Oui, monsieur.

— Et vous avez déjà été dans le comté de Delaware ? Je crois savoir que Binghamton en est la ville principale ?

— J'ai été à Binghamton, il y a des années de ça, juste pour une visite.

— Binghamton est de la même taille que Watertown ?

— J'en sais rien. C'est une ville assez grande.

— Bon, il semblerait que vous avez suivi les directives de la précédente commission qui vous demandait de suivre une thérapie.

— Oui, monsieur.

— Vous admettez la gravité des actes criminels que vous avez commis ?

— Oui. Le psychiatre m'a conseillé de suivre un traitement, une fois dehors, et je suis d'accord.

— Bon. Eh bien, je crois que nous avons besoin d'un projet de logement en ce qui vous concerne, ce que nous n'avons pas à l'heure actuelle.

— Oui. J'attends des nouvelles de l'officier de probation.

— Vous souhaitez ajouter quelque chose d'autre ?

— Je crois que nous avons à peu près tout couvert.

— Okay. Il faudra que nous discutions encore de votre plan de libération. Vous avez purgé une longue peine, mais votre crime a été particulièrement odieux.

— Oui, monsieur.

— C'est pourquoi nous voulons nous assurer que vous serez contrôlé de la meilleure des manières afin de protéger la société.

— Oui.

— Je sais que les événements se sont déroulés il y a longtemps, mais une petite fille de huit ans en est morte et elle restera morte. Nous voulons être sûrs que vous ne deviendrez pas un récidiviste.

Vous étiez en libération conditionnelle lorsque ce crime a été perpétré ?

— Je l'étais.

— On va examiner tout cela et vous aurez rapidement de nos nouvelles. Merci beaucoup, Mr Shawcross.

— Merci. »

Contrairement à ce qui avait été promis par les autorités judiciaires, le 17 octobre 1972, Arthur Shawcross est libéré sur parole le 28 avril 1987 malgré l'avis défavorable de l'officier de probation de Binghamton, Robert Kent, qui indique, dans un rapport du 6 mai 1987 : « Au risque de dramatiser les choses, le signataire considère cet individu comme étant probablement la personne la plus dangereuse à jamais avoir été relâchée au sein de notre communauté depuis de très nombreuses années. »

Kent explique qu'une partie du danger représenté par Arthur Shawcross réside dans l'arrangement qu'il a passé avec le procureur en échange de ses aveux, ce qui a lui a permis d'obtenir une condamnation plutôt légère, eu égard à la nature des crimes qu'il a commis. Shawcross a purgé quinze ans pour une série de deux meurtres qui lui ont valu une condamnation à vingt-cinq années de prison.

Pour Robert Kent, « bien que le dossier de ces crimes soit fort épais, il semble manquer des éléments-clefs. Nous savons que le 2 septembre 1972, à Watertown, dans l'Etat de New York, le corps d'une fillette de huit ans a été découvert, face contre terre, partiellement caché sous des débris près d'un pont. De grosses pierres plates étaient empilées sur le cadavre et seuls ses mains, ses pieds et sa chevelure étaient visibles. Le rapport indique qu'elle a été victime de violences sexuelles et/ou violée, que sa bouche était grande ouverte et remplie de terre.

« Le 6 septembre 1972, les restes squelettiques d'un garçon de dix ans ont été découverts, Shawcross avouant par la suite être l'auteur du crime à cause de coups portés à la tête de l'enfant. La seule information disponible est la confession de Shawcross qui raconte que le garçon le suivait et qu'étant irrité par son refus d'obéir à ses injonctions de ne plus le suivre, il l'avait frappé à la tête, ce qui avait entraîné son décès. Là aussi, il a recouvert le corps avec divers débris. Cet assassinat s'est déroulé quatre mois avant celui de la petite fille, aux alentours du 7 mai 1972.

« Il me paraît très important de mentionner qu'à l'époque où il commet ce double crime, Shawcross purgeait déjà une peine de prison pour un cambriolage au 3e degré et qu'il était en libération conditionnelle. Ses antécédents criminels remontent à 1963 : il s'agissait d'un cambriolage au 3e degré qui lui a valu du sursis, puisqu'il était encore mineur. Il est arrêté en 1965 pour un cambriolage au 2e degré et il se voit infliger une condamnation à six mois de sursis. En 1969, il est arrêté pour cambriolage et incendie volontaire, au 2e degré, mais il plaide coupable pour le cambriolage et écope d'une condamnation à cinq ans de prison. Dans le dossier, nous avons une déclaration écrite de Shawcross qui suit son arrestation pour l'incendie volontaire où il admet avoir eu l'intention de brûler la fabrique à papier de Knowlton Brothers où il travaillait, à Watertown. Il a également reconnu avoir mis le feu à une grange et causé pour 5 000 dollars de dégâts, puis à la coopérative laitière Crowley, où il est parti travailler après son emploi chez Knowlton.

« Le dossier indique qu'il a connu des difficultés sexuelles avec sa deuxième épouse et qu'il était apparemment attiré sexuellement par sa belle-sœur de quinze ans. Il a aussi reconnu avoir eu des relations intimes avec sa sœur entre l'âge de douze et de quinze ans. »

Robert Kent écrit que les symptômes de pyromanie, de déviances sexuelles et de pédophilie sont généralement des indicateurs d'une récidive potentielle. D'après lui, la commission des libérations conditionnelles porte une double responsabilité. Elle doit protéger la société d'un individu tel que Shawcross et, en même temps, faire respecter les droits de ce dernier : « Nous estimons qu'il est impératif d'informer la police de Binghamton de la présence de Shawcross à cause du risque potentiel qu'il représente. Cependant, nous ne souhaitons absolument pas qu'il soit harcelé par cette même police locale. » Après tout, Arthur Shawcross avait déjà gravement enfreint une libération sur parole et rien ne garantissait qu'il ne recommencerait pas. Malheureusement, toutes les conclusions et avertissements de Robert Kent restent lettre morte.

Shawcross espérait vivre à Delhi, aux côtés de sa fiancée et correspondante Rose Marie Walley dans l'attente de son divorce avec son mari âgé, mais la commission des libérations conditionnelles s'y oppose ; à cette époque, Rose a cinquante ans, soit huit ans de plus que Shawcross (elle est née le 9 septembre 1937). Il a fait sa connaissance par l'intermédiaire d'un magazine de catch qui publie des petites annonces comportant les adresses de celles et ceux qui les passent. L'une des filles de Rose Walley, Darlene Armstrong Barringer, vivant à Walton dans l'Etat de New York, en a passé une, et lui présente sa mère. Il correspond pendant près de dix ans avec Rose avant de la rencontrer pour la première fois. L'ex-détenu doit être soumis à un contrôle des plus stricts. On lui ordonne de s'installer au foyer des Volunteers of America, à Binghamton. Son programme imposé est sans appel : ni drogue ni alcool, visites régulières à un psychiatre et hebdomadaires à son officier de probation, interdiction de quitter le comté ou de se rendre dans des lieux fréquentés par les enfants, et couvre-feu à 23 heures. A Binghamton, il trouve un emploi de cuisinier chez Penny Thompson.

Comme à son habitude, Shawcross fait preuve d'un manque de coopération évident à toute forme de thérapie, il reste silencieux, la tête baissée et se contente de répondre par « oui » ou par « non » aux diverses questions. Bientôt, il ne se rend plus chez son psychiatre, sans qu'aucune action disciplinaire soit entreprise à son égard. Il ne tient plus compte du couvre-feu et ne fait aucun effort pour trouver un emploi stable. Il agresse même une femme qu'il connaît en lui mettant la main sur le sexe avant de la faire basculer sur un lit. Lorsqu'elle lui ordonne de s'arrêter et affirme qu'elle n'est pas « ce genre de femme », Shawcross la laisse tranquille mais en profite quand même pour lui voler des affaires. Un rapport est rédigé mais, là encore, aucune suite judiciaire n'est ordonnée.

Cependant, la police locale est avertie par un des officiers de probation de la présence de Shawcross à Binghamton. Un des policiers, dont la fille a été assassinée quelques années plus tôt, décide d'avertir la télévision locale sur le cas Shawcross. Un reportage est diffusé qui annonce la présence du tueur dans l'immeuble des Volunteers of America. Lorsque les habitants de la ville téléphonent pour marquer leur réprobation, un employé leur apprend que Shawcross est déjà parti pour de bon.

En juin 1987, Rose Marie Walley loue en son nom propre un petit appartement à Delhi où Arthur s'installe, prenant de court le chef de la police locale qui vient lui rendre visite en lui annonçant qu'il le surveillera de « très près ». Au bout de quelques jours, Shawcross trouve un emploi dans une entreprise de peinture en bâtiment. Tous les jours, il prend son petit déjeuner dans un bistrot en face de l'immeuble où il habite et s'installe dans le fond, sans jamais adresser la parole à quiconque. Les gens changent de trottoir lorsqu'ils le croisent, une pétition circule qui est envoyée au sénateur de l'Etat pour exiger son départ. Au bout de deux semaines, les médias apprennent la présence de Shawcross qui, harcelé, se réfugie dans l'église du Révérend Duthie. Il y tient une conférence de presse improvisée sur le perron, mais la pression populaire est trop forte et la commission des libérations conditionnelles le relocalise, le 22 juin 1987, à Fleishmanns, un village situé à trente kilomètres de Delhi. Moins de cinq jours plus tard, un article dénonce la venue de Shawcross et de Rose Marie Walley et pousse, une nouvelle fois, les autorités judiciaires à installer provisoirement le couple dans un motel à Vestal, tout près de Binghamton. Le jour suivant, un officier de probation leur indique qu'ils vont devoir déménager à Rochester, au grand dam de Shawcross. Les parents de Karen Ann Hill vivent dans cette ville qui se situe en outre fort loin de la famille de Rose et de la sienne à Watertown. Mais l'officier coupe court aux arguments en expliquant que Rochester est suffisamment grand – pas loin de 250 000 habitants – pour qu'il puisse se fondre sans problème dans la population ; de plus, la commission n'avertira pas la police locale de la présence de l'ex-détenu. Sans compter que Shawcross n'a pas le choix : après tout, il est libéré sur parole et doit se conformer aux instructions des autorités judiciaires. Le couple demeure une semaine à Vestal.

Le 29 juin 1987, Arthur Shawcross et Rose Marie Walley s'installent à Rochester. Quelques mois plus tard, le serial killer commence son règne de terreur.

V. ROCHESTER (1987-1988)

Dès leur arrivée à Rochester, le couple emménage dans un immeuble délabré près de la gare. Ils disposent d'une unique pièce, sans électricité, ni cuisinière, ni réfrigérateur. La plupart des locataires sont des cas sociaux, des Noirs pauvres ou souffrant de problèmes psychiatriques. Arthur Shawcross et Rose Walley possèdent en tout et pour tout deux valises et la somme de 29 dollars. Pour survivre, l'officier de probation leur avance 50 dollars. Les jours suivants, Rose trouve un emploi d'aide aux personnes âgées dans une maison de retraite où elle est payée un peu moins de 5 dollars de l'heure, tandis que Shawcross s'inscrit dans une agence d'intérim Manpower où il gagne environ 25 dollars par jour en effectuant divers travaux manuels de magasinier et de déménageur d'appoint. Encore une fois, l'ex-détenu ne se rend pas à ses rendez-vous chez les psychiatres et son officier de probation doit lui ordonner de le faire. Depuis sa sortie de prison, Shawcross a pris énormément de poids car il se nourrit presque exclusivement de hamburgers et de nourriture de fast-foods, bien qu'il ne boive jamais d'alcool, ce qui est plutôt inhabituel chez les tueurs en série ; il se teint aussi les cheveux en noir et indique à Rose qu'il va changer d'identité pour qu'on ne le reconnaisse pas.

En octobre, ils obtiennent la permission de l'officier de probation de louer un appartement au 241 Alexander Street. C'est le Révérend Duthie qui transporte les meubles de Rose qui étaient restés à Delhi. La situation s'améliore et ils sont de moins en moins souvent contrôlés par les autorités de probation. Shawcross dort à peine quatre heures par nuit (il explique cette habitude par le traumatisme qu'il a subi durant la guerre du Vietnam) et il sursaute au moindre bruit un peu fort. Malgré son excitation sexuelle, il a beaucoup de mal à maintenir une érection et ne connaît pratiquement jamais aucun orgasme (un seul en quatre mois de vie commune) ; généralement, il adore que Rose le caresse, le chouchoute, en le berçant entre ses bras. Sa distraction favorite est la télévision et il reste parfois des heures entières installé devant le petit écran. Dès qu'une femme un peu dénudée apparaît, il s'exclame : « Regarde un peu, cette salope ! » ou « T'as vu les nichons de cette pute ! ». Il fait de longues promenades à pied ou en bicyclette, une fois la nuit tombée. Quand il n'est pas devant le téléviseur, il part pêcher, mais ne rapporte jamais beaucoup de poissons. Ses voisins le jugent aimable, il est toujours prêt à rendre service, à réparer un robinet ou à tondre une pelouse, mais ils estiment que Shawcross est un homme qui manque de chaleur humaine. Parfois, il les regarde fixement, sans rien dire, comme s'ils étaient des insectes examinés à la loupe. Il distribue des bonbons et de petites pièces aux enfants du voisinage. Pour le remercier de ses attentions, plusieurs familles l'invitent parfois à des barbecues ou à des sorties dominicales. Mais Shawcross en fait trop, il s'immisce dans les affaires de famille, saisit une femme par le sein. Du coup, les invitations ne sont jamais renouvelées.

Il finit par trouver un emploi fixe chez Fred Brognia, un grossiste en fruits et légumes, où il commence son service à sept heures du matin pour terminer à trois heures de l'après-midi. Shawcross épluche les légumes et les coupe pour la confection de salades. Il explique à son patron qu'il est un ancien taulard, sans lui préciser la nature de sa condamnation. Il travaille dur et son travail achevé, il se rend dans le Dunkin' Donuts au coin de Monroe Avenue et d'Alexander Street ou chez Jimmy the Greeks, pour lire le journal en buvant une tasse de café. Il raconte fréquemment ses « exploits » meurtriers au Vietnam aux autres employés de Fred Brognia, où il importune Linda Neal, une jeune femme boulotte de vingt-trois ans qu'il trouve à son goût. Elle repousse ses avances et doit même avertir Fred Brognia de l'attitude de Shawcross qui promet de ne pas recommencer. Mais c'est sur sa mère, Clara Neal, que Shawcross jette son dévolu. Elle le rencontre à plusieurs reprises lorsqu'elle vient chercher sa fille sur son lieu de travail et le ramène une fois chez lui. Ils décident de prendre rendez-vous pour passer une soirée ensemble. Une idylle naît entre eux. Arthur Shawcross explique, par la suite, que lorsqu'il fait l'amour avec Clara Neal, il parvient à maintenir une érection plus longtemps qu'avec Rose Walley. Shawcross et sa maîtresse ont des relations sexuelles environ une fois toutes les deux semaines. A la même époque, il a aussi une très brève relation extraconjugale avec une femme de quarante-deux ans, Dorothy Walker, qui habite dans le quartier.

Pendant ce temps, les relations au sein de son couple se détériorent, malgré la nature plutôt placide et simple de Rose. Shawcross pique des crises de fureur lorsqu'elle l'interrompt pendant qu'il regarde une émission de variétés. Il brise des pots de fleurs ou de la vaisselle avant de poursuivre ses activités comme si rien d'anormal ne s'était produit. Une autre fois, il rentre à pied de son travail et explique qu'ayant eu trois pneus crevés, il a jeté de rage son vélo au bas d'un pont.

Mais ce sont surtout ses relations avec sa mère qui le stressent énormément. Il lui téléphone souvent pour lui dire son amour et combien il a changé : il raconte par le menu ce qu'il fait à son travail et les nouvelles relations qu'il s'est créées au Dunkin' Donuts. Elle refuse de le voir à Watertown ou de faire le déplacement à Rochester, tout comme elle ne lui avait jamais rendu visite pendant toutes ces années de prison. Presque toujours, Arthur Shawcross finit leurs conversations en tremblant de colère. Il quitte alors le domicile sans dire un mot pour revenir quelques heures plus tard. Lors de l'un de ces appels, sa mère lui dit qu'il aurait mieux fait de mourir en prison et que cela aurait arrangé tout le monde. Pour Noël, il décide de lui envoyer un cadeau. Il trouve un plat en argent qu'il achète à l'Armée du Salut en puisant largement dans ses économies. Lorsqu'il téléphone quelques jours plus tard pour savoir si sa mère a bien reçu le colis, celle-ci lui répond : « Si tu achètes quelque chose, prends au moins quelque chose de neuf. »

Toutes ces disputes avec sa mère détériorent sa vie de couple. Shawcross a de plus en plus de mal à avoir une érection et il reporte la faute sur Rose. Rien ne semble le satisfaire, il se plaint de tout et n'hésite pas à la frapper à coups de poing ou de gifles. Rose est désemparée car elle aime profondément Arthur Shawcross ; elle a d'ailleurs été rejetée par sa propre famille parce qu'elle a décidé de vivre avec un tueur d'enfants et d'abandonner sa ville natale de Delhi pour le suivre.

* * *

Rochester, dans l'Etat de New York, est le siège de l'empire Eastman-Kodak qui, après un énorme boom économique, a connu une grave récession au début des années 80 et s'est vu contraint de supprimer un très grand nombre d'emplois. A quelques pâtés de maisons de l'usine Kodak, Lake et Lyell Avenues constituent le quartier chaud où sévit une prostitution à bas prix. Ces deux artères n'ont rien d'attractif, présentant une alternance de vendeurs de voitures d'occasion, de boîtes de strip-tease et de bars louches. Les prostituées, généralement assez jeunes, sont presque toutes droguées ou alcooliques. Elles portent des jeans, sont indépendantes ; leurs tarifs sont si bas qu'elles n'attirent pas la convoitise de protecteurs. Dix dollars pour une fellation, trente pour un « half and half » (« moitié-moitié ») – une pénétration et une fellation. La nuit, le quartier est totalement désert, ce qui les rend vulnérables.

DOROTHY BLACKBURN, 27 ANS,
TUÉE LE 15 MARS 1988

Dorothy Blackburn, plus connue sous son nom de rue de « Dotsie », est une « régulière » depuis quelques années. Elle a besoin de gagner de l'argent pour s'offrir de la cocaïne et du crack, à la fois pour elle et pour son compagnon, un Noir de trente-sept ans, qui est aussi son protecteur. Petite et mince, Dotsie n'a pourtant pas froid aux yeux. Mère de trois enfants, dont un bébé de six mois qui reste le plus souvent à la charge de sa sœur, elle travaille surtout dans un motel proche de la périphérie de la ville ou dans les voitures de ses clients qui sont généralement des habitués. Elle refuse d'offrir ses services à des inconnus, à des Noirs ou à des Portoricains, par crainte d'attraper le sida, explique-t-elle ; pour la même raison (erronée), elle préfère la fellation à tout autre acte sexuel, sauf si le client y met le prix.

Ce 15 mars 1988, Dorothy Blackburn quitte son « protecteur » vers 17 h, après qu'ils ont fumé du crack sur Saratoga Street, juste au coin de Lyell Avenue. Trois jours plus tard, sa sœur et son compagnon s'inquiètent de sa disparition, surtout que Dotsie n'est pas allée endosser son chèque au Bureau d'aide sociale, fait très inhabituel. Ils remplissent un formulaire au Service des personnes disparues de la police de Rochester.

Voici le récit fait par Shawcross de sa rencontre avec Dorothy Blackburn dans ses aveux du 4 janvier 1990 :

« Art, tu te souviens de la première que tu as tuée ?

— Oui, c'était Dorothy Blackburn. Je l'ai rencontrée à Tent City, sur Lake ou Lyell Avenue. On s'est dirigés vers West Main Street, près des grands immeubles où je me suis garé dans un parking. Et nous avons commencé... elle me faisait une fellation et je sais pas ce qui lui a pris, mais elle m'a mordu.

— Elle t'a mordu le pénis ?

— Ouais. J'étais fou furieux et je l'ai étranglée.

— Il était quelle heure ?

— En fin d'après-midi. Vers les six-sept heures

— Tu avais accepté de la payer pour le sexe ?

— Oui. Vingt dollars.

— Et c'était pour quoi ?

— Une fellation.

— Juste une fellation ?

— Oui.

— Elle était déshabillée ou pas ?

— Elle était complètement nue, et elle m'a dit qu'après la fellation on ferait l'amour. Je lui ai répondu qu'on en discuterait plus tard.

— C'est toi qui l'as déshabillée ?

— Non, c'est elle.

— Et pourquoi elle t'a mordu ?

— Je n'en sais rien.

— Où se trouvaient tes mains pendant qu'elle te suçait ?

— Une derrière sa tête et l'autre dans son dos.

— Elle a eu un problème pendant la fellation ou elle le faisait comme tu voulais ?

— J'avais toujours des difficultés à bander, mais sinon tout marchait bien.

— Comment as-tu fait pour l'étrangler ?

— Avec une main. Ma main droite.

— Et après ?

— J'ai roulé pendant un moment.

— Et qu'as-tu fait d'elle ?

— Elle était assise, morte, à côté de moi.

— Tu n'as pas cherché à la cacher ?

— Non. Je me suis dirigé vers Northampton Park et j'ai balancé son cadavre par-dessus le parapet du pont. »

Lors de la préparation de son procès, Arthur Shawcross donne une version plus détaillée de son premier crime à Rochester :

« En décembre 87, on a demandé à ma mère et à mon père de venir nous rendre visite. Ils ne sont jamais venus ! En janvier, on demande encore une fois. Personne se pointe. En février 88, un vendredi soir, je prends la voiture de Clara Neal, une Dodge Omni modèle 1987, couleur bleu clair. Je me sentais OK, mais il y avait quelque chose de bizarre en moi. J'ai commencé à transpirer. Pourquoi ? Et pourtant il faisait froid dehors, avec de la neige sur le sol.

« Je me dirigeais vers Lyell Avenue, en direction de la RT31. A Tent City, j'ai vu cette fille qui s'est mise en travers de ma route. Je me suis arrêté, elle est montée à bord pour me demander si je voulais un rencard. J'ai dit OK. Ensuite, j'ai demandé où on allait. Elle m'a guidé vers un endroit derrière un entrepôt. J'étais stupide. Pour moi, un rencard, ça voulait dire aller au resto ou un truc dans ce goût-là. Elle s'est marrée. Puis elle m'a demandé si je voulais baiser ! Comme ça.

« J'étais surpris parce que je l'avais jamais fait comme ça. Je lui demande combien, elle me dit 20 dollars pour une pipe et 30 pour "half and half". Moitié pipe, moitié baise. Je lui file les 30 dollars, et je lui dis que je voudrais la sucer pendant qu'elle me le fait. Elle est d'accord.

« J'ai ouvert ma braguette et sorti mon pénis, elle a retiré son pantalon et ses sous-vêtements, ses chaussures et ses chaussettes. Pourquoi tout ça, j'en sais rien. Mais la voiture était bien chauffée. J'étais sur elle, avec mon pénis dans sa bouche. Tout allait bien pendant environ trois minutes lorsqu'elle m'a mordu. J'ai hurlé et je me suis retiré. Il y avait du sang partout. J'ai eu peur et j'ai cru que j'allais mourir, vraiment. Je tenais mon pénis et j'ai crié en lui demandant pourquoi elle m'avait mordu.

« Elle n'a pas dit un mot, mais elle souriait et son visage était couvert de sang. Je me suis rapproché pour la mordre au vagin. Quelque chose s'est déchiré. Je m'en foutais. Maintenant, c'était à son tour de saigner. Mais la douleur ne s'était pas arrêtée. D'une main, je l'ai saisie à la gorge, ma main droite, et j'ai serré jusqu'à ce qu'elle s'évanouisse.

« Je suis sorti de la voiture et avec des mouchoirs en papier, je me suis fait une sorte de pansement, avant de remonter ma braguette. Je suis remonté dans la bagnole et je l'ai redressée en position assise. Elle respirait de façon normale. Avec sa culotte, je lui ai ligoté les mains dans le dos. Elle est revenue à elle et m'a demandé ce que je comptais faire. Entre-temps, on avait quitté la ville. Je lui ai dit de la boucler. Puis elle m'a dit que je n'étais plus la même personne que tout à l'heure, lorsqu'elle était montée à bord.

« Je me suis garé sur le bas-côté. Je lui ai tiré violemment les cheveux pour lui demander pourquoi elle m'avait mordu. Parce qu'elle en avait envie, qu'elle me répond ! Avec sa chemise, je lui ai attaché les chevilles. Ensuite, nous sommes allés jusqu'au parc de Northampton. Je me suis arrêté près d'un petit pont. J'ai stoppé le moteur et nous sommes restés assis un moment. Cette fois-ci, je l'ai frappée au visage et lui ai reposé ma question.

« J'ai pris la lampe torche pour m'examiner. Il y avait du sang partout ! Et tout ce que Miss Blackburn m'a donné comme réponse, c'était qu'elle en avait envie ! Je lui ai dit que je pourrais plus jamais faire l'amour à une femme ! Et elle a commencé à me traiter de tantouze, de pédé et à me maudire. J'ai enlevé mon pantalon, je suis sorti de la voiture et j'ai mis de la neige sur mon pénis. Le froid a stoppé les saignements. J'ai réussi à enfiler un préservatif en faisant très attention et je me suis réinstallé à l'intérieur.

« A ce moment-là je lui ai dit qu'elle allait être violée. Elle a rigolé. Du coup, je me suis mis en colère et à beaucoup transpirer. Je l'ai rapprochée de moi pour la tripoter. Puis je lui ai murmuré à l'oreille qu'elle allait mourir, et vous savez ce qu'elle m'a dit !

« Elle devait être droguée. Elle me riait au nez. J'ai défait les liens de ses pieds et de ses mains, avant de lui dire de se rhabiller. Ce qu'elle a fait, mais elle m'a traité de petit mec. Je l'ai étranglée en lui serrant le cou pendant dix bonnes minutes, du moins, c'est l'impression que j'ai eue. Elle s'est affalée.

« Je suis resté assis à côté d'elle pendant la moitié de la nuit. Je l'ai sortie de la bagnole pour la balancer sur la berge. Elle était face contre terre. Je l'ai observée pendant une demi-heure et j'ai quitté les lieux. Je suis revenu en ville pour m'arrêter chez Marks sur Lake Avenue. J'ai bu un café, le temps de me calmer et de reprendre le volant.

« Puis je me suis garé sur un parking pour nettoyer la voiture. Ses chaussures, chaussettes et son manteau étaient toujours à l'intérieur. Je les ai jetés dans une poubelle métallique mais j'ai gardé tous ses papiers. Ensuite je suis rentré à la maison. Le matin, j'ai nettoyé la bagnole du mieux que j'ai pu, mais il y avait toujours du sang sur le siège.

« J'étais comme dans un brouillard pendant plus d'une semaine. Même Rose et Clara m'ont demandé ce qui n'allait pas. C'est à peine si je parlais. Je n'étais plus moi-même, plus comme avant. »

Le 24 mars 1988, un groupe d'ouvriers d'entretien découvrent le cadavre de Dorothy Blackburn, neuf jours après sa disparition. Le médecin légiste indique qu'elle a probablement été étranglée, tandis que son vagin présente de multiples lacérations de plusieurs centimètres de profondeur. Son compagnon et souteneur, des habitués et des proches de la victime sont questionnés sans qu'aucune piste concrète apparaisse.

A la mi-avril, soit un mois après l'assassinat de Dorothy Blackburn, Arthur Shawcross rencontre une deuxième fois le psychologue chargé de l'examiner par la commission des libérations conditionnelles. Dans son rapport, il indique que « l'intégration sociale du sujet montre une forte amélioration. Il va épouser sa fiancée et le couple ne connaît plus de difficultés sexuelles. Il a renoué des relations avec ses parents au bout de dix-huit ans, son appartement est agréable et il semble s'être fait des amis. Il est parvenu à cacher son passé de détenu, si bien qu'il n'est plus traqué par des journalistes ni ridiculisé. Il travaille à plein temps et va bientôt obtenir une augmentation (...) Il n'éprouve toujours pas le besoin de suivre un traitement et indique qu'il n'est plus troublé par le type de pulsions qui l'ont amené à être condamné. Je l'ai trouvé convivial, chaleureux et faisant preuve d'un bon jugement. Pour le moment, je n'ai pas programmé d'autre rendez-vous et j'estime qu'il n'est pas nécessaire de l'obliger à venir me voir ».

VI. L'INSTINCT DE MORT

Peu de temps après cette rencontre avec le psychologue du Genesee Mental Health Clinic, Arthur Shawcross perd son emploi chez Fred Brognia. Les deux frères Brognia, propriétaires du commerce, connaissent le passé d'ex-détenu de leur employé, mais lorsqu'ils confrontent entre eux les récits contradictoires de Shawcross, ils se rendent compte qu'il leur a menti à tous les deux. A l'un, il prétend avoir été un tueur à gages pour la Mafia à New York et avoir liquidé un individu moyennant 500 dollars. Pour l'autre, il se trouvait en pleine guerre du Vietnam lorsqu'un conducteur ivre aurait tué sa femme et son fils en Amérique. A son retour au pays, il se serait vengé en tuant le chauffard et en brûlant sa maison.

Pour en avoir le cœur net, les frères Brognia téléphonent à un policier ami, Charles Militello (qui fera partie, deux ans plus tard, de l'équipe des policiers qui recueillent les confessions du serial killer), qui leur montre le casier judiciaire de Shawcross. En mai 1988, il quitte son poste, officiellement « pour raisons de santé ». Pendant deux semaines il devient vendeur ambulant de hot dogs avant de retrouver un emploi fixe de préparateur de légumes et de salades pour le traiteur G & G Food Service sur East Main Street, à Rochester, non loin de son domicile du 241 Alexander Street. Ses horaires sont assez flexibles : il débute généralement son service vers neuf heures du soir et, suivant le nombre de commandes, termine à deux ou trois heures du matin. Ensuite, il part en bicyclette rejoindre le Dunkin' Donuts où il prend un en-cas avant de rentrer chez lui. Shawcross est souvent aperçu en train de discuter avec des policiers locaux qui font une pause ou terminent leur service. Le plus souvent, il parle de pêche ou des nombreuses prostituées qui font le trottoir près de l'établissement.

En juin 1988, la commission des libérations conditionnelles exige de Shawcross qu'il se soumette à un nouvel examen psychologique. C'est le Dr Christensen qui le rencontre et qui consigne ses conclusions dans un rapport en date du 29 juin :

« J'estime qu'Art est un individu qui se contrôle bien et qui est assez stable. Bien qu'il continue à présenter un certain malaise et des accès de colère, il est capable de gérer extrêmement bien ces épisodes.

« Au vu de l'historique de son enfance et des difficultés de ses premières années en tant que jeune adulte, des traumas et d'un comportement asocial, il est logique de constater qu'Art ait développé des défenses élaborées et quelque peu dysfonctionnelles pour gérer ses émotions. Cependant, cette manière de fonctionner ne semble pas présenter, à l'heure actuelle, de difficultés comportementales ou émotionnelles. Pour le moment, Art ne ressent pas de motivation particulière pour suivre une thérapie. En conséquence, je ne vois, à l'heure actuelle, aucune raison particulière de poursuivre des consultations avec Art. »

Toujours manipulateur, Arthur Shawcross explique à Rose que sa relation avec Clara Neal est purement platonique, « c'est juste une amie », et, pour la rassurer, il l'emmène de plus en plus souvent lorsqu'il rend visite à Clara. Les deux femmes l'accompagnent fréquemment lors d'expéditions de pêche ou de chasse. La plupart du temps, Rose reste silencieuse et ne pose jamais de questions sur les relations qui unissent Clara et Arthur. Quant à Clara, Shawcross lui raconte qu'il reste avec Rose uniquement parce qu'il a été confié à sa garde afin de bénéficier d'une libération sur parole et que celle-ci va s'achever en avril 1990. Il ajoute qu'il ne fait plus l'amour avec Rose parce qu'elle veut toujours le chevaucher (« ride the pony », selon ses termes) et qu'il n'aime pas cette position ; de plus, elle travaille la journée et lui, la nuit, ce qui rend de plus en plus difficile toute relation sexuelle entre eux.

ANNA STEFFEN, 27 ANS, TUÉE LE 8 JUILLET 1989

Anna Marie Steffen est âgée de vingt-sept ans ans lorsqu'elle se fait arrêter pour prostitution par la police de Rochester, le 8 juillet 1989. Elle est enceinte et se drogue (à la cocaïne) comme la quasi-majorité des prostituées de la ville. Sa triste histoire est malheureusement typique. Très attachée à sa plus jeune sœur paraplégique, Anna Marie est bouleversée par son décès des suites d'une gangrène, à un point tel qu'elle n'arrive jamais à en parler. Mariée et mère de deux enfants, elle plonge dans la drogue pour oublier sa douleur. Le divorce qui s'ensuit l'amène sur le trottoir, avec sa succession de macs, de tentatives de suicide et de besoins pressants d'argent pour s'offrir ses doses. Alors qu'elle est enceinte pour la dernière fois, plusieurs personnes l'entendent clamer haut et fort qu'elle est prête à vendre son futur enfant pour cinq mille dollars et effacer ainsi ses dettes. Lorsqu'elle disparaît le 8 juillet, ses rares amies pensent qu'Anna Marie est peut-être partie accoucher ailleurs, en toute tranquillité.

Le 9 septembre 1989, un homme écume les rives de la Genesee River à la recherche de bouteilles vides de soda afin d'en récupérer la consigne. Il en trouve plusieurs et, par la même occasion, des ossements de jambe qui dépassent d'un sac-poubelle en partie recouvert par divers débris.

Le médecin légiste du comté de Monroe est dans l'incapacité

d'identifier les restes décomposés, même s'il estime que la victime a probablement été étranglée. En désespoir de cause, un technicien effectue une reconstruction faciale dont la photo paraît, deux mois plus tard, dans les journaux locaux. Parmi les appels qui s'ensuivent, un homme d'une cinquantaine d'années est presque sûr qu'il s'agit de sa fille qu'il n'a plus revue depuis un an et demi. Des radios dentaires confirment son intuition : Anna Maria Steffen est identifiée et ses restes sont enterrés auprès de sa sœur qu'elle chérissait tant.

Arthur Shawcross reconnaît cet assassinat lors de son interrogatoire du 4 janvier 1990, lorsque l'inspecteur Barnes lui montre une photo :

« Tu te souviens de cette fille ?

— Elle venait après Dorothy. Je l'ai rencontrée sur le chemin qui descend derrière l'immeuble du Y.M.C.A., du côté sud du pont de Driving Park. Elle s'est déshabillée pour aller nager dans la rivière. Elle m'a dit de venir la rejoindre, ce que j'ai fait. On a commencé à s'amuser un peu, à s'embrasser, à se toucher.

— A vous amuser comment ?

— A s'embrasser, à se toucher. Puis, nous sommes sortis de l'eau pour faire un 69. On a essayé de faire l'amour pendant pas mal de temps. Je dirais environ une demi-heure. Mais je n'y arrivais pas. C'est alors qu'elle m'a fortement poussé dans l'eau. J'étais furieux et, en remontant sur la berge, je l'ai à mon tour violemment poussée. Et elle est tombée sur le côté, en hurlant : “Pourquoi tu as fait ça ! Je vais avoir un bébé ! Tu es fou ou quoi ? Attends un peu que je prévienne la police !” Elle était hystérique. J'ai crié à mon tour : “Si tu es enceinte, pourquoi tu es venue ici pour me baiser ?” Ensuite, elle me dit : “Tu m'as fait mal et je vais aller le dire à la police.”

— Et ensuite ?

— J'étais fou de rage. Elle m'avait mis très en colère. Je l'ai étranglée, avec mes deux mains. Elle ne s'est pas débattue et elle est morte très vite.

— As-tu remarqué si elle était enceinte ?

— J'ignore si elle était enceinte ou pas. C'est ce qu'elle m'a dit. Son ventre n'était pas enflé. »

Il existe une autre version de ce meurtre, racontée pour les besoins d'un interrogatoire psychiatrique :

« Je me promenais le long de Lake Avenue, en direction de la ville, j'étais à la hauteur du Princess Restaurant quand cette fille m'aperçoit. Elle me reconnaît, et moi aussi.

— Tu veux un rendez-vous ?

— J'ai tout juste 20 dollars.

— Eh bien, j'ai rien d'autre à faire pour le reste de la journée. C'est d'accord.

« Nous nous sommes dirigés derrière l'immeuble du Y.M.C.A, pour descendre vers le pont de Driving Park. Elle connaissait le coin.

— Allons par là.

« C'était une sorte de chantier, vous savez ? Un pré était complètement tondu. Et, un peu plus loin, l'herbe était très haute, pas loin d'un mètre cinquante, juste au-dessus de la rivière, okay ?

« Elle commence à me faire une fellation, vous savez, et j'ai une érection. Ensuite, on a fait l'amour, une pénétration, okay ? C'est à ce moment-là que des gosses se sont pointés. Quatre ou cinq. Ils ont pris le même chemin que nous. Ils allaient vers la rive.

— Qu'est-ce que c'est que ce raffut ? me dit-elle.

— Ne bouge pas. C'est des gosses. Ils sont à six-sept mètres de nous. Ne dis rien.

« Du coup, elle s'agenouille. Okay ? Elle voit les gosses, elle veut se lever pour se rhabiller et foutre le camp. Je la tire en arrière.

— Reste tranquille, c'est tout.

« Je commence à paniquer car je suis en conditionnelle. Je suis à poil avec des gosses tout autour. Vous savez ? C'est la seule chose qui me tracasse. Et plus elle se débat et s'agite, plus je panique.

— Ferme-la, lui dis-je.

« Elle ne pense qu'à se lever pour partir. Du coup, je me mets sur elle.

— On peut pas laisser ces gosses voir ce qu'on fait !

— Si tu me lâches pas, je vais crier.

« A ce moment-là, il m'arrive la même chose que pour la première : j'ai commencé à transpirer, vous savez ? De la sueur me coulait de partout, et j'ai paniqué. Je l'ai prise à la gorge, vous savez ? J'ai tenu bon en la serrant de toutes mes forces, jusqu'à ce qu'elle ne bouge plus.

« Puis je l'ai fait rouler jusqu'au bord de la rive, c'était à quatre ou cinq mètres de là, pour la cacher derrière un buisson. »

Pendant cet été 1989, Arthur Shawcross se comporte de manière de plus en plus bizarre vis-à-vis des femmes. Il agresse à plusieurs reprises Linda Neal, la fille de Clara, sa maîtresse, en lui pinçant avec force les seins et les fesses, y compris en présence de sa mère. Linda voit sur le corps de sa mère des bleus et des traces de morsure, mais Clara Neal indique que ces marques sont simplement la conséquence de leurs ébats amoureux. Les voisines du couple Shawcross au 241 Alexander Street font tout leur possible pour éviter Arthur qui paraît fasciné par leurs seins. A l'une d'elles, il déclare que « pincer les seins peut entraîner un cancer » et il se propose de l'examiner sur-le-champ. Une autre fois, il se met à genoux devant une voisine et tente d'enfouir son visage entre ses cuisses.

Certaines prostituées sont nerveuses à son approche, même si elles connaissent « Mitch » ou « Joe » comme un habitué. Parfois, il leur demande de « faire le mort » pour avoir une érection. Son regard est très intense et il leur parle de manière abrupte, sans prendre de gants : « Hé, toi, tu veux qu'on aille près de la rivière et qu'on baise ? » Mais sa victime suivante ne sera pas une prostituée.

DOROTHY KELLER, 58 ANS, TUÉE EN JUILLET 1989

Le corps d'une femme non identifiée est découvert, le 21 octobre 1989, par trois pêcheurs le long de la Genesee River, en face de l'île de Seth Green. Le squelette est en position fœtale, son jeans est ouvert et descendu sur les cuisses. Le médecin légiste estime son âge à un peu plus d'une quarantaine d'années et pense que la mort a pu être causée par des coups. Elle est finalement identifiée sur la base des aveux d'Arthur Shawcross, le 4 janvier 1990. Il s'agit de Dorothy Keller, une S.D.F. qui survit grâce aux subsides du bureau d'aide sociale et à la revente de bouteilles vides qu'elle ramasse dans les poubelles ; elle travaille parfois comme serveuse en extra dans un des fast-foods fréquentés par Shawcross. Personne ne s'est aperçu de sa disparition courant juillet et elle est connue pour sa méfiance vis-à-vis des hommes et son fort penchant pour l'alcool. Shawcross raconte son assassinat aux enquêteurs :

« Et cette femme, tu la connais ?

— Dorothy Keller. Elle était nettement plus âgée. Cinquante-huit ans et ça s'est passé plus d'un an après. Nous avions des relations intimes et elle venait souvent chez moi.

— A ton domicile d'Alexander Street ?

— Oui. Elle y est restée plusieurs fois, mais elle a commencé à voler de l'argent, de la nourriture et diverses choses, et je lui ai dit. Et elle me répond : "De toute façon, je fais ce que je veux, sinon je parle de nos histoires à ta femme." Je lui dis : "Bon d'accord, si c'est comme ça...” Un jour, j’étais parti pêcher à Driving Park lorsque je la rencontre sur le chemin qui mène au moulin. Elle m’a accompagné, mais pas pour pêcher. Finalement, on a baisé.

— Fellation, quel style ?

— Fellation, je l’ai sucée, baisée par-devant, sodomisée, enfin tout, quoi.

— Vas-y. Continue.

— Nous avons fait un pique-nique au bord de l’eau et elle m’a dit qu’elle allait tout raconter à Rose. Alors j’ai pris une grosse branche et je lui ai balancé un coup sur le côté de la tête. De toutes mes forces. Je crois que ça lui a brisé la nuque.

— Et après ?

— J’ai pris son corps pour le déposer dans des buissons tout proches, et je suis parti.

— Tu as recouvert le cadavre ?

— Non.

— Elle habitait où ?

— Elle n’avait pas de domicile. Elle vivait dans la rue. Parfois, elle couchait à l’église catholique d’Oxford.

— Elle avait un emploi ?

— Non.

— Et tu la payais quand vous faisiez l’amour ?

— Non.

— Tu es retourné sur les lieux du crime ?

— Oui, un ou deux jours après. Mais c’était uniquement pour pêcher dans le coin. La routine, quoi. (Cette expression, “Business as usual”, revient constamment dans la bouche d’Arthur Shawcross qui ment par omission lorsqu’il dit qu’il revient sur les lieux du crime “uniquement pour pêcher”. Nombre de tueurs en série agissent ainsi pour y trouver une satisfaction sexuelle.) J’étais même présent quand la police a découvert le corps.

— Tu as été questionné par la police ?

— Non.

— Tu avais vu des informations télévisées annonçant la découverte du corps ?

— Oui. Je crois que oui.

— Pourquoi n’as-tu pas passé un coup de fil, même anonyme, pour indiquer de qui il s’agissait ? Après tout, c’était ton amie, tu lui devais bien ça ?

— Je n’avais aucune raison de le faire.

— Cela te gêne-t-il d’avoir tué ainsi une amie ?

— Non, pas du tout.

— Tu n'éprouves pas de remords ?
— Non. »

Il en donne une version plus détaillée lors d'un interrogatoire avec un psychiatre quelques semaines plus tard :

« Une de ces femmes qui vit dans la rue, Dorothy, elle venait chez nous faire du ménage, vous savez ? Je lui donne trois ou quatre dollars de l'heure, vous savez, juste pour nettoyer l'appart'. J'allais au boulot, Rose aussi, et elle restait sur place pour faire le ménage, vous savez ? Tout baigne pendant un moment, vous savez ? Puis elle commence à piquer des pièces de 25 cents pour la laverie automatique.

« Un jour, elle arrive et elle est très sale. Elle m'explique qu'elle dort au bord de la rivière, sous un arbre. "Je peux prendre un bain ?" Je dis, d'accord.

« Et elle veut savoir si je suis d'accord pour laver ses fringues. Je descends et, lorsque je remonte à l'appart', la voilà qui est assise dans notre salon et elle est complètement à poil. Pas même une serviette, assise tranquille à fumer une clope, vous savez ? Du coup, je suis allé lui chercher une serviette de bain. "Tiens, tu mets ça."

— Qu'est-ce qu'il y a, ça te rend nerveux ?
— J'suis pas nerveux.

« Je reprends la serviette et je la range dans l'armoire à linge. Je m'assois près d'elle pour discuter, vous savez ? Ensuite on a commencé à s'amuser un petit peu. Ça a duré à peu près deux mois. Un jour, je me rends comme tous les jours au bord de la rivière pour pêcher. J'attrapais des perches et toutes sortes d'autres poissons. Donc, un matin, j'aperçois Dorothy.

— Où vas-tu ? me dit-elle.
— Eh bien, je vais jusqu'à cette petite crique, là-bas.

« Je prends ma bicyclette que j'enchaîne à un arbre. Elle me suit et on s'assoit pour discuter. Quelqu'un avait dégagé l'endroit en coupant des arbres pour s'installer une sorte de campement.

— Il faut que tu arrêtes de piquer de l'argent à la maison. Quand tu fais le ménage, je te donne quatre dollars de l'heure, okay ? Si c'est pas assez, si tu en veux plus, eh bien, je prendrai quelqu'un d'autre.

« Sur ce, elle a le culot de me dire qu'elle va tout raconter à Rose, au sujet de notre relation. Ça m'a mis de mauvais poil, vous savez ? J'ai ramassé une des grosses bûches qui traînait et je lui en ai balancé un coup. Et elle est tombée par terre. C'est là que je me suis mis à transpirer de nouveau, vous savez ? Pareil qu'avant : une forte luminosité, un silence total, l'impression que tout se rapetisse autour de moi. Je l'ai emportée pour la cacher derrière un arbre qui pourrissait, parmi l'herbe haute, à l'écart du chemin. J'ai pris ses vêtements, ses chaussures et tout le reste pour les poser près d'elle. Je suis resté un bon moment parce que j'arrivais pas à croire ce qui s'était passé.

« Un peu plus tard, dix minutes environ après que je l'ai installée là, je vois quelqu'un. Je m'étais aperçu de rien. Il se trouvait sur le chemin, à trois mètres de moi. Il ne m'a même pas vu, il a poursuivi son chemin.

— Qu'avez-vous ressenti ?

— Une panique terrible, vous savez ? J'ai chialé. Et je suis resté sur place jusqu'à la fin de la journée.

— Avec elle ?

— Ouais. Et je suis rentré chez moi, et j'ai fait comme si tout ça ne s'était jamais passé. Une autre fois, ça devait être deux ou trois semaines plus tard, je suis retourné sur place. Avant de la voir, j'ai senti son odeur. Il y a très souvent des poissons crevés, mais ce n'est pas du tout la même odeur, vous savez ? J'ai l'habitude. J'aperçois un bout de squelette, un crâne fendu, et, à l'aide d'un bâton, j'ai ramassé le crâne pour le jeter au loin dans la rivière. Ensuite, je suis parti.

— Il a flotté ou il a coulé ?

— Non. Il a... il y avait beaucoup de courant. Il a flotté un moment, pendant une dizaine de mètres, avant de disparaître dans les flots.

— Vous indiquez que vous avez déposé les vêtements près de son corps ?

— Ouais.

— Vous ne m'aviez pas dit qu'elle était nue ?

— On s'amusait un peu avant ça.

— Vous faisiez l'amour ?

— Ouais.

— Avant d'avoir cette discussion au sujet de l'argent ?

— Ouais.

— Et vous étiez nus tous les deux ?

— Ouais.

— Quand vous l'avez frappée, vous étiez nu ?

— Oui.

— Et dès qu'elle est tombée par terre... ?

— Du sang coulait d'une oreille et au coin d'un œil.

— C'est à ce moment-là que vous vous êtes mis à transpirer et que tout paraissait changé autour de vous ?

— Ouais, c'est ça.

— Rose était-elle à la maison lorsque vous êtes rentré ?

— Non. »

Au mois d'août, Rose Marie Walley et Arthur Shawcross décident finalement de se marier. Il téléphone à sa mère pour l'inviter à la cérémonie, mais elle refuse une fois de plus de se déplacer à Rochester. Lorsque son fils lui propose de venir à Watertown, elle dit qu'il ne sera jamais plus le bienvenu à Watertown. Furieux, Shawcross ne lui envoie pas de carton d'invitation. Le couple ne reçoit pas de cadeaux de la mère de Shawcross, « puisqu'il n'a pas pris la peine d'envoyer un carton d'invitation ». Lors de la cérémonie, personne ne vient, à l'exception des enfants de Rose. Arthur Shawcross, qui a préparé un énorme buffet, est obligé de distribuer la nourriture pour ne pas tout jeter à la poubelle.

Pendant cet été, le couple prend une semaine de vacances durant laquelle il se rend à Charlotte, principalement pour pêcher à Driving Park. Lors d'une excursion, Arthur Shawcross fait une chute sur une berge du parc et il glisse pendant une vingtaine de mètres. Il se brise le pied et quatre ligaments de sa cheville sont également abîmés : il doit porter un plâtre pendant deux semaines environ, ce qui ne l'empêche pas de rencontrer d'autres prostituées, comme nous le savons, grâce au témoignage de Jo Ann VanNostrand. Ni de pêcher d'ailleurs, puisque le lendemain de sa visite à l'hôpital, il est déjà de retour sur la jetée de Driving Park pour y attraper des perches et des saumons.

VII. LA MACHINE À TUER

Pendant plusieurs mois, la police se demande si elle a affaire à un seul et unique tueur. Cela concerne principalement une des victimes, Dorothy Keller, âgée de cinquante-huit ans, qui ne correspond pas au profil des autres infortunées. Ni droguée, ni prostituée, les restes squelettiques de Dorothy Keller ont pourtant été découverts, le 21 octobre 1989, dans la Genesee River, plusieurs mois après sa disparition. Blackburn a été découverte à plusieurs kilomètres de distance des cadavres de Keller et de Steffen. Le corps de Steffen est recouvert de débris et de tuiles provenant du chantier de construction et, jusqu'aux aveux d'Arthur Shawcross, la police a toujours cru que le tueur avait voulu cacher le cadavre, alors qu'il s'agit d'un hasard malencontreux. Keller est décapitée, son corps est sur la terre ferme, elle est visiblement beaucoup plus âgée que les autres et elle n'a pas été étranglée ; elle a la nuque brisée. Blackburn et Steffen sont mortes d'asphyxie, mais cette dernière a de l'eau dans les poumons.

Pendant cette période, plusieurs autres prostituées sont assassinées, selon des modes opératoires très différents les uns des autres :

— Nicola Gursky, abattue sur Lake Avenue.

— Jacqueline Dicker, étranglée. Son corps est abandonné sur une bretelle d'accès d'une des autoroutes qui mènent à Rochester.

— Linda Hymes, écrasée à plusieurs reprises au moyen d'une même voiture.

— Sharon Eady, poignardée.

— Rosalie Oppel, étranglée. Son cadavre est déposé près d'un parking de Kodak.

Tous ces crimes sont-ils liés ou, comme le pensent bon nombre d'enquêteurs, se trouvent-ils en présence de trois ou quatre tueurs différents, voire plus ?

Les policiers ont beaucoup de mal à établir l'emploi du temps des victimes dans les heures qui précèdent leur assassinat. Ce sont des prostituées dont les clients ou « protecteurs » n'éprouvent pas le besoin de témoigner. De plus, l'état de décomposition avancé de certains des corps rend extrêmement difficile toute certitude quant au jour exact du meurtre. Pas d'arme du crime ni d'empreintes, pas de sperme ni de fragment de peau retrouvé sous les ongles des victimes. L'assassin tue rapidement et avec une grande efficacité. Il s'agit pourtant de prostituées endurcies, dures au mal et qui semblent se laisser tuer sans offrir la moindre résistance. Parfois, l'autopsie révèle l'absence de blessures de défense sur les corps. Le meurtrier connaît-il les victimes avant de les aborder ?

Dans un rapport écrit en novembre 1989, le détective William Barnes remarque que les cadavres de trois victimes ont été recouverts avec soin, comme si on voulait les camoufler et éviter qu'ils soient découverts par reconnaissance aérienne. Il avance l'hypothèse que l'assassin aurait pu débuter sa carrière criminelle pendant la guerre du Vietnam et il indique que l'homme va continuer ses crimes selon un rythme qui pourrait s'accélérer. Malheureusement, ce rapport est mis aux oubliettes, aucun département de police ne voulant admettre qu'il a une affaire de serial killer sur les bras.

Le manque flagrant d'indices donne naissance aux rumeurs les plus folles dans une affaire qui ne quitte plus la une des quotidiens locaux. Pour ceux qui penchent pour la théorie d'un serial killer unique, l'assassin est un habitué des prostituées. Il cherche, selon les uns, à se venger après avoir attrapé le sida lors d'une passe. Pour d'autres, c'est un policier qui est connu des « filles ». Il les attire sous divers prétextes ou les place en état d'arrestation. Ou bien l'homme déteste les femmes. En tuant des prostituées, il se débarrasse en fait d'une mère ou d'une sœur aînée qu'il haïssait. Le meurtrier doit appartenir à un culte satanique du style de celui de Charles Manson, ou bien encore il se déguise en pasteur pour mieux tromper ses victimes.

Malgré tous les efforts de la police, qui a même obtenu une coopération totale de la part des prostituées sur le terrain, aucune piste n'aboutit. Les enquêteurs suggèrent aux prostituées de travailler en duo et de noter les numéros de plaques d'immatriculation des clients dont le comportement pourrait leur paraître suspect.

PATRICIA IVES, 25 ANS, TUÉE LE 29 SEPTEMBRE 1989

A l'ouverture de la saison de chasse, Arthur Shawcross organise plusieurs sorties en compagnie de Rose et de Clara Neal. Dès qu'il abat une bête, il est très déçu de tomber à chaque fois sur un mâle étant donné qu'il a promis au plus jeune fils de Clara de lui donner une chatte. Cela ne l'empêche pas de découper parfois les organes génitaux des cerfs pour les ramener chez lui ; il ajoute, sur le ton de la plaisanterie : « On sait jamais, ça peut peut-être servir ! »

Patricia Ives, alias « Patty » pour ses clients, a quinze ans lorsqu'elle découvre la drogue ; elle quitte le lycée l'année suivante. Après un bref mariage, elle survit en travaillant comme stripteaseuse dans un club privé où elle propose des « services spéciaux » aux hommes qui sont prêts à la payer. Mais la cocaïne la pousse dans la rue, où elle tombe sous la coupe d'un souteneur plusieurs fois condamné pour des cambriolages. Elle tente à plusieurs reprises des cures de désintoxication qui échouent à chaque fois. Patty donne naissance à un fils contaminé à la cocaïne qu'elle est obligée d'abandonner aux services sociaux de Rochester. Bientôt, ses rares amies la surnomment « Patty la Folle » – elle a pris l'habitude de parler sans jamais s'arrêter. Autrefois intelligente, elle a le cerveau complètement grillé par la drogue et l'alcool. Ses bras arborent une longue traînée de marques de piqûres et plusieurs de ses dents sont pourries. Elle ressemble à un squelette ambulant et on la soupçonne fortement d'avoir le sida.

Patricia Ives disparaît le 29 septembre 1989 ; c'est son compagnon et protecteur qui reporte son absence auprès des autorités, près de quinze jours plus tard ! Il est soupçonné par la police avant d'être relâché après un interrogatoire.

Peu de temps après, un homme connaissant Patty téléphone à la police pour indiquer qu'il roulait le long de Lake Avenue lorsqu'il l'a aperçue vers 19 h 30 en compagnie d'un individu de race blanche qui roulait à bicyclette. Des cannes à pêche dépassaient des paniers accrochés à l'arrière. Le pêcheur a garé sa bicyclette derrière l'immeuble du Y.M.C.A. et a suivi la prostituée dans une ouverture de la palissade du court de tennis attenant. Arthur Shawcross raconte ainsi sa rencontre avec Patricia Ives, lors de ses confessions du 4 janvier 1990 :

« Parle-nous un peu de Patty Ives ?

— Je la connaissais bien, je la voyais souvent. Je l'avais déjà rencontrée au même endroit, au coin de Lake et de Driving Park, deux jours auparavant. J'étais en bicyclette et on avait discuté un moment. La fois suivante, je venais de descendre du bus quand je l'ai vue. On a parlé un bout de temps et elle m'a demandé si je voulais faire l'amour avec elle.

— Elle voulait de l'argent ?

— On n'a pas parlé d'argent.

— Il était quelle heure ?

— Entre dix heures et midi.

— Et ensuite ?

— On est allés dans le parc, derrière l'immeuble du Y.M.C.A. Quelqu'un avait retourné des mottes de terre qui formaient des gros tas. On s'est cachés derrière un de ces tas. On a commencé à s'amuser.

— Vous avez eu des rapports ?

— Oui. Du sexe normal.

— Tu lui avais retiré son pantalon ?

— Non, pas tout à fait. Juste baissé.

— Tu l'as pénétrée par-derrière ?

— Non, elle avait une jambe écartée. Il y avait des gosses qui jouaient dans le parc, pas très loin d'où nous étions. J'ai dit à Patty de la fermer, parce qu'elle faisait trop de bruit. Elle n'arrêtait pas de bavarder.

— Et ensuite ?

— Elle continuait à faire trop de bruit alors je me suis fâché et je l'ai étranglée.

— Elle est morte tout de suite ?

— Non, non, elle s'est débattue pas mal de temps. J'étais au-dessus d'elle, avec une main lui couvrant la bouche et le nez, tandis que j'appuyais de toutes mes forces avec mon autre bras.

— A ce moment-là, elle était déshabillée ?

— Non.

— Qu'as-tu fait du cadavre ?

— Je l'ai tiré dans les buissons, près d'une barrière, et j'ai placé une planche de bois par-dessus.

— Personne ne t'a vu quitter les lieux ?

— Non.

— Tu es parti en courant ? Tu avais peur ?

— Non, pas du tout.

— Tu éprouves des remords ?

— Non. »

Le dimanche 27 octobre 1989, une semaine jour pour jour après la découverte du corps non identifié de Dorothy Keller, un jeune garçon joue à lancer sa balle de base-ball près de l'édifice Y.M.C.A. de Maplewood. Pour chercher sa balle égarée, il se glisse dans une ouverture de la palissade et, horrifié, trouve un pied humain qui dépasse d'un morceau de carton. Le corps de Patty Ives est allongé sur le dos. Elle est habillée mais ne porte pas de sous-vêtements. On lui a dérobé son anneau de mariage en or. D'après l'état de décomposition avancé du cadavre, le médecin légiste émet l'hypothèse que la victime est décédée de strangulation.

JUNE STOTT, 30 ANS, DÉCÉDÉE LE 23 OCTOBRE 1989

A l'instar de Dorothy Keller, June Stott n'est pas une prostituée et elle ne se drogue pas. Sans domicile fixe depuis le décès de sa mère, June habite, la plupart du temps, chez un retraité, Joseph Tibbetts, qui l'a recueillie deux ans plus tôt. C'est une jeune femme très craintive, quelque peu retardée mentalement et qui entend des voix, jusqu'à se croire persécutée par des esprits. Elle est très méfiante vis-à-vis des hommes et porte constamment un canif pour parer à d'éventuelles agressions. Aux dires de Joseph Tibbetts, elle soulève même de la fonte pour augmenter sa masse musculaire et pouvoir ainsi mieux se protéger.

Le jour de sa disparition, le 23 octobre, June a rendez-vous dans un café avec Joseph Tibbetts, mais elle ne vient pas. Il ne s'inquiète pas outre mesure de son absence, la sachant extrêmement méfiante et pensant qu'elle a dû rencontrer quelqu'un d'autre. Peut-être même ce type corpulent d'une cinquantaine d'années avec qui il l'a vue à plusieurs reprises dans des cafés du coin. Un homme qui se déplace en vélo, muni de cannes à pêche. A plusieurs reprises, June Stott est revenue à la maison avec un saumon enveloppé dans du papier journal. Mais, trois semaines plus tard, John Tibbetts s'inquiète à la lecture d'un journal qui relate la série de crimes qui frappe Rochester.

Shawcross relate comme suit son crime aux enquêteurs qui le questionnent :

« Tu connaissais déjà June Stott ?

— Oui, je l'avais rencontrée deux ou trois fois, au Midtown. Je la connaissais juste sous le nom de « J ». Elle était un peu retardée.

— Comment savais-tu qu'elle était retardée ?

— En discutant. J'avais déjeuné une fois avec elle.

— Qu'est-ce qui s'est passé avec elle ?

— On discutait le bout de gras au bord de la rivière, près de l'usine à ciment. Elle m'a dit qu'elle était encore vierge et elle voulait que je lui montre comment on faisait l'amour. J'ai dit d'accord. On a commencé à enlever nos vêtements.

— C'est elle qui s'est déshabillée ?

— Oui, je l'ai juste aidée un peu pour son soutien-gorge.

— Il faisait nuit ?

— Non, on était en plein jour.

— Et il n'y avait personne ?

— Si, mais ils ne nous dérangeaient pas. On a utilisé des bouts de tapis qui traînaient dans le coin pour nous allonger dessus. Nous étions complètement nus. Et je l'ai pénétrée, mais c'était bien trop facile : June n'était pas vierge. Elle m'avait menti et je lui ai dit. Son vagin ne saignait pas. Je lui ai répété qu'elle se moquait de moi. Elle paraissait bouleversée et s'est mise en colère. Elle m'a frappé et j'ai fait pareil, avant de l'étrangler.

— Qu'as-tu fait de ses vêtements ?

— Je les ai jetés dans la rivière où ils ont coulé tout de suite.

— Tu as gardé quelque chose ?

— Juste un petit couteau qu'elle avait toujours sur elle.

— Pourquoi ce couteau ?

— C'était un chouette petit couteau. Je l'aimais bien. Il mesurait environ dix centimètres de long.

— Qu'as-tu fait du corps ?

— Je l'ai laissé là où il était.

— Tu es revenu sur les lieux ?

— Oui, trois jours plus tard.

— Dans la journée ?

— Oui, juste avant le lever du jour. Je venais de quitter mon travail. Il y avait encore du brouillard.

— Tu es venu en voiture ?

— Non. Avec le bus. Je crois même que c'était le premier bus.

— Pourquoi revenir sur les lieux ?

— Pour mutiler le corps et pour qu'il se décompose plus vite. Je l'ai ouvert du cou jusqu'au vagin.

— Tu étais en colère après elle ?

— Non, j'aimais bien June. Mais c'était pour que le corps se décompose plus rapidement. Puis, j'ai retourné le corps sur le ventre et posé le tapis sur elle, afin qu'on ne la retrouve pas. Le corps était chaud. Il n'était pas encore rigide. Alors je l'ai encore baisée. Après l'avoir mutilée de la nuque au trou du cul, j'ai découpé sa chatte que j'ai dévorée crue.

— Pensais-tu revenir encore une fois ?

— Oui, une fois décomposée, je serais retourné pour jeter les os dans la rivière.

— Pourquoi ne pas avoir jeté le corps dans la rivière, la première fois ?

— J'aimais bien June.

— Pourquoi ne pas avoir enterré le corps ?

— Je n'avais pas de pelle.

— Et si c'était à refaire ?

— J'aurais aimé trouver un grand trou pour y mettre tous les corps, afin qu'elles soient toutes ensemble.

— Cela aurait été mieux ?

— Oui, ça m'aurait plu.

— Tu as coupé June avec son propre couteau ?

— Oui. »

Pour les besoins d'un entretien avec un psychiatre, il donne une nouvelle version du meurtre de June Stott :

« June Stott, je la connaissais sous le nom de "J", et elle était déjà venue manger chez nous, pour dîner. Elle vivait dans la rue. La première fois que je l'ai rencontrée elle était très maigre et je lui ai dit : “Si jamais tu as faim, te gêne pas, tu passes me voir, okay ? Ou si tu as froid ?” La plupart du temps, je la voyais dans le centre commercial de Midtown, là où ils ont installé ces petites tables. Elle y traînait toujours à l’heure des repas. Elle trouvait toujours quelqu’un pour lui payer quelque chose à manger. J’ai jamais su où elle habitait.

« Ce jour-là, j’étais en voiture, la Dodge Omni. Je roulais le long de Dewey Avenue lorsque je l’aperçois assise sur un banc et qui me fait signe de la main. Je stoppe le véhicule et elle me demande : “Qu’est-ce que tu fais de spécial ?”

— Rien. Je me balade. Je vais aller pêcher.

— Et si on se promenait en voiture ?

« Je lui dis d’accord. A cet instant, je vois un flic et je le dépasse le long de Lake Avenue.

— Tu sais, tu viens de prendre une rue à sens unique, me dit-elle.

— Là où je vais, il n’y a qu’un chemin.

« C’était étrange. Le flic a tourné la tête pour me regarder. Il était dans sa bagnole et il m’a regardé, vous savez ? A cet instant, ça m’a fait bizarre.

« Et nous sommes allés à Charlotte dans une station-service où j’ai acheté du pain, des chips, des bouteilles de soda et d’autres trucs. Je me suis garé près de la plage, sur l’énorme parking de la Genesee River, là où il y a les entrepôts. J’ai fermé les portières et nous nous sommes dirigés sur la jetée pour nourrir les mouettes et les canards avec des miettes de pain. On s’est assis à l’extrémité de la jetée pour observer les bateaux. Pendant environ deux heures, avant de reprendre la voiture pour retourner à cette station-service et y acheter d’autres trucs, encore du pain, etc. J’ai roulé jusqu’au parc de Turning Point.

« Nous sommes descendus le long de la berge pour suivre le petit chemin bétonné qui serpente, là où on attache les péniches. Un peu plus loin, il y a un petit coin avec beaucoup d’herbe. Quelqu’un y avait laissé un vieux tapis, il était gris et en deux morceaux. Du coup, au lieu de s’asseoir sur l’herbe, on s’est installés sur le tapis.

« On est là, à discuter le bout de gras, vous savez ? Tranquilles, quoi. Je sais plus de quoi on discutait, mais, au bout d’un moment, voilà qu’elle me dit :

— Tu peux m’apprendre comment on fait l’amour ?

— Quel âge tu as ?

— Trente.

— Et t’as jamais été avec un homme ?

— Non.

« Sur ce, elle retire son manteau. Et moi, ma chemise. J'enlève tout, sauf mon caleçon. Elle garde son slip et son soutien-gorge. Je m'allonge près d'elle et je commence à l'embrasser. Je la regarde et je lui dis :

— Me dis pas que tu n'as jamais été... Où as-tu appris à embrasser ainsi ?

— A la télé.

— Ouais, c'est ça.

« Bon, je continue à la tripoter, je soulève son soutien-gorge. Rien, pas de réaction. Et je lui masse le vagin. Pareil, pas de réaction. Et je lui dis :

— Qu'est-ce que je dois faire ?

— Okay, répond-elle.

« J'arrive pas à le mettre dedans, vous savez ? C'était pas une vierge, mais j'arrive pas à la pénétrer. Et, à ce moment-là, elle se redresse :

— Oh, mon Dieu. Je vais prévenir la police.

« Vous savez, j'ai paniqué. Je la repousse par terre.

— C'est toi qui m'as demandé de te le faire. Et maintenant, tu veux tout gâcher et foutre le camp pour prévenir les flics ?

— Eh bien, je me suis trompée.

« C'est à ce moment-là que je me suis mis à transpirer à nouveau, et cette luminosité, ce silence, vous savez ? D'habitude, on entend toujours les mouettes, les sirènes des bateaux ou les pêcheurs de saumon qui vont vers Driving Park. Et j'ai paniqué. Je l'ai étranglée. Elle ne s'est pas débattue. Pas du tout.

« J'ai pris tous ses vêtements, son slip, le soutien-gorge et tout le reste et je suis allée sur la rive dix mètres plus loin pour les balancer dans la rivière. Il y avait une énorme péniche en métal qui passait et le tourbillon a fait couler les fringues. Et je suis retourné sur place, vous savez ? Et je me sentais mal, et je lui parle, vous savez ? Pourquoi, j'en sais rien ? Je dis :

— Ça n'avait pas besoin de finir ainsi.

« Je reste sur place pendant environ deux ou trois heures, c'est la fin de l'après-midi, et je retourne m'asseoir dans la voiture, vous savez ? J'y suis à peu près une heure à essayer de réfléchir à tout ça, avant de revenir en ville. Je crois que je suis allé chez Clara, mais je n'en suis pas sûr. Elle devait travailler quelque part. En tout cas, je dépose la voiture et je rentre à vélo chez moi.

« Et environ deux jours plus tard, je prends le bus jusque-là. Je descends sur la berge pour voir si c'était vrai, vous savez ? Je pensais, vous savez, enfin, je voulais voir si ça s'était vraiment bien passé pour de vrai ? Et elle était bien là. Le corps était raide, et le temps commence à se réchauffer. Et je suis assis à côté d'elle et je lui parle, enfin, je parle au cadavre. Du coup, j'examine les lieux pour voir si quelqu'un d'autre est venu. Je trouve un peu de monnaie, des clefs et des papiers d'identité, c'est comme ça que j'ai appris son vrai nom et où elle habitait.

« J'ai aperçu ce couteau de poche qui devait lui appartenir. Je l'ai prise sous les aisselles pour la traîner vers une zone marécageuse à environ vingt mètres de là. J'ai aussi emporté le tapis. Et, je sais pas pourquoi, j'ai pris ce couteau pour l'ouvrir depuis son cou jusqu'à son anus. Mais je n'ai pas coupé la paroi stomacale. Juste le tissu graisseux, et j'ai tranché son vagin et je l'ai mangé. Pourquoi ? J'en sais rien. Je l'ai juste mangé et j'ai pris... j'y suis retourné. Je l'ai recouverte avec le tapis. En premier je l'ai retournée sur le ventre, puis je l'ai couverte avec le tapis et j'ai ramassé tout ce qui traînait. J'ai tout jeté dans la rivière et je suis parti.

— Et vous ne savez pas pourquoi vous l'avez découpée ?

— Non.

— Pouvez-vous imaginez une raison qui explique un tel geste ?

— Non.

— Comment avez-vous retiré le vagin ?

— Je l'ai coupé, en tranchant tout autour.

— Et vous l'avez cuit, par la suite ?

— Pourquoi je l'aurais cuit ? J'ai dit que je l'avais mangé.

— Je vous demandais si vous l'aviez cuit ?

— Non.

— Qu'avez-vous fait pendant que vous le mangiez ?

— C'est une question stupide. J'étais assis comme dans un brouillard.

— Vous étiez assis près du corps ?

— Je mangeais... je l'ai juste avalé, je faisais rien de spécial, vous savez ? Je pensais à rien de spécial. J'étais simplement là. »

Le 23 novembre 1989, un homme promenant son chien le long des rives de la Genesee River découvre un pied nu qui dépasse d'un tapis raidi par la glace. Les premières constatations montrent que le corps a été déplacé après le décès de la victime. Elle est allongée sur le ventre, le genou droit replié, les fesses en évidence. Malgré l'absence de sperme, les enquêteurs pensent qu'elle a pu être violée post mortem. Le corps est resté sur place de trois à quatre semaines et elle est très certainement morte par strangulation. Le vagin est ensanglanté et les lèvres génitales ont été enlevées. En soulevant le cadavre, les policiers découvrent un couteau de poche et une petite serviette ensanglantée. Il n'y a pas d'empreintes. Le tueur s'est probablement essuyé les mains avant de quitter les lieux. Cette fois-ci, il a changé d'endroit pour déposer le corps. Ce coin de Charlotte se situe à plus de dix kilomètres de ses « dépôts » habituels.

MARIA WELCH, 22 ANS, TUÉE LE 5 NOVEMBRE 1989

Maria Welch avait connu pas mal d'ennuis ces derniers temps. Chez elle, elle était harcelée d'appels anonymes et obscènes. Deux de ses clients l'avaient agressée en menaçant de la tuer. Et, pour couronner le tout, une amie prostituée lui avait raconté qu'un de ses habitués avait rencontré Patricia Ives et Dorothy Blackburn peu de temps avant leur décès.

Juste avant minuit, le 5 novembre 1989, Maria Welch confie son fils de moins d'un an à son compagnon âgé d'une soixantaine d'années. Elle lui indique qu'elle a peur de sortir à cette heure mais qu'elle a besoin d'argent pour se payer de la drogue. Elle a vingt-deux ans, les cheveux et les yeux marron et mesure un peu moins d'un mètre soixante pour environ quarante-cinq kilos. Son corps est décoré de nombreux tatouages : une feuille sur la cheville, « LOVE » sur les jointures d'une main, une rose au bras gauche ainsi qu'une licorne à l'avant-bras. Ne la voyant pas rentrer le lendemain matin, son compagnon alerte la police car Maria Welch n'a pas pour habitude d'abandonner ainsi son fils.

Voici les aveux de Shawcross :

« Où as-tu rencontré Maria Welch ?

— Au coin de Lyell et d'Oak Avenue.

— Tu étais en voiture ?

— Oui, la Dodge Omni.

— Vous êtes allés où ?

— Le long de Dewey Avenue, jusqu'au carrefour avec Lake, là où il y a la plage. On y trouve un petit parking qui fait face au lac.

— Que s'est-il passé ensuite ?

— Je lui ai demandé combien elle voulait. Et elle m'a dit : "Vingt-cinq dollars pour une pipe, quarante pour une pénétration et trente-cinq pour moitié-moitié. — Eh bien, je te donne vingt pour une fellation." Elle s'est mise à crier et à pousser une gueulante. Je lui ai dit : "Hé ! t'aurais dû me le dire plus tôt." Alors, elle a pris les vingt dollars. Nous étions encore habillés tous les deux quand elle m'a dit : “Donne-moi cinq de plus et je te laisse me pénétrer.” J’ai dit d’accord et je lui file cinq de plus. On commence à faire l’amour, mais j’avais gardé mon pantalon. Elle avait passé son bras derrière mon dos et je me suis aperçu qu’elle avait piqué mon fric et mes papiers. Elle avait déjà remis le portefeuille dans la poche de mon pantalon ; il dépassait encore à moitié. Je ne sais pas comment elle avait fait. Je lui ai dit de me rendre mes affaires. Sur ce, elle me répond : “Pas avant que j’obtienne ce qui est à moi.” C’est alors que je l’ai attrapée pour l’étrangler.

— Comment as-tu fait ?

— J’étais assis à côté d’elle et je lui ai serré la gorge avec mes deux mains. »

Par la suite, Arthur Shawcross consigne par écrit des détails supplémentaires concernant l’assassinat de Maria Welch :

« Le 9 novembre ou à une autre date du début du mois, je n’en suis plus très sûr, j’ai rencontré Maria Walsh (la faute d’orthographe est de Shawcross) au restaurant Marks, au n° 7 de Lake Avenue. Nous nous sommes garés un peu plus loin. On est restés assis à bavarder parce qu’elle avait froid. J’ai mis le chauffage au maximum et je lui ai donné 30 dollars. Elle a enlevé ses chaussures, ses chaussettes et son jeans. Puis le reste de ses fringues. J’ai juste défait ma braguette. Je lui ai demandé si elle était indisposée et elle m’a dit que non. Mais, quand je l’ai tripotée à l’intérieur, je me suis aperçu qu’elle saignait et avait un Tampax. J’avais jamais baisé comme ça !

« Je lui ai demandé de me rendre mon fric. Elle m’a répondu d’aller me faire enculer. Je lui ai serré la gorge jusqu’à ce qu’elle s’évanouisse. J’avais une corde dans la voiture, et j’en ai profité pour lui attacher les mains et les pieds. Je lui ai enlevé le Tampax pour mettre une serviette à la place. Je suais à grosses gouttes. Elle a repris connaissance et m’a demandé de la détacher. J’ai enlevé la serviette et c’était presque propre. Je l’ai baisée. J’arrêtais pas de m’essuyer le visage, la sueur me coulait dessus. Elle m’a dit : “Je t’aime.” Je l’ai embrassée avant de la tuer. J’étais assis à côté d’elle et je lui ai serré la gorge avec mes deux mains. »

Lors de ses aveux, le 4 janvier 1990, Arthur Shawcross indique l’endroit où il a déposé le cadavre de Maria Welch, près d’un terrain de golf dans la région de Charlotte, un endroit proche de Island Cottage.

FRANCES BROWN, 22 ANS, TUÉE LE 9 NOVEMBRE 1989

« Qui était la suivante ?

— Frances Brown, je crois.

— Où l'as-tu rencontrée, Art ?

— Au coin d'Ambrose et Lake. Il était environ dix heures. Dix heures du soir.

— Tu conduisais la Chevrolet Celibrity ?

— Non, une Dodge Omni. Elle est montée à bord en me disant de traverser le pont de Driving Park.

— Vous aviez discuté du tarif ?

— Non. Elle est juste montée à bord. Je lui ai demandé : “Combien tu veux ?” Elle m'a dit : “On verra plus tard, quand on sera arrivés.”

— Où êtes-vous allés ?

— On a traversé le pont, Upper Falls Boulevard, et je me suis garé sur un parking juste derrière l'usine Kodak. Elle voulait trente dollars que je lui ai donnés. On a commencé en 69 avant d'avoir des rapports normaux. J'avais reculé le siège qui était incliné vers l'arrière et, avec son pied, elle a pété le levier de vitesse. J'étais furieux, d'autant plus que c'était la voiture de Clara. Et je l'ai frappée à la gorge jusqu'à ce qu'elle meure.

— Elle avait enlevé tous ses vêtements ?

— Non, c'est moi qui l'ai déshabillée. Elle n'avait plus que ses chaussettes et je les lui ai enlevées.

— Et après ?

— Elle était sur le siège avant, à côté de moi, complètement nue. Je me suis rendu à Seth Green Drive et je suis resté un moment dans la voiture.

— Il était quelle heure ?

— Minuit.

— Qu'as-tu fait du corps ?

— Je l'ai balancé par-dessus la falaise. En me penchant, j'ai vu qu'elle avait atterri les fesses en l'air. Et j'ai aperçu un tatouage qui indiquait « KISS OFF » ou quelque chose dans ce style. Puis je me suis débarrassé de ses vêtements en les jetant dans une poubelle en ville.

— Où étais-tu garé exactement ?

— Au bord de la rivière, sur un chemin de traverse. C'est un coin où les pêcheurs installent des tables pendant la journée. Ce sont en fait des planches en bois qu'ils déposent au bord de la rivière, la nuit venue. J'y venais très souvent.

— C'est un endroit où tu te sentais bien ?

— Oui.

— Combien de temps es-tu resté assis à côté de son cadavre ?

— Environ une heure.

— Est-ce que tu lui parlais ?

— Non. De toute façon, elle était morte.

— Tu pensais à quelque chose ?

— Non, je ne pensais à rien de particulier.

— Tu écoutais la radio ?

— Oui, de la country music.

— Tu ne t'es pas senti excité ou anxieux ? Tu n'avais pas peur d'être repéré par une patrouille de police ?

— Non, pas du tout. J'y étais déjà venu quelquefois la nuit et je savais que la police ne passait jamais dans le coin. La routine, quoi. »

Dès le lendemain, un pêcheur découvre un corps dénudé de femme, à l'exception de bottes blanches. Il prévient la police qui est incapable d'identifier la victime dont le cadavre arbore plusieurs tatouages : « KISS OFF » sur les fesses, une aile sur la clavicule, un papillon sur le poignet et une croix à la cheville. Une autopsie indique qu'elle a été étranglée et frappée à plusieurs reprises. Comme d'habitude, il n'y a aucune trace de sperme. Cette jeune femme inconnue est rapidement identifiée comme étant Frances Brown, âgée de vingt-deux ans, et qui s'adonne depuis peu à la prostitution pour subvenir à ses besoins d'héroïne.

Depuis quelques semaines, les policiers qui se rendent au Dunkin' Donuts près de Lyell et Lake Avenues sont importunés par un type d'une cinquantaine d'années qu'ils ont surnommé le « pêcheur » et qui n'arrête pas de leur parler des meurtres de ces prostituées. Il arrive à bicyclette vers deux ou trois heures du matin, avec ses cannes à pêche, pour prendre un café. C'est toujours lui qui adresse la parole aux policiers en leur demandant si l'enquête progresse. Parfois, il leur offre un saumon et ajoute : « J'espère que vous l'aurez, ce type. C'est vraiment une honte ! »

VIII. LA TRAQUE

Une enquête traditionnelle ne permet pas toujours de résoudre de tels crimes et il a fallu que les forces de police s'adaptent à ce nouveau type de criminalité, en ayant recours à l'informatique (programmes VICAP pour l'ensemble des Etats-Unis, HALT dans l'Etat de New York, HOLMES en Angleterre ou CPIC au Canada), et à l'élément humain, également, avec le développement du profil psychologique.

En cette fin de novembre 1989 et en désespoir de cause, les autorités de Rochester font appel à l'unité spéciale du F.B.I. à Quantico, le B.S.U. (Behavioral Science Unit ou Unité des sciences du comportement ; depuis le cas Shawcross, cette unité a changé d'appellation et s'intitule Investigative Support Group), pour déterminer un profil psychologique du serial killer.

C'est l'agent spécial Gregg McCrary qui est chargé de dresser le profil psychologique de celui que la presse surnomme « The Rochester Nightstalker », « The Genesee River Killer » ou « The Rochester Strangler ». D'après ses conclusions, un unique tueur est responsable des meurtres de Dorothy Blackburn, Anna Marie Steffen, Patricia Ives, Frances Brown, June Stott et de la victime décapitée encore non identifiée (en fait, Dorothy Keller) ; McCrary estime qu'un ou deux meurtres supplémentaires peuvent probablement lui être attribués. L'individu est un homme de race blanche, âgé d'environ une trentaine d'années. C'est un mari difficile, prompt à la dispute et un maniaque de l'ordre et de la propreté. Il vit ou travaille près du quartier chaud de Lyell et Lake Avenues et possède un casier judiciaire. Il a sûrement eu des problèmes avec sa mère, il n'a pas d'amis proches et se sent mal à l'aise en présence des femmes. Il passe inaperçu. Malgré son caractère asocial, il est capable de feindre la jovialité et de présenter une sympathie de façade. Il est peut-être vigile de profession, à moins qu'il ne soit un fan de tout ce qui touche à la police ; ou même un policier qui se sert de sa plaque pour faire monter les prostituées à bord de son véhicule.

S'il est questionné par des policiers, l'homme leur dira à quel point il souhaite que le tueur se fasse prendre, qu'il habite le quartier et qu'il aimerait participer à la traque. En résumé, c'est un psychopathe. Le profil psychologique du serial killer, établi par le F.B.I., se révèle déterminant sur un point : il recommande aux policiers de surveiller avec un maximum d'attention les endroits où les cadavres ont été déposés, et surtout les alentours du fleuve Genesee, proches de Rochester, car le tueur a de fortes chances d'aller y revivre l'excitation de ses crimes. Le profil de Gregg McCrary n'est pas rendu public et, à partir de la mi-décembre, le chef de la police de Rochester décide de faire surveiller les alentours de la Genesee River, notamment grâce à l'utilisation de patrouilles d'hélicoptères. Après l'arrestation de Shawcross, on se rend compte que Gregg McCrary ne s'est trompé que sur un point important, l'âge du tueur : il l'estime à environ une trentaine d'années, alors que Shawcross a dix ans de plus. Pourquoi une telle différence ? L'agent du F.B.I. l'explique par les années d'emprisonnement d'Arthur Shawcross : « C'est comme si son développement s'était stoppé au moment où il est condamné pour les deux meurtres de Watertown, en 1972, et il purge ensuite quinze ans en prison. »

* * *

En ce mois de novembre 1989, les événements se précipitent. Le 5, Maria Welch disparaît ; le 9, c'est au tour de Frances Brown d'être assassinée. Son cadavre est découvert le lendemain. Le 15 novembre, un homme trouve, dans le jardin de sa maison de Meigs Street, à Rochester, le corps de Kimberley Logan, une prostituée noire de trente ans. Elle est complètement nue, le visage tuméfiée par de nombreux coups. Elle est décédée de coups de couteau dans le ventre. Fait intéressant : elle est cachée sous un tas de feuilles et on lui a enfoncé ces mêmes feuilles au fond de la bouche. La police suspecte un moment le serial killer inconnu, pensant que l'assassin a changé volontairement son mode opératoire et le lieu où il dépose ses victimes. Par la suite, Arthur Shawcross niera toujours avoir commis ce crime, car « il ne fait pas les Noires », même s'il admettra avoir tué Felicia Stephens. Il existe, malgré tout, des similitudes certaines, à la fois dans le désir de recouvrir le corps et de lui enfoncer du feuillage dans la bouche, un trait que l'on retrouve notamment dans plusieurs agressions de Shawcross à Watertown en 1972 et lors de l'assassinat de la petite Karen Ann Hill.

Le 27 novembre, la police découvre le corps d'Elizabeth Gibson, moins de onze heures après sa disparition. Deux jours plus tard, le chef de la police Gordon Urlacher reconnaît, pour la première fois, qu'un serial killer est à l'œuvre à Rochester et dans les comtés de Monroe et de Wayne. Le lendemain matin, les quotidiens locaux, tels que le *Times-Union* ou le *Democrat and Chronicle*, annoncent à leur une que douze femmes, et peut-être même une treizième, ont été assassinées par ce même tueur.

DARLENE TRIPPI, 32 ANS, TUÉE EN DÉCEMBRE 1989

Moins de deux semaines après la découverte du corps de June Stott, dans les premiers jours du mois de décembre, c'est au tour de Darlene Trippi, une prostituée de trente-deux ans, de rencontrer Arthur Shawcross. Voici les aveux de ce dernier :

« Darlene, tu l'as rencontrée quand ?

— Un après-midi. Je ne me souviens plus quel jour. Mais c'était le mois dernier. Il n'y avait pas encore de neige. J'étais sur Daus Alley.

— Que s'est-il passé ?

— Elle s'est approchée de la voiture. Elle m'a demandé si je cherchais quelqu'un. J'ai dit peut-être. Elle est montée à bord et elle m'a fait me garer près de Dewey, à Emerson, là où deux remorques de camions étaient garées à angle droit. Je me suis mis juste derrière et on a commencé à faire l'amour.

— Tu te souviens du tarif ?

— Oui, trente dollars.

— Pour une fellation ?

— Oui, et aussi une pénétration. Moitié-moitié.

— Et que s'est-il passé ?

— Je ne sais pas ce qui est arrivé, mais pas moyen d'avoir un orgasme. Et elle ne voulait pas me rendre mon fric. Ou alors je ne bandais pas, je ne me souviens plus très bien. Elle s'est mise à jouer avec ma queue. Elle m'a dit : "Ton cas est désespéré." Elle s'est moquée de moi, en me parlant comme à un bébé. Et je me suis mis en colère, je ne sais pas. J'étais gêné.

— C'est compréhensible. Et que s'est-il passé ensuite ?

— Elle ne voulait pas me rembourser. J'ai essayé de reprendre mon fric par la force et elle m'a violemment tiré les oreilles. J'ai alors poussé son menton et sa tête en arrière, contre la portière de la voiture. Puis, j'ai jeté son corps à Redman Road. A North Redman Road.

— Elle était habillée ?

— Non, je l'ai déshabillée avant de m'en débarrasser. Les vêtements, je les ai jetés dans une poubelle au coin de la 259e et de la 104e. »

JUNE CICERO, 34 ANS, TUÉE EN DÉCEMBRE 1989

Une semaine avant Noël, il fait un froid glacial à Rochester. Entre les conditions climatiques et le serial killer, rares sont les prostituées qui travaillent encore dans la rue. Elles sont maintenant un peu moins d'une dizaine à arpenter les trottoirs alors qu'elles sont d'habitude au nombre de trente ou quarante. Seules les plus endurcies ou celles qui ont le plus besoin de drogue se risquent dehors. Parmi elles, June Cicero, trente-quatre ans, une « dure parmi les dures », selon les termes mêmes des enquêteurs. Elle mesure moins d'un mètre soixante et porte généralement des bottes blanches et une veste de même couleur à capuchon de fourrure. June se félicite de l'absence de concurrence auprès des policiers qui la surveillent discrètement comme ses consœurs. Il est une heure du matin et on ne la reverra jamais vivante.

Lors de l'interrogatoire du 4 janvier 1990, voici le récit que fit Arthur Shawcross lorsque le détective Blythe lui montra une photo de June Cicero :

« Tu la reconnais ?

— Non.

— Elle se prénommait June.

— Non, ça ne me dit rien. La seule June que je connaissais, c'est celle dont j'ai vu le nom dans le journal. June Stott.

— Tu étais hier sur le pont, à regarder son corps, quand l'hélicoptère t'a aperçu ? C'est bien toi qui l'as emmenée là ?

— J'ai simplement ouvert la portière et elle est tombée sur la glace en contrebas. Elle était allongée sur le dos. Et j'ai jeté un peu de neige sur elle pour mieux la cacher. C'est tout.

— Comment l'as-tu rencontrée ?

— Elle était appuyée contre la portière.

— Où ça ?

— Du côté passager.

— D'accord, mais où se trouvait-elle ?

— Devant le magasin City Mattress, sur Lyell Avenue.

— Il faisait nuit ?

— Vers les deux heures du matin.
— Tu te souviens de la date ?
— Non.
— Je veux dire : la semaine dernière ou ces quinze derniers jours ?
— Probablement. Je ne m'en souviens plus.
— Elle était habillée comment ?
— Je ne m'en souviens plus. Ah si, des bottes blanches...
— Vous vous êtes mis d'accord sur un prix ?
— Elle voulait cinquante.
— Cinquante ? Et toi ?
— On a fait l'amour et je lui ai donné trente dollars.
— Elle a accepté trente ? Et qu'est-ce que vous avez fait ?
— Ça ne m'a pas plu.
— Pourquoi ?
— Je n'arrivais pas à la pénétrer et elle s'est fichue de moi. Elle a dit que j'étais un mollasson.
— Elle a rigolé ?
— Elle a dit que je valais pas mieux qu'un pédé.
— C'était pendant que vous faisiez l'amour ?
— Non, après.
— Vous étiez encore habillés ?
— Non, on était assis complètement nus. Il faisait une chaleur à crever avec le chauffage.
— Que s'est-il passé ensuite ?
— Je l'ai frappée à la bouche et elle a dit qu'elle allait prévenir les flics. Puis, elle a ajouté : "De toute façon, je sais qui tu es." Je lui ai dit : "Eh bien, tu n'en parleras à personne."
— Tu as fait quoi ensuite ?
— Je l'ai étranglée.
— Avec tes deux mains ?
— Oui, par-devant.
— Que crois-tu qu'elle voulait dire quand elle a déclaré : "De toute façon, je sais qui tu es" ?
— Le type qui avait tué les autres filles, toutes les autres filles.
— Le serial killer ?
— Oui.
— Pourquoi es-tu retourné sur le pont, Art ?
— J'étais curieux.
— Curieux de quoi ?
— Je voulais savoir si elle était toujours là. J'ai regardé par la vitre, mais sans l'apercevoir. Je me suis dit que la glace avait peut-être fondu et qu'elle avait été emportée.

— La nuit où tu as jeté son corps, qu'as-tu fait par la suite ?

— Je suis allé prendre mon petit déjeuner au Dunkin' Donuts, sur Monroe Avenue.

— Tu y as rencontré quelqu'un que tu connaissais ?

— Oui, Colleen, la belle-sœur du propriétaire. J'allais souvent pêcher avec elle.

— Tu as discuté avec elle ?

— Oui, mais rien de spécial. C'était juste pour passer le temps.

— Tu as eu des rapports avec Susan, c'est elle qui t'a vu en compagnie d'Elizabeth Gibson, mais tu n'as pas essayé de la tuer : pourquoi ?

— Parce qu'avec elle j'étais arrivé à bander.

— Tu en as rencontré d'autres que tu n'as pas tuées ?

— Oui.

— Combien d'autres ?

— Trois. Susan, la blonde qui habite près de Saint Paul Street, Ruthie, et une rousse.

— Elles t'ont satisfait sexuellement ?

— Oui.

— Et tu les payais ?

— Celle d'Ambrose et de Lake, elle m'a toujours dit : vingt dollars pour une pipe ; si ça marche pas, je te rembourse. Ça n'a jamais marché. Elle se crevait vraiment le cul, mais ça n'a jamais rien donné.

— Avec tous ces meurtres, tu n'avais jamais de problèmes pour que les filles te suivent ?

— Non, je n'ai jamais eu de problèmes. Elles me connaissaient bien, je discutais souvent avec elles. Certaines avaient même proposé de me rembourser. J'allais souvent dans le coin en voiture, à bicyclette ou parfois à pied.

— Comment as-tu fait pour les tuer aussi facilement ?

— La plupart du temps, je ne savais pas moi-même que j'allais les tuer. Et puis elles me connaissaient et ne s'y attendaient pas. Je les attaquais très rapidement, ça provoquait chez elles un état de choc. Elles ne se doutaient absolument pas de ce que j'allais faire.

— Où as-tu appris à faire ça ?

— Demandez à l'Oncle Sam.

— C'est pendant votre service au Vietnam ?

— Demandez à l'Oncle Sam.

— Est-ce que tu as eu des contacts avec la police pendant l'enquête ?

— J'étais tout le temps au Dunkin' Donuts pour manger, et de nombreux policiers y allaient très souvent. Je discutais avec eux pour savoir comment l'enquête progressait.

— C'était un jeu pour toi ou tu le faisais pour te moquer de la police ?

— Non, c'était la routine, quoi.

— Tu as quelquefois pensé à ces filles et à ce que tu leur avais fait ?

— J'avais appris à faire l'impasse sur les mauvaises choses et à ne pas y penser.

— Est-ce que tu te rendais compte de la portée de tes actes au moment où tu tuais ces filles ?

— Oui, mais ça m'était complètement égal. La routine, quoi.

— Tu as tué beaucoup de monde, Art : tu n'as jamais eu peur de te faire prendre ?

— Je n'y ai jamais vraiment pensé.

— Est-ce que tu suivais les articles dans les journaux pour voir s'ils étaient exacts ?

— Oui, j'en ai vu, mais cela ne m'intéressait pas particulièrement de les lire.

— Tu n'as jamais découpé d'articles ?

— Non. Cela m'importait peu de savoir ce qu'ils racontaient.

— As-tu emporté des objets appartenant aux victimes pour les garder en souvenir ?

— Non, jamais. Sauf pour quelques bricoles, des bijoux que j'ai donnés à des copines et le couteau de June Stott qui me plaisait bien. Mais après, je l'ai jeté.

— Est-ce que tu penses que ce que tu as fait est terrible ?

— Oui.

— As-tu des remords ?

— Non.

— Que devrait faire la police avec quelqu'un comme toi ?

— M'emprisonner pour le restant de mes jours. Si on me relâche, je recommence. »

Quelques mois plus tard, Arthur Shawcross est de nouveau interrogé sur le meurtre de June Cicero, mais par un psychiatre, cette fois-ci. Le dialogue suivant illustre à merveille les difficultés rencontrées lors des entretiens avec le tueur, ainsi que son tempérament colérique :

« La suivante, c'est June Cicero. Elle m'a fait signe de la main pour m'arrêter. Et elle était plutôt à cran, elle est montée dans la voiture et nous avons roulé le long de la Route 31, je sais plus où...

j'ai un trou, vous savez ? Je me rappelle juste de l'endroit où je l'ai déposée, il neigeait et il y avait des chasse-neige sur la route. Je me suis arrêté près du canal, je l'ai poussée hors de la voiture et elle est passée par-dessus la barrière. Et ce qui restait de ses vêtements, je les ai jetés dans un container de l'Armée du Salut, au coin de Manitou et de la 104.

« Et je crois qu'il s'est écoulé deux ou trois jours avant que je retourne sur les lieux. Je l'ai découpée, pour trancher le vagin, avec l'os et tout le reste. J'ai dû faire beaucoup d'efforts pour retirer son cadavre qui était pris dans la glace. J'avais emmené une scie à main avec moi. Je voulais découper les organes génitaux pour les donner à Robert Lee, le fils de mon amie Clara Neal. J'ai retiré les poils avant d'envelopper le vagin dans une serviette. Je suis retourné en ville où j'ai jeté la scie dans une poubelle de Chili Avenue. Puis je me suis rendu au parc de Turning Point où je me suis amusé avec l'organe encore gelé, tout en me masturbant. Après, je l'ai mis dans ma bouche pour le dévorer cru. J'avais perdu tout contrôle. Et j'ai roulé en emportant le morceau avec moi, et je l'ai mangé.

— Pendant que vous rouliez ?

— Ouais.

— Cela s'est passé quand vous êtes revenu sur les lieux quelques jours plus tard ?

— Tout était gelé.

— Vous l'avez mutilée à d'autres endroits du corps ?

— Non.

— Et vous vous êtes servi de quoi ?

— J'avais une scie.

— Quelle sorte de scie ?

— Une scie à main.

— Vous aviez emporté cette scie dans un but précis ?

— J'en avais acheté une le matin même. Ce n'était pas une scie à main. Enfin, c'était une scie, comment je pourrais vous dire, une scie avec une seule lame.

— Pourquoi l'avez-vous achetée ?

— Probablement dans ce but. Je sais pas.

— Vous vous êtes servi d'une scie sur les autres victimes ?

— Vous écoutez pas ce que je dis ! (Il est en colère.) J'ai dit que je m'étais servi d'un couteau de poche sur...

— Oui, je m'en souviens.

— Et une scie pour l'autre. Il n'y en a eu que deux où j'ai fait ça.

— Vous n'avez utilisé de scie pour aucune des autres ?

— Pourquoi cherchez-vous à me mettre en colère ?

— Je ne fais que vous poser des questions.
— Mais vous le savez déjà.
— Eh bien, disons que je sais certaines choses.
— Vous savez tout sur tout et certaines choses que j'ignore moi-même, mais vous me cherchez des crosses ! J'ai seulement coupé une personne avec une scie, et une autre avec un couteau deux ou trois jours après leur mort. Et personne d'autre !
— Vous n'aimez pas qu'on vous remette en question ?
— Non. Mais vous connaissez déjà les faits et vous cherchez juste à me mettre en boule.
— Vous pensez que tout ce que j'ai dit jusqu'à présent est destiné à vous mettre en colère ?
— En ce moment, oui.
— Juste ces dernières questions ?
— Personne d'autre n'a été mutilé, ni découpé à la scie. Maintenant, si on a trouvé quelqu'un d'autre de mutilé, je n'y suis pour rien.
— Je vais vous poser une question concernant la scie à main que l'on a trouvée chez vous ?
— Ouais, j'en avais une.
— Vous avez découpé de la viande avec ?
— Oui. Du gibier.
— Du gibier ?
— Ouais.
— Mais jamais de victimes ?
— Vous... vous... je vais quitter cette pièce ! Je vous ai déjà dit, j'ai découpé Cicero avec...
— D'accord.
— ... et June Stott avec un couteau de poche, le sien. Okay ? Personne d'autre n'a été coupé.
— Eh bien, est-ce que c'est vrai ?
— Ouais.
— Pourtant, vous me dites que vous avez des trous de mémoire et que vous n'avez pas vu tous les dossiers ?
— Je n'ai pas utilisé cette scie à main chez moi pour couper autre chose que du gibier. J'ai gardé la moitié de ce cerf chez moi et le reste, je l'ai donné à Clara et à sa famille. Ils ont leurs propres couteaux, leurs propres scies et... Mon couteau était accroché au-dessus de l'évier, près du réfrigérateur, et la scie à main se trouvait sur le dessus du frigo.
— Okay. C'est le meurtre de June Cicero dont vous ne vous souvenez pas, et..

— Ecoutez, vous essayez de me piéger pour quelque chose ! Je me souviens pas de Trippi. Je sais seulement où je l'ai trouvée, et il y a des choses que j'ai oubliées sur Cicero, juste où je l'ai déposée quelques jours plus tard.

— Je me trompe ou quoi ? Vous vous souvenez du meurtre de June Cicero ?

— Non.

— C'est sûr ?

— Juste où je l'ai déposée quelques jours plus tard.

— Et c'est la dernière ?

— Non, il y en a eu une de plus. »

Le 31 décembre 1989, il est environ midi lorsqu'un garde forestier du parc de Northampton remarque une tache sombre qui se détache sur la couche de neige qui recouvre Salmon Creek, tout près de l'endroit où le cadavre de Dorothy Blackburn a été déposé près de deux ans auparavant. Il s'approche pour défaire deux jeans incrustés dans la glace. Ils sont enfilés l'un sur l'autre et dans l'une des poches intérieures, il trouve plusieurs papiers d'identité au nom de Felicia Stephens. Moins d'une heure plus tard, des renforts fouillent le parc à la recherche du corps.

Pendant ce temps, les enquêteurs de Rochester contactent le compagnon de Felicia qui leur confirme la disparition de son amie dans l'après-midi du 26 décembre. Ils ont passé le jour de Noël ensemble, se sont disputés ; il lui a reproché sa toxicomanie (à la cocaïne) et son recours à la prostitution. Lorsque les policiers lui demandent pourquoi il n'a pas donné l'alarme en constatant son absence, il explique que Felicia Stephens avait parfois l'habitude de disparaître pendant huit à dix jours quand ils se querellaient.

Felicia Stephens est une petite femme noire d'un mètre soixante pesant cinquante kilos. Elle est âgée de vingt-neuf ans et, par temps froid, elle a pour manie de porter deux jeans enfilés l'un sur l'autre, ainsi que des bottes grises. Bientôt, les fouilles permettent de retrouver les bottes, à une trentaine de mètres de distance des jeans. Son corps est retrouvé peu de temps après.

Ce même 31 décembre, Arthur Shawcross se rend chez Clara Neal pour passer le réveillon. Les invités remarquent qu'il arbore trois égratignures parallèles près de l'œil droit et trois autres sur le cou. Il raconte qu'il s'est blessé en chassant un cerf.

EN GUISE DE CONCLUSION

Au cours d'un procès télévisé en direct, et grâce à un dossier excellemment préparé par Charles Siragusa, district attorney du comté de Monroe, Arthur Shawcross est condamné pour le meurtre de dix femmes. Sa condamnation mentionne « meurtre au second degré », le maximum prévu pour l'Etat de New York. Il devrait passer deux cent cinquante années en prison avant de pouvoir bénéficier d'une libération conditionnelle. Ayant eu la chance de rencontrer Charles Siragusa à Washington, celui-ci a accepté de me livrer un certain nombre de réflexions concernant le cas d'Arthur Shawcross :

« Une affaire comme celle de Shawcross, qui a tué en toute impunité des femmes pendant une période de vingt et un mois, a profondément affecté la communauté. Les habitants de Rochester sont devenus de façon indirecte les victimes de ces crimes parce qu'ils n'osaient plus se déplacer dans certains quartiers, ni la nuit. Lorsque des gens savent qu'un serial killer sévit dans une région, ils espèrent l'éviter. Des restaurants, des boîtes de nuit, des salles de spectacle ont dû fermer faute de clients. Des manifestations, des congrès ont été annulés. Sans oublier le coût phénoménal de l'enquête et du procès d'Arthur Shawcross : je l'estime à bien plus d'un million et demi de dollars.

« Cette affaire a mis en lumière certains défauts de notre appareil judiciaire. On ne devrait jamais permettre à des individus comme Shawcross de sortir de prison. Cette affaire reste une tache pour les citoyens qui respectent la loi. Tout d'abord, je ne comprends pas pourquoi on a autorisé Shawcross, il y a dix-huit ans, à plaider coupable pour une condamnation moindre. Ensuite, parce que Arthur Shawcross a été remis en liberté avant d'avoir achevé sa peine. Troisièmement, les citoyens du comté de Monroe ignoraient totalement que Shawcross avait été volontairement placé au sein de leur communauté. Jamais personne n'a prévenu la police de Rochester de la présence d'un individu aussi dangereux, alors que la vague de ses crimes faisait la une de toute la presse. Arthur Shawcross est un parfait exemple des défauts du système et du manque de communication entre les divers rouages de la machine judiciaire et policière J'espère que cela servira de leçon. »

Pendant que Shawcross purgeait sa première peine, un psychiatre affilié à la commission des libérations conditionnelles avait très bien cerné sa personnalité de « tueur psychosexuel dangereux pour la société ». Malgré cela, il fut relâché. Lui et d'autres savent ainsi profiter du fonctionnement bureaucratique de la justice.

Les policiers chargés de l'enquête, les témoins objectifs du procès, comme Charles Siragusa, chargé de l'accusation, ne se sont pas laissé apitoyer par les aveux tardifs de Shawcross concernant des actes de mutilation, de nécrophilie ou de cannibalisme :

« Avec Arthur Shawcross, dit Siragusa, vous avez un individu qui s'est servi de ce que son psychiatre lui a dit pour tenter d'établir une défense plaidant la folie. Il affirme avoir été victime d'abus sexuels pendant son adolescence, que les atrocités dont il a été le témoin au Vietnam l'ont poussé en retour à commettre des actes similaires à Rochester, que des agents chimiques tels que le célèbre "agent orange" avaient profondément altéré son métabolisme psychique, etc. Je crois, je suis même sûr, qu'il jouait avec les émotions du public afin que l'opinion pense : "Bon Dieu, si ce pauvre type a subi toutes ces horreurs pendant son enfance, s'il a vécu toute cette violence au Vietnam, peut-être que ce n'est pas de sa faute mais celle de la société." Par ailleurs, les aveux tardifs de son cannibalisme participent de cette manipulation du système que l'on retrouve chez les serial killers. Vous remarquerez qu'aucun des témoignages signés de sa main et recueillis par les policiers de Watertown en 1972, ou de Rochester en 1990, ne font état de cette perversion. Ce n'est qu'après avoir rencontré un psychiatre appointé par la défense qu'Arthur Shawcross a prétendu avoir dévoré des organes de Jack Blake ou de quelques-unes de ses victimes de Rochester. On ne conçoit pas de meilleur moyen de convaincre un jury que vous êtes fou, si vous déclarez avoir des pulsions cannibales.

« L'avocat de Shawcross prétend que son client souffre de désordres psychiatriques et d'attaques complexes de nature épileptique qui seraient responsables de ses crises de folie meurtrière. Cependant, nous avons produit devant la Cour les dossiers médicaux scolaires, militaires, psychiatriques et pénitentiaires d'Arthur Shawcross. Dans aucun d'entre eux il n'est fait mention d'un quelconque problème d'attaques ou de crises d'épilepsie. Par contre, le caractère asocial et dangereux d'Arthur Shawcross y est souligné dès son plus jeune âge : à sept ans, déjà, il avait menacé ses camarades de classe en brandissant une barre de fer dans le car de ramassage scolaire, avant d'être maîtrisé par un des surveillants. De même, la défense a eu recours à l'hypnotisme pour affirmer que Shawcross avait subi de graves abus dès son enfance. Il régressa ainsi à six ans, dix ans, etc. Mais le résultat fut loin d'être probant car le psychiatre-hypnotiseur guidait trop les réponses de Shawcross. Il a prétendu que sa mère l'avait sodomisé avec un manche à balai et qu'il aurait senti le bout du bois dans sa gorge. Cela aurait laissé d'importantes séquelles physiques, et aurait nécessité une visite chez un médecin ou à l'hôpital : la défense a été incapable d'apporter ces preuves. Au cours de cette même séance, Arthur Shawcross s'est prétendu possédé par Ariemes, un démon cannibale du XIIIe siècle assoiffé de sang dont il serait la réincarnation !

« Dans cette volonté frénétique de plaider la folie et l'irresponsabilité, Arthur Shawcross a exagéré. Il a écrit qu'il avait fait l'amour avec sa mère, ses deux sœurs, un cousin, une jeune voisine, sa tante, un adolescent de son quartier, un homme qui l'avait dragué, un poulet, un cochon, une vache et un cheval. Le poulet en était mort. En prison, avant son procès, Arthur Shawcross a correspondu avec sa maîtresse, Clara Neal. Elle nous a remis un certain nombre de lettres qui prouvent amplement le machiavélisme de Shawcross. Dans l'une d'elles il se dévoile : “On va me faire passer des radios du cerveau et j'espère qu'on va trouver quelque chose, sinon on va me brûler les fesses, les cuire, les frire et les suspendre. Si c'est le cas, n'oublie pas d'apporter le sel !” Un accusé possède le droit constitutionnel de s'autocondamner, et je crois qu'Arthur Shawcross a lui-même décidé de la sentence lorsqu'il s'exprime ainsi. »

Parmi ces lettres adressées de prison à Clara Neal, et que Charles Siragusa a bien voulu me photocopier, j'ai extrait un certain nombre de passages (les majuscules, fautes d'orthographe et les erreurs dans les concordances de temps sont dues à Arthur Shawcross) :

« Clara, le Viet Nam est la cause de tout ceci. Vingt ans se sont écoulés mais tout ça est revenu me hanter. Je me réveille la nuit couvert de plaies nerveuses et de tremblements incontrôlables. C'est une saloperie que de simplement me reposer.

« Ce qui s'est passé ou aurait dû se passer ne peut plus être changé maintenant. Deux choses vont arriver, soit je vais en prison ou dans un Hôpital Psychiatrique quelque part. J'aimerais mieux l'Hôpital Psychiatrique. Peut-être que je pourrais en sortir un jour. Si les

Avocats arrivent à prouver que j'étais un malade Mental quand toutes ces choses se sont déroulées, alors j'irai à l'Hôpital pendant un moment. Putain, c'est ce que je veux ! Et après, direction le sud ! Direct jusqu'au Brésil. Et puis je laisserais tomber ma famille, mais comme je suis habitué à ce qu'ils me rejettent. Ma propre famille s'en fout, tu le sais bien, Clara. Un jour, ils se rendront compte de tout le mal qu'ils m'ont fait. Ma Mère et Papa auraient pu me rendre visite, mais non ! Ils ne voulaient pas de moi. Ils voulaient même pas que je vienne les voir. Et qu'est-ce que tu penses que ça fait à une personne ? Quoi que j'aie pu faire par le passé, je suis toujours leur enfant OU NON ? Je me demande parfois. J'ai une sacrée douleur à la tête. Des maux de tête, à la poitrine et des nerfs en pelote, sans oublier mes émotions. Qu'est-ce que ça veut dire ? Peut-être que mon heure est proche ? De toute façon, la Seconde Venue du Christ sur terre arrive bientôt. Je le sens. J'espère que je pourrais lui demander pardon à temps pour aller au Ciel. »

« Je me sens au plus mal dans mon âme. Rose s'est fait tester et elle est okay. J'ai appris que la fille Gibson avait le Sida. Je veux que tu passes toi aussi un test, OK ? »

« Clara, je n'ai pas été tout à fait honnête avec toi dans nos relations sexuelles : vois-tu, je n'ai pas eu un seul orgasme, sauf une fois en trois ans. J'ai appris à faire semblant la plupart du temps. D'autres fois, j'étais trop fatigué. J'ai pensé qu'en allant voir d'autres filles, je pourrais me guérir !! Cela n'a pas marché non plus ! Je suis vraiment désolé pour tout ça. Mais j'ai pris la précaution d'utiliser une capote quand je le faisais ! »

« Clara, toi et moi on est devenus Célèbres dans le Monde Entier !! Bien que ce soit une drôle de manière d'y arriver ! Un des psychiatres a dit que j'étais un Mister Jekly et Mister Hide (sic), deux personnes dans le même corps. Incroyable, non ? Peut-être qu'un jour je vais être volontaire pour être opéré du cerveau, du côté où il y a la folie ! »

Cette manipulation de la justice dont fait état Charles Siragusa est assez frappante dans les aveux de Shawcross. Lorsqu'on rapproche les déclarations-clefs qui concernent directement les crimes, il apparaît que notre assassin rejette la responsabilité sur ses victimes.

N'oublions pas le meurtre du jeune Jack Blake qui aurait persisté à suivre Shawcross et provoqué sa fureur, ou ce « Demandez à l'Oncle Sam » quand les policiers lui demandent où il a appris à tuer et à mutiler. De même, il massacre des femmes au Vietnam « parce qu'elles faisaient pareil avec les Américains ». Arthur Shawcross minimise sa responsabilité, une attitude que l'on retrouve chez la plupart des serial killers. Lors du procès, des soldats américains ayant fréquenté Arthur Shawcross au Vietnam indiquent qu'ils n'ont pas souvenir d'une quelconque participation de Shawcross à l'une de leurs patrouilles. Les services de l'Armée confirment que Shawcross n'a jamais participé au moindre combat, ni qu'il ait même approché une ligne de front. Ces affabulations font partie de sa tentative de manipulation en vue de plaider la folie. Malgré tout, ces pseudo-confessions sont très intéressantes car elles nous dévoilent bien évidemment les fantasmes les plus secrets du serial killer de Rochester.

Quelle est la motivation des crimes d'Arthur Shawcross ? La personne la plus à même de répondre à cette question est Charles Siragusa :

« En me fondant sur plus de vingt années d'expérience en tant que procureur, la raison pour laquelle Arthur Shawcross tuait me semble très simple, mais la communauté ne peut pas l'accepter de gaieté de cœur, car elle fait appel aux pires pulsions de notre nature humaine. Arthur Shawcross n'était pas légalement fou. Je ne pense pas non plus qu'il était normal. Ce qui le motivait ? Il adorait tuer. Arthur Shawcross se nourrissait de la violence. Il s'est placé à onze reprises dans une situation qui, fatalement, devait aboutir au meurtre. Shawcross savait exactement où il allait. »

BIBLIOGRAPHIE

* Ouvrages entièrement consacrés à Arthur Shawcross :

— Joel NORRIS : *Arthur Shawcross : The Genesee River Killer – The Grisly True Crime Account of the Rochester Prostitute Murders !*, Etats-Unis (1992).

— Jack OLSEN : *The Misbegotten Son – A Serial Killer and His Victims – The True Story of Arthur J. Shawcross*, Etats-Unis (1993).

* *Ouvrages citant Arthur Shawcross :*

Arthur Shawcross est cité dans des dizaines d'encyclopédies ou dictionnaires de serial killers et crimes sexuels, depuis le *New Murderer's Who's Who* de Gaute & Odell, *The Encyclopedia of Serial Killers* de Lane ou *The A to Z Encyclopedia of Serial*

Killers d'Everett. Il serait fastidieux de les citer tous, aussi je me contenterai des principaux ouvrages :

— Stéphane BOURGOIN : « Arthur Shawcross – L'Etrangleur de Rochester » in *Serial Killers – Enquête sur les tueurs en série*, Editions Grasset (1993, 1995 & 1998), Le Livre de Poche n° 13778 (1995).

— John DOUGLAS & Mark OLSHAKER : *Agent du F.B.I. – J'ai traqué les serial killers*, Editions du Rocher (*Mindhunter – Inside the FBI Elite Serial Crime Unit*; 1995).

— John DOUGLAS & Mark OLSHAKER : *Journey into Darkness*, Etats-Unis (1997).

— Joel NORRIS : *Walking Time Bombs*, Etats-Unis (1992).

— Robin ODELL : *The International Murderer's Who's Who*, Angleterre (1996).

* *Principaux magazines et revues :*

— Murder Casebook n° 82 : *Monster of the Rivers – Arthur Shawcross*, Angleterre (1991).

— *Sciences et Avenir* n° 621 (novembre 1998) : « Tueurs en série, pourquoi ? ».

— *TéléObs* (supplément du *Nouvel Observateur* n° 1771 du 15 au 21 octobre 1998) : « Anatomie d'un monstre ».

— *Télérama* (du 21 au 27 octobre 1998).

FILMOGRAPHIE

Il n'existe aucun film ou téléfilm de fiction sur le cas d'Arthur Shawcross, mais un excellent documentaire français a été présenté le 21 octobre 1998 sur France 3 dans le cadre d'un numéro de l'émission présentée par Jean-Marie Cavada, *Etats d'Urgence*, sur les tueurs en série :

ARTHUR SHAWCROSS : ITINÉRAIRE D'UN MONSTRE

Une production Sertis-MFP en association avec *Sciences et Avenir.* Durée : 45 minutes.

Réalisée par Michel Tetoldi

Scénario : Michel Tetoldi & Anne-Marie Raphael

Enquête : Georges Golberine, Anne-Marie & Stephan Raphael

Photo : Eric Maison-Marcheux

Montage : Jean-Antoine Boyer & Frédéric Massiot

Avec des interviews de Arthur Shawcross, Clara Neal, Charles Siragusa, Debra Lynn (une prostituée), Tom Tucker (un camarade de classe de Shawcross), Dorothy Lewis & Richard Kraus (psychiatres), Gregg McCrary (ex-agent du F.B.I.), Nicholas Forbes (médecin légiste), John McCaffrey (police d'Etat), David Lindsay (Binghamton Police Department), Thomas Belden (Watertown Police Department), William Barnes, Lynde M. Johnston & Vincenze Verzella (Rochester Police Department).

LE CANNIBALE DE MILWAUKEE

I. LUNDI 27 MAI 1991 : LA BAVURE

« D'une façon ou d'une autre, je voulais que ça cesse, même si ça devait passer par ma propre destruction. D'avouer, ça m'a libéré. Je me suis senti comme soulagé. »
Jeffrey Dahmer

Un mois avant l'arrivée de l'été, la ville de Milwaukee, Wisconsin, connaît déjà une vague de chaleur sans précédent. Il est presque deux heures du matin.

Dans le quartier noir du West Side de Milwaukee, Nicole Childress, dix-huit ans, et sa cousine Sandra Smith rentrent en voiture après s'être acheté de la glace. Au coin de State et de la 25e Rue, elles aperçoivent un jeune adolescent d'origine asiatique qui s'avance complètement nu au milieu de la rue. Il titube et finit par s'effondrer devant leur véhicule. A la lumière des phares, Nicole et Sandra remarquent des contusions et des traces de sang sur les fesses, les genoux et aux coudes. Malgré l'heure tardive, de nombreux habitants du quartier se précipitent sur place. Parmi eux, un jeune homme blond et moustachu de trente et un ans, Jeffrey Dahmer, que Sandra reconnaît comme habitant l'immeuble voisin de celui de sa mère, Glenda Cleveland, au 924 North 25e Rue. Il est d'autant plus facile à identifier qu'il est l'unique locataire blanc de cet immeuble connu sous le nom d'Oxford Appartments.

Smith et Childress pensent immédiatement que le jeune adolescent a été victime d'une agression, un cas fréquent dans ce quartier chaud. Dahmer tente de le remettre sur pied.

— Cela lui arrive tout le temps, explique-t-il.

Mais Nicole Childress s'interpose entre Dahmer et l'adolescent. Elle le confie à sa cousine et part prévenir la police malgré les protestations de Dahmer :

— Pas besoin d'appeler la police. C'est mon petit ami. Il fait ça tout le temps, dès qu'il a bu un coup de trop.

Dans la cabine, Nicole tape le 911, l'équivalent de notre « Police-Secours » ; les appels téléphoniques sont automatiquement enregistrés et les bandes seront, par la suite, rendues publiques.

— Urgences de Milwaukee. Opérateur 71.

— Okay, bonjour. Je suis au coin de la 25e Rue et de State. Et il y a ce jeune homme. Il est complètement nu et on l'a battu. Il a des contusions partout. Il n'arrive pas à se tenir debout. Il est par terre. Il est... complètement nu. Pas de vêtements. Il est vraiment blessé. Et, vous savez, il a besoin d'aide. Je viens de le voir et il a besoin d'aide. C'est pour ça que je vous appelle.

— Où est-il ?

— 25e Rue et State. A l'intersection.

— Il est juste au coin de la rue ?

— Au milieu de la rue. Il est... tombé. Nous avons essayé de l'aider. Avec d'autres personnes.

— D'accord. Et il a perdu connaissance ?

— Il essaye de le mettre debout (elle parle probablement de Dahmer). On l'a frappé. Quelqu'un a dû lui sauter dessus pour lui voler ses vêtements. Je ne sais pas.

— D'accord. Je vais vous passer les pompiers. Ils vont vous envoyer une ambulance. Ne raccrochez surtout pas. Okay ?

— Okay.

Nicole Childress répète la même histoire à son nouvel interlocuteur, avant de raccrocher. L'appel a été enregistré à 2 h 01. A 2 h 06, l'opérateur se met en rapport avec la voiture de patrouille 36, qui vient juste de terminer une mission. Les policiers Richard Porubcan, Joseph Gabrish et John Balcerzak en sont déjà à leur cinquième appel de la nuit : 1 h 26, 1 h 40, 1 h 50 pour échange de coups de feu, 1 h 59 et 2 h 06. Une minute plus tard, l'ambulance des pompiers arrive sur place. Quelques minutes après, une autre voiture de patrouille, la 68, s'arrête devant les signes pressants des deux cousines ; les policiers de la 68 quittent rapidement les lieux dès l'arrivée de leurs collègues de la 36, après avoir vérifié que la situation paraît sous contrôle.

« VOUS N'ALLEZ QUAND MÊME PAS M'APPRENDRE MON MÉTIER ! »

Entre-temps, les médecins ont enveloppé le jeune Asiatique dans une couverture. Contrairement aux apparences, il ne souffre que de blessures superficielles : un genou égratigné – probablement à cause d'une chute – qui saigne légèrement. Ses fesses et ses coudes sont intacts.

Jeffrey Dahmer se présente aux officiers de police Gabrish et Balcerzak. Il se tient près du jeune homme. Son attitude est calme et il s'exprime d'une voix douce et assurée :

— Ecoutez, nous avons bu du Jack Daniels, et il a un peu abusé de la bouteille. Dès qu'il a trop bu, il devient incohérent. Ça lui arrive souvent.

Les deux cousines, énervées par l'attitude des policiers qui les ignorent pour ne s'adresser qu'à Dahmer, se mettent à crier et à essayer d'interrompre la conversation entre les trois hommes. L'un des officiers leur indique qu'il leur parlera dans une minute.

— Quel âge a-t-il ?

— Dix-neuf ans. Nous vivons ensemble. En face, au 924. C'est mon petit ami, si vous comprenez ce que je veux dire.

— Quel est son nom ?

— Son nom ? Euh, John Hmung.

A nouveau, Sandra Smith interrompt Dahmer pour parler aux policiers :

— Mais, vous voyez bien que c'est un enfant. Il est blessé. Tout le monde peut le voir. Qu'allez-vous faire ?

Excédé, l'un des policiers leur suggère fermement de se tenir à l'écart. Nicole Childress lui tape sur l'épaule pour attirer son attention :

— Attendez un instant. Vous ne voulez pas noter nos noms et adresses ? C'est nous qui avons appelé le 911.

— Vous n'allez quand même pas m'apprendre mon métier ! Cela fait huit ans que je suis détective ! rétorque sèchement le policier.

Frustrée, Nicole se tourne vers sa cousine :

— Inutile d'insister. Ils refusent de nous écouter. Il n'y a que Jeffrey qui les intéresse...

— Laissez-nous faire. Je pense que vous et votre amie feriez mieux de partir, sinon je vous embarque au poste.

Les deux cousines comprennent le message et quittent les lieux pour rentrer chez elles. Très choquées et en larmes, elles racontent leur aventure à la mère de Sandra, Glenda Cleveland. Moins d'une heure après, celle-ci téléphone à plusieurs reprises à la police pour s'enquérir de l'état du jeune Asiatique. A chaque fois, ses interlocuteurs lui conseillent fermement de se mêler de ses propres affaires et lui disent qu'il n'y a pas lieu de s'inquiéter pour une simple querelle de couple d'homosexuels. Elle appelle même l'agence locale du F.B.I. qui répond que leurs services ne peuvent pas intervenir juridiquement, car il n'y a pas eu d'enlèvement et que la victime n'a pas franchi les limites d'un autre Etat.

Dix minutes après son arrivée, l'ambulance quitte les lieux. Dahmer présente des papiers d'identité. Les deux officiers sont persuadés qu'ils ont affaire à une simple scène de ménage entre deux homosexuels. Les lois de l'Etat du Wisconsin les obligent théoriquement à procéder à une arrestation en cas de blessure lors d'une querelle domestique, même si personne ne porte plainte. Mais de telles affaires mineures encombrent inutilement l'appareil judiciaire. Après tout, le jeune homme paraît plus intoxiqué que blessé. Depuis leur arrivée sur les lieux, l'adolescent est étrangement léthargique : il murmure des paroles incohérentes et ne semble pas éprouver la moindre hostilité vis-à-vis de Dahmer.

Pour en avoir le cœur net, Gabrish et Balcerzak, bientôt rejoints par leur collègue Porubcan, resté au volant du véhicule de patrouille, décident d'accompagner Dahmer et « Hmung » jusqu'à l'appartement 213. Par la suite, les médias et l'opinion publique leur reprocheront de ne pas avoir fait vérifier les antécédents juridiques de Dahmer par un appel de leur véhicule à l'ordinateur central de la police. (Sur ce point précis, ils n'ont aucune raison d'agir ainsi : Dahmer leur a donné sa véritable identité et rien ne peut laisser croire qu'un quelconque crime a été commis.)

UNE ODEUR NAUSÉABONDE

Une fois entrés dans l'appartement qui semble propre et bien rangé, les policiers remarquent immédiatement une odeur très déplaisante, mais qui n'est pas celle d'un corps en décomposition, une odeur qu'ils ont malheureusement appris à reconnaître trop souvent dans l'exercice de leurs fonctions. L'un d'eux déclara par la suite qu'il pensait que quelqu'un avait déféqué dans la chambre voisine. L'appartement s'ouvre de plain-pied sur une grande pièce qui sert à la fois de living-room et de salle à manger, avec un coin-cuisine tout de suite à gauche en entrant. Sur le mur opposé, une caméra vidéo est pointée vers la porte d'entrée, mais celle-ci est factice. Accrochés aux autres murs, des posters noir et blanc de body-builders qui exhibent leurs torses dénudés dans des poses caractéristiques partagent la vedette avec une reproduction d'un Salvador Dali dépeignant un paysage surréaliste. Une table basse de couleur noire supporte un aquarium où s'ébattent divers poissons. Plusieurs photos Polaroïd sont posées sur la table et Dahmer les montre aux policiers. On y voit « John Hmung » posant debout en caleçon de bain ou allongé, les mains derrière la tête. L'adolescent paraît détendu sur les clichés qui ne semblent pas avoir été pris sous la contrainte. Les policiers ne trouvent pas la moindre preuve de pornographie enfantine. Pendant ce temps, « Hmung » s'est assis sur le divan, étrangement absent à tout ce qui se passe autour de lui. Il ne marque aucune envie de quitter les lieux, même lorsque les policiers lui proposent de l'accompagner au-dehors. Finalement, pour preuve définitive de sa bonne foi, Dahmer montre aux policiers les vêtements de son compagnon qui sont soigneusement pliés sur un des accoudoirs du divan. Ils sont maintenant définitivement convaincus de la sincérité de Dahmer qui ne s'est jamais départi de son calme.

« MON PARTENAIRE A BESOIN DE SE FAIRE ÉPOUILLER »

Les trois policiers quittent l'appartement 213, sans visiter les autres pièces, et, de retour dans leur véhicule, signalent la fin de leur mission. Il n'y a plus personne dans la rue et aucun témoin supplémentaire à interroger. Pour résumer la situation, Balcerzak s'adresse au standardiste du commissariat :

— L'Asiatique intoxiqué (on entend des rires en fond sonore) a été ramené à son sobre petit ami (rires) et nous sommes *ten-eight* (en termes policiers, *ten-eight* signifie que les officiers sont prêts à recevoir un nouvel ordre de mission).

Quelques minutes plus tard, Balcerzak ajoute :

— ... *Ten-four*. Ça ne va prendre qu'une minute, mais mon partenaire a besoin de se faire épouiller au commissariat ! (Cette déclaration est suivie d'éclats de rire.)

« John Hmung », de son vrai nom Konerak Sinthasomphone, âgé de quatorze ans, a fui la répression communiste du Laos pour venir s'installer avec sa famille à Milwaukee, il y a dix ans de cela. Il est le plus jeune d'une famille qui comporte huit frères et sœurs. Par un étrange hasard, Jeffrey Dahmer connaît déjà un des garçons Sinthasomphone qu'il a molesté sexuellement le 26 septembre 1988, à son ancienne adresse, au 808 North 24e Rue. Dahmer écope d'une condamnation de cinq années de prison, dont il purge dix mois avant de bénéficier d'une libération conditionnelle le 2 mars 1990. Mais Konerak ignore tout de la mésaventure de son frère aîné de seize ans. En ce 26 mai 1991, l'adolescent est parti rejoindre des amis pour jouer au football à Mitchell Park. En chemin, Konerak flâne devant les innombrables magasins du centre commercial de Grand Avenue Mall où il est abordé par un jeune homme blond, à l'air sympathique, qui lui offre quelques dizaines de dollars afin de poser pour des photos. A un kilomètre et demi du centre commercial, dans l'appartement de Dahmer, celui-ci convainc Konerak de se déshabiller partiellement pour quelques clichés (que la police verra un peu plus tard dans la nuit). Puis Dahmer allume le magnétoscope et passe son film favori, *L'Exorciste III*, avant d'offrir au Laotien un verre rempli de tablettes de somnifères écrasées. Konerak endormi, Dahmer le déshabille entièrement pour lui faire une fellation. Avant d'aller plus loin, il veut boire, mais s'aperçoit qu'il n'a plus de bière. Il sait que la boutique d'alcools ne se trouve qu'à quelques minutes de chez lui, sur la 27e Rue. Mais, pendant l'absence de Dahmer, Konerak se réveille et sort en titubant, complètement nu, avant de s'effondrer au milieu de la rue, devant la voiture de Nicole Childress et de Sandra Smith.

MISE À MORT

Dès que les trois policiers quittent son appartement, Jeffrey Dahmer referme la porte. Il jette un coup d'œil en direction de Konerak qui, toujours assommé par les drogues, ne réagit pas, à moitié affalé sur le divan. Dahmer sait par expérience que les somnifères le rendent incapable d'une quelconque réaction face aux policiers. En plus, le jeune garçon a dû épuiser ses dernières ressources physiques en fuyant l'appartement de Dahmer. Et même s'il avait eu la force de parler, l'aurait-il fait ? Pour un garçon timide et craintif dans ses relations avec les jeunes filles de son âge, il aurait été difficile, voire impossible, d'avouer aux policiers ou à ses parents la vraie raison de sa présence chez Dahmer.

Rassuré par l'attitude des policiers et l'apathie de Konerak, Jeffrey s'approche de l'adolescent. Il sait qu'il est temps d'agir. Il lui enserre le cou de ses mains et l'étrangle sans rencontrer la moindre résistance. A cause de la strangulation et de l'afflux de sang qui s'ensuit, Konerak est en érection, et Jeffrey Dahmer lui fait une fellation. Apaisé sexuellement, il doit maintenant satisfaire d'autres envies. Il traverse le living-room et ouvre la porte de sa chambre à coucher. Le cadavre démembré de sa précédente victime repose allongé sur le lit. Dahmer se repaît un moment de cette vision. Il pense à ce que les policiers auraient pu découvrir en fouillant le reste de son appartement. Cela fait maintenant trois jours que le corps a été éviscéré et découpé : la décomposition a déjà commencé. Une odeur à la fois douceâtre et nauséabonde, mêlée à des senteurs chimiques, envahit l'atmosphère de la chambre. Dahmer s'empare d'un Polaroïd et d'un flacon de détergent qu'il garde dans son placard, avant de retourner dans le salon. Il photographie à plusieurs reprises le corps de Konerak et lui ouvre le ventre en prenant à chaque fois de nouveaux clichés. Il adore sentir la chaleur qui émane d'un cadavre fraîchement éventré, une chaleur qui l'excite toujours sexuellement. Pendant le reste de la nuit, Dahmer continue de démembrer le cadavre. Ayant coupé la tête, il la plonge dans une bassine d'eau bouillante additionnée de détergent. Au bout d'un moment, le crâne est entièrement nettoyé de toute trace de chair. L'ayant séché, il le peint ensuite en gris pour qu'il ait l'air artificiel, comme ceux qui sont vendus dans le commerce. De temps en temps, il le ressortira de sa cachette pour se masturber devant et se souvenir de Konerak.

A présent, Jeffrey sait qu'il ne sera plus seul : Konerak et les autres resteront toujours avec lui. Ils ne l'abandonneront plus. Jeffrey les possède, maintenant. Jeffrey n'est plus seul.

II. GENÈSE D'UN TUEUR EN SÉRIE

« Un jour, j'ai trouvé un chien écrasé sur la route, je crois que c'était un beagle. Je voulais voir à quoi il ressemblait à l'intérieur. Je l'ai découpé. Il était déjà mort. Je voulais en faire quelque chose de choquant et je l'ai mis sur un pieu dans la forêt qui environne notre maison. »

Jeffrey Dahmer

On ne naît pas serial killer, et Jeffrey Dahmer n'échappe pas à cette règle.

Arrêté à Milwaukee, et y ayant tué la majorité de ses victimes, Dahmer est également né dans cette ville du Wisconsin, le 21 mai 1960. Mais il a grandi dans une banlieue résidentielle, à Bath, non loin d'Akron, dans l'Ohio. Ses parents y possédaient une maison entourée de bois et d'un étang. Son père, Lionel Dahmer, né en 1936, gagne très bien sa vie en tant que chimiste spécialisé dans les recherches industrielles, tandis que sa mère, Joyce Flint Dahmer, reste au foyer. Différents témoignages nous renvoient l'image d'un enfant solitaire qui préfère la compagnie des adultes à celle de ses compagnons d'âge. Au début des années 60, la famille déménage à Ames, dans l'Iowa, avant de s'installer en 1966, à Doylestown, Ohio. Le 18 décembre 1966, Joyce Dahmer donne naissance à David dont Jeffrey se montre immédiatement jaloux, au point qu'un professeur de son école, la Hazel Harvey Elementary School, note sur son carnet scolaire que « Jeffrey a l'impression d'être négligé (...). Il ne suit pas très attentivement les cours, préférant s'adonner à de longues rêveries ». Cette naissance arrive également à un mauvais moment de l'histoire du couple Dahmer, qui se dispute souvent.

Joyce, qui est souvent déprimée, prend de très nombreux tranquillisants et somnifères. En 1967, les Dahmer déménagent de nouveau pour rester à peine un an à Barbertown, une cité industrielle proche d'Akron; Jeffrey ne termine même pas son année scolaire. Son caractère timide et solitaire, ajouté à ces fréquents déménagements, ne lui permettent pas de se créer d'amis proches. Finalement, la famille achète la maison de Bath alors que Jeffrey a huit ans. Dans le dossier judiciaire, établi par Donna Chester, son agent de probation, il est indiqué qu'à cet âge Jeffrey aurait été abusé sexuellement par un de ses voisins. Ce renseignement fut fourni par Lionel Dahmer qui devait ensuite le réfuter après la découverte des crimes de son fils. Lors de ses aveux, Jeffrey Dahmer nie également l'existence d'un tel acte, alors qu'il fait preuve d'une très grande franchise dans ses déclarations. Mes propres recherches auprès du département de police de la ville de Bath confirment qu'aucune plainte de cette nature ne fut déposée à l'époque.

Dans une interview publiée par le *Milwaukee Journal*, Sue Lehr, une voisine des Dahmer, se souvient très bien du jeune Jeffrey qui cherchait constamment à faire plaisir aux adultes. Elle lui donnait des gâteaux secs et éprouvait parfois une irrésistible envie de le serrer contre elle, tellement il paraissait en manque d'affection. Son fils était un des rares amis de Jeff qui jouait la plupart du temps à l'écart avec son jeune frère David.

Joyce Dahmer a un caractère fragile, toujours prompte à éclater en sanglots à la moindre contrariété. Lionel Dahmer est plutôt d'une nature emportée, n'hésitant pas à porter plainte à la police pour la moindre vétille : un vol de fleurs dans son jardin (1968), des avions survolant de trop près sa propriété (1969), des ordures déposées sur sa pelouse (1969), une morsure de chien (1972), ou des chasseurs empiétant sur sa propriété (1975). La police visite aussi fréquemment les lieux pour séparer les époux en proie à de violentes querelles domestiques. Cependant, malgré son caractère entier, Lionel Dahmer a toujours adoré son fils, même s'il ne le comprend pas ; contacté par téléphone, voici ce qu'il déclare :

« Je savais, bien sûr, que Jeff n'était pas bien dans sa tête, mais jamais je n'aurais pensé qu'il soit capable de commettre de tels actes, que j'étais moi-même incapable d'imaginer (...). A l'âge de dix ou onze ans, je lui ai acheté une panoplie de petit chimiste, mais je surveillais ce qu'il faisait avec. Je me sens maintenant quelque peu responsable de lui avoir offert un tel cadeau. Il s'en servait surtout pour blanchir des os de poulet (...). Ce n'était pas une obsession chez lui, juste une simple curiosité d'enfant. »

UNE CURIOSITÉ MORBIDE

Ses anciens camarades de classe, notamment le fils Lehr, évoquent sa fascination pour tout ce qui était morbide :

« Il était à la fois étrange et drôle. Il se passionnait pour des sujets macabres, mais intéressants. Il était fasciné par tout ce qui faisait fonctionner un être vivant (...). Il n'était pas méchant, ni agressif, mais n'éprouvait aucune compassion pour la souffrance des autres. Jamais il ne se portait au secours d'un camarade de classe qui se blessait. Cela le faisait plutôt rire. »

Cette curiosité se manifeste par une collection d'insectes et de petits rongeurs que Dahmer conserve dans des bocaux de formol et d'autres produits chimiques. Par la suite, il ramasse les animaux écrasés par des voitures de passage. Il les démembre pour en conserver certaines parties dans des flacons ou en retirer complètement la chair et placer les squelettes sur les étagères d'une cabane de la propriété familiale. Près de cette remise, il édifie un petit cimetière pour animaux, avec des croix où sont fixés des ossements. Il montre à l'un de ses camarades une tête de chien empalée sur un pieu. Quelques années plus tard, ce sont les restes de sa première victime que Jeffrey éparpille dans son cimetière pour animaux.

On le soupçonne de faire disparaître des animaux du voisinage pour ses « expériences ». Un chat est retrouvé empalé dans les bois et un crapaud cloué sur un tronc d'arbre. Il se met en colère quand on plaisante au sujet de sa collection. Un jour, il fracasse même un flacon d'où s'échappe une odeur pestilentielle qui fait vomir ses jeunes visiteurs. Il leur montre comment dissoudre la chair avec des produits chimiques et disséquer des animaux. Lors d'une partie de pêche, Jeffrey découpe sa prise en petits morceaux pour en étudier avec fascination les organes internes. Il adore poser sa tête sur la poitrine de ses copains de classe pour en écouter les battements du cœur.

ALCOOLIQUE À DOUZE ANS

Le fils Lehr est probablement l'ami le plus proche – et le seul – que Jeffrey ait jamais connu pendant son enfance. Lorsqu'il part en vacances, c'est Jeffrey qui le remplace pour distribuer les journaux dans le voisinage. Dahmer invente un jeu macabre, « Fantômes dans le cimetière », qui se déroule obligatoirement la nuit et auquel il fait participer son copain.

« Tout le monde a dans sa classe un enfant qui est un peu différent des autres et dont le comportement semble étrange. On n'y prête pas attention, car c'est généralement une phase qui ne dure pas chez l'enfant et ces habitudes se perdent en grandissant. Mais Jeffrey ne changeait pas ; son comportement devenait de plus en plus excentrique. »

Dès l'âge de douze ans, il découvre l'alcool et devient un buveur invétéré. En 1974, ses parents l'inscrivent à la Revere High School où son comportement extérieur semble s'inscrire dans la norme. Il joue au tennis pour l'équipe du lycée pendant plusieurs années, fait partie de l'orchestre comme clarinettiste et collabore au journal publié par les élèves de l'établissement. Le proviseur s'en souvient comme d'un élève très discipliné et tranquille, trop tranquille même. Il ne parle guère et semble toujours à l'écart des autres. Il devient l'objet de plaisanteries qui ne paraissent pas le toucher personnellement. Il est toujours fasciné par les animaux morts et la taxidermie. La plupart du temps, Jeffrey arrive au lycée à 7 h 30 du matin, avec une haleine déjà fortement imprégnée d'alcool. Dans son placard de rangement, il garde en permanence une bouteille de gin dont il avale systématiquement quelques gorgées entre chaque cours. Chez lui, il ne se sent pas à l'aise car le mariage de ses parents dégénère en disputes quotidiennes ou en longues périodes de silence lorsque sa mère a ingurgité une trop forte dose de tranquillisants. Jeffrey Dahmer :

« Mes parents ne s'entendaient pas. Ils se disputaient constamment. J'étais toujours aux aguets, sur le fil du rasoir. J'avais des doutes quant à la solidité de notre famille. A un moment, ma mère a été internée pendant un mois dans un hôpital psychiatrique. Mon père était occupé par son travail, et je me suis dit que jamais je ne me marierais afin de ne pas connaître ce genre de problèmes. Petit à petit, je me suis renfermé et isolé pour me sauvegarder et pour éviter de partager toute cette douleur qui m'entourait. C'était efficace, ça marchait. »

Privé d'affection, sans proche camarade de classe et perpétuellement sous l'emprise de la boisson, Jeffrey cherche à se rendre intéressant auprès des autres. Pour s'amuser, il dessine les contours de corps à la craie sur le sol des couloirs du lycée. Le long de ces mêmes couloirs, il se plaît à imiter une personne en proie à des déficiences mentales, en agitant les jambes et les bras dans tous les sens, tout en poussant des bêlements. Ces excentricités vont bientôt dépasser le cadre de la Revere High School, pour se dérouler dans le luxueux centre commercial de la ville. Ses camarades lui demandent de « faire une Dahmer » et, pour vingt à trente dollars, Jeffrey se déplace de magasin en magasin en feignant des crises d'épilepsie ou en recrachant de la nourriture dans divers cafétérias ou salons de thé. Ce comportement s'accomplit aussi suivant un rituel ; ainsi, lorsqu'il part tous les matins prendre le bus de ramassage scolaire, Jeffrey avance de quatre pas, puis recule de deux pas, avance à nouveau de quatre pas et recule d'un pas, avant de recommencer ce rite jusqu'à l'arrêt du bus. Il ne se contente plus de boire entre les cours et porte de longues vestes pour y cacher des bouteilles afin de se désaltérer en classe.

DIVORCE FAMILIAL

Pendant ce temps, ses parents se disputent la garde du jeune David, âgé de douze ans, s'accusant mutuellement de cruauté mentale et de négligences. Jeffrey n'est jamais l'objet de leurs disputes. La procédure de divorce est entamée par Lionel Dahmer, le 4 novembre 1977.

Etant donné la personnalité de Jeffrey, il n'est pas étonnant qu'il ait eu des problèmes avec les jeunes filles de son âge. Pour le bal de fin d'année, des camarades lui arrangent une rencontre avec une autre âme seule et timide de seize ans, Bridget Geiger, qui accepte de sortir avec lui, à la condition expresse qu'il ne boive pas d'alcool. Jeffrey se présente à la soirée en pantalon marron, veste noire et nœud papillon alors que tous les autres garçons sont en smoking. Très timide, il n'ose pas danser avec sa cavalière, ni même l'embrasser sur la joue en la quittant ; il craint également de lui faire mal lorsqu'elle lui demande d'épingler des fleurs sur son corsage. C'est finalement la mère de Bridget qui s'en charge. Il lui trouve un siège puis, une fois qu'elle s'est installée, l'abandonne près d'une heure. Lorsqu'il revient, il lui explique qu'il a eu faim et qu'il est parti manger quatre hamburgers au McDonald's. Bridget revoit Jeffrey une semaine ou deux avant la fin de l'année scolaire 1978. Il l'a invitée, ainsi que plusieurs camarades de classe, à une surprise-partie chez lui. Encore une fois, Jeffrey Dahmer fait preuve d'originalité puisqu'il ne leur offre ni nourriture ni musique. Lorsqu'un des invités propose de tenir une séance de spiritisme, Jeffrey accepte avec enthousiasme en allumant des bougies et en éteignant les lumières. Jeffrey veut faire appel à l'esprit d'une personne décédée dans la maison, mais l'un de ses copains préfère évoquer Lucifer. Bridget est terrorisée et quitte précipitamment les lieux pour ne plus jamais revoir Jeffrey, sauf à la une des journaux quand ses crimes seront découverts : « Il avait un regard tellement intense et effrayant à ce moment-là que j'ai eu peur (...). Je ne me suis jamais sentie à l'aise en sa présence, car il était tellement bizarre et dénué d'émotions. »

Son comportement excentrique et sa volonté manifeste d'attirer à tout prix l'attention sont mis en évidence par son désir de se faire photographier dans tous les portraits de groupe des diverses associations du lycée, et principalement celles dont il n'était pas membre.

Quand Jeffrey obtient son diplôme début juin 1978, la situation familiale s'est assombrie. Lionel a partagé la maison en deux secteurs, allant jusqu'à installer un système d'alarme improvisé avec des clefs accrochées à un fil, afin d'être prévenu si sa femme tente de pénétrer sur son territoire. La lutte est farouche pour savoir qui va obtenir la garde de David, mais personne ne se soucie de Jeffrey qui ne sait pas vers quel parent se tourner.

Finalement, Lionel abandonne le foyer familial pour s'installer dans un motel. Le 24 juillet 1978, le divorce est consommé et la garde de David est accordée à Joyce Flint qui a repris son nom de jeune fille. Mais, un mois après, lorsque Lionel Dahmer se présente pour son droit de visite, il est accueilli par Jeffrey qui a été abandonné quelques jours auparavant par sa mère. Elle est partie en compagnie de David à Chippewa Falls, dans le Wisconsin. La maison est en désordre, de la vaisselle sale s'entasse dans l'évier, le réfrigérateur est vide et ne fonctionne plus de toute façon, tandis que Jeffrey est sans le moindre sou. Comme Joyce Flint a franchi les frontières de l'Etat, kidnappant en quelque sorte son fils David, Lionel Dahmer se fait légalement attribuer la garde de l'enfant.

Mais Jeffrey Dahmer a déjà d'autres soucis en tête, car deux mois auparavant, le 18 juin 1978, il vient de passer à l'acte en commettant son premier meurtre.

III. 18 JUIN 1978 : PREMIER MEURTRE

« J'ai vécu un véritable cauchemar. Un cauchemar qui s'est éternisé, même avant que je me fasse prendre. Ma tête était pleine de démons, de pensées macabres et d'idées plus morbides les unes que les autres. C'était horrible. »
Jeffrey Dahmer

Agé de dix-neuf ans, Steven Hicks adore faire de l'auto-stop. Vêtu de jeans, d'un t-shirt, de tennis bleues, portant un pendentif ayant pour motif une croix rouge, Steven est déposé par son frère près de l'entrée de l'autoroute 224, non loin d'Akron. Il désire se rendre à un concert rock, à environ soixante kilomètres de son domicile, mais il a promis à ses parents d'être de retour dans les deux jours pour célébrer l'anniversaire de son père. Steven Hicks ne reviendra jamais.

UN CRIME PRESQUE PARFAIT

Après être arrivé à Bath, Steven, qui est torse nu, est pris en stop par Jeffrey. Dahmer ne se souvient pas de leur conversation, mais il est probable qu'ils parlèrent de rock, une passion commune aux deux adolescents. Les goûts de Jeffrey allant plutôt vers le hard rock du style de Black Sabbath et de son chanteur Ozzy Osbourne. Ce jour-là, Dahmer a déjà fumé deux ou trois joints et ingurgité la bagatelle d'un pack de douze bières. Sa mère et David étant absents, il propose à Steven de venir boire quelques bières à la maison. Le jeune homme n'est pas pressé et il accepte. Les canettes se transforment en packs, l'alcool aidant, Jeffrey sent ses inhibitions disparaître et commence des attouchements intimes. Finalement, les deux adolescents font l'amour. (On ignore s'il s'agit de la première expérience homosexuelle de Jeffrey, lui-même n'étant pas clair à ce sujet dans ses aveux ultérieurs.) Mais comme il se fait tard, Steven désire poursuivre son chemin. Jeffrey le supplie de rester, lui proposant même de le conduire le lendemain pour l'avancer un peu plus. Il ne supporte plus d'être ainsi abandonné. D'abord par son père qui s'est installé dans un motel, ensuite par sa mère et son frère qui sont partis rendre visite à de la famille, puis par Bridget qui, depuis la séance de spiritisme, refuse de lui parler, même au téléphone. Et maintenant, ce type, à qui il vient de faire l'amour, veut aussi s'en aller. La discussion s'envenime, car Jeffrey ne supporte pas l'alcool, qui le rend agressif. Ils en viennent aux mains, avant que Dahmer ne le frappe derrière le crâne avec une barre servant à soulever les haltères. Il l'achève en appuyant la barre sur sa gorge.

Jeffrey traîne ensuite le corps dans un espace situé sous la maison, où il revient le lendemain matin après avoir fait l'emplette d'un énorme couteau de chasse au drugstore du coin. Il le découpe et tranche les quatre membres qu'il enveloppe dans des sacs-poubelle; ensuite, il lui ouvre le ventre. Pendant cette opération, il laisse une empreinte sanglante sur un des piliers des fondations, une trace qui sera découverte treize ans plus tard par la police grâce à une substance spéciale, le Luminol. Il laisse d'abord les sacs sur place, mais, après réflexion, craignant que la chaleur de l'été n'engendre une odeur de décomposition, il décide de les enterrer dans le jardin. Comme il n'a pas plu depuis un certain temps, le sol est dur et il ne peut pas les ensevelir très profondément. Au bout de quelques jours, et juste avant le retour de sa mère, il les déterre pour en gratter méticuleusement toute la chair qui est déjà en décomposition. Quant à la tête, il l'emporte dans sa chambre et la pose sur le plancher pour se masturber devant. Puis, avec un marteau, il fracasse chaque os du corps de Steven Hicks; même les dents ne sont pas épargnées. Les minuscules fragments sont éparpillés dans les bois qui entourent la maison, tout près de son cimetière pour animaux. Il brûle le portefeuille et jette le pendentif, la barre ensanglantée, ainsi que le couteau qui lui a servi à découper le cadavre, dans la Cuyahoga River.

Pendant près de treize ans, la disparition de Steven Hicks reste un mystère pour ses parents et la police de Bath. Ce n'est que quelques jours après l'arrestation de Jeffrey Dahmer que le lieutenant Munsey pense à envoyer une photo de Steven à la police de Milwaukee, car il a déjà avoué un premier crime en 1978. En reconnaissant la photo, Jeffrey Dahmer se contente d'un laconique: « Ouais, c'est lui. »

Lorsque l'officier de police Dennis Murphy lui demande si le nom de Steven Hicks lui dit quelque chose, il répond : « Bien sûr. C'était mon premier. Et on n'oublie jamais son premier. »

Les arcanes de la justice américaine font que Jeffrey Dahmer échappe à la peine de mort, car si l'Ohio a réinstauré cette sentence en 1981, celle-ci ne peut pas être rétroactive pour un crime commis en 1978. La chaise électrique de l'Ohio n'a plus servi depuis 1962, bien qu'il y ait plus de cent cinquante condamnés à mort qui attendent leur exécution dans cet Etat.

MILITAIRE EN ALLEMAGNE

Pendant la fin de l'été 1978, Jeffrey Dahmer s'installe chez son père qui a rencontré Shari Jordan, fraîchement divorcée comme lui, et qu'il souhaite épouser.

« Nous inscrivons Jeff à l'Université de Columbus, en espérant, sans trop y croire, qu'il se fera des amis (...). Pendant plus de trente ans, j'ai essayé de m'entendre avec mon fils, même si je ne le comprenais pas toujours. J'ai toujours su que l'alcool lui serait fatal : dès qu'il en boit une goutte, il perd tout contrôle, au point de ne plus savoir ce qu'il fait (...). Lorsque je lui rends visite à Columbus, je m'aperçois qu'il n'a rien changé à ses habitudes. Au lieu de suivre des cours, il passe son temps à construire des étagères dans sa chambre et il les décore en y posant toutes les bouteilles d'alcool vides qu'il boit à longueur de journée, comme s'il s'agissait de trophées », raconte Lionel Dahmer.

Début décembre 1978, Jeffrey abandonne ses études, ne terminant même pas le premier trimestre. Quelques semaines avant son départ de l'université, la police du campus le questionne au sujet du vol d'une radio, d'une montre de valeur et de cent vingt dollars en liquide. Le jour de Noël 1978, Lionel Dahmer épouse Shari Jordan qui ne s'entend guère avec Jeffrey ni David, ainsi qu'elle le confie à une proche amie de collège : « Elle méprisait David et, pour elle, Jeff était un bon à rien. Elle ne supportait pas l'idée que Lionel verse régulièrement de l'argent à ses enfants. » Ne sachant pas quoi faire de son fils qui passe son temps libre à errer dans les bars, Lionel lui suggère de devenir militaire de carrière en s'engageant pour trois ans :

« Nous croyons qu'il deviendra plus sérieux s'il est soumis à une stricte discipline militaire. Je l'accompagne moi-même lors de son incorporation. Il est affecté au corps médical : peut-être y a-t-il une relation de cause à effet avec les crimes qu'il a commis ? (...) On lui apprend les premiers soins à donner aux cardiaques, mais Jeff ne peut pas administrer de piqûres ; il ne supporte pas la vue du sang. Cependant, il paraît avoir quelques notions de chirurgie. A l'époque, j'ignore comment et où il a pu acquérir cette connaissance (...). »

Jeffrey Dahmer débute son entraînement le 12 janvier 1979 au Fort McClellan, en Alabama. Il suit une préparation afin de devenir officier dans la police militaire. Fin avril, il est transféré au Fort Sam Houston, à San Antonio, dans le Texas. Durant six semaines, il apprend les rudiments de la médecine afin d'obtenir le grade d'aide-infirmier. Le 13 juillet 1979, Jeffrey est envoyé servir à Baumholder, en Allemagne. Il continue à boire et s'est même confectionné un bar portatif à l'aide d'une valise qui contient un shaker et diverses liqueurs. Ses boissons favorites sont la bière, le Martini et le London Beefeater gin. Il passe seul de très nombreux week-ends de permission à se soûler méthodiquement tout en écoutant, un casque sur les oreilles, des cassettes de Black Sabbath, dont le volume est poussé au maximum. Son supérieur direct, Michael Masters, se souvient fort bien de Jeffrey Dahmer :

« En tant que responsable de sa chambrée, c'est moi qui ai rédigé le rapport ayant entraîné son renvoi de l'armée. Jeffrey était détestable quand il avait bu un coup de trop. Nous l'avons même envoyé dans un centre de désintoxication, mais cela n'a rien donné (...). Jeffrey avait peur de son père. Il voulait à tout prix lui prouver qu'il était capable de devenir quelqu'un. Lorsqu'il fut renvoyé de l'armée, il était terrorisé à l'idée que son père apprenne la nouvelle (...). C'est quelqu'un de très intelligent et d'instruit qui lisait énormément tout en écoutant constamment de la musique (...). Parfois, il nous regardait fixement pendant des heures. Ses yeux avaient alors quelque chose d'hypnotique et de terrifiant. Peut-être avait-il pensé à nous tuer ? Maintenant, je me dis que c'est nos corps qu'il examinait ainsi, pensant à ce qu'il pourrait nous faire subir (...). Jeffrey ne voulait pas reconnaître son homosexualité et il dénigrait sans cesse les "pédés" tout en entretenant avec eux des relations pour le moins ambiguës. Il n'avait jamais connu de Noirs aux Etats-Unis et il détestait tous ceux qui n'étaient pas de race blanche. Il y avait plusieurs hommes de couleur dans notre chambrée et cela se passait souvent très mal lorsque Jeffrey les traitait de "négros". Il harcelait sans cesse un soldat noir du nom de Logan en l'insultant dès qu'il le rencontrait. Jeffrey détestait se battre, mais il prenait un malin plaisir à frapper Logan à la moindre occasion. J'étais obligé d'intervenir très souvent pour les séparer et je tabassais durement Jeffrey, plus durement même qu'il ne le faisait avec Logan. »

RENVOYÉ DE L'ARMÉE

Pendant toute la durée de son service, Dahmer ne reçoit aucune lettre de sa famille et il ne leur écrit pas non plus. Sa table de nuit est vide de toute photo de famille ou d'amis. Il se lie d'amitié avec Billy Capshaw, un soldat de l'Arkansas à qui Jeffrey offre, pour son anniversaire, une chope de bière portant l'inscription suivante : « A un compagnon de beuverie pour ses dix-neuf ans ». Certains week-ends, Jeffrey accompagne Billy Capshaw qui fréquente assidûment les bars à prostituées, toujours situés aux abords immédiats des bases militaires américaines. Mais Capshaw ne se souvient pas que Dahmer ait jamais approché une de ces prostituées. D'autres fois, Jeffrey part seul de la base en taxi pour ne rentrer que le dimanche soir, sans jamais rien raconter de ses activités. A la suite de son arrestation le 22 juillet 1991, les autorités allemandes le suspecteront un temps du meurtre accompagné de mutilations de cinq femmes pendant son séjour à Baumholder. Plus spécifiquement, c'est le cas d'Erika Handtshuh, une auto-stoppeuse de vingt-deux ans, dont le corps gelé est retrouvé poignardé et étranglé, les mains attachées dans le dos, le 30 novembre 1980, à environ soixante-dix kilomètres de la base où résidait Jeffrey Dahmer. Mais psychologiquement, un tel crime ne cadre pas avec le profil de toutes les autres victimes de Dahmer, qui sont de sexe masculin. Dans toutes les affaires de tueurs en série homosexuels, il n'existe pas, à ma connaissance, de cas où un serial killer ait ainsi alterné des victimes de sexe différent : John Wayne Gacy, Dennis Nilsen, Larry Eyler, William Bonin, Randy Kraft, Dean Corll ou Elmer Henley ont tous uniquement tué des hommes.

Son ami Billy Capshaw évoque le souvenir d'un Dahmer fumant quelques joints avant de rester des heures entières fasciné par la lecture de livres illustrés pour les enfants, notamment un conte de fées avec des lutins et un bouc. Lorsqu'il boit, Jeffrey est presque toujours agressif mais, en de rares occasions, il fait aussi preuve de drôlerie en imitant W.C. Fields, au point de provoquer l'hilarité générale parmi ses compagnons de chambrée. Un de ses collègues et supérieur hiérarchique, David Goss, raconte l'enthousiasme de Dahmer pendant ses premiers mois de service lorsqu'ils effectuent ensemble la visite de malades de l'hôpital militaire : « Il semblait très désireux d'apprendre mais, petit à petit, il s'est mis à boire et à manquer des heures de service. Parfois, cela durait plusieurs jours de suite. Il ne se rasait plus, ses vêtements étaient froissés et son haleine empestait l'alcool. » Les autres militaires se moquent ouvertement de lui, sans que cela paraisse le déranger, comme du temps de ses études au lycée. Aucune punition de ses supérieurs ne l'affecte : on lui supprime ses permissions, ses vêtements civils sont mis sous clef, il n'a plus le droit de lire des magazines ou de mâcher du chewing-gum. S'il souhaite s'acheter quelque chose au magasin de l'armée, il est obligatoirement accompagné par un garde. David Goss sent que quelque chose ronge Dahmer et, un jour, il lui pose directement la question. Jeffrey se contente d'un laconique : « Oui, mais je ne peux pas en parler. » Tous les efforts de l'armée pour le récupérer échouent, et il est renvoyé le 24 mars 1981, neuf mois avant le terme de son engagement de trois ans. On ignore la raison exacte de cette mesure disciplinaire, l'armée américaine évoquant le chapitre IX du Code de justice militaire, un paragraphe qui couvre l'abus d'alcool et de drogue.

C'est David Goss qui se charge d'accompagner Jeffrey Dahmer à l'aéroport :

— Un jour, tu entendras à nouveau parler de moi, annonce Jeffrey. Je n'ai peut-être pas réussi dans l'armée, mais, à présent, les choses vont changer. Tu me verras ou tu liras quelque chose à mon sujet.

Goss ne se doutait pas de la justesse des prédictions de Dahmer et, à l'époque, il interprète cette remarque comme un signe de bonne volonté et un désir de changer de mode de vie.

PREMIÈRE ARRESTATION

A son retour d'Allemagne, Jeffrey se dirige vers le Sud pour s'installer à Miami où il reste six mois à travailler dans une sandwicherie donnant sur la 163e Rue. La plupart du temps, il dort sur une plage. Lors de ses aveux, Dahmer affirme avoir tué toutes ses victimes dans le Wisconsin, mis à part le premier meurtre, celui de Steven Hicks, en Ohio; cependant, les recherches menées pour exhumer son passé ont révélé une étrange coïncidence.

Adam Walsh, un enfant de six ans, est kidnappé dans un centre commercial le 27 juillet 1981 à moins d'un quart d'heure de route de la sandwicherie où est employé Dahmer. Le 10 août, la tête du jeune garçon est retrouvée flottant dans un canal de Vero Beach, à environ cent quatre-vingts kilomètres du secteur de sa disparition.

Cette affaire donne lieu à une véritable croisade des parents d'Adam qui réussissent à faire voter au Congrès une loi permettant aux parents d'enfants disparus de consulter l'ordinateur du F.B.I. Depuis, John et Reve Walsh ont créé une association, l'Adam Walsh Child Resource Center, destinée à aider les recherches d'enfants disparus. Deux téléfilms, *Adam* (1983) de Michael Tuchner, et *Adam : His Song Continues* (1986) de Robert Markowitz, traitent de ce cas. Leur projection à la télévision américaine a été suivie par la diffusion de dizaines de photos d'enfants disparus, dont un certain nombre a été retrouvé grâce à ce procédé. John Walsh produit aussi *America's Most Wanted*, une émission très suivie à la télévision, qui reconstitue des affaires criminelles non élucidées en faisant appel à des témoignages des téléspectateurs.

Dahmer a toujours nié avoir commis ce crime alors qu'il a avoué avec franchise tous ses autres forfaits. Peut-être niait-il aussi parce que la Floride est un des rares Etats à exécuter ses condamnés à mort ? Or, un crime si atroce que celui d'Adam Walsh entraînerait presque automatiquement une condamnation à mort. Curieusement, un autre serial killer homosexuel, Ottis Toole, s'accuse par écrit, le 21 octobre 1983, de l'assassinat d'Adam Walsh, avant de se rétracter et d'en être disculpé par la police. Dans l'état actuel des choses, cette affaire demeure non élucidée. Début septembre, Lionel Dahmer demande à sa femme Shari de téléphoner à Jeffrey et de le faire revenir chez eux, dans l'Ohio, « parce qu'il est en mauvais état, physiquement et moralement. Il dépense le peu d'argent qu'il gagne et s'est remis à boire et à provoquer des bagarres dans les bars qu'il fréquente. Je désirais le récupérer pour essayer de le sortir de ses ennuis, car un jour cela pouvait mal se terminer. Il avait souvent des côtes cassées ou les arcades sourcilières ouvertes ».

Peu après son retour, Dahmer rencontre Susan Lehr, la mère de son unique camarade de classe, et lui raconte qu'ayant suivi des études à l'Université d'Ohio, il s'est engagé dans l'armée pour devenir policier militaire. Lorsqu'elle s'enquiert de ses projets, Jeffrey lui répond : « Je veux m'engager au F.B.I. » Ses problèmes demeurent malgré son retour au bercail et son père se révèle impuissant à le contrôler. Il emprunte très souvent la voiture paternelle pour faire la tournée des bars. La plupart du temps, il est tellement ivre qu'il doit prendre un taxi pour rentrer chez lui. A plusieurs reprises, il ne se souvient même plus où il a laissé le véhicule et son père doit explorer Bath pour le récupérer. Le 7 octobre 1981, Jeffrey se présente complètement soûl au bar de l'hôtel Ramada Inn, une bouteille de vodka entamée à la main. Un employé lui demande de quitter les lieux, mais Dahmer refuse. On l'expulse finalement sur le parking de l'hôtel où la police arrive quelques instants plus tard. Un des agents lui enjoint de monter à bord de leur voiture de patrouille. Jeffrey le menace d'un « coup de pied dans les couilles ». Il faut quatre agents pour le maîtriser et le placer en état d'arrestation. Lorsqu'il arrive au commissariat, il est tellement ivre qu'il ne peut pas sortir seul du véhicule. Jeffrey est condamné à dix jours de prison avec sursis ainsi qu'à une amende de soixante dollars.

Lionel Dahmer ne sait plus à quel saint se vouer car il subsiste une barrière d'incommunicabilité entre son fils et lui. De tous les membres de la famille, Jeffrey ne se sent proche que de sa grand-mère, Catherine Dahmer, âgée de soixante-dix-sept ans et qui vit seule à West Allis, un faubourg résidentiel de Milwaukee.

« A l'époque, je pensais que c'était une bonne solution d'envoyer Jeff chez ma mère, explique Lionel Dahmer. Un changement ne pouvait que lui faire du bien. Ma mère adorait Jeff et il le lui rendait bien. Et, en plus, il pourrait l'aider dans ses tâches quotidiennes, car elle était seule à s'occuper de sa maison. »

La grand-mère accepte avec joie et, début 1982, Jeffrey emménage dans ce faubourg élégant de Milwaukee où il vivra pendant sept années.

Il y tuera quatre personnes.

IV. 1987 : UN TUEUR EN SÉRIE EST NÉ

« Après le premier meurtre, j'ai cru que je pourrais reprendre une vie normale. Enfouir tout ça dans mon passé et dans ma tête. Mais un tel événement ne peut pas s'oublier aussi facilement. C'est comme une tumeur. Elle ne guérit pas et elle finit par infecter tout le reste. »

Jeffrey Dahmer

Catherine Dahmer habite dans une modeste maison à deux étages dans la partie sud de la 57e Rue. Demeure typique des banlieues des villes américaines, construite en briques et en bois, elle est séparée de la rue par une pelouse. Outre l'entrée principale, elle comporte un accès sur le côté gauche qui mène directement à la cave ; c'est cette porte secondaire qu'utilise Jeffrey pour entrer ou sortir discrètement. Dès son arrivée à West Allis, sa grand-mère lui trouve un emploi grâce à ses relations de la paroisse locale. Dahmer travaille pour une banque du sang, le Milwaukee Blood Plasma Center, où il est directement chargé de collecter le sang des donneurs, un choix plutôt étrange quand on se souvient de sa réticence extrême à administrer des piqûres pendant son service militaire. Mais la récession économique qui frappe durement la région le met au chômage dès le début de l'été 1982.

DES COBAYES HUMAINS

Le 8 août 1982, il est arrêté par la police pendant les festivités locales de la Wisconsin State Fair. L'incident est mineur et le rapport indique qu'il « est en état d'ébriété et a baissé son pantalon en présence de vingt-cinq personnes, y compris des femmes et des enfants ». Il s'en tire avec une amende de cinquante dollars. Malgré l'aide de Catherine Dahmer, Jeffrey ne parvient pas à retrouver du travail durant les années 1983 et 1984. Il se contente d'aider sa grand-mère dans ses tâches ménagères, faisant des courses pour elle ou tondant la pelouse. Il ne semble pas avoir commis de meurtres pendant cette période – si l'on en croit ses aveux et les investigations des différents services de police. Disposant de beaucoup de temps libre, et malgré l'influence positive de sa grand-mère, Jeffrey se remet à fréquenter des bars mais, cette fois-ci, les bars gays de Milwaukee (ils sont au nombre de huit). Là aussi, divers témoignages évoquent la silhouette d'un homme solitaire qui s'assoit au comptoir, à l'écart, sans adresser la parole aux autres, où il avale consciencieusement sa dose d'alcool. Jeffrey sait qu'il est homosexuel, mais c'est une réalité qu'il n'arrive pas à accepter. Une énorme frustration et une terrible colère commencent à s'accumuler en lui et il ignore comment les canaliser.

En janvier 1985, il est finalement engagé comme mélangeur à la Ambrosia Chocolate Company, au tarif de huit dollars et vingt-cinq cents de l'heure. Ses collègues de travail le décrivent comme un homme colérique : « Il détestait son boulot et se mettait carrément en fureur dès qu'on parlait du système d'assurance sociale. Il ne voyait pas pourquoi on payait des impôts pour régler les factures de ceux qu'il estimait être trop paresseux pour travailler. Il gagnait bien sa vie, mais il arrivait parfois le matin à l'usine sans un cent en poche ; il n'avait même pas de quoi s'acheter un paquet de cigarettes. "J'ai tout dépensé en faisant la bringue à Chicago", nous expliquait-il. » Il garde cet emploi pendant plus de six ans et malgré cette stabilité son univers personnel commence à se fissurer peu à peu.

Le 8 septembre 1986, deux garçons de douze ans se baladent sur les berges de la Kinnickinnic River, à Milwaukee, lorsqu'ils aperçoivent Dahmer en train de se masturber devant eux. Ils se moquent de lui et l'un d'eux lui demande s'il y prend du plaisir. « Ouais, je prends mon pied », répond Dahmer. De retour en ville, ils préviennent la police. Lors de son arrestation, Dahmer reconnaît s'être déjà masturbé à cinq reprises en public au cours du mois précédent. Il plaide bien sa cause et demande une aide psychologique. En conséquence, il reçoit une condamnation légère de mise à l'épreuve d'un an et on l'oblige à suivre une thérapie. Il s'en tire sans dommage en donnant au psychologue les réponses qu'il attend de lui.

Se masturber en public ne l'intéresse plus et il commence à présent ses expériences sur des cobayes humains. Enfant, il enfermait des insectes dans des bocaux remplis de produits chimiques pour assister, fasciné, à leur lente asphyxie. Adulte, il fréquente un sauna gay, le Club Baths, où les clients se baladent vêtus d'une simple serviette avant de se choisir un partenaire et de se retirer dans une chambre privée :

« Vers l'âge de vingt-six ans (en 1986), j'ai commencé à fréquenter les saunas gays de Milwaukee. J'y allais tous les week-ends, vers deux heures du matin, pour y rencontrer trois ou quatre partenaires différents à chaque fois. J'utilise parfois des préservatifs, d'autres fois non. J'aime être actif, je déteste qu'on me sodomise ; ça m'est arrivé une ou deux fois seulement, mais c'était trop douloureux. Généralement, je m'installe à côté d'un type et on commence à se caresser et à s'embrasser, avant de nous branler mutuellement. C'était du sexe "light", mais presque tous mes partenaires voulaient immédiatement passer à du "heavy sex", à du sexe anal. Moi, ça ne me disait rien, car je voulais éviter à tout prix de me faire sodomiser. C'est pour cela que j'ai commencé à me servir de somnifères pour les endormir et maîtriser la situation. J'ai fait des essais et je me suis rendu compte que cinq pilules écrasées dans une boisson suffisaient à les endormir pendant une période d'environ huit heures. Les trois quarts du temps, je reste éveillé à côté d'eux ; le reste du temps, je m'endors avec eux. Autant que je me souvienne, j'ai dû droguer ainsi dix à quinze personnes. Pendant qu'ils dorment, je me masturbe généralement trois fois. Avec des partenaires éveillés, je n'avais une érection que dans des 10 % des cas ; par contre, lorsque l'homme est endormi, je n'ai pas besoin de discuter et j'ai une érection dans plus de 90 % des cas. »

Un employé du Club Baths raconte qu'ils en interdisent l'accès à Dahmer pendant l'été 1987 car il drogue ses partenaires dans son salon privé : « Un type de Madison est resté évanoui. Nous n'arrivions plus à lui faire reprendre connaissance et il a été emmené à l'hôpital. Il y est resté une dizaine de jours. La police est venue enquêter et ils ont interrogé Dahmer. Mais aucune des victimes n'a porté plainte et Dahmer s'en est tiré. »

De toutes les victimes de Jeffrey, Steven Tuomi, d'origine finlandaise, âgé de vingt-huit ans, est celle dont les circonstances du décès restent les plus mystérieuses. Travaillant comme cuisinier dans un restaurant de Wells Street, il fréquente régulièrement les bars gays tels que le Club 219 ou le C'est la Vie (orthographié « Ces't la Vie » sur l'enseigne !). Des témoins l'aperçoivent pour la dernière fois en train de quitter son appartement le 15 septembre 1987. Très doué d'un point de vue artistique, principalement en sculpture et en peinture, il s'intéresse aussi à l'électricité et à la mécanique. Timide et solitaire, Steven Tuomi rêve d'une vie meilleure que celle que peut lui offrir la petite bourgade rurale d'Ontonagon. Il veut suivre des cours pour devenir ingénieur.

Peu après les aveux de Dahmer, la police inclut Tuomi dont la disparition est non élucidée parmi les victimes potentielles de Jeffrey. Mais aucun des restes ou crânes retrouvés chez l'assassin ne correspond avec ceux du blond Finlandais. La police conclut à ce moment-là que Tuomi ne fait pas partie des victimes de Dahmer. Mais Jeffrey lui-même reconnaît Tuomi sur une photo que lui a fait parvenir un ami de la famille : il ne se souvenait plus de son nom. Apparemment, sa mémoire lui fait aussi défaut quant aux circonstances de la mort de Tuomi, ce qui est inhabituel chez lui puisqu'il a toujours raconté dans les moindres détails – y compris les plus atroces – tous ses autres assassinats.

D'après Dahmer, il aurait rencontré Tuomi en novembre 1987 – alors que celui-ci est vu pour la dernière fois le 15 septembre – au Club 219. Les deux hommes sympathisent et prennent une chambre à l'Ambassador Hotel, un établissement de second ordre en plein quartier chaud de Milwaukee, où ils commencent à boire assidûment jusqu'à s'endormir tous les deux. Lorsque Jeffrey se réveille, Steven Tuomi est mort et du sang coule de sa bouche. Paniqué à l'idée que l'on découvre le corps, Dahmer se précipite au centre commercial le plus proche pour y acheter une valise grand format. Il y fourre le cadavre et appelle un taxi qui le dépose chez sa grand-mère. Le chauffeur l'aide même à porter la valise. Il descend dans la cave où il sodomise le corps avant de se masturber dessus. Satisfait sexuellement, Jeffrey découpe la chair du cadavre puis démembre Steven Tuomi en enveloppant les différentes parties dans des sacs-poubelle. Il les dépose devant la maison de sa grand-mère en attendant tranquillement le passage des éboueurs. Jeffrey Dahmer :

« Je buvais au Club 219 et nous étions proches de l'heure de fermeture. J'ai vu ce Blanc qui m'a paru attirant. Je lui ai demandé s'il voulait venir dormir avec moi à l'Hôtel Ambassador où j'avais déjà loué une chambre. Il a accepté. J'avais mis des somnifères dans son verre. Le lendemain matin, je me suis réveillé et il était allongé mort sous moi, sa tête pendait en dehors du lit. Il avait la poitrine défoncée. A un moment donné de la nuit, j'ai dû le frapper de mes poings à la poitrine. Il avait des hématomes. Et je n'ai aucun souvenir de mes actions, cette nuit-là. Ce fut un choc, je n'en croyais pas mes yeux. Je suis sorti acheter une énorme valise à roulettes. Je l'ai mis dedans avant de commander un taxi et de le ramener chez ma grand-mère. Toute la famille était là.

« Le dimanche suivant, pendant que ma grand-mère était allée à la messe, j'ai sorti le corps. Avec un couteau que je venais d'acheter, j'ai retiré toute la chair que j'ai fourrée dans trois sacs-poubelle pour les jeter. »

DÉSIRS NÉCROPHAGES

Le 16 janvier 1988, Dahmer rencontre James Doxtator, ou Jamie, devant le Club 219. Il est environ une heure du matin et Jamie, qui a quatorze ans, n'a pas l'âge requis pour entrer dans le club. Il a l'habitude d'attendre des clients potentiels devant ce genre d'établissements, puisqu'il a déjà été arrêté pour prostitution le 22 septembre 1987, ainsi que pour un vol de voiture. Aîné des cinq enfants de la famille, il vit avec sa mère Debra Vega qui est d'origine indienne. Mauvais élève en classe à cause d'un problème de lecture, Jamie fait plutôt l'école buissonnière et hante les salles de billard. Dahmer lui propose de gagner de l'argent en posant nu pour lui, tout en regardant des vidéos. L'adolescent accepte et ils prennent ensemble le bus en direction de West Allis. Une fois arrivés à destination, ils font l'amour et Jeffrey lui offre un verre bourré de somnifères. Dès que Jamie s'endort, Dahmer l'étrangle de ses mains et démembre le corps dont il brise les différentes parties à coups de marteau, comme il l'avait déjà fait pour Steven Hicks. Les restes sont emballés dans des sacs de plastique et jetés aux ordures. Dahmer est incapable de reconnaître Jamie Doxtator sur les photos qu'on lui présente, mais il se souvient de deux petites cicatrices en forme de brûlures de cigarette sur la poitrine de sa victime qui permettront de l'identifier avec certitude.

« Moins de deux mois après Steven Tuomi, je faisais la tournée des bars quand j'ai aperçu ce jeune garçon. Je lui ai proposé, je crois que c'était 50 dollars, pour passer la nuit avec moi. Au petit matin, ma grand-mère était sur le point de se lever et je voulais qu'il reste un peu plus longtemps avec moi, aussi je l'ai étranglé. Ensuite, j'ai eu un rapport anal avec lui. J'ai caché le cadavre sous une couverture dans la cave. Je l'ai gardé une semaine et, à chaque fois que ma grand-mère s'absentait, je m'allongeais près de lui pour me masturber. Puis je l'ai dépecé pour en retirer toute la chair. »

Comme pour Steven Hicks, Steven Tuomi, James Doxtator, il ne reste aucune trace de Richard Guerrero. Au moment où Jeffrey le rencontre – et le tue –, il ignore jusqu'à son nom. Il ne le connaîtra que le 7 janvier 1989 grâce à une annonce et une photo parues dans le *Milwaukee Journal* où sa famille cherche des renseignements au sujet de la disparition de ce jeune homme d'origine hispanique âgé de vingt-trois ans. Lorsqu'il quitte la maison familiale le 24 mars 1988, vers onze heures du soir, pour se rendre chez un ami habitant près de son domicile, Richard Guerrero a trois dollars en poche et ne prend même pas la peine d'emporter son portefeuille. Il n'arrivera jamais à destination. Sa mère s'inquiète dès le lendemain et alerte la police, car Richard a pour habitude de téléphoner tous les jours à sa mère pour la tenir au courant de ses moindres faits et gestes. Mais la police ne met pas beaucoup d'empressement à le rechercher, car Richard Guerrero est un délinquant notoire très connu de leurs services. Depuis l'âge de dix ans, il a été arrêté d'innombrables fois pour vols d'autoradios, de voitures, cambriolages, racolage sur la voie publique ou usage de drogue. Pendant de nombreuses années, la famille Guerrero se débrouille seule pour tenter de retrouver la trace de Richard. Ils engagent un détective privé qui les escroque de plusieurs milliers de dollars. Ils font appel à un voyant et n'hésitent pas à contacter la chaîne N.B.C. et son émission *Unsolved Mysteries*.

Jeffrey rencontre Richard Guerrero devant le Phoenix Bar, proche du Club 219 où il a précédemment dragué ses premières victimes. Il lui propose de l'argent en échange de quelques photos. Il lui passe plusieurs bandes vidéo pornographiques puis, après un échange de fellations, Dahmer lui offre une boisson droguée. Dès que Guerrero s'est évanoui, Jeffrey l'étrangle à mains nues, le sodomise avant d'éjaculer sur son corps. Finalement, il démembre Guerrero et s'en débarrasse selon son habitude, sans garder aucune trace de sa victime. Jeffrey Dahmer :

« Après avoir dépecé le corps dans la cave, j'ai gardé son crâne pendant plusieurs mois. Il est resté un bon moment installé à mon domicile, dans les Oxford Apartments, avant que je ne m'en débarrasse. »

Même si Catherine Dahmer ignore complètement les activités meurtrières de son petit-fils qui se déroulent sous son toit, elle sait qu'il se passe des choses étranges. Pendant les premières chaleurs de l'été 1988 elle remarque une odeur nauséabonde dans son garage. Elle croit tout d'abord qu'il s'agit des ordures, mais l'odeur persiste encore après le ramassage des poubelles. Elle demande à son fils Lionel d'en chercher la cause. Il découvre une petite flaque d'une matière noire et visqueuse et s'en enquiert auprès de Jeffrey. Celui-ci lui répond qu'il fait de nouveau des expériences sur des animaux morts et qu'il a dissous un poulet avec des produits chimiques. Une autre fois, c'est un raton laveur qu'il a ramassé à la descente du bus sur le bord de la route. Les explications de Jeffrey ne satisfont pas pleinement son père. Mais après tout, le séjour de son fils chez sa grand-mère semble porter ses fruits. Jeffrey a un emploi fixe depuis plus de trois ans et il a moins tendance à perdre totalement tout contrôle de soi lorsqu'il a bu.

Malheureusement, la tranquillité de Catherine Dahmer est troublée à deux reprises en cette fin d'été 1988. La police de West Allis vient la questionner, ainsi que son petit-fils, au sujet d'une plainte déposée par un certain Ronald Flowers de Zion, dans l'Illinois. En avril 1988, Jeffrey l'aurait invité à la maison et lui aurait servi une boisson droguée avant de lui dérober son argent et des bijoux :

« Je me suis rendu au Club 219. Il devait être aux environs de 23 h 30 - minuit. Le parking était bondé. J'y suis resté avec des amis jusqu'à la fermeture. Le moteur de ma voiture ne voulait plus démarrer. La batterie était morte. J'ai appelé Jeffrey Dahmer qui m'a proposé de prendre sa voiture pour recharger la batterie. On a pris un taxi qui s'est arrêté à une certaine distance de la maison de sa grand-mère. “Pour ne pas la réveiller”, m'a expliqué Jeffrey. Je voulais rester dehors à l'attendre, mais il m'a dit de le suivre à l'intérieur. Il m'a offert à boire. Ensuite, je me souviens de son regard qui se fixait sur moi, comme s'il attendait quelque chose. Ça m'a troublé, je me suis senti mal à l'aise et j'ai avalé le café d'un seul trait. Ma tête s'est mise à tourner et ce fut le trou noir. Je me suis réveillé à l'hôpital. Tout l'argent liquide avait disparu de mon portefeuille, ainsi qu'un bracelet que je portais au poignet droit et un collier. Je me suis rendu compte un peu plus tard que mon slip avait été enfilé à l'envers. »

La version de Dahmer diffère bien évidemment de celle de Flowers ; il reconnaît l'avoir emmené chez lui où ils auraient bu ensemble avant de s'endormir. Une fois réveillés, Jeffrey le raccompagne jusqu'à l'arrêt du bus et lui donne même de l'argent pour payer son billet. A l'hôpital, Ronald Flowers subit un test, mais on ne découvre aucune trace de drogue dans son organisme. Par ailleurs, la version de Dahmer est en partie corroborée par le témoignage de sa grand-mère qui se souvient l'avoir vu raccompagner un homme (qu'elle est incapable d'identifier) jusqu'à l'arrêt du bus. Faute de preuves suffisantes, aucune suite judiciaire n'est donnée à la plainte de Ronald Flowers.

Une autre fois, Catherine Dahmer, en descendant à la cave, aperçoit son petit-fils en compagnie d'un autre homme ; ils sont tous deux déshabillés. Jeffrey lui crie : « Ne descends pas. Ne viens surtout pas. »

Les bars et clubs gays se situent dans un des quartiers les plus chauds de Milwaukee et même un tueur du calibre de Jeffrey Dahmer n'échappe pas à cette atmosphère de violence. Vers la fin de l'année 1988, il se fait attaquer et dérober tout son argent. Il est hospitalisé à cause de ses blessures et se retrouve avec une facture médicale de trois cent vingt-quatre dollars. Il refuse de la payer et, par suite d'une décision judiciaire en 1990, il est obligé d'en régler une partie toutes les semaines, plus cinquante dollars d'amende de frais de justice.

En septembre 1988, Catherine Dahmer, lassée de vivre avec son petit-fils, demande à son fils Lionel d'intervenir afin que Jeffrey déménage. Quelques jours plus tard, le 20 septembre, Jeffrey emménage au 808 North 24e Rue où il réside à peine un mois. A cette date, il a déjà tué à quatre reprises sans être soupçonné le moins du monde. Sa méthode va quelque peu se modifier : il sait maintenant qu'il n'a plus besoin de se presser pour se débarrasser des corps. De ses treize prochaines victimes, Jeffrey gardera des « souvenirs ».

Complètement abandonné par les vivants, y compris par sa plus proche famille, Jeffrey Dahmer se tourne vers les seuls amis qui lui restent : les morts, ou plutôt ses morts.

V. EN PRISON

« Je ne sais même plus si je suis capable d'éprouver des émotions normales ou non, parce que cela fait longtemps que je n'ai pas pleuré. On les étouffe depuis tant d'années, et puis après, on les perd et on ne sait plus. »
Jeffrey Dahmer

Dès le lendemain de son installation au 808 North 24e Rue, Jeffrey Dahmer rencontre un Laotien de treize ans, Keison Sinthasomphone, qui rentre de l'école, vers trois heures et demie. Il s'agit du frère aîné de Konerak Sinthasomphone, une des futures victimes de Dahmer. Ce dernier lui propose cinquante dollars pour servir de modèle et lui permettre d'essayer son nouvel appareil qu'il vient de s'acheter. Une fois dans l'appartement, Jeffrey le convainc de se déshabiller en partie. Il prend deux photos Polaroïd et lui offre un café arrosé d'Irish Cream, mélangé avec des tablettes de somnifères. Il embrasse Keison sur l'estomac, lui caresse le pénis et lui demande de « prendre des poses sexy ». Mais Sinthasomphone ne s'endort pas et parvient finalement à quitter l'appartement de Dahmer. De retour chez lui, ses parents remarquent qu'il ne paraît pas dans son état normal : il a du mal à parler et trébuche constamment. Keison finit par s'évanouir. Ses parents appellent une ambulance et il est amené à l'hôpital où un examen révèle qu'il a été drogué. La police est prévenue. Jeffrey Dahmer est arrêté la nuit suivante à son poste de travail de la Ambrosia Chocolate Company. Il passe une semaine en prison avant d'être libéré sous caution de dix mille dollars, que son père paye pour lui. Une fouille de son appartement permet de découvrir la tasse de café contenant des résidus de drogue, ainsi que les deux clichés du Laotien. Pour sa défense, Dahmer affirme qu'il ignorait que Sinthasomphone était mineur, et il nie farouchement l'avoir embrassé ou caressé. Si le garçon a été drogué, c'est par accident, explique-t-il, car il a l'habitude de prendre des somnifères en buvant dans cette tasse et il a dû oublier de la laver au préalable.

Lors de l'audition préliminaire du 30 septembre 1988, Dahmer plaide non coupable. Il est défendu par un avocat très connu, Gerald Boyle, qui, ironie du sort, en tant que procureur adjoint avait poursuivi le serial killer Michael Herrington en 1968. Son adversaire est le procureur adjoint Gale Shelton.

Le 30 janvier 1989, sur les conseils de son avocat, Jeffrey Dahmer plaide coupable pour attouchements sexuels et conduite immorale vis-à-vis d'un mineur. Il doit être jugé le 23 mai et, en attendant, se réinstalle chez sa grand-mère.

« MONSIEUR DAHMER A DE FORTES CHANCES DE RECOMMENCER UN ACTE CRIMINEL »

Le 25 mars 1989, Dahmer rencontre Anthony Lee Sears, un Noir de vingt-cinq ans, dans le club La Cage aux Folles. Sears, qui a connu quelques problèmes avec la loi, notamment pour vol à l'étalage et utilisation frauduleuse d'une carte de crédit, dirige maintenant un restaurant, mais aspire surtout à devenir mannequin. Il adore qu'on le prenne en photo et accepte avec enthousiasme la proposition pécuniaire de Dahmer, qui se prétend originaire de Chicago et en visite chez sa grand-mère. Celle-ci est absente pour quelques jours et Jeffrey sait qu'il peut prendre son temps. Les deux hommes font l'amour, avant l'enchaînement fatal (et habituel) : strangulation, fellation post mortem, masturbation et éjaculation sur le cadavre, suivies du démembrement.

Cette fois-ci, il garde la tête qu'il plonge dans une bassine d'eau bouillante où il a ajouté un puissant détergent. Au bout de quelques heures, il nettoie le crâne de toute trace de chair, le laisse sécher avant de le peindre en gris, afin qu'il ressemble aux modèles en plastique vendus dans le commerce et destinés aux étudiants en médecine. La tête d'Anthony Sears sera retrouvée près de deux ans plus tard dans l'appartement de Dahmer.

« J'ai gardé la tête après l'avoir fait bouillir pour en enlever toute la chair ; de même pour sa queue de cheval et ses parties génitales. Au moment de mon arrestation, elles se trouvaient dans le petit placard noir de mon appartement. Je l'avais trouvé tellement beau que le désir de le garder au moins en partie a été plus fort que le risque de me faire prendre. C'est à ce moment-là que j'ai commencé à fantasmer sur l'idée de créer une sorte de temple et d'autel avec dix crânes alignés, pendant que de l'encens brûlerait en permanence des deux côtés. Je voulais acheter un fauteuil en cuir noir pour m'installer confortablement face à cet autel et admirer ma “collection”. A la même époque, je regardais beaucoup *Le Retour du Jedi*. Plus tard, ce fut au tour de *L'Exorciste III*. Surtout les passages qui tournent autour du personnage de l'Empereur et de Satan pour le second (en fait, il s'agit d'un détenu dans une cellule capitonnée). Les deux sont des individus qui contrôlent les autres grâce à des pouvoirs magiques que j'espérais acquérir à mon tour grâce à ce “temple”. Je suis aussi fasciné par leur regard, ces yeux jaunes qui produisent un effet diabolique ; je me suis rendu chez un opticien pour acheter des lentilles de contact de cette couleur que j'ai portées à plusieurs reprises dans des clubs gays. Les passages de ces deux films me servaient principalement à me mettre dans l'ambiance avant de partir à la recherche de nouvelles victimes. Je suis d'ailleurs tout aussi corrompu et maléfique que les personnages de ces deux films. »

En attendant son jugement du 23 mai, un psychologue appointé par la justice l'examine à plusieurs reprises et note : « Il commence à sortir de sa coquille et se montre plus loquace, aimable et détendu. Son attitude est moins apathique et il s'intéresse aux événements de la communauté, au lieu de l'isolement dans lequel il se complaisait précédemment. » Peut-être cette « amélioration » est-elle due à la compagnie du crâne d'Anthony Sears qui lui permet d'assouvir ses fantasmes ?

Pendant l'audience, le procureur adjoint Gale Shelton demande une condamnation de cinq à six années de prison pour Dahmer. Etant donné les circonstances futures du cas Dahmer, ses paroles prennent une résonance prophétique :

« C'est délibérément que l'accusé s'est attaqué à ce jeune garçon. Il savait fort bien, et ses déclarations sont là pour le prouver, qu'il avait affaire à un mineur et non pas à un adulte consentant (...). Lorsque l'accusé prétend qu'il a accidentellement drogué sa victime, il ment. Le témoignage de l'enfant indique qu'il a vu l'accusé verser une poudre blanche dans son verre et qu'il insistait constamment pour que la victime l'avale. La victime a eu de la chance de pouvoir s'en sortir à si bon compte (...). Les faits passés montrent qu'il a de fortes chances de recommencer un tel acte criminel. Son traitement ne doit pas s'arrêter à ce simple problème d'alcoolisme. Un traitement suivi au sein de la communauté a fort peu de chances de réussir. M. Dahmer admet qu'il a mal agi uniquement parce qu'il a choisi une victime trop jeune. M. Dahmer n'a aucune perception de l'étendue de ses propres problèmes (...). Pendant sa précédente thérapie, M. Dahmer indiquait qu'il était inutile de coopérer à un tel traitement car cela ne servait à rien. Sous une apparence de réceptivité, M. Dahmer est un manipulateur qui refuse de considérer ou se révèle incapable de reconnaître l'étendue de ses problèmes psychologiques et la colère qui est profondément ancrée en lui (...). Etant donné sa mauvaise grâce à coopérer et son extrême instabilité émotionnelle, ajoutées aux troubles profonds mentionnés par tous les médecins qui ont rencontré M. Dahmer, son manque de motivation pour tout changement ne peut que nous mener vers une seule réalité, et il nous faut penser à protéger la communauté. Le seul espoir de traitement pour M. Dahmer doit se dérouler à l'intérieur des murs d'une prison. »

Gerald Boyle plaide avec véhémence une condamnation avec sursis pour son client qui est « un solitaire, menant un train de vie spartiate et quasi monastique (...). Jeff Dahmer a besoin d'un traitement, c'est certain, mais celui-ci doit s'effectuer en dehors du système carcéral (...). Nous n'avons pas affaire à un récidiviste, mais à un homme respecté de ses collègues de travail, qui sait garder un emploi. Je crois qu'il a été arrêté avant que la situation ne s'aggrave, ce qui en soi est une bénédiction. Depuis que j'ai été engagé à son service, je l'ai rencontré à de nombreuses reprises et je peux vous assurer qu'il n'a pas fait de rechute depuis. »

Finalement, Jeffrey Dahmer est appelé à la barre :

« J'ignore quel poids vous donnerez à mes paroles : je suis un alcoolique. Pas du genre qui a besoin de boire tous les jours. Mais quand je bois, je dépasse les bornes (...). Je bois régulièrement depuis mes trois années de service militaire en Allemagne. Le procureur a indiqué la sévérité des charges à mon encontre, et je peux comprendre pourquoi. Ce que j'ai fait est très grave. Je n'ai jamais cherché à donner l'impression qu'il en était autrement. C'est la première fois que je me retrouve dans une telle situation. Du moins, aussi affreuse. Je vis un cauchemar. Si quelque chose peut m'ouvrir les yeux quant à mon attitude passée, c'est bien cette affaire. Dans mon esprit, mon unique bouée de sauvetage est mon emploi dont je suis fier. J'ai été tout proche de le perdre à cause de mes actions, dont j'accepte la pleine et entière responsabilité. Je suis le seul à blâmer dans cette affaire. Ce que j'ai fait est à double tranchant. J'ai fait du mal à la victime et à moi par la même occasion. Je suis perdant à tous les coups.

« Je ne peux que vous supplier d'épargner mon emploi. Laissez-moi une chance de faire mes preuves, de prouver que je peux marcher droit et ne plus recommencer un tel acte. Je ne vous le demande pas simplement, mais je vous supplie de ne pas détruire ma vie. Je sais que je mérite une punition sévère. Je ne cherche pas à gagner votre sympathie, mais vous demande uniquement de ne pas m'anéantir totalement. »

Alors qu'il prononce ces paroles, Dahmer a déjà anéanti l'existence de cinq hommes, ce qui ne l'empêche pas de poursuivre son discours :

« J'ai eu des relations homosexuelles par le passé, mais pas récemment. Vouloir séduire un enfant est le summum de ma stupidité. J'ai peur que cet incident unique ne me détruise complètement. J'ignore ce qui m'est passé par la tête au moment où j'ai commis ce geste. Je sais simplement que j'avais bu. J'ai besoin de votre aide. Je désire sincèrement changer d'existence malgré ce que le procureur a pu vous dire. Elle ne me connaît pas comme je me connais moi-même. Cet incident m'a donné un coup et il me sera peut-être salutaire. »

Le juge est apparemment convaincu par la sincérité des déclarations de Dahmer, mais il admet que la sentence est difficile à rendre :

« Il me semble évident que si vous ne changez pas radicalement d'attitude, vous allez recommencer, car il s'agit d'une pulsion. C'est presque un besoin biologique que vous éprouvez. Il faut que vous appreniez à vous contrôler. Cette pulsion ne vous quittera peut-être jamais, mais votre conduite, elle, doit changer. Si je vous condamne à une peine de prison sans traitement, vous en sortirez très probablement dans un état pire que maintenant. »

Jeffrey est finalement condamné à passer un an dans le Milwaukee County House of Correction, avec la possibilité de se rendre chaque jour à son travail. En lieu et place d'une prison, il doit rentrer tous les soirs dans cette maison de correction. Il est soumis à une période de liberté surveillée de cinq ans et obligé de rencontrer toutes les deux semaines son officier de probation. L'alcool lui est interdit, ainsi que tout contact avec des mineurs. Il doit également suivre une thérapie et un traitement antialcoolique.

Encore une fois, Jeffrey se tire à son avantage de cette situation difficile qui aurait pu lui valoir une condamnation de huit à dix ans de prison. Aucun des membres de la famille de Keison Sinthasomphone n'est présent pour contester la magnanimité du verdict. Apparemment, personne n'a pensé à les contacter, d'après ce qu'ils déclarent en août 1991.

« JE VEUX DEVENIR UN MEMBRE PRODUCTIF DE LA SOCIÉTÉ »

Le Milwaukee County House of Correction est situé à quelques centaines de mètres de l'usine de la Ambrosia Chocolate Company où il travaille. Pour la fête de Thanksgiving, les autorités lui accordent une permission spéciale de douze heures. Il doit être de retour à vingt-deux heures et ne rentre que vers cinq heures du matin. Il est ivre et se vante auprès des autres prisonniers d'avoir bu toute une bouteille de Jack Daniels. Toute sa famille l'attendait à West Allis pour la traditionnelle dinde : il n'a pas pris la peine de prévenir de sa non-venue.

Malgré la légèreté de sa condamnation, Jeffrey se montre insatisfait et, le 10 décembre 1989, il écrit au juge Gardner :

« Je m'appelle Jeff Dahmer. Le 20 septembre 1988, j'ai été arrêté à Milwaukee pour avoir pris des photos d'un mineur de treize ans. Le 27 septembre 1988, j'étais remis en liberté contre le paiement d'une caution. Le 24 mai 1989, après avoir plaidé coupable lors du procès présidé par vous-même, j'ai reçu une condamnation. Elle est la suivante : un an au C.C.C. avec permission de sortie pour mon travail, et cinq années de liberté surveillée. A ce jour, j'ai déjà purgé six mois et quatre jours de cette peine. Monsieur, j'ai toujours pensé qu'un homme devait être prêt à assumer la responsabilité des erreurs qu'il commet dans l'existence. Voilà pourquoi j'ai plaidé "coupable" du crime dont j'ai été accusé. Pendant mon séjour au C.C.C., j'ai eu l'opportunité d'examiner ma vie sous un angle qui m'était inconnu jusqu'alors. Ce que j'ai fait était déplorable. Le monde est déjà suffisamment misérable pour que je n'y apporte pas ma contribution. Monsieur, je peux vous assurer que cela ne se reproduira plus. Voilà pourquoi, Juge Gardner, je vous demande une modification de ma sentence. Afin de me permettre de continuer mon existence en tant que membre productif de notre société.

Avec tous mes respects,

Jeff Dahmer »

Le juge ne tient pas compte de la requête de Jeffrey qui est relâché le 2 mars 1990, soit deux mois avant le terme de sa condamnation, car il bénéficie d'une remise de peine pour bonne conduite. Quelques jours avant sa libération, c'est Lionel Dahmer qui écrit lui aussi au juge Gardner :

« J'émets d'énormes réserves quant aux chances de Jeff dès qu'il sortira de prison. Tous les problèmes qu'il a connus, y compris sa récente condamnation pour outrage aux mœurs, ont toujours été associés ou initiés par l'alcool. J'espère sincèrement que vous interviendrez d'une façon ou d'une autre afin d'aider mon fils que j'aime énormément et pour lequel je désire une vie meilleure. Je pense qu'il vaut mieux pour ma relation avec Jeff qu'il ignore la nature de mes efforts pour lui assurer un traitement efficace. J'ai le sentiment qu'il s'agit là de notre dernière chance pour mettre en place quelque chose de durable et vous pouvez en détenir la clef. »

Les dix mois de semi-emprisonnement de Dahmer paraissent avoir assombri encore un peu plus sa personnalité. « Ses yeux ont perdu tout éclat. Jeff a perdu son âme derrière les barreaux. Il nous a dit que jamais il n'y retournera. Il lui est arrivé quelque chose dont il refuse de parler », explique Shari Jordan Dahmer. A-t-il été la victime du prétendu code de justice des prisons qui veut que tous ceux qui molestent des enfants soient sévèrement châtiés ? Est-ce qu'il a été violé ? Personne ne peut le dire puisque Jeffrey lui-même se tait à ce sujet. Ce qui est sûr, c'est que sa haine des Noirs s'est encore intensifiée. Ses sept prochaines victimes seront toutes de race noire.

Quand Jeffrey retrouve la liberté, il se réinstalle chez sa grand-mère, à la condition expresse de se trouver rapidement un logement. Début avril, il commence également ses rencontres bimensuelles avec Donna Chester, son agent de probation. Normalement, elle doit lui rendre visite à son domicile, mais comme on lui a assigné plus de cent vingt prisonniers en liberté surveillée, Donna Chester demande à son supérieur d'en être dispensée, une requête pour laquelle elle obtient satisfaction. Elle en est soulagée car, début mai, Jeffrey emménage au 924 North 25e Rue, qui se situe dans un quartier mal famé de Milwaukee. Encore une fois, la chance sourit à Dahmer, car on peut penser que des visites régulières à son appartement auraient fini par attirer l'attention – et surtout, l'odorat – de Donna Chester sur les activités de son client.

A chacune des visites de Jeffrey dans son bureau, Donna Chester rédige un bref rapport qui résume la teneur de leur conversation. Ces carnets de notes ont été publiés en août 1991 par la presse locale à la suite de la découverte des crimes. En voici quelques extraits significatifs :

Avril 1990

« Le sujet se sent apte à discuter de ses sentiments sexuels. Il n'a pas d'amis et s'est isolé du reste de la société. Il est venu avec son ordinateur portable, mais admet que c'est un moyen pour lui d'être occupé et de ne pas penser à ce qui est arrivé. Il boit seul, et c'est à ce moment-là qu'il a des problèmes. Je lui conseille de s'occuper sérieusement de son alcoolisme, puis nous commencerons à discuter de ses tendances sexuelles. Le sujet se sent plus à l'aise maintenant qu'il sait qu'il n'est pas jugé pour ses préférences sexuelles. »

27 avril 1990

« Le sujet semble déprimé et a des difficultés à trouver un logement approprié à son budget. Il gagne pourtant en moyenne trois cents dollars par semaine. Il ne possède pas de meubles et a toujours eu des problèmes à gérer son argent. N'est pas désireux de résoudre ses propres problèmes. S'attend à ce que les autres le fassent pour lui. »

29 mai 1990

« Le sujet n'a pas l'air bien. Ses vêtements sont froissés et il n'est pas rasé. A été victime d'une agression à son domicile. On lui a volé trois cents dollars, sa montre et tous ses vêtements. Je lui conseille de déménager de ce quartier. »

11 juin 1990

« Dahmer est très déprimé. Il parle de se suicider et a un grave problème d'identité sexuelle. Avoue sa préférence pour les partenaires mâles, mais en éprouve un sentiment de culpabilité. Ne dort pas suffisamment. En ce moment, il n'a pas d'activité sexuelle et souhaite rester célibataire. Je lui conseille de contacter une organisation de gays s'il éprouve le besoin de parler. »

25 juin 1990

« Le sujet n'a pas de rapports sexuels en ce moment. N'éprouve pas de désirs car trop occupé à faire des heures supplémentaires à Ambrosia à cause des vacances d'été des autres employés. Je lui rappelle les conséquences au cas où il me mentirait. Il suit un programme de traitement. Le sujet paraît tout le temps déprimé.

Peut-être joue-t-il la comédie ? L'agent doit surveiller ce sujet de plus près. Évoque la possibilité d'une visite à son domicile, mais le quartier est vraiment très mal famé. »

9 juillet 1990

« Le sujet connaît de sérieuses difficultés financières. Client a l'air épuisé, en mauvais état physique et moral. Il mentionne un éventuel suicide. »

13 août 1990

« Le sujet croule sous les factures. Vient d'apprendre qu'il est poursuivi en justice par le West Allis Memorial Hospital pour ne pas avoir réglé une hospitalisation. Parle de suicide : "La seule façon de m'en sortir est de sauter d'un gratte-ciel" (...). Il est furieux contre les gens qui gagnent plus d'argent que lui et qui ne connaissent pas l'étendue de ses problèmes : "Pourquoi ont-ils tellement de chance ?" s'exclame-t-il. »

Libéré le 2 mars 1990, Jeffrey Dahmer tient pour une fois sa promesse de se trouver un logement et emménage le 14 mai 1990.

Moins d'un mois après son installation, Jeffrey pend la crémaillère en étranglant la première de ses douze victimes suivantes.

VI. APPARTEMENT 213

« Il faut environ une heure pour faire bouillir une tête. »
Jeffrey Dahmer

Le 924 North 25e Rue, ou Oxford Apartments, se situe dans la partie nord-ouest de Milwaukee, à environ six kilomètres à l'ouest des rives du lac Michigan. C'est un quartier déshérité, où les gens perçoivent des revenus modestes et sont à 70 % de race noire. 90 % des habitants y sont locataires et les loyers sont bas (deux cent quatre-vingts dollars en moyenne) comparés à ceux du reste de la ville (trois cent soixante-quinze dollars en moyenne) ; Dahmer paye un loyer de trois cent sept dollars pour l'appartement 213. L'édifice comprend quarante-neuf logements et Jeffrey en est l'unique locataire blanc. Le trottoir situé devant l'immeuble de trois étages est bordé d'arbres et, la nuit, une grande partie de cette portion de la 25e Rue est illuminée par les projecteurs du conglomérat de la Wisconsin Bell Telephone Company dont les grillages font face aux Oxford Apartments. La construction de couleur crème, et sans grand relief architectural, comporte aussi une entrée sur l'arrière qui permet d'accéder directement au premier étage. La façade arrière des Oxford Apartments est zébrée par les traditionnels escaliers de secours qui surplombent une étroite allée pavée de briques et encombrée par d'énormes containers métalliques qui servent à collecter les ordures ménagères.

L'appartement 213 ne comporte qu'une entrée et deux fenêtres. On pénètre directement dans le salon qui sert aussi de salle à manger avec un coin-cuisine, à gauche en entrant. De l'autre côté de la porte d'entrée, donc à droite, un placard fait face à la chambre à coucher, avec une salle de bains attenante ; il n'y a pas de communication entre la chambre à coucher et la salle de bains, les portes de ces deux pièces s'ouvrant sur le living-room. Curieusement, la porte de la chambre à coucher de Dahmer comporte plusieurs serrures à pêne dormant, mais celles-ci se situent à l'*extérieur* de la porte, pouvant laisser à penser que cette pièce a pu servir à emprisonner certaines des victimes (ou indique du moins la préméditation d'un acte criminel).

La date exacte du décès de Ricky Lee Beeks, alias Raymond Lamont Smith, demeure inconnue à ce jour. Il est vu pour la dernière fois le 29 mai 1990, ce qui ne veut pas dire qu'il a été obligatoirement assassiné ce jour-là, car Beeks s'absentait fréquemment pour de plus ou moins longues périodes en rapport avec ses activités criminelles (Dahmer ne se souvient plus de la date exacte de sa rencontre avec Beeks). Originaire de Rockford et âgé de trente-trois ans, il a une fille de dix ans qui ne vit pas avec lui. Ayant plusieurs fois fait de la prison pour vol, prostitution et viol, Beeks partage un appartement avec sa demi-sœur, Donita Grace. La police le connaît aussi sous les noms d'emprunt de Mark Brown et James Green.

COUPS DE FIL ANONYMES

Depuis son installation au 924 North 25e Rue, Jeffrey Dahmer s'est rapproché des bars gays qu'il aime tant fréquenter. Une ligne de bus le conduit directement vers les numéros 200 de la South Second Street (il n'a ni permis ni voiture) où se trouvent trois de ces établissements nocturnes, dont l'élégant Club 219, avec son enseigne au néon et sa devanture pourpre. Suivant un scénario maintenant parfaitement mis au point, Dahmer propose à Beeks de poser pour des photos contre le versement d'une somme d'argent. En arrivant chez lui, Jeffrey passe quelques vidéos pornographiques gays et offre à Beeks un verre bourré de somnifères. Une fois sa victime endormie, il l'étrangle à mains nues et le déshabille entièrement pour lui faire une fellation. Il découpe le cadavre et se débarrasse des morceaux en les jetant aux ordures, mais garde la tête qu'il nettoie de toute trace de chair, avant de la peindre en gris. Le crâne de Ricky Lee Beeks sera découvert plus d'un an après dans le placard du salon de Dahmer à la suite de son arrestation. Jeffrey Dahmer :

« C'est avec lui que je prends, pour la première fois, des photos d'une victime décédée. Je possédais un album photos avec quinze clichés différents de Raymond Smith. Je me souviens qu'il avait un tatouage sur la poitrine où l'on pouvait lire l'inscription "Cash D". »

Deux semaines environ après l'assassinat de Ricky Lee Beeks, Jeffrey rencontre Edward Warren Smith, âgé de vingt-sept ans, et qui possède la même stature que Dahmer : un mètre quatre-vingt-cinq pour quatre-vingts kilos. La rencontre a lieu au Phoenix Bar, tout proche du Club 219. Surnommé « le Cheik », à cause d'un turban arabe qu'il aime à porter, Smith est décrit comme une personne flamboyante par sa sœur qui l'aperçoit pour la dernière fois le 14 juin 1990, juste avant la traditionnelle « Milwaukee Gay Pride Parade ». Adorant se maquiller, Edward Smith ne craint pas d'affirmer son homosexualité. Danseur professionnel dans les clubs gays de la cité, il aspire à devenir un mannequin, tout en connaissant quelques problèmes avec la justice puisque le F.B.I. possède un dossier à son nom (dont la teneur n'a pas été révélée). Dahmer utilise les ruses habituelles pour attirer Smith chez lui, où ils se font mutuellement une fellation, avant que Jeffrey n'endorme sa victime. Après l'avoir étranglé, il le démembre en prenant quatre ou cinq photos Polaroïd à différents stades de son charcutage. Il se débarrasse entièrement du corps, ainsi que des photos.

Neuf mois plus tard, en mars 1991, Jeffrey téléphone à Carolyn Smith, la sœur de sa victime :

— Ce n'est pas la peine de rechercher votre frère.

— Et pourquoi ?

— Parce qu'il est mort.

— Comment le savez-vous ?

— Parce que je l'ai tué.

Ce n'est pas l'unique coup de fil de Dahmer à la famille d'une de ses victimes, puisque le 30 mai 1991, il appelle également chez les Sinthasomphone (soit quatre jours après la disparition de leur fils Konerak). Là aussi, son message est bref et sans appel : « Konerak est actuellement en très grand danger ! » Puis il raccroche.

Le 8 juillet 1990, Jeffrey commet une erreur qui aurait pu lui être fatale, mais la chance lui sourit de nouveau. Il drague un adolescent hispanique de quinze ans devant le Phoenix Bar en lui offrant deux cents dollars pour poser nu chez lui. Arrivés à destination, le garçon refuse le verre que Jeffrey lui propose avec insistance. Il est visiblement énervé par le refus de l'adolescent. Celui-ci s'allonge sur le lit de la chambre à coucher de Dahmer qui vient de mettre une vidéo de *L'Exorciste III* dans son magnétoscope. Brusquement, Jeffrey se précipite sur lui et lui assène un coup derrière la tête à l'aide d'un maillet en caoutchouc, avant d'essayer de l'étrangler. L'adolescent, qui a tourné la tête au moment de l'impact et ainsi évité un choc direct, se débat et parvient à convaincre Dahmer qu'il ne portera pas plainte contre lui. Il s'enfuit pendant que Dahmer téléphone pour lui demander un taxi. De retour chez sa mère adoptive, le garçon raconte qu'il a été agressé, mais sans entrer dans les détails car elle ignore son homosexualité. Il est brièvement hospitalisé au Sinai Samaritan Medical Center pour soigner ses contusions. La police est avertie, mais l'adolescent se révèle incapable de fournir l'adresse de son agresseur, dont il ne connaît que le prénom, Jeffrey. Encore une fois, Dahmer passe à travers les mailles du filet.

Pourquoi a-t-il laissé échapper sa victime ? Peut-être s'est-il senti désarçonné par le refus de boire du jeune homme et le changement qu'il doit improviser dans sa méthode habituelle de tuer ? Les tueurs en série s'attaquent presque toujours à des êtres plus faibles ou vulnérables qu'eux – femmes, enfants, personnes âgées, prostitué(e)s, homosexuels, fugueurs, auto-stoppeurs – qu'ils peuvent aisément dominer. Ce sont des lâches, et le fait de se retrouver face à face avec quelqu'un qui se débat et lui résiste, en lieu et place de victimes consentantes et endormies, a sûrement perturbé Dahmer. A chaque fois qu'il a eu affaire à des mineurs – les deux enfants de douze ans de la Kinnickinnic River, le 8 septembre 1986 ; Keison Sinthasomphone, le 20 septembre 1988, ou son frère Konerak, le 27 mai 1991 – il a eu des ennuis et s'est fait arrêter par la police : il s'en est peut-être souvenu (pour les deux premiers incidents) au moment où il doit se décider à tuer ou non le jeune Hispanique de quinze ans ?

Le lendemain de cette attaque manquée, il rend visite à son officier de probation, Donna Chester. En retard de plus d'une heure, il explique avoir fait une chute dans l'escalier. Il est mal rasé, ne s'est pas lavé et tente de vendre un appareil photo pour régler de grosses difficultés financières.

« L'agent croit que le sujet claque son argent, mais ignore comment. Le sujet adopte une attitude défensive quand on le questionne sur ses dépenses. Demande au sujet s'il voit quelqu'un ou drague des hommes. Réponse négative. La chute dans l'escalier pourrait être une nouvelle agression dont il a été victime. Apparence extérieure du sujet s'est nettement dégradée depuis qu'il vit seul. Sujet déprimé. Il mentionne un éventuel suicide. »

UN AUTEL FABRIQUÉ AVEC DIX CRÂNES

Lors de ses rencontres suivantes avec Donna Chester, Dahmer se montre toujours aussi déprimé et anxieux ; il parle encore de suicide. Il redoute particulièrement de se retrouver seul à ne rien faire pendant le long week-end du Labor Day.

Profitant de ces quelques jours de vacances, Ernest Miller, vingt-quatre ans, décide de rendre visite à sa tante, Vivian Miller, à Milwaukee :

« C'était quelqu'un de très gentil. Il n'embêtait jamais personne. Il voulait profiter de ces quelques jours pour quitter Chicago qu'il trouvait trop violent. Dimanche matin, nous sommes tous allés à la messe dans l'église de la Golden Rule Church of God in Christ, sur Hopkins Street. C'était un jour de fête pour Ernest. Il venait d'apprendre qu'il allait recevoir une bourse d'études pour suivre des cours de danse d'une école de Chicago. Et cela faisait tout juste un an qu'il ne prenait plus de drogues. Après la messe, nous avons fait du shopping et je lui acheté pour cinq cents dollars de vêtements. Il adorait s'habiller à la dernière mode. Puis, il nous a quittés en disant qu'il allait manger un morceau avant de retourner à Chicago, mais lorsqu'il n'est pas revenu chercher le reste de ses vêtements, j'ai su qu'un malheur lui était arrivé. »

Le 3 septembre 1990, Dahmer le rencontre devant une librairie porno sur North 27e Rue. La routine macabre peut commencer. Il prend plusieurs photos de Miller qui adopte des poses sexy, avant que les deux hommes ne fassent l'amour. Il lui donne un café arrosé de rhum et de tablettes de somnifères. Mais, cette fois-ci, Dahmer ne l'étrangle pas et lui tranche la gorge. Un procédé qu'il emploie de toute façon lorsqu'il démembre ses victimes une fois étranglées. Il prend plusieurs photos et dépose le corps dans sa baignoire. Avec un couteau de chasse à large lame, il désosse le cadavre. La chair tranchée est jetée dans les sacs-poubelle, tandis que le crâne ébouillanté est peint en gris pour être conservé en tant que trophée; Dahmer se masturbe à de nombreuses reprises devant « ses » crânes. Il déclare :

« Je l'ai poignardé dans la veine jugulaire pendant qu'il est à moitié endormi pour lui éviter de souffrir, car il ne me restait plus que quelques somnifères ; pas assez pour agir comme avec les autres. Quant au crâne, je l'ai peint avec une bombe de peinture couleur granit. J'ai essayé de manger le cœur et de la chair, mais c'était trop dur. Je me suis acheté un attendrisseur pour manger un muscle et le cœur. Le goût ressemble à de la viande de bœuf. Ça m'a donné une grande excitation sexuelle. L'homme m'appartenait : il faisait partie intégrante de moi. »

A cette époque, il pense déjà construire un temple ou un autel avec les restes de ses victimes, afin d'« acquérir des pouvoirs spéciaux et des énergies ». Ce pouvoir devait l'aider socialement et financièrement. En 1989, il se procure une table basse de couleur noire qui doit servir de base à son autel; il veut aussi acheter une chaise noire pour s'asseoir devant la table sur laquelle il alignera les crânes de dix victimes et de l'encens. A chaque extrémité de la table, un squelette entier qu'il aura peint, tandis que « l'autel » sera éclairé par quatre plafonniers bleus en forme de globes. En arrière-plan de cet autel, il veut installer une plaque murale représentant un bouc avec des rideaux bleus pour l'encadrer. Jeffrey Dahmer n'aura pas le temps de se constituer ce monument, bien qu'il ait aussi fait l'emplette d'une statuette de griffon, un animal mythique qui est couramment employé dans divers rituels magiques.

Il garde le squelette d'Ernest Miller qu'il blanchit artificiellement, avant de le photographier accroché au pommeau de sa douche. Finalement, il découpe les biceps du cadavre qu'il trouve « beaux et musclés » et les enveloppe dans un sac en plastique pour les placer dans son congélateur. Il les dévore quelque temps après pour « s'essayer au cannibalisme » ainsi qu'il le raconte lors de sa confession. Dans ses aveux de sa première nuit d'interrogatoire, il affirma avoir congelé des morceaux d'autres victimes « pour les manger plus tard », mais il se rétracte par la suite, déclarant n'avoir mangé que les biceps d'Ernest Miller. Quand on l'interroge à ce sujet, Dahmer s'irrite et refuse de répondre.

Quelques jours après la disparition d'Ernest Miller, son grand-père reçoit un coup de fil dans lequel un inconnu répète plusieurs fois : « Aidez-moi ! Aidez-moi ! Aidez-moi ! » avant de raccrocher brutalement. Courant septembre, c'est son épouse qui décroche et l'interlocuteur se contente d'émettre des bruits d'étouffement et d'étranglement. Quand elle lui demande ce qu'il recherche, l'homme raccroche. Il rappelle une troisième fois en poussant cette fois-ci des gémissements de douleur. A ce jour, on ignore encore s'il s'agissait de Dahmer.

Lorsqu'il rencontre Donna Chester le 10 septembre, elle note dans son rapport que son apparence extérieure et son moral se sont améliorés. Peu après, il fait l'achat d'un aquarium qu'il installe sur la table de son salon. Il le peuple de diverses espèces, dont un poisson carnivore. Il reste fasciné des heures entières à regarder le prédateur traquer les autres poissons affolés qui fuient dans tous les sens. Cette vision ne calme pas ses propres appétits meurtriers puisqu'il tue une seconde fois en ce mois de septembre 1990.

David Thomas a vingt-deux ans et un casier judiciaire très chargé, à la fois en son nom propre et sous treize autres identités d'emprunt. Arrêté à seize reprises pour vol et une autre fois pour tentative de vol à main armée, ainsi que pour d'innombrables autres délits, Thomas a déjà passé plus de six mois en prison. Sa petite amie, Chandra Beanland, avec laquelle il a une fille de trois ans, déclare sa disparition le 24 septembre.

Dahmer rencontre Thomas près du bar C'est la Vie et lui fait l'habituelle proposition. Arrivés chez lui, les deux hommes discutent et boivent, mais ne font pas l'amour. Jeffrey lui administre une boisson droguée et s'aperçoit un peu tard que Thomas n'est pas « son type ». Il n'éprouve aucun désir pour lui. Que faire ? Attendre qu'il se réveille et que Thomas, furieux, s'en prenne à lui, ou, pire encore, le dénonce à la police ? N'oublions pas que Dahmer est toujours en liberté surveillée. Il ne veut pas renouveler l'erreur du jeune Hispanique de quinze ans qu'il a laissé s'échapper. Jeffrey décide de le tuer quand même. Après l'avoir démembré, il prend quelques clichés qu'il garde pour l'album de photos de « souvenirs » qu'il est en train de se confectionner. Parfois, lorsqu'il se sent seul, il aime en feuilleter les pages et sortir les crânes de ses amis de leur cachette. Il peut alors évoquer les bons moments qu'ils ont passés ensemble. Fréquemment, il se masturbe devant ses trophées. Mais David n'est vraiment pas son type d'homme et il se débarrasse de toutes les parties du corps qu'il a découpé.

Le lendemain de la disparition de David Thomas, le 25 septembre 1990, Dahmer se fait attaquer vers 20 h 30 par deux Noirs au coin de West Wisconsin Avenue et de la North 27e Rue. Sous la menace d'une arme, ils l'obligent à leur donner dix dollars et sa carte d'abonnement de bus. Depuis qu'il a été remis en liberté surveillée, c'est la troisième fois que Dahmer est victime d'une agression.

Le 4 octobre 1990, Dahmer s'inscrit au Milwaukee County Mental Health Center pour prendre rendez-vous avec un conseiller et envisager un programme de traitement. Ses bonnes résolutions durent à peine un quart d'heure et il s'enfuit en courant. Il effectue une autre tentative dans un centre de désintoxication pour alcooliques, où un rapport le décrit comme « maniaque-dépressif ». Là aussi, il abandonne le traitement en cours de route.

Début novembre, sa grand-mère, Catherine Dahmer, lui téléphone sur son lieu de travail et il en est tellement content qu'il en parle longuement à Donna Chester. Il a l'impression que quelqu'un se préoccupe vraiment de son sort. Mais cette euphorie est momentanée et il replonge aussitôt dans la dépression.

« L'attitude du client est très négative. Il refuse de voir le bon côté des choses. Il se plaint sans arrêt (...). Le sujet ne se sent pas prêt à sortir et à rencontrer des gens (...). Il craint l'approche des fêtes familiales, Thanksgiving et Noël. Il a honte de son attitude et peur d'affronter sa famille. "Je ne suis pas à l'aise en famille parce que mon père veut toujours tout contrôler, explique-t-il. Et je n'ai aucune affinité avec mon frère Dave. Il suit des études à l'université."

« Courant décembre, il indique à Donna Chester qu'il n'a pas parlé ou écrit à sa mère, Joyce Flint, depuis cinq ans. Elle lui suggère d'envoyer une carte postale, ce qu'il fait. Elle vit à Fresno, en Californie où elle s'occupe de malades du sida pour le Central Valley AIDS Team. »

Pour la nouvelle année, Dahmer donne l'apparence d'une personne pleine de bonnes résolutions lors de sa rencontre avec son officier de probation : « Indique qu'il ne commettra plus d'actes criminels à cause de la prison. Le client affirme qu'il ne retournera plus jamais en prison. »

Malgré cette promesse et un répit de cinq mois, Jeffrey Dahmer sait au fond de lui-même que le carnage va continuer.

VII. LE MASSACRE FINAL

« J'étais dans une quête incessante, sans fin, pour trouver quelqu'un à tout prix. Quelqu'un de beau. Je n'avais que ça en tête. J'étais poussé à tuer de plus en plus fréquemment. »
Jeffrey Dahmer

« Curtis Straughter était quelqu'un de différent. Il avait beaucoup de rêves. Il voulait s'inscrire au Collège technique de Milwaukee, afin d'obtenir un diplôme. Il rêvait aussi de devenir mannequin et de suivre des cours de danse », raconte Bernell Howard, son meilleur ami.

Hélas, Curtis Straughter, très beau jeune homme noir de dix-huit ans, ne verra jamais ses rêves se réaliser. Dans une existence où tout paraît marcher de travers, Curtis essaye de remettre un semblant d'ordre lorsqu'il est vu pour la dernière fois par sa grand-mère, Catherine Straughter, le 18 février 1991. Vivant avec elle, il a abandonné le lycée à l'âge de quatorze ans pour rejoindre, l'année suivante, le Gay Youth Milwaukee. Arrêté à deux reprises par la police en 1987 pour délits sexuels, Curtis a quelquefois du mal à assumer son homosexualité. Connu dans le milieu gay sous les pseudonymes de Demetra et Curta, il vient de perdre son emploi non qualifié d'aide-infirmier au Marina View Manor, sur Prospect Avenue. Tous ses amis le décrivent comme quelqu'un qui déteste les « honkies » (les Blancs) et il peut sembler étrange qu'il ait accepté la proposition de Dahmer. Mais peut-être Curtis Straughter se sent-il déprimé par la récente perte de son emploi, qu'il a besoin d'argent et rêve de devenir mannequin ?

« Il faisait très beau le dernier jour où je l'ai vu, explique Bernell Howard. Nous avons passé la journée à cuisiner des cookies, à bavarder et à nous promener le long du lac Michigan. Nous avions convenu de nous revoir la semaine suivante, mais il n'est jamais venu. J'ai été étonné car cela n'était pas dans son caractère. Demetra parlait souvent de se rendre à Philadelphie et j'ai pensé qu'il y était allé. »

Mais Curtis Straughter se rend chez Dahmer après l'avoir rencontré, le 7 mars 1991, devant l'arrêt du bus de Marquete University. Jeffrey lui offre une boisson droguée et, dès que Curtis s'endort, il lui fait une fellation avant de l'étrangler. Cette fois-ci, Jeffrey se sert d'une sangle qu'il a achetée dans ce but. Selon ses habitudes, il démembre le corps, prend des photos et garde le crâne, mais sans le peindre. Curtis Straughter sera identifié par sa dentition et une photo que la police montre à Dahmer. Celui-ci déclare :

« Il était gay et voulait un rapport anal. Moi, non. Je lui ai donné ma potion, avant de lui mettre des menottes – c'était la première fois (pour les menottes) –, de l'étrangler et de prendre des photos. »

UNE VISITE DE LA POLICE

Au moment de l'assassinat de Straughter, Jeffrey a pris quelques jours de vacances qu'il passe chez lui « pour régler ses problèmes financiers ». Deux semaines plus tard, quand il revoit Donna Chester, il est de nouveau complètement fauché et doit se rendre à pied à son travail. Son apparence se dégrade : il est mal rasé, avec d'énormes cernes sous les yeux. Il explique qu'il travaille douze heures d'affilée dans son usine pour toucher des heures supplémentaires. Il a aussi la grippe et ne boit plus, car il se sent trop faible pour sortir.

A son rendez-vous suivant, le 25 mars 1991, Donna Chester remarque une amélioration très nette chez Dahmer. Pour la première fois depuis longtemps, celui-ci semble heureux. Sa mère, Joyce Flint, lui a enfin téléphoné de Californie. « Dahmer déclare que la conversation s'est très bien déroulée. Elle sait qu'il est homosexuel et cela ne lui pose aucun problème. Dahmer indique qu'ils vont rester en contact. »

Quelques jours plus tard, Dahmer fait la connaissance d'Errol Lindsey, un jeune homme noir de dix-neuf ans, jovial, confiant, qui adore le rap et la musculation. Ses restes seront identifiés grâce à sa dentition, le crâne ayant été retrouvé chez lui. Comme pour la plupart des victimes, Lindsey a eu des problèmes avec la loi : complicité dans un incendie criminel, arrestation pour conduite dangereuse et une autre pour s'être battu au couteau. Mais cette existence tumultueuse appartient au passé, car Lindsey s'est découvert une passion pour la peinture. Il travaille dans une usine de céramiques où il fabrique des moules en plastique. Son salaire est assez maigre et c'est probablement l'appât du gain qui lui fait accepter la proposition de Dahmer lorsque les deux hommes se rencontrent au coin de Kilbourn Avenue et de la 27e Rue. Car Lindsey n'est pas du genre à fréquenter les clubs gays ni même les bars.

« Errol n'était pas du style à parler à n'importe qui dans la rue. Il ne découchait jamais. Il se rendait à son travail et rentrait aussitôt à la maison. Il était très proche de notre mère. Il ne sortait jamais avec des amis sans la prévenir », explique sa sœur aînée.

Lorsqu'il arrive chez lui, en ce jour fatidique du 7 avril 1991, Errol Lindsey repart aussitôt à la demande de sa mère pour chercher un double de clef chez un serrurier. Il ne reviendra jamais.

Arrivés chez Dahmer, Lindsey se voit offrir un rhum-Coca drogué. Dès que sa victime s'est endormie, Jeffrey l'étrangle, lui fait une fellation, avant de démembrer le cadavre et d'en conserver la tête. Mais, cette fois-ci, il ne peint pas le crâne. Jeffrey Dahmer :

« Lindsey est le premier à qui j'ai creusé un trou dans la tête, avant de lui injecter de l'acide, mais il s'est réveillé. Il était groggy, mais toujours cohérent et conscient de la situation. Je lui ai administré une nouvelle dose de somnifères, avant de l'étrangler. Ce fut un échec. Je voulais un esclave sexuel, un "zombie", au lieu des habituels cadavres. En agissant ainsi, je ne voulais pas leur faire de mal, mais détruire leur volonté, afin qu'ils m'obéissent. »

Le 4 mai 1991, la police frappe à la porte de l'appartement 213. Après un bref moment d'angoisse, Dahmer est soulagé de constater que les deux détectives n'en ont pas après lui. Un des locataires de l'immeuble, Dean Vaughn, vingt-six ans, a été retrouvé étranglé dans son logement, situé juste au-dessus de celui de Dahmer. Il indique aux policiers qu'il n'a rien vu ni entendu de suspect. Les détectives sont loin de se douter que ce jeune homme blond de trente et un ans et d'un mètre quatre-vingt-cinq qui les accueille si aimablement possède une collection bien plus impressionnante que l'unique cadavre découvert à l'étage supérieur. Par la suite, de nombreux journalistes et certains policiers avancèrent l'hypothèse que Jeffrey aurait tué Vaughn. Interrogé directement à ce sujet, Dahmer a toujours nié en être le responsable. Les enquêteurs proches de l'affaire sont enclins à le croire. Le meurtre de Dean Vaughn n'a toujours pas été élucidé à l'heure actuelle.

La victime suivante de Dahmer n'aurait pas pu crier à l'aide, même si elle l'avait voulu, car Anthony Hughes, trente et un ans, était sourd-muet. A l'âge de deux semaines, il a perdu l'ouïe à la suite d'une pneumonie. Hughes communiquait par écrit, en utilisant le langage des signes ou en lisant sur les lèvres de ses interlocuteurs. Il a quitté Milwaukee en juillet 1990 pour s'installer à Madison, après l'assassinat de son voisin le plus proche. Garçon sensible, il ne supportait pas la violence et était très apprécié au sein du milieu gay des bars qu'il fréquentait souvent.

Anthony Hughes, ou Tony, est revenu à Milwaukee le 24 mai 1991 pour rendre visite à sa sœur Barbara. Il la quitte vers 22 heures pour aller au Club 219, dont il apprécie les fortes vibrations musicales. Hughes connaît Dahmer depuis 1989 et, lorsque celui-ci lui passe un petit mot dans lequel il lui propose cinquante dollars pour poser et regarder des vidéos dans son appartement de la 25e Rue, Hughes accepte tout de suite. Un ami l'aperçoit quelques minutes plus tard devant le Club 219 en compagnie de Dahmer et lui demande en langage de signes de qui il s'agit. Hughes répond par le signe ami. Cet « ami » lui fait boire son cocktail, l'étrangle avant de démembrer le cadavre dont il conserve le crâne, mais sans le peindre.

Au contraire des autres victimes, la disparition d'Anthony Hughes crée quelques remous, surtout parmi la communauté gay où il est très connu et apprécié pour sa gentillesse. Sa mère, qui enseigne la Bible dans une église luthérienne de Milwaukee, fait immédiatement imprimer des prospectus qu'elle distribue dans le quartier et affiche dans les différents clubs que son fils avait l'habitude de fréquenter.

C'est en voyant l'une de ces affichettes au Club 219 que Timothy Johnson, l'un des habitués, s'adresse à Dahmer qui, comme lui, est accoudé au bar :

— Dieu sait ce qui est arrivé à ce pauvre Tony. Lui qui est si sympathique. Il est peut-être mort maintenant. C'est vraiment pas juste. C'est toujours les meilleurs à qui il arrive quelque chose.

Dahmer, qui se contente d'écouter en buvant une bière, lui répond d'une voix neutre et dénuée de toute émotion :

— Ces gens-là ont ce qu'ils méritent.

LES VOISINS SE PLAIGNENT

A peine trois jours plus tard, Jeffrey Dahmer échappe de peu à une arrestation à cause de ce jeune Laotien de quatorze ans, Konerak

Sinthasomphone, qui déambule nu dans la rue et que les policiers ramènent à son appartement. Pendant qu'ils discutent dans le salon de Dahmer, le cadavre mutilé de Tony Hughes repose sur le lit de sa chambre à coucher. Dès leur départ, il assassine Konerak.

Cet épisode de l'adolescent laotien isole encore plus Jeffrey des autres locataires de son immeuble. Jusqu'à présent, il entretenait plutôt de bons rapports avec eux, en ayant même invité plusieurs à venir boire des bières chez lui.

Nous sommes fin mai 1991 et une terrible vague de chaleur sévit sur Milwaukee. Il se dégage une odeur effroyable qui semble provenir de l'appartement 213, au point qu'elle s'immisce dans les logements des voisins. Nombre d'entre eux croient tout d'abord à la décomposition d'un animal, mais ils ont beau déplacer les meubles et fouiller les moindres recoins, ils ne trouvent rien. L'odeur est la plus forte devant l'entrée de l'appartement 213. Les locataires savent que Jeffrey travaille dans une usine à chocolat, mais ce ne sont très certainement pas des échantillons de la Ambrosia Chocolate Company qu'il a ramenés chez lui. Certains se mettent à brûler en permanence de l'encens. Sa voisine d'en face, Pamela Bass, se décide finalement à frapper à la porte de Dahmer. Il lui explique que son congélateur a rendu l'âme et que toute la viande a pourri à l'intérieur. Quelques jours auparavant, il a raconté à une autre voisine qu'un des poissons de son aquarium est mort. Finalement, il promet à Pamela Bass de faire en sorte que l'odeur disparaisse. A l'aide de désinfectants chimiques et de divers sticks désodorisants, Dahmer parvient à contenir les émanations dans des limites plus raisonnables. Il inventera bientôt une nouvelle méthode pour y remédier.

Douglas Jackson se souvient fort bien des attitudes étranges de son voisin du dessus : « Il était toujours en train de boire une bière dans l'allée située à l'arrière de notre immeuble ; il se tenait debout près des énormes bennes à ordures. On le voyait y jeter de nombreux sacs-poubelle alors que je ne l'ai jamais aperçu rentrer chez lui avec un sac à provisions, autre que des packs de bière. Je me demandais comment il faisait pour se nourrir. Et, à chaque fois que je le voyais près des poubelles, il était entouré de nombreux chats. Pas quelques-uns, mais une vraie horde qui le suivait partout où il allait.

« Il avait aussi une façon bizarre de rentrer chez lui. La plupart des gens ouvrent la porte et pénètrent chez eux normalement. Mais pas lui. Dahmer entrebâillait la porte au minimum et se glissait de travers, avant de refermer aussitôt le battant. C'était très curieux et il le faisait tout le temps. »

Après l'épisode du jeune Konerak, Jeffrey Dahmer se sent euphorique : il a l'impression d'être invulnérable. Pensez donc, il a déjà assassiné treize personnes – serait-ce un chiffre porte-bonheur pour lui ? – et il s'en est tiré à chaque fois. Mieux encore, la police est venue chez lui et il n'a pas été inquiété. Mais, comme toujours chez lui, cette euphorie ne dure pas et les fantasmes s'effondrent devant la dure réalité de son existence. A la Ambrosia Chocolate Company, il reçoit un blâme de son supérieur et un avertissement pour ses retards répétés. On le prévient qu'à la prochaine incartade, il sera renvoyé. Après tout, on a déjà fait preuve de beaucoup d'indulgence à son égard en lui conservant son travail après sa condamnation pour outrage aux mœurs sur la personne d'un mineur. Mais, maintenant, c'est fini. Il est obligé de travailler douze heures d'affilée, ce qui ne lui laisse guère le temps de sortir et de fréquenter les bars. De plus, sa grand-mère qu'il aime tant est tombée malade et il doit se rendre à West Allis pour faire ses courses et l'aider.

DAHMER « CHASSE » À CHICAGO

Il se rend dans les clubs ; une atmosphère de suspicion y règne depuis la disparition d'Anthony Hughes, et l'activité y est très faible. De nombreux homosexuels ont peur, car des bruits circulent concernant d'autres disparitions d'habitués dont on n'aperçoit plus les visages. Outre la famille Hughes, une association de gays de Milwaukee a aussi fait imprimer des affichettes. Or Jeffrey se souvient qu'on l'a vu en compagnie d'Anthony Hughes le soir de sa disparition. Un ami de Tony a même échangé des signes avec lui. Déprimé et paranoïaque, Dahmer se sent épié et il commence à avoir peur. Pourtant, il a de nouveau besoin de quelqu'un pour lui tenir compagnie. Il entend parler de la « Gay Pride Parade » qui doit se dérouler le 30 juin à Chicago. Il décide de s'y rendre en autocar. Après tout, Chicago n'est qu'à cent cinquante kilomètres de Milwaukee et Dahmer connaît bien la cité, où les gays sont très nombreux – on y compte pas moins de soixante-seize clubs homosexuels. L'atmosphère est plus propice aux festivités qu'à la drague, et Jeffrey ne rencontre personne. Nous sommes dimanche soir et de nombreux participants au défilé s'apprêtent à prendre des autocars à la Greyhound Bus Station.

Dahmer remarque un jeune Noir de vingt ans qu'il trouve à son goût. Donald Montrell est originaire de Flint, dans le Michigan. Il raconte à Jeffrey qu'il fait une fugue. C'est une proie idéale à qui il fait l'habituelle proposition de poser pour des photos. Montrell adore tout ce qui a trait à la photographie et rêve lui aussi de devenir mannequin. Sa véritable identité est Matt Turner. Enfant, il chantait dans la chorale de la Canaan Baptist Church de Flint. Puis il a quitté le lycée en raison de ses problèmes relationnels avec sa mère, qui vient de se remarier. Après un an et demi passé au sein des « Job Corps », il se décide à partir pour Chicago avec quelques dollars en poche. Sans domicile fixe, il s'installe dix mois et demi dans un foyer du South Side qui recueille de jeunes fugueurs. La directrice du foyer le décrit comme un adolescent « troublé mais prometteur car intelligent et s'exprimant fort bien ». Elle lui fait reprendre contact avec sa famille qui l'aide financièrement en lui envoyant des mandats. Après l'obtention d'un diplôme, Matt Turner connaît la longue litanie des petits boulots et en profite pour voyager souvent sur les côtes Ouest et Est des Etats-Unis. Dans le courant du mois de mai 1991, il est engagé comme caissier et livreur au Chicago Style Pizza & Eatery. Très apprécié de ses employeurs et des clients avec lesquels il aime discuter, Turner emprunte une petite somme d'argent à son patron le 26 juin, « afin de régler quelques problèmes personnels ». On ne devait plus jamais le revoir.

Dahmer et Turner voyagent en car jusqu'à Milwaukee avant de prendre un taxi jusqu'aux Oxford Apartments. Ils discutent un moment avant que Jeffrey n'offre sa mixture droguée. Dès que Matt Turner s'endort, il l'étrangle à l'aide de sa sangle. Fatigué par son week-end de festivités et par le voyage, Dahmer n'éprouve pas l'envie de faire l'amour au cadavre. Il dépose le corps dans la baignoire et lui coupe la tête. Il place celle-ci dans un sac en plastique qu'il met dans son congélateur. Après une nuit de repos, Jeffrey se remet au travail et démembre le corps qu'il enveloppe dans des sacs en plastique, mais qu'il ne jette pas. Jeffrey Dahmer :

« De retour chez moi, on a regardé *L'Exorciste III*, avant de se caresser (ce que Dahmer appelle du "light sex"). Je l'ai drogué et étranglé. J'ai gardé le squelette et lorsque j'ai mis la tête dans le congélateur, je me suis rendu compte que des morceaux de mes victimes précédentes avaient "mal vieilli" et je m'en suis débarrassé. »

Moins d'une semaine après, Dahmer retourne à Chicago où, le 5 juillet au soir, il rencontre un des habitués du Carol's Speakeasy, Jeremiah Weinberger, un Portoricain de vingt-trois ans. Weinberger, dont le père possède le Caffe Pergolesi, travaille la semaine comme représentant de « Images of the World », le département des ventes de vidéocassettes gays du cinéma pornographique Le Bijou. Pendant le week-end, il est employé à la salle de cinéma.

Un ami, Tim Gideon, avec lequel il partage pendant un an un appartement à Chicago, indique que Weinberger n'avait pas pour habitude de draguer des inconnus ou de les ramener chez lui. En ce vendredi soir, au Carol's Speakeasy, Jeremiah vient même demander conseil à Tim Gideon au sujet de son nouvel ami, « Jeffrey » : doit-il accepter de se rendre avec lui à Milwaukee ? Gideon lui répond que « Jeffrey a l'air okay ».

Les deux hommes prennent le car pour Milwaukee, puis un taxi jusqu'à l'appartement de Dahmer. Nous sommes le week-end du 4 juillet, jour de la fête nationale américaine, et Jeffrey sait qu'il peut prendre son temps. Ils discutent et boivent ensemble – pas de rhum-Coca drogué, cette fois-ci – avant de regarder des vidéos pornographiques ; ils se font une fellation et se prennent en photo. Pour une fois, Jeffrey sert aussi de modèle. Jeremiah Weinberger passe même la nuit chez Dahmer, sans qu'il lui arrive quoi que ce soit. Apparemment, il plaît à Jeffrey. En revanche, nous ignorons si Weinberger est resté volontairement ou non cette nuit et une partie de la journée du lendemain. Peut-être Dahmer l'a-t-il gardé prisonnier en l'attachant avec les menottes qu'il possède et en l'enfermant dans sa chambre à coucher qui comporte des verrous extérieurs ? Dans ses aveux aux policiers, Dahmer ne l'indique pas. Mais comment imaginer Weinberger rester de son propre chef plus de vingt-quatre heures dans un appartement à l'odeur pestilentielle ? Il doit avoir remarqué les sacs-poubelle qui traînent ici ou là et qui contiennent des restes humains. Certains tiroirs s'ouvrent sur des crânes, de même que le placard de la chambre à coucher. Le réfrigérateur et le congélateur réservent aussi leur lot de surprises avec leurs mains coupées, leurs parties génitales et leurs têtes congelées.

D'après les confessions de Dahmer, nous savons que Jeremiah Weinberger exprime ouvertement le désir de partir. Il commet la même erreur que Steven Hicks, dix ans plus tôt. Et cela, Jeffrey ne peut pas le supporter. Il offre au Portoricain son cocktail drogué. Weinberger endormi, Dahmer l'étrangle de ses mains et commence à le démembrer, tout en prenant des photos à chaque étape de sa boucherie. Jeffrey Dahmer :

« Je lui ai proposé du fric pour venir chez moi. Il m'a fait une fellation, on s'est embrassés et masturbés en regardant une vidéo X. Une fois inconscient, je l'ai trépané, avant de lui injecter de l'eau bouillante à la place de l'acide qui tuait trop rapidement mes victimes précédentes. Il s'est réveillé groggy, aussi je lui ai fait avaler une nouvelle dose de somnifères et administré une seconde injection. Il est tombé dans un coma profond pendant toute une journée. J'ai essayé vainement de le réveiller avant de partir travailler et de le trouver mort à mon retour. J'en étais sincèrement peiné car je souhaitais lui parler. »

Apparemment, Dahmer devait apprécier Weinberger : certaines de ses photos sont accrochées au-dessus de son lit, le jour de son arrestation. Il case la tête dans le congélateur et les autres parties du corps dans le réfrigérateur. Comme dans le cas d'Anthony Hughes, la disparition de Jeremiah Weinberger ne laisse pas sa famille et ses amis indifférents. Ils font imprimer des tracts avec sa photo, qui sont affichés dans les clubs gays. L'un d'eux est même collé au mur du Club 219, à Milwaukee.

UN BARIL D'ACIDE

Le 8 juillet 1991, Dahmer rend visite à Donna Chester et lui exprime ses craintes quant à la perte éventuelle de son emploi. « Cela me donnera au moins une bonne raison de me suicider. » Il indique aussi qu'il est fatigué de discuter de ses problèmes sexuels et se fait réprimander avec sévérité par son officier de probation.

Les 10 et 11 juillet, il règne une chaleur terrible sur Milwaukee et plusieurs voisins viennent se plaindre auprès de Dahmer des odeurs qui émanent de son appartement. Son réfrigérateur et son congélateur sont pleins et il doit trouver une solution. Le 12, il se rend dans une usine spécialisée et achète un baril d'acide d'une contenance de deux cent quinze litres. N'ayant pas de voiture, il commande un taxi. Le chauffeur, Everett N. Gieskieng, soixante-neuf ans, se souvient très bien de son client : « C'est en voyant les images à la télévision où les policiers évacuent le tonneau d'acide que j'ai su que c'était moi qui l'avais transporté depuis la Illing Company jusque chez lui. La course a duré vingt minutes environ. C'était plutôt étrange de voir quelqu'un s'acheter un gros tonneau d'acide. J'ai pensé un moment lui demander pourquoi, mais je n'aime pas trop me mêler des affaires des autres. Je me souviens tout de même lui avoir demandé combien ça coûtait. C'était cinquante-trois ou cinquante-six dollars. Il ne parlait pas beaucoup. Un type plutôt calme. Un homme courtois, poli, quelqu'un de bien. Je m'en souviens encore. »

Avec beaucoup de difficultés, Jeffrey installe le baril d'acide dans le placard de sa chambre à coucher et il y plonge sur-le-champ les torses de Matt Turner et de Jeremiah Weinberger. Jeffrey a enfin résolu son problème de mauvaises odeurs. Mais il a des problèmes bien plus graves qu'il n'arrive pas à maîtriser. Dahmer est devenu totalement incontrôlable. Ses pulsions meurtrières s'accélèrent : en moins de trois semaines, il tue à quatre reprises. Ayant assassiné de nombreuses fois sans être inquiété, il se croit fort, presque invulnérable, ce qui le pousse de manière inconsciente à prendre de plus en plus de risques. Il est vu par des amis d'Anthony Hughes et de Jeremiah Weinberger, et prend un taxi avec Matt Turner et Weinberger en indiquant sa propre adresse. A chaque fois, il a de la chance.

« UN CŒUR POUR MANGER PLUS TARD »

Le 14 juillet 1991, Jeffrey se réveille en retard et, cette fois-ci, il est renvoyé de son travail. Pour lui, le coup est rude parce qu'il lui faut prévenir son officier de probation. Dans la soirée, il passe quelque temps au chevet de sa grand-mère qui est hospitalisée, ce qui ne lui remonte pas le moral. Il doit absolument trouver un autre emploi, sinon il risque de voir sa liberté conditionnelle suspendue. Le lendemain, il reçoit une notification d'expulsion de son appartement pour le 1er août suivant en raison de ses nombreux arriérés de loyer. Mais voilà : ne possédant pas de voiture, comment peut-il envisager de déménager avec discrétion toute sa « collection » ? La dépression s'abat sur lui. Et lorsque Jeffrey est confronté à une situation de stress, il se met à boire bière sur bière. Pour évacuer cette pression, il doit coûte que coûte trouver un partenaire. Or il ne se sent pas le courage de retourner à Chicago.

Ce même jour, le lundi 15 juillet 1991, Dahmer prend un risque encore plus important en accostant Oliver Lacy, un Noir de vingt-trois ans, dans une rue proche de chez lui. Au contraire de la plupart des autres victimes, Lacy n'est pas un homosexuel. Il a quitté la région de Chicago quatre mois auparavant pour rejoindre sa fiancée, Rose Colon, avec laquelle il a un enfant. Ils habitent chez sa mère, Catherine Lacy, à Milwaukee. Ancien champion d'athlétisme de son lycée d'Oak Park, Lacy court le 100 mètres en dix secondes et cinq dixièmes en 1967, ce qui permet à son équipe de remporter le championnat du Michigan. Sa mère le voit pour la dernière fois le vendredi précédent lorsqu'il sort pour acheter de la glace. Il sera la première victime à être identifiée par la police lors de l'arrestation de Dahmer, ses papiers se trouvant encore dans l'appartement 213.

Après l'habituelle proposition de poser pour des photos, les deux hommes se déshabillent mutuellement dans le living-room et commencent à se caresser. Oliver Lacy avale ensuite le cocktail drogué et s'endort en quelques minutes. Jeffrey l'étrangle, avant de sodomiser le cadavre. Il démembre le corps, découpe la tête et la place dans une boîte qu'il dépose sur l'étagère la plus basse de son réfrigérateur. Continuant son dépeçage, il s'empare du cœur de Lacy et l'enveloppe dans un sac en plastique qu'il met au congélateur, « pour le manger plus tard », selon ses propres termes. Le torse démembré trouve aussi place dans le congélateur.

Le lendemain, mardi 16 juillet, il téléphone à Donna Chester pour la prévenir de la perte de son emploi. Elle lui indique qu'elle va contacter le représentant syndical de la Ambrosia Chocolate Company pour essayer de le faire réintégrer. Elle lui demande de passer la voir à son bureau, un peu plus tard dans la journée. Dahmer se montre plutôt hésitant, expliquant à Donna Chester qu'il « ne s'est ni lavé ni rasé depuis trois jours ». Il ne vient pas au rendez-vous et se soûle à la bière. Il prévient Donna Chester le lendemain et va la voir le 18 juillet.

« Le client porte des vêtements sales, il n'est pas rasé, et bâille continuellement, comme s'il avait du mal à rester éveillé. Le client a de sérieux problèmes financiers. Il va perdre son appartement le 1er août. Il parle encore de suicide. Je lui donne l'adresse d'une antenne de l'Armée du Salut qui pourra l'héberger en cas d'expulsion. J'indique au sujet qu'il doit absolument retrouver au plus vite un emploi et que la situation n'est pas aussi mauvaise qu'elle en a l'air. Prochain rendez-vous fixé pour le 29 juillet. »

En fait, Donna Chester ne reverra plus Jeffrey Dahmer. Le 23 juillet, elle voit son nom s'étaler à la une de tous les journaux locaux.

UN BRUIT DE SCIE ÉLECTRIQUE

Le vendredi 19 juillet, dans l'après-midi, Dahmer est à bord d'un bus qui roule le long de Wisconsin Avenue. Il remarque un homme blanc et de grande taille qui attend à l'arrêt de Marquete University. L'inconnu tient un pack de bières sous le bras. Dahmer descend du bus et engage la conversation en parlant de son amour pour la bière. Joseph Bradehoft a vingt-cinq ans et il est à la recherche d'un emploi à Milwaukee, où il habite chez son frère. N'ayant rien de spécial à faire et étant à court d'argent, il accepte tout de suite l'offre de Dahmer. Bradehoft est marié, il a trois enfants en bas âge et vit à

Greenville, dans le Minnesota. En septembre 1987, Bradehoft a été arrêté par la police de Saint Paul pour avoir attaqué sa petite amie de vingt-cinq ans, Cheryl Ann Clark, la future mère de ses trois enfants. Il rentre ivre un soir, l'insulte avant de la frapper et de quitter la maison avec un couteau de boucher, menaçant de crever les pneus de sa voiture.

Une fois arrivés chez Dahmer, les deux hommes se font une fellation tout en regardant des vidéos pornographiques. Ensuite, c'est l'enchaînement fatal : boisson droguée, strangulation et démembrement du corps. Il est environ 18 heures lorsque Dahmer commence son travail : sa voisine, Pamela Bass, se souvient très bien en avoir parlé à son mari, lorsqu'elle entend le bruit de la scie électrique en provenance de l'appartement 213 :

— Mais qu'est-ce qu'il peut bien faire ?

— Il construit peut-être des étagères.

Quelques minutes après, le bruit de scie s'arrête et le mari de Pamela entend très distinctement Dahmer qui s'écrie :

— Espèce de fils de pute, je te l'ai dit. Nom de Dieu !

Il trouve cela étrange car personne ne répond. Dahmer doit se parler à lui-même.

Pendant ce temps, Dahmer place la tête de Bradehoft dans le congélateur, à côté de celles de Matt Turner et de Jeremiah Weinberger. Le reste du corps se retrouve dans le baril d'acide.

Jeffrey Dahmer ne le sait pas encore, mais il vient d'assassiner sa dernière victime.

VIII. LA DÉCOUVERTE

« Je leur perçais le crâne jusqu'au cerveau, environ cinq à sept centimètres. Je voulais les garder vivants avec moi et j'espérais ainsi les contrôler. Pour ne plus rester seul. »

Jeffrey Dahmer

Pendant le week-end du 20 et 21 juillet, Dahmer se repose et boit de la bière ; il ne sort pratiquement pas de chez lui. Le lundi 22 juillet, il se lève tard et se met en quête d'un emploi. Malgré l'urgence – il doit être expulsé le 1er août pour retards répétés de loyer – Jeffrey se dit que Donna Chester finira bien par lui trouver à la fois un travail et un domicile. Après tout, les officiers de probation ne sont-ils pas là pour aider leurs clients ? Comme d'habitude, Dahmer décide de s'en remettre aux autres pour résoudre ses problèmes. De toute façon, il a des choses plus urgentes à faire : boire et se chercher un nouveau compagnon, car les pulsions se font pressantes. Depuis quelque temps, Jeffrey évite les clubs gays de Milwaukee qui risquent de devenir dangereux pour lui. Il se rend au centre commercial de Grand Avenue Mall. En ce lundi soir, les clients se font rares, mais il aperçoit deux hommes noirs qu'il reconnaît comme étant des habitués du quartier.

PRISONNIER DANS L'ANTRE DU « DIABLE »

Tracy Edwards est mince et porte une culotte de cycliste ; il habite à quelques pâtés de maisons des Oxford Apartments. Agé de trente-deux ans et père de six enfants, il a quitté Tupelo, dans le Mississippi, l'année précédente, pour s'installer à Milwaukee. Son compagnon, Jeffrey Stevens, natif de la ville, est avec lui. Dahmer leur montre un billet de cent dollars en leur proposant de le dépenser ensemble en vue d'une soirée chez lui, ajoutant que sa petite amie l'attend déjà à l'appartement. Stevens demande s'il peut amener quelques copines, ce que Dahmer accepte tout de suite. Pendant que Stevens se tient à l'écart de Tracy Edwards, Dahmer communique au premier une fausse adresse. Stevens promet de les rejoindre un peu plus tard avec ses amies, tandis que Dahmer prend un taxi en compagnie d'Edwards.

En entrant dans l'appartement, il remarque sur-le-champ une odeur nauséabonde qui envahit les lieux et qui ne semble pas gêner Dahmer le moins du monde. Il questionne son hôte à ce sujet, qui lui explique qu'il s'agit d'un problème de conduit d'égout bouché. Ils boivent quelques bières en discutant de Chicago. Au bout d'un certain temps, Edwards s'étonne du retard de Stevens et de l'absence de la petite amie de Dahmer. L'odeur le dérange de plus en plus, mais l'appartement, ou du moins le salon, semble propre et bien rangé. Il se décide à partir quand Dahmer lui offre un rhum-Coca. Cela lui fera peut-être oublier cette odeur, et s'il reste encore un moment, Dahmer propose de visionner ensemble des vidéos très spéciales. Devant eux, sur la table basse, se trouve l'aquarium. Edwards se penche pour examiner les poissons. Dahmer lui parle alors de l'espèce carnivore qui adore dévorer ses compagnons. Il est visiblement fasciné par son propre récit. Tracy Edwards ne se sent pas très bien, la tête lui tourne quelque peu : ce ne sont pourtant pas les quelques gorgées de rhum-Coca qu'il a sirotées – à moins que ce ne soit cette maudite odeur ? Il a du mal à se concentrer sur ce que Dahmer lui raconte.

Soudain, quelque chose de froid lui enserre les poignets avec un déclic : Dahmer lui a passé des menottes. Edwards croit d'abord à une plaisanterie, mais le visage de Dahmer reste de marbre. Son regard semble halluciné. Quelques secondes après, Edwards sait à quoi s'en tenir lorsque Jeffrey dégaine un couteau de chasse dont il pointe la lame sur la poitrine de son prisonnier. Edwards, qui est assis sur le divan, a un mouvement de recul et cherche à éviter tout contact avec l'arme blanche. Il supplie Dahmer de le relâcher, en essayant de se débattre, mais Dahmer est plus fort que lui. Les deux hommes roulent au sol tandis que Dahmer tente de lui passer l'autre bracelet de menottes. Edwards lui demande pourquoi il agit ainsi et Jeffrey lui répond : « Je veux entendre les battements de ton cœur. Je vais te dévorer le cœur. » Jeffrey parvient à se redresser et oblige Edwards sous la menace à en faire autant. Il emmène le prisonnier dans sa chambre à coucher où il le fait asseoir sur le lit. Edwards remarque sur les draps une énorme tache qui ressemble à du sang séché. La terreur qui s'est emparée d'Edwards lui permet de ne pas s'endormir sous l'effet de la drogue. Au-dessus du lit, il aperçoit des photos de corps démembrés qui ont été visiblement prises dans cette même chambre.

Pendant ce temps, Dahmer a allumé le magnétoscope et passe une cassette de *L'Exorciste III*, « le meilleur film jamais réalisé ». Enchaînant sur ses goûts cinématographiques, Jeffrey avoue sa fascination pour l'Empereur de la Force Obscure dans *Le Retour du Jedi* (lors de son procès, Dahmer indique s'être acheté des lentilles de contact jaunes pour ressembler à son héros). Il s'assoit à côté d'Edwards et ils restent une quinzaine de minutes à regarder le film. De temps à autre, Dahmer lui parle des gens qu'il a tués : il adore l'idée de tenir quelqu'un en son pouvoir.

Au bout d'un moment, Jeffrey se lève : « Je veux te montrer quelque chose. » Il ouvre un cabinet métallique et en sort un crâne qu'il se met à caresser. « Voilà comment les autres restent avec moi. Toi aussi, tu vas rester. » Tracy Edwards sait à présent que Dahmer le tuera s'il ne parvient pas à s'enfuir. La chambre à coucher comporte une seule issue qui communique avec le salon. Tracy se souvient que Dahmer l'a fermée à double tour. Afin de gagner du temps, il fait semblant d'approuver le tueur qui pointe le doigt en direction d'un placard. Edwards le suit du regard et aperçoit des membres coupées sur une étagère. Puis Dahmer tente de nouveau de passer les menottes à son prisonnier en lui tirant sur le bras droit. Edwards parvient à éviter cette manœuvre en gardant son bras collé au corps. Dahmer cherche à le convaincre qu'il désire seulement prendre quelques clichés, mais Edwards a vu ce que sont devenus les « modèles » précédents. Finalement, Dahmer perd patience et, fou de rage, force Edwards à s'allonger par terre sur le dos. Il s'installe sur Edwards et plaquant le couteau contre sa poitrine, il se penche pour en écouter les battements du cœur. Il menace encore une fois de lui arracher le cœur pour le dévorer. Mais, fait étrange, la rage de Dahmer semble s'être momentanément envolée. Il se redresse et se laisse convaincre de retourner au salon. Jeffrey se met à chantonner « C'est le moment, c'est le moment », en se balançant d'avant en arrière. Edwards sait qu'il lui faut saisir sa chance. Il se lève à toute vitesse pour assener un crochet au menton de son assaillant, avant d'enchaîner sur un coup de pied de karatéka à la poitrine. Une menotte au poignet, Edwards se précipite vers la porte d'entrée dont il défait avec frénésie le verrou. Malgré une ultime tentative de Dahmer qui cherche à l'agripper, Tracy Edwards le repousse violemment en arrière, en direction du salon où il chute avec lourdeur. Edwards est enfin libre et s'enfuit en descendant les escaliers quatre à quatre, hurlant qu'on veut le tuer. S'il parvient sans encombre jusqu'à la rue, il sait qu'il sera sauvé.

« UN DINGUE VEUT ME DÉVORER LE CŒUR ! »

Il est 23 h 25. Les officiers de police Robert Rauth et Rolf Mueller vont bientôt terminer leur service. Il ne leur reste plus que vingt-cinq minutes à tirer avant de gagner un repos bien mérité, après plus de sept heures d'un travail harassant dans ce quartier chaud de Milwaukee. Ce n'est pas un vain mot car il règne alors une véritable fournaise malgré l'heure tardive. Leur voiture de patrouille ne possède pas de climatisation et leurs gilets pare-balles ajoutent à leur inconfort. Bientôt, l'odeur de transpiration qui émane de leur véhicule leur semblera bien agréable par rapport à celle qui les attend...

Robert Rauth, quarante et un ans, est un vieux de la vieille, avec treize années d'ancienneté derrière lui. Depuis qu'il a divorcé, Rauth cherche à tout prix à meubler ses soirées et ses nuits de solitude à l'aide de fructueuses heures supplémentaires. Son partenaire, Rolf Mueller, trente-neuf ans, dont dix dans la police, ne demande qu'une chose : terminer à l'heure pour rejoindre sa femme et sa fille. D'origine allemande, comme tant d'habitants de Milwaukee, c'est un fan de films d'épouvante ; il aime avoir peur au cinéma.

Arrivés au coin de Kilbourn Avenue et de la 25e Rue, ils aperçoivent un homme noir qui leur fait de grands signes de la main. Il a des menottes attachées au poignet. Les deux policiers pensent tout d'abord que l'inconnu a échappé à une autre patrouille ou qu'il s'est enfui du proche Milwaukee County Mental Complex, où de supposés malades mentaux sont placés vingt-quatre heures en observation plutôt que d'être envoyés en prison. Leur première impression est confirmée par l'incohérence des paroles de l'inconnu. Il bafouille au sujet d'un « dingue qui veut dévorer son cœur ». L'homme, qui se présente sous l'identité de Tracy Edwards jette des coups d'œil affolés derrière lui. « Il va me tuer, il va me tuer. » Sa frayeur semble authentique et les policiers croient qu'il s'agit d'une rencontre homosexuelle qui a viré au sadomasochisme. La même situation que celle de Konerak Sinthasomphone est sur le point de se renouveler, sauf que Dahmer n'est pas présent cette fois-ci.

Il s'en faut de peu pour que Dahmer échappe de nouveau aux mailles du filet. Les deux policiers sont sur le point de terminer leur service et Mueller veut rentrer chez lui, mais Rauth voit dans cette situation un moyen de gagner au moins une heure supplémentaire. Il est minuit moins dix. Après avoir suggéré à Edwards de demander à son « ami » de lui retirer ses menottes, les deux policiers se décident à l'accompagner jusqu'à l'appartement 213 pour vérifier la véracité de ses dires. Pour eux, le 924 North 25e Rue est une adresse « tranquille » au sein de ce district agité : les locataires ont pour la plupart un emploi et se mêlent de leurs affaires. Il y a bien eu ce type étranglé au mois de mai dernier, mais c'est tout.

Dès leur arrivée sur le palier du deuxième étage, les policiers sont frappés par l'odeur nauséabonde qui en émane. Ils en font la remarque et Tracy Edwards ajoute : « Attendez un peu d'être dans l'appartement de ce dingue et vous allez voir combien ça pue ! Et, faites gaffe, il a un énorme couteau planqué dans sa chambre. » Devant la porte en bois arborant le chiffre 213, les policiers s'arrêtent un instant, à l'écoute d'une activité quelconque à l'intérieur. Aucun bruit. Mais la puanteur provient bien de cet appartement. Rauth frappe avec vigueur sur le battant en criant avec force « Milwaukee Police Department », afin de prévenir de leur présence les autres locataires. Mueller a une main sur la crosse de son arme de service, tandis que Tracy Edwards se tient avec prudence derrière les deux agents. Un grand homme blond, mal rasé et les cheveux sales, leur fait signe d'entrer. Les policiers lui parlent des accusations d'Edwards et lui demandent la clef des menottes. Dahmer leur répond d'une voix calme et assurée. Il ne paraît pas du tout inquiet et se propose d'aller chercher la clef dans sa chambre à coucher. Tracy Edwards répète en chuchotant de « faire attention au couteau ». S'ils ne découvrent pas d'arme et si Jeffrey Dahmer leur fournit la clef, l'affaire sera réglée. Peut-être n'y aura-t-il même pas besoin de procéder à une arrestation ni de consigner un rapport détaillé ? Mueller ordonne à Dahmer de ne pas bouger : c'est lui qui va se charger de récupérer la clef dans la chambre à coucher.

Sur le lit, il remarque un appareil Polaroïd. Par terre, il y a le couteau de chasse mentionné par Edwards, ainsi qu'une boîte de bière vide. Une commode près du lit sert de support à un téléviseur. On y distingue un cendrier rempli de mégots et deux boîtiers de vidéocassettes, un film X gay et *L'Exorciste III*, ainsi qu'une autre bière. Le tiroir du dessus est largement ouvert. Mueller y jette un coup d'œil et reçoit un choc terrible. Il sent son cœur faire un bond dans sa poitrine et retient sa respiration l'espace d'un instant. Des photos en couleurs sont empilées en désordre. Il y en a une trentaine environ. Jeffrey Dahmer n'a même pas cherché à les cacher.

Un squelette est pendu dans un placard. La tête, les mains et les pieds sont intacts, avec leur chair encore présente. Un autre squelette, complètement désossé, est accroché à un pommeau de douche. Plusieurs photos montrent des corps d'hommes mutilés allongés sur un lit. Le plus terrible pour Mueller, c'est quand il se rend compte que presque tous les clichés ont été pris dans la chambre à coucher où il se trouve. Sur ce lit ! Une tête est posée dans l'évier. Deux crânes évidés sont photographiés dans le congélateur. Dahmer a artistiquement composé certains de ses sujets. Des mains et parties génitales dans un pot ; des mains encadrent une tête, avec les parties génitales à côté – on les a posées sur des serviettes pliées avec soin ; sur l'étagère d'un placard de la cuisine, deux crânes reposent dans des assiettes au milieu de divers bocaux de cornichons, sauces et moutarde, une tête sur une nappe en plastique de la table de cuisine, etc.

D'autres clichés, moins macabres, montrent des modèles vivants adoptant des poses plus ou moins explicites. Certains se masturbent en gros plan ou sont agenouillés pour faire admirer leur croupe. D'autres sont attachés avec des menottes ou autres liens. Quelques-uns portent leur slip ou leur caleçon.

Au bout de quelques secondes d'un examen sommaire, Mueller hurle à son partenaire de passer les menottes à Dahmer et de le placer en état d'arrestation. Voyant qu'il n'a plus aucune chance de s'en sortir, Dahmer essaye de s'enfuir. Après une lutte très brève, Rauth immobilise Dahmer sur le sol du living-room et lui passe les menottes avant de lui lire ses droits. Mueller les rejoint, quelques photos à la main. Il s'approche de Tracy Edwards et lui montre un Polaroïd de tête coupée : « On peut dire que tu as eu de la chance. Ça aurait pu être toi ! » Edwards lui raconte que la physionomie de Dahmer avait complètement changé lorsqu'il était allé se chercher une bière dans le réfrigérateur. Il ajoute, d'une voix mal assurée : « Peut-être qu'il y a une de ces têtes à l'intérieur ? » « Ouais, c'est ça. Il y a peut-être une tête coupée dans le frigo. » Mueller éclate de rire. Il se rend dans la cuisine et ouvre la porte du frigidaire. Il pousse deux hurlements et referme en claquant la porte avant de crier à son partenaire : « Bob, nom de Dieu, il y a vraiment une saloperie de tête dans le frigo ! »

IX. UNE CITÉ EN ÉTAT DE CHOC

« Tous ces experts me font rire. Les gens peuvent dire que c'est la situation familiale, des pressions extérieures ou une maladie mentale, mais le fait est que c'est moi qui ai fait ça. Et pas qu'une fois, mais de façon répétée. Une vraie autodestruction. »

Jeffrey Dahmer

Ayant arrêté Jeffrey Dahmer, Rauth et Mueller demandent des renforts qui arrivent quelques minutes plus tard. Une fouille systématique de l'appartement est organisée. Mis à part la tête coupée, le réfrigérateur ne contient que de la bière, un pot de moutarde et des pickles. Mais le compartiment congélation est rempli de sacs en plastique dont le contenu surgelé n'est pas tout de suite identifié ; le médecin légiste y reconnaît des restes humains : des poumons, des intestins, un rein, un morceau de biceps, un foie et un cœur. A gauche du réfrigérateur, un meuble congélateur de petite taille révèle aussi trois têtes enveloppées dans des sacs-poubelle, ainsi que plusieurs tronçons de torses.

ONZE CRÂNES SONT RETROUVÉS

La chambre à coucher de Dahmer est plus riche en « souvenirs ». Outre les clichés découverts par Mueller dans le tiroir de la commode, un carton d'emballage d'ordinateur contient un album de photos décrivant les différentes mutilations infligées aux corps, ainsi que deux crânes. Un cabinet métallique à deux tiroirs révèle trois crânes dans le compartiment supérieur, et toute une série d'ossements humains dans le second tiroir. Devant la boîte à ordinateur, le baril d'acide bleu dégage une effroyable puanteur lorsque les enquêteurs en soulèvent le couvercle noir. Diverses portions de squelettes et quatre torses flottent dans la solution chimique. Les détectives ne sont pas au bout de leur peine. Le large placard mural de la chambre à coucher est entièrement consacré à l'œuvre macabre de Dahmer. Ses instruments y sont entreposés : trois scies électriques, destinées à démembrer les cadavres, et des liens qui ont servi à attacher les victimes de leur vivant. Au fond du placard, posé à même le sol, un gros récipient métallique, tels ceux que l'on utilise d'habitude pour cuire des homards entiers, contient un sexe et deux mains en état de décomposition avancé. Sur les étagères du placard, deux crânes surplombent le pot métallique. Rangés avec soin, on distingue des produits chimiques – chloroforme, alcools éthylique et formique – ainsi que des bocaux de verre où des parties génitales flottent, conservées dans du formol. Un squelette blanchi est aussi pendu à l'intérieur du placard. En tout, onze crânes sont retrouvés dans l'appartement : quatre ont été bouillis, trois autres peints en gris, tandis que les quatre derniers ont été gardés tels quels. Malgré le carnage qui s'est déroulé dans l'appartement, les traces de sang apparentes sont assez rares, ce qui ne manque pas d'étonner les enquêteurs. Dahmer a probablement découpé la plupart de ses victimes dans sa baignoire. On découvre des taches considérables sur les plinthes du parquet lorsque les policiers arrachent les tapis, quelques jours après l'arrestation de Dahmer.

Vers quatre heures du matin, un énorme camion de la T.J. Environmental Contractors vient se garer devant l'immeuble. Deux hommes en sortent, revêtus de combinaisons jaunes et protégés par des masques à oxygène, gantés et chaussés de grosses bottes de caoutchouc. On a l'impression qu'ils sont équipés pour se rendre au cœur d'une centrale nucléaire accidentée, mais les autorités ne veulent pas prendre de risques, à cause d'une éventuelle contamination sanguine. Ils sont bientôt rejoints par le Milwaukee County Medical Examiner's Office, représenté par le docteur Jeffrey Jentzen et un odontologue, le docteur L.T. Johnson. Les crânes du placard sont rangés dans des cartons étiquetés « Skull Parts » (littéralement : morceaux de crânes) sur lesquels les caméras de télévision se pointeront avec avidité pour réaliser plusieurs gros plans lorsque les médecins légistes quitteront l'appartement quelques heures plus tard. La tête du réfrigérateur et les restes humains contenus dans le compartiment de congélation sont placés dans le meuble congélateur séparé où ils rejoignent en un tête-à-tête macabre les trois crânes qui s'y trouvent déjà. Le baril d'acide renfermant les torses est scellé. Lorsque les hommes descendent avec leur chargement macabre, un lourd silence s'abat sur la foule des badauds qui s'écarte instinctivement sur leur passage. Seuls les crépitements des flashes des photographes et le sifflement laborieux de la respiration des deux « scaphandriers » rompent ce silence. Cette atmosphère étrange, qui prévaut sur tous les lieux où un crime particulièrement sanglant vient d'être découvert, est à la fois un mélange d'anticipation contenue, d'excitation macabre et d'horreur ; ici, elle est encore amplifiée, car les spectateurs amassés en foule devant le 924 North 25e Rue savent déjà que le nombre des victimes dépasse la dizaine. Un frisson d'épouvante les parcourt l'espace de quelques secondes, car une des boîtes marquées « Skull Parts » laisse clairement entrevoir par une ouverture la chevelure de la tête d'une des victimes.

DES AVEUX COMPLETS

Jeffrey Dahmer quitte les lieux vers 1 h 15, en ce matin du 23 juillet 1991. Il est accompagné par le détective Patrick Kennedy qui se voit confier la tâche de le questionner au quartier général de la police. Dans la minuscule salle d'interrogatoires du Criminal Investigation Bureau, située au quatrième étage du Milwaukee Police Administration Building, Dahmer coopère tout de suite avec le détective Kennedy en avouant tous ses crimes. De 1 h 30 à 7 h 30, il tente d'aider à l'identification des victimes, une tâche rendue difficile par son ignorance du nom et/ou du prénom de la plupart d'entre elles. Le jour même, la presse du soir annonce l'identification de la première victime, Oliver Lacy, dont la tête se trouvait dans le réfrigérateur, bientôt suivie de celle de Joseph Bradehoft – il est vrai que leurs papiers d'identité sont retrouvés dans l'appartement 213. Pendant cette première nuit d'aveux, Dahmer fume sans discontinuer et boit cinq tasses de café, deux verres d'eau et deux canettes de Coca-Cola. Il parle sans s'arrêter pendant six heures. Finalement, il signe des aveux concernant dix-sept victimes : dix Noirs (Anthony Sears, Edward Smith, Ricky Beeks, Ernest Miller, David Thomas, Curtis Straughter, Errol Lindsey, Anthony Hughes, Matt Turner, Oliver Lacy), trois Blancs (Steven Hicks, Steven Tuomi, Joseph Bradehoft), deux Hispaniques (Richard Guerrero, Jeremiah Weinberger), un Laotien (Konerak Sinthasomphone) et un Américain d'origine indienne (James Doxtator).

Lionel Dahmer engage l'avocat Gerald P. Boyle pour défendre son fils. Le même avocat l'avait déjà défendu, en mai 1989, lors de son jugement pour violences sexuelles à l'encontre du mineur Keison Sinthasomphone. Quelques jours après l'arrestation de son client, Boyle communique à la presse les sentiments de Jeffrey Dahmer : « Il veut continuer à collaborer avec les autorités, notamment en ce qui concerne l'identification des victimes. Et, je le cite très précisément : "Personne d'autre que lui n'est à blâmer pour ce qui est arrivé, pas plus la police, la justice ou le système de mise en liberté surveillée. Il y a des moments dans la vie où on se doit d'être honnête, et ce moment-là est arrivé." »

Pour mener à bien l'enquête, Philip Arreola, le chef de la police de Milwaukee, assigne quarante détectives à plein temps afin de reconstituer avec précision les seize meurtres locaux. Suite aux informations recueillies sur le passé de Dahmer, d'innombrables parents d'enfants disparus, associations de victimes ou services de police d'Allemagne, de l'Ohio, de Floride ou de Californie téléphonent au Milwaukee Police Department pour questionner le prisonnier au sujet de disparitions ou de meurtres accompagnés de mutilations non élucidés. Pour tenter de mettre un terme à ces demandes ou aux spéculations, Jeffrey Dahmer fait publier un communiqué par l'entremise de son avocat Gerald Boyle :

« J'ai tout raconté à la police en ce qui concerne mes homicides. Je n'ai pas commis d'autres crimes dans le monde, ailleurs que dans cet Etat (le Wisconsin), à l'exception de celui de l'Ohio. J'ai totalement coopéré, et j'aurais reconnu mes autres crimes s'il y en avait eu. Je n'ai pas perpétré d'autres assassinats. J'espère que cela mettra un terme à toutes ces rumeurs sans fondement. »

UN TÉMOIN PEU CRÉDIBLE

Les aveux de Dahmer contredisent en grande partie la version des faits présentée par Tracy Edwards. Selon Dahmer, Edwards se trouve seul au centre commercial lorsqu'il l'approche en lui faisant son offre habituelle de poser pour des photos dans son appartement moyennant une certaine somme d'argent. Edwards ayant accepté, les deux hommes se rendent chez Dahmer. Ce dernier reconnaît avoir passé les menottes à Edwards, offert un rhum-Coca drogué et projeté *L'Exorciste III*, mais nie de façon catégorique avoir menacé son prisonnier d'un couteau de chasse. Le couteau se trouvait bien dans sa chambre à coucher, mais il ne s'en est pas servi.

Interrogé par les journalistes le 24 juillet, Tracy Edwards remercie avec chaleur les deux policiers, Rauth et Mueller, pour leur intervention. Mais, quelques jours après, lorsqu'il est questionné par le célèbre présentateur Geraldo Rivera, dans son talk-show « Geraldo », Edwards présente une autre version des faits. D'après lui, les deux officiers de police l'auraient obligé à remonter seul dans l'appartement de Dahmer, avant de repartir. Il parvient malgré tout à convaincre les policiers de l'accompagner chez Dahmer où celui-ci se fait finalement arrêter. Dans la même émission, où son avocat est aussi présent, Tracy Edwards annonce qu'il va poursuivre la ville de Milwaukee pour non-assistance à personne en danger, car on l'a obligé à retourner seul chez Dahmer. Le 12 septembre 1991, Tracy Edwards réclame cinq millions de dollars par voie de justice, reprochant aux autorités de Milwaukee de ne pas avoir arrêté Dahmer lors de l'incident avec Konerak Sinthasomphone. Au fur et à mesure des interviews qu'il monnaye à la télévision ou pour des magazines tabloïdes du style *National Enquirer*, Edwards embellit son récit à la dimension d'une épopée. Il affirme avoir ouvert la porte du réfrigérateur de Dahmer et y avoir vu une tête, prétend que les fenêtres et les portes de l'appartement comportaient des systèmes d'alarmes sophistiqués, tandis que la serrure de la porte d'entrée aurait été dotée de huit verrous ! Toute cette publicité attire l'attention de Jerry Crocker, chef de la police de Tupelo, dans le Mississippi. Depuis novembre 1990, Tracy Edwards y est inculpé de viol accompagné de violences à l'égard d'une adolescente de quatorze ans. Libéré sous caution, il en a profité pour échapper aux poursuites judiciaires en s'installant à Milwaukee. Le 8 août 1991, Tracy Edwards est interpellé par les autorités de Milwaukee et envoyé au Mississippi dans l'attente de son procès.

TENSIONS RACIALES

Dans la semaine qui suit l'arrestation de Dahmer, les principales chaînes de télévision américaines présentent des émissions spéciales, baptisées « Murder Factory » (l'usine de la mort), « Flirting with Danger » (flirter avec le danger), « The Milwaukee Killings » (les meurtres de Milwaukee), « Cannibal Killers » (les tueurs cannibales) ou « Are You Raising a Jeffrey Dahmer ? » (votre enfant est-il un futur Jeffrey Dahmer ?). Ce statut de vedette de Dahmer touche même les policiers assignés à la garde de sa cellule, qui est surveillée vingt-quatre heures sur vingt-quatre dans la crainte d'une tentative de suicide. Plusieurs d'entre eux lui demandent de signer des autographes, ce que Dahmer accepte de faire ; mais il en parle à son avocat qui s'en fait l'écho auprès de la presse. Certains policiers fautifs sont suspendus par leur hiérarchie. Un autre expliquera : « Ce n'était pas dans le but de gagner de l'argent. Mon boulot est plus important qu'un quelconque souvenir. Je suis heureux d'avoir conservé mon emploi après une erreur aussi stupide. J'avais vu *Le Silence des agneaux* et je ne lui ai pas donné mon stylo en entier. Je l'ai dévissé pour ne lui glisser entre les barreaux que la partie avec la cartouche. »

Le dimanche 28 juillet, alors que des publicités doivent paraître dans tous les journaux locaux pour annoncer la sortie le 2 août à Milwaukee du film *Body Parts* (les parties du corps), la Paramount décide d'annuler à la fois la campagne de presse et la sortie du film.

Une autre publicité paraît malgré tout le 9 août 1991 dans le *Des Moines Register*, les journaux locaux de Milwaukee l'ayant refusée : « Milwaukee... Juillet 1991... Ils ont été drogués et traînés à travers la pièce... les jambes et pieds attachés ensemble... Leur lutte et leurs cris sont restés sans réponse... Puis on les a massacrés et leur tête a été coupée... Les morceaux de carcasses ont été réfrigérés pour être mangés plus tard... Et le massacre continue. »

Cet encart est rédigé par le People for the Ethical Treatment of Animals, une organisation de défense animalière, qui réussit un beau coup médiatique en faisant gratuitement publier son texte dans la plupart des journaux américains, même si de nombreuses voix s'élèvent pour fustiger le goût douteux d'une telle initiative.

Le 26 juillet, lors d'une conférence de presse, Philip Arreola, chef de la police de Milwaukee, annonce la suspension avec maintien du salaire des trois officiers John Balcerzak, Joseph Gabrish et Richard Porubcan :

« Je confirme que trois officiers du Milwaukee Police Department ont été en contact avec l'accusé, Jeff Dahmer, et la victime, Konerak Sinthasomphone, le 27 mai 1991. J'ai demandé sur-le-champ une enquête approfondie au service de la police des polices (Internal Affairs). Dès que ses conclusions seront connues, je prendrai une décision quelles qu'en soient les conséquences pour le Milwaukee Police Department. »

Cette déclaration reçoit l'approbation de différents leaders de la communauté noire qui se sont insurgés contre le caractère raciste des crimes de Dahmer et l'attitude méprisante de la police vis-à-vis des membres de leur communauté. Le fait que Gabrish et Balcerzak aient pris en compte le témoignage de Dahmer pour rejeter d'office les déclarations des deux cousines noires, Sandra Smith et Nicole Childress – pour les menacer même d'une arrestation – leur semble significatif de l'attitude du Milwaukee Police Department.

« Si un homme noir avait pourchassé un adolescent blanc cette nuit-là, cela ne serait jamais arrivé, explique le révérend Le Havre Buck. Ils auraient mené une enquête approfondie pour savoir ce qui s'était passé. C'est complètement fou. »

Plusieurs manifestations sont organisées devant l'immeuble de Dahmer et le quartier général de la police de Milwaukee. Le 2 août, le district attorney Michael McCann ouvre une enquête sur les trois policiers. L'attorney général James Doyle doit décider si les trois hommes se verront notifier une inculpation pour conduite criminelle. Le 28 août, les conclusions du rapport innocentent Gabrish, Balcerzak et Porubcan, ajoutant que « rétrospectivement, nous aurions souhaité que les officiers aient agi autrement lors de leur rencontre avec Dahmer. Nous estimons qu'ils ne doivent pas être poursuivis en justice pour leurs actions ». Le rapport remet en question la manière dont ils ont interrogé les témoins dans la rue. S'ils avaient entre autres prêté attention aux déclarations des deux jeunes filles, peut-être auraient-ils pu mettre en doute le récit de Dahmer. Le 6 septembre 1991, Philip Arreola annonce le renvoi de la police des deux officiers Balcerzak et Gabrish, tandis que Porubcan bénéficie d'un sursis d'un an – son supérieur direct doit rédiger un rapport mensuel sur sa conduite, qu'il transmet au chef de la police ; au moindre écart, Porubcan sera lui aussi renvoyé. Les raisons invoquées pour cette mesure disciplinaire sont : absence d'identité des témoins dans les rapports et mémos ; absence d'un rapport écrit sur l'incident ; non-assistance à personne en danger ; absence de notification à un officier supérieur ; absence de suivi lors des appels téléphoniques réitérés de Glenda Cleveland, quand sa fille et sa nièce lui relatent l'incident.

Bradley DeBraska, le président du syndicat de la police, fustige avec violence la décision d'Arreola et déclare que « le chef a trouvé des boucs émissaires pour cacher sa propre incompétence. Même Dahmer aura droit à un procès avant d'être condamné ». Quelques jours plus tard, il annonce le résultat d'un vote à bulletins secrets parmi les membres du syndicat : à 93 %, les policiers ne font pas confiance à leur chef et estiment qu'il devrait démissionner.

Le *Milwaukee Journal* publie aussi un sondage de ses lecteurs qui approuvent à 63 % la décision du chef de la police. 70 % des habitants blancs de la ville trouvent leur police bonne ou excellente, contre 41 % d'avis favorables parmi la population noire. Plusieurs manifestations de soutien de policiers blancs et de leurs épouses ne font pas fléchir Arreola. Une grève du zèle est organisée, durant laquelle les policiers respectent avec soin les moindres consignes de leur manuel ; là où une patrouille effectuait autrefois une quinzaine de missions, les officiers en bouclent maintenant avec difficulté quatre ou cinq. La sérénité n'est plus de mise au sein de la police puisque la League of Martin, qui rassemble des policiers noirs, annonce qu'elle approuve la décision d'Arreola et ajoute même que le Milwaukee Police Department agit souvent de façon raciste. Le Milwaukee Police Department comprend mille huit cent soixante-sept membres dont 70 % de Blancs, avec deux cent trente hommes et femmes de race noire et cent Hispaniques. Le pourcentage s'élève à 84 % de Blancs parmi les deux cent quarante officiers quand on grimpe dans la hiérarchie, avec vingt-deux Noirs, sept Hispaniques et un Asiatique ; neuf femmes blanches détiennent un poste important, ce qui n'est le cas d'aucune femme noire ni hispanique.

Cette connotation de racisme inhérente au cas Dahmer ne fait que refléter la fracture qui existe entre les communautés blanche et noire de Milwaukee. La cité, qui comprend six cent vingt-huit mille habitants, dont 15 % d'origine germanique et 40 % de Noirs, est une des cinq villes les plus ségrégationnistes des Etats-Unis. Elle est divisée en seize districts, mais plus de 50 % des Noirs s'entassent dans trois des districts centraux (deux de ces districts comprennent plus de 90 % de Noirs), tandis que 58 % des Hispaniques se rassemblent dans deux quartiers du sud de la ville. Les familles y ont le plus bas revenu moyen de toutes les villes américaines de plus de cent mille habitants. A la fin des années 80, 20 % des Noirs sont chômeurs, contre 4 % de Blancs. Les Noirs de Milwaukee essuient quatre fois plus de refus lors de demandes de prêts ou de crédits bancaires que les Blancs qui présentent des situations analogues. On y trouve le plus fort pourcentage de familles noires monoparentales, le taux le plus élevé de naissances chez les mineurs et le second rang en pourcentage d'hommes noirs sous les verrous.

« L'affaire Dahmer a mis en lumière toutes sortes de divisions qui existaient déjà au sein de notre communauté, explique la conseillère municipale Gwen Moore. Blancs contre Noirs. Hétérosexuels contre homosexuels. La population contre la police. Le chef de la police contre le syndicat des policiers. Voilà ce qui nous fait si mal. »

Certains extrémistes noirs, tels que Michael McGee, fondateur du Black Panther Militia en 1989, tentent de jeter de l'huile sur le feu et affirment que « Dahmer est un Blanc raciste qui n'a pas agi seul, mais pour le compte d'un groupe néo-nazi ». La venue du révérend Jesse Jackson à Milwaukee, le 8 août 1991, est accueillie comme une source d'espoir. Le leader démocrate et ancien candidat à la présidence des Etats-Unis se rend compte que « beaucoup de choses sont brisées dans la communauté, que ce soient les cœurs, les rêves et les relations entre ses divers membres. Il faut que nos dirigeants recollent les morceaux et que tous ensemble nous nous entraidions ». Accompagné par les principaux leaders noirs et religieux, Jesse Jackson conduit un défilé de plusieurs milliers de personnes depuis l'immeuble de Dahmer jusqu'à une église baptiste locale, où une messe est célébrée.

Début août, une autre manifestation rassemble Blancs et Noirs, une bougie à la main, qui se rendent devant la prison où est enfermé Dahmer. La mère d'une des victimes, Shirley Hughes, leur demande de « pardonner. Je vous en supplie. Ne gardez pas toute cette haine au cœur. Priez simplement Dieu de nous aider ». Les larmes aux yeux et des sanglots dans la voix, elle continue : « Tony aimait tout le monde et tout le monde aimait Tony. Nous devons tous travailler la main dans la main. Blancs et Noirs, homosexuels et hétérosexuels. »

A quelques mètres de là, quelqu'un a peint un graffiti en énormes lettres jaunes : « Jeffrey Dahmer a mangé ici. »

La communauté noire n'est pas la seule à réagir avec violence à l'annonce des meurtres de Jeffrey Dahmer. La National Gay and

Lesbian Task Force publie un communiqué le 29 juillet 1991 pour fustiger l'emploi par la presse de termes tels que « massacre homosexuel » (*homosexual overkill*) :

« Des appellations aussi vagues et dangereuses créent une confusion dans l'esprit des gens qui associent d'office le crime à l'homosexualité. A-t-on jamais utilisé le terme de "massacre hétérosexuel" pour qualifier un tueur en série qui s'attaque à des femmes ? En confondant les victimes et les assassins, les médias et les communiqués de police ont sans le vouloir enfanté une atmosphère d'intolérance propice à des actes de violences et menaces antigays à Milwaukee, et probablement ailleurs aussi. »

Pendant quelque temps, plusieurs homosexuels sont tabassés devant les clubs qu'ils fréquentent, d'autres reçoivent des œufs pourris, tandis que plusieurs propriétaires d'établissements gays sont l'objet de menaces de mort. Dès le mois d'août, le Club 219 voit sa clientèle homosexuelle décroître au profit de nombreux curieux avides de sensations. Des cars de touristes s'arrêtent même devant la façade pour permettre aux passagers de prendre des photos. Une compagnie, qui fabrique des t-shirts et des posters, imprime un modèle « Free Jeffrey Dahmer (All He Did Was Kill Homosexuals) » – « Libérez Jeffrey Dahmer (Après tout, il n'a tué que des homosexuels) » – qui remporte un gros succès.

LA NOUVELLE CAPITALE DU CRIME

Milwaukee, capitale de la bière aux Etats-Unis, et qui est fière d'avoir remporté un titre N.B.A. avec les Milwaukee Bucks en basket professionnel, se voit attribuer par le magazine *Newsweek* le titre peu enviable de « Nouvelle Capitale du crime ». Comme Dallas qui a longtemps souffert du syndrome Kennedy, il est probable que Milwaukee mettra du temps avant de se remettre de l'affaire Jeffrey Dahmer.

L'année 1991 a été une année record en ce qui concerne le nombre d'homicides : cent soixante-huit – dont quinze pour le seul Dahmer – contre cent cinquante-cinq l'année précédente (avec quatre cent quatre-vingt-quinze viols) ; 75 % de ces crimes ont été commis par des Noirs. L'augmentation des meurtres a été de plus de 120 % en l'espace de cinq ans. Mais ce titre peu enviable est-il réellement justifié par les statistiques officielles du Département de la Justice américain ?

Pour ce qui est des crimes violents, qui comprennent les assassinats, les viols, les vols à main armée et agressions accompagnées de violences, nous obtenons les chiffres suivants pour une sélection des villes les plus importantes des Etats-Unis :

CRIMES VIOLENTS
(MOYENNE POUR 100 000 HABITANTS) :

— Miami : 2 298,3
— New York : 2 098,8
— Los Angeles : 1 758,4
— New Orleans : 1 408,2
— Dallas : 1 263,9
— Baltimore : 1 186,1
— Atlanta : 1 020,1
— San Francisco : 1 017
— Detroit : 990,4
— Nashville : 892,1
— Oakland : 871,5
— Boston : 864
— San Diego : 849,2
— Washington : 764
— Phoenix : 738,5
— Philadelphie : 735,3
— Las Vegas : 661,1
— Seattle : 600,4
— Austin : 564,5
— Milwaukee : 522,3
— Cincinnati : 518,4
— Pittsburgh : 422,7

Si l'on ne prend en compte que les meurtres, les statistiques officielles donnent les résultats suivants, avec la moyenne d'assassinats par tranche de 100 000 habitants ·

MEURTRES :

— New Orleans : 31,2
— New York : 26,9
— Dallas : 21,4
— Los Angeles : 19,9
— Miami : 19,9

— Washington : 17,4
— Detroit : 16,3
— Baltimore : 15,6
— Chicago : 15,6
— Atlanta : 13,7
— Philadelphie : 13,2
— Oakland : 12,4
— Las Vegas : 12,3
— Milwaukee : 11,2
— Nashville : 9,4
— San Francisco : 9,2
— San Diego : 8,6
— Phoenix : 8,2
— Austin : 7,3
— Boston : 6,1
— Seattle : 4,8
— Pittsburgh : 3,3

Comme on peut le constater, ce titre de « Nouvelle Capitale du crime » n'est pas du tout justifié par les statistiques officielles puisque, en proportion, on tue trois fois plus à La Nouvelle-Orléans ou deux fois plus à Dallas qu'à Milwaukee. Mais une véritable psychose s'est emparée de la ville, largement entretenue il est vrai par tous les médias avides de sensationnel. De fin juillet à début septembre, le cas Dahmer fait vendre de la copie, une longévité médiatique très rare pour une affaire criminelle, si sanglante soit-elle. Les journalistes sont à l'affût de tout et de n'importe quoi. Ainsi, dans son édition de septembre 1991, le *Weekly World News* barre sa une avec le titre « *Milwaukee Cannibal Kills His Cellmate ! Vicious Convicts Fear They'll Be Dahmer's Next Meal !* » (« Le Cannibale de Milwaukee tue son compagnon de cellule ! Les prisonniers les plus dangereux craignent d'être le prochain repas de Dahmer ! »).

Bien sûr, l'information est fausse, mais elle donne la tonalité du traitement médiatique.

Certains témoins (tel Tracy Edwards) ou voisins de Dahmer gagnent beaucoup d'argent avec leurs « confessions exclusives » vendues au plus offrant des tabloïdes de supermarchés. Outre la famille d'Oliver Lacy, trois autres familles de victimes – Richard Guerrero, Ernest Miller et Curtis Straughter – réclament jusqu'à trois milliards de dollars de dommages et intérêts à la ville de Milwaukee ! Les familles sont représentées par le même avocat de

Milwaukee, Thomas Jacobsen, qui touchera le tiers de toute somme allouée, si la justice lui est favorable.

EXORCISME DEVANT L'APPARTEMENT 213

Cette chasse à l'information donne parfois lieu à des exemples d'humour noir. Le 24 juillet 1991, au lendemain de l'arrestation de Jeffrey Dahmer, son père Lionel colle une note sur la porte de la maison de Catherine Dahmer, à West Allis :

« Je vous prie de ne pas sonner à la porte ou de téléphoner. Un journaliste de Milwaukee nous a réveillés à 7 h 30 du matin, après une nuit blanche de stress et d'appels de plaisantins. Catherine Dahmer ne peut plus supporter ce harcèlement. Elle a quatre-vingt-sept ans et se remet tout juste d'une pneumonie ; il y a quelques jours, elle a eu un accident de voiture. Elle ne peut vraiment pas supporter le stress des médias, tel qu'il a été hier et ce matin. »

Quelques minutes après la lecture de cette note, un journaliste téléphone à Catherine Dahmer pour lui demander un commentaire sur ce texte.

Quelques jours après l'arrestation de Dahmer, un pasteur baptiste et sa femme se rendent devant l'appartement 213 pour y effectuer, en direct à la télévision, un exorcisme des plus convaincants : on les entend prononcer des cris gutturaux dans une langue inconnue, tandis que les ondes maléfiques de Dahmer s'emparent de leur esprit.

A l'image de ce qui s'est passé pour un autre tueur célèbre du Wisconsin, Edward Gein, un couple de Hartford a proposé d'acheter l'immeuble des Oxford Apartments dans le but de le transformer en un musée du crime. Ils ont aussi exprimé le désir de racheter la chemise de Dahmer ainsi que les meubles de son appartement, tous les bénéfices provenant des entrées payantes devant être versés à un fonds de soutien des familles des victimes. Les familles refusent et le projet est abandonné.

Mais le plus macabre arrive le 15 août 1991 à l'aéroport de Milwaukee : un chien renifle un carton et aboie avec insistance. Une banale étiquette indique « Pièces d'ordinateur », mais les policiers suspicieux ouvrent la boîte avec précaution. De fait, il ne s'agit pas d'informatique, mais d'un crâne humain et de divers ossements. Les restes sont transmis au Milwaukee County Medical Examiner qui les identifie : il s'agit de Matt Turner, une des victimes de Dahmer. Les ossements avaient été adressés à une entreprise de pompes funèbres de Milwaukee, où un policier les avait simplement rangés dans une boîte en carton, avant d'y inscrire l'adresse de la mère de Turner et de la lui envoyer à Flint, dans le Michigan.

Et d'aucuns disent que les policiers n'ont pas de cœur !

X. LE PROCÈS

« Après cet incident (Dahmer parle du meurtre de Steven Tuomi, son deuxième crime), il n'y avait plus aucune raison pour que je lutte contre mes pulsions. C'est à ce moment-là que j'ai commencé à écumer les bars à la recherche d'autres personnes. »

Jeffrey Dahmer

La première apparition publique de Jeffrey Dahmer depuis son arrestation se déroule le 6 août 1991 dans le Circuit Court Branch 38, sous la présidence du juge Jeffrey A. Wagner, qui lui notifie ses douze chefs d'accusation. Il est officiellement accusé, sous le numéro F-912542, d'« homicide volontaire au premier degré » sur la personne de Anthony Sears, Raymond Smith alias Ricky Beeks, Ernest Miller, David Thomas, Curtis Straughter, Errol Lindsey, Anthony Hughes, Konerak Sinthasomphone, Matt Turner alias Donald Montrell, Jeremiah Weinberger, Oliver Lacy et Joseph Bradehoft. Pour les crimes commis après le 30 janvier 1989, date à laquelle Jeffrey Dahmer a été condamné pour violences sexuelles à l'égard d'un mineur et pour lesquelles il était en liberté surveillée, il reçoit une nouvelle inculpation. Il est alors considéré comme criminel récidiviste, ayant violé les termes de sa libération conditionnelle ; à sa condamnation pour ces meurtres viendra s'ajouter une peine supplémentaire de dix ans maximum pour chacun des chefs d'accusation. La caution, qui avait été fixée à un million de dollars le 25 juillet, est portée à cinq millions de dollars. La cour autorise les familles à récupérer les restes des victimes afin de procéder à leur inhumation.

En ce début du mois d'août, l'affaire est encore à la une de tous les journaux locaux et nationaux. Toutes les chaînes américaines ont consacré des émissions spéciales ou des talk-shows à ce sujet. CNN a même délégué une envoyée spéciale permanente à Milwaukee pour couvrir tous les jours tous les aspects de l'affaire. Autant dire que la foule se presse en nombre dès quatre heures du matin pour essayer de trouver place dans la salle d'audience qui ne contient que cent cinquante places environ. Les gens veulent à tout prix savoir à quoi ressemble un tueur de l'envergure de Jeffrey Dahmer. Les premiers rangs de la salle sont réservés aux familles des victimes qui restent très dignes pendant la procédure. Certains membres se tiennent la main, d'autres ont épinglé une photo du disparu sur le revers de leur veste. Ils ont revêtu leurs plus beaux habits en signe de respect pour leurs enfants, frères ou amis.

CHOP CHOP MAN (« L'HOMME COUPE-COUPE »)

Un énorme silence s'abat sur la foule à l'entrée de Dahmer, un silence qui contraste fortement avec la bousculade et la frénésie qui s'empare des photographes et des cameramen. Le greffier est même obligé de les rappeler à l'ordre sur les instructions du juge. Ce cirque médiatique crée un certain malaise face à l'apparente froideur et au calme de l'accusé. Tout le monde veut voir de près « le Diable de Milwaukee » et chercher dans son regard une quelconque trace de folie ou une preuve de son diabolisme. Le choc provient en fait de sa banalité, de son apparence ordinaire, il s'exprime d'une voix neutre et dénuée de toute émotion. Nous sommes loin de l'arrogance et de la provocation d'un Richard Ramirez, le « Night Stalker » de Los Angeles qui revendiquait ouvertement son allégeance à Satan, ou du charme venimeux et des talents d'orateur d'un Ted Bundy. Aucun signe de démence qui puisse le rapprocher d'un Edward Gein ou d'un Charles Manson. Non. Dahmer est un jeune homme blond, aux yeux bleus, mal rasé, mais qui répond avec politesse aux questions du juge.

Même son entrée dans l'arène judiciaire se révèle banale. Les spectateurs (et téléspectateurs, puisque la séance est retransmise en direct) s'attendaient probablement à un spectacle qui devait ressembler à la cage d'acier de Hannibal Lecter, le serial killer fictif du *Silence des agneaux*, sorti quelques mois auparavant sur tous les écrans du pays. En fait, Dahmer est en vêtements civils, en chemise blanche à rayures et il ne porte pas de menottes. Dès le lendemain, plusieurs articles et la plupart des leaders noirs s'étonnent que Dahmer ait pu garder ses propres habits. « Un prisonnier noir aurait été menotté et obligé de porter le traditionnel survêtement orange. » Ces rumeurs d'un traitement préférentiel sont malgré tout sans fondement, car la prison où se trouve Dahmer ne fournit pas ce type d'uniforme. Peu de temps après, il est transféré au Columbia County Correctional Institution, à Portage, qui se situe à environ cent cinquante kilomètres de Milwaukee, où il revêt l'uniforme orange des prisonniers de l'Etat du Wisconsin. Jeffrey Dahmer se déclare ravi du transfert car la prison de Milwaukee n'autorise pas les prisonniers à fumer. Fumeur invétéré, Jeffrey Dahmer ne pouvait le faire que lors des nombreux interrogatoires avec la police dans le parloir, ce privilège lui ayant été supprimé dix jours plus tard. Prisonnier modèle, il ne parle presque jamais avec les gardiens ou avec les autres détenus ; il se déclare irrité des nombreuses plaisanteries qui fleurissent à son égard et du surnom de « Chop Chop Man » dont il a été affublé par ses compagnons de détention.

Le 22 août 1991, à 8 h 30 du matin, se tient la première audience préliminaire de son procès, où Dahmer se voit notifier trois chefs d'accusation supplémentaires d'homicide volontaire au premier degré à l'encontre de James Doxtator, Edward Smith et Richard Guerrero. Devant le palais de justice, quelques manifestants brandissent des pancartes qui fustigent l'action de la police. Une fouille corporelle est organisée pour les spectateurs de l'audience. Un chien, spécialisé dans la détection des bombes, renifle sous les chaises et dans les recoins pour s'assurer de la sécurité des lieux. Cette fois-ci encore, les familles des victimes sont présentes ; on en compte une trentaine environ.

Dahmer se présente vêtu du survêtement une pièce des prisonniers de l'Etat du Wisconsin et il a les menottes aux poignets. Bien qu'il soit rasé, son apparence physique s'est très nettement détériorée en quinze jours. Il ne porte pas de chemise, mais un t-shirt de couleur sombre, ni de chaussures car il a les pieds nus chaussés de sandales bon marché en caoutchouc. Ses cheveux blonds ne sont ni lavés ni coiffés. Sa peau a une teinte grise et on remarque des flétrissures sur son menton et son nez. De larges cernes se sont creusés sous ses yeux. Il a maigri. Son visage ne montre aucune émotion et une sorte de sourire figé s'affiche en permanence, même lorsque le juge Audrey Brooks lui signifie les trois nouveaux chefs d'accusation et lui demande s'il comprend qu'il encourt quinze condamnations à perpétuité et cent cinquante années supplémentaires de prison. Jeffrey Dahmer se penche vers le micro et se contente d'un bref

« Oui, Votre Honneur ». Sa voix est toujours aussi douce et neutre. Les bras posés sur les accoudoirs de sa chaise, il se contente de mastiquer son chewing-gum en donnant l'impression de se désintéresser des débats. Cette attitude scandalise beaucoup les familles des victimes qui, après l'audience, le clament auprès des médias. Leslie, la sœur de David Thomas, essuie des larmes furtives : « C'est la première fois que je vois l'homme qui a fait ça à mon frère. Cela me rend malade. Il devrait comprendre la douleur qui se cache derrière ses actes monstrueux. Je me sens vraiment amère. Il ne donne pas l'impression d'avoir des remords. Cet homme est un malade. Mais je ne crois pas qu'il soit fou. Rien ne pourrait me convaincre qu'il est fou. » Un peu plus loin, Carolyn Smith, la sœur d'Edward Smith, sanglote entourée par des projecteurs et caméras de télévision. « Aujourd'hui, ça a été la pire journée de ma vie. Maintenant, j'ai vraiment le sentiment qu'il nous a quittés pour toujours. Jeffrey Dahmer a détruit plein de choses en nous. Et je n'ai pas l'impression qu'il éprouve un quelconque remords. »

GERALD BOYLE DÉFEND UNE CAUSE DÉSESPÉRÉE

Ces audiences préliminaires au procès donnent lieu aux premières passes d'armes entre les deux plus grands ténors du barreau du Middle West, le district attorney E. Michael McCann et l'avocat Gerald P. Boyle. Les deux hommes se connaissent très bien pour avoir travaillé ensemble comme district attorneys adjoints pour le comté de Milwaukee dans les années 60. En 1968, ils deviennent adversaires politiques pour l'élection au poste de district attorney que McCann remporte après une campagne acharnée. Tous les deux Irlandais, leur apparence physique et leur style présentent un contraste saisissant. Petit, carré, le visage lourd encadré par une chevelure argentée et des lunettes cerclées d'acier, Boyle s'exprime d'une voix douce mais ferme. Il ne paye pas de mine, tout en se montrant un adversaire très combatif. Très apprécié des journalistes avec lesquels il aime s'entretenir, il est aussi le défenseur attitré des policiers de Milwaukee.

Lorsqu'il était district attorney adjoint, Boyle a fait condamner à perpétuité un serial killer de Milwaukee, Michael Lee Herrington. Né en 1943, fils d'un policier de Kansas City, Herrington a été régulièrement battu à coups de ceinture par sa mère, jusqu'à l'âge de douze ans. A vingt-trois ans, il est marié et sa femme attend leur premier enfant. Employé à Milwaukee, il se montre très fier de sa Chevrolet 1957 toute peinte en noir. Le 1er septembre 1966, Mme Troyer, âgée de trente-quatre ans, se rend en voiture à son travail lorsqu'un autre véhicule la dépasse et l'oblige à s'arrêter. L'homme s'approche d'elle et lui donne plusieurs coups de couteau avant de s'enfuir quand elle se met à hurler. Elle survit à ses blessures et décrit la voiture comme étant une Chevrolet grise, modèle 1957.

Le 3 septembre 1966, Julia Beckwith, âgée de dix ans, aura moins de chance : elle est violée, frappée et poignardée dans un terrain vague de Milwaukee. Herrington est considéré comme suspect, mais il est relâché après un interrogatoire. Un mois et demi plus tard, le cadavre de Sherryl Thompson, dix-huit ans, est trouvé par son frère, caché derrière une église catholique. Elle est en partie dénudée et son corps a été transpercé de vingt-deux coups de couteau. Le 4 novembre de la même année, Diane Olkowitz, dix-neuf ans, est frappée de plus d'une centaine de coups de couteau sur son lieu de travail, une usine de Menomonee Falls.

Le 11 novembre, c'est au tour de Kathleen Dreyer, onze ans, d'être attaquée par un inconnu qui s'enfuit à bord d'une Chevrolet de 1957. Grâce à l'intervention d'un témoin, elle échappe de peu à la mort et survit à ses blessures. Un garçon du voisinage remarque la voiture qui s'est arrêtée à une station-service. Il téléphone à la police qui envoie une patrouille se trouvant encore auprès de Kathleen Dreyer. Herrington est placé sous les verrous tandis qu'une fouille de sa Chevrolet met à jour de la drogue et des instruments chirurgicaux. En prison, Michael Lee Herrington avoue ses crimes, mais se rétracte peu de temps après, sous le prétexte que ses aveux lui ont été extorqués par la force. Comme on ne trouve pas de preuves directes de ses crimes, le procès ne se présente pas sous les meilleurs auspices. Mais Boyle fait témoigner Herrington et l'oblige à se contredire à de nombreuses reprises. Il persiste et fait craquer l'accusé. Le 7 juillet 1967, le jury, après quarante minutes de délibérations, condamne Michael Lee Herrington à deux peines de prison à perpétuité, auxquelles s'ajoutent trente années pour les tentatives de meurtre.

MICHAEL MCCANN : UN DISTRICT ATTORNEY TEIGNEUX

Plus grand que Boyle, McCann ressemble à l'image traditionnelle que l'on se fait de l'Irlandais, un nez de travers, un peu épaté, qui pourrait être celui d'un boxeur, des traits rugueux et un visage rougeaud. Son approche est aussi plus directe que celle de Boyle ; il saute volontiers à la gorge des témoins ou accusés qui lui sont opposés et ne se satisfait que lorsqu'ils sont au tapis. Lui aussi possède une expérience des serial killers pour s'être occupé du cas de David Van Dyke. Celui-ci s'attaquait surtout aux personnes âgées d'un quartier nord de Milwaukee. Il commet six crimes lors de cambriolages : il bat à mort ses victimes ou leur tranche la gorge avec un tesson de bouteille. Van Dyke est arrêté au bout de deux années d'enquête et avoue ses meurtres. Comme Herrington, il se rétracte par la suite, mais McCann le fait témoigner lors du procès et parvient à le faire condamner.

Pour mettre tous les atouts de son côté, McCann n'hésite pas à se documenter auprès du procureur de Chicago ayant poursuivi John Wayne Gacy, meurtrier de trente-trois adolescents qui a enterré leurs cadavres sous sa propre maison.

Boyle sait fort bien que la tâche qui lui a été confiée – défendre Jeffrey Dahmer – est une mission impossible car aucun doute ne subsiste quant à sa culpabilité, mais il se bat avec courage et intelligence. Lors de l'audience du 22 août 1991, il annonce que son client renonce à son droit à une audience préliminaire du procès. Selon la législation américaine, cela implique que l'Etat du Wisconsin n'a pas besoin de tracer les grandes lignes de ses griefs envers l'accusé. Boyle s'exprime avec clarté à ce sujet auprès de la cour : « Je n'apprendrais rien de neuf que je ne sais déjà. Un, ce serait une perte de temps et, secundo, cela ne nous aiderait pas d'un point de vue tactique. » Puis Boyle déclare qu'il estime son client « mentalement compétent » pour suivre les procédures juridiques du procès, faisant citer à l'appui le Dr Kenneth Smail, spécialisé en psychiatrie légale. Boyle prend soin de faire remarquer à la cour que la « compétence mentale » actuelle de Jeffrey Dahmer ne reflète en aucun cas la condition mentale qui était la sienne au moment où il commettait ses assassinats. En bref, il n'est pas fou à l'heure actuelle, mais il aurait pu l'être lorsqu'il démembrait ses victimes. L'audience est ensuite levée : elle aura duré dix minutes.

Dès ces audiences préliminaires, on commence à comprendre la tactique qui va être mise en place par les deux hommes de loi lors du procès. McCann aura une tâche plus facile en montrant que les actes de Dahmer, y compris les plus atroces – mutilation, nécrophilie, cannibalisme –, ont été prémédités et calculés, et qu'il était tout à fait conscient de ses actes. La défense devra à tout prix prouver que Dahmer était fou ou qu'il souffrait d'une maladie mentale au moment où il commettait ses crimes, si elle veut lui éviter une (ou plusieurs) condamnation(s) à perpétuité et le voir enfermé dans un établissement psychiatrique ; rappelons que la peine de mort n'existe pas dans l'Etat du Wisconsin. La question de la folie de Jeffrey Dahmer représente l'élément-clef du procès. Chacun des adversaires offrira aux douze jurés ses propres experts psychiatriques, dont le témoignage sera décortiqué avec soin par la partie adverse. Gerald Boyle en est tout à fait conscient : « Personne au monde ne peut croire en l'innocence de ce jeune homme qui a commis ces actes horribles. La question est de savoir pourquoi, et cela je n'en ai pas la moindre idée. M. McCann et moi allons chercher à explorer ce point par l'entremise de nos psychiatres. Nous ne serons peut-être pas d'accord mais je crois qu'il est important pour nous tous d'apprendre qu'il existe certains problèmes au sein de notre société qui, depuis le tout début de son existence, ont poussé quelqu'un comme M. Dahmer à commettre des actes que personne n'aurait pu prévoir. Je défie quiconque d'avoir pu deviner que ce jeune homme se serait laissé aller à de tels gestes. Peut-être quelqu'un pourra-t-il nous dire pourquoi. Et peut-être cette réponse nous permettra-t-elle d'aider quelqu'un dans un proche avenir ? »

PLAIDER LA FOLIE

Le 10 septembre 1991, Jeffrey Dahmer retourne en salle d'audience pour plaider la folie concernant les quinze meurtres dont il est accusé par l'Etat du Wisconsin. Cela implique que le procès doit comporter deux phases distinctes. La première déterminera la culpabilité ou l'innocence de Dahmer, tandis que la seconde décidera de son état mental au moment où il commettait ses crimes. Selon la loi en vigueur dans l'Etat du Wisconsin, c'est à la défense de prouver qu'il était fou. Gerald Boyle demande à pouvoir choisir des jurés en dehors de la ville de Milwaukee afin qu'ils n'aient aucun préjugé vis-à-vis de Jeffrey Dahmer, mais sa requête est rejetée. Cette fois encore, l'audience est très courte et l'apparence de Dahmer s'est de nouveau détériorée. Il n'est pas rasé et porte un t-shirt orange délavé. Son pantalon orange vif est chiffonné et il a remplacé les sandales du 22 août par des chaussures de tennis et des chaussettes marron. Son visage est d'une pâleur cadavérique et ses yeux sont profondément enfoncés dans leurs orbites. Il paraît en mauvaise santé. Pour clore la séance, le juge Laurence Gram Jr fixe la date du procès au 27 janvier 1992.

Une audience préliminaire se déroule le 13 janvier au Milwaukee County Safety Building, dans la salle 578, au sixième étage de cet immeuble qui se situe à quelques minutes à pied de la Ambrosia Chocolate Company, l'usine où Jeffrey Dahmer était employé. Pour des raisons de sécurité, une barrière de trois mètres de haut a été érigée, en plexiglas et en acier ; elle coupe la salle d'audience en deux. Les juge, greffiers, district attorney et avocat, les jurés, les témoins appelés à la barre, ainsi que Jeffrey Dahmer se trouvent séparés des spectateurs et des journalistes. Cette barrière de protection a coûté quinze mille dollars et le bruit des voix a du mal à parvenir jusqu'au public. Dahmer est entouré en permanence de trois gardiens. Le procès est retransmis en direct par une chaîne câblée spécialisée dans les affaires judiciaires, Court TV, dont le patron, Steve Brill, estime qu'elle pulvérisera les records d'audience ; l'affaire William Kennedy, le neveu de l'ancien président, accusé de viol sur la personne de Patrica Bowman, le 11 décembre 1991, a été suivie par plus de quatre-vingt-dix millions de foyers américains. Il est vrai qu'avec la présentation en direct de la petite culotte de la victime rien n'a été caché des goûts et des particularités sexuelles de l'accusé. Le présentateur vedette de la chaîne, Fred Graham, commente pendant les temps morts les tactiques employées par le district attorney et l'avocat. Les caméras ne cadrent jamais les jurés et certains témoins qui l'ont demandé voient leurs visages protégés par des caches électroniques. Lorsque l'accusation pose des questions importantes, la caméra traque en gros plan les moindres réactions de Jeffrey Dahmer.

Une fouille très poussée est instaurée tous les jours pour les cent personnes qui peuvent assister aux débats. Ce nombre limité de sièges donne lieu à une négociation acharnée entre les diverses parties prenantes, car près de trois cents journalistes du monde entier se sont déplacés pour couvrir l'affaire. On en arrive finalement à la répartition suivante : quarante-trois places pour le public, trente-quatre pour les familles des victimes et vingt-trois pour les journalistes. La priorité est accordée aux médias locaux, le reste des journaux effectue un roulement, tandis que les photographes sélectionnés chaque jour mettent leurs clichés à la disposition de leurs confrères restés dehors. Au fur et à mesure que le procès se déroule, de nombreux sièges attribués aux familles des victimes resteront vides et ceux-ci seront redistribués aux journalistes. Etant donné l'engouement des médias, une gigantesque salle de presse est installée au troisième étage de l'immeuble, avec des téléphones, machines à écrire, fax et télex par dizaines ; une pièce voisine est réservée aux monteurs des différentes chaînes de télévision. En tout, le procès, qui dure trois semaines, coûte cent vingt mille dollars, les frais de sécurité s'élèvent tous les jours à cinq mille quatre cents dollars, alors que chaque juré touche seize dollars de dédommagement par jour de présence.

PREMIER COUP DE THÉÂTRE

Pendant l'audience du 13 janvier, Gerald Boyle annonce au juge que son client plaide désormais coupable. Rappelons que le 10 septembre 1991, Jeffrey Dahmer avait plaidé non coupable pour cause de folie, mais il maintient que son client était mentalement dérangé au moment de ses crimes. En fait, cela ne change pas grand-chose à la procédure judiciaire. Le procès est simplement amputé de sa première phase car il n'est plus nécessaire de s'interroger sur la culpabilité de Dahmer qui, de toute façon, était évidente.

Le 13 janvier 1992, Jeffrey Dahmer apparaît dans son survêtement une pièce orange vif, avec un t-shirt, des chaussures de tennis bleues et des chaussettes marron. Lors du procès proprement dit, Dahmer porte la plupart du temps un pantalon brun, une veste couleur tabac et une chemise beige au col ouvert. Ses yeux s'abritent derrière des verres teintés de jaune, mais son regard reste vague, dirigé vers le sol ou une fenêtre de la salle d'audience. Jamais il ne fixe les jurés ni les différents témoins.

Les trois premiers jours du procès se déroulent à huis clos dans le bureau du juge et sans caméra, pour effectuer le choix des différents jurés. Quelques journalistes tirés au sort sont présents. Soixante-quatorze personnes sont questionnées. « Savez-vous qui est Freddy Krueger ? » est une des questions posées par le district attorney

Michael McCann. Le héros fictif de la série *Les griffes de la nuit* (*Nightmare on Elm Street*) est aussi un serial killer dans ces films créés par le réalisateur Wes Craven. McCann cherche à éliminer du jury des candidats qui pourraient croire que le cannibalisme, les mutilations ou la nécrophilie sont automatiquement considérés comme des actes de folie. « Allez-vous souvent voir des films d'horreur ? Moi, je ne regarde pas ce genre de films », explique-t-il. « Ce sont mes enfants qui m'ont tout appris sur le sujet. Mais je souhaite choisir des jurés qui aient déjà vu des films d'horreur. » Boyle explique aux candidats potentiels qu'ils doivent s'attendre à entendre des témoignages sur des démembrements, du cannibalisme ou de la nécrophilie : « Tout ce que vous pouvez imaginer. Ce sera un peu comme d'écouter un chirurgien vous raconter en détail ses opérations. Je ne veux pas que vous soyez dégoûtés au point de vous boucher les oreilles. » Un juré reconnaît qu'il ne pourra pas le supporter :

— Monsieur le juge, je suis désolé, mais je ne crois pas avoir l'estomac assez solide pour supporter toutes ces horreurs.

Une jeune femme se montre plus courageuse. Boyle insiste :

— Après la sentence, est-ce que vous vous sentirez assez forte pour vous rendre à votre travail en vous disant : ce que j'ai fait était juste ?

Sûre d'elle-même, elle lui répond :

— Je lis beaucoup de livres de Stephen King.

Une autre femme avance une raison que Boyle qualifie de « meilleure excuse qu'il ait jamais entendue ». Elle ne peut pas assister au procès car elle élève des oiseaux exotiques qui ont besoin d'être nourris par elle à l'aide d'une seringue. Sans sa présence quotidienne, ils mourraient. Pour la première fois depuis ses apparitions devant la cour, Dahmer éclate de rire devant la réflexion de la jeune femme. « Que pensez-vous des homosexuels ? » « Que pensez-vous des psychiatres ? » Les questions se succèdent et, au bout de trois jours aussi fastidieux, un jury est enfin mis sur pied. Douze personnes et deux remplaçants : sept femmes blanches, six hommes blancs et un Noir. Naturellement, cette sélection est l'objet de multiples critiques de la part de la communauté noire de Milwaukee et des familles des victimes qui crient au scandale. D'ailleurs, ces familles se comportent de manière plutôt étrange, même pour les organisations de parents de victimes qui les soutiennent et qui se déclarent surprises par l'attitude de certains. Les familles ne supportent pas que le premier rang des fauteuils soit attribué aux journalistes et non pas à elles. Elles protestent devant la salle d'audience et brandissent des pancartes, mais uniquement lorsque les caméras se braquent sur elles. Elles réclament aussi des privilèges spéciaux, comme des repas gratuits dans un restaurant qui leur serait réservé, ou une allocation financière afin de s'acheter des vêtements neufs pour la durée du procès.

Pendant les trois semaines du procès, les jurés ne peuvent plus retourner chez eux. Ils vivent en autarcie complète, entre la salle d'audience et l'hôtel où ils sont logés. Ils n'ont pas le droit de lire les journaux, de regarder la télévision ni d'écouter la radio afin de ne pas se laisser influencer par les médias. Mais on leur installe quand même un moniteur vidéo pour qu'ils puissent visionner des vidéocassettes (à l'exclusion des films d'horreur) ; ils verront ainsi des comédies telles que *City Slickers* ou *King Ralph*. Le procès a tant d'impact aux Etats-Unis que l'annonce par Jeffrey Dahmer de ses deux films préférés, *L'Exorciste III* et *Le Retour du Jedi*, fait que les deux cassettes deviennent introuvables dans les vidéoclubs.

FOLIE LÉGALE ET PSYCHIATRIQUE

Les serial killers tels que Jeffrey Dahmer, qui commettent des actes bizarres, démembrent, violent ou dévorent les cadavres, peuvent à première vue paraître les candidats idéaux pour plaider la folie lors de leur procès. Mais fort peu choisissent ce type de défense car d'un point de vue statistique, un meurtrier sur mille qui plaide l'irresponsabilité pour raisons de démence parvient à ses fins. Depuis le début du siècle, sur les centaines de tueurs en série passés en jugement, seuls moins de vingt ont été déclarés irresponsables. Certains affirment avoir été victimes de psychoses engendrées par la guerre du Vietnam ou, comme Arthur Shawcross, du fameux « Agent Orange » – un défoliant chimique des plus nocifs –, d'autres prétendant avoir obéi à des voix tels Herbert Mullin, Joseph Kallinger ou Peter Sutcliffe, l'« Eventreur du Yorkshire ». Plusieurs évoquent un dédoublement de personnalité (William Heirens alias « Bill le Fou », ou Kenneth Bianchi, l'un des deux « Etrangleurs des Collines »). Mais le plus insensé demeure sans conteste David Berkowitz, le « Fils de Sam », qui déclare entendre la voix d'un démon réincarné dans le chien d'un voisin.

La définition légale de la folie diverge de son diagnostic médical et varie suivant les Etats américains. Seize Etats se servent de la M'Naughten Rule, qui date de 1843 : « Afin d'établir une défense pour des motifs de démence, il doit être prouvé que l'accusé ne connaissait pas la nature de son acte au moment même où il le commettait, cela étant la conséquence d'une maladie mentale ou d'une perte de raison. Ou, s'il connaissait la nature de cet acte, il ignorait que ce qu'il faisait était mal. » Cette M'Naughten Rule d'origine britannique ne prend pas en compte les criminels qui distinguent le bien du mal, mais se révèlent incapables de contrôler leur comportement. Afin de pallier ce cas spécifique, certains Etats ont eu recours à l'« Irresistible Impulse Test », qui permet à la défense de prouver que l'accusé ne pouvait pas se contrôler pendant l'exécution de son geste criminel. Depuis 1984, une loi fédérale a supprimé cet « Irresistible Impulse Test ».

Dans l'Etat du Wisconsin, Jeffrey Dahmer est jugé selon cette M'Naughten Rule. En conséquence, tout le poids du procès repose sur les épaules de l'avocat Gerald Boyle car c'est à la défense de prouver que Jeffrey Dahmer était malade mental au moment de ses crimes. En fait, pendant toute la durée du procès, Boyle va essayer de prouver que Dahmer souffrait d'un désordre sexuel qui le poussait à commettre ses atrocités.

DAHMER VOULAIT CRÉER DES ZOMBIES

De nombreux experts médicaux témoignent lors du procès : pour la défense, pour le compte du ministère public (leur note s'élève à soixante-cinq mille dollars), et deux autres sont appointés par la cour. Tous ont pu rencontrer Jeffrey Dahmer. Leur témoignage prend plus de dix-huit heures. C'est la défense qui s'exprime en premier en la personne du Dr Frederick S. Berlin de l'hôpital John Hopkins, à Baltimore, spécialisé dans l'étude des désordres sexuels.

Pour lui, Jeffrey Dahmer n'a jamais été en mesure de contrôler ses actes parce qu'il était trop obsédé par l'idée de faire l'amour avec des cadavres.

— Il n'avait pas la capacité d'apprécier la portée de ses actes.

Boyle lui demande :

— A votre avis, et en vous basant sur une opinion médicale, est-ce que Jeffrey Dahmer souffre d'une maladie mentale ?

— Si un policier s'était tenu à ses côtés, il n'aurait pas tué. Mais laissé seul et en proie à ses obsessions, il ne pouvait pas se contrôler à cause de sa maladie mentale. Cette maladie mentale est de nature sexuelle, un désordre qui est la nécrophilie (...). Il éprouve tout d'abord des fantasmes et des désirs sexuels pour des personnes vivantes. Puis il fantasme et s'imagine commettre des actes sexuels dans un état transitoire, qui est en quelque sorte à mi-chemin entre la vie et la mort. Parfois, lors de mes entretiens avec lui, il le qualifiait d'état-zombie. Jeffrey désirait poursuivre ses relations avec les corps de ces personnes après leur mort (...). Ces désirs et ces fantasmes n'étaient pas volontaires de sa part ; personne ne décide de son propre chef d'en éprouver de tels (...). A mon avis, Jeffrey Dahmer avait perdu tout contrôle de soi, et cette situation ne faisait que s'aggraver. Lui-même n'allait pas y mettre un terme, il fallait que ce soit une force extérieure, et c'est ainsi qu'inévitablement il s'est fait prendre.

Le témoignage du Dr Berlin s'étire sur deux jours et devient parfois si fastidieux que plusieurs journalistes signalent dans leurs articles que des membres du jury se sont assoupis avec discrétion. L'interrogatoire contradictoire du district attorney Michael McCann se passe plutôt mal pour le Dr Frederick Berlin qui perd son calme à plusieurs reprises, au point que les deux hommes en viennent à hurler avant que le juge ne les rappelle à l'ordre. McCann reproche au médecin d'être resté fort peu de temps en compagnie de Dahmer.

— Ce n'est pas la durée qui compte, mais la qualité de ce temps. J'ai fait tout ce qui était en mon pouvoir pour éviter toute idée préconçue.

McCann : – Pour cela, il faut directement s'adresser à l'accusé, et non pas se contenter de lire les rapports de police, ceux de la défense ou des voisins.

Dr Berlin : – Vous êtes très naïf. Vous pensez pouvoir obtenir les réponses auprès de l'accusé ! Si quelqu'un a une idée préconçue, c'est bien lui ! Excusez-moi si j'élève la voix, mais là, vous attaquez ma crédibilité personnelle et professionnelle, ainsi que mon intégrité.

Le Dr Carl Wahlstrom, un psychiatre de Chicago, déclare que Jeffrey Dahmer démembrait ses victimes pour dissimuler ses crimes et qu'il était capable de rester de longues périodes sans tuer.

— Il n'aimait pas tuer et il désirait garder ses victimes vivantes sous la forme de zombies qui obéiraient à ses moindres désirs. Il voulait se constituer un harem d'esclaves sexuels zombifiés. Mais il n'aimait pas cela et buvait pour surmonter ce dégoût. Il avait cette idée bizarre et incroyable qu'il pouvait arriver à effacer la mémoire et l'identité de ses victimes en effectuant de leur vivant une grossière chirurgie du cerveau. Il les droguait avant de leur infliger une lobotomie avec des moyens de fortune. Il creusait un trou dans leur crâne avec une perceuse électrique et leur injectait de l'acide chlorhydrique à l'aide d'une seringue. La plupart décédaient sur-le-champ. Mais Jeremiah Weinberger parvint à survivre et à se balader deux jours dans l'appartement de Dahmer après avoir reçu cette injection d'acide. Malgré ces échecs répétés, il a continué à chercher de nouvelles victimes et à poursuivre ces tentatives pour les lobotomiser.

Mais le plus intéressant des experts de la défense est sans nul doute le Dr Judith Becker, professeur de psychologie et de psychiatrie à l'Université de l'Arizona. Parlant d'une voix calme et mesurée, elle ne se laisse pas démonter par les attaques du district attorney McCann. C'est elle qui révèle un certain nombre de détails inconnus jusqu'alors, comme la volonté de Dahmer de construire un « temple » avec les restes de ses victimes afin d'acquérir des « pouvoirs spéciaux ». Dahmer lui raconte aussi de nouvelles anecdotes sur son enfance.

— A l'âge de quatre ans, il a été opéré d'une double hernie et il se souvient avoir tellement souffert qu'il a demandé à sa mère si on lui avait coupé les parties génitales (...). Un jour, il a apporté des têtards à son institutrice, qu'il aimait beaucoup. Cependant, il a été choqué d'apprendre que celle-ci avait donné ces têtards à un autre enfant que Jeffrey considérait à l'époque comme son meilleur ami. Jeffrey s'est rendu à la maison de cet ami muni d'un bidon d'huile de moteur qu'il a versée dans le récipient des têtards pour les tuer. Jeffrey aimait beaucoup cette institutrice mais il estimait qu'elle l'avait rejeté en donnant ses têtards à quelqu'un d'autre (...). A peu près à la même époque, Jeffrey est parti à la pêche en compagnie de son père dans l'étang de leur maison de Bath, dans l'Ohio. Son père lui a montré comment nettoyer un poisson en lui ouvrant le ventre. Cela l'avait fasciné. Et, surtout, la membrane qui contient les œufs dont la couleur est orange vif. Le fait qu'il découpe les abdomens de toutes ses victimes est peut-être lié à cette fascination pour les couleurs vives des viscères des poisson. Il m'a déclaré aimer la couleur des abdomens, la chaleur qui se dégage des entrailles humaines et prendre un plaisir sexuel en jouissant dans les viscères de ses victimes. Quand il me raconte cette anecdote au sujet de son père, le ton de sa voix est plutôt monocorde et plat. Mais lorsqu'il aborde la partie du récit qui parle du découpage du poisson et des entrailles, il devient beaucoup plus animé, en un sens, beaucoup plus vivant (...). Vers l'âge de cinq ans, Jeffrey persuade un camarade de classe de mettre sa main dans un nid de guêpes en lui faisant croire qu'il s'agit de libellules. L'enfant est sévèrement piqué et hurle de douleur, un incident que Dahmer avait prémédité et dont il connaissait très bien à l'avance le résultat (...). Il m'a parlé de son désir de goûter la chair et le cœur de ses victimes. Il s'est acheté un attendrisseur de boucher pour s'en servir sur un cœur humain, avant de le manger ; il en a fait de même pour d'autres morceaux. Cela lui a procuré une énorme jouissance sexuelle. L'homme faisait partie de lui, à présent. Pendant qu'il en dévorait la chair, il était en érection constante (...). Jeffrey aimait beaucoup caresser les crânes de ses victimes. Cela lui apportait aussi une grande satisfaction sexuelle. D'après lui, la tête représente l'essence d'une personne. Je lui ai demandé s'il parlait aux têtes, et il m'a répondu qu'il l'avait probablement fait (...). Quant à sa fascination pour les parties de corps qu'il conservait, il m'a dit qu'il était peut-être né trop tard. Peut-être suis-je la réincarnation d'un Aztèque ?

« IL FAIT L'AMOUR AVEC LES VISCÈRES DE SES VICTIMES »

Gerald Boyle dresse un portrait sans complaisance de Jeffrey Dahmer depuis sa plus tendre enfance :

— Dès l'âge de quatorze ans, il commence à se masturber tous les jours avec frénésie, et ses fantasmes vont toujours vers les jeunes garçons de son âge. Il s'intéresse aux ossements d'animaux morts qu'il ramène chez lui pour les ébouillanter et les étudier. Ses passions restent secrètes, ses parents ne sont pas au courant.

Pendant ce temps, Lionel Dahmer et sa seconde épouse Shari sont assis au dernier rang de la salle d'audience. Ils se tiennent par la main et semblent pétrifiés d'horreur. Parfois, Shari Dahmer prend des notes ou se fait les ongles avec nervosité. Quelques rangs devant eux, on trouve les familles des victimes. Ils ne se parlent pas.

— A quinze ans, Jeffrey devient obsédé par l'idée de tuer et de faire l'amour avec un jogger qui passe tous les matins devant sa maison de Bath, dans l'Ohio. Il ne pense plus qu'à ça. Il s'achète une batte de base-ball qu'il scie et part un matin en bicyclette en quête de sa première victime. Mais, Dieu merci, l'homme a dû changer d'itinéraire car Dahmer ne le revoit plus (...). Un jour, il ramène chez lui une tête de cochon sur laquelle il avait travaillé en classe de biologie. Il en retire la peau et conserve le crâne, à l'image de ce qu'il allait faire quinze ans plus tard (...). Sa première tentative de meurtre ayant échoué, il fantasme de nouveau sur l'idée de tuer quelqu'un, et plus particulièrement un auto-stoppeur. Une nuit, il roule en voiture et aperçoit ce jeune homme torse nu. Et Jeffrey Dahmer veut son corps. Il le tue et se masturbe sur le cadavre, avant de lui faire l'amour. Il découpe l'abdomen de sa victime et reste fasciné par la vue des entrailles. L'intérieur du corps est chaud, les couleurs en sont vives ; par la suite, il fera l'amour avec les viscères de ses victimes (...). M. Dahmer était obsédé par l'idée de posséder un corps, dont la couleur lui importait peu. Il voulait *un corps*, un point c'est tout. Ses crimes n'ont jamais eu une connotation raciste (...). Il dévorait différentes parties de ses victimes afin que ces personnes revivent en lui.

Enfin, Gerald Boyle termine son portrait de Jeffrey Dahmer en révélant que celui-ci avait emporté avec lui divers membres de ses victimes – entre autres, la tête d'Anthony Sears – pour les déposer dans son casier de la Ambrosia Chocolate Company pendant qu'il y travaillait de nuit en 1989.

Les détectives Pat Kennedy et Dennis Murphy du Milwaukee Police Department témoignent à leur tour. Ce sont eux qui ont recueilli les aveux de Dahmer dans la nuit qui a suivi son arrestation. A tour de rôle, ils lisent la déposition de l'accusé qui s'étend sur plus de cent cinquante pages. Quelques détails de son adolescence apparaissent alors pour la première fois. Jeffrey Dahmer ne se contente pas de ramasser les corps d'animaux accidentés au bord des routes du voisinage, mais, accompagné d'un ami, il écume les chemins pour écraser toutes les bêtes qu'ils rencontrent. Dahmer avoue aux deux détectives qu'il se souvient encore du regard de terreur d'un chiot qui rebondit sur le capot avant de heurter le pare-brise. Cette anecdote choque beaucoup le public qui n'avait pas réagi aussi violemment à l'écoute des atrocités commises par Dahmer sur ses victimes humaines. En 1978, après son premier crime, il place les restes de Steven Hicks dans deux sacs-poubelle qu'il pose sur le siège arrière de sa voiture. Il est trois heures du matin et Dahmer ne fait pas très attention à sa conduite. Une patrouille de la route l'arrête pour avoir roulé sur la gauche. Il indique aux deux policiers qu'il est troublé par le divorce de ses parents et qu'il a décidé, à cause de son insomnie, de faire une balade en voiture. Un des policiers illumine de sa torche l'intérieur du véhicule et aperçoit les sacs en plastique. Il demande à Dahmer ce qu'ils contiennent.

— Des ordures que j'emmène à la décharge publique.

De fait, elle se situe sur le chemin qu'emprunte Dahmer. Les policiers n'insistent pas et le laissent repartir avec une simple réprimande. Bien qu'âgé de dix-huit ans, Jeffrey Dahmer ne s'est pas départi de son sang-froid et s'est sorti d'une situation difficile en manipulant ses interlocuteurs. Lorsque Kennedy et Murphy lui demandent pourquoi il se souvient du nom de Steven Hicks et pas de ceux de ses victimes les plus récentes, Jeffrey Dahmer rétorque : « On n'oublie jamais son premier. »

En 1982, il s'achète un 357 Magnum avec lequel il s'entraîne de façon régulière à tirer sur des cibles, mais son père le lui confisque. Jeffrey, qui n'est pas attaché aux choses matérielles, avoue aux policiers qu'il « regrette ce revolver, un objet qui me plaisait beaucoup ».

Il découvre son homosexualité dès l'âge de quatorze ans, mais ne parvient pas à avoir d'érection avec un partenaire éveillé. Si l'autre est inconscient, Jeffrey sait qu'il ne sera pas sodomisé, un acte sexuel qu'il n'apprécie pas du tout si on le pratique sur sa propre personne. Il veut garder tout contrôle sur les autres et ne supporte pas le contraire. Petit à petit, il est obsédé par le désir de trouver quelqu'un qui resterait en permanence avec lui et qui ne le quitterait pas. Il se rend très bien compte qu'il ne trouvera jamais une telle personne, d'où l'idée de droguer quelqu'un pour mieux le maîtriser. Cela l'amène à lire la rubrique nécrologique des journaux locaux, où il remarque l'annonce du décès d'un jeune homme de dix-huit ans. Il se rend chez l'entrepreneur de pompes funèbres où le corps est exposé dans son cercueil. Il cherche un moyen de voler le cadavre mais renonce finalement à son projet. Il se renseigne auprès des taxidermistes pour savoir comment empailler des animaux et les préserver au mieux.

Installé chez sa grand-mère à West Allis, il tente de refréner ses pulsions en allant à l'église et se met en quête d'une religion qui lui conviendrait. Cela dure l'espace de quelques mois, en 1984. Mais, l'année suivante, alors qu'il se trouve à la bibliothèque municipale, un jeune homme lui glisse un message : « Viens me retrouver dans les toilettes et je te ferai une pipe. » Dahmer ne s'y rend pas mais cet incident a jeté le trouble en lui. Quelques jours plus tard, il se laisse enfermer toute une nuit dans un grand magasin de Milwaukee pour y dérober un mannequin d'homme. Il l'emmène chez sa grand-mère et s'en sert comme viatique à ses désirs sexuels : généralement, il se masturbe debout au-dessus du mannequin. Mais au bout de deux semaines Catherine Dahmer découvre l'objet du délit et oblige son petit-fils à le jeter. N'ayant pas trouvé de religion propre à le satisfaire, il se met à dévorer des ouvrages sur les sciences occultes : la *Bible satanique* d'Anton LaVey, Aleister Crowley et des livres sur les rites vaudous. C'est là qu'il puise l'idée de construire un « temple » pour utiliser les crânes et les organes de ses victimes afin d'acquérir des « pouvoirs », ou encore celle de créer des « zombies » en effaçant leur mémoire avec des injections d'acide. Il fait croire à un médecin qu'il est insomniaque et obtient une ordonnance de somnifère très puissant. Il en expérimente les effets sur des clients dragués dans un bains-douches fréquenté par des homosexuels.

Après sa condamnation pour avoir molesté le jeune Keison Sinthasomphone, Dahmer est lui-même victime d'un pervers sexuel, le jour de Thanksgiving 1989. Après avoir beaucoup bu, il fait la connaissance d'un homme avec qui il sympathise. A partir de là, c'est le trou noir jusqu'à ce qu'il se réveille dans un appartement inconnu. Dahmer s'aperçoit que ses pieds et ses mains sont attachés et qu'il est suspendu au plafond par des crochets et des cordes. L'homme est en train de le sodomiser avec force à l'aide d'une bougie. Il se met à hurler et à insulter son geôlier qui accepte finalement de le détacher. Dahmer ne prévient pas la police car il est en liberté conditionnelle à l'époque et il lui est interdit de boire. Dénoncer l'inconnu lui aurait aussi valu de se retrouver en prison pour avoir rompu son « contrat » avec le système judiciaire. Quelques heures plus tard, lorsqu'il défèque, Dahmer retrouve un morceau de bougie de plusieurs centimètres de long.

Dans ses aveux aux détectives Kennedy et Murphy, dont les interrogatoires s'étendent sur près de soixante heures, Jeffrey Dahmer reconnaît ne pas avoir écrit la lettre qu'il envoie en décembre 1989 au juge William Gardner pour une demande de libération anticipée. Un autre prisonnier l'avait rédigée pour lui, Dahmer se contentant de la recopier et de la signer.

Lorsqu'il tue ceux qui veulent le quitter, Dahmer ressent à la fois une impression de tristesse et une grande excitation. Il démembre les corps dont il place les morceaux dans des sacs-poubelle d'une contenance de soixante-quinze litres. « J'avais alors un sentiment intense de la fragilité de la vie. Quelques instants plus tôt, c'étaient des hommes, et maintenant, ce n'était plus qu'un tas d'os dans une poubelle. J'ai éprouvé du remords après chacun de mes crimes, mais cela ne durait jamais longtemps. » Pour dépecer les cadavres, Dahmer se déshabille complètement, non pas pour des besoins sexuels, mais pour ne pas salir ses vêtements. Souvent, il garde les corps dénudés plusieurs jours avant de les démembrer ; cela lui permet d'assouvir à de nombreuses reprises ses désirs nécrophages – sodomie, fellation, masturbation. Outre les parties génitales qu'il conserve dans des bocaux, il découpe une fois le pénis d'une de ses victimes et le peint en couleur chair pour que « l'organe ait un air plus naturel ». Au début de l'été 1991, un des locataires prévient la police en raison des odeurs qui émanent du hall de l'étage de Dahmer. « Quelqu'un a dû mourir », indique-t-il. Jeffrey a laissé un corps trop longtemps avant de le démembrer et il est parti travailler. Lorsqu'il rentre le soir, il découvre que la police a défoncé la porte de son voisin le plus proche. Encore une fois, la chance lui sourit, mais il ne répétera plus la même erreur. S'il aime conserver les cadavres le plus longtemps possible, Dahmer reconnaît que cela lui a parfois posé des problèmes psychologiques. « Je me demande s'il y a dans le monde une force maléfique et si je me suis laissé influencer par elle. » Ses pulsions meurtrières peuvent parfois être contrôlées : il laisse repartir un adolescent de quinze ans « parce que je devais travailler ce soir-là et je n'ai pas pu le tuer ». Un autre homme, Ronald Flowers, que Dahmer rencontre dans la maison de sa grand-mère, doit la vie sauve à son embonpoint. « Il était trop gros pour qu'on puisse le découper facilement », reconnaît Dahmer. « Quand j'ai été renvoyé de mon travail le 14 juillet 1991, j'ai senti que les meurtres allaient s'accélérer car j'étais seul la nuit et cela je ne pouvais pas le supporter. »

Après la longue déposition des deux officiers du Milwaukee Police Department, c'est au tour d'un psychiatre nommé par le tribunal, le Dr George Palermo, d'apporter sa contribution. Pour lui, Dahmer est un tueur psychopathc organisé qui savait tout à fait ce qu'il faisait. Le Dr Palermo considère Dahmer comme un menteur invétéré et met très sérieusement en doute plusieurs de ses affirmations. Il ne croit pas qu'il ait eu l'intention d'édifier un « temple » : il ne croit pas davantage à son cannibalisme, ni aux lobotomies destinées à créer des zombies. Palermo est persuadé que Dahmer a sciemment noirci les faits afin de pouvoir plaider la folie (il est vrai que dans un proche passé plusieurs serial killers, tels que Henry Lee Lucas ou Arthur Shawcross, ont menti aux autorités pour admettre plus de meurtres et/ou d'actes atroces qu'ils en avaient commis en réalité, tout cela participant de leur perpétuel désir de manipulation du système à leur avantage. A mon avis, ce n'est pas le cas de Jeffrey Dahmer pour qui le fait d'avouer ses crimes a représenté un réel soulagement). Ce témoignage du Dr Palermo est l'unique moment du procès où Jeffrey Dahmer montre une quelconque émotion puisqu'il griffonne une note à l'intention de son avocat. Elle sera rendue publique par la suite et indique : « Palermo est un énorme ballon de cent cinquante kilos qui a fumé trop de marijuana. »

« IL BUVAIT DU SANG »

La parole est ensuite donnée aux témoins cités par l'accusation. Beaucoup connaissent à peine Dahmer mais le district attorney les fait témoigner pour prouver que l'accusé se comportait de manière normale. Défilent ainsi des amis des victimes, le gérant de l'immeuble du 924 North 25e Rue, des voisins, l'employé qui a vendu à Dahmer le baril d'acide, d'anciens collègues de travail, son supérieur hiérarchique à la Ambrosia Chocolate Company, des habitués des clubs gays fréquentés par Dahmer, ainsi que Ronald Flowers et Keison Sinthasomphone. Tous confirment l'absence de symptômes psychotiques chez l'accusé et sa normalité apparente. Pour le Dr Frederick Fosdal, « l'examen mental de Dahmer prouve qu'il contrôlait tout à fait la situation. Il a bien un désordre psychiatrique qu'il avait déjà avant, pendant et après ces quinze crimes. Ce désordre est sexuel, principalement la nécrophilie, mais il n'est pas de nature à l'empêcher de se conformer aux exigences de la loi ». Son cannibalisme et la croyance que ses victimes font maintenant partie de lui ne suggèrent pas, selon le Dr Fosdal, que Dahmer est psychotique. « C'était juste un geste symbolique. » C'est au cours d'un entretien avec le Dr Fosdal que Dahmer lui raconte qu'il gardait quelquefois les cadavres dans sa baignoire quand il n'avait pas le temps de les démembrer. Il se douchait même souvent en leur compagnie. Ce fait est révélé pour la première fois lors du procès. On y apprend aussi que Jeffrey avait été fasciné par un documentaire de la série *60 Minutes* où des animaux familiers décédés étaient l'objet d'une « lyophilisation » par des taxidermistes pour être conservés en l'état par leurs propriétaires. Ses expériences pour créer des zombies ayant échoué, Dahmer se dit que c'est peut-être une solution pour garder ses victimes auprès de lui. Il se rend à la bibliothèque municipale pour consulter une revue de taxidermie où il découvre une publicité pour un tel appareil. Il existe en deux tailles et seul le plus grand des deux modèles peut l'intéresser. Il doit y renoncer en raison de son prix prohibitif de 30 000 dollars

Le plus intéressant des experts à témoigner pour l'accusation est le Dr Park Dietz, professeur de psychiatrie à l'U.C.L.A. et consultant pour le F.B.I., qui indique que Dahmer était tout à fait conscient de ses actes et savait distinguer le bien du mal. Il cite Dahmer à l'appui : « Je me trouve dans une situation étrange. J'ai toujours voulu garder le contrôle et forger ma propre destinée. Or, tout cela m'échappe complètement à l'heure actuelle. On ne peut pas toujours se voiler la face. A un moment donné, il faut affronter les conséquences de ses actes. Cela peut prendre des années, mais un jour ou l'autre, vous devez y faire face. » Comme son confrère Fosdal, Dietz nous apprend un fait inédit très révélateur du degré de contrôle que Dahmer montre, même dans ses forfaits les plus monstrueux ; lorsqu'il sodomise un cadavre, il prend toujours soin d'utiliser un préservatif. Pendant qu'il travaillait au centre de transfusion sanguine de Milwaukee, il a volé un flacon de sang pour le boire, mais le goût ne lui plaisait pas. De même, pour s'adonner au cannibalisme, Dahmer mijote plusieurs assaisonnements différents pour « améliorer le goût de la chair humaine ».

LE VERDICT

Après ces longues semaines d'audition des témoins, experts et policiers, le procès s'achève par les plaidoiries de l'accusation et de la défense. « Est-il diabolique ou malade ? » se demande McCann. Pour le district attorney, il n'y a pas l'ombre d'un doute. « Jeffrey Dahmer n'a jamais prétendu entendre des voix ou quoi que ce soit de comparable. Ce n'est pas un psychotique qui ignore la différence entre le bien et le mal. En fait, c'est quelqu'un qui savait très bien ce qu'il voulait et qui n'acceptait pas qu'on puisse le lui refuser et vouloir le quitter (...). Il assassine avec méthode. Il écrase à l'avance des somnifères, sélectionne avec soin ses victimes, solitaires et sans voiture – pour ne pas avoir à se préoccuper de se débarrasser du véhicule par la suite – et sait se contrôler quand un risque se présente à lui. Pendant ses années de collège ou de service militaire, il ne tue pas. Il boit pour rendre plus aisé le passage à l'acte (...). Pour Dahmer, les crimes ne sont pas un acte qui le satisfait. Tuer est un moyen, pas une fin. Et à chaque fois, lors de chaque assassinat, il savait que ce qu'il faisait était mal. » La fin de la plaidoirie du district attorney est saisissante. Les familles des victimes sont en larmes ainsi que la plupart des journalistes et spectateurs, Dahmer reste impassible comme toujours. Michael McCann présente aux jurés un portrait de chacune des victimes et clame d'une voix forte : « N'oubliez pas Curtis Straughter », « N'oubliez pas Anthony Hughes », « N'oubliez pas Konerak Sinthasomphone », etc. Il égrène ainsi les noms des quinze victimes de Dahmer, avant de se mettre à la place de ces mêmes victimes en exprimant à voix haute les pensées qu'elles auraient pu avoir : « Ne me tue pas ! Je t'en supplie, laisse-moi la vie sauve ! Ne me drogue pas ! Si tu es un homme, attaque-moi avec un couteau et un revolver. Qu'il prenne donc son couteau, et je me défendrais avec mes poings ! »

Gerald Boyle fait aussi une plaidoirie très convaincante et il n'hésite pas non plus à recourir à une certaine théâtralité. Il présente un tableau où les initiales J.D. sont entourées par un cercle et des rayons qui se terminent par les aspects les plus horribles de l'existence de Dahmer. Pour souligner son effet, Boyle les cite un à un : « Des crânes dans un casier, du cannibalisme, des pulsions sexuelles, des lobotomies, la création de zombies, la nécrophilie, des désordres, la paraphilie, regarder des vidéocassettes, se sentir excité par des œufs de poisson, boire de l'alcool tout le temps, une famille à problèmes multiples, tenter d'édifier un autel, se doucher avec des cadavres, s'intéresser à l'occultisme, avoir des hallucinations, chanter en se balançant d'avant en arrière, ramasser des animaux écrasés, des obsessions, des meurtres, dépecer la chair de cadavres, se masturber deux ou trois fois par jour dès l'adolescence, voler un mannequin pour s'en servir comme d'une poupée gonflable, jouir dans l'abdomen d'un être humain mutilé, se renseigner auprès des taxidermistes, visiter des entreprises de pompes funèbres, porter des verres de contact jaunes, photographier des corps en les faisant poser, se masturber sans arrêt. Voilà Jeffrey Dahmer. Il n'y a aucun élément positif dans sa vie (...). Cet homme est *cinglé* ! (Il se touche le front.) Jeffrey Dahmer est comme un train fou lancé sur des rails de folie, qui s'emballe de plus en plus, prend de la vitesse et que rien ne peut arrêter, sinon heurter un mur de béton ou entrer en collision avec un autre train. Et, Dieu merci, c'est ce qui s'est passé lorsque Tracy Edwards a fichu le camp de cette chambre. »

McCann, dans son argumentation finale, reprend à son compte cette image ferroviaire. « Dahmer n'était pas un train fou, il en était le conducteur ! (...) Nous avons tous des pulsions sexuelles et nous devons les contrôler. Mais Jeffrey Dahmer a choisi de son propre chef de ne pas les contrôler. »

Avec tous ces témoignages d'experts psychiatres qui, à partir des mêmes faits, se contredisent la plupart du temps, les jurés doivent se sentir quelque peu troublés. Aussi, afin de leur faciliter la tâche, le juge Laurence Gram leur énonce diverses instructions :

— Vous n'êtes pas liés par des qualifications, définitions ou conclusions médicales pour ce qui constitue ou non une maladie mentale.

« Vous ne devez pas conclure qu'un individu souffre d'une maladie mentale uniquement parce qu'il aurait commis un crime ou un acte monstrueux ou parce qu'il n'existe pas de motif identifiable à son geste.

« Une crise de passion passagère ou de la frénésie liée à une vengeance, à de la haine, à de la jalousie ou de l'envie, ou à toute autre chose, ne constitue pas une maladie mentale.

« Une anomalie manifestée uniquement par une conduite criminelle ou un comportement asocial ne constitue pas une maladie mentale.

« Un état volontaire d'intoxication par des drogues ou de l'alcool, ou une combinaison de ces deux substances ne constitue pas une maladie mentale.

« Un état mental temporaire qui résulte d'une absorption volontaire de drogues ou d'alcool ne constitue pas une maladie mentale. »

Sur ces ultimes recommandations, le juge Gram annonce que le jury va délibérer le vendredi 14 février 1992.

Pendant près de cinq heures, les jurés discutent pour répondre à la question : Dahmer, qui a plaidé coupable, souffrait-il d'une maladie mentale au moment où il a commis ces quinze crimes ? Lorsqu'ils retournent dans la salle d'audience, le juge Gram énonce un à un les noms des victimes pour lire à chaque fois le verdict. « Souffrait-il d'une maladie mentale ? Réponse : non. » La réponse est la même à chaque fois. Jeffrey Dahmer est coupable et sain d'esprit pour chacun des quinze meurtres. Seuls deux des douze jurés ne sont pas d'accord, ce qui aurait été gênant dans une affaire criminelle, mais le procès Dahmer concerne uniquement la folie de l'accusé, et la loi américaine permet, dans ce cas précis, une décision de dix voix contre deux.

« J'ESPÈRE QUE TU IRAS EN ENFER ! »

A l'énoncé du verdict, une sorte de folie collective semble s'emparer du clan des familles des victimes et de leurs amis. Les applaudissements crépitent. Certains font le signe de croix, d'autres s'embrassent ou pleurent en riant en même temps. Un homme se précipite vers le district attorney McCann pour le serrer entre ses bras et lui dire : « Dieu te bénisse, je t'aime, mon frère. » Assis au dernier rang, Lionel et Shari Dahmer se tiennent par la main et baissent la tête.

Derrière la barrière de protection en plexiglas, Jeffrey Dahmer reste impassible, assis sur sa chaise. Puis, il se penche vers Gerald Boyle et lui murmure : « Merci d'avoir essayé. » Quelques minutes après, interrogé par les médias, l'avocat reconnaît :

— Je respecte la décision du jury. Si je m'étais trouvé à leur place, peut-être aurais-je pris la même décision.

Quand le brouhaha se calme, le juge Gram annonce que la condamnation sera prononcée le lundi 17 février 1992.

Le jour dit, le juge surprend tout le monde lorsqu'il propose aux familles des victimes de témoigner à la barre pour y exprimer leurs sentiments.

Stanley Miller, l'oncle d'Ernest Miller :

— Dans une société civilisée, il n'y a pas de place pour quiconque méprise la vie des autres. Jeffrey Dahmer, tu es devenu un héros pour quelques-uns, mais un cauchemar pour tant d'autres. Je ne suis pas pour la peine de mort, mais tu es un candidat idéal pour la chaise électrique. A ta famille : Je sais que vous allez vivre des jours sombres mais l'aube se lèvera un jour et vous vous en sortirez.

Inez Thomas, la mère de David Thomas :

— C'était mon bébé que tu as pris. Sa fille de deux ans reste tout le temps près de la fenêtre à répéter : « Où est Dada ? », « Où est Dada ? » C'est ainsi qu'elle surnommait son père. Quand va-t-il revenir ? Et je pense que c'est triste pour un enfant de ne jamais connaître son père. Je tiens à remercier le jury d'avoir identifié cet homme pour ce qu'il est : un fourbe et un lâche.

Janie, la sœur de Richard Guerrero :

— Tu es *el diablo, el puro diablo*. Un diable qui arpentait nos rues en liberté. Aussi, Votre Honneur, je vous supplie de faire en sorte qu'il ne soit plus jamais libre.

Donald, le frère de Joseph Bradehoft :

— Nous avons perdu le bébé de la famille, et j'espère que tu iras en Enfer.

Rita, la sœur d'Errol Lindsey :

— Quel que soit ton nom, Satan, je suis furieuse. Voilà comment on agit quand on perd tout contrôle. Je ne veux plus que ma mère vive pareille épreuve. Plus jamais, Jeffrey ! Je te hais, fils de pute ! Je te hais !

Puis Rita se précipite vers Dahmer mais les policiers interviennent pour l'empêcher de le frapper. Pendant ce temps, Jeffrey Dahmer est resté de marbre. Il n'a même pas bougé.

« JE SUIS RÉELLEMENT ET SINCÈREMENT DÉSOLÉ »

Avant que la condamnation ne soit prononcée, le juge Gram demande à l'accusé s'il désire intervenir. Jeffrey Dahmer se lève avec calme, chausse ses lunettes et s'empare de quatre feuilles dactylographiées qu'il lit posément et avec éloquence :

« Votre Honneur. Tout est fini à présent. Dans ce procès, je n'ai jamais cherché à me faire libérer. Je ne voulais pas de la liberté. Sincèrement, je souhaitais la mort pour moi. Ce procès était l'occasion de dire au monde ce que j'avais fait. Mes actes n'ont pas été inspirés par la haine. Je n'ai jamais haï personne. Je savais que j'étais malade ou diabolique ou les deux à la fois. Je crois maintenant que j'étais malade. Les médecins m'ont parlé de ma maladie, et à présent j'ai retrouvé un semblant de paix.

« Je constate l'étendue du mal que j'ai causé. Après mon arrestation, j'ai essayé de me racheter du mieux que j'ai pu, mais ceci n'est rien à côté du mal que j'ai causé. Mes tentatives pour aider à l'identification des restes ne sont rien comparées à la douleur des familles. Je me sens très mal vis-à-vis de ces pauvres familles, et je comprends leur juste haine à mon égard.

« Je sais maintenant que je resterai en prison jusqu'à la fin de mes jours. Je sais qu'il va me falloir me tourner vers Dieu pour m'aider à passer chaque jour. J'aurais dû rester à ses côtés. J'ai essayé, et par mon échec, j'ai créé un holocauste. Dieu merci je ne peux plus faire de mal. Je crois que seul Notre Seigneur Jésus-Christ peut me sauver de mes péchés.

« J'ai donné instruction à Mr Boyle de clore cette affaire. Je ne désire pas contester le verdict. Je lui ai demandé d'y mettre un point final. S'il y a un jour de l'argent, je veux qu'il aille aux familles. J'ai parlé à Mr Boyle d'autres choses susceptibles d'aider à apaiser ma conscience en trouvant des idées pour essayer de réparer le mal que j'ai fait. Je vais collaborer avec lui à ce sujet.

« Je veux retourner en Ohio et clore rapidement cette affaire (Dahmer fait allusion à son premier meurtre, celui de Steven Hicks en 1978. S'il est jugé pour ce crime en Ohio, il risque en théorie la peine de mort.) Tout cela sera alors terminé et je pourrai revenir ici purger ma peine.

« Je voulais qu'il y ait un procès pour un certain nombre de raisons. Une des raisons étant que je voulais que le monde sache que ces crimes n'étaient pas motivés par la haine. Je désirais que le monde entier et Milwaukee, à qui j'ai causé de profondes blessures, sachent la vérité sur ce que j'ai fait. Je ne voulais pas que des questions restent sans réponse. A présent, toutes les questions ont trouvé une réponse. Je voulais découvrir ce qui m'a poussé à être si diabolique. Mais, par-dessus tout, Mr Boyle et moi avons décidé qu'il y avait peut-être un moyen pour nous de dire au monde entier qu'il existe des gens qui souffrent de ce genre de désordres, et que peut-être on pourra les aider avant qu'il ne soit trop tard. Je pense que le procès y est parvenu.

« J'assume l'entière responsabilité de mes actes. J'ai fait souffrir beaucoup de gens. Lors de mon précédent procès, le juge a essayé de m'aider et j'ai refusé son aide ; et il a souffert de mes actions. J'ai causé du tort à ces policiers avec l'histoire de Konerak, et je regretterai toujours d'avoir été la cause de la perte de leur emploi. Je ne peux que prier en espérant qu'ils retrouveront du travail car je sais qu'ils ont fait de leur mieux et que je les ai trompés. J'en suis réellement désolé. Je sais que j'ai causé un tort énorme à mon officier de probation qui tentait de m'aider avec sincérité. J'en suis aussi désolé, ainsi qu'envers tous les autres à qui j'ai fait du mal. J'ai fait beaucoup de mal à ma mère, à mon père et à ma belle-mère. Je les aime tous profondément. J'espère qu'ils trouveront cette paix intérieure que je recherche moi-même.

« Les associées de Mr Boyle, Wendy et Ellen, ont été merveilleuses à mon égard, par leur aide à franchir le cap des pires moments. Je désire publiquement remercier Mr Boyle. Il n'avait pas besoin d'accepter cette affaire. Mais quand je lui ai demandé de m'aider à trouver des réponses pour essayer aussi d'aider les autres, il est resté à mes côtés pour se dévouer corps et âme. Mr Boyle et moi étions d'accord sur le fait de ne jamais chercher à me faire libérer. Il s'agissait uniquement de savoir dans quel genre d'établissement je passerais le reste de mes jours, non pas pour une question de confort personnel, mais pour tenter de m'étudier dans l'espoir de m'aider et d'apprendre à aider les autres qui auraient des problèmes. Je sais à présent que j'irai en prison. Je prends l'engagement de parler aux médecins qui pourraient être capables de trouver des réponses.

« Pour en finir, je veux simplement dire que j'espère que Dieu m'a pardonné. Je crois qu'Il l'a fait. Je sais que la société ne me pardonnera jamais. Je sais que les familles des victimes ne pourront jamais me pardonner ce que j'ai fait. Mais, s'il existe un Dieu au ciel, je jure de prier tous les jours pour leur pardon, si jamais leur douleur s'efface un jour J'ai vu leurs larmes, et si seulement je pouvais donner ma vie pour qu'ils retrouvent leurs disparus, je le ferais sur-le-champ. Je suis réellement tellement désolé.

« Votre Honneur, je sais que vous allez me condamner dans quelques instants. Je ne demande aucune considération. Je veux que vous sachiez que les officiers de police assignés au tribunal et à la prison m'ont toujours très bien traité. Je veux que tout le monde le sache. Ils ne m'ont accordé aucun traitement de faveur.

« Voici maintenant un adage qui mérite amplement que l'on s'y attarde : "Le Christ Jésus est venu en ce monde pour sauver les pécheurs – dont je suis le pire. Mais pour cette raison même, on a fait preuve de miséricorde à mon égard, moi qui suis le pire des pécheurs afin que le Christ Jésus puisse montrer son infinie patience et servir d'exemple à ceux qui croiraient en lui et recevront la vie éternelle. Maintenant, gloire et honneur au Roi Éternel, immortel et invisible, l'unique Dieu, dans les siècles des siècles." (I Timothée, I, 15-17)

« Je sais que mon existence en prison sera terrible, mais je la mérite pour tout ce que j'ai fait. Merci, Votre Honneur, je suis maintenant prêt à écouter votre sentence qui, je le sais, sera la peine maximum. Je ne demande aucune considération. »

Et ses vœux sont exaucés. Jeffrey Dahmer se voit infliger quinze condamnations à perpétuité consécutives, ce qui exclut toute possibilité d'une libération anticipée. Cumulées, ces peines équivalent à mille soixante-dix années de prison. Dahmer est incarcéré au Columbia Correctional Institution, à Portage, dans le Wisconsin. En prison, il juge son athéisme et la théorie de l'évolution responsables de sa folie meurtrière. Il se pose des questions. Que va-t-il devenir, une fois mort ? Est-ce que le Diable, auquel il croit toujours, va s'emparer de son âme ? A partir du mois de mars 1994, Jeffrey rencontre le révérend Roy Ratcliff qui le baptise deux mois plus tard. Entre-temps, il reçoit la visite de Theresa Smith, la sœur d'une de ses victimes. En août 1994, il est victime d'une attaque à coups de couteau dans la chapelle de la prison. Un autre détenu qui se fait appeler « Christ », le Noir Christopher Carver, le frappe à mort avec une barre de fer dans le gymnase. Jeffrey Dahmer décède pendant son transport à l'hôpital.

Les parents de Jeffrey, Joyce Flint et Lionel Dahmer, se disputent une dernière fois le 3 octobre 1995 devant une cour de justice de l'Etat du Wisconsin. Le sujet de cette dispute ? Joyce Flint a autorisé le don du cerveau et de quelques morceaux de tissu de Jeffrey Dahmer au Dr Jonathan Pincus de l'Université de Georgetown qui souhaite l'étudier : « C'est une chance inestimable afin de déterminer la possibilité que des facteurs neurologiques aient pu contribuer à son comportement criminel déviant. » Mais Lionel Dahmer s'y oppose farouchement et il cite comme argument le testament de son fils : « A ma mort, je souhaite être incinéré le plus vite possible. Je ne veux en aucun cas une cérémonie funéraire, avant ou après la crémation. Pas de cercueil ouvert. Pas de pierre tombale, pas plus qu'une quelconque inscription. »

Le juge George donne raison à Lionel Dahmer et ordonne que le cerveau de Jeffrey Dahmer soit incinéré le 12 décembre 1995.

XI. EN GUISE DE CONCLUSION

« Je n'ai jamais pu trouver une quelconque signification à ma vie et la prison n'y a rien changé. Mon existence a été insignifiante et la fin en est encore plus déprimante. Tout ça peut se résumer en quelques mots : malade, pathétique, misérable, un point c'est tout. Et je ne vois pas en quoi raconter l'histoire de ma vie pourrait aider qui que ce soit. »

Jeffrey Dahmer

D'innombrables serial killers sont passés à travers les mailles du filet ou ont utilisé à leur profit les failles du système judiciaire – défauts de communication entre différents services de police locaux (John Wayne Gacy, Dean Corll), erreurs de procédure après avoir été pris la main dans le sac (Harvey Carignan, Larry Eyler), manque de rigueur du système de probation (Arthur Shawcross, Carroll Cole) –, ou ont même été emprisonnés une première fois pour un ou plusieurs meurtres avant d'être relâchés (Henry Lee Lucas, Edmund Emil Kemper, Arthur Shawcross). Mais Jeffrey Dahmer est certainement celui qui a le plus cristallisé ces failles du système à tous les niveaux. A tour de rôle, et souvent à plusieurs reprises, Dahmer a échappé à l'attention de ses parents, de ses professeurs, de la police, des psychiatres, du juge, de son officier de probation et de ses voisins. Les citoyens de Milwaukee, horrifiés par la démesure des crimes de Dahmer, ont voulu obtenir des réponses immédiates à de très nombreuses questions. Dans cette affaire ultramédiatisée, les problèmes raciaux – un Blanc qui tue en majorité (mais pas exclusivement) des Noirs – et ceux des minorités ont joué un grand rôle auprès d'une opinion publique sensibilisée depuis quelques années par le « politiquement correct ». Il fallait très vite trouver un ou plusieurs boucs émissaires, ce que John Norquist, le maire de la ville, et Philip Arreola, le chef de la police, se sont empressés de faire. Après une enquête sommaire, dont les conclusions les exemptent d'ailleurs de tout reproche, ce sont les policiers John Balcerzak, Joseph Gabrish et, à un degré moindre, Richard Porubcan, qui sont châtiés et désignés à la vindicte populaire. Cette affaire offre certaines similitudes avec le cas de Rodney King qui est encore dans tous les esprits, à cette époque. Arrêté pour excès de vitesse sur une autoroute de Los Angeles, cet homme noir avait été tabassé sans raison par tout un groupe de policiers blancs, la scène étant filmée par un vidéaste amateur. Un premier procès ayant innocenté les policiers, le verdict déclencha de sanglantes émeutes à travers toute l'Amérique. En ces mois d'août et de septembre 1991, en plein cirque médiatique, l'affaire de ces trois policiers accusés de racisme fait passer Jeffrey Dahmer au second plan, au point qu'à la vision des journaux télévisés ou à la lecture des quotidiens américains, on en vient presque à oublier que c'est lui – et non pas la police – qui a assassiné les dix-sept victimes. Au-delà du cas de ces trois officiers, c'est la police en général qui fut accusée par les leaders des communautés noires, laotiennes et homosexuelles de ne se préoccuper que des problèmes des citoyens blancs et hétérosexuels. Le juge William Gardner et l'officier de probation Donna Chester n'échappent pas non plus à cette atmosphère de chasse aux sorcières. Le juge aurait dû condamner plus sévèrement Jeffrey Dahmer dans son affaire d'outrage aux mœurs vis-à-vis d'un mineur et vérifier que l'accusé suivait régulièrement un traitement pour ses problèmes d'alcool et de sexe. Les psychiatres qui ont rencontré Dahmer n'ont-ils pas commis eux aussi une erreur en ne signalant pas aux autorités judiciaires son manque évident de coopération ? Une visite de Donna Chester au domicile de Dahmer aurait-elle permis de découvrir à temps la vérité ? Elle avait demandé à ses supérieurs d'en être dispensée à cause de la mauvaise réputation du quartier. N'oublions pas qu'en tant qu'officier de probation, elle doit s'occuper de plus de cent vingt autres clients. Et Jeffrey Dahmer donnait l'impression de se réinsérer ; après tout, il avait un emploi stable, un domicile, et il venait régulièrement aux rendez-vous fixés par Donna Chester. Que dire de sa mère, Joyce Flint Dahmer, qui l'abandonna à Bath, sans nourriture et sans argent, avec un réfrigérateur qui ne fonctionnait même plus ? Ou de son père trop occupé à se disputer sans cesse avec sa première femme, puis trop pressé de se remarier et qui laisse Jeffrey sombrer dans l'alcoolisme ?

Rétrospectivement, il est facile de blâmer telle ou telle institution ou personne ; avec des « si », tous les serial killers seraient aisément capturés. On a trop tendance à oublier qu'un tueur du calibre de Jeffrey Dahmer a construit toute une existence sur le mensonge et l'illusion. Il ment et manipule son entourage avec une facilité déconcertante. On en a pour preuve la manière dont il trompe avec aisance la vigilance de ses victimes pour les attirer chez lui, sans jamais avoir recours à la violence pour y parvenir.

Jeffrey Dahmer n'est pas conforme à l'image que nous nous forgeons de ce type d'individus. Malgré l'énormité de ses actes et le fait que nous voyons en lui l'incarnation du mal, symbolisée par les surnoms dont on l'a affublé, « Le Cannibale de Milwaukee » ou « Le Diable de Milwaukee », Jeffrey Dahmer n'est pas le monstre issu de nos fantasmes. Il est l'un de nous, un « si gentil voisin de palier qui ne se mêlait jamais des affaires des autres » et c'est bien cela qui le rend si effrayant. Jeffrey Dahmer ne ressemble pas du tout aux serial killers fictifs tels que Hannibal Lecter, Jason Voorhees, Freddy Krueger ou Leatherface. Nous payons pour nous faire peur au cinéma avec ces personnages qui commettent le même genre de crimes qu'un Jeffrey Dahmer. Dans une société où il existe des fan-clubs qui vénèrent Jason ou Freddy, faut-il s'étonner de l'émergence et de la fréquence de toute une génération de Jeffrey Dahmer ? Après tout, même s'il nous dérange, un Jeffrey Dahmer ne reflète-t-il pas notre société moderne ? Nous trouvons tout un tas de raisons pour expliquer son comportement, mais pourquoi sommes-nous tant fascinés par un tel individu ? Le succès de films tels que *Henry, Portrait of a Serial Killer*, *Le Silence des agneaux* ou *Seven* prouve que nous apprécions les exploits sanglants des tueurs en série fictifs, avec leur cortège de mutilations, de meurtres et d'actes de cannibalisme, même si nous sommes horrifiés par les authentiques serial killers. Il y a un monde entre l'imaginaire et le réel. Mais pas pour un Jeffrey Dahmer qui ne faisait aucune différence entre les fantasmes imaginaires et la vie réelle.

Outre les dix-sept victimes et leurs familles, Jeffrey Dahmer a causé beaucoup de mal à un grand nombre d'institutions et de personnes. A des degrés divers, tous les protagonistes de cette affaire ont été les victimes de Dahmer et, pour certains, les blessures mettront du temps à se cicatriser. Les seuls à profiter de ces événements tragiques furent les journaux locaux, le *Milwaukee Journal* et le *Milwaukee Sentinel*, dont les tirages s'envolèrent, un voleur anonyme qui profita de l'absence de la famille Sinthasomphone partie enterrer le jeune Konerak pour leur dérober huit mille dollars à leur domicile, ainsi que les résidents du 924 North 25e Rue (du moins, ceux qui ne déménagèrent pas) qui se virent offrir une réduction de loyer, qui passa de trois cent sept à deux cent cinquante dollars. L'immeuble fut finalement détruit en novembre 1992, en raison des trop nombreuses visites de curieux.

BIBLIOGRAPHIE

* Ouvrages entièrement consacrés à Jeffrey Dahmer :

— Ed BAUMANN (avec la collaboration de Gerson H. KAPLAN & Crocker STEPHENSON) : *Step Into My Parlor – The Chilling Story of Serial Killer Jeffrey Dahmer* (1991).

— Stéphane BOURGOIN : *Le Cannibale de Milwaukee*, Collection « Crime Story » n° 16, Fleuve Noir (1993).

— Lionel DAHMER : *A Father's Story* (1994).

— Don DAVIS : *The Milwaukee Murders – Nightmare in Apartment 213 : The True Story* (1991), édition française dans la collection « Crimes & Enquêtes », J'ai Lu.

— Robert J. DVORCHAK & Lisa HOLEWA : *Milwaukee Massacre – Jeffrey Dahmer and the Milwaukee Murders* (1991).

— Richard W. JAEGER & M. William BALOUSEK : *Massacre in Milwaukee – The Macabre Case of Jeffrey Dahmer* (1991).

— Brian MASTERS : *The Shrine of Jeffrey Dahmer*, Angleterre (1993).

— Murder Casebook, n° 120 : *Murder and Mutilation – Jeffrey Dahmer*, Angleterre (1992).

— Dr Joel NORRIS : *Jeffrey Dahmer* (1992).

— Anne E. SCHWARTZ : *The Man Who Could Not Kill Enough – The Secret Murders of Milwaukee's Jeffrey Dahmer* (1992).

— Richard TITHECOTT : *Of Men and Monsters : Jeffrey Dahmer and the Construction of the Serial Killer* (1997).

* Ouvrages partiellement consacrés à Jeffrey Dahmer :

Les encyclopédies ou dictionnaires qui citent Jeffrey Dahmer sont si nombreux qu'il serait fastidieux de tous les lister. En voici une sélection :

— Marv & Mary BALOUSEK & J. Allen KIRSCH : *50 Wisconsin Crimes of the Century* (1997).
— Pierre-Antoine BERNHEIM & Guy STAVRIDES : *Cannibales*, Plon, France (1992).
— James Alan FOX & Jack LEVIN : *Overkill – Mass Murder and Serial Killing Exposed*, Etats-Unis (1994).
— Robert KEPPEL & William J. BIRNES : *Signature Killers – Interpreting the Calling Cards of the Serial Murderer* (1997).
— Gary C. KING : « Jeffrey Dahmer : The Butcher of Milwaukee's Human Slaughterhouse » in *Mutilators* de Rose Mandelsberg (1993) .
— Brian LANE : « The Case of Jeffrey Dahmer : The Runaway Train on a Track of Madness » in *The Murder Yearbook* (1992).
— Brian LANE & Wilfred GREGG : *The Encyclopedia of Serial Killers*, Angleterre (1992).
— Brian MARRINER : *The Cannibalism – The Last Taboo !*, Angleterre (1992).
— Hans PFEIFFER : *Der Zwang zur Serie – Serienmörder ohne Maske* (1996).
— Robert K. RESSLER & Tom SHACHTMAN : *Chasseurs de tueurs* (*Whoever Fights Monsters – My Twenty Years Hunting Serial Killers for the F.B.I.*), Presses de la Cité (1993).
— Robert RESSLER & Tom SHACHTMAN : *I Have Lived in the Monster* (1997).
— Jacques VERGÈS : *Les Sanguinaires*, Collection « Mystère du crime », Édition n° 1/Michel Lafon, France (1992) & J'ai Lu, Collection « Crimes & Enquêtes ».

* Autres :

— Hart D. FISHER & al-HANFORD : *Jeffrey Dahmer : The Unauthorized Biography of a Serial Killer*, Boneyard Press (1992) (bande dessinée).
— Jack & Karen HERMAN, Stan TIMMONS : *Psycho Killers n° 5 : Jeffrey Dahmer*, Comic Zone Productions (1992) (bande dessinée).

Il existe aussi de nombreux t-shirts et un jeu de « trading cards » de la série « Murderers » chez Motherbomb Press.

FILMOGRAPHIE

LA VIE SECRÈTE DE JEFFREY DAHMER (titre du DVD français sorti chez Opening) (THE SECRET LIFE ; autre titre en vidéo : THE SECRET LIFE OF JEFFREY DAHMER)

USA. 1993. 101 minutes. Couleurs.
Réalisateur : David R. Bowen
Producteur : David R. Bowen & Carl Crew pour Monolith Productions
Producteur exécutif : Donald J. Cayea
Producteur associé : Eric N. Baker & Donna Stewart Bowen

Scénario : Carl Crew
Photo : Ron Vidor
Musique : David R. Bowen
Montage : Steve Neilson
Casting : Josephine O'Keefe
Interprètes : Carl Crew (Jeffrey Dahmer), Cassidy Phillips (Steven Hicks), Donna Stewart Bowen (la mère de Dahmer), Jeanne Bascom (la grand-mère de Dahmer), G. Jo Reed (Steve), Dave Angelis (un barman), Rowdy Jackson (Richard), Andrew English (Anthony), Lisa Marks (l'officier de probation), Aaron Branton (Tracy), L.P. Brown (un policier).
Tourné en décors naturels à Buenaventura, Ventura et Malibu (Californie).
L'édition française de ce DVD comprend, en bonus, une interview de Stéphane Bourgoin sur le cas Jeffrey Dahmer.

DAHMER

USA. 2002. 101minutes. Couleurs.
Réalisateur : David Jacoson
Producteur : Latty Rattner
Producteurs exécutifs : Leonard Shapiro & Tim Swain
Producteur associé : Susan R. Rodgers
Scénario : David Jacobson & David Birke (non crédité)
Photo : Chris Manley
Musique : Christina Agamanolis, Marianna Bernowski & Willow Williamson
Décors : Eric Larson
Montage : Bipasha Shom
Maquillage : Michele Tyminski
Casting : Ricki Maslar
Interprètes : Jeremy Renner (Jeffrey Dahmer), Bruce Davison (Lionel Dahmer), Artel Kayaru (Rodney), Matt Newton (Lance Bell), Dion Basco (Khamtay), Kate Williamson (la grand-mère de Dahmer), Christina Payano (Letitia), Tom'ya Bowden (Shawna), Sean Blakemore (Corliss), Mickey Swenson (officier Phillips), Julius Branca (officier Powell), Pierson Blaetz (officier Martin).

* Documents vidéo & audio :

— *To Kill and Kill Again*, Angleterre (1993). 52 minutes. An Optomen Television Production for Channel Four. Produit & réalisé par Patrick Fleming. Consultant : Brian Masters. Photo : Michael Brennan. Musique : David Lowe & Julian Ronnie. Montage : Lorenzo Dodi. Il contient des entretiens avec Jeffrey Dahmer (en voix off), Eric Hickey (criminologue de California State University), David Lykken (directeur du programme d'études des jumeaux à Minnesota University), Jonathan Pincus (neurologue à Georgetown University), Judith Becker (psychiatre à Arizona University), al-Suesko (professeur à Revere High School), Bridget Geiger (camarade de classe de Dahmer à Revere High School), Dr Park Dietz (consultant au F.B.I.), Patrick Kennedy (détective du Milwaukee Police Department), Robert Ressler (ex-agent du F.B.I.), Phillip Jenkins (criminologue à Pennsylvania State University), Brian Masters (auteur de *The Shrine of Jeffrey Dahmer*), Elliott Leyton (anthropologue à St. John's University), Peter Smerick (agent spécial du F.B.I.).

— *The Trial of Jeffrey Dahmer Serial Killer*, Angleterre (1993). 96 minutes. Production : Stefan Sargent pour Spitfire TV. A Columbia Tristar Home Video. Réalisé, écrit et présenté par

Elkan Allan. Montage : David Smith & Andy Russell à partir des images du procès filmé par Milwaukee TV.

— *Serial Killers,* vol. 5 *: Horror in Milwaukee* (1993). Un montage d'images d'archives des télévisions locales de Milwaukee.

— *Serial Killers,* vol. 6 *: Psycho-sexual Murderers* (1994). Il contient une interview en deux parties de Jeffrey Dahmer.

— *Serial Killers,* vol. 7 *: Cannibalism* (1994). Il contient un entretien effectué par la télévision anglaise avec Jeffrey Dahmer.

— *Serial Killers,* vol. 8 *: Crime Craze* (1994). Avec une interview de Jeffrey Dahmer.

— *Jeffrey Dahmer Trial,* vol. 1, 2 & 3. Un condensé des moments importants du procès tel qu'il a été diffusé en direct par Court TV.

— *Jeffrey Dahmer Spectacular*

— *Satanic Spectacular*

— *Jeffrey Dahmer – The Monster Within,* Etats-Unis (1996). 47 minutes. A Towers Production pour A & e-Network. A Biography Collection. Réalisé par Bill Harris. Scénario & production : Christine Shuler. Producteur exécutif : Jonathan Towers. Photo : Bill Arnold & Dennis Unger. Musique : Michael Vitali. Montage : David Ketterling. Commentaires : Phil Walters. Il contient des entretiens avec Jeffrey Dahmer, Lionel Dahmer, Marty Schmidt & Mike Kukral (camarades de classe de Dahmer), E. Michael McCann (procureur lors du procès), Gerald Boyle (avocat de Dahmer), Patrick Kennedy (détective au Milwaukee Police Department), Pamela Bass (voisine de Dahmer), Roy Ratcliff (pasteur), Theresa Smith (sœur d'une des victimes). Ce documentaire est le seul à montrer des extraits des films familiaux de Jeffrey Dahmer.

LA MAIN DE LA MORT

I. DIALOGUE DE TUEURS

Lorsque deux serial killers discutent, de quoi parlent-ils ?

De meurtre, ou plutôt, de meurtres, comme ont pu le constater les policiers qui ont enregistré cette conversation téléphonique entre Henry Lee Lucas, emprisonné au Texas, et son ancien amant et complice Ottis Toole, qui se trouve alors dans une prison en Floride. Nous sommes en novembre 1983 et les deux hommes ne se sont plus vus ni même parlé depuis près de huit mois :

Henry Lucas : — Ottis, je veux pas que tu croies que je raconte tout ça pour me venger.

Ottis Toole : — Non. Il faut que tu racontes toute la vérité sur moi.

Henry Lucas : — Tu vois, on en a eu tellement, Ottis. Il faut que les corps soient retrouvés. Maintenant, en ce qui concerne ce garçon et cette fille dont les flics nous parlent... Je vois pas du tout de qui il s'agit.

Ottis Toole : — Eh bien, c'est peut-être les deux que j'ai tués de mon côté. Comme ce Mexicain qui voulait pas me laisser quitter sa maison. J'ai pris une hache pour le couper en morceaux. Ce qui m'a fait agir... Je voulais te poser une question. La fois où j'ai cuit certaines de ces personnes. Pourquoi j'ai fait ça ?

Henry Lucas : — Je crois que c'était simplement tes mains qui agissaient. Je sais que pour la plupart des gens, ce qu'on a fait, c'est impossible à croire. Mais c'est pourtant la vérité.

Ottis Toole : — Dis-moi, Henry, je voudrais te poser une autre question.

Henry Lucas : — Quoi donc ?

Ottis Toole : — Combien de nègres tu crois qu'on a tués tous les deux ?

Henry Lucas : — Ah, des nègres. Voyons voir. Euh... je dirais environ douze. Douze, en tout.

Ottis Toole : — Environ douze ?

Henry Lucas : — Ouais, quelque chose dans ce goût-là.

Ottis Toole : — Quelques-uns, c'étaient...

Henry Lucas : — Ouais. Moitié nègres et moitié blancs.

Ottis Toole : — Quelques-uns, ils étaient pédés, non ?

Henry Lucas : — Ouais. Il y avait un peu de tout. Du moins, dans ceux qu'on a tués.

Ottis Toole : — Tu te souviens comment j'aimais les brûler et tout ce merdier.

Henry Lucas (il rit) : — Eh bien, on m'a accusé de ça aussi. J'ai tout fait, ça c'est sûr. Et c'est pas moi qui vais dire le contraire.

Ottis Toole : — Et tu comptes seulement ceux que t'as tués tout seul ? Là, je te parle pas seulement des négros. Ou alors tous ceux qu'on a tués ensemble ?

Henry Lucas : — Je leur ai uniquement parlé de ceux que j'ai tués.

Ottis Toole : — Tu leur as dis 150, c'est ça, hein ?

Henry Lucas : — Ouais. Je leur ai donné 150 de sûrs. J'en ai identifié 150 que j'ai tués par moi-même.

Ottis Toole : —Je leur ai raconté que tous les deux on avait dû en avoir peut-être 50 ou 60.

Henry Lucas (il rit) : — Y'en a bien plus que ça, mon gars !

Ottis Toole : — A moi tout seul, il y en a plus de cent.

Henry Lucas : — Eh bien, c'est déjà pas mal.

II. UN ENFANT MARTYR

Dernier-né d'une lignée de neuf enfants, Henry Lee Lucas naît le 23 août 1936 dans le comté rural de Montgomery, parmi les monts de Virginie, à un peu moins de vingt kilomètres de la ville la plus proche, Blacksburg. Son père, Anderson Lucas, devient un alcoolique invétéré lorsqu'il se fait amputer des deux jambes à la suite d'un accident de train. Surnommé « No Legs » en ville, « il a sauté sur son cul toute sa vie », raconte Henry en évoquant la mémoire de son père. La compagnie du chemin de fer pour laquelle il travaille ne lui rembourse même pas ses frais d'hôpital. Pour gagner sa croûte, il vend des crayons près de la patinoire ou dépouille des visons.

Les Lucas habitent dans une cabane en bois de rondins, une ancienne école de Craig Creek qui a brûlé, sans eau ni électricité. Dans les quatre pièces de ce logement misérable, le sol est en terre battue. Leur voisin le plus proche se trouve à plus de trois kilomètres. Toute la famille vit sous la coupe de la mère, Viola Dixon Lucas, d'origine à moitié indienne, issue de la tribu des Chippewa. Elle est en permanence d'une saleté repoussante et chique du tabac qu'elle ne prend même pas la peine de cracher lorsqu'elle reçoit ses « clients » : pour quarante à cinquante cents, ils ont droit à ce qu'elle écarte les jambes. La plupart du temps, Viola oblige son mari et ses fils à la regarder durant ses relations sexuelles. Tous les témoignages de voisins ou de membres de la famille confirment les récits de Henry Lucas quant au caractère impossible de sa mère. Acariâtre, violente, Viola Lucas ne se lave jamais : toute l'eau qui est apportée chaque jour d'un puits par les enfants sert à la fabrication d'alcool de contrebande qu'elle ingurgite par litres entiers.

UNE MÈRE PROSTITUÉE

Née en 1901, Viola a été mariée précédemment à un mineur et bûcheron occasionnel, Warden Waugh. Le couple a sept enfants, trois garçons et quatre filles, qui sont abandonnés dans divers foyers et familles d'accueil à la séparation des Waugh. D'après des rumeurs locales, Henry Lee Lucas n'aurait pas été enfanté par son père, Anderson Lucas, mais par un retardé mental du nom de Bernie Dowdy, « un type qui pisse et chie dans son lit, et qui pue comme c'est pas possible », se rappelle Henry Lucas. Viola le recueille à la maison « parce qu'il a personne pour s'occuper de lui », explique-t_elle ; Henry les surprend à plusieurs reprises en train de faire l'amour et elle l'oblige à assister à leurs ébats. Mais, à sept ans, Henry se remémore une visite à Blacksburg où sa mère lui indique un homme qu'ils croisent dans la rue : « Voilà ton père. » Lorsqu'il cherche confirmation auprès de son père, Anderson Lucas confirme les dires de son épouse. Son père supporte stoïquement les brimades continuelles de Viola, il ne parle pratiquement jamais et se contente de boire. Henry évoque une unique révolte où, ivre, Anderson blesse Bernie d'un coup de couteau dans le flanc. Pour se venger, ce dernier rétorque et lui tranche le bout d'une oreille avant que le « calme » ne revienne.

A six ans, Henry Lucas est envoyé pour la première fois à l'école de Mount Tabor où son institutrice, Annie Hall, est stupéfaite de constater qu'il est habillé comme une fille, portant de longs cheveux bouclés et une robe. Lorsqu'elle lui fait couper les cheveux et le revêt d'un bleu de travail, Viola Lucas se présente le lendemain à l'école pour hurler ses récriminations. Après l'arrestation de Lucas en 1983, Annie Hall raconte ses souvenirs dans un entretien avec un journaliste local :

« Henry venait à pied à l'école et il lui fallait parcourir de nombreux kilomètres. Il ne portait même pas de chaussures et c'est moi qui lui ai fourni sa première paire. Très souvent, il portait la trace de nombreux coups à la tête ou sur le corps. C'était incroyable. Et, à chaque fois, Henry expliquait qu'il avait chuté d'un arbre ou s'était battu avec son frère, Andrew Preston. Mais tout le monde savait que c'était faux et que sa mère le frappait. »

Les seuls bons souvenirs d'enfance de Henry Lee Lucas proviennent de cette relation avec son institutrice et de rares moments où lui et son frère parviennent à grappiller quelques cents auprès de leur père pour aller au cinéma, à Blacksburg. Lorsqu'ils rentrent chez eux, ils ont droit à une correction mémorable, mais cela ne les empêche pas de renouveler l'expérience dès qu'ils le peuvent. Vers l'âge de huit ans, Henry se lie d'affection avec une jument que ses parents possèdent. Quand celle-ci est pleine et tombe malade, Viola Lucas l'abat d'un coup de fusil alors qu'elle porte encore le poulain, vivant, dans son ventre. Puis, ivre de rage et d'alcool, elle fouette son fils et le frappe à coups de planche sur la tête, pour la simple raison qu'il lui faut maintenant payer quelqu'un pour emporter la carcasse de la bête. Henry Lucas reste inconscient durant plusieurs jours avant que Bernie prenne peur et l'emmène à l'hôpital.

Une autre fois, Viola n'hésite pas à tirer sur un de ses clients qui doit s'enfuir de la cabane, la cuisse en sang ; quelques mois plus tard, un autre homme reçoit une volée de plombs dans les fesses. Obligé d'aider sa mère à fabriquer de l'alcool de contrebande qu'elle vend huit dollars le litre, Henry se rend compte de son effet anesthésiant : lorsqu'il a bu, il arrive à oublier la douleur et les humiliations. Son institutrice, Annie Hall, évoque le souvenir d'un Henry Lucas qui vient plusieurs fois ivre à l'école. Lorsqu'ils ne sont pas en classe, les deux frères doivent pourvoir à toutes les tâches ménagères : faire la vaisselle, chercher du bois et de l'eau, nettoyer la cabane, etc. Viola Lucas cuisine uniquement pour elle et son amant Bernie, tandis que le père et les deux enfants doivent se débrouiller par leurs propres moyens. Parfois, ils en viennent à fouiller dans les ordures de leurs plus proches voisins pour survivre. Henry se rappelle avoir passé plusieurs jours de suite dans les bois pour échapper aux coups de sa mère et trouver de quoi manger.

LE BORGNE

A l'âge de sept ans, Henry Lucas est, cette fois-ci, victime d'un véritable accident. Avec son frère, il fabrique une balançoire dans les bois lorsque la lame du couteau d'Andrew glisse et blesse Henry à l'œil. Du sang coule et il ne peut plus voir sur le côté. Emmené à l'hôpital du comté, il y reste plusieurs semaines, sa mère se contentant d'une unique visite pendant son séjour. A sa sortie, il voit avec difficulté : les images se brouillent ou se dédoublent. Quand il retourne à l'école, un professeur va même jusqu'à lui commander des livres à gros caractères pour qu'il puisse suivre les cours. Peu de temps après, Henry prend un autre coup par accident. Un des instituteurs veut punir un élève avec une règle en métal mais c'est Henry qui est frappé dans l'œil. De retour à l'hôpital, les médecins sont obligés de lui ôter l'œil en question et de le remplacer par un œil de verre. Mais le travail n'est pas très bien fait et Henry Lee Lucas en éprouvera toujours de la honte et un complexe d'infériorité.

En 1949, Henry a treize ans et, jusqu'à présent, son existence misérable à la maison lui a valu la sympathie de ses professeurs et des gens qu'il fréquente. Malheureusement, l'opinion publique change à son égard lorsqu'il se met à voler de manière compulsive, seul ou avec un complice. Dans les magasins, il dérobe de la nourriture ou des babioles, avec une prédilection particulière pour les couteaux. Il cambriole plusieurs fermes du voisinage ; une fois sa mère l'oblige même à rapporter des bijoux volés. Une autre fois, elle enterre dans les bois des montres neuves qu'Henry a en sa possession afin que le vol ne soit pas découvert. A la même époque, il commence à ressentir les effets des innombrables coups qu'il a reçus :

« A ce moment-là, je savais plus ce qui se passait autour de moi. Et je n'entendais plus rien. C'était comme si on m'avait plongé dans un puits rempli de coton. Quand j'étais couché dans mon lit, j'avais parfois l'impression de flotter dans les airs. Mais cette impression de voler n'était pas agréable du tout. Par moments, j'entendais des bruits que personne d'autre que moi percevait. Je pensais que quelqu'un chuchotait mon nom à l'oreille ou que les animaux me parlaient. C'était très bizarre. Je ne me rappelle plus le nombre de fois où je me suis levé pour regarder dehors qui me parlait, et il n'y avait jamais personne. »

C'est à treize ans aussi que Henry découvre le sexe. Il part dans les bois pour de longues rêveries solitaires où il s'adonne de manière frénétique à la masturbation. « Quelquefois, je me masturbais jusqu'à dix ou quinze fois dans la même journée. Et après, j'en voulais toujours plus. » Cette envie de sexe vient se greffer sur des actes de cruauté envers les animaux : « Avec mon frère, je traquais des chiens errants pour leur lancer des pierres. Je m'étais aussi bricolé un arc et des flèches pour tuer des chats. » Il prétend que c'est Andrew qui l'initie à la bestialité et il prend plaisir à écorcher vif les animaux qu'il capture. Mais une expérience avec Bernie Dowdy, qui a dix-sept ans de plus que lui, le marque particulièrement. L'homme, un sourire aux lèvres, emmène un mouton dans les bois et lui tranche la gorge sous les yeux de l'adolescent. Tandis que l'animal est agité d'ultimes soubresauts, Bernie se dénude pour l'enfourcher. Puis il convie Lucas à en faire de même. « Je dois vous avouer que j'en ai ressenti beaucoup de plaisir. » Ces fréquents cambriolages se teintent souvent de fétichisme lorsqu'il dérobe des sous-vêtements féminins, et il n'hésite pas à rester de longues heures à épier les fenêtres de chambres à coucher des fermières voisines. Quelques mois plus tard, Bernie Dowdy l'emmène voir une femme d'une vingtaine d'années qui vit quelque part dans la montagne. Elle commence à lui faire l'amour puis l'oblige à se retirer au moment où il va éjaculer. La femme éclate de rire et le remplace par un Bernie hilare de sa « bonne blague ».

Henry Lucas se sent terriblement mal à l'aise dans ses relations avec la gent féminine : « Pour moi, c'étaient toutes des putes. » L'année suivante, il commet son premier crime sur la personne d'une jeune fille de dix-sept ans qu'il repère à un arrêt d'autobus. Il la traîne dans les bois jusqu'à la berge d'une rivière où il la viole. Comme elle se met à crier et à se débattre, Henry prend peur et l'étrangle ; il craint aussi qu'elle ne le dénonce ultérieurement. Pendant plusieurs jours, il reste cloîtré chez lui, s'imaginant que la police est sur ses traces. Cette nervosité ne le quitte pas pendant plusieurs semaines : il se retourne constamment et sursaute au moindre bruit inhabituel. La disparition de Laura Burnley, en mars 1951, dans la forêt proche de Harrisburg, en Virginie, reste une affaire non élucidée pendant plus de trois décennies, jusqu'aux aveux de Lucas en 1983.

Son père décède d'une pneumonie au début des années 50. Officiellement, Anderson Lucas est sorti en pleine nuit d'hiver de la cabane familiale, dégoûté qu'il est par l'attitude de Viola. Complètement ivre, il perd connaissance dans la neige sans que personne se préoccupe de son sort. Mais à Blacksburg, d'aucuns affirment que son cadavre arbore des traces de meurtrissures suspectes sur le crâne. Comme la ville ne possède pas de médecin légiste, le shérif décide qu'une autopsie est inutile. Son frère aîné Andrew ayant quitté le domicile familial et son père étant mort, Henry Lucas ne veut plus rester à la merci de Viola et de Bernie Dowdy. Il part s'installer un moment à Middlebrook, chez une de ses demi-sœurs ; il a noué des liens avec un certain nombre des enfants issus du premier mariage de sa mère. Il y travaille comme saisonnier et garçon de ferme, mais toujours pendant de très courtes périodes de temps car il a du mal à accepter des ordres de quiconque.

PREMIÈRES ARRESTATIONS

Henry Lucas inaugure son casier judiciaire en 1952, à l'âge de seize ans, lorsqu'il est arrêté pour excès de vitesse au volant de la vieille Plymouth de son frère Andrew. Le 12 mars de la même année, ses ennuis montent d'un cran quand il est surpris par la police en plein cambriolage d'un magasin avec deux de ses demi-frères, Elmer et Harry Waugh. Il est condamné à passer quelque temps dans la maison de correction de Beaumont. Avant son transfert dans cet établissement, il scie les barreaux de sa cellule de la prison de Christiansburg et s'évade pendant une semaine, avant de se rendre aux autorités. Il arrive le 12 juin 1952 dans la Beaumont Training School for Boys. « Il est vrai que je n'aimais pas l'idée d'être enfermé mais, d'un autre côté, ce séjour a été une découverte pour moi. C'était la première fois que je vivais dans une maison qui avait un plancher, une salle de bains et des toilettes, de l'électricité et la télévision. » On lui remplace son œil de verre car son orbite suinte régulièrement. A son arrivée, un test d'intelligence établit son Q.I. à 76 et son contrôleur judiciaire note, dans un premier rapport, qu'il « possède une bonne personnalité, mais suit difficilement les ordres qui lui sont donnés. Le travail qu'il effectue a besoin d'être constamment supervisé. Il ne s'ajuste pas vraiment à la vie de groupe. Il parle peu et semble s'être construit une sorte de mur pour se protéger ». Ses rapports avec sa mère ne s'améliorent pas : il lui écrit à de nombreuses reprises pour lui demander divers objets personnels afin de rendre son séjour plus confortable. Toutes ses lettres restent sans réponse et lorsqu'elle consent finalement à lui envoyer une brève missive, c'est pour lui dire qu'elle n'a pas d'argent pour lui acheter quoi que ce soit.

Lucas se lie d'amitié avec un autre pensionnaire, un jeune Noir, et un rapport interne indique même qu'il est « probable que les deux adolescents aient noué des rapports homosexuels ». Le 15 octobre 1952, Henry s'évade et se fait reprendre trois jours plus tard à Bedford, dans l'Etat de Virginie. Il est condamné à recevoir trente coups de fouet. Il réitère sa tentative quelques semaines plus tard pour écoper de la même punition. Cela lui sert de leçon et il ne cherche plus à s'évader de cet établissement. Onze mois après son incarcération, son contrôleur note que « Lucas fait des progrès. Il apprend bien en classe, même si sa participation aux activités scolaires est faible. Il fait preuve de politesse et se montre coopératif ». Le rapport indique que l'adolescent semble posséder une personnalité double. Il est généralement souriant, aimable et ouvert vis-à-vis des autres prisonniers, tandis qu'à d'autres moments, un Henry bien plus sombre émerge, il devient taciturne, se referme comme une huître et une sorte de rage muette paraît l'habiter. Le chef d'établissement conclut :

« Il a atteint le maximum de son niveau de réinsertion. Bien qu'Henry n'ait pas choisi de prendre l'initiative de s'améliorer au sein de notre programme, il a fait ce qui était attendu de lui. Il n'a pas fait preuve d'enthousiasme pour aucune des différentes étapes de ce programme. Durant ces derniers mois, il a mieux suivi les règles que précédemment. Nous estimons qu'il peut être relâché à présent. »

Une fois dehors, il évite avec soin sa ville natale de Blacksburg pour rejoindre son frère Andrew qui effectue son service militaire dans la Navy, à Ingalls, en Caroline du Nord. Mais Henry Lee Lucas n'est pas homme à rester très longtemps au même endroit : toute son existence a été marquée par une mobilité extrême. (C'est une caractéristique que l'on retrouve chez bon nombre de serial killers, notamment les sadiques sexuels.) Puis il part s'installer à Staunton, en Virginie, chez une de ses demi-sœurs, Nora Crawford, où il travaille brièvement comme garçon de ferme. Il préfère toutefois le cambriolage pour subvenir à ses besoins. Le 28 juin 1954, il est arrêté pour un de ses nombreux larcins. Étant majeur, ce n'est plus la maison de correction qui l'attend mais une condamnation ferme à quatre ans de prison dans le pénitencier d'Etat de Virginie, à Richmond. Sa haine pour sa mère monte encore d'un cran quand il se rend compte qu'elle ne vient pas à son procès, malgré ses nombreuses suppliques. Il travaille dans une chaîne de forçats à casser des pierres, ou dans les champs. A d'autres moments, il touche un maigre salaire à fabriquer des chaises ou à effectuer des travaux de couture dans les ateliers de la prison.

Le 28 mai 1956, Lucas et un autre prisonnier parviennent à échapper aux gardiens. Ils volent une voiture et se dirigent vers le nord pour tomber en panne d'essence à Troy, dans l'Ohio. Ayant dérobé un second véhicule, les deux évadés se retrouvent à Monroe, dans le Michigan. Opal Jennings, une des demi-sœurs de Henry, vit près de la ville et Lucas la rencontre à plusieurs reprises, avant de se faire reprendre le 19 juin 1956, à Clinton, dans le Michigan. A bord de la voiture qu'il conduit, les policiers trouvent des objets volés. Il est condamné à une peine supplémentaire de dix-huit mois qu'il purge dans la prison de Chillicothe, dans l'Ohio. Pendant cette brève période de liberté qui a duré trois semaines, il a fait la connaissance d'une jeune femme, Stella Curtis, dont il est tombé amoureux et qui, espère-t-il, l'attendra jusqu'à sa libération. Ses dix-huit mois achevés, il est transféré en Virginie pour y finir sa peine originelle à laquelle se sont ajoutés plusieurs mois récoltés avec sa tentative d'évasion. Un rapport de la prison mentionne les activités homosexuelles de Lucas : de passif lorsqu'on pratique une fellation sur lui, il devient actif pour les sodomies. En mai 1959, la commission des libérations conditionnelles refuse qu'il soit relâché à cause de son évasion, trois ans plus tôt. Mais l'officier de probation qui s'occupe de son cas écrit, en août 1959, à sa demi-sœur Opal Jennings :

« Il nous semble qu'Henry devrait retourner dans un foyer où il serait accepté et où quelqu'un pourrait lui servir de guide et lui prodiguer des conseils utiles. En ce moment, il nous paraît impossible de lui trouver un tel endroit dans l'Etat de Virginie. Henry a envie qu'on lui vienne en aide, mais il est découragé par le manque de soutien à son égard. Quand on étudie son dossier, il est évident qu'il éprouve un manque d'assurance. Il a besoin d'un foyer où il se sente désiré et où il pourrait recevoir une aide qui lui permettrait de retrouver un travail. Nous espérons que vous pourrez être cette personne lorsqu'il sera libéré. »

Le 2 septembre 1959, Henry Lee Lucas quitte la prison avec 83 dollars en poche et un billet passe-partout qui l'autorise à voyager gratuitement n'importe où dans l'Etat de Virginie. Sa destination est Alexandrie où il demeure un peu moins de quarante-huit heures avant de se rendre chez sa demi-sœur, Opal Jennings, à Tecumseh, dans le Michigan. A vingt-trois ans, il mesure un mètre quatre-vingt-deux pour environ soixante-dix kilos. Son corps est musculeux, couvert de tatouages, sa chevelure marron et ondulée, il boit et fume comme deux. Il voue une haine indélébile à sa mère et pourtant, l'un des tatouages inscrits dans sa chair, l'un des moins visibles, sur sa cuisse gauche, arbore le dessin d'une carafe d'eau qui porte l'indication suivante : « LOVE-MOM ».

III. 1960 : LE MATRICIDE

« Je boirais constamment si j'étais sûr de pouvoir tenir le coup », explique Henry à sa demi-sœur, son aînée de vingt ans. Il se sent différent des autres, il a peur de ce qui l'attend dans la vie et, par-dessus tout, il a en permanence la haine chevillée au corps. C'est à peu près le seul sentiment qu'il se sente capable d'éprouver, même si la présence de Stella Curtis lui met du baume au cœur. Il a d'ailleurs le projet de se marier prochainement avec elle.

Stella Curtis est la jeune femme rousse et divorcée de vingt-deux ans qu'il rencontre en 1956 chez Opal Jennings, pendant sa courte évasion de trois semaines. Elle le revoit deux ou trois fois avant qu'il soit repris par la justice. Trois ans plus tard, Henry lui rend visite dès sa sortie de prison. Furieux de la trouver en compagnie d'un ex-petit ami, un certain Randy, le ton monte entre les deux hommes qui s'insultent copieusement. Selon les dires de Lucas, Randy serait venu le voir un peu plus tard et aurait tiré un coup de feu pour l'intimider. Lucas l'aurait menacé à son tour en lui indiquant qu'il savait se servir d'un couteau. Les choses en restent là, mais Stella Curtis est terrorisée par l'attitude des deux hommes. A chaque fois qu'Henry la rencontre, il lui montre les deux couteaux qu'il porte en permanence sur lui : un petit, au manche nacré, et un imposant couteau de boucher qu'il est constamment en train d'aiguiser. Il se vante auprès d'elle d'en posséder beaucoup d'autres. Du coup, elle se décide à lui écrire une lettre qu'il reçoit le 16 septembre 1959, soit quatorze jours après sa libération :

« 14 septembre 1959

« Lis toute la lettre avant de te mettre en colère.

« Henry,

« Je ne sais pas comment te dire ces choses, mais elles ont besoin d'être dites. Il est temps de remettre de l'ordre dans mes affaires. Premièrement, je ne vais plus sortir avec quiconque jusqu'à ce que les choses se soient calmées. Si toi ou Randy avez des ennuis, ce sera de ma faute. Deuxièmement, Randy ne sait même pas où tu vis, alors je ne vois pas comment il aurait pu te tirer dessus ? Troisièmement, si tu continues à te balader avec ces couteaux, tu vas vraiment avoir de sérieux problèmes. Je ne te dirais qu'une chose : calme-toi et profite de la vie. N'accuse pas Randy à tort et à travers. De toute façon, je ne sors pas non plus avec lui.

« Je vais te renvoyer ton anneau pour être tout à fait libre de prendre une décision. Quand je suis avec toi, je passe un bon moment. Mais je ne suis pas certaine que je sois uniquement à la recherche de ça. Il faut que je le découvre par moi-même. Si tu le peux, sors de ton côté pour voir ce qu'il en est. Cela fait tellement longtemps que tu n'es pas allé avec quelqu'un d'autre que moi que tu ne sais même pas ce qu'est vraiment l'amour. Je ne veux pas que tu te sentes mal ou que tu me haïsses, mais j'ai le droit de vivre comme je l'entends.

« Ne viens plus me voir pendant un certain temps. Je te ferai savoir ma décision. Ne m'en veux pas.

Stella »

Très marqué par ce qu'il considère comme un abandon, Lucas se réfugie dans la boisson, restant plusieurs jours de suite à ingurgiter de grandes quantités d'alcool. Sa demi-sœur Opal Jennings le force à accepter divers travaux qu'il abandonne régulièrement au bout de quelques jours. Ce n'est pas qu'il soit fainéant ou mauvais travailleur, mais Henry est une personne instable et supportant très difficilement les moindres ordres. Il est perpétuellement en fureur, même s'il parvient à maintenir une apparence extérieure de contrôle ; il est doté d'un tempérament explosif qui s'enflamme à la plus petite contrariété. D'abord hébergé dans la ferme des Jennings, il loue ensuite un logement dans une maison du centre-ville de Tecumseh. Juste avant Thanksgiving, sa mère vient passer les fêtes de fin d'année chez les Jennings où il la retrouve à plusieurs reprises. A chaque fois ou presque, les retrouvailles sont orageuses car elle le considère toujours comme un bon à rien et de la graine de potence. Elle lui prédit même qu'il finira son existence en prison lors d'un dîner avec les Jennings et en présence de plusieurs de leurs voisins. Henry s'est senti terriblement humilié et c'est tout juste s'il a pu se retenir de la frapper. Elle n'arrête pas d'exiger qu'il vienne la rejoindre dans la maison familiale de Blacksburg, en Virginie. Pour Lucas, c'est une chose impossible qui équivaudrait à lui faire revivre les pires journées de son enfance et de son adolescence. Le 12 janvier 1960, le couple Jennings emmène Viola Lucas à Tecumseh dans un bar pour y fêter son départ le lendemain matin pour Blacksburg. Henry les y rejoint pour une soirée qui vire au drame, ainsi qu'il nous le raconte lorsqu'il est arrêté par la police de la route, le 16 janvier, à Toledo, dans l'Etat voisin de l'Ohio :

« Ma mère habitait depuis quelque temps chez les Jennings et elle devait repartir le lendemain pour retourner en Virginie. Avec Opal et son mari, ma mère et moi nous sommes tous allés boire quelques tournées de bières à la taverne Bradshaw, dans la rue principale de Tecumseh, juste en face du commissariat. Ma mère a commencé à m'asticoter sur le fait que j'étais un bon à rien, que j'avais pas de boulot et sur mes relations avec Stella. Le ton est monté et on a échangé des insultes. Du coup, elle est partie s'installer à une autre table. Elle s'est mise à discuter avec un Mexicain qui lui a payé une bière. Et puis nous sommes rentrés chez moi, en laissant Opal et son mari. Il devait être environ dix heures du soir.

« Sur le chemin de la maison, elle m'a sérieusement énervé de nouveau, ça allait de pire en pire. On a fini par en venir aux mains. Je lui ai flanqué deux ou trois claques juste quand nous étions derrière la caserne des pompiers. Cela s'est poursuivi tout du long.

Une fois arrivés à la maison, j'étais monté à l'étage pour lui chercher des draps et elle m'y a suivi un peu plus tard. Elle m'a frappé à plusieurs reprises et je lui ai rendu ses coups. A ce moment-là, je ne me souviens plus très bien de ce qui s'est passé. Est-ce que j'avais le couteau à la main ou est-ce que je suis allé le prendre dans une des poches de mon pantalon ? Mystère. J'ai vraiment un trou noir. Puis je l'ai touchée à la gorge et elle est tombée par terre et je me suis enfui. Je n'avais aucune intention de la tuer. Cela a été un accident malheureux.

« Je suis allé jusqu'à un garage du voisinage où j'ai trouvé une voiture qui était garée derrière l'immeuble. Mais le moteur ne voulait pas démarrer. Du coup, j'ai cassé une vitre pour pénétrer à l'intérieur du garage et piquer une autre bagnole. J'ai quitté la ville pour me diriger vers l'Ohio. J'ai abandonné le véhicule à Cincinnati, vers 9 h du matin, pour faire le reste du chemin en stop. Ça m'a pris deux jours pour arriver jusqu'à Blacksburg, en Virginie. Je suis resté une nuit dans la maison de Maman... avant de revenir sur mes pas. J'ai encore fait du stop pendant une nuit et une partie de la journée quand je me suis fait arrêter par ce patrouilleur de la route. »

C'est Opal Jennings qui a découvert le corps de sa mère le lendemain du crime, vers midi quarante. Elle était venue pour l'aider à faire sa valise et l'accompagner jusqu'à l'arrêt du bus qui doit la ramener en Virginie. Les constatations du médecin légiste indiquent une seule blessure au cou, derrière l'oreille droite. Une artère a été percée à deux endroits différents. Viola Lucas n'est pas morte sur le coup, mais d'une hémorragie, probablement plusieurs heures après.

Le jour même de son interpellation, Henry Lee Lucas avoue être l'auteur de ce qu'il revendique comme un « accident ». Des preuves matérielles corroborent les aveux du prisonnier : des traces de sang sur le couteau de poche retrouvé en sa possession, une tache suspecte sur la chemise qu'il porte ainsi que deux cheveux retrouvés sur le cadavre de Viola Lucas. Un examen au polygraphe indique que Lucas ne dit pas la vérité quand il indique ne pas se souvenir s'il a mis les mains autour du cou de sa mère pour la poignarder.

LE VERDICT

Le 22 mars 1960, Henry Lee Lucas est reconnu coupable de meurtre au second degré par les jurés qui ont délibéré pendant quarante-cinq minutes. Lors de l'audience, plusieurs témoins, y compris Opal Jennings, ont admis que Viola Lucas était une prostituée, tandis que Lucas avoue avec une grande franchise qu'il n'aimait pas sa mère.

Le 25 mai 1960, le juge Martin convoque Lucas pour prononcer la sentence. Les débats se poursuivent pendant quarante-huit heures. Suite à l'audition d'Henry et des différents témoins, le juge présente ses explications :

« Je voudrais qu'il soit ici fait mention de manière officielle que, même si vous avez déjà fait de la prison, je ne pense pas que tout ce qui figure à votre casier judiciaire doive nécessairement indiquer que vous êtes dénué de toutes possibilités de rachat. Cela étant dit, je n'aime pas les actes que vous avez commis par le passé et je suis sûr qu'il en est de même pour vous. J'estime qu'il y a eu des événements dans votre environnement et votre passé qui vous ont amené sur une voie de garage et vous ont poussé à des actes criminels.

« Je vous condamne donc à une peine allant de vingt ans minimum à quarante ans de prison au maximum. J'ai voulu fixer un minimum afin de vous permettre d'être libéré vers les trente ans et quelque pour bonne conduite. La commission des libérations conditionnelles n'entendra aucune objection de ma part lorsque votre cas fera l'objet d'un examen.

« Je vous conseille d'apprendre un métier pendant votre séjour derrière les barreaux et de parfaire votre éducation scolaire, afin que vous puissiez trouver du travail à votre libération. Après une période de quarantaine, vous pourrez recevoir des visites et écrire des lettres. Gardez le contact avec votre famille et, plus particulièrement, vos sœurs – écrivez-leur le plus souvent possible. Et si vous le souhaitez, vous pouvez également m'écrire et je serais très heureux de vous répondre par retour de courrier. »

Moins de deux mois après son transfert à la prison d'Etat de Southern Michigan, à Jackson, Lucas écrit à sa demi-sœur Opal Jennings qu'il pense au suicide. La lettre est lue par un des gardiens et Henry est convoqué pour une évaluation psychiatrique le 22 juillet 1960. Le médecin lui demande ce qui se passe :

« J'ai des moments de black-out. Je me souviens plus de rien. C'est parce que je repense souvent à mon crime. J'étais ivre et je lui ai fait l'amour après qu'elle soit morte. Je n'ai aucun avenir, rien qui me donne envie de vivre. J'ai pensé à me tuer, mais je ne suis pas capable de le faire. Non, je ne suis pas malade. A l'hôpital, ils m'ont fait passer des tests. Je ne suis pas malade. C'est toutes ces pensées sur ce que j'ai fait. »

Henry Lee Lucas a-t-il réellement commis un acte nécrophile sur sa mère ? Rien dans le rapport des enquêteurs ni dans celui du médecin légiste ne permet de confirmer ses dires. Le cadavre de Viola Lucas a été découvert allongé sur le dos entre les deux lits de la chambre à coucher. Sa tête repose sur un pantalon d'homme, un bras est plié sur sa poitrine, l'autre repose le long de son corps. Elle est entièrement habillée, seule sa robe est remontée à hauteur des cuisses : on aperçoit sa chair dénudée au-dessus des bas. Ajoutons que l'autopsie n'a pas cherché à savoir si elle avait été agressée sexuellement d'une quelconque manière. Vu les circonstances, on peut cependant croire que Henry Lee Lucas ment.

Après cet entretien, il est confiné dans la section psychiatrique du pénitencier où il reste huit mois. Dans ses nombreuses lettres adressées à Opal Jennings, il continue à promettre qu'il va se suicider, tout en la menaçant si elle ne lui rend pas visite. En mars 1961, un psychologue du service établit un nouveau rapport d'évaluation du prisonnier :

« Malgré les difficultés qu'il a rencontrées dans son enfance, Lucas n'a pas succombé à des tendances pathologiques de nature régressive et autistique, et il n'est absolument pas psychotique. Ces menaces de suicide et de violence à l'encontre des autres ne sont que l'expression de son caractère manipulateur. Il souhaiterait devenir un “chien enragé”, mais ce n'est qu'un chiot pleurnichard. Il se considère comme une île ; il a des fantasmes où il se voit au volant d'une voiture, sans aucune destination particulière à l'esprit. »

TENDANCES SUICIDAIRES

Quelques mois plus tard, il tente à deux reprises de se suicider à l'aide d'une lame de rasoir, une première fois en se tailladant le poignet, puis en s'ouvrant le ventre. Il est transféré dans un établissement psychiatrique, le Iona Mental State Hospital, où il demeure pendant un peu plus de cinq ans.

« Ces quelque six années et demie ont été les pires de mon existence. A Iona, il n'y avait aucune thérapie. On se contentait de cirer le parquet avec nos pieds car ils nous enfilaient une sorte de tissu autour de nos chaussures. Et il fallait se promener partout pour tout cirer. Je blague pas. On nous obligeait à le faire. C'était l'activité principale de cet hôpital ! Et ils vous cognaient dur si vous ne le faisiez pas.

« On m'a constamment bourré d'antidépresseurs et de tas d'autres médicaments. De la Thorazine liquide et des tablettes de Benadryl. Ces drogues ne m'ont absolument été d'aucune aide. Pour moi, la Thorazine servait juste à me rendre moins bruyant. Mais pas moins actif. J'entendais toujours des tas de voix dans ma tête, surtout celle de ma mère. Au contraire, ça me donnait même envie de faire du mal aux autres. Après toutes ces doses de Thorazine, ça a été des électrochocs. Je n'en ai gardé aucun souvenir, c'est les autres prisonniers et infirmiers qui me l'ont dit. Il paraît que j'en avais tout le temps et qu'après je me laissais faire comme un bébé. Ils ont dû me réapprendre à marcher et à manger. Je ne pouvais rien faire contre eux.

« Ma mère me disait tout le temps de faire des choses dans ma tête... et je n'arrivais pas à les faire. Mais ce n'était pas la seule voix que j'entendais : une autre me poussait à me suicider et une autre encore m'ordonnait de désobéir à tous les ordres qu'on me donnait. Du coup, les gardiens étaient furieux et je me suis bagarré plusieurs fois avec eux. J'ai même reçu une balle dans l'épaule. Bon, maintenant, je sais que c'est mon imagination qui me jouait des tours, mais, à cette époque, tout cela me semblait tout à fait réel. Je n'avais pas d'hallucinations, de visions. Non, c'était uniquement des sons.

« Ma mère a toujours dit que je mourrai en prison. Et elle me contrôlait comme une marionnette, elle ne voulait pas que je la quitte et que je me marie. Mais ce n'était pas par amour pour moi. Pas du tout. Elle voulait seulement quelqu'un pour fabriquer et vendre l'alcool de contrebande. J'ai toujours eu l'impression qu'il y avait une sorte de malédiction en ce qui me concerne, qu'elle m'avait jeté un sort. Et lorsque le jury a décidé que j'étais coupable de meurtre, et que je savais pourtant qu'il s'agissait d'un accident, et que je suis allé en prison, j'étais persuadé qu'elle me contrôlait, même si elle était morte. Ensuite, j'ai eu cette dépression et j'ai passé six années en prison.

« Je sais que ce n'est pas juste d'accuser quelqu'un qui est décédé et qui n'est pas là pour se défendre, mais elle est responsable. Même le juge à mon procès a dit que je n'étais pas entièrement coupable. Elle a réussi à me mettre en prison en mourant d'une crise cardiaque après que je l'ai frappée. Et, une fois en prison, elle a continué à me harceler dans ma tête. »

Le 28 avril 1966, Henry Lee Lucas quitte l'établissement psychiatrique de Iona pour retrouver les geôles de la prison de Jackson. Il a été très durement affecté par le traitement qui lui a été infligé et, lorsqu'on l'interroge maintenant à ce sujet, il estime que lui et certains autres détenus ont servi de cobayes humains aux médecins.

Moralement, il a aussi l'impression d'être complètement abandonné par sa famille. Opal Jennings lui a bien écrit quelques lettres au début de son incarcération, mais il n'a plus rien reçu pendant son séjour en hôpital psychiatrique. Seul un ami prisonnier lui a adressé du courrier depuis la prison de Jackson. Il n'a pas reçu la moindre visite depuis le début de 1961.

Afin de rompre cet isolement qui lui pèse, Lucas décide d'écrire aux deux femmes qui comptent dans son existence, sa demi-sœur Opal Jennings et Stella Curtis, qu'il n'a plus revue depuis le procès où elle est intervenue comme témoin. « Si tu ne me détestes pas trop, peut-être viendras-tu me voir ? » Opal et Stella répondent à sa demande et lui rendent visite. Stella Curtis a toujours eu beaucoup d'estime pour Lucas qu'elle considère comme quelqu'un de timide et de silencieux et qui a constamment été sous le joug tyrannique de sa mère. Le directeur de la prison et le contrôleur de Lucas sont favorablement impressionnés par les progrès du détenu qui semble enfin sortir de sa coquille, ainsi que par plusieurs discussions « fort constructives » avec Stella Curtis. Cette dernière continue à venir le voir durant l'année 1969, au contraire d'Opal Jennings qui a de nouveau coupé tous les ponts entre eux.

Son existence de prisonnier est rythmée par le travail, d'abord comme portier, puis comme employé au rayon papeterie de la prison. Il gagne entre 6 et 8 dollars tous les mois. Par sa position, il a libre accès à tous les magazines et ouvrages de l'établissement. Ses lectures favorites sont les « true crimes », des récits qui relatent des faits criminels réels. Il apprend ainsi les procédures d'investigation des policiers et comment certains criminels parviennent à brouiller les pistes. Finalement, après avoir passé dix années en prison, Henry Lee Lucas est jugé apte à réintégrer la société par la commission de libération conditionnelle. Après son arrestation en 1983, il affirmera à de nombreuses reprises dans ses interviews (y compris dans mes entretiens avec lui) avoir supplié qu'on ne le libère pas. Mais on ne trouve aucune trace d'une telle demande dans les deux rapports de son contrôleur à la prison de Jackson, pas plus que dans le compte rendu de la réunion qui décide de sa libération anticipée. S'agit-il d'une manipulation a posteriori du tueur ? C'est fort probable, tout comme son affirmation qu'il a tué une femme, voire deux, le jour même de sa sortie de prison, le 3 juin 1970. Mes propres recherches auprès des autorités de l'Etat indiquent qu'il n'y a eu aucun cadavre de femme découvert autour de la prison dans le mois qui suit. Les archives de presse sont également vierges à ce sujet. Lors de mon entretien avec Lucas, il a prétendu avoir abandonné le cadavre d'une femme sur le bord d'une route (selon ses dires, le corps n'a pas été enterré). Cela tend à prouver que Lucas, comme tant d'autres serial killers, est un habitué du mensonge, même s'il lui arrive de dire la vérité.

Lucas semble ne pas avoir quitté seul la prison. En ce matin du 3 juin 1970, Stella Curtis est là pour l'emmener chez elle dans une maison près de Tecumseh, où elle vit avec sa fille de dix ans. Le soir même, il prend le bus à Toledo, dans l'Ohio, pour rejoindre une autre de ses demi-sœurs, Nora Crawford, à Elkton dans le Maryland. Stella Curtis et Henry Lee Lucas ne se reverront plus jamais. L'amour qui semblait les lier autrefois a fait place à de l'amitié (du moins en ce qui concerne la jeune femme). Au bout de deux mois, Henry emménage chez une autre de ses demi-sœurs, à Port Deposit dans le Maryland, où elle vit avec son mari et ses trois filles. Au début de l'automne 1971, il s'installe finalement chez sa préférée, Opal Jennings, avec qui il a renoué des liens. Les autorités judiciaires approuvent cette décision. Tout semble aller pour le mieux, du moins en apparence, car les démons intérieurs de Lucas ne vont pas tarder à se réveiller.

IV. UN FAUVE EN LIBERTÉ

Il fait frisquet en ce matin du mois de septembre 1971 lorsque l'écolière de quinze ans emprunte le chemin habituel pour aller de son domicile vers l'arrêt du bus de ramassage scolaire qui va la conduire jusqu'à son école de Pamyra, dans le sud du Michigan. Il est aux environs de sept heures du matin, mais ce n'est pas le froid qui la fait frissonner. Elle a reconnu la voiture qui semble l'attendre, avec son conducteur à la mine patibulaire. Elle est pratiquement certaine que le même véhicule, une Mercury bleu foncé modèle 1965, a déjà suivi le car de ramassage scolaire le jour précédent, et cela jusqu'aux portes de l'école...

Le type derrière le volant semble la regarder avec insistance, il ne s'est pas rasé depuis plusieurs jours et voilà qu'il la dépasse au ralenti, une première fois. Puis il revient et le véhicule la coince presque complètement contre un obstacle.

— Monte ou je te tire dessus.

L'inconnu a la main droite cachée dans l'ombre. A-t-il une arme ?

— Non.

Le type sort de la Mercury et se dirige vers elle, sa main cachée derrière le dos.

— Ton petit ami m'a dit de te descendre parce que tu couches avec un autre.

Elle lui tient tête, malgré sa frayeur. D'une petite voix, elle réplique :

— Et il s'appelle comment, mon petit ami ?

— Mike.

— Ce n'est pas vrai.

Au moment où l'inconnu s'avance dans sa direction, elle aperçoit avec un immense soulagement le bus de ramassage scolaire.

— Tu perds rien pour attendre, prévient l'étranger. Je reviendrai plus tard. T'as eu de la chance, cette fois-ci.

Il monte à bord de son véhicule et démarre en trombe.

Une fois arrivée à l'école, elle prévient le directeur, ses parents ainsi que la police. Un détective prend sa déposition et note avec soin les deux lettres de la plaque d'immatriculation qu'elle a pu retenir. Il est maintenant dix heures du matin.

Ce même jour, il est environ deux heures de l'après-midi. Sur une route qui mène à Tecumseh, une jeune conductrice de dix-sept ans stoppe son véhicule en apercevant une voiture garée sur le bas-côté, dont le conducteur semble lui avoir fait signe.

— Il est peut-être en panne ? se dit-elle.

Elle se gare derrière l'automobile et, à sa grande surprise, l'inconnu enclenche la marche arrière pour se mettre à sa hauteur. Brusquement, l'homme pointe un revolver sur elle :

— Les mains en l'air !

A la vue de l'arme, elle hurle de terreur et l'adrénaline la fait réagir au quart de tour. Son pied enfonce la pédale de l'accélérateur et sa voiture bondit dans un nuage de graviers et de poussière. Un quart d'heure plus tard, elle s'arrête au commissariat de police de Tecumseh. Elle a été trop choquée pour noter la plaque d'immatriculation, mais sa description du véhicule et de son agresseur ressemble à s'y méprendre à celle du kidnappeur près de l'arrêt du bus de ramassage scolaire.

« POUR LE SEXE »

Vers quatre heures de l'après-midi, les enquêteurs locaux reçoivent notification par le D.M.V. (Department of Motor Vehicle, équivalent de notre service des cartes grises) de l'Etat du Michigan qu'ils ont trouvé une Mercury modèle 1965 dont l'immatriculation contient les deux lettres indiquées par la première victime. Le véhicule appartient à Kenneth Jennings, domicilié à Britton, près de Tecumseh, dont l'épouse est Opal Jennings, la demi-sœur d'Henry Lee Lucas. Jennings indique qu'il a prêté sa voiture à Lucas ce matin-là et que celui-ci doit la lui rapporter en fin d'après-midi. L'interrogatoire de Jennings révèle des faits très intéressants concernant son beau-frère. Sa première réaction lorsqu'il apprend qu'Henry a des ennuis avec la police est la suivante (l'extrait provient du rapport de police) :

« C'est à cause des animaux ? demande Jennings.

— Que voulez-vous dire ? (L'inspecteur est très surpris.) Quels animaux ?

— Eh bien, nous avions un chien et une chèvre lorsque Henry a emménagé chez nous, à sa sortie de prison. Et il y a un mois environ, les deux bêtes ont disparu. Le chien a été retrouvé pendu à une corde dans une grange du voisinage. Peu de temps après, ça a été au tour de la chèvre : elle était complètement mutilée, un vrai massacre. Il y avait du sang partout. Ma femme en était bouleversée. Elle pense que c'est Henry qui a fait ça. Autrefois, en Virginie, il traquait des animaux dans les bois avec un de ses frères. »

Deux heures plus tard, les deux adolescentes identifient sur photo leur agresseur comme étant Henry Lee Lucas, lequel est arrêté en début de soirée. Il avoue immédiatement être l'auteur de ces deux tentatives, mais nie avoir utilisé un revolver dans les deux cas.

« Pour quelle raison avez-vous tenté de les kidnapper ?

— Pour le sexe.

— Vous avez un problème sexuel ?

— Oui.

— Lequel ?

— J'ai constamment envie de faire l'amour à des femmes. »

En décembre 1971, Lucas repasse en jugement devant le juge Martin qui le condamne à une peine minimum de quatre ans qui peut s'étendre jusqu'à cinq ans au maximum. Il retrouve le pénitencier de Jackson, où il refuse de manière catégorique de se soumettre à un traitement destiné aux agresseurs sexuels. A son avis, il n'a commis aucun délit sexuel puisqu'il n'a pas réussi à kidnapper les deux jeunes adolescentes. Henry écrit à plusieurs reprises au juge Martin pour demander, puis exiger une révision de son procès, citant à l'appui plusieurs précédents judiciaires. Même si ses lettres contiennent beaucoup de fautes d'orthographe, on se rend compte qu'il a lu beaucoup d'ouvrages juridiques durant son séjour en prison. Et comme le juge refuse de lui donner raison, le ton des missives de Lucas devient de plus en plus agressif. Dans sa dernière lettre au juge, il va même jusqu'à le menacer physiquement dans des termes à peine voilés.

Ayant purgé trois ans et demi, Henry Lee Lucas sort de prison le 22 août 1975. Il reste à peine une journée dans le Maryland avant de prendre le bus pour Perryville. C'est une autre de ses demi-sœurs, Almeda Kiser, qui l'accueille. Au bout d'une semaine, il s'installe chez Aomia, la fille des Kiser, à Chatham, en Pennsylvanie. Cette fois-ci, son séjour dure un peu plus longtemps. Pendant près de quatre mois, il accumule les petits boulots de magasinier, charpentier, garçon de ferme, saisonnier dans la cueillette des champignons et peintre en bâtiment.

A cette époque, Henry fait la connaissance de Betty Crawford, la veuve d'un proche membre de sa famille dont le mari électricien est décédé dans un accident de travail. De ce premier mariage, elle a des fillettes qui vivent à ses côtés dans un appartement minuscule et sale de Port Deposit, dans l'Etat du Maryland. Betty a dix ans de moins que Henry, c'est une femme assez forte, d'un caractère enjoué malgré les nombreux malheurs qui l'ont frappée. Bien qu'elle connaisse le passé criminel de Lucas, Betty Crawford est touchée qu'il s'occupe si bien de ses enfants. Il l'épouse le 5 décembre 1975.

La nouvelle famille demeure quelques jours chez Aomia, le temps de chercher un logement à louer. Lucas en trouve un à Port Deposit, mais il est trop petit et ils n'y habitent qu'un court moment. Finalement, il se décide à acheter un mobile home qu'ils installent chez un loueur de caravanes, le Benjamin Trailer Park, toujours à Port Deposit, en janvier 1976. Si Henry se montre tellement attentionné vis-à-vis des enfants de Betty, c'est pour des raisons purement sexuelles. Avant même son mariage, il a déjà tenté à plusieurs reprises d'agresser une des fillettes de huit ans : jusque-là, elle a réussi à repousser ses attouchements. Le mobile home n'étant pas chauffé à l'étage supérieur, les enfants dorment avec Betty et Henry qui, une nuit, parvient à violer l'enfant. Dès que son épouse part faire des courses ou se rend chez des amis, Henry Lee Lucas se montre ravi de pouvoir garder les enfants. Bientôt, c'est au tour de la sœur aînée, âgée de neuf ans, de subir les assauts du pédophile devant les yeux de la plus jeune. Quand elles résistent à ses avances, Lucas les bat ou menace de les tuer, ainsi que leur mère. Un jour, la plus jeune parvient à repousser de manière définitive les abus de son beau-père. Elle est en train de faire la vaisselle lorsque Lucas s'approche pour la tripoter par-derrière. Elle lui demande de stopper et, comme il refuse, elle se retourne brusquement pour le blesser avec un couteau de cuisine. La blessure est superficielle mais Henry a eu très peur et la laisse désormais tranquille – pour s'attaquer à la sœur aînée.

Malgré son mariage, Henry Lucas est toujours incapable de conserver un emploi plus de quelques jours. Afin de gagner un peu d'argent, il aide son beau-frère, Wade Kiser, à récupérer des pièces sur des voitures accidentées pour plusieurs garagistes du coin. Fort heureusement pour la famille, c'est Betty Crawford qui subvient aux besoins grâce aux allocations familiales. Parfois, il parvient à retaper suffisamment certains des véhicules pour les conduire lui-même ou les revendre par l'entremise des relations de son beau-frère.

En juin 1977, les Lucas quittent le Maryland pour s'installer à Hurst, dans le Texas, où vit la mère de Betty. Pendant ce temps, Henry cherche vainement du travail. Incapable de rester en place, il oblige à nouveau toute la famille à déménager pour l'Illinois. Nouvel échec et retour à la case départ, dans l'Etat du Maryland. Moins d'un mois plus tard, le couple se sépare car Betty suspecte son mari d'avoir abusé sexuellement de ses deux filles ; une plainte est déposée en ce sens en juillet 1977. La mère a découvert une culotte ensanglantée appartenant à l'une de ses enfants. Lucas nie avec vigueur en être responsable mais, le 8 juillet 1977, il quitte le domicile familial dans l'intention de s'installer en Floride.

En chemin, il reste quelque temps chez sa demi-sœur Opal Jennings. Fin juillet, il décide de profiter d'un voyage de son beau-frère Wade Kiser qui se rend en voiture en Virginie pour des raisons familiales. En cours de route, Lucas fait la connaissance d'un inconnu qui lui propose de l'accompagner jusqu'à Shreveport, en Louisiane. Wade Kiser confirme les dires de Lucas à ce sujet et indique que, par la suite, Henry aurait pris peur de cet homme « parce qu'il appartenait à la Mafia ou à quelque chose dans ce goût-là » et qu'il aurait décidé de ne pas le suivre. Cet inconnu pourrait être ce mystérieux Mr X qui dirige une secte satanique et dont Henry

Lee Lucas me parle longuement dans une des sections suivantes, « The Hand of Death ».

Par la suite, on retrouve trace de Lucas à Wilmington, dans le Delaware, à Port Deposit, dans le Maryland, à Hinton, puis à Beckley, villes de Virginie. C'est dans cet Etat qu'il fait la connaissance de Rhonda Knuckles avec laquelle il vit l'espace de trois mois, jusqu'en mars 1978. Pendant plusieurs mois, on perd sa trace car il erre de ville en ville, d'Etat en Etat, avant de revenir parfois se reposer quelques jours chez sa demi-sœur Opal Jennings ou chez les Kiser. Mais là encore, il est suspecté d'avoir agressé la petite fille des Kiser, dont la culotte est retrouvée tachée de sang. Henry nie farouchement, si bien que sa demi-sœur lui propose de rester chez eux s'il n'a rien fait. Le lendemain matin, Lucas a disparu au volant de la camionnette de Wade Kiser. Ce dernier porte plainte et le véhicule est découvert abandonné à Jacksonville, en Floride, une semaine plus tard. C'est à Jacksonville qu'Henry Lee Lucas et Ottis Toole se seraient retrouvés devant une antenne de l'Armée du Salut, où un Lucas sans le sou attend qu'on lui serve un repas chaud et où Toole, homosexuel notoire, a pris l'habitude de draguer. Mais les deux hommes se connaissent déjà pour avoir partagé quelques bières dans un bar de Pennsylvanie. De leur rencontre naît l'un des pires duos de serial killers de toute l'histoire criminelle.

OTTIS TOOLE : UN PREMIER CRIME À QUATORZE ANS

Ottis Elwood Toole est né à Jacksonville, en Floride, le 5 mars 1947. Il est le huitième enfant de Sarah Toole et de son mari alcoolique, William Henry Toole, peintre en bâtiment. Le couple donne naissance à neuf enfants. La famille vit à Springfield, un district du nord du « downtown » Jacksonville. Autrefois quartier élégant, ses boutiques ont été remplacées par des bars louches, et la criminalité y est très forte. Sarah Toole perd trois enfants en bas âge : des jumelles mortes avant d'atteindre leur second anniversaire et Albert, le dernier-né, emporté par une méningite. Peu de temps après la naissance d'Ottis, Sarah Toole met son mari à la porte. Celui-ci ne donne plus jamais de ses nouvelles. Obligée de travailler pour nourrir sa marmaille, Sarah les élève à la dure en appliquant les préceptes de la Bible qu'elle cite constamment en exemple.

Timide à l'excès, Ottis se réfugie toujours dans les jupes de sa mère : il exige beaucoup plus d'attention que ses autres frères et sœurs. A cinq ans, il accompagne sa grand-mère sataniste dans des expéditions nocturnes et l'aide à déterrer des cadavres dans des cimetières. Authentique sorcière, jeteuse de sorts, la grand-mère punit le jeune Ottis en lui versant des pots de chambre sur la tête quand il refuse d'obéir : elle le surnomme bientôt « The Devil's Child », l'Enfant du Diable. A l'école, il sert de souffre-douleur à ses camarades qui l'accablent de quolibets et d'insultes parce qu'il apprend trop lentement ses leçons, même les plus élémentaires. Un jour, dans la cour, un enfant lui envoie une pierre qui le touche à la tête. Il en conservera des séquelles, il aura des convulsions et piquera des crises fréquentes.

Ottis préfère la compagnie de ses frères et sœurs, et, plus particulièrement, celle de Drusilla, sa sœur aînée. Drusilla adore le déguiser en petite fille. A dix ans, elle a déjà perdu sa virginité et initie son jeune frère au sexe. Abusé sexuellement par son père, Ottis subit le même sort avec son beau-père, Robert Harley. Drusilla l'oblige à se prostituer dès l'âge de six ans, mais elle se fera arrêter par la police et filera en maison de correction. Ottis, qui étudie peu et mal dans des classes spéciales, fait d'énormes progrès en matière de sexe grâce à Drusilla. Les jeux érotiques de sa sœur le mettent toutefois mal à l'aise et il préfère ceux que lui enseigne un de ses voisins adultes. Ses camarades de classe sont excités lorsqu'ils regardent des photos de femmes nues dans les magazines sexy, mais Ottis reste de marbre. La vue d'un incendie, en revanche, le plonge dans une profonde extase érotique qui provoque aussitôt une forte érection. Ottis adore le feu, surtout les flammes hautes, la nuit. Il allume des incendies dans des maisons abandonnées de son quartier, à Jacksonville, puis il se cache dans l'ombre et jouit du spectacle en se masturbant frénétiquement. La plupart du temps, il en a les jambes coupées et il doit se reposer une dizaine de minutes avant de rentrer chez lui. Le feu et le sexe le libèrent de la peur et de la tension qui l'étreignent en permanence. Après, il se sent heureux.

Ottis Toole fait un grand nombre de fugues, mais il revient toujours au foyer. Dès l'âge de huit ans, il absorbe de grandes quantités d'alcool et se drogue régulièrement. A douze ans, il est arrêté pour la première fois pour vol de bicyclette. On le relâche sous contrôle judiciaire mais, quelques mois plus tard, il est surpris en train de cambrioler. Cette fois, la justice le condamne, le 30 octobre 1960, à la maison de correction, au Florida State School for Boys. Lorsqu'il quitte cet établissement, il décide d'abandonner définitivement l'école. Malgré son jeune âge, il mesure plus d'un mètre quatre-vingts et possède un physique avantageux. Il sait se défendre et châtier ceux qui se moquent de lui. Sa mère tente de calmer sa nature violente en le bourrant de barbituriques, mais rien n'y fait et Ottis se fait même tirer dessus par un de ses frères. Il fréquente assidûment le Confederate Park où les toilettes publiques servent de lieu de rendez-vous aux homosexuels. Durant l'été 1964, on l'arrête pour prostitution. Il est condamné à travailler trois mois dans une ferme pénitentiaire au nord de la ville. Un mois après sa libération, Ottis se retrouve condamné à quatre-vingt-dix jours d'emprisonnement pour le vol d'une batterie de voiture.

La fois suivante, il ne se contente plus de la batterie : il vole un véhicule qu'il tente de faire passer dans l'Etat voisin. Il écope de deux ans de travaux forcés au Federal Correctional Institute, à Ashland dans le Kentucky. Libéré en 1967, Toole reste libre trois semaines avant d'être à nouveau incarcéré. Jusqu'au début des années 70, il alterne ainsi de brèves périodes de liberté avec des séjours derrière les barreaux. A vingt-cinq ans, Ottis Toole totalise déjà treize condamnations qui vont du vol à la prostitution, en passant par le vagabondage et la possession illégale d'une arme à feu.

S'il est arrêté pour des délits mineurs, Toole est déjà un assassin impuni. Selon ses propres dires, lors de l'une de ses nombreuses fugues en Californie, il commet son premier meurtre à l'âge de quatorze ans après avoir été pris en auto-stop par un voyageur de commerce et son compagnon. A bord du véhicule, Toole assiste à une dispute entre les deux hommes. Le conducteur poignarde son ami avant de menacer Ottis, qui sort de la voiture. Après une poursuite dans les bois, Toole parvient à prendre le volant et écrase le chauffeur avec son propre véhicule.

Mentalement retardé, avec un quotient intellectuel de 75, Toole éprouve encore de grosses difficultés à lire ou à écrire. Dès qu'il est libre, il regagne sa famille, sa mère Sarah, son beau-père Robert Harley et sa sœur Drusilla. A l'image d'Ottis, celle-ci s'adonne à la boisson et aux drogues, et elle collectionne les hommes. Elle donne naissance à trois enfants de deux pères différents : Sarah, Lorraine « Becky » Powell, née le 27 février 1967, et Frank Jr, qui naît en 1968. Ottis Toole se marie mais sa femme le quitte au bout de trois jours, dégoûtée par ses tendances homosexuelles. Grâce aux leçons de sa sœur, il a gardé le goût de s'habiller en femme. Habilement maquillé, le corps rasé de près, il connaît un franc succès dans les bars spécialisés du « downtown » Jacksonville. Pendant un temps, il s'injecte même des hormones pour développer sa poitrine et se donner une allure plus féminine. Les hommes préférés d'Ottis sont les bisexuels : il adore les ramener chez lui, leur faire l'amour, les regarder caresser sa jeune nièce Sarah Jr. La nuit, Ottis perd toute retenue quand il est « en chasse ». Lorsqu'il travaille, il semble tout différent : dur au mal, il est capable de soulever une armoire à lui tout seul, mais, réservé et timide, il ne parle pratiquement pas à ses collègues. Son caractère s'assombrit lorsqu'il est en manque ou croit que quelqu'un se moque de lui. L'une de ses sœurs se souvient qu'il a un jour pourchassé un homme dans la rue qui l'avait traité de « pédé ». Il lui avait tiré dessus avec une carabine 22 long rifle.

UN TUEUR SUR LA ROUTE

En 1974, Toole vagabonde à travers les Etats de l'Ouest à bord d'une vieille camionnette. A l'époque, personne ne prête attention à ses trajets, mais au vu de ses itinéraires, les autorités le suspectent d'avoir assassiné un minimum de quatre personnes en six mois. Le 18 avril 1974, Patricia Webb, âgée de vingt-quatre ans, est abattue à Lincoln, dans le Nebraska. Le 1er juillet, Shelley Robertson, vingt-quatre ans, disparaît dans des circonstances mystérieuses à Golden, dans le Colorado. Son cadavre nu est retrouvé le 1er août, à Berthed Pass. Ted Bundy a été accusé du crime mais le dernier témoin à avoir aperçu Shelley vivante l'a vue monter dans une vieille camionnette conduite par un « homme échevelé et sale ». Ted Bundy, qui était toujours impeccablement habillé, conduisait une Coccinelle.

Le 19 septembre 1974, un homme se présente, l'arme au poing, dans un salon de massage de Colorado Springs. Une employée, Yon Lee, est poignardée avant d'avoir la gorge tranchée. Le tueur se précipite sur Sun Ok Cousin qui est violée, poignardée et se fait tirer dessus. L'assaillant met le feu aux deux victimes mais Yon Lee survit pour décrire l'assassin, un homme rasé de près, mesurant un mètre quatre-vingt-cinq pour quatre-vingt-dix kilos environ et conduisant une camionnette blanche. Pour d'obscures raisons, la police arrête puis fait condamner Park Estep, un soldat moustachu d'un mètre soixante-cinq, pesant à peine soixante-dix kilos et possédant une camionnette rouge. Ottis Toole a toujours affirmé sa culpabilité et il semble que désormais les autorités le croient puisqu'il a été extradé au Colorado pour être entendu à ce sujet.

Le 10 octobre 1974, Ellen Holman, trente et un ans, est kidnappée à Pueblo, dans le Colorado. On retrouve son cadavre près de la frontière de l'Oklahoma : elle a été tuée de trois balles dans la tête. La police estime que Toole est son assassin.

Le 14 janvier 1977, au grand étonnement de sa famille, Ottis Toole épouse une femme de vingt-quatre ans son aînée. Novella Toole est surprise de devoir partager sa couche avec les hommes que drague son mari : « Quelques nuits après notre mariage, Ottis me déclare son extrême nervosité quand il ne peut pas avoir d'homme. Il connaît alors de brusques crises de colère et n'arrive plus à être excité par une femme. » Quand il désire un compagnon pour la nuit, Toole se rend souvent sur Main Street dans une antenne locale de l'Armée du Salut. C'est là, en février 1979, qu'il reconnaît Henry Lee Lucas. Les deux hommes se sont déjà rencontrés dans un bar de Pennsylvanie autour de quelques bières alors qu'Ottis était en route pour la Floride. Mais en ce dimanche de février, Toole ignore la vraie nature de Henry Lee Lucas. Il le ramène chez lui, le lave et devient son amant. Sachant que Lucas n'a pas d'argent, il lui propose de rester. Ils se découvrent une passion commune : le meurtre.

Les deux hommes travaillent à l'occasion pour une entreprise de bâtiment de Jacksonville, Southeast Color Coat. Couvreurs, ils ne gagnent pas beaucoup, juste un peu plus de 100 dollars par semaine, mais avec ce maigre salaire complété par quelques vols, Lucas achète une voiture d'occasion, à la plus grande joie de Toole. Celui-ci adore en effet les voitures, mais il n'a pas son permis, ce qui lui a déjà valu deux arrestations, et il éprouve quelques difficultés à interpréter correctement les panneaux de signalisation. La directrice du personnel, Eileen Knight, se souvient très bien de Toole et de Lucas :

« Ottis s'absentait régulièrement, mais nous le réengagions toujours car il travaillait bien. Ils quittaient souvent Jacksonville. Toole ne s'intéressait qu'à une chose : sa vieille bagnole. Je crois qu'ils s'en servaient pour des cambriolages puisqu'ils ne semblaient jamais être à court d'argent, pour des gens qui ne travaillaient pas régulièrement. »

Bientôt, Ottis Toole délaisse de plus en plus son épouse Novella et forme un nouveau couple avec Henry Lee Lucas. Les deux hommes passent de plus en plus de temps ensemble à errer le long de l'autoroute I-35, à la fois pour y tuer des victimes selon leur bon plaisir et aussi, si l'on en croit leurs dires, pour le compte d'une secte satanique, The Hand of Death. La plupart du temps, ils sont accompagnés par Becky Powell et son frère Frank Jr, qui s'installent sur la banquette arrière du véhicule. Dans les trois sections suivantes, nous lirons (avec une certaine prudence) les confessions de Henry Lee Lucas et, par la suite, celles de Ottis Elwood Toole.

V. HUNTSVILLE : COULOIR DE LA MORT

« Toute ma vie a été marquée par la haine. J'ai haï tout le monde. Déjà tout petit, les premiers souvenirs qui me reviennent sont ceux de Maman qui m'habille en fille. Et je suis resté comme ça pendant deux ou trois ans. Et après ça, on m'a traité un peu comme si j'avais été le bâtard de la famille, un clebs, quoi. On me frappait. On me faisait faire des choses qu'aucun autre être humain ne voudrait faire, s'il avait le choix. J'ai été obligé de voler, de fabriquer de l'alcool de contrebande, de bouffer pour survivre en fouillant dans les poubelles. C'était affreux. J'ai grandi en étant obligé de regarder ma mère en train de se prostituer jusqu'à l'âge de quatorze ans. C'est alors que j'ai commencé à voler pour m'en sortir, à faire n'importe quoi pour m'en aller de chez moi... mais j'y arrivais pas. A l'époque, on vivait dans les collines de Virginie, près de Blacksburg. Et je suis même parti dans le Michigan, à Tecumseh, pour me marier. J'ai commencé à vivre là-bas, jusqu'à ce que ma mère vienne me voir. C'est là qu'on s'est disputés dans un bar à bières... et que je l'ai tuée.

— Cela a été votre premier meurtre ?

— Non. J'avais déjà tué lorsque j'ai eu quinze ans. La fille en avait quatorze, si je me souviens bien, mais je ne suis plus très sûr de son âge. C'était une expérience. Une expérience de sexe. Parce que je craignais beaucoup qu'elle parle de notre rencontre à sa famille. Cela m'a foutu les jetons. Surtout que je savais que ma mère ne manquerait pas de me châtier en conséquence. Et je peux vous assurer qu'elle cognait dur ! Encore maintenant, plusieurs dizaines d'années plus tard, je porte encore les traces de ses coups : j'ai des cicatrices partout dans le dos. Elle me battait avec tout ce qui lui tombait sous la main et pour n'importe quelle raison. Au bout d'un moment, elle le faisait presque automatiquement, sans rime ni raison. C'est ce qui arrive quand les gens sont ivres. Je la haïssais. Aussi parce qu'elle m'obligeait à la regarder pendant qu'elle baisait avec d'autres hommes. C'était une pute. J'ai grandi en haïssant tout ça. Je dis pas que tout ça est de sa faute, je ne cherche pas à éviter mes responsabilités. Mais, quelquefois, il y a des choses qui poussent en vous pendant tellement longtemps qu'il devient ensuite impossible de s'en débarrasser. Quelque chose qui vous ronge de l'intérieur à chaque fois que vous regardez une femme ou que vous en croisez une. Cette femme peut très bien ne rien faire du tout, je parle d'un point de vue sexuel, il suffit simplement qu'elle soit là et que ça me fasse penser à ma mère et à ce qu'elle faisait... Ça faisait tilt dans ma tête. Je ne sais pas si je tuais ma mère comme certains docteurs le prétendent. Je ne pensais pas à ce genre de choses, du moins à l'époque. Je ne me posais pas de questions. Je suis incapable de vous le dire.

« Beaucoup de ces “experts” viennent me rencontrer, mais ils ne prennent pas la peine de m'écouter. Ils ont déjà une idée en tête et rien de ce que je dis ne les fait changer d'avis. Ils sont là pour pouvoir dire qu'ils m'ont rencontré et ensuite écrire un bouquin ou des articles et profiter de moi, c'est tout juste s'ils restent une heure et ils connaissent rien de mon dossier. Du coup, ça me fâche et je leur raconte n'importe quoi, des conneries qui me passent par la tête. C'est pas comme vous, vous prenez le temps de venir pendant plusieurs jours de suite.

« Pour ma mère, j'ai fini par la tuer pour de bon. Alors, je sais pas si tous ces docteurs ont raison ou pas, mais c'était l'idée de devoir la regarder en train de faire l'amour avec tous ces types. J'ai fini par la mépriser, en plus de toute cette haine.

— Revenons-en à votre première victime : vous l'avez rencontrée comment ?

— Je l'ai trouvée à un arrêt de bus pour l'obliger à me suivre jusqu'à une berge du fleuve, près de chez moi. Je voulais la violer, elle s'est débattue et a commencé à crier. Du coup, je l'ai étranglée. Je voulais pas la tuer. Je crois que j'ai dû avoir la trouille que quelqu'un entende ses cris. J'ai paniqué et elle est morte. Ce meurtre, ça a été mon premier, et le pire. J'ai eu beaucoup de mal à m'en remettre. A chaque fois que j'allais quelque part, je croyais voir la police qui me courait après. Une impression horrible. J'arrêtais pas de me retourner, à l'affût du moindre flic. Mais ils ne m'ont jamais soupçonné.

— Qu'avez-vous ressenti lors de ce premier meurtre ?

— En fait, je n'ai rien ressenti du tout. Cela ne m'a rien fait, sauf que j'avais peur de me faire prendre.

— Votre victime suivante a été votre mère ?

— Oui, en 1960. Je l'ai fait suite à une dispute, parce qu'elle était toujours soûle. En fait, ça a plutôt été un accident qu'un meurtre, car je n'avais pas l'intention de la tuer. Elle est venue dans la chambre à coucher pendant que je dormais. Elle m'a frappé avec un manche à balai, j'ai essayé de parer les coups avec mon bras. J'avais un couteau à la main et je l'ai touchée sur le côté du cou. Je ne peux pas dire que je ne l'ai pas tuée. Quand vous frappez quelqu'un avec un couteau et que vous lui infligez une blessure qui saigne, et que cette personne meure, ça fait de vous un meurtrier.

— Vous en avez éprouvé des regrets ?

— Non. Je ne ressentais rien pour elle. Jamais, je n'ai eu le moindre remords. Je n'ai jamais rien éprouvé pour qui que ce soit entre 1960 et 1983.

— Quelle a été votre condamnation ?

— De vingt à quarante ans de prison. Pour commencer, j'ai purgé environ neuf ans. Je suis retourné au trou à la suite d'une nouvelle condamnation à cinq ans pour kidnapping. En fait, on aurait jamais dû me libérer. Je leur ai pourtant dit qu'il fallait me garder en prison. Dans ma tête, je me voyais déjà en train de commettre ces meurtres. Un peu comme quand vous vous regardez dans un miroir : pareil pour moi, je me voyais en train de commettre des assassinats.

— Après le meurtre de votre mère, vous avez tenté plusieurs fois de vous suicider en prison ?

— Ouais, j'ai essayé plusieurs fois avec une lame de rasoir. Une fois, en m'ouvrant le ventre et, une autre fois, en me coupant les poignets. D'ailleurs, après ça, ils m'ont transféré du pénitencier d'Etat du Michigan dans un hôpital, Iona State Hospital, où je suis resté plusieurs années. J'entendais la voix de ma mère dans ma tête. Je sais pas comment vous expliquer, mais elle me brûlait le crâne. C'était très très douloureux. J'en avais des migraines terribles qui duraient des journées entières. Elle me parlait sans arrêt et me poussait à faire des choses. Et j'y arrivais pas. Parfois, elle me disait de me suicider. D'autres fois, mais avec une voix différente de la première, elle m'obligeait à désobéir aux ordres qu'on me donnait. Je refusais d'écouter les gardiens. C'est pour ça qu'on m'a transféré à l'hôpital. Je suis devenu quelqu'un d'autre en prison.

— C'est pendant ce séjour à l'hôpital que vous vous êtes renseigné sur la manière dont les policiers menaient leurs investigations ?

— Non, pas tout à fait. C'est bien à cette époque, mais on m'avait de nouveau transféré en prison après ces quelques années passées à l'hôpital. C'est à mon retour en prison que j'ai commencé à étudier comment les criminels se faisaient prendre par la police. Pour apprendre les erreurs qu'il ne faut pas commettre. En quelque sorte, j'ai appris le métier de criminel (il rit). Moi qui voulais jamais rien écouter des leçons à l'école, je suis devenu un bon élève (il rit encore) ! Je me suis renseigné sur tous les aspects de la loi. J'ai tout appris sur toutes sortes de crimes.

— Quand vous êtes passé devant la commission des libérations conditionnelles, est-il vrai que vous leur avez demandé de ne pas vous relâcher ?

— C'est tout ce qu'il y a de plus vrai. Je savais que je pourrais pas me contrôler. J'en étais sûr ! Je leur ai même dit que j'allais tuer à nouveau ! Je l'ai dit au psychologue, aux gardiens, au directeur de la prison, à tout le monde. Devant les gens de la commission, j'ai dit : "Je ne suis pas prêt à sortir. Je veux rester." Ils m'ont dit : "On vous met dehors, même s'il faut vous jeter dehors." Ils m'ont libéré parce qu'il y avait trop de monde dans les prisons du Michigan. Le jour de ma sortie, je leur ai dit : "Si c'est comme ça, je vais vous laisser un cadeau devant la porte." Et c'est ce que j'ai fait. Le même jour. Un peu plus loin sur la route qui mène à la taule. C'était vraiment tout près. A Jackson, à quelques kilomètres de là. Je l'ai tuée en laissant le corps sur place. Mais ils n'ont jamais rien pu prouver.

— Ils vous ont suspecté ?

— J'en sais rien. Je ne crois pas étant donné qu'on m'a jamais questionné sur cette affaire. Jusqu'à ce que j'avoue suite à mon arrestation au Texas, plus de dix ans après.

— C'est à partir de ce moment-là que vous commencez à tuer une multitude de gens ?

— Ouais. Juste après ma libération, en 1970. Avant, je tuais sur un coup de colère. Tandis que là, je voulais tuer le plus de monde possible. C'était voulu de ma part. J'en voulais au monde entier. Je haïssais tout. Y avait rien que j'aimais. Ma haine était aussi forte que la haine peut l'être. Je me suis mis à errer le long des routes de Floride et du Sud-Ouest pour kidnapper des enfants, violer des fillettes et tuer tout ce qui me tombait sous la main. Mais je faisais quand même attention de ne pas me faire prendre. Je prenais des précautions.

— Parmi toutes vos victimes, beaucoup sont restées anonymes ou sont seulement connues par un surnom comme "Chaussettes orange" : vous ne vous souvenez plus de leur identité ?

— (Il rit.) Y'en a eu tellement. Et plein dont j'ai même jamais su le nom ! Ouais, "Chaussettes orange", c'est une des miennes. C'est le shérif Boutwell qui m'a montré sa photo. Je l'ai balancée près de l'autoroute I-35. Comme beaucoup d'autres, que ce soit seul ou avec Ottis. Celle-là, j'ai jamais su son nom. C'était une auto-stoppeuse que j'ai embarquée à Oklahoma City. Ensuite, on a roulé un bon moment. On s'est arrêtés et on a baisé. Elle était d'accord pour baiser, mais ça m'a pas plu. Elle s'est rhabillée et nous nous sommes arrêtés un peu plus loin pour manger un morceau dans un routier. Puis nous sommes repartis en direction du sud. Sur la 35. Au bout d'un moment, j'ai voulu baiser de nouveau, mais elle m'a dit non. Eh bien, j'ai insisté et elle m'a répondu “Pas maintenant”. J'étais furieux. Et elle a essayé de sauter hors de la bagnole. Je l'ai retenue pour la tirer en arrière, de mon côté. On a roulé un peu, mais c'était très difficile car elle se débattait contre moi. J'ai quitté la route principale pour un petit chemin de traverse, où je me suis garé. Elle luttait tellement fort que j'ai failli perdre le contrôle de la voiture et avoir un accident. Ensuite, je l'ai attirée vers moi pour l'étrangler. Jusqu'à ce qu'elle soit morte. Puis, je lui ai fait l'amour. En repartant, j'ai jeté son corps dans un fossé au bord de la route. J'ai jamais su son nom.

— Pour vous, les victimes n'avaient pas de nom ? Pas d'identité ? Pas de visage ? Vous aviez l'impression que c'étaient des objets ?

— Pour moi, la victime est plus une ombre que n'importe quoi d'autre. Au fond de vous-même, vous savez que c'est un être humain, mais en même temps vous ne pouvez pas l'accepter. Le meurtre en lui-même, c'est un peu comme de marcher le long d'une route. Une partie de moi veut aller dans cette direction et l'autre moitié en sens inverse. Ma main droite ignorait ce que ma main gauche allait faire. Je sais pas si vous comprenez ce que je veux dire ? Maintenant que j'ai compris ce que je faisais, surtout grâce à la religion, je sens chacune de ces victimes quand mon esprit l'évoque. C'est un chemin que je dois suivre pour revivre tous mes crimes. C'est comme de recommencer complètement le meurtre une nouvelle fois, encore et encore. De nombreuses fois, ça me brise le cœur et je pleure toutes les larmes de mon corps. Avant, ça ne m'arrivait jamais. Je n'avais aucun sentiment pour quiconque. Les gens, pour moi, c'était rien. Du vide, le néant. Zéro, quoi. »

VI. « THE HAND OF DEATH »

Toute cette partie concernant l'appartenance de Henry Lee Lucas et Ottis Toole à la secte satanique The Hand of Death est le résultat de plusieurs entretiens séparés avec Lucas ; ce « montage », réalisé par mes soins, tente de respecter l'ordre chronologique des faits tels qu'ils m'ont été relatés. Pour des nécessités de structure narrative, j'ai également supprimé la plupart de mes questions et laissé la parole à Lucas. J'ajoute que j'émets les plus grandes réserves quant à la véracité des dires de Lucas sur les activités et l'existence même de The Hand of Death, qui n'ont jamais été corroborés officiellement par une enquête d'un quelconque service de police. Malgré tout, certains faits troublants que je dévoile à la fin de l'entretien permettent de croire – en partie ? – les déclarations de Lucas et de Toole. Cependant, même si ces affirmations sont fausses, elles nous donnent un éclairage intéressant sur les fantasmes et l'état d'esprit d'un serial killer tel que Lucas :

« Venons-en à votre participation à ce culte satanique, The Hand of Death, qui a été l'objet de nombreuses polémiques. Vous n'êtes pas sans savoir que beaucoup de monde doute de son existence ?

— Oui, je sais. Mais ce n'est pas mon problème. C'est vrai que j'ai parfois menti dans certaines de mes déclarations, mais c'était parce que les gens qui me questionnaient me manquaient de respect. Ils me traitaient pire qu'un chien et, à mon tour, je me suis moqué d'eux. Mais, en tout cas, je n'ai jamais menti sur cette histoire de secte satanique.

— D'accord. Comment avez-vous fait partie de ce groupe ?

— A l'époque, je connaissais déjà Ottis et je m'étais installé dans sa famille, à Jacksonville, lorsque nous avons rencontré ce type près d'un parc en Floride. Ottis le connaissait déjà, il possède une affaire d'automobiles d'occasion à Jacksonville (note de l'auteur : ce Mr X est décédé et son identité reste volontairement anonyme). Il nous a proposé du boulot, nous offrant 1 000 dollars pour être ses "conducteurs", à raison de deux voyages par mois. J'ai accompagné X jusqu'à Shreveport, en Louisiane. Ottis n'est pas venu avec nous, sous le prétexte qu'il avait quelque chose d'autre à faire, mais, en fait, tout était arrangé d'avance entre lui et X. Je l'ai su lorsque nous nous sommes approchés de Shreveport. X se tourne vers moi, il conduit une Buick 77 dernier modèle :

— Henry, notre rencontre n'est pas un hasard. J'appartiens à une puissante organisation qui te connaît depuis un bout de temps. Je sais que tu as tué cinq femmes et ce que tu fais en compagnie d'Ottis. Une fois à Shreveport, tu vas conduire une certaine voiture jusqu'à un garage de Chihuahua, au Mexique. Ensuite, tu prendras l'avion pour revenir à Shreveport.

— Si vous êtes au courant de ce que je fais avec Ottis, pourquoi vous me faites confiance pour conduire une voiture de luxe jusqu'au Mexique ?

« X rigole :

— On sait qu'on peut te faire confiance, justement à cause de ce que tu fais. Les voitures sont volées et destinées à être revendues au Mexique.

— Eh, attendez une seconde ! Si un flic m'arrête pour une simple contravention, il va s'apercevoir que je conduis une bagnole volée et je suis bon pour trente ans de prison : il ne faut pas oublier que je suis en liberté conditionnelle. Non, je ne peux pas accepter ce boulot.

« X m'a demandé de réfléchir à sa proposition pendant la nuit suivante. Le lendemain matin, je lui ai dit que je ne pouvais pas accepter. Il s'est alors penché vers moi et m'a glissé un bout de papier :

— Désolé, Henry. Si jamais tu veux vraiment bosser, voici mon adresse en Floride. Passe me voir.

— C'est pas le même genre de boulot ?

« Il s'est mis à chuchoter :

— Non, Henry. Celui-là rapporte beaucoup plus. Pour chaque mission, tu gagneras entre 5 et 20 000 dollars.

— Qu'est-ce que je dois faire pour ce pognon ? Tuer des gens ?

« X a rigolé :

— Tu l'as dit. Mais il y a d'autres exigences.

— Lesquelles ?

— Il faut que tu fasses partie de The Hand of Death. C'est une organisation religieuse. Tu devras participer à nos réunions et apprendre à vénérer le Diable. Une fois membre, c'est pour la vie, mais si tu désires vraiment en faire partie, viens me voir à Miami. Je te garantis que tu ne le regretteras pas.

« En octobre 1978, je suis allé en voiture avec Ottis à Miami pour rendre visite à X. Toole connaît l'entrepôt situé en bord de mer, qui semble abandonné, et où X emmagasine entre autres choses des armes et des munitions. Au bout d'une demi-heure d'attente, X nous rejoint et m'annonce que je vais devoir tuer quelqu'un qui a trahi le "Maître". Ottis ajoute que mon "entraînement" pour devenir membre de la secte va durer environ sept semaines. X nous conduit pendant à peu près une heure jusqu'à une marina isolée en plein dans les Everglades. Là, nous montons à bord d'un hydroglisseur qui nous emmène au cœur des marais. Il fait complètement nuit, une nuit de pleine lune, et, bientôt, j'aperçois des feux de camp sur une île. Un homme aux cheveux blancs nous accueille et Ottis me chuchote que c'est lui qui dirige le camp, le Grand Prêtre du culte satanique. De nombreuses huttes sont éparpillées çà et là. Ottis me sert de guide :

— Tout est provisoire ici. La dernière fois que je suis venu, le camp était installé dans une autre île. Ils peuvent effacer toute trace en moins d'une heure. Ici, tout le monde s'appelle par son prénom. Et fais surtout attention de fermer ta gueule.

— Ils sont nombreux ?

— Pour une grande réunion, ça peut aller jusqu'à deux ou trois cents personnes, répond Ottis.

« Une heure plus tard, X revient nous voir dans la hutte où nous nous étions installés. Il me sourit et me tend un couteau, ainsi qu'une bouteille de whisky :

— L'homme que tu dois tuer se trouve sous cette tente, là-bas. Il est seul, pour le moment. C'est un alcoolique et tu n'auras aucune peine pour qu'il te suive sur la plage.

« Avec Ottis, on est allés devant la tente du type et on s'est mis à boire et à discuter bruyamment. Le gars, un Noir d'une quarantaine d'années, est venu nous rejoindre et on l'a invité à partager notre bouteille. Une fois sur la plage, Ottis l'a encore fait boire et, au moment où ce type avale une gorgée, d'une main je le prends par les cheveux et de l'autre je lui tranche la gorge d'une oreille à l'autre. Du bon boulot. Le Noir s'effondre à genoux, en se tenant le cou, et Ottis le fait tomber sur le dos d'un coup de pied. Ottis me dit alors :

— Fais gaffe qu'il y ait pas de sable dans la blessure. Ça gâche le goût. Tu pigeras plus tard.

« Ensuite, Ottis lui enlève ses vêtements et me conduit à X qui va inspecter le cadavre. Je reçois ses félicitations pour un travail net et sans bavures :

— Ce n'est que le premier d'une longue série, me dit-il.

« Ottis rigole à côté de moi et il prend le reste de la bouteille de whisky pour la verser sur le corps :

— Ce sera encore meilleur !

« Quelques heures plus tard, je comprends mieux les remarques d'Ottis. Ce type est brûlé sur un feu de bois pour rendre hommage au Diable et tous les membres présents sont invités à boire son sang et à manger de sa chair. J'ai du mal à avaler ce repas, alors qu'Ottis boit et dévore avec appétit les différents morceaux qui lui sont proposés. Dans les semaines suivantes, j'ai pris des cours où je me suis perfectionné dans l'art de voler, de tuer, d'allumer des incendies, du kidnapping et j'ai même appris comment brouiller les pistes des policiers.

« Pendant les deux années suivantes, nous avons eu de nombreuses réunions avec les autres membres de la secte. C'était plus ou moins des soirées pour faire la fête. Parfois, sur une plage la nuit ou dans un endroit isolé en forêt. Tout le monde se droguait et les doses nous étaient fournies par The Hand of Death. Quelquefois, un des membres amenait une victime encore vivante ou décédée, ou seulement une partie de corps comme la tête. Chacun devait raconter ce qu'il avait fait depuis la dernière réunion. Parfois, c'était un des membres présents qui était sacrifié parce qu'on avait appris qu'il avait trop parlé ou qu'il s'apprêtait à quitter la secte. Ils signaient alors leur arrêt de mort. Et si c'était une nana, on prenait une corne de bélier qu'on lui enfonçait dans le corps.

« Le Grand Prêtre, l'homme aux cheveux blancs qui nous avait accueillis Ottis et moi, vêtu d'une cape et d'un masque, nous excitait parfois tellement qu'on se rendait même plus compte de ce qu'on faisait : il y en avait qui marchaient dans les flammes de l'autel sans même sentir la moindre douleur. C'était incroyable ! Il y avait des orgies et on se frottait mutuellement le corps avec le sang des victimes humaines ou animales, pendant que d'autres se pissaient dans la bouche. Les cérémonies se terminaient toujours par un festin de sang et de chair humaine, où Ottis était parmi les plus acharnés. Moi, je m'en dispensais la plupart du temps (cette affirmation est contredite par Ottis Toole dans l'entretien que j'ai eu avec lui).

« Moins de trois mois après ce premier crime, Ottis et moi sommes partis en mission pour la secte. C'était toujours X qui nous transmettait nos ordres. X était plus particulièrement chargé du trafic d'enfants et de bébés vers le Mexique. Les enfants étaient ensuite revendus aux Etats-Unis ou à des riches hommes d'affaires pédophiles en Europe. Les fillettes vierges, quant à elles, devenaient les "vedettes" de films pornos, tandis que d'autres étaient même tuées "en direct" devant la caméra pour les besoins de snuff movies. La première fois que je suis allé au Mexique avec Ottis, je voulais le faire à vide, juste pour voir comment ça se passait avec les flics et les douaniers, mais X m'a dit qu'il n'y avait aucun risque, que les Mexicains ne faisaient absolument pas attention aux enfants et qu'ils se préoccupaient uniquement du trafic de drogue. X nous a filé des doses d'héroïne et de morphine pour que nous en injections dans les corps des enfants kidnappés dans le but de les calmer durant le long voyage vers le Mexique.

« Pour ce premier voyage, on a d'abord kidnappé un bébé qui était resté seul dans une voiture garée sur le parking d'un centre commercial de San Antonio, au Texas. La mère avait oublié de fermer les portières et nous avions même pensé à prendre des couches et des biberons de rechange. Une fois à l'abri dans notre break, Ottis lui a fait une piqûre pour l'endormir durant les six heures de route jusqu'au Mexique. Pendant à peu près un an et demi, j'ai dû kidnapper plusieurs dizaines de bébés et, en même temps, j'exécutais des contrats pour X ; d'abord les kidnappings, puis les assassinats.

« Comme je vous l'ai dit auparavant, j'avais déjà tué avant de rejoindre les rangs de The Hand of Death. Mais, maintenant, au lieu de braquer et de tuer des commerçants, avec Ottis, on kidnappait des enfants, des prostituées, des auto-stoppeuses, pour ensuite les mutiler et apporter les têtes coupées ou d'autres parties aux différentes réunions du groupe. Quelquefois, X nous passait une commande particulière pour un snuff movie : il fallait qu'on lui dégotte une petite "bien juteuse" de moins de quinze ans, rousse et avec des gros nichons, enfin, un truc dans ce goût-là. Il y avait toujours le choix ! (Il rit.)

« J'étais, et de très loin, le plus prolifique des pourvoyeurs d'enfants pour la secte. J'ai dû faire environ quarante voyages au Mexique, avec, à chaque fois, trois ou quatre enfants. Et je me souviens très bien de l'endroit où nous déposions les gosses, une sorte de ranch en pleine nature. Les enfants avaient entre quatre et onze ans. Quand c'étaient de jeunes garçons, Ottis se les réservait pour les sodomiser sur la banquette arrière de la voiture pendant qu'ils étaient drogués. Pour chaque chargement, nous étions payés mille dollars en liquide. Mis à part notre premier voyage, où nous avons pris ce bébé à San Antonio, nous les avons toujours kidnappés hors de l'Etat du Texas, parfois même en poussant une pointe jusqu'au Colorado. On a dû en piquer dans plus d'une dizaine d'Etats différents. Quand on passait la frontière, les douaniers nous faisaient même des sourires en voyant les enfants endormis sur la banquette arrière. Les plus mignons des enfants, les blonds aux yeux bleus, ce sont les Mexicains qui les gardaient pour les revendre à de riches familles de leur pays. D'autres étaient vendus à des réseaux de prostitution. Quelques-uns étaient même élevés par des membres de la secte satanique ; il y a des chances pour qu'un certain nombre d'entre eux soient devenus des tueurs comme Ottis et moi, au moment même où je vous parle.

« Au bout d'un moment, on en a eu marre, avec Ottis. Moi, j'avais envie de retrouver Becky et Ottis, lui, voulait retrouver ses mignons, car je ne voulais plus baiser avec lui. En plus, j'avais tout ce qu'il me fallait sur la route. Mais, vous savez, être comme ça constamment sur la route, c'était vraiment l'enfer, ça vous rend n'importe qui méchant. X l'a très bien compris et il nous a même donné un bonus parce qu'on avait ramené un bon paquet de fric à la secte. »

* * *

« Henry, à vous entendre parler de cette secte, j'avoue que j'ai beaucoup de mal à croire certaines choses. Ainsi, si elle est aussi bien organisée et structurée que vous le dites, comment se fait-il qu'elle n'ait jamais cherché à vous faire taire ? Et comment se fait-il qu'on n'ait jamais trouvé de preuves concrètes de son existence ?

— Les gens ont toujours eu beaucoup de mal à croire à cette histoire de secte. Et si j'ai reconnu à un moment donné que j'avais menti, lorsque je suis revenu sur mes aveux, c'est justement parce que j'ai eu peur qu'ils se vengent, même si je pouvais me croire à l'abri en prison. Et puis Sœur Clemmie (note de l'auteur : Sœur Clemmie est une religieuse, confidente de Lucas et visiteuse de prison, qui l'a convaincu de se convertir au christianisme) m'a fait comprendre qu'il était important que je dise la vérité sur ce groupe qui vénère Satan. Voilà pourquoi je vous dis maintenant la vérité et que j'accepte d'en parler. Vous m'avez traité avec respect et pas comme un chien, comme certains autres qui sont venus me voir. Vous savez, il faut me croire quand je dis qu'un groupe organise toute une série de crimes. Ces meurtres d'enfants se ressemblent trop pour être l'œuvre de personnes différentes. Il y a des signes qui ne trompent pas quand on sait quoi chercher : je sais reconnaître un crime de The Hand of Death. Personne ne veut me croire. Les journalistes de la télé coupent toute référence à la secte dans mes interviews. Mais certains policiers y croient, eux, et ils continuent à mener des recherches à ce sujet. Les preuves existent, elles sont simplement difficiles à trouver car ils sont malins et savent comment brouiller les pistes. D'autant plus que certains journalistes appartiennent peut-être à la secte. Les policiers ne savent pas quoi chercher. Les membres de la secte sont comme moi, ils ont été entraînés à ne pas laisser de traces. Si je n'avais pas avoué mes crimes, personne ne m'aurait arrêté. C'est moi qui ai emmené le shérif et les Texas Rangers sur de nombreuses scènes de crime. Ils avaient rien trouvé sur moi avant que je parle. Vous savez, ils sont des centaines comme moi et ça vous donne une image assez juste du pouvoir de cette secte.

— Ils sont donc si nombreux que ça ? C'est difficile à croire, non ?

— Aux Etats-Unis, il y a des milliers de gens qui sont tellement remplis de haine qu'ils sont prêts à tout pour donner libre cours à leur rage sur des innocents et à obtenir un certain pouvoir personnel grâce à la secte. Certains des membres sont des personnes très puissantes ou des hommes politiques importants. Quelquefois, je pense que c'est une organisation qui veut prendre le pouvoir. Dans les réunions, certains disaient qu'il y aurait bientôt une guerre en Amérique et que le chaos allait s'installer partout à travers le pays. Ils sont comme vous et moi. Ils gagnent de l'argent par le trafic de drogue et d'enfants. Les gens friqués engagent des types comme moi pour leur fournir des gosses et faire assassiner leurs ennemis. D'autres membres le font pour le plaisir.

— Vous parlez de signes que la police ne sait pas reconnaître : pouvez-vous me donner des exemples de crimes significatifs de la secte ?

— Je peux affirmer que tel ou tel crime est l'œuvre du groupe, parce qu'on nous a appris à laisser une marque sur le corps ou un signe près de l'endroit où il a été déposé. Chacune des victimes est un sacrifice pour le Diable. Il y a toutes sortes de marques : des zébrures, des taches, des piqûres caractéristiques ou un signe en forme de zigzag fait au stylo à bille. Mais le signe le plus fort est une croix inversée tracée dans la chair de la poitrine du cadavre. Ça, c'est la signature de The Hand of Death. »

* * *

Il est évident que les « confessions » de Henry Lee Lucas paraissent incroyables ou, du moins, très largement exagérées. Malgré tout, certains éléments que j'ai pu vérifier se sont révélés exacts ; ils m'ont été confirmés par des recherches effectuées par un confrère auteur américain, le spécialiste des serial killers Michael Newton. Le mystérieux Mr X, dont Henry Lee Lucas m'a révélé l'identité, a bien existé : il possédait un commerce de vente de voitures d'occasion à Shreveport, en Louisiane, ainsi que plusieurs autres participations dans des affaires à Jacksonville et à Miami. La police locale le soupçonnait de divers trafics illicites, dont un de drogue, avec des connexions au Mexique, mais rien n'a jamais été prouvé. Il est décédé depuis ces entretiens avec Henry Lee Lucas. Selon Wade Kiser, qui est parent avec Lucas, Ottis et Henry connaissaient très bien cet homme et ils ont souvent travaillé pour lui.

Lors de ses premiers aveux au shérif Jim Boutwell et aux enquêteurs des Texas Rangers, Lucas a indiqué sur une carte les quelques sites où il se rendait au Mexique pour livrer les enfants qu'il kidnappait. Or il se trouve qu'un de ces endroits correspond très précisément au ranch Santa Elena, non loin de Matamoros, où

Adolfo de Jesus Constanzo et ses adeptes de magie noire dirigeaient un gang de trafiquants de drogue responsable d'au moins quinze victimes qui sont déterrées par les autorités mexicaines, le 9 avril 1989 (pour plus de renseignements sur les agissements meurtriers de cette secte, vous pouvez lire le chapitre intitulé « Matamoros : le culte de l'Enfer » de mon livre *Serial Killers – Enquête sur les tueurs en série*). Par ces sacrifices, Adolfo et les autres membres du groupe pensaient devenir invisibles et invulnérables aux balles des policiers. N'oublions pas que Henry Lee Lucas est arrêté en juin 1983, soit six ans avant la découverte du charnier de Matamoros. S'agit-il d'une coïncidence de lieu ?

Autre fait troublant, Ottis Toole a reconnu à plusieurs reprises dans des interviews avoir rendu visite aux bureaux d'une secte satanique de La Nouvelle-Orléans, The Process Church of Final Judgment, qui fut créée en 1963 par Robert et Mary Anne DeGrimston, d'anciens adeptes de la Scientologie. Cette secte a toujours eu une réputation sulfureuse, à tel point qu'elle a été associée à plusieurs événements criminels importants. Ainsi, les doctrines de Charles Manson sur l'Armageddon et « Helter Skelter » sont directement empruntées aux diatribes de DeGrimston. Pendant l'été 1967, à San Francisco, Manson fréquente un groupuscule, The Companions of Life, également connu sous le nom de Final Church of Judgment, qui est une émanation de The Process Church of Final Judgment. Une fois emprisonné, Charles Manson reçoit plusieurs fois des visites de membres de la secte. L'assassin Sirhan Sirhan et le célèbre serial killer David Berkowitz, alias « Le Fils de Sam », ont reconnu avoir eu des liens avec le groupe. A la fin des années 70, la secte a changé plusieurs fois de nom pour devenir The Foundation Church of the Millennium. Pour en revenir à Ottis Toole, dont la grand-mère, rappelons-le, pratiquait des rites de magie noire, ses connexions avec le satanisme paraissent confirmées par une descente de police dans les bureaux de la secte à La Nouvelle-Orléans. En effet, parmi les papiers saisis figure une liste des membres où l'on trouve la trace d'un certain « Ellwood Ottis », or l'identité complète de Toole est Ottis ELWOOD Toole.

Jusqu'à ce jour, tous les ouvrages anglo-saxons écrits sur Henry Lee Lucas affirment de manière catégorique qu'une enquête du F.B.I. sur l'existence de la secte The Hand of Death n'a jamais permis de trouver la moindre preuve ou le plus petit indice. C'est tout à fait exact pour la bonne et simple raison... qu'il n'y a jamais eu la moindre enquête menée par le F.B.I. ! Cela m'a été confirmé par plusieurs agents du F.B.I. et par Peter Banks qui dirige l'organisation « Missing and Exploited Children » dont font partie plusieurs ex-agents du F.B.I. et, notamment, l'expert des sectes sataniques Kenneth Lanning. Pourquoi ? Parce qu'ils n'ont jamais pris au sérieux les allégations et les rétractations successives de Lucas. Malgré ces quelques éléments troublants, j'ai l'intime conviction que cette secte existe surtout dans l'imagination de Henry Lee Lucas.

VII. LES CONFESSIONS DE HENRY

« Cela ne vous faisait rien d'infliger de la douleur aux autres ?

— Non, rien du tout. Je crois que c'est parce que j'étais incapable de ressentir des émotions. Tous ces corps ne représentaient rien pour moi.

— Quel a été votre pire crime ?

— Eh bien, je déteste en parler, mais il faut bien que je le fasse (silence). C'est quand j'ai tué une gosse. C'était en Californie. Une gosse de cinq ans (silence).

— Pourquoi ?

— Pour ne pas être identifié.

— Identifié pour quelle raison ?

— Pour l'avoir kidnappée en pleine rue. Ce n'était pas pour lui faire l'amour, mais je savais que j'allais la tuer lorsque je l'ai kidnappée. Je l'ai étranglée, une fois en dehors de la ville. J'étais avec Ottis. Il n'y avait vraiment aucune raison pour un tel acte. Sauf peut-être que j'en étais arrivé à un tel point dans l'horreur que je ne pouvais plus me permettre de laisser des traces derrière moi, des témoins vivants. C'était un cercle vicieux, sans fin.

— Vous étiez bien dans votre peau, à cette époque ?

— (Silence) Je ne sais pas, je n'y pensais pas. Non, je vous mentirais si je disais le contraire. Je vais vous avouer une chose : à l'époque, je ne pouvais pas me regarder dans un miroir. Je ne sais pas pourquoi. C'était comme ça. Sauf quand je conduisais, avec le rétroviseur.

— Même dans une salle de bains ? Pour vous raser ?

— Non, je me rasais sans jamais me regarder dans un miroir. Ce que je faisais n'était pas humain, j'étais comme un chien enragé. Je n'aime pas ce que je faisais à cette époque. D'ailleurs, j'ai essayé de me tuer à cause de ça... en 1982. Mais je n'ai pas réussi parce que je n'avais pas ce qu'il me fallait sous la main. Dans ma cellule, tout ce qui était en métal était vissé et j'ai dû me servir d'une ampoule que j'ai brisée.

— Vous reviviez parfois vos scènes de crime ?

— Vous savez, revivre une scène de crime est la chose la plus difficile au monde. Il faut d'abord que je retourne à l'endroit où j'ai kidnappé la victime. Ensuite, il faut que je m'imagine en compagnie de cette victime pour aller jusqu'à la scène du crime. Dans mon esprit, il faut que je "revive" les événements pour pouvoir les décrire. C'est comme de se trouver en même temps dans deux endroits différents, afin de parvenir à donner une description précise du meurtre. Je crois que... en tout cas, ça fait mal. Je vous assure que c'est un processus très très douloureux, car il vous faut revivre toutes ces choses.

— Et maintenant, vous êtes soulagé que tout soit terminé ?

— Oui, je le suis. Très sincèrement. Maintenant, il n'y aura plus de gosses qui vont mourir par ma faute. Plus personne. Même si on décidait de me relâcher demain, je ne tuerai plus, mais je prie Dieu pour qu'on ne me libère plus jamais.

— A votre avis, vous êtes quelqu'un de malade ?

— Non. J'ai eu des tas de docteurs, de psychiatres et Dieu sait qui encore qui ont dit que j'étais malade. Mais je ne le suis pas. Les sentiments que j'éprouve à l'heure actuelle sont à 100 % différents de ceux que je ressentais autrefois. Parce que je me rends compte du mal que j'ai causé, de tout ce malheur et de tout ce fric dépensé à cause de moi. Et, par-dessus tout, du chagrin occasionné aux familles de mes victimes. Tout ce que je vous dis est sincère : ce n'est pas une manœuvre pour éviter la peine de mort. Lorsqu'on m'a arrêté d'abord en 1982, puis en 1983, ce n'était pas pour meurtre, mais pour port d'arme illégal et violation de ma liberté conditionnelle. Des infractions mineures, finalement. Rien ne m'obligeait à parler de tous ces meurtres. C'est Dieu qui a voulu qu'il en soit ainsi. Je sais que la plupart des gens vont penser que je cherche à échapper à la peine de mort, mais c'est faux. Si ça arrive, eh bien, je l'accepterai. Il en sera ainsi. Ce sera mon destin. Et si les gens pensent que je vais chercher à m'évader de prison, ce n'est pas le cas, cela ne m'intéresse pas. Je n'ai aucune envie de me retrouver de nouveau libre. Les gens peuvent dormir tranquilles, je vais rester en prison : j'y suis à ma place. Ils ont peut-être du mal à le comprendre, mais moi, je n'ai plus aucune envie de me retrouver dehors.

— Henry, vous m'avez souvent parlé de votre mère, mais jamais de votre père : pourquoi ?

— Comme vous devez le savoir, mon père a perdu ses deux jambes dans un accident. Il était ivre la plupart du temps. Il me traitait plutôt correctement, car il ne m'a jamais battu. Lui aussi devait subir les foudres de ma mère. Elle l'obligeait à la regarder en train de faire l'amour. Quelquefois, elle le mettait à la porte et il était obligé de passer la nuit dehors, même en plein hiver. Avec mon père et un de mes frères, nous faisions souvent les poubelles pour trouver de quoi manger. Je n'éprouve pas les mêmes sentiments pour lui qu'envers ma mère. Lui aussi a été une victime et toute sa vie s'est résumée à un long enfer sur cette terre. J'espère qu'il est maintenant plus heureux là où il se trouve.

— Vous déclarez que vous avez tué une femme le jour même de votre libération de prison ?

— Oui, c'est vrai. En quelque sorte, je l'ai fait pour prouver que j'avais raison.

— Mais prouver à qui ?

— Au directeur de la prison, aux différentes institutions. Je les avais pourtant prévenus. La victime était une femme qui marchait dans la rue et je l'ai poignardée. Ça s'est passé à quelques kilomètres de la prison. Je l'ai kidnappée près de la route Interstate 12.

— Vous avez ressenti quelque chose quand vous l'avez assassinée ?

— A l'époque ? Non, j'étais totalement incapable du moindre sentiment. Cela ne me faisait ni chaud ni froid. Pour moi, cette personne n'existait pas. Comme toutes les autres victimes, d'ailleurs. En fait, je ne voyais... comment vous dire ?... qu'une image de cette personne. Elle est morte sur-le-champ, sans un cri. Mais presque aucune de mes victimes n'a crié.

— Pourquoi ?

— Parce que jamais je ne les laissais se douter de quoi que ce soit. Elles ne savaient jamais ce qui allait leur arriver. Je les prenais par surprise, avant qu'elles puissent réagir.

— Ensuite, les crimes se sont accélérés ?

— Oui. Surtout après la victime suivante. C'était en 1970, je ne me souviens plus du nom de l'endroit... quelque part par ici, dans le nord du Texas. Une femme, aussi. Je l'ai pourchassée en voiture le long d'un chemin avant de la rattraper et de bondir à l'extérieur pour la poignarder et la violer.

— Vous avez utilisé beaucoup de moyens différents pour tuer vos victimes ?

— Exact. Je me suis servi d'armes à feu, j'ai étranglé, j'en ai écrasé avec une voiture. Et puis, avec Ottis, on en a pendu deux ou trois. D'autres fois, mais c'était plus rare, je me suis servi d'une grosse pierre et on en a crucifié quelques-unes.

— Elles étaient choisies au hasard ?

— Oui, suivant les occasions qui se présentaient. Une opportunité et "hop !", c'en était fini. Juste comme ça (il claque des doigts). La plupart, c'étaient des femmes. Mais il n'y avait pas de choix délibéré, pas de raison spécifique, ni de question de race. Non, rien de tout ça.

— A cette époque, vous aimiez vous souvenir de tel ou tel crime en particulier ? Et est-ce que vous en retiriez une excitation particulière ?

— Non. Vous savez, pour moi, une victime chassait l'autre. Elles étaient anonymes, comme si elles n'existaient pas. C'était devenu des ombres, des fantômes en quelque sorte. Mais pas des fantômes qui revenaient pour me hanter, comme on lit dans les romans. Pas du tout. Dès que je quittais le corps d'une de mes victimes, je l'avais déjà oubliée. Je n'y pensais plus, par la suite. Plus du tout.

— Vous reveniez quelquefois sur les lieux de vos crimes ?

— Non, jamais. Avec Ottis, on bougeait beaucoup. Un jour, on était dans un Etat, le lendemain, dans un autre. Alors, vous savez, retourner comme ça, on n'avait pas le temps. Et puis les victimes, c'est pas ça qui manquait. Je suis revenu une seule fois sur les lieux d'un de mes crimes. C'était en 1982. Et j'y suis retourné parce que j'aimais cette victime.

— C'était Becky ?

— Oui. Avec elle, il s'est passé la même chose qu'avec ma mère. On s'est disputés, elle m'a frappé et je l'ai frappée à mon tour avant de me rendre compte de ce que j'avais fait. C'était trop tard : elle était déjà morte. Je suis resté un long moment assis à côté d'elle dans la voiture. Je lui ai fait l'amour une dernière fois, et j'ai abandonné son corps. Plus tard, je suis revenu pour découper le cadavre et éparpiller les différents morceaux dans un champ. J'ai essayé de l'enterrer mais je n'y suis pas parvenu. Pourquoi ? J'en sais rien. Je n'arrivais même pas à toucher les différents morceaux pour les ramasser.

— Comme Ottis, vous avez toujours été assoiffé de sexe ?

— Le sexe est un de mes points faibles. C'est ce qui m'a toujours perdu. Quand j'ai une envie qui me prend, je saisis le sexe là où je le trouve. Je peux pas attendre. Il me le faut tout de suite. Et de n'importe quelle façon. Peu importe qu'il s'agisse d'une femme, d'un homme, d'un enfant ou même d'un animal. Si je dois forcer quelqu'un pour le faire, je le fais. J'ai tué des animaux pour baiser avec eux, et je les ai aussi baisés quand ils étaient encore vivants.

— Depuis que vous êtes converti à la religion, vous pensez que vous agiriez de la même façon, si jamais vous étiez relâché ?

— C'est pas que je veuille pas, mais je n'y peux rien. Je ne peux pas me contrôler. Je suis sûr que je recommencerais à tuer. Il y a en moi quelque chose qui me pousse à agir ainsi. C'est plus fort que tout. Il vaut mieux que je reste en taule. Pour moi et pour les autres.

— Et qu'est-ce qui vous pousse à agir ainsi ?

— J'en sais rien. Quand je suis avec des gens autour de moi, je me sens tendu et nerveux. Comme oppressé. Peut-être parce que je n'ai jamais été habitué à vivre en société. La plupart de mon existence, je l'ai vécue en solitaire. J'ai beaucoup de mal à parler aux gens. Cela a toujours été difficile pour moi. Les docteurs disent qu'il n'y a rien qui cloche en moi, c'est donc qu'ils ont raison. C'est comme ça. Je n'ai pas l'impression que quelque chose cloche en moi, je le sais ! J'en suis sûr. Les gens font pas le genre de trucs que je fais sans qu'il y ait quelque chose qui cloche en eux. Quelque chose me pousse à tuer. Quel autre choix y a-t-il ?

— Comment voyez-vous votre avenir ?

— Je n'en ai pas. Et, de toute façon, je m'en fous. Je suis déjà mort. Je ne peux pas vraiment dire que je "vis". Tout ce que je demande c'est qu'on me laisse la possibilité de raconter ce qui m'est arrivé. Jusqu'en 1982, tuer des gens ça me faisait autant d'effet que d'allumer une cigarette. Mon existence se déroulait un peu comme si j'avais été hypnotisé, que quelqu'un me donnait des ordres, même contre ma propre volonté. C'est difficile à dire, à expliquer, mais voilà comment je vivais. »

* * *

Pendant l'été 1979, Ottis Toole et Henry Lee Lucas passent de plus en plus de temps à se balader au hasard des routes que Lucas connaît à merveille, Toole étant, de toute façon, trop ivre ou drogué pour se souvenir de quoi que ce soit. Les deux hommes ne travaillent que par à-coups, quand c'est absolument nécessaire, pour gagner de quoi faire le plein d'essence et de réserves. Tous leurs gains proviennent de braquages d'épiceries ou de magasins de ventes d'alcool, des innombrables cambriolages qu'ils effectuent ou des victimes qu'ils dépouillent. Et ils ne laissent pratiquement jamais de témoins derrière eux.

Dans cette « folie à deux », c'est Lucas qui dirige la manœuvre, car il est plus intelligent et rusé, il a aussi un peu plus les pieds sur terre que son compagnon. Par contre, dans leur relation sexuelle, Ottis Toole est l'actif et Lucas, le partenaire passif. Mais si Toole est totalement homosexuel, Lucas est bisexuel et il apprécie de moins en moins d'avoir des rapports avec Ottis ; il préfère les femmes, très jeunes si possible. Henry est même tombé amoureux de Frieda « Becky » Powell, fille de Drusilla et nièce d'Ottis Toole. Elle a douze ans à l'époque et Lucas, qui en a trente-trois, a toujours affirmé dans ses interviews qu'il se retient d'avoir des rapports sexuels complets avec Becky qui en meurt d'envie (selon lui). Bientôt, Becky et son frère Frank accompagnent le plus souvent Ottis et Henry dans leurs expéditions criminelles. Ils assistent, sans intervenir, à de nombreux meurtres qui ne sont pratiquement jamais préparés : c'est l'occasion qui met sur leur chemin des auto-stoppeurs ou des automobilistes en panne au bord des routes. La victime est emmenée dans un chemin de traverse, tuée, puis très souvent violée par les deux hommes avant d'être mutilée. Toole, qui a un penchant pour la chair humaine, cuit des bras ou des cuisses au barbecue. Henry Lee Lucas n'apprécie que modérément ce genre de cuisine (Ottis affirme le contraire dans son entretien) ; il estime que la « sauce barbecue » de Toole est trop épicée.

Parmi leurs premières victimes connues, un couple d'adolescents, Rita Salazar et Kevin Key, âgés respectivement de dix-huit et dix-neuf ans, rentrent d'une sortie nocturne de cinéma à Austin, Texas, où ils ont vu le film d'Alan Parker, *Midnight Express*. Il est environ minuit en ce dimanche soir du 5 novembre 1978 lorsque leur véhicule tombe en panne d'essence sur l'autoroute I-35. Malheureusement pour eux, c'est Henry Lee Lucas et Ottis Toole qui les prennent en stop. Dès que la voiture démarre pour emprunter une route vicinale, Toole menace le jeune homme avec son arme. Rita Salazar et Kevin Key supplient les deux hommes de leur laisser la vie sauve en échange de leur argent. L'inconnu se contente de sourire. Au bout de quelques minutes, Henry Lee Lucas stoppe le véhicule. Ottis quitte la voiture et ouvre la portière pour faire sortir sans ménagement Kevin. C'est Toole qui abat le jeune homme de dix balles de 22 long rifle, s'empare de son portefeuille puis remonte à bord du véhicule. Lucas redémarre, tandis que Rita Salazar est secouée de sanglots ; elle est au bord de l'hystérie car elle sait que son ami est mort. Les deux kidnappeurs se moquent ouvertement d'elle pendant que Toole examine le contenu du portefeuille, empoche l'argent et balance le portefeuille par la fenêtre. Lucas se charge de Rita. Ils ne touchent pas aux corps et se contentent des dollars récupérés dans les poches de leurs victimes.

Le 2 octobre 1979, Sandra Mae Dubbs, trente-quatre ans, tombe en panne non loin d'Austin, au Texas. Elle est prise en stop par les deux assassins, poignardée plus de trente fois et éviscérée par Toole. Les deux hommes violent son cadavre à plusieurs reprises.

Le 1er novembre 1979, on découvre le corps nu d'une jeune femme non identifiée à ce jour. Seul signe distinctif : des chaussettes orange qui lui vaudront le surnom de « Orange Socks ». Le corps a été déposé sous un pont, non loin de la I-35, il repose sur le flanc droit, presque face contre terre. Un bras est sous son corps, l'autre étant plié à hauteur du coude. On remarque quelques traces d'éraflures et de contusions sur son dos et ses fesses : le cadavre a probablement été traîné par terre. Seuls indices trouvés sur place : ses chaussettes orange, quelques boîtes d'allumettes publicitaires, un anneau en argent sans grande valeur décoré d'un motif de coquille d'abalone, ainsi qu'une serviette en papier tachée de sang qui a pu lui servir de serviette hygiénique. Selon les conclusions du médecin légiste, « Orange Socks » est morte étranglée, sans subir de violences sexuelles. Pour ajouter aux difficultés d'identification, elle n'a jamais eu de soins dentaires. Agée d'une vingtaine d'années, elle n'était pas particulièrement soignée de sa personne car elle a des poils sous les bras et sur les jambes, des morsures d'insectes sur les chevilles, et présente une inflammation génitale probablement héritée d'une maladie vénérienne.

Le shérif Boutwell, chargé de ces trois assassinats, découvre dans la presse régionale d'autres crimes semblables dont les victimes ont été retrouvées près de la même route, depuis Laredo dans le Texas jusqu'aux confins du Minnesota. A la fin du mois d'août 1980, il envoie par télex le texte suivant aux différentes juridictions de tous les Etats voisins :

« Nous avons un ou plusieurs tueurs dont nous ignorons l'identité à ce jour et qui voyagent le long de l'autoroute I-35. Nous savons que le mode opératoire varie suivant les cas. Des armes à feu, des couteaux ou la strangulation ont été utilisés pour tuer ces victimes de race, d'origine et de sexe différents. Certaines ont été violées, d'autres pas. Vous seriez aimable de me faire parvenir un bref résumé de votre affaire à des fins de comparaison. »

Devant le succès inattendu de sa demande, le shérif Boutwell organise une conférence impromptue du 28 au 30 octobre 1980, à Austin, où se rendent une trentaine d'officiers de police de dix-huit juridictions. Ils étudient ensemble une vingtaine d'homicides. Les victimes varient en âge et en sexe, certaines ont subi des violences sexuelles, d'autres sont mortes étranglées, poignardées ou le crâne fracassé à coups de pierre. Les policiers échangent leurs dossiers et décident de se tenir au courant de tout nouveau crime.

LA TRAHISON

Durant toute son existence, Ottis Toole n'a jamais pu compter que sur une seule personne : sa mère. A un âge où la plupart des femmes ont pris leur retraite, Sarah Harley Toole est obligée de subvenir aux besoins de ses huit enfants, ce qui lui mine gravement la santé. Elle doit même élever un certain nombre de ses petits-enfants, tels Becky et Frank Powell, dont la mère Drusilla est incapable de s'occuper à cause de ses problèmes de drogue. Le 16 mai 1981, la mère d'Ottis décède d'une crise cardiaque à la veille de ses soixante-dix ans. On l'enterre au cimetière d'Evergreen. Ottis refuse d'admettre l'évidence. Il déclare souvent à Henry Lee Lucas que sa mère est en train de dormir. La nuit, il se rend au cimetière en sautant par-dessus le mur pour aller s'allonger sur la tombe. Il sent alors le sol trembler – alors qu'il s'agit de secousses causées par le passage des trains qui longent le cimetière. Ottis entend sa mère lui parler : elle lui enjoint de se suicider pour la rejoindre.

Le 27 juillet 1981, Adam Walsh, un enfant de six ans, disparaît d'un centre commercial de Hollywood, en Floride, et l'on retrouve le 10 août sa tête dans un canal de Vero Beach. Cette affaire donne lieu à une véritable croisade des parents d'Adam qui réussissent à faire voter au Congrès une loi permettant aux parents d'enfants disparus de consulter l'ordinateur du F.B.I. Depuis, John et Reve Walsh ont créé une association, la Adam Walsh Child Resource Center, à West Palm Beach en Floride, destinée à aider ce genre de recherches. John Walsh est également producteur d'une émission, *America's Most Wanted*, qui reconstitue des affaires criminelles non résolues et lance des appels à témoins. Deux téléfilms, *Adam* (1983) de Michael Tuchner et *Adam : His Song Continues* (1986) de Robert Markowitz, traitent de cette affaire. Leur passage à la télévision américaine a été suivi par la diffusion de dizaines de photos d'enfants disparus : un certain nombre d'entre eux a été retrouvé grâce à ce procédé.

1981 est une mauvaise année pour Toole. Le 16 décembre, Drusilla décède d'une overdose. Ses enfants Becky et Frank sont confiés à une institution de Bartow, dans l'Etat de Floride. Quinze jours plus tard, Becky s'enfuit et rejoint Henry Lee Lucas sur les routes, abandonnant Ottis qui entend toujours des voix lui parler de suicide.

Le 4 janvier 1982, à Jacksonville, une vieille demeure victorienne de deux étages brûle entièrement, causant la mort de George Sonnenberg, âgé de soixante-cinq ans. Après enquête, la police conclut à un accident, et ce n'est qu'en 1983 que Lucas désigne Toole comme le responsable de cet incendie. S'estimant trahi par son ami qui l'a abandonné, Toole broie du noir, sombre dans l'alcool et la drogue. Entre février 1982 et février 1983, il vagabonde à travers six Etats, tue neuf personnes au passage et allume près d'une centaine d'incendies à Jacksonville et dans ses environs.

Pendant ce temps, Henry Lee Lucas et Becky Powell s'installent dans une communauté religieuse de Montague, au Texas. Ils sont engagés comme domestiques par une fermière de quatre-vingts ans, Kate Pearl Rich. Le 18 septembre 1982, le shérif de Montague apprend la disparition de la vieille dame. Il en vient très vite à soupçonner Lucas, parti en Californie. Lorsqu'il revient à Montague, le 17 octobre 1982, Lucas est seul. Il explique au shérif que Becky l'a quitté pour un camionneur et qu'il ignore tout de la disparition de Kate Rich. Sa voiture, abandonnée en Californie, présente des taches de sang humain sur l'un des sièges. Lucas accepte de passer au détecteur de mensonge. Le test confirme les soupçons des policiers mais ceux-ci ne possèdent pas de preuves leur permettant d'arrêter Lucas. Malgré de nombreux interrogatoires, le suspect s'en tient à son récit et ils sont obligés de le relâcher.

LES AVEUX DE LUCAS

Mais Lucas n'est pas un criminel ordinaire. Au lieu de fuir, il reste. Finalement, le 11 juin 1983, il est arrêté pour possession illégale d'une arme à feu. Le 15 juin, il avoue avoir tué d'innombrables personnes dont sa compagne, Becky Powell, poignardée le 24 août 1982 lors d'une dispute et à la suite d'un échange de coups parce qu'elle voulait retourner à Jacksonville. Après l'avoir assassinée, il lui a fait l'amour une dernière fois avant de découper son cadavre en neuf morceaux et d'en disperser les restes dans les bois. Il reconnaît également le meurtre de Kate Rich dont on retrouve les ossements brûlés dans un four. Lucas a violé le cadavre de la vieille femme.

Dans les mois qui suivent, Henry Lee Lucas découvre la foi et se convertit à la religion catholique sous l'influence de Sœur Clemmie Robertson qui vient souvent lui rendre visite dans sa cellule. Il reconnaît avoir participé à plusieurs centaines de crimes – plus de 600 ! – avant de se rétracter pour ne plus avouer que le seul assassinat de sa mère. Habile manipulateur, il profite à merveille du désir qu'ont certains policiers de clore des dossiers sur des crimes non élucidés. Lucas ment effrontément, il endosse la responsabilité de meurtres qu'il n'a pas commis, mais il emmène les enquêteurs sur des lieux où ils ramassent en effet des restes humains. Les Texas Rangers et les policiers de Jacksonville le croient toujours responsable de cent cinquante-sept assassinats, dont cent huit commis avec Ottis Toole, chacun ayant par ailleurs tué seul de son côté.

Le 22 juin 1983, le shérif Boutwell rend visite à Henry Lee Lucas qui signe des aveux concernant les assassinats de Sandra Mae Dubbs, Kevin Key et Rita Salazar. Emprisonné, il écrit à Ottis Toole, l'assurant qu'il ne l'a pas impliqué auprès des autorités, ce qui est faux. Par un curieux hasard, Toole se trouve sous les verrous à Jacksonville depuis le 6 juin. Deux complices avec lesquels il avait déclenché des incendies l'ont dénoncé. Toole plaide coupable. Il est condamné le 5 août à vingt ans de prison. A la suite des aveux de Lucas qui impliquent Toole, les Texas Rangers avertissent la police de Jacksonville, laquelle interroge Lucas le 11 août. Au cours de cet entretien les enquêteurs apprennent que la prétendue mort accidentelle de George Sonnenberg, le 4 janvier 1982, est en fait due à Toole. De retour à la Florida State Prison, les policiers de Jacksonville n'ont aucun mal à obtenir une confirmation d'Ottis Toole qui signe des aveux complets, ajoutant même qu'il avait allumé près d'une centaine d'incendies au cours de l'année écoulée.

Le 21 octobre 1983, Ottis Toole confesse par écrit qu'il a tué le jeune Adam Walsh, qu'il a « adoré baiser ce succulent garçon, dont les cris d'effroi lui ont procuré beaucoup de plaisir ». Le chef Leroy Hessler organise une conférence de presse et informe les médias que « certains détails ne peuvent être connus que par l'assassin. C'est Toole le coupable. Il m'a convaincu ». Ottis Toole connaît des moments difficiles en prison, ses codétenus lui urinent dessus ou lui balancent leurs gamelles à la figure. En fait, cette lettre d'aveux lui a été dictée par un autre serial killer, Gerard John Schaefer, auteur du *Journal d'un tueur* (paru aux éditions Jacques Bertoin et réédité aux Presses de la Cité), le responsable supposé du meurtre de trente-quatre femmes. Ayant vu cette lettre, je peux confirmer qu'elle est écrite de la main de Schaefer et signée par Ottis Toole. Grâce à d'autres sources, j'ai également pu lire un courrier de Schaefer adressé aux forces de l'ordre, dans lequel il demande à bénéficier de faveurs pour avoir dénoncé un « dangereux criminel tel que Toole ». Les policiers ne restent pas longtemps sur leur première impression et, quelques semaines plus tard, ils annoncent qu'Ottis Toole n'est plus officiellement considéré comme suspect de l'assassinat d'Adam Walsh.

Le 28 décembre 1983, Henry Lee Lucas est amené par avion à Jacksonville afin d'y être confronté avec Ottis Toole, pour la première fois depuis leurs arrestations. Dans le bref entretien filmé qui s'ensuit, Lucas avoue à son amant et complice qu'il a tué Becky Powell et il lui en demande pardon. Ottis Toole le lui accorde. Les deux hommes s'enlacent brièvement avant d'être séparés par les policiers pour des interrogatoires dans des pièces contiguës.

D'après les récits de leurs crimes, on constate qu'Henry Lee Lucas et Ottis Toole sont des serial killers nomades qui choisissaient leurs victimes parmi les auto-stoppeurs ou les auto-stoppeuses. Lucas tue presque toujours les femmes, Toole se réserve plutôt les hommes. Lucas poignarde ou étrangle tandis que Toole utilise des armes à feu, surtout des calibres 2. Les deux hommes mutilent presque toujours leurs victimes, Lucas les mord ou les déchiquette avec un couteau, il coupe les parties génitales et tente de les décapiter. Une fois au moins, Lucas traverse plusieurs Etats avec la tête coupée d'une femme posée sur le siège arrière de sa voiture. Ottis Toole, quant à lui, préfère découper les cadavres d'hommes – notamment les fesses et les côtes – pour les cuire et les manger. Henry Lee Lucas viole de façon presque systématique les femmes qu'il a tuées, Toole plutôt les hommes.

CONDAMNÉS À MORT

Le vendredi 13 avril 1984, Henry Lee Lucas est condamné à mort pour les assassinats de Becky Powell et « Orange Socks ». Dans les années qui suivent, il est jugé et condamné pour les meurtres suivants :

— perpétuité pour la mort de Kate Rich, quatre-vingts ans ;

— perpétuité pour avoir poignardé Linda Philips, vingt-six ans, le 9 août 1970, dans l'Etat du Texas ;

— perpétuité pour avoir abattu l'officier de police Clemmie Curtis, le 3 août 1976, en Virginie ;

— soixante ans de prison pour le viol et le meurtre de Lillie Pearl Darty, dix-huit ans, le 1er novembre 1977, au Texas ;

— soixante-quinze années d'emprisonnement pour avoir étranglé Dianna Bryant, au Texas ;

— perpétuité pour avoir poignardé Glenna Biggers, soixante-six ans, le 19 décembre 1982, au Texas. Son corps a été empalé et une fourchette profondément enfoncée dans son cou ;

— perpétuité pour une victime non identifiée, le 17 mars 1983, au Texas ;

— perpétuité pour le meurtre, le 18 avril 1983, de Laura Jean Domez, seize ans, au Texas.

En décembre 1990, Henry Lee Lucas est inculpé pour quatre meurtres commis en Floride. Il reste officiellement inculpé de plus d'une vingtaine d'autres assassinats et les enquêteurs de plusieurs Etats du Sud le soupçonnent de plusieurs dizaines de crimes supplémentaires. Mais d'autres juridictions ont abandonné leurs recherches pour s'épargner des controverses médiatiques et politiques qui se sont attachées à la personnalité de Lucas. Certains procureurs ont hésité à le poursuivre à cause du coût très élevé – parfois plusieurs millions de dollars – de l'instruction d'un procès, d'autant que Lucas a déjà été condamné à plusieurs reprises et que ses peines se cumulent : il est quasiment certain qu'il ne sortira plus jamais de prison.

Le 22 mars 1989, après les divers appels qui suivent automatiquement toute condamnation à mort aux Etats-Unis et ralentissent la procédure judiciaire, une première date d'exécution est prononcée pour le 3 décembre 1990. Mais, le 29 novembre, elle est repoussée à une date ultérieure par la Court of Criminal Appeals. Le 27 juin 1998, le gouverneur George Bush commue la peine de mort de Lucas en réclusion à perpétuité, car il est reconnu innocent du meurtre de « Orange Socks ». Il décède d'une crise cardiaque le 11 mars 2002.

Ottis Toole, quant à lui, est condamné à mort pour le meurtre de George Sonnenberg, le 18 mai 1984. Si Lucas avait dû être exécuté, il l'aurait été par injection, car condamné au Texas, tandis que Toole était passible de la chaise électrique, si sa sentence avait été confirmée par l'Etat de Floride. Mais en novembre 1985 la Cour suprême de Floride transmue la condamnation à mort de Toole en perpétuité, estimant que son jugement n'a pas tenu compte de circonstances atténuantes, notamment son état de délabrement mental au moment du meurtre. Ottis Toole a aussi été condamné à perpétuité pour l'assassinat d'Ada Mildred Johnson, dix-neuf ans, en Floride. Il a écopé de peines supplémentaires pour meurtres dans les Etats du Texas, de Floride, de Virginie, de Géorgie et du Colorado. Il est décédé le 15 septembre 1996 des suites d'une maladie du foie dans le pénitencier de Florida State Prison.

VIII. L'ENFANT DU DIABLE

Les trois personnages principaux de cette saga meurtrière, Henry Lee Lucas, Ottis Toole et Becky Powell, ont fait l'objet d'un extraordinaire film de John McNaughton, *Henry : Portrait of a Serial Killer*. Très éloignée de la vérité, la fiction n'en reflète pas moins avec beaucoup de justesse la mentalité de ces serial killers. A la fin du film, Henry tue Ottis, ce que le véritable Ottis Toole ne parvient visiblement pas à comprendre. Lorsque le garde vient lui remettre les menottes, signifiant ainsi la fin de notre entretien, je lui parle brièvement de ce film dont il a entendu parler. Il me déclare qu'il est impossible que Henry l'ait tué, puisqu'il est toujours là, bien vivant, à discuter avec moi. Très lucide par moments, Ottis Toole éprouve parfois beaucoup de mal à distinguer la réalité de la fiction.

L'interview avec cet authentique cannibale, suspecté de plus d'une centaine de crimes, est retranscrite intégralement, sans la moindre coupe (ce qui explique quelques redites), afin de refléter le plus fidèlement possible l'état mental de ce tueur. Les informations contenues dans le portrait d'Ottis Toole sont rigoureusement exactes et reposent sur des rapports de police ou d'assistantes sociales en ce qui concerne son incroyable enfance.

L'entretien contient des passages abominables qu'Ottis Toole raconte d'une voix neutre, dénuée de toute émotion, comme s'il parlait de choses tout à fait anodines, même quand ces faits atroces concernent son enfance et les sévices qu'on lui a infligés. Seule exception : lorsqu'il parle de son adoration du feu, le visage de Toole s'anime et son excitation est visible.

« *PLAISANTEZ SUR SES RECETTES CANNIBALES* »

Afin de préparer l'interview d'Ottis Toole, j'ai demandé des conseils à Sondra London, l'éditrice de ses dessins, qui l'a rencontré à plusieurs reprises. En voici quelques-uns : il vaut mieux s'exprimer en termes concrets. Il ne comprend pas les abstractions. Sinon, il restera impassible ou répondra de travers. Bien qu'il soit supposé être mentalement attardé, il sait se débrouiller même si son cerveau ne fonctionne pas à plein régime. Surtout sa mémoire. A la suite d'un choc violent à la tête durant son enfance, il a connu de nombreuses crises d'épilepsie. Il a commencé à boire à l'âge de huit ans et à se droguer un an plus tard, principalement au speed et au LSD. Il est très capable de se souvenir en détail d'un crime, sans pour cela être capable de le situer avec exactitude dans le temps et l'espace. Lors de ses expéditions meurtrières avec Henry Lee Lucas, Toole était la plupart du temps défoncé, et il laissait Lucas les conduire où bon lui semblait.

Son degré de vivacité dépend des doses de Thorazine et de Dilantin qu'on lui aura administrées. Si vous le faites rire, vous aurez gagné sa confiance et il vous répondra sans retenue, même aux questions les plus directes. Il rira si vous lui parlez de sa sauce barbecue ou de ses travestissements en femme. Il aime bien la comparaison avec Bonnie et Clyde quand on parle de son équipée avec Lucas. Les facteurs principaux qui le motivent, et les mots-clefs, sont le « FEU » et « HENRY ». Pas imbu de sa personne, il n'est pas gêné quand vous lui parlez de ses atrocités.

Il s'exprime avec douceur, présente un léger défaut de prononciation. Il ne faut surtout pas le bousculer et lui laisser prendre son temps pour répondre. Son esprit vagabonde parfois dans d'autres directions. Le seul sujet difficile à aborder, c'est son enfance, il a du mal à en parler de manière directe. Il est important d'établir un contact chaleureux avec lui.

Sondra London m'enjoint de démarrer l'interview par un sujet léger, une plaisanterie sur sa sauce barbecue, par exemple, avant d'en arriver à Lucas. Mieux vaut le laisser orienter l'interview à sa guise : « Comme c'est un gros fumeur, apportez-lui un paquet de Kools, et il vous en sera très reconnaissant. Pour lui assurer que vous venez de ma part et que vous êtes un ami, dites-lui : Sondra a dit : je suis votre amie et je veux que vous soyez heureux. »

À LA PRISON DE STARKE

Ottis Toole est enfermé à la Florida State Prison, à Starke, à une heure de route de Jacksonville. Cette partie de la Floride est loin de l'image glamour de Miami ou Fort Lauderdale. Les gens y sont pauvres, les fermes ont connu des jours meilleurs, la route qui mène à Starke est jalonnée d'échoppes à la peinture écaillée où l'on vous propose des tomates et des produits locaux. Roulant à bord de vieux pick-up, les fermiers ressemblent à ceux du Sud profond, avec leurs chapeaux de paille, leurs bouches sans dents et leurs visages noircis par le soleil. Starke, qui signifie « désolé » en anglais, mérite son nom. Des miradors de la prison, les gardes armés surveillent nos moindres gestes. Avant de pénétrer dans la salle des visiteurs, il nous faut franchir un no man's land où un double grillage métallique haut de quatre mètres est surmonté par des rouleaux de barbelés électrifiés. Ce sas est contrôlé à distance, une porte ne s'ouvre que si la précédente est refermée. Un gardien d'une quarantaine d'années, un vrai géant, nous accueille. Il se prénomme Bruce. Il nous explique avec son accent chantant qu'il travaille depuis plus de vingt ans à Starke. Le personnel comprend trois cent vingt gardiens pour mille cent cinquante-cinq prisonniers dont trois cent vingt-deux condamnés à mort. C'est la prison la plus sévère des Etats-Unis : on y « grille » en moyenne un prisonnier tous les deux mois sur la chaise électrique. Cette prison de très haute sécurité compte le plus fort pourcentage de serial killers – près d'une quarantaine – dont les très célèbres Gerald Stano et Gerard John Schaefer. Bruce raconte fièrement que pour Ted Bundy les habitants de Tallhallassee et de Jacksonville, où le monstre avait tué plusieurs femmes, se sont levés à l'heure de son exécution pour allumer d'un commun accord leurs briquets et célébrer cette mort méritée.

La fouille est implacable. Les gardiens démontent la caméra et le matériel son. Nous ne serons pas autorisés à filmer la prison, excepté à l'intérieur de la salle où nous allons interroger Ottis Toole. Pour s'assurer de notre bonne volonté les gardiens demandent à Olivier Raffet, notre réalisateur, de sortir la batterie et la cassette de sa caméra. Nous passons ensuite sous un portillon électronique, du type de ceux que l'on trouve dans les aéroports, mais tellement plus sensible : les clous de mes semelles le font sonner ! Nous franchissons ensuite deux portes métalliques, et nous pénétrons dans le Couloir de la Mort, réservé aux condamnés. Il est peint en jaune pâle, le sol est recouvert d'un linoléum vert clair alors que l'extérieur de la prison est peint en caca d'oie. Tout est d'une propreté immaculée. A droite, au bout du couloir, à environ cinquante mètres, nous distinguons une porte au guichet vitré. Bruce nous précise qu'il s'agit de la salle des exécutions. Ce matin-là, on y procède à des essais, car, dans quelques jours, la chaise électrique se remettra en marche. Tout de suite à gauche, une cage grillagée est collée au mur, entourée de deux minuscules réduits en verre renforcé où les prisonniers ne peuvent pas se tenir debout. Des hommes y sont enfermés avant les interrogatoires ou les visites. Ils y seront encore lorsque nous ressortirons de la prison cinq heures plus tard. Déjà, l'un des serial killers que nous devons interviewer, Gerard John Schaefer, nous attend, le sourire aux lèvres. Il est étonné que nous le reconnaissions. Son interview va durer un peu plus de deux heures et nous allons enchaîner immédiatement après avec Ottis Toole. Nous nous trouvons dans une petite pièce blanche qui mesure à peine quatre mètres sur trois, avec une table et deux chaises en plastique. Il y règne une chaleur infernale.

Toole est amené les menottes au poing par un gardien qui les lui enlève. Il est grand, près d'un mètre quatre-vingt-huit. Comme j'ai en tête les photos de son arrestation en juin 1983, je constate qu'il a beaucoup vieilli. Il paraît nettement plus âgé que ses quarante-quatre ans. Ses dents ont été refaites. Il a l'air fragile, ses gestes sont très efféminés et il sourit. Son regard se perd un peu dans le vague, ce qui nous met quelquefois mal à l'aise. Sa voix est douce, à la limite de l'inaudible, et il s'interrompt souvent au milieu de ses réponses avant d'enchaîner sur un autre sujet. Toole semble tout à fait dénué de conscience lorsqu'il nous décrit les actes les plus monstrueux : sa voix reste plate et ne change pas d'intonation, qu'il parle de son cannibalisme ou de son goût pour le tabac. Il ne fait aucune différence entre ces actes. Par contre, il est ému quand je lui parle de son obsession pour le feu. Son visage s'anime, il plonge dans une sorte d'extase. J'entame la conversation :

« Ottis, votre amie Sondra London m'a dit de vous transmettre un message : "Je suis votre amie et je veux que vous soyez heureux." Est-ce que vous comprenez ?

— Ouais, je comprends.

— J'ai bien reçu la recette de sauce barbecue que vous m'avez envoyée et je l'ai même essayée.

— Et c'était bon ? me demande-t-il en souriant.

— Très bon... mais je ne l'ai pas utilisés sur le même genre de viande que vous !

— C'est bon sur toutes les viandes ! »

Il éclate de rire.

« Il paraît, Ottis, que vous voulez publier un livre de vos recettes cannibales ?

— Oui... Quelqu'un en Australie a gagné mille dollars avec une de mes recettes dans un concours de cuisine.

— Vraiment ?

— Oui, j'ai même eu un article dans le journal qui indiquait “Recette cannibale”. »

La question suivante concerne les rétractations de Henry Lee Lucas qui déclare n'avoir jamais commis de crimes et que Toole est un menteur.

« Henry dit à tout le monde que vous êtes un menteur...

— Moi ? Un menteur ? (Il s'agite.) On a été ensemble dans un tas de procès... ça peut pas être des mensonges...

— Il dit que c'est parce que vous voulez être connu ?

— C'est lui qui veut être connu. C'est lui qui a tout commencé... c'est lui qui a commencé toute cette saloperie...

— Comment vous êtes-vous rencontrés ?

— J'ai rencontré Henry à Jacksonville, il y a plusieurs années. Je l'ai ramassé dans une mission de l'Armée du Salut... il ne faisait que passer en ville.

— Quand vous l'avez rencontré, est-ce que vous saviez qu'il avait déjà tué ?

— Non... je pouvais pas dire... On aurait dit quelqu'un trouvé dans une poubelle... Il était dégueulasse lorsque je l'ai rencontré et il ne voulait pas se laver. Je devais tout le temps le forcer à se laver. Quelquefois, il restait une ou deux semaines sans prendre de bain. Je lui disais : “Non, tu ne peux pas rester comme ça ! Il faut te baigner tous les jours... pas une fois par semaine ou une fois par mois, ou une fois tous les quinze jours.” Je lui ai dit : “Comme toi et moi on est des amants, chéri, il faut prendre un bain, car j'aime pas me coucher dans un lit avec un homme sale. Tu dois être propre.” J'aime qu'un homme sente bon, vous savez... Il ne faut pas qu'il pue. Il fallait que je lui répète tout le temps de prendre un bain. Mais je ne savais pas qu'il avait tué des gens... C'est lui qui a commencé à me raconter qu'il avait tué sa mère, puis d'autres personnes... On a écrit des tas de bouquins sur lui... Y en a un qui s'appelle *The Hand of Death*, et le Dr Norris en a écrit un sur lui... Je sais que Sondra London en a commencé un sur moi, mais on m'a dit qu'il était trop en ma faveur et ils ont refusé de le faire... De toute façon, elle peut écrire ce qu'elle veut, ça m'est égal, les gens croient ce qu'ils ont envie de croire... même si ce n'est pas vrai... ça ne fait rien.

— Etes-vous furieux contre Henry parce qu'il vous traite de menteur ?

— Eh bien... je ne vois pas comment je pourrais être un menteur... c'est lui qui a démarré tout ça... Pendant longtemps, je ne savais pas qu'il a tué sa propre mère... et nous sommes devenus amants. Des amants homosexuels. Tout ce qu'il avait envie de faire, je le faisais les yeux fermés... Il y a un bouquin sur lui qui s'appelle Henry... c'est lui qui a tout démarré... buvant du sang... mangeant des gens... c'était dans le livre... Mais, quelquefois, ce qui est raconté dans les livres est faux... mais, vous savez, c'est Henry qui racontait tout ça... Si c'était pas lui qui avait démarré tout ça, je ne serais pas dans ce merdier. Ces quatre derniers mois, je viens d'être condamné quatre fois à perpète... J'ai passé pas mal de temps dans le Couloir de la Mort... J'en suis sorti en 1986. En fait, Lucas ne veut pas dire la vérité sur lui, voilà pourquoi il raconte toutes ces conneries. Il cherche simplement à éviter de se faire exécuter... et d'aller tout droit en enfer... mais, de toute façon, il va y aller, en enfer. Il joue tout le temps avec le Diable, il déconne...

— Si vous deviez de nouveau le rencontrer, qu'est-ce que vous lui diriez ?

— J'aurais rien à lui dire... Je ne voudrais plus avoir quoi que ce soit à faire avec lui... Peut-être que je lui défoncerais la cervelle... Voilà ce que je ferais... oui, je lui défoncerais le crâne.

— Vous aimeriez le tuer ?

— Ouais. Pourquoi pas ? Vous savez... à écrire des bouquins, donner des interviews dans des magazines, à la radio ou à la télévision, il m'a foutu dedans de toute façon. Maintenant, ça ne changera plus grand-chose. Comme je l'ai dit, les gens croient ce qu'ils ont envie de croire. Je ne peux pas les empêcher. Et ça servirait à rien si Lucas changeait son histoire... ils l'ont coincé, il va pas s'en aller de sitôt... son cul va rester en taule... il est coincé... un de ces quatre, il va devoir passer à la poêle à frire et bonjour la compagnie ! Il faut qu'il se fasse à cette idée.

— Et comment était Henry quand vous l'avez rencontré ?

— Il était calme, il ne parlait pas beaucoup... mais on ne pouvait jamais savoir à l'avance avec lui, il était imprévisible... Toujours tranquille... Une fois, j'avais même décidé de le mettre à la porte de chez nous, mais mes parents ont insisté pour le garder... Une autre fois, il voulait se noyer et insistait pour que je fasse pareil... S'il continue comme ça, c'est moi qui vais le noyer, et avec joie... je lui enfoncerai la tête dans la boue, le plus profondément possible... jusqu'au fond de la boue... vous savez, c'est lui qui a commencé toutes ces histoires de Henry Lucas, déclarant qu'il a tué 600 personnes, puis 360, ensuite 300 et, maintenant, il dit qu'il n'a jamais tué personne... mais il a bien dû faire quelque chose. Ce n'est pas pour rien que l'on condamne les gens à mort... il a bien dû faire quelque chose... il ment...

— Qu'est-ce que vous aimiez en lui ?

— A l'époque, je l'aimais en tant que personne, j'aimais faire des choses avec lui, même les pires choses... je me bourrais de drogue et de tas d'autres trucs... j'étais complètement fou... la plupart du temps, je ne savais même pas où nous étions quand on circulait en voiture... je fumais, prenais des pilules, me défonçais... je me soûlais la gueule... pratiquement tout le temps... et puis la police m'a enlevé des poils et des cheveux pour les examiner... ils avaient des autorisations pour le faire... ils m'ont forcé à me masturber dans un préservatif... ils m'ont obligé à faire des tas de choses... je ne sais pas ce qui va se passer maintenant... la semaine dernière, j'ai encore reçu de nouvelles convocations pour passer dans des procès pour meurtre... (Il me montre les papiers)... j'en reçois tout le temps... je passe d'un procès à l'autre... ça continue... ça s'arrête jamais...

— Je sais que vous aimez les incendies...

(Son visage s'illumine, il sourit de toutes ses dents et effectue de grands gestes.)

— Je les adore, surtout quand les flammes sont hautes de trois étages... ça me fait bander... ça m'excite...

— Est-ce pour cela que vous en avez allumé beaucoup ?

— Oh, ouais... (Il est surexcité.) Ici, je n'ai pas pu en allumer, parce qu'il n'y a rien qui brûle... (Il frappe le mur de son poing)... rien que du béton et de l'acier... y a rien à brûler ici... Mais les feux me font vraiment bander... Je jouis... c'est sexuel... Il n'y a rien qui m'excite autant qu'un bon feu... Même ici, il y a des types qui essaient tout le temps de me sauter... (Il rit)... Y en a qui sont beaux, d'autres qui valent pas la peine... certains, je laisserais même pas mon chien seul avec eux. (Il éclate de rire.)

— Le feu est mieux que le sexe ?

— Je dirais un peu de feu et un peu de sexe, ce serait chouette... Le feu et le sexe en même temps... cela me fait sacrément bander... mais, vous savez, j'adore vraiment les feux... ils me font quelque chose, c'est comme un shoot... je me sens détendu... je les aime vraiment très hauts, avec des flammes de trois étages... Les petits feux m'intéressent moins, vous savez... Quelquefois, dans ma cellule, je rêve que je vois un feu haut de quatre ou cinq étages... Ça m'excite vraiment... Mais, ici, ce n'est pas possible... A moins de brûler des matelas et encore... ça ne donne pas grand-chose... Depuis que je suis enfermé ici, je n'ai pas démarré de feux... du moins, pas les feux que j'aimerais avoir...

— Vous en avez allumé beaucoup ?

— Quand je vivais dans la rue, je mettais le feu à n'importe quoi... puis, j'attendais tranquillement assis l'arrivée des pompiers et je me branlais... ça me faisait vraiment quelque chose... j'adore voir les flammes monter dans le ciel... par-dessus les immeubles... ça me donne une trique d'enfer... Mais, ici, tout est en béton, sauf les matelas... mais ils s'éteignent tout de suite... Starke est construit en béton et en acier : rien ne brûle... ça brûle pas, à moins d'avoir des journaux... je rêve d'un gigantesque incendie à la prison, avec des flammes énormes... ça m'exciterait drôlement... je connais des prisonniers qui ont essayé de mettre le feu à la prison, mais ça n'a pas marché... je ne les dénoncerai pas, parce que peut-être que je parviendrai à les convaincre de recommencer...

— Je sais que vous aimiez beaucoup vous habiller en femme...

— Je le faisais souvent... mais je vieillis et c'est plus difficile maintenant. Quand j'étais plus jeune, j'adorais le faire tout le temps. Je me faisais même des piqûres d'hormones féminines, je me rasais les jambes, les bras et la poitrine, avant d'enfiler une robe décolletée... avec des fentes sur les côtés... Je me tapais des vieux richards quand j'étais jeune... je me faisais dans les cent dollars à chaque fois qu'ils tiraient un coup... juste comme ça ! (Il claque des doigts)... du premier coup... ici, merde, vous avez de la chance si vous arrivez à gagner huit dollars (Il éclate de rire)... ici, il y en a qui le font pour un paquet de clopes... et d'autres pour rien... Ouais, cette époque me manque... quand je pouvais me coiffer avec une perruque. (Il mime les mouvements avec des gestes très efféminés)... je me coupais les sourcils, me maquillais les yeux... je ne peux plus le faire... mais je continue quand même... j'ai tout un tas de mecs qui cherchent à me baiser... y en a qui sont bandants, d'autres non... mais c'est les feux qui m'excitent vraiment... les feux me font bander...

— Et avec Henry, vous vous habilliez en femme ?

— Ouais... j'étais chouette quand j'étais bien maquillé, avec ma perruque, mes yeux et mes robes... avec tout ce maquillage et ces perruques, je ferais un malheur en prison... A l'époque, je me farcissais les vioques parce que c'est eux qui avaient du fric... maintenant c'est moi qui drague les jeunots et les vieux... je fais pas trop le difficile en prison... si un homme me plaît, je lui dis : “Tu viens, chéri, on va jouer au papa.”

— A quel âge avez-vous commis votre premier meurtre ?

— J’avais quatorze ans.

— Vous vous en souvenez ?

— Je faisais du stop en Californie quand je me suis fait draguer par ces deux mecs... et puis ils se sont disputés, un des types a poignardé l’autre... il a dit qu’il allait aussi me poignarder et j’ai sauté hors de la voiture... il est sorti lui aussi, il m’a suivi et je suis retourné à bord de la voiture et j’ai écrasé ce type avec sa propre bagnole... j’étais qu’un gosse et je ne sais même pas où ça s’est passé... Je l’ai fait, un point c’est tout... c’était lui ou moi... et j’avais été violé quand j’étais encore qu’un enfant...

— Vous en étiez à combien de meurtres lorsque vous avez rencontré Lucas ?

— Je comptais même plus...

— Beaucoup ?

— Ouais... mais je n’y faisais pas attention... Je ne tuais pas ces gens simplement pour le plaisir de tuer... c’est juste que mon esprit. je ne le contrôlais plus quelquefois...

— Qu’est-ce qui vous poussait à commettre un meurtre ?

— Eh bien, quelqu’un me frappait ou essayait de me rouler... alors, d’une façon ou d’une autre, je me vengeais... ça n’était pas causé par une chose, mais par plein de choses... j’arrivais plus à compter... les meurtres, il y en avait tellement que je ne comptais même plus... c’était un peu comme le Président... il envoie des gens de l’autre côté de l’océan et ils tuent des gens... n’importe qui... celui qui franchit une porte... moi, je ne tuais pas des gens qui franchissaient une porte... c’est juste mon esprit qui me forçait à tuer... j’étais défoncé la plupart du temps... Je n’arrive même pas à me l’expliquer...

— Et avec Henry, combien de gens avez-vous tués ?

— Un peu plus d’une centaine... cent cinquante...

— Qui en tuait le plus ?

— C’est lui. Il tuait une femme et puis il la baisait une fois qu’elle était morte... et après, il voulait encore baiser avec un chien... Il baisait avec n’importe quoi, du moment qu’il trouvait un trou à baiser... Une fois, je l’ai vu baiser avec une vache... (Il rit)... Il s’était installé sur un seau et enculait la vache, puis la vache s’est retournée et il l’a embrassée... je lui ai dit : “Tu y vas un peu fort, tu baises avec une vache... et puis tu l’embrasses.” Il allait trop loin... il était dégueulasse...

— Cela ne vous plaisait pas ?

— Je ne savais pas quoi penser... J'étais tellement défoncé que je ne savais pas quoi penser... Je ne savais même pas où j'étais la plupart du temps... Je l'accompagnais dans tout ce qu'il faisait... Je faisais comme lui... c'était mon amant...

— Il vous ordonnait de tuer des gens ?

— Oui... il me disait de faire un peu de tout... Une fois, il a embarqué cette femme, puis l'a baisée avant de la tuer et de la baiser encore... puis il a vu cette satanée chèvre dans le pré et il a voulu baiser la chèvre... je lui ai dit : "Toi, t'es vraiment cinglé, tu veux enculer une chèvre !"... Il a enlevé les bottes qu'il portait, les a enfilées sur les pattes arrière de la chèvre avant d'enculer l'animal... (Il mime les mouvements)... j'ai jamais rien vu de pareil de toute ma vie... il baisait la chèvre... j'ai jamais vu un homme aussi dégoûtant... c'était trop... je sais pas comment j'ai fait pour me retrouver avec un tel mec...

— Comment faisiez-vous pour tuer vos victimes ?

— De toute façon... il était dégoûtant... mais, la plupart du temps, j'étais complètement bourré et défoncé...

— Que ressentiez-vous lors des meurtres ?

— Comme une poussée d'adrénaline... comme de se défoncer... comme un flash dans le cerveau... je sais pas ce qui va lui arriver... je crois qu'ils vont le frire...

— Et après les meurtres ?

— C'était comme un flash... un flash qui vous montait à la tête... quelquefois, j'avais l'impression que j'allais m'évanouir, tomber par terre... c'est difficile à expliquer... je le comprends à peine moi-même... je ne comprends même pas pourquoi je faisais tout ça... Vous savez, c'était complètement dingue... c'était trop... (Il s'empare d'un paquet de Kools que je lui ai glissé sur la table)... j'en profite pendant que les gardes ne regardent pas... je le mets dans ma poche...

— A un moment donné, vous avez même crucifié vos victimes ?

— Oh oui... on avait une espèce de grand autel et on leur tranchait la gorge, on buvait le sang et parfois on cuisait les cadavres... quelquefois les nouveaux membres tranchaient la gorge avant de baiser le corps... et après, ils baisaient des animaux et ils tuaient les animaux et ils baisaient les animaux après encore une fois... et ensuite on avait une grande fête où l'on mangeait quelqu'un et les animaux...

— C'était lorsque vous faisiez partie de ce culte satanique ?

— Oh oui, ils faisaient ça... il y avait tellement de monde qu'on ne savait pas qui était qui... et de toute façon, la plupart des gens étaient masqués... j'en connaissais quelques-uns... comme ce type qui vend des voitures d'occasion à Jacksonville... une fois qu'on en faisait partie, on ne pouvait plus le quitter, sinon votre vie devenait un enfer encore pire qu'avant...

— Quel était le nom de cette secte ?

— "Hand of Death"... ça fait des années qu'elle existe... mais ils font très attention... c'est Henry qui en a parlé le premier... pendant un moment, ils gagnaient du fric en revendant des enfants au Mexique...

— Pourquoi des enfants ?

— Certaines personnes les utilisaient pour des films pornos... d'autres étaient vendus directement à des gens riches... Mais moi, je ne m'en suis jamais occupé... j'aurais jamais fait de mal à un gosse... j'adore les gosses... mais les autres... je ne sais pas ce qu'ils faisaient aux enfants... un enfant a besoin d'amour... jamais j'aurais volontairement fait mal à un enfant...

— Est-ce que vous mangiez toujours vos victimes ?

— La première fois, j'ai mangé quelqu'un sans savoir que c'était une personne... je savais pas que c'était cuit mais... c'est pas mauvais avec de la sauce barbecue... ma propre recette de sauce barbecue (il sourit)... il est difficile de faire la différence... je croyais que c'était de la viande normale... je ne pensais pas que c'était quelqu'un de mort... une fois que j'avais terminé, il m'a dit : "Tu viens de manger une personne !"... je lui ai dit : "QUOI ?" J'en savais rien... le goût est pas très différent des autres viandes... quelquefois, je ne savais même pas que je mangeais une personne tellement j'étais défoncé... je buvais aussi du sang...

— Comment faisiez-vous pour manger ces personnes ?

— On construisait un grand feu comme pour un barbecue... il y en avait qui les cuisaient en ragoût... on m'a dit que c'était très bon, mais moi j'ai jamais essayé comme ça... Henry, lui, il aurait pu en manger jour et nuit... c'est un authentique cannibale... il avait un regard de dingue... on ne savait jamais à l'avance ce qu'il allait faire... il fallait vraiment que j'aie été dingue pour faire ça...

— Henry mangeait lui aussi des gens ?

— Oui, bien sûr... il dit que non, mais c'est un menteur... il adorait toutes sortes de morceaux... le cœur... il se préparait un plat de viande à l'étouffée avec le cœur, les côtes... il m'a dit que le meilleur morceau... le plus tendre c'était les fesses... oui, les fesses, c'était le morceau de choix...

— Et pour vous, quel était votre morceau préféré ?

— Moi ? J'en mangeais pas toujours... les côtes... mais j'étais complètement soûl quand je les ai mangées... Lucas me donnait des morceaux, mais je ne l'ai jamais cru, jusqu'au jour où je l'ai vu trancher la gorge à quelqu'un et prendre un pot pour recueillir le sang qui giclait et le boire... puis, il a déclaré que "c'était bon"... bien meilleur que boire du champagne ou du vin...

— Lorsque vous étiez plus jeune, je crois, vous entendiez des personnes mortes qui vous parlaient ?

— Oui... j'entendais les voix des morts... maintenant encore, je pourrais me rendre sur la tombe de ma mère, m'allonger dessus et entendre et sentir la terre vibrer... et je l'entends qui bouge là-dessous... et je sais très bien qu'elle m'entend aussi quand je lui parle... et je sens la terre qui vibre... j'y allais tout le temps...

— Avec votre grand-mère, vous alliez souvent dans les cimetières ?

— On déterrait plein d'os... toutes sortes d'herbes, et avec les os elle faisait des pactes avec le Diable... elle préparait des envoûtements, des poupées vaudoues... quelquefois, elle prenait un poulet et lui tordait le cou...

— Vous faisiez tout le sale boulot pour elle ?

— Ouais... je devais faire ce qu'elle me disait... elle me disait que j'appartenais au Diable... "Fais ce que je te dis, tu ne peux pas abandonner, tu ne pourras plus jamais quitter le Diable"... C'était une véritable sorcière... elle portait de longues robes, avec des cheveux très longs, elle se couvrait le visage... elle allait dans les cimetières, dans des granges, pour jeter des malédictions, elle brûlait des autels... elle avait des crânes chez elle... elle m'a montré comment prendre un tiroir, le retourner, et en faire un autel... elle coupait les mains de cadavres, des herbes, et avec un couteau elle mélangeait tout ça dans un coupe... c'était très intéressant... quand j'étais encore tout petit, mon père pour me punir m'a installé sous un séchoir à linge où il avait attaché ensemble deux chats par la queue... j'étais en dessous et les chats se déchiraient entre eux... leurs entrailles pendaient et je recevais tout le sang sur la figure... je hurlais... j'étais très jeune... il était comme le Diable pour moi... c'était quand j'étais tout petit... il faisait de la viande avec le chien... il m'a violé quand j'étais tout petit... mais j'ai continué... je ne me suis pas arrêté... quand j'étais tout petit, ma sœur m'habillait en fille... c'est devenu de plus en plus dingue au fil des ans... pouvais pas m'arrêter... de pire en pire... je ne savais pas comment faire... je faisais ce que ma mère me disait de faire... parfois, ma grand-mère essayait d'avoir un cadavre encore tout frais, dont elle coupait la tête... elle prenait la tête entre ses mains, en attendant que la peau se dessèche... d'autres fois, elle retirait la peau de la tête pour se l'étaler sur son propre corps... elle disait que sa peau resterait jeune en faisant ça... c'est ce que je faisais quand j'étais petit... Est-ce que c'était bien ou mal ? Je ne sais pas... je pourrais pas dire... je faisais ce qu'on me disait de faire... quelquefois, elle pissait dans un grand pot et me le versait sur la tête, en disant que comme ça le Diable ne me quitterait pas... voilà... elle faisait ça...

— Croyez-vous que toutes ces choses sont responsables de ce que vous êtes devenu ?

— Je ne sais pas... c'est difficile à comprendre... mais je continue à aller de procès en procès... la semaine prochaine, j'en ai encore un autre... (Il me montre les papiers)... Regardez...

— C'est un procès pour meurtre ?

— Oui... Ah oui, je vous ai fait un dessin... vous pouvez l'avoir... (Il me le donne)... c'est un cadeau...

— Merci.

— Gardez-le.

— Comment se fait-il que vous ayez avoué le meurtre du petit Adam Walsh pour lequel Gerard Schaefer a écrit la confession pour vous ?

— Ce n'était pas mon crime... dans un livre, on a dit que j'étais le suspect numéro un... on a essayé de dire que c'était moi, mais j'ai été innocenté de ce crime... c'est dans le livre Henry... ça a fait plein d'histoires... il y a une femme qui déclare en Floride qu'il y a eu un autre crime semblable en 1985... avant celui-là... mais c'était une fille au lieu d'un garçon... elle avait neuf ou dix ans... mais j'étais déjà en prison... ils n'ont jamais retrouvé le corps d'Adam Walsh... juste les têtes de Walsh et de cette fille... si j'avais commis le crime, je saurais où se trouve le corps... mais je l'ignore...

— Pourquoi avouer alors ?

— On m'a obligé... on m'a insulté, frappé, j'ai été obligé d'avouer... vous savez comment sont les gens : ils pensent que vous avez tué une fois, alors automatiquement, ils croient que vous en avez tué plein d'autres aussi... ils reviennent vous voir... ils veulent boucler leurs enquêtes et, au bout d'un moment, ils sont frustrés et ils vous obligent par la force à avouer... Mais ce n'était pas mon crime... Vous avez vu mon anneau ? Quelqu'un l'a fait pour moi... il est fait maison...

— Qui l'a fait ?

— Un bon ami... un très bon ami. (Il sourit)... Regardez ? On dirait qu'il est vrai, non ?

— Est-ce l'ami avec lequel vous vouliez vous marier ?

— Non, on s'est séparés... il ne veut plus se marier... il a changé d'avis... il a dit non, alors, c'était fini entre nous...

— Qui aimez-vous le plus : Dieu ou le Diable ?

— Si vous croyez en Dieu, vous croyez au Diable... vous croyez aux deux... On peut pas dire qu'on croit au Diable si on ne croit pas aussi à Dieu... Il y en a toujours un qui est plus fort que l'autre... Je ne comprends pas bien tout ça... j'aimerais bien, mais je n'y arrive pas...

— Lorsque vous mourrez, qu'est-ce qui arrivera à votre âme ?

— Si je crois au Diable, c'est le Diable qui m'aura, si je crois à Dieu, c'est Dieu qui m'aura... je ne sais pas de quel côté j'irai... si le Diable continuera à me botter les fesses ou non... Vous savez, il m'a sacrément botté les fesses depuis le temps...

A cet instant, les gardes pénètrent dans la petite pièce. Fin de l'interview. En me quittant, Ottis Toole me déclare sa flamme et souhaite me donner sa bague de fiançailles. Je refuse poliment et il me demande de lui écrire. Il me répondra par des dessins et il m'enverra « une longue et gentille lettre ».

IX. LA POLÉMIQUE

75 meurtres ?

100 meurtres ?

150 meurtres ?

360 meurtres ?

Plus de 600 meurtres ?

1 000 meurtres ?

Pendant les dix-huit mois qui suivent son arrestation, Henry Lee Lucas a avoué un nombre de plus en plus élevé de crimes, dont certains relèvent uniquement de sa propre imagination. Certaines fois, il reconnaît être l'auteur d'assassinats qui se déroulent le même jour à des milliers de kilomètres de distance. Des dizaines de policiers d'Etats et de juridictions différentes viennent le rencontrer dans l'espoir d'élucider un grand nombre d'affaires non résolues. A cette époque, la liste de ces rendez-vous quotidiens est digne de celle d'un ministre. Comme Henry Lee Lucas est placé sous la responsabilité des Texas Rangers, ce sont eux qui gèrent tout ce cirque médiatique. Par la suite, les pauvres Texas Rangers ont subi de plein fouet toutes les critiques de journalistes, policiers et politiciens concernant le fiasco de l'enquête sur Henry Lee Lucas. On les a notamment accusés d'avoir involontairement fourni des renseignements à Lucas sur des dizaines de crimes non élucidés que celui-ci aurait ensuite « avoués » aux différents policiers qui venaient de tous les coins du pays pour l'interroger. Or, rien n'est plus faux quand on examine avec soin – comme j'ai eu l'occasion de le faire – les documents que les Texas Rangers fournissent aux policiers qui rendent visite à Lucas. On y lit entre autres choses un avertissement qui recommande aux visiteurs de questionner le prisonnier avec beaucoup de précautions et de ne pas se laisser manipuler en lui donnant trop d'informations. Ensuite, il y a une liste chronologique des déplacements connus de Lucas et des crimes qu'il a reconnus, mais où ne figure aucun détail ou preuve matérielle. Peut-être certains policiers ont-ils fait preuve de trop de zèle à « résoudre » certaines affaires qui traînaient dans leurs dossiers ? N'oublions pas qu'aux Etats-Unis de nombreux chefs de police locaux ou de shérifs sont élus et qu'il est par conséquent très utile de présenter aux électeurs un bilan positif. Dans cette triste affaire, les médias ont aussi joué un rôle important d'amplificateur. De nombreuses associations de victimes ou de parents anxieux de ne plus avoir de nouvelles de leurs enfants disparus ont fait pression sur les policiers et la justice pour qu'ils interrogent Lucas et résolvent ces disparitions. Lorsque Henry a été pris en flagrant délit de mensonge, en avouant par exemple deux meurtres dans des lieux séparés par plusieurs milliers de kilomètres (ce qui est arrivé à plusieurs reprises), les enquêteurs de ces diverses juridictions ont commencé à craindre de se voir couvrir d'opprobre par la presse, l'opinion publique ou des politiciens locaux. Aux Etats-Unis, on le sait, le coût des enquêtes et les frais de justice peuvent aisément s'élever à plusieurs centaines de milliers de dollars, ce qui constitue parfois un obstacle insurmontable pour bon nombre de forces de police locales aux budgets serrés. Ce fait m'a d'ailleurs été confirmé au téléphone par plusieurs inspecteurs sous le couvert de l'anonymat : Henry Lee Lucas les a convaincus de sa culpabilité dans plusieurs dizaines d'affaires en fournissant des détails précis que lui seul pouvait connaître. Policiers expérimentés, ils ne se sont pas laissé manipuler par le tueur et ont même tenté de le piéger à plusieurs reprises en lui donnant de fausses indications pour voir s'il allait mordre à l'hameçon. Ils m'ont expliqué qu'il leur aurait fallu de longues (et coûteuses) investigations pour corroborer les dires de Lucas par des preuves matérielles. Et comme de toute façon Lucas a déjà été jugé et condamné au Texas, ils ont préféré renoncer à la poursuite d'affaires délicates qu'ils ne sont pas certains de mener jusqu'au bout, avec le risque que celles-ci se retournent contre eux. C'est ce contexte politique particulier qui explique, en partie, toutes les polémiques qui ont entouré les confessions d'Henry Lee Lucas.

A l'image de celle organisée par le shérif Boutwell du 28 au 30 octobre 1980, plusieurs conférences réunissent des dizaines d'enquêteurs de tout le pays. En octobre 1983, à Monroe dans l'Etat de Louisiane, les policiers attribuent avec certitude à Ottis Toole et Henry Lee Lucas la responsabilité directe de 69 assassinats. En janvier 1984, une nouvelle réunion à Monroe fait monter ce total à 81 crimes puis, en mars 1985, des enquêteurs de plus d'une vingtaine d'Etats confirment 90 meurtres pour le seul Lucas et 108 autres commis avec la complicité d'Ottis Toole. Depuis son arrestation, Henry Lee Lucas a été jugé pour 9 assassinats et inculpé de 33 autres meurtres à travers le pays. En août 1984, il est emmené en avion pour une courte visite en Californie où il persuade les policiers locaux qu'il a commis 14 meurtres non résolus jusqu'alors. En janvier 1985, c'est en Louisiane que Lucas conduit des inspecteurs de La Nouvelle-Orléans sur les lieux de 5 nouveaux crimes. Trois mois plus tard, il convainc des enquêteurs de l'Etat de Géorgie d'avoir commis 10 meurtres supplémentaires.

Mais, deux semaines plus tard, le 15 avril 1985, une véritable tempête médiatique se déchaîne dans les médias sous l'égide de l'écrivain et journaliste Hugh Aynesworth. Un ami et auteur de plusieurs encyclopédies sur les serial killers aux Etats-Unis (*Hunting Humans*, *Serial Slaughter, Mass Murder,* etc.), Michael Newton, m'a expliqué les dessous de cette affaire peu ragoûtante. Aynesworth, par ailleurs signataire de plusieurs ouvrages intéressants sur Ted Bundy, publie dans le journal *The Dallas Times Herald* une série d'articles pour dénoncer cette enquête qu'il qualifie de « gigantesque canular ». Après leur parution et le scandale qui s'ensuit, Henry Lee Lucas commence à se rétracter et à nier avoir commis plus qu'un seul et unique crime, celui de sa mère ! Fin avril, il indique qu'il n'a assassiné ni Becky Powell ni Kate Rich, alors que la police détient des preuves matérielles trouvées sur les lieux où Lucas les a guidés.

Dès le départ, les Texas Rangers se sont montrés extrêmement méfiants à l'égard des aveux de leur prisonnier. Ainsi Lucas affirme avoir participé au massacre de Guyana perpétré par Jim Jones, le leader de la secte The People's Temple, ou qu'il a commis des crimes au Japon et en Europe alors que l'on sait avec certitude qu'il n'a jamais quitté le continent américain. Tout cela fait bien évidemment partie de la manipulation du serial killer qui, en multipliant les aveux, brouille les pistes, fait se multiplier les enquêtes et recule d'autant les décisions de justice à son égard (et d'éventuelles condamnations à mort). De plus, en raison du nombre considérable de visites qu'il reçoit, Henry Lee Lucas obtient quelques privilèges : une cellule plus spacieuse, du tabac à volonté (c'est un « serial smoker »), une télévision, etc. Par la suite, il affirme que c'est sous la pression qu'il s'est rétracté (il m'a confirmé la même chose lors de nos entretiens).

Selon Michael Newton, Aynesworth aurait délibérément détruit la crédibilité de Lucas parce qu'il n'a pas obtenu de contrat d'exclusivité pour raconter son histoire et ses aveux. Dans son premier article du 15 avril 1985, Aynesworth mentionne l'existence d'un contrat d'édition entre Lucas et un auteur de Waco qui aurait été signé à la fin du mois de juin 1983. Aynesworth a apparemment signé un contrat similaire avec le serial killer en novembre de la même année, accord rendu caduc par l'antériorité du précédent. En fait, c'est un troisième écrivain, le très croyant Max Call, qui publie la première biographie de Lucas avec le très rare *Hand of Death : The Henry Lee Lucas Story* en 1985. Furieux de s'être fait doubler, Aynesworth aurait alors sciemment jeté le discrédit sur Lucas. Dans ses articles, il ne se prive pas de fustiger les nombreux auteurs qui tentent « de faire du fric avec ce canular », en oubliant de citer son propre contrat avec Lucas. Il affirme avec force avoir eu connaissance de cette « farce » depuis octobre 1983. Mais, curieusement, deux faits indiscutables corroborent les affirmations de Michael Newton. Si, en octobre 1983, Hugh Aynesworth sait que Lucas est un plaisantin, pourquoi cautionne-t-il par sa présence, en septembre 1984, sur le plateau d'une émission de CBS, des extraits des confessions filmées du tueur ? Dans ce programme, on ne le voit jamais contester les aveux de Lucas. Autre fait troublant : en février 1985 – soit trois mois avant sa série d'articles dans le *Dallas Times Herald* – Aynesworth publie une interview de Lucas dans la revue *Penthouse* où il indique clairement que le serial killer a tué d'innombrables victimes sur tout le territoire américain.

Outre cette déontologie pour le moins douteuse, cette série d'articles contient un certain nombre d'erreurs factuelles. Citons quelques exemples, parmi beaucoup d'autres : selon Aynesworth, Lucas demeure en permanence aux côtés de sa fiancée Rhonda

Knuckles entre janvier et mars 1978, alors qu'une femme qui a survécu à une agression du tueur l'identifie clairement, ainsi que la plaque d'immatriculation de son véhicule qui figure dans le rapport de police, comme l'ayant traquée sur plus de trois cents kilomètres à travers les Etats du Nouveau-Mexique et du Colorado en février de cette année-là.

Depuis cette polémique et ces innombrables rebondissements, Henry Lee Lucas aurait dû être exécuté le 30 juin 1998 par injection létale dans l'Etat du Texas, lorsqu'il a été gracié – un fait exceptionnel dans cet Etat farouche partisan de la peine de mort – par le gouverneur George Bush Jr, fils de l'ancien président. Raison invoquée ? La confession de Lucas manquait de preuves, au point que le tueur publie la déclaration suivante dans un communiqué de presse :

« C'est un vrai miracle ! Je ne peux que remercier Dieu et ceux qui ont eu la force d'affronter la vérité. Je n'ai jamais tué cette victime. Tous ces aveux, je les ai faits pour sauver ma peau, en pensant que personne ne me croirait. L'unique personne que j'ai jamais assassinée, c'est ma mère. »

A cause du retentissement de cette affaire, l'Etat du Texas a ajouté le « meurtre en série » au registre des crimes qui sont passibles d'une exécution capitale, jusque-là réservée aux meurtriers qui ont commis un autre forfait (exemple : un hold-up qui se termine par la mort d'une victime ou un viol suivi d'un assassinat) et aux tueurs des représentants de l'ordre.

Le procureur Jim Mattox et divers policiers, tels que Jim Lawson du Nebraska, J.T. Duff de Géorgie ou des enquêteurs de Louisiane et de l'Arkansas, restent persuadés que la responsabilité d'Henry Lee Lucas est engagée pour une centaine de crimes au moins. Il semble difficile de croire que la mère de Lucas, Becky Powell et Kate Rich soient les trois seules personnes qu'il ait jamais tuées, surtout si l'on considère l'étendue considérable de ses voyages.

En tout cas, ces quinze dernières années, les différentes autorités judiciaires ou policières n'ont jamais inculpé d'autres suspects que Lucas et Toole pour aucun des crimes qui leur sont attribués. Dans l'état actuel des recherches, il est probable que nous ne connaîtrons jamais l'exacte vérité.

BIBLIOGRAPHIE

* Ouvrages entièrement consacrés à Henry Lee Lucas et/ou Ottis Toole :

— J.A. BLAUW : *Henry Lee Lucas – Feiten en fictie over Amerika's grootste seriemoordenaar* (1999).
— Stéphane BOURGOIN : *Henry Lee Lucas et Ottis Toole : La main de la mort*, Editions Méréal (1999).
— Max CALL : *Hand of Death : The Henry Lee Lucas Story* (1985).
— Mike COX : *The Confessions of Henry Lee Lucas* (1991).
— Murder Casebook n° 116 : *Visions of Murder – Henry Lee Lucas and the Zodiac Killer* (1992). Édition française avec cassette VHS racontée par Yves Rénier : *Henry Lucas – Portrait d'un tueur en série* (Affaires criminelles n° 2 ; 1995).
— Joel NORRIS : *Henry Lee Lucas : The Shocking True Story of America's Most Notorious Serial Killer* (1991).

* Ouvrages citant Henry Lee Lucas et/ou Ottis Toole :

Henry Lee Lucas est cité dans des dizaines d'encyclopédies ou dictionnaires de serial killers et crimes sexuels, depuis *Encyclopedia of American Crime* de Carl Sifakis, en passant par le *Murderer's Who's Who* de Gaute & Odell, *The Encyclopedia of Serial Killers* de Lane ou *The A to Z Encyclopedia of Serial Killers* d'Everett. Il serait fastidieux de les citer tous, aussi je me contenterais des principaux ouvrages :

— Stéphane BOURGOIN : *Serial killers – Enquête sur les tueurs en série*. Editions Grasset (1993 ; 1995 & 1999, édition revue et augmentée) & Livre de poche (1993).
— Nigel CAWTHORNE : « The Hand of Death » in *Satanic Murder* (1995).
— Bill G. COX : « The Worst Mass Murderer in History ! » in *Serial Murderers* d'Art Crockett (1990).
— Jennifer FURIO : *The Serial Killer Letters – A Penetrating Look Inside the Minds of Murderers* (1998).
— Brian MARRINER : « Henry Lee Lucas – American Gothic » in *A Century of Sex Killers* (1992).
— Joel NORRIS : « Henry Lee Lucas » in *Serial Killers – The Growing Menace* (1988) & « The Ballad of Henry Lee Lucas » in *Walking Time Bombs* (1992).
— Tom PHILBIN : *Murder US.A.* (1992).
— Colin & Damon WILSON : *A Plague of Murder – The Rise and Rise of Serial Killing in the Modern Age* (1995).

FILMOGRAPHIE

HENRY : PORTRAIT OF A SERIAL KILLER

USA. 1986. 87 minutes.
Réalisateur : John McNaughton
Producteur : John McNaughton, Lisa Dedmond & Steven A. Jones pour Maljack Productions
Producteurs exécutifs : Waleed B. Ali & Malik B. Ali
Scénario : Richard Fire & John McNaughton
Photo : Charles Lieberman
Musique : Robert McNaughton avec la participation de Ken Hale & Steven A. Jones
Direction artistique : Rick Paul
Costumes : Patricia Hart
Montage : Elena Maganini
Maquillage : Berndt Rantscheff
Interprètes : Michael Rooker (Henry), Tracy Arnold (Becky), Tom Towles (Otis), David Katz, Mary Demas, Anne Bartoletti, Elizabeth Kaden, Ted Kaden, Denise Sullivan, Anita Ores, Megan Ores, Cheri Jones, Monica Anne O'Malley, Bruce Quist, Erzsebet Sziky, John Scafidi, Benjamen Passman, Flo Spink, Kurt Naebig, Kristin Finger, Lily Monkus, Ray Atherton, Eric Young, Rick Paul, Peter Van Wagner, Tom McKearn, Frank Coranado, Lisa Temple, Brian Graham, Pamela Fox, Waleed B. Ali, Donna Dunlap.

HENRY : PORTRAIT OF A SERIAL KILLER PART 2

USA. 1996. 88 minutes.
Réalisateur : Chuck Parello
Producteurs exécutifs : Waleed B. Ali & Malik B. Ali pour H-2 Productions
Producteur : Thomas J. Busch
Scénario : Chuck Parello
Photo : Michael Kohnhorst
Musique : Robert F. McNaughton
Direction artistique : Rick Paul
Décorateur : Angela Howard
Costumes : Patricia L. Hart
Montage : Tom Keefe
Maquillage : Art Anthony

Casting : Suzanne Gardner
Interprètes : Neil Giuntoli (Henry), Rich Komenich (Kal), Kate Walsh (Cricket), Carri Levinson (Louisa), Daniel Allar (Rooter), Penelope Milford, Mike Houliman, James Otis, Rich Baker, Bill Pirman, Jr., Larry Calicchio, Sam Saletta, Don Rimgale, Kathleen Perkins, Miles Stroth, Marlon Newson, Marco Santucci, Rich Wilkie, Kevin Hurley, Kevin Sorensen, Leslie Zang, Kam Heskin, Richard Henzel, Fran Smith.

Véritable ovni cinématographique, *Henry : Portrait of a Serial Killer* est une authentique expérience dont on ne peut pas sortir indemne. C'est un film que l'on admire mais qu'il est impossible d'aimer, tellement ses trois protagonistes sont tous plus odieux les uns que les autres. Malgré l'utilisation des prénoms réels de Henry, Otis (avec un seul « t ») et Becky, le film est une fiction réaliste qui ne cherche pas à rester fidèle à la véritable histoire de Henry Lee Lucas, Otis Toole et Becky Powell, ainsi que l'affirme John McNaughton ; l'idée du film lui est venue d'un entretien avec Lucas auquel il a assisté à la télévision. La mise en scène, je dirais même la mise en abîme, de John McNaughton nous enferme dans le quotidien « banal » de Henry, un tueur en série sans états d'âme, et de son complice Otis. Une séquence particulièrement atroce, celle où les tueurs revoient au ralenti et en buvant une bière, les « meilleurs moments » du massacre d'une famille filmée au camescope, nous interpelle et nous renvoie, nous spectateurs, à notre rôle de voyeurs. Cette scène est aussi une sorte d'hommage à l'admirable *Voyeur* de Powell et Pressburger, réalisé en 1960.

Tourné en 16 mm avec un budget dérisoire en 1986, mais bloqué pendant près de quatre ans en raison des faillites successives de ses producteurs et distributeurs, *Henry : Portrait of a Serial Killer* devient petit à petit un film culte grâce au circuit des séances de minuit à travers les Etats-Unis.

Reconnu à sa juste valeur, notamment par des cinéastes aussi prestigieux que Martin Scorsese, le film permet à John McNaughton de tourner quelques productions plus importantes comme *Mad Dog*, produit par Scorcese, ou *Sex Crimes* et à Michael Rooker, l'interprète de Henry, de décrocher des rôles dans des gros budgets hollywoodiens tels que *JFK* ou *Mississippi Burning*. Mais ces deux réalisations sont loin d'atteindre la puissance de *Henry* et ce n'est qu'avec une nouvelle production indépendante, *A Normal Life*, que McNaughton retrouve la grande forme. Diffusé en avril 1999 sur Cinestar et inspiré d'un fait-divers réel, *A Normal Life* explore, en flashback, la chute d'un flic qui plonge dans le crime pour l'amour d'une femme déséquilibrée. Signalons que *Henry : Portrait of a Serial Killer* était devenu un film difficile à voir malgré une diffusion vidéo par René Château, avant que Jean-Pierre Dionnet ait le courage de le diffuser pour la première fois à la télévision dans son émission « Quartier interdit », sur Canal Plus. Il a depuis bénéficié d'une splendide édition collector en DVD chez Opening où figurent de nombreux bonus, notamment des extraits de mes entretiens avec Ottis Toole ; l'édition simple de ce DVD ne comprend pas tous ces bonus.

Filmé dix ans plus tard, *Henry 2* est une pâle coquille vide du précédent, financé par les producteurs du film de McNaughton. Seuls rescapés du premier, Robert McNaughton, Rick Paul et Patricia Hart retrouvent respectivement leurs postes d'auteurs de la musique, des décors et des costumes. On y suit les tribulations, d'abord solitaires, de Henry, interprété par le médiocre et bedonnant Neil Giuntoli, qui fait une brève référence à la mort de Becky et Ottis. Le film démarre, comme le premier, par de lents travellings sur plusieurs des victimes de Henry, avant de le voir à l'œuvre sur une femme qu'il achève à coups de barre de fer, après un laconique « No more questions ». Marginal, Henry se déplace au gré des refuges de miséreux et des distributions de soupes populaires, où il côtoie notamment un SDF qui veut lui faire l'amour. Il échoue finalement dans une petite ville sinistre et pluvieuse de l'Illinois. Il trouve un emploi dans une entreprise de location de toilettes mobiles (« un travail de merde ! » s'exclame un des personnages) dirigée par Rooter, Kal et son épouse Cricket. Henry est hébergé par Kal, où il rencontre Louisa, la sœur de Cricket, timide jeune fille qui enseigne le dessin dans une école pour handicapés.

En visitant la cave de son hôte, Henry se rend compte que Kal et Rooter sont des pyromanes professionnels qui gagnent beaucoup d'argent avec des escroqueries à l'assurance. Bientôt, Henry travaille pour eux et montre ses aptitudes à éliminer des témoins gênants – deux drogués surpris dans un entrepôt désert qu'ils doivent incendier. Petit à petit, il entraîne Kal dans sa spirale meurtrière et le duo commet des crimes gratuits : un SDF qui les importune en voulant nettoyer le pare-brise de leur véhicule ou un pompiste.

Persécutée par les enfants du voisinage, Louisa tombe amoureuse de Henry qui paraît s'intéresser aux peintures macabres qu'elle exécute. Ils dorment ensemble, mais Henry refuse de s'impliquer dans leur idylle : « Je suis un homme mauvais. Tu ne t'en rends pas compte », explique-t-il. Fragile, Louisa se suicide devant Kal, Cricket et Henry, lorsque ce dernier refuse de partir avec elle. Après avoir assassiné un couple, dont il tranche la tête, Henry tue Rooter d'un coup de tournevis dans la narine, puis il se débarrasse de Kal et de Cricket. Après avoir mis le feu à leur maison, il s'enfonce dans la nuit, probablement vers d'autres meurtres pour le *Henry 3* qui est déjà annoncé (mais n'est toujours pas tourné à ce jour).

CONFESSIONS OF A SERIAL KILLER

USA. 1987. 90 minutes.
Réalisateur & scénario : Mark Blair
Producteur exécutif : Frank Y. Smith
Producteur : Cecyle Osgoode Rexrode. A Cedarwood Production pour Concorde Pictures
Photo : Layton Blaylock
Musique : William Penn
Direction artistique : Robert A. Burns
Décorateurs : Gregory Cundiff & John Frick
Costumes & maquillage : Estreya Kesler
Montage : Sheri Galloway
Effets spéciaux : Greg Stouffer
Interprètes : Robert A. Burns (Daniel Ray Hawkins), Dennis Hill (Moon Lewton), Berkley Garrett (le shérif Will Gaines), Sidney Brammer (Molly Lewton), Dee Dee Norton (Monica Krivics), Ollie Handley (Dr Earl Krivics), Demp Toney (Doris Simpson), Eleese Lester (l'automobiliste en panne), Lainie Ferrante (Karen Grimes), Colom Keating (l'inspecteur Barnes), Dayna Blackwell (l'auto-stoppeuse), John Browning (Dr Spivey), Carla Edson, Gene Grottke, Brady Coleman, Julius Tennon, Ann Kozak, Keith Montgomery, Ted Crum, Jill Parker-Jones, Stephanie Wing, Monica Combs, Jane K. Smith, Bill Boyd, Estreya Kesler.

Quasi inconnu aux Etats-Unis et en Europe, cet excellent film à petit budget, entièrement tourné dans le Texas, est le plus fidèle sur le cas de Henry Lee Lucas, Ottis Toole et Becky Powell qui deviennent ici Daniel Ray Hawkins, Moon et Molly Lewton.

Une voiture roule dans la nuit. A son bord, Daniel Ray Hawkins, un petit homme rabougri et moustachu, portant de grosses lunettes, fume cigarette sur cigarette tout en écoutant de la country music. Son intérêt s'éveille lorsqu'il aperçoit une jeune femme près de son véhicule en panne. Il lui propose de la déposer dans un garage, mais son comportement inquiète la femme qui cherche à fuir. Peine perdue : la portière côté passager ne peut pas s'ouvrir. Hawkins lui tranche la gorge. Fin du prégénérique.

Nous sommes maintenant le 4 juin 1987, dans une salle d'interrogatoire où le shérif Gaines questionne Hawkins qui accepte de parler si l'on est « gentil » avec lui. Par le biais de flash-back successifs, il évoque sa vie criminelle : son premier crime à quinze ans dont la victime est une prostituée, son enfance où lui et sa sœur assistent aux soirées de débauche de leur mère devant un père en fauteuil roulant qui finit par se suicider. Puis, lorsqu'il travaille comme déménageur, c'est la rencontre avec Moon Lewton qui devient son amant. Tous les deux se mettent à assassiner ensemble avant d'être rejoints par Molly, la sœur de Moon, qui participe à leurs crimes.

En guise de « souvenirs », Hawkins prend des Polaroïd de ses différentes victimes qu'il garde dans des cartons à chaussures enfermés dans le casier d'une garde routière. Pendant leurs errances, ils font la connaissance du Dr Krivics qu'ils aident à changer un pneu crevé ; au moment où ils s'apprêtent à le tuer, le passage d'une voiture de police les empêche de passer à l'acte. Reconnaissant de leur coup de main, Krivics les engage pour travailler sur sa propriété où il vit avec sa fille Monica et son assistante Doris Simpson. Le trio meurtrier s'installe dans une grande pièce située au-dessus du garage où ils continuent à amener des victimes pour les torturer et les assassiner. Mais Moon en a assez de cette existence sédentaire et il prend la route pour se faire arrêter à Baton Rouge, en Louisiane.

Pendant ce temps, Molly tue Doris Simpson qui a trouvé des trophées macabres dans leur chambre. Les événements se précipitent lorsque Daniel Ray Hawkins assassine successivement un policier, Molly et Monica, la fille du Dr Krivics. La nuit venue, il est stoppé pour un contrôle de routine et les policiers découvrent dans le coffre un sac qui contient la tête de Molly. Retour à la salle d'interrogatoire où Daniel Ray Hawkins dévore avec appétit un énorme hamburger, tout en fumant. Il s'adresse au shérif Gaines : « Je voulais pas tuer Molly. J'espère que Moon m'en voudra pas. Est-ce que je pourrais avoir un autre milk-shake au chocolat ? » Fin du film.

L'acteur qui interprète Daniel Ray Hawkins, Robert A. Burns, est plus connu pour son rôle de décorateur et de directeur artistique sur un certain nombre de films fantastiques indépendants tels que *La colline a des yeux* de Wes Craven ou *Massacre à la tronçonneuse* de Tobe Hooper ; un clin d'œil cinéphilique est d'ailleurs adressé à ce film puisque Robert Burns dépèce une de ses victimes avec une tronçonneuse.

L'OGRE DE SANTA CRUZ

I. LA FIN DU CAUCHEMAR (23 AVRIL 1973)

Il se sent à cran ; cela fait plus d'une trentaine d'heures qu'il roule sans s'arrêter ou presque. Pas de nourriture, il n'en éprouve pas le besoin, juste des sodas, et il reste éveillé grâce à des tablettes de No-Doz, riches en caféine. La route du désert défile, interminable et monotone. Il est au Colorado, à plus de deux mille kilomètres de chez lui. Il sourit à cette pensée. « Chez lui. » Est-il encore « chez lui », après ce qui s'y est passé. Ce qu'il a fait. La radio est allumée en permanence et il attend les bulletins d'informations. Toujours rien. Aucune nouvelle de Santa Cruz. Pourquoi ? Il a pourtant laissé une lettre sur place. Il est partagé entre deux sentiments – la peur d'en finir avec la police et une forte déception que personne ne semble s'intéresser à lui.

Il appuie sur l'accélérateur et jette un coup d'œil dans le rétroviseur. Pas de voiture de patrouille. Il a toujours adoré conduire vite, même si cela lui a parfois causé des problèmes, comme ces accidents de moto ; du coup, il a dû porter un plâtre sur son bras cassé. Et pour certains actes, cela s'est révélé gênant.

Surtout quand il fallait couper des têtes...

Comme toujours, la vitesse lui donne un sentiment de puissance, c'est à la fois merveilleux et excitant, cela a quelque chose d'érotique. Dans sa coquille d'acier, il se sent invulnérable. Il fait corps avec la machine. Dehors, il n'est peut-être pas grand-chose, mais dans l'habitacle, il règne en maître absolu. Derrière ses lunettes rondes cerclées d'acier, ses yeux rougis par le manque de sommeil brillent d'une lueur d'excitation. Un regard qui ressemble à celui du pyromane qui se délecte avec fascination de sa dernière création, qui voit les flammes consumer un immeuble rempli de fourmis humaines hurlant de terreur.

Malgré tout, il est soulagé car, d'une façon ou d'une autre, tout sera bientôt terminé. Il y a deux jours encore, il était affreusement crispé, au bord de l'explosion. Ce qui s'est passé avec sa mère l'a libéré d'un poids énorme. Il sourit même. Il n'a pas bu une goutte d'alcool depuis deux jours, depuis ces quelques bières au Jury Room, avant son départ de Santa Cruz le dimanche de Pâques, à dix heures du matin. Il a pris la voiture de Sally Hallett, l'amie de sa mère. Après tout, elle n'aurait plus jamais besoin de sa voiture, là où elle était. Il l'a mise au rebut, dans le placard, chez sa mère. Quand il quitte la ville, il se dirige vers l'est, à Sacramento, où il fait le plein. Puis, c'est Reno, dans le Nevada. Il pense un moment se rendre sur le campus de l'Université du Nevada. Il a toujours aimé les campus, on peut toujours y faire des rencontres intéressantes. Un petit tête-à-tête amoureux ; il rigole de sa propre blague. Il doit se débarrasser de la voiture. Il la dépose chez un garagiste Texaco sous le prétexte d'une révision des circuits électriques, et il indique à l'employé qu'il viendra la chercher dans quelques jours. Dans un bureau de Hertz, il loue un autre véhicule. Il n'a pas oublié d'y cacher toutes les armes à feu qu'il transporte avec lui.

Ce qui s'est déroulé avec sa mère l'a mis au régime sec, lui qui buvait tant ces derniers temps. Il devrait peut-être breveter son régime. Il a toujours eu beaucoup d'humour, même dans les situations les plus extrêmes. Un humour noir, très noir même, pour ne pas dire macabre, comme la fois où il a enterré cette tête dans le parterre de fleurs sous la fenêtre de Maman.

Au bout d'un peu plus de dix-sept heures de conduite quasi ininterrompue, il se fait arrêter par un motard de la route pour excès de vitesse. Sa carabine se trouve sur la banquette arrière, dissimulée sous une couverture. Mais, encore une fois, son attitude extérieure ne laisse rien deviner de ses émotions. Le policier se contente de lui dresser une contravention : il a le choix entre régler tout de suite 25 dollars en liquide ou passer le lendemain au tribunal. Il se décide pour un règlement immédiat et le policier l'accompagne jusqu'à la boîte aux lettres la plus proche pour effectuer son envoi d'argent liquide. Cela lui sert de leçon. Glacé de terreur, il décide de conduire en dessous de la vitesse autorisée. Ses sentiments sont ambigus. D'un côté, il veut en finir au plus vite, si possible après avoir tué plusieurs flics et se faire descendre mais, au fond de lui-même, il sait qu'il a toujours détesté toute forme de confrontation physique. Malgré sa stature – plus de deux mètres dix et environ cent cinquante kilos – il n'a jamais été bagarreur ni très courageux ; il fait preuve d'une grande lâcheté. Et, comme tous les lâches, il s'attaque aux autres uniquement quand il sait qu'il aura le dessus. Que doit-il faire, à présent ?

Un vent de panique s'empare de lui. Les événements des dernières heures se bousculent dans sa tête. Il pense à sa mère. Le fait de lui avoir coupé la tête ne le dérange pas plus que cela ; après tout, elle n'est pas la première à qui ça arrive ! De plus, elle était déjà morte. Lui qui a tant lu la Bible pendant son emprisonnement, au point de s'identifier énormément au personnage de Job, il voit dans le destin de sa mère la main de Dieu. C'est même beaucoup plus qu'un symbole, quand il y réfléchit :

« Cette main, c'est la main gauche du Seigneur. J'ai toujours considéré ma mère comme un être formidable, quelqu'un de très féroce et sinistre. Elle a toujours eu une grande influence sur ma vie. Quand elle est morte, j'ai été très surpris de constater que son décès ressemblait à celui de toutes mes autres victimes. A quel point elle était vulnérable et humaine. C'est quelque chose qui m'a beaucoup marqué et qui me choque encore aujourd'hui. La main gauche du Seigneur est celle qu'il utilise pour punir. Et moi, fils coupable et gaucher, je coupe la main gauche de ma mère. Il y avait là de quoi me faire flipper, non ? »

Il continue son chemin vers l'est du Colorado. Les bulletins d'infos ne parlent toujours pas de lui, il se demande s'il ne s'agit pas d'un piège, d'un black-out médiatique volontaire orchestré par le F.B.I. Pour rester éveillé, il augmente les doses de No-Doz, à raison de trois toutes les demi-heures. Dans la nuit noire, il arrive dans la petite ville de Holly, dont le nom évoque à nouveau un sentiment religieux (« holy » signifie « saint » ou « sacré »), il a l'impression de faire son propre chemin de croix, étape par étape :

« Je suis épuisé. Je me sens même au-delà de tout sentiment d'épuisement. C'est l'adrénaline qui me pousse à continuer ma route. Mon corps tremble de façon incontrôlable par moments et mon cerveau commence, petit à petit, à s'effilocher. J'ai l'impression de perdre tout contrôle et que n'importe quel incident peut me faire perdre la tête. Et j'ai peur de ce qui pourrait alors arriver. Jamais je n'ai perdu à ce point le contrôle de ma propre existence. J'hallucinais. Je ne vois pas des choses qui n'existent pas, non, ce n'est pas ça, mais j'imagine qu'il se passe des événements qui, en fait, ne se déroulent pas. Normalement, lorsqu'il m'arrive de conduire trop longtemps, j'ai des hallucinations visuelles. Cette fois-ci, elles sont de nature émotionnelle et mentale. J'étais complètement à bout.

« Puis j'ai eu une idée. Il faut que je stoppe tout ça, maintenant, avant de perdre définitivement les pédales. Je refuse d'endosser la responsabilité de tout ce qui pourrait se dérouler à partir de cet instant. Je sais qu'il va se passer quelque chose, mais quoi ? je l'ignore, mais ce ne sera rien de bon, j'en suis sûr. Et cela ne me dit rien qui vaille. J'ai donc eu l'idée d'un appel longue distance au lieutenant Charles Scherer du Santa Cruz Police Department, sachant qu'il m'est impossible d'attendre jusqu'au lendemain matin. Je veux juste lui dire où je me trouve et discuter d'un arrangement afin que je me rende. Et si les conditions ne me plaisent pas, c'est bien simple, je continue. »

Il est environ 23 heures au commissariat de Santa Cruz, ce 23 avril 1973, lorsqu'un premier appel de Pueblo, dans le Colorado, vient troubler la quiétude de l'officier de service Andrew Crain.

— Officier Crain, Santa Cruz Police Department. En quoi puis-je vous aider ?

Des pièces de monnaie cliquettent dans la cabine téléphonique. L'opératrice indique à l'interlocuteur qu'il peut parler.

— Pourrais-je parler au lieutenant Scherer. Il me cherche.

— Qui est à l'appareil ?

— Je ne vous le dirai pas. C'est pas une blague. Il me cherche et je veux lui parler.

— Je dois lui dire qui l'appelle. (Scherer n'est pas de service au commissariat, ce soir-là.)

— Dites-lui que c'est au sujet d'une affaire qui le préoccupe. Vous pouvez lui dire ça, s'il vous plaît ? Ce n'est pas une blague et j'ai vraiment besoin de lui parler tout de suite. Je vous rappelle d'ici une demi-heure, ou une heure, tout au plus. Qu'il soit présent.

L'homme marmonne quelque chose que Crain ne peut pas saisir, car la communication est mauvaise.

— Vous pouvez me répéter la dernière phrase ?

Quelques secondes de silence qui s'éternisent.

— Co-eds (ce terme se traduit par étudiantes). Vous voyez ce que je veux dire ? Qu'il soit là quand je rappellerai. C'est à lui que je veux parler.

— Est-ce qu'il y a un numéro où le lieutenant Scherer pourrait vous joindre ?

— Non. Ce n'est pas un jeu. Je veux lui parler et qu'il fasse quelque chose.

— Vous ne pouvez pas me donner un nom ?

— Non !

— Si vous ne me donnez pas quelque chose de concret, je ne vais pas le réveiller pour rien.

— Dites-lui que ce n'est pas une blague. (La voix est anxieuse.) Ce n'est pas des conneries. Okay ?

— Il me faut quelque chose de concret, répète Andrew Crain.

— Okay, Andy. Ed Kemper. C'est moi qu'il cherche. Je suis à deux doigts de faire des tas de choses. Et personne d'autre que moi ne peut l'empêcher. Okay ? Je veux lui parler.

— Okay. Vous allez rappeler dans combien de temps ?

— Ah, merde ! Il est quelle heure, là-bas ?

— 23 h 34 pile.

— Oui. Ici, il est 0 h 34, et c'est justement là le problème. Je vais rappeler dans... Il habite loin du commissariat ?

— A un kilomètre environ.

— Okay.

— Il est maintenant 23 h 36.

— Ouais. Je ne voulais pas te donner mon nom, Andy. Non, vraiment pas. Toute cette merde doit maintenant s'arrêter au plus vite.

— Okay, je lui dirai.

— Okay.

— Merci.

Quand le téléphone sonne à nouveau, il est 1 heure, ce 24 avril, et c'est l'officier Glenn Toriumi qui prend la communication. L'opératrice annonce un appel en PCV pour le lieutenant Charles Scherer.

— Le lieutenant Scherer n'est pas là. Il ne sera là qu'à 9 heures du matin. Il est parti en voyage.

Une voix d'homme intervient :

— Puis-je lui parler ?

— Je ne peux pas accepter d'appels en PCV. Si vous souhaitez parler au lieutenant Scherer, je vous répète qu'il faut attendre 9 heures.

L'opératrice annonce alors qu'elle va mettre un terme à la communication.

— Attendez une seconde ! Attendez une seconde !

— Excusez-moi, monsieur, mais j'ai un appel d'urgence.

Et Glenn Toriumi raccroche sans attendre de réponse.

Il est 5 heures du matin quand Kemper fait une nouvelle tentative, toujours depuis Pueblo.

— Officier Brown à l'appareil. Le lieutenant Scherer n'est pas là. C'est à quel sujet ?

Kemper se met à hurler dans l'appareil.

— Les meurtres de co-eds !

— Comment ?

— Les meurtres de co-eds !

— Les meurtres de co-eds ? (Brown semble incrédule.)

Kemper se répète à nouveau, de crainte que la mauvaise qualité de la communication n'ait empêché le policier de comprendre.

— Ouais, j'ai compris. (Brown fait signe à un collègue de décrocher son appareil.) Où êtes-vous ?

— A Pueblo, dans le Colorado. Je veux que la police vienne me chercher.

— Vous êtes à quelle adresse ? C'est votre domicile ?

— Non... J'habite à Aptos.

— Et vous êtes à Aptos, en ce moment ?

— Non ! hurle Kemper. Je suis au Colorado.

— Quel est votre nom ?

— Ed Kemper.

— Vous êtes où exactement, Ed ?

— Ecoutez, ça fait maintenant trois jours que je roule sans m'arrêter. Je suis sur le point de craquer nerveusement...

Conner, le collègue de Brown, l'interrompt :

— D'accord. Nous voulons juste savoir où vous vous trouvez pour vous envoyer quelqu'un.

— Ouais. Okay. C'est ça que je veux.

Conner lui suggère de quitter la cabine un instant pour lui indiquer le nom de la rue.

— Je suis au coin de la 21e Rue et Norwood Avenue, à Pueblo. Je suis au volant d'une voiture que j'ai louée à Reno : une Chevy 73, verte, une Impala. La plaque d'immatriculation est WBM-397.

— Okay, Ed, merci.

— Ouais. Eh bien, je voulais juste dire à Scherer que cela concernait huit personnes...

— Ça concerne huit personnes ?

— Pas où je suis. Il y a huit personnes qui sont mortes.

— Hé, Ed, s'exclame Conner. Pendant que nous continuons notre conversation, on va être obligé de t'envoyer quelqu'un.

— Ouais. Faites vite, nom de Dieu de merde, parce que j'ai plus de deux cents cartouches dans le coffre et trois flingues. Et je n'ai pas envie d'y toucher.

Au contraire d'Andrew Crain ou d'autres officiers de police, Kemper ne connaît pas personnellement le lieutenant Scherer, mais il sait par la lecture assidue des journaux que c'est lui qui mène l'enquête de terrain sur les meurtres des jeunes étudiantes autour de Santa Cruz. Il l'a vu en photo et trouve qu'il ressemble à John Wayne, comme le père de Kemper.

A la fois pour garder Kemper en ligne, au cas où il changerait d'avis et déciderait de s'enfuir, et pour s'assurer qu'ils n'ont pas affaire à un plaisantin, les policiers de Santa Cruz lui posent différentes questions :

— Donnez-moi plus de détails sur certains des crimes. Okay ?

— Vous voulez avoir quelques détails supplémentaires ? C'est ce que je voulais faire avec Scherer, il aurait su que je racontais pas de conneries.

— D'accord. Je vous écoute.

— Okay, les deux filles de U.S.C... Okay ?

— Ouais.

— Okay, Rosalind Thorpe. Ils n'ont rien dit sur ce qu'il a découvert, mais elle avait encore certains de ses vêtements. Un pantalon pattes d'éléphant en feutre noir qui se ferme avec des boutons et son slip. Voilà, peut-être un soutien-gorge, mais je n'en suis plus très sûr. Okay ?

— Et Cindy Schall ? demande Conner.

— Alice Liu ?

Kemper est hésitant, mais il a peut-être mal compris la question car la communication téléphonique est toujours de mauvaise qualité.

— Non, Cindy, répète Conner.

— Je vous dis qu'il y en a six, dont Cindy Schall dont vous me parlez. Et depuis ces samedi et dimanche, il y en a deux de plus, avec ma mère et une de ses amies.

— Où habitent-elles ?

— Aptos.

— On les a déjà trouvées ?

— Non. Et c'est pour ça que j'ai téléphoné la nuit dernière, avant que ces foutus flics me disent de rappeler ce matin à 9 heures.

— Les corps se trouvent à quelle adresse à Aptos ?

Kemper semble excédé et son ton de voix frôle l'hystérie. Il est visible qu'il a beaucoup de mal à garder son calme :

— Je me tue à vous répéter que j'en ai marre ! Je suis à deux doigts de vous dire d'aller vous faire enculer et de me tailler. J'essaie d'arrêter tout ça, mec. Nom de Dieu ! Attendez...

— Okay, calmez-vous, déclare Conner. Okay ?

— Je ne peux pas me calmer. Je ne vais pas raccrocher, mais je ne peux pas me calmer. Je suis à bout de nerfs. Pas à cause de drogues ou de quoi que ce soit d'autre. Ça fait trois jours que je ne dors pas. J'ai comme une crise de nerfs, mais c'est pas parce que je me rends.

— Ed, ta mère, elle vit où ?

— 609 A Ord Drive. O-R-D. Attention, ce n'est pas facile à trouver. Il y a plusieurs maisons à la même adresse. Vous devriez envoyer le sergent Mike Aluffi. Il connaît la maison, il y a été récemment. Je vous dirai où chercher. Et vous verrez que je ne vous raconte pas d'histoires.

— C'est Ord, le nom de la rue ?

— 609 A Ord Drive.

— Qui se trouve à cette adresse ?

— Ma mère et son amie, Sally Hallett. Ou plutôt, leurs cadavres, devrais-je dire. Ma mère s'appelle Clarnell Strandberg. Elle travaille pour l'université, tout comme sa copine. Samedi, j'ai pété les plombs et tué ma mère. Et dimanche, cette amie s'est pointée... non, excusez-moi, c'était samedi soir... et je l'ai tuée, elle aussi. Dimanche, j'ai pris toutes mes armes et je me suis tiré.

— Okay !

— Voyez-vous, ce que je veux vous dire, c'est qu'il y a eu une cassure à un moment donné. Je suis incapable de vous expliquer ce qui cloche en moi. Mais, tout d'un coup, j'ai eu cette grande idée, tout le monde pense que tout est cool et puis je me casse et qu'ils aillent tous se faire enculer, je conduis jusqu'à ce que je tombe d'épuisement... et c'est à ce moment-là que je vais me déballonner, okay ? (Kemper a du mal à s'exprimer et il semble de plus en plus incohérent.) Pendant que je roule jour et nuit, je lis dans les journaux qu'un type a fait comme moi en Idaho, un autre à Los Angeles, bon Dieu ! Alors, vous savez, la nuit dernière, ça m'a pris tout d'un coup et j'ai téléphoné pour me rendre. Et ils m'ont dit de rappeler ce matin quand Scherer reprendrait son service !

— Ouais, ils ont probablement essayé de vous mener en bateau pour se débarrasser de vous, ce qu'ils n'auraient jamais dû faire.

— Je pense qu'Andy Crain a dû penser que j'étais soûl ou que je lui racontais des conneries. (...) J'arrive pas à croire que vous m'ayez pas encore descendu. Surtout que j'étais en train de m'enfuir.

— Vous pouvez vous décrire ? demanda Conner.

— Deux mètres dix pour environ cent trente kilos.

— Vous avez quel âge ?

— Vingt-quatre ans. Et à présent que je vous ai tout raconté... Oh, merde ! D'habitude, je suis un peu plus cohérent que ça, croyez-moi. J'ai essayé de dormir, la nuit dernière. Ils m'ont dit de rappeler ce matin et je me suis allongé pendant six heures. Je ne m'en suis même pas rendu compte. J'avais l'impression que j'étais en train de me désintégrer. C'est comme si je perdais tout contrôle et ça ne m'est jamais encore arrivé, au point de ne plus savoir ce qui se passait. Et si ça devait m'arriver, avec toutes ces armes... J'espère que vous notez certaines des choses que je vous raconte.

— Tout à fait. Et c'est pour ça qu'il me faut un peu de temps.

— Pour être sûr de ne pas vous tromper lorsque vous irez au 609 A Ord Drive, j'ai oublié de vous mentionner qu'il s'agit du seul duplex vert du pâté de maisons. J'ai tout fermé à clef et toutes les clefs sont en ma possession. Mais il suffit au sergent Aluffi de pénétrer par l'arrière-cour, où il y a un grand portail. Un double des clefs est enterré dans les herbes près de ce portail. D'ailleurs, ce n'est pas la seule chose que j'y ai enterrée...

— Comment avez-vous tué votre mère ? s'enquit Conner.

— Avec un marteau. Ne vous faites pas de mouron, je ne vous cacherai rien. Je veux coopérer. Mais il faut absolument que vous veniez me chercher.

— Okay. En ce moment même, une voiture de patrouille est en route. Ils ne devraient plus tarder, maintenant.

— Lorsque vous entrerez dans la maison, allez directement dans la plus grande pièce, c'est la chambre à coucher de ma mère. Il y a deux placards. L'un des deux a des portes coulissantes en bois. Le corps de ma mère est dans l'autre, caché à l'abri derrière des vêtements.

— Okay, c'est noté. Et celui de son amie ?

— Elle est dans l'autre placard, le plus haut des deux, qui va du sol au plafond. Il faut que vous déplaciez un grand bureau pour atteindre le côté où elle se trouve, et son nom est Sara Taylor Hallett. Tout le monde l'appelle Sally, elle aussi travaille à l'université.

Au moment où Kemper s'apprête à parler des deux étudiantes de l'Université de Californie du Sud, il s'interrompt brusquement pour s'exclamer :

— Les voilà ! Whouah ! Il me braque avec son flingue !

— Passez-le-moi, indiqua Conner.

Le jour ne s'est pas encore levé en ce matin du 24 avril 1973 lorsque le sergent Mike Aluffi se trouve de nouveau devant lc 609 A Ord Drive, à Aptos, où il a rendez-vous avec un autre officier de police, le sergent Brook. Au lieu de se rendre directement à la maison verte, les deux policiers réveillent quelques voisins pour savoir si ces derniers jours ils ont aperçu Mme Strandberg. Tous répondent par la négative, ce qui est plutôt inhabituel pour une femme aussi active. Du coup, ils ne perdent pas de temps à chercher le double des clefs enterré près du portail et brisent une vitre à l'arrière de la maison pour pénétrer à l'intérieur. Une odeur caractéristique les assaille sur-le-champ. Une odeur que des policiers aussi expérimentés ont appris à reconnaître tout de suite.

L'odeur de la mort.

Dans la chambre de Mme Strandberg, ils ouvrent le premier placard : sous un vêtement, une tache de sang et des cheveux confirment leurs soupçons. Avant de contaminer la scène de ce qu'il faut maintenant appeler un crime, ils préviennent des techniciens de l'identité judiciaire, ainsi qu'un médecin légiste. Dans les heures qui suivent l'examen de la maison et pendant que Kemper est emmené à la prison de Pueblo, le sergent Mike Aluffi a mis sur pied un « comité d'accueil » qui s'envole pour le Colorado à 14 heures ; il comprend Aluffi, le lieutenant Charles Scherer, si cher au cœur de Kemper, le district attorney Peter Chang et son assistant Richard Verbrugge.

C'est les menottes au poing qu'Edmund Kemper reçoit ses visiteurs dans un minuscule bureau du commissariat de Pueblo. On lui lit ses droits, le fameux « Miranda Rule » qui date de 1966 et qui lui accorde la possibilité de rester silencieux ou d'avoir un avocat présent pendant son interrogatoire. D'un geste impatient, le géant de Santa Cruz écarte ce qu'il considère comme des broutilles.

Le magnétophone est enclenché, l'interrogatoire commence, et Edmund Emil Kemper III, du haut de ses deux mètres dix et de ses cent trente kilos, veut absolument se confier, raconter ce qui n'est pas racontable, faire partager l'indicible...

II. PETIT ED DEVIENDRA GRAND...

Ed Kemper, de son vrai nom Edmund Emil Kemper III, naît à Burbank, en Californie, le 18 décembre 1948. Il est le deuxième enfant, et le seul fils, de l'électricien Edmund Emil Kemper Junior et de son épouse Clarnell. Le couple a déjà une fille de cinq ans, Susan. En 1951, la famille se complète avec une deuxième fille, Allyn.

« J'avais deux sœurs. Ma mère me traitait comme si j'étais la troisième fille, elle me serinait dans les oreilles que mon père était un salaud. J'aurais dû m'identifier à lui mais je n'y arrivais pas. Ma sœur aînée, qui avait cinq ans de plus que moi, me frappait souvent, et ma plus jeune sœur (elle avait deux ans de moins que moi) mentait, et j'étais fréquemment puni à sa place. J'avais l'impression que le monde entier m'en voulait, que je tenais le mauvais côté du manche. J'accumulais des frustrations et un gros désir de vengeance. Nous habitons au Montana dans une maison qui possède une cave immense : on aurait dit un donjon. J'ai huit ans et mon imagination fonctionne à plein régime. Il y a un énorme fourneau de chauffage central, avec des radiateurs et une tuyauterie qui font beaucoup de bruit. Je suis captivé par ce fourneau, j'ai l'impression que le Diable y vit. Ces bruits inquiètent un gosse de mon âge : le Diable partage ma chambre à coucher et il séjourne dans ce fourneau. Parfois, je me réveille et je regarde, fasciné, la lueur du fourneau qui brille de façon étrange. La nuit venue, mes sœurs et ma mère montent au premier où elles ont leurs chambres. Moi, je dors dans la cave. Pourquoi ? je vais en enfer alors qu'elles montent au ciel. Le living-room, c'est la Terre. Moi, je dois descendre au sous-sol pour affronter les démons ou les fantômes, bref, toutes ces choses qui me terrifient ; eux, ils n'ont pas ce genre de problèmes. C'est une maison avec trois femmes et un seul mâle, moi. Je me sentais quelque peu opprimé. Ma sœur aînée avait vécu un certain temps au sous-sol dans une pièce de rangement transformée en chambre à coucher. Ma chambre est une pièce en béton sans fenêtre, de douze mètres sur six, environ. Il y avait une ampoule nue qui surplombait un énorme évier métallique de type industriel qui servait à la lessive. Le lit se trouvait dans le coin opposé, un lit double. J'avais une commode et quelques tapis éparpillés sur le sol. Et il y avait pas mal d'étagères de rangement sur les murs. J'ai habité près de six mois dans cette pièce. C'est là que j'ai développé un certain nombre de rites très spéciaux et élaborés. J'étais persuadé que ces rites m'offraient une protection contre les démons nocturnes. J'avoue être un peu embarrassé de vous en parler. Pour atteindre le sous-sol, il me fallait descendre des marches de bois humides, il n'y avait pas de rampe ; un faux pas et vous basculiez dans ce trou noir. J'enclenche l'interrupteur et cette ampoule nue s'allume au-dessus de l'évier, je prends soin de fermer la porte derrière moi car ma mère se plaint constamment du courant d'air froid en provenance de la cave. Ma chambre est traversée par des tuyaux qui n'arrêtent pas de faire du bruit. Pour y arriver, il me fallait traverser un long couloir humide qui me terrifie lorsque je dois le franchir dans l'obscurité. C'est toutes les nuits et tous les jours, puisqu'il y fait toujours sombre, que je dois effectuer ce trajet. Encore maintenant, je me souviens de l'impression de terreur que je ressentais. Quand je me plains auprès de ma mère, parfois en larmes, je reçois une paire de claques, "Qu'est-ce qui cloche avec toi ! Tu es vraiment une poule mouillée !" En fait, elle essayait de résoudre un problème de place. La maison était trop étroite à l'étage ; il fallait que je partage une chambre avec une de mes sœurs (et j'ai huit ans, à cette époque). »

Les deux parents d'Ed Kemper sont d'une stature impressionnante : Clarnell Kemper mesure un mètre quatre-vingt-cinq et son mari deux mètres cinq. Ils ont aussi une voix de stentor et n'hésitent pas à s'en servir lors de leurs disputes continuelles. Clarnell est très déçue que son mari (qu'elle a connu pendant la Seconde Guerre mondiale et qui a combattu dans les Forces spéciales) n'ait pas poursuivi ses études après sa démobilisation. Comme tous les soldats de retour dans la vie civile, il aurait pu bénéficier du fameux GI Bill, qui offre une bourse et propose des facilités d'inscription à l'université. Non, ce « bon à rien », ainsi qu'elle le surnomme, a préféré cet emploi mineur d'électricien. En plus, elle n'est pas d'accord sur sa façon d'élever les enfants. Il est trop sévère avec les filles et Ed a tous les droits. Cela ne peut pas continuer ainsi, surtout que le fils d'un proche parent est devenu homosexuel. C'est une chose qu'elle ne peut pas supporter : Ed a absolument besoin d'être dressé, élevé à la dure, sinon...

Entre 1952 et 1954, Kemper, qui a entre quatre et six ans, se retrouve dans une famille monoparentale, puisque son père est parti travailler dans des îles du Pacifique sur des sites où l'on teste des bombes atomiques. A son retour, les disputes reprennent de plus belle. Finalement, Edmund Emil Kemper Junior décide de quitter le domicile conjugal en 1957, sous le prétexte que sa femme est devenue alcoolique. Il revient parfois, mais toujours pour des séjours très brefs. Plus tard, il affirme que son fils est l'objet de mauvais traitements de la part de sa mère. Il mentionne la cave où Ed est obligé de dormir, ainsi que d'autres anecdotes : « Il est terrifié par cet endroit. Il y a une seule issue. Quelqu'un doit déplacer la table de la cuisine pour soulever la trappe et ainsi accéder au sous-sol. J'y ai mis un terme en la menaçant de porter plainte. (...) Quand Ed a huit ou neuf ans, elle l'oblige à vendre des journaux dans la rue. Une fois, je me souviens être parti à sa recherche car sa mère lui avait dit de ne pas rentrer avant d'avoir vendu tous les exemplaires. »

En 1957, Clarnell Kemper emmène ses enfants vivre à Helena, dans le Montana, où elle travaille dans une banque. Son père lui manque beaucoup. Pour Ed Kemper ou plutôt « Guy », ainsi qu'il est surnommé dans la famille, son père est un authentique héros qu'il idolâtre. Il adore par-dessus tout l'entendre raconter ses récits de guerre dans les Forces spéciales. Il en veut beaucoup à sa mère qu'il rend coupable d'avoir chassé son père du domicile familial. Le divorce est définitivement prononcé en septembre 1961 (Kemper a treize ans). Deux mois plus tard, Clarnell épouse un plombier de quarante-cinq ans, Norman Turnquist, qui a déjà un fils de deux ans plus âgé que Kemper mais qui se prend d'affection pour ce grand adolescent en mal d'amour et qui met tout le monde mal à l'aise par ses longs silences. Mais ce beau-père n'est pas plus à l'abri des fantasmes morbides du jeune Kemper. Un jour, l'adolescent se tient derrière lui, une barre de fer à la main. Il va le tuer, et lui voler sa voiture pour partir en Californie du Sud rejoindre son père naturel. Il renonce à son projet qu'il remplace toutefois par une fugue. Ce mariage ne dure pas plus de dix-huit mois ; le couple divorce en 1963. Entre-temps, son père s'est remarié et sa nouvelle épouse a un fils du même âge qu'Ed Kemper.

Les rapports entre Ed Kemper et sa sœur aînée Susan sont aussi très tendus, si l'on en croit les dires de Kemper qui rapporte deux incidents (non confirmés par sa sœur). Vers l'âge de quatre ans, Susan l'aurait poussé en direction d'un train à grande vitesse, à tel point qu'il se retrouve à quelques mètres à peine de la voie ferrée. L'année suivante, elle le fait basculer dans le grand bassin d'une piscine où il a beaucoup de mal à remonter à la surface. Une fois, Kemper affirme même que Susan, alors âgée de quatorze ans, lui fait des avances sexuelles pour qu'il vienne la rejoindre dans son lit (il a huit ans, à cette époque). Son inclination morbide se manifeste également lors d'une visite à New York. Il a dix ans et sa tante l'emmène en haut de l'Empire State Building où il profite d'un moment d'inattention pour grimper par-dessus le rail de sécurité ; sa tante est obligé de le tirer par ses vêtements pour éviter un malheur.

« Je me suis mis à développer des jeux morbides avec ma plus jeune sœur. On jouait à la chaise électrique ou à la chambre à gaz. C'était l'époque où Caryl Chessman avait été condamné à mort, vers 1960, et nous vivons dans le Montana. Toute cette fascination pour la chambre à gaz provient de l'énorme impact de l'affaire Chessman. Comme je n'ai pas beaucoup de jouets, cela rompt la monotonie ambiante. Je me laisse attacher avec une corde dans un fauteuil ou parfois ma sœur et une de ses copines m'enroulent dans un grand tapis, je fais semblant de me tordre de douleur lorsque ma sœur enclenche l'interrupteur. Cette anecdote fascine beaucoup les psys et les policiers du F.B.I. qui m'ont questionné au fil des ans. Ils sont persuadés que dès mon plus jeune âge je me prépare déjà dans ma tête à commettre des crimes.

« Je suis jaloux de ma sœur aînée. Elle a beaucoup d'amis et je n'en ai pas. Ma mère lui accorde son attention, son affection, du respect. Moi, je me fais tout le temps réprimander. En règle générale, elle a tout ce que je ne possède pas. Un jour, on me donne un pistolet à amorces de la marque Mattel que je rapporte de New York. Ma sœur déteste ce pistolet, parce qu'elle n'en a pas. En plus, elle est furieuse de ne pas être allée à New York. Ce jouet cristallise pour elle tout ce qui nous sépare. Quand je joue avec, je ne m'occupe pas d'elle. Quelques jours après mon retour, prétextant une dispute entre nous, elle prend mon jouet et le jette sur mes pieds. Non seulement le pistolet est cassé mais je suis blessé à l'orteil. Je suis fou de rage. Pour me venger, je me précipite dans sa chambre et je décapite sa Barbie avec des ciseaux, puis je lui coupe les mains et lui rends sa poupée mutilée. Je n'ai pas agi de sang-froid comme certains l'ont dit, mais pour me venger de l'acte de ma sœur. Naturellement, c'est du pain bénit pour tous ces “professionnels” qui m'ont examiné. Ils se pointent en prison le lundi matin pour me rencontrer, après avoir regardé le match de football américain du dimanche après-midi, et ils se disent, “Chouette, voilà tous ces morceaux du puzzle”. Ceci indique ce qu'il se préparait à faire. Et si c'est le cas, j'aimerais bien qu'on me dise ce qu'il en est de tous ces gosses qui, dans des crises de rage, tuent des chats du voisinage pour les accrocher à des poteaux téléphoniques ou à des branches d'arbre, les truffent de flèches ou leur mettent le feu. Où sont ces enfants de nos jours ? Sont-ils devenus des serial killers ? Ou sont-ils des chefs de police ou des maires ? Il y a des périodes où les enfants passent par des crises de violence : ils cassent des objets, volent ou mentent. C'est une période de changements dans leur existence. Plusieurs psys ont utilisé ces anecdotes à mon sujet pour affirmer, “Bien sûr, si un gosse agit de telle manière, il va devenir un serial killer et il faut absolument le mettre en traitement pour lui sauver la vie”. Jusqu'à un certain point, je suis d'accord avec eux. Si un enfant agit ainsi et mène une enfance faite de dysfonctionnements, il faut l'aider. Mais dans mon cas, j'étais passif-agressif, je n'étais pas quelqu'un de violent, avant d'exploser en une violence meurtrière.

« J'aime à penser que c'est un des aspects positifs de mon caractère qui m'a permis de résister aux efforts et à la pression de ma mère pour me faire entrer dans ce moule du parfait petit garçon qu'elle avait en tête. Je me faisais tabasser pour ne pas être ce "petit garçon". Nom de Dieu ! Je faisais tout mon possible pour résister. Mais je ne l'affrontais pas ouvertement : je trouvais toujours un moyen détourné pour arriver à mes fins. Ainsi, elle ne me donnait pas d'argent de poche ; du coup, je le prenais dans sa poche. J'empruntais dix cents par-ici, vingt-cinq cents par-là, le soir, quand elle rentrait ivre, elle n'était pas capable de se souvenir combien de menue monnaie il lui restait et j'en profitais pour me servir. Mais elle a fini par s'en rendre compte, car elle s'est mise à compter son argent à n'importe quel moment du jour et de la nuit. C'était comme un jeu entre nous qui s'est prolongé pendant de nombreuses années.

« A l'âge de treize ans, elle m'autorise finalement à rendre visite à mon père, à Los Angeles, là où je suis né. Nous vivions dans le Montana. Un Etat que je déteste. Il y fait froid l'hiver et très chaud l'été. Les gens sont okay, mais ce ne sont pas *mes gens*. C'est ce que je peux dire aujourd'hui car, à l'époque, je n'étais pas capable d'exprimer ce genre de choses. J'avais du mal à mettre des mots sur mes pensées. Bref, je retrouve mon père pendant un mois. A mon retour, je n'ai plus jamais touché à son porte-monnaie pour lui piquer du fric. Ça, c'est quelque chose qui lui a fait peur. J'en avais marre de prendre des coups, parce qu'elle n'y allait pas de main morte avec une ceinture dont la boucle était en métal, sans oublier une véritable guérilla psychologique. "Avale ton dîner, je te flanquerai une trempe après." Cela me donnait matière à réfléchir pendant que nous étions attablés. "Je vais te déshériter", "Je vais te placer dans un orphelinat", etc. Pour en revenir à mon séjour à Los Angeles, mon père nous a traités, mon demi-frère et moi, comme de véritables adultes. Quand on lui demandait si on pouvait sortir dîner dans un snack du coin, il nous donnait quelques dollars pour qu'on le fasse. Car lui aussi avait été élevé dans une famille matriarcale. L'histoire se répète souvent dans ces cas-là. Le fils quitte la famille pour épouser une image de sa mère. A l'époque, je ne connaissais pas ces choses. Mes deux grand-mères étaient de très fortes personnalités – je n'ai connu que celle du côté de mon père, l'autre était morte avant ma naissance. Mais elle s'est réincarnée sous la forme de ma mère et de sa sœur, ma tante, deux femmes très agressives, dominatrices et qui ont réussi dans leurs métiers respectifs. Ces deux sœurs sont en conflit permanent, il y a une compétition entre elles et elles ne s'entendaient pas du tout. Et moi ? Je suis au milieu de tout ça et j'essayais de trouver ma voie. J'ai senti que mon père aurait aimé être traité comme lui nous traitait pendant ce mois que nous avons passé ensemble. Pour gagner de l'argent de poche, on allait avec mon demi-frère laver des voitures ou tondre des pelouses du voisinage. Et quand il nous demandait de faire quelque chose, on le faisait sans problème car il a toujours été sympa avec nous. Ces trente jours m'ont ouvert les yeux sur plein d'émotions que j'ignorais totalement jusqu'alors. J'aurais souhaité pouvoir grandir et passer plus de temps en sa compagnie.

« Ma taille m'a aussi posé beaucoup de problèmes. Ce que j'appellerais une paranoïa artificielle. Quand j'entre dans une pièce, immédiatement tout le monde me regarde parce que je suis la personne la plus grande qu'ils ont jamais vue. Les conversations s'arrêtent et tous les regards se braquent sur moi. Et l'ironie de la chose veut que le plus petit me foudroie des yeux parce qu'il a toujours rêvé d'être le centre de l'attention. Moi, je ne veux absolument pas être le centre de cette attention. Je souhaite au contraire me fondre dans la foule. Pour les individus de grande taille, je constate qu'il existe deux catégories, les passifs, à cause de tout ce qui leur tombe dessus, et ceux qui font preuve d'agressivité. Ceux qui sont petits ont besoin de se surpasser et ils en veulent à ceux qui attirent naturellement l'attention à cause de leur taille. A l'école, j'ai constamment été harcelé par des "petits".

« J'ai toujours eu l'impression d'être un paria de la société. Je n'ai jamais réussi à me faire une niche, il faut dire que je n'arrivais pas à rester en place quelque part ; le besoin de bouger était permanent. Entre cinq et sept ans, alors que je me trouvais à Los Angeles, j'ai eu des problèmes dans des écoles publiques : on m'a changé plusieurs fois d'établissements. J'étais peut-être un enfant difficile à cette époque, mais au moins j'étais "normal", puisque je n'intériorisais pas mes problèmes (il rit). Ne croyez pas que je kidnappais des camarades de classe ou que je brisais des vitres, j'étais insolent, je n'obéissais pas et je ne travaillais pas beaucoup. Les instituteurs ont souvent convoqué mes parents. Mais vous savez quoi ? C'était nettement mieux que mon attitude des années suivantes où je suis inquiétant, très calme et où je ne parle pratiquement pas. Les personnes qui me connaissaient vraiment étaient très rares. Je reste cloîtré dans la cave et les idées noires me travaillent tout le temps. Je m'oriente vers tout ce qui touche au morbide. Je suis fasciné par des tas de choses qui tournent autour de la mort, de la destruction et du Mal, avec un M majuscule. Mais cela n'avait rien à voir avec Satan ou un quelconque culte diabolique. En fait, je craignais ces choses-là.

« Vers l'âge de huit-neuf ans, j'ai accumulé une masse énorme de frustrations. Beaucoup de haine pour laquelle je n'ai pas trouvé d'exutoire. J'ignorais comment développer des exutoires. Un livre de classe a éveillé en moi des fantasmes sur le fait que je sois le dernier homme vivant sur terre. Je me souviens encore du texte qui était destiné à un devoir de sociologie sur la solitude des adolescents. Qu'on ne pouvait pas connaître l'excitation de l'aventure, des émotions ou des sentiments sans les partager avec d'autres. Ce texte fut un peu comme une graine qui donna naissance à des fantasmes dans mon cerveau. Je me retrouve seul avec toutes ces choses, ces voitures, ces avions et plus personne pour m'emmerder ou me dire ce qu'il ne faut pas faire. Mais ces fantasmes finissent par tourner à vide et me semblent creux. Petit à petit, j'y ai intégré des gens inanimés : ils ne pouvaient pas m'affecter ou me causer du mal. A l'approche de la puberté, ces fantasmes ont continué à se développer lorsque j'ai été approché par une petite amie, pas physiquement ni sexuellement, mais émotionnellement. On a le même âge mais elle est en avance sur moi, elle fait preuve d'agressivité, elle est très belle. Mais je n'étais pas prêt pour ce type de relation. Elle voulait tout à fait une relation physique, des baisers, flirter. Cela me terrifiait car je ne savais pas comment réagir ou maîtriser les émotions qui germaient en moi.

« A la même époque, je me suis retranché du monde, je ne partageais pas ce que je ressentais en moi parce que c'était par trop gênant ou humiliant. Aujourd'hui, je parviens à en parler, c'est toujours humiliant, mais je peux constater l'effet dévastateur de tous ces sentiments sur les personnes qui ont croisé ma route. Face à ces fantasmes qui prennent le pas sur la vie réelle, j'aurais dû demander de l'aide ou agir contre moi-même, après tout il y a beaucoup d'adolescents qui se suicident. Et ils ne comprennent pas pourquoi Dans de nombreux cas, on ne peut que se réjouir qu'ils agissent ainsi. J'ai souvent flirté avec la mort. Un de mes "trucs" favoris consistait à m'allonger en plein milieu de la rue. Je me baladais avec un copain et je lui disais, "Regarde ce que je vais faire". Et je m'allongeais tel un cadavre face au trafic. Je m'attends à ce que le conducteur ne soit pas ivre ou cinglé, qu'il ne se dise pas "Eh, ce gosse est dingue, après tout, c'est de sa faute, je vois pas pourquoi je vais m'arrêter". Ils ont toujours stoppé leur véhicule et ils étaient très en colère lorsque je me redresse pour ficher le camp à toute vitesse. C'était un petit jeu auquel je jouais. Mon copain, lui, ne voulait pas le faire. Je ris maintenant parce que j'ai plutôt honte, mais cela vous prouve le peu de respect que j'avais pour moi-même, je savais très bien à l'époque que rien de bon ne pouvait provenir de ce que j'avais en moi.

« Je voue une grande admiration à John Wayne qui ressemblait beaucoup à mon père, à la fois physiquement et dans sa façon d'agir. Mon père était un costaud qui parlait haut et fort. Comme John Wayne, il avait de très petits pieds. Lorsque je me suis rendu pour la première fois à Los Angeles, je suis tout de suite allé mettre mes pieds dans les empreintes de John Wayne, qui sont immortalisées devant le Chinese Grauman Theater. J'étais fier de constater que mes pieds étaient plus grands que les siens. A quatorze ans, mes pieds étaient plus grands que ses empreintes bottées ou même celles de mon père. Il travaille pour une entreprise du bâtiment comme électricien. On achetait le même type de chaussures, des Oxford noires de chez Kenny's. Parfois, le matin, nous nous trompions de paires et je me baladais toute la journée à l'école dans des chaussures trop petites pour moi. Cela avait le don de beaucoup faire rire mon père. A quatorze ans, j'enfilais parfois sa veste militaire, même s'il fallait que je fasse attention, car un geste trop brusque des épaules aurait déchiré la veste dans le dos. Mes épaules étaient plus larges que les siennes, de même que ma tête. Quelques années plus tard, j'ai eu beaucoup de mal à trouver un casque de moto à ma taille.

« A quatorze ans, je me suis enfui de chez moi, parce que je voulais rejoindre mon père. Je voulais quitter ma mère car je rêvais, fantasmais et pensais constamment au meurtre, tout au long de mes journées. Je n'arrivais pas à me sortir cette idée de la tête. Je n'étais pas capable de l'affronter, elle mesurait plus d'un mètre quatre-vingts, plus de cent kilos, mais sans aucune trace de graisse, une femme costaud, très intimidante. Elle me terrifiait par ses actes et par ses paroles. Je la voyais complètement déshabiller émotionnellement des hommes adultes, jusqu'au point où je croyais qu'ils allaient la frapper. Elle les poussait à bout, jouait avec eux et ils étaient là à arpenter le salon de long en large, à passer leurs crises de fureur en brisant des fenêtres ou en cassant la porte. Elle contrôlait les gens ainsi. J'ai assisté ainsi à de très nombreuses séances. J'étais terrifié. Au bras de fer, elle bat régulièrement les hommes. Elle domine toujours ses maris. Pour mon père, c'était pareil. Un jour, il en a eu marre. Elle me frappait souvent quand elle jugeait que je ne faisais pas ce qu'il fallait. Un jour, elle m'a frappé durement à la bouche avec sa ceinture, qui s'est brisée. Elle m'a dit de la fermer, sinon les voisins pourraient croire qu'elle me tape dessus ! Vous vous imaginez ça ? Je ne suis pas supposé crier ? Je suis un petit merdeux à ses yeux. Je ne m'oppose pas à elle de front. Elle essayait par tous les moyens de m'humilier. En vous racontant ça je ne cherche pas à éluder la responsabilité de mes actes pour ce qui lui est arrivé à elle et aux filles. Mais il y a eu tout un échange psychologique qui s'est déroulé durant mon enfance.

« Entre l'âge de dix et de treize ans, j'ai traversé une période d'émotions conflictuelles. Il est dit que la puberté est un moment très important pour des jeunes gens et des jeunes filles et que sans l'apport de parents ou d'adultes, on peut basculer vers des options inattendues. Dans mon cas, tout était orienté vers le négatif et la destruction. Je m'isolais dans la cave pour y fantasmer et me protéger. Ces mondes imaginaires me permettaient de me venger de mes ennemis, d'anéantir tous ceux qui me brimaient à l'école. Souvent, nous avons des pensées sombres que nous gardons en nous, "J'aimerais lui faire la peau", "Qu'il crève", "C'est vraiment une salope", etc. Nous éprouvons tous ce genre de sentiments. Moi, à l'époque, je l'ignorais. Je me considérais comme quelqu'un d'horrible parce que je ressentais ces désirs de destruction. Mon conditionnement était négatif. J'ai remarqué que lorsque je travaillais sur un certain scénario issu de mes fantasmes, au bout d'un certain temps, il perdait de son efficacité, ce n'était plus suffisant. C'est pourquoi j'y ajoutais un niveau supplémentaire. Ce fut une évolution subtile au fil des années, mais qui allait en s'accentuant. Cette progression négative n'a pas été freinée par un adulte. Ma mère était là, c'est sûr, mais elle était là pour me frapper, m'humilier, pour me montrer en exemple, afin de prouver à quel point les hommes sont inférieurs. Une chouette femme, quoi ! Je sais qu'il n'est pas très juste de parler ainsi d'une morte qui se révèle incapable de se défendre. Mais, pour être juste, je dois avouer que mon père a vécu un véritable enfer dans son mariage. Je ne me suis jamais fait à l'idée de la séparation de mes parents. Je détestais l'idée que notre famille se brise comme ça. J'aimais mes parents de manière égale. Ils se disputaient beaucoup et ma mère prenait presque toujours le dessus, elle rabaissait constamment mon père, elle lui répétait sans cesse qu'il était un minable sans avenir. Mon père a fini par craquer au bout de treize ans et il nous a quittés. La nuit, je pleurais souvent en les entendant s'engueuler. Ils ont divorcé. Ma mère buvait beaucoup et cela n'a fait qu'empirer. J'avais deux sœurs. Ma mère me traitait comme si j'avais été la troisième fille, elle me serinait dans les oreilles que mon père était un salaud. J'aurais dû m'identifier à lui mais je n'y arrivais pas. Je ne supportais pas la situation. Après tout, j'avais une mère, j'avais un père qui ramenait un gros salaire, nous avions une belle maison, des amis, nous allions à l'école, des fêtes d'anniversaire, Noël, des vacances, il avait ses potes qui venaient le samedi soir jouer au poker au-dessus du garage. On vivait bien. Elle détestait absolument cette idée stéréotypée du bonheur que mon père incarnait à ses yeux. Pensez donc : boire de la bière avec des copains, jouer aux cartes dans une pièce enfumée. Mon père avait combattu dans les Forces spéciales, une unité d'élite dont les exploits sont racontés dans le film *The Devil's Brigade* (« La brigade du diable », un film de 1968 réalisé par Andrew MacLaglen avec Cliff Robertson, William Holden et Dana Andrews). Il s'était porté volontaire en tant que célibataire, l'armée n'acceptant pas les hommes mariés dans cette unité. C'est comme ça que mes parents se sont rencontrés. Elle travaillait comme secrétaire à Helena, la capitale du Montana, et lui se trouvait non loin de là dans un ancien fort de la cavalerie, Fort William Henry Harrison, qui avait été rouvert comme base d'entraînement secrète pour les soldats de cette unité. Ils se sont rencontrés, et puis se sont mariés en secret, sinon mon père aurait été écarté du groupe. Une brigade du suicide qui comprenait cinq mille hommes. Il part à la guerre où il commet un certain nombre d'actes horribles. Il ne peut pas parler de ces choses-là et, quand j'ai quatorze ans, sa mère me raconte avec fierté qu'elle espionnait mon père, alors âgé de douze ans, qui pouvait traquer un moineau assis sur une branche sans lui donner l'alerte. Cela lui prenait vingt minutes mais il saisissait l'oiseau. Il agissait comme un chat, avec une patience infinie. Elle me fait part de son amour pour la paix, la tranquillité, les animaux, nos “amis ailés”, etc.

« Vers l'âge de dix-onze ans, c'est le chat de la maison qui devient ma première victime. Je l'enterre vivant, puis je lui coupe la tête que je ramène dans ma chambre. Je la garde momifiée dans mon placard. Je fantasme beaucoup sur l'amour et le sexe et mes rêveries s'accompagnent toujours de violence. La nuit venue, je quitte subrepticement la maison pour me promener au hasard des rues. J'adore épier des jeunes femmes et les suivre de loin. Je m'imagine les aimer et être aimé en retour, tout en sachant que cela ne sera jamais possible. Quels sont mes fantasmes ? Posséder les têtes coupées de jeunes femmes. Les hommes ne me plaisent pas.

« Un jour, dans un magasin, j'assiste à un tour de magie, celui de la fausse guillotine. Vous mettez une pomme de terre sous la lame, tandis que quelqu'un passe son cou dans une ouverture prévue à cet effet. La lame tombe et seule la pomme de terre est coupée en deux. Le magicien demande un volontaire et une belle jeune fille blonde se présente, poussée par son petit ami. Tout le monde rigole. Moi, à cet instant, je flippe complètement et je perds contact avec la réalité.

Cela n'aurait pas dû m'arriver. Comment imaginer que l'on puisse couper la tête de quelqu'un dans un magasin ? J'étais fasciné, ce concept de décapitation était tellement excitant à mes yeux qu'il m'a hanté pendant des semaines. Bien avant mon premier crime, je savais déjà que j'allais tuer, que cela se terminerait ainsi. Les fantasmes sont trop forts, trop violents. Je sais que je ne serai pas capable de les contrecarrer. Ils reviennent sans cesse à la charge et ils sont trop élaborés... On parle quelquefois de la face obscure de telle ou telle personne. Tout le monde pense à des choses qu'il garde enfouies au plus profond, parce qu'elles sont trop cruelles et horribles pour être exprimées : "J'aimerais lui faire sauter la tête, ou tuer ce type." Nous le faisons tous, un jour ou l'autre. Moi, j'y pensais tout le temps. J'avais constamment des pensées négatives. A un moment donné de votre croissance, vous parvenez à surmonter cette phase morbide. Moi, non. Un adulte peut guider un enfant, en lui montrant une autre voie. Ma mère était là, au contraire, pour m'humilier et me battre. En quelque sorte, elle a précédé de quelques années les mouvements féministes ! Je sais que ce n'est pas juste de parler ainsi d'une morte qui n'est pas là pour se défendre. Son propre père avait été quelqu'un d'insignifiant et elle avait dû prendre les choses en main dès son plus jeune âge. Maman s'occupait de tout. Elle ne savait pas comment agir autrement. » (Dès qu'il parle de sa mère, Ed Kemper est visiblement très excité. Il semble même parfois en colère, son débit s'accélère, ses gestes sont animés. Il est très expressif de ses mains qui bougent dans tous les sens.)

A l'école, il ne trouve aucun soutien ni influence positive auprès de ses camarades de classe qui se sentent mal à l'aise en sa présence, car Kemper ne leur parle pas : il se contente de les fixer longuement du regard. Pire encore, à treize ans, on l'accuse ouvertement d'avoir abattu un chien qui appartient à un autre garçon du quartier. Il est rejeté, insulté et devient le souffre-douleur de l'école. A un moment donné, un groupe d'enfants le traque de manière si menaçante qu'il est obligé de se réfugier chez une voisine qui prévient la police. Leur attitude change à son égard et ils se contentent d'agir de façon plus subtile, notamment par la propagation de rumeurs quant à ses actes de cruauté vis-à-vis des animaux domestiques. Ce n'est pas la première fois qu'il tue un animal. A neuf ans, il enterre vivant le chat familial dans le jardin. Quelque temps après, il déterre le cadavre, lui coupe la tête qu'il enfonce sur un piquet et garde le tout dans sa chambre. Le soir, il prie devant ce « totem » d'un genre particulier.

Un second chat, son chat siamois, qui préfère la compagnie de sa sœur aînée, devient la victime de ses expériences. Cette fois, l'animal est massacré à coups de machette, et sa mère en découvre les morceaux décomposés dans son placard. Il a découpé le haut du crâne de l'animal pour mieux exposer la cervelle puis, en le tenant par les pattes, Kemper l'a poignardé d'innombrables fois. Au cours de l'opération, il a été aspergé de sang.

III. « JE VOULAIS JUSTE SAVOIR CE QUE CELA FERAIT DE TUER GRAND-MAMAN » (27 AOÛT 1964)

A l'automne 1963, Ed Kemper se rend en Californie pour y retrouver son père nouvellement marié et qui a un beau-fils du même âge. Ed veut à tout prix rester auprès de son père qui accepte de l'inscrire dans un collège local. Mais ses nouveaux camarades de classe ne l'acceptent pas non plus : il a des habitudes trop destructrices et il reste, parfois, de longues périodes de temps à les fixer du regard sans dire un mot. Les rapports avec sa belle-mère ne tardent pas à s'envenimer; elle a des crises de migraine en sa présence. Elle éprouve un profond malaise lorsqu'il la surprend, un matin, complètement nue dans sa chambre. Au bout d'une semaine, Kemper Sr décide de le renvoyer à Helena, dans le Montana, devant l'insistance de son épouse. Son père lui indique une fausse raison, une incapacité financière à l'entretenir, mais Ed n'est pas du tout dupe. Une fois encore, il se sent rejeté par la personne qu'il idolâtre par-dessus tout. Le choc est brutal.

Et il l'est d'autant plus que, pendant son absence, Clarnell Kemper a découvert dans le placard de son fils des vêtements tachés de sang ainsi que les intestins du chat siamois. Elle lui demande s'il a tué l'animal; il affirme ne rien savoir à ce sujet, mais sa mère n'en croit pas un mot et l'atmosphère demeure très tendue, pour ne pas dire explosive.

Le jour de Thanksgiving (le quatrième jeudi de novembre) 1963, alors qu'Ed n'a pas encore quinze ans, il emprunte la voiture de sa mère sans lui demander la permission pour se rendre à Butte, dans le Montana. De là, il monte à bord d'un bus en partance pour Los Angeles où il retrouve son père qui accepte de le garder. Quand on examine l'existence d'Ed Kemper, il est intéressant de constater à quel point les périodes de fêtes se révèlent cruciales : Thanksgiving et Noël 1963, ou Pâques 1973. Pour un individu qui, comme lui, se sent rejeté par ses proches et la société, ces moments de célébration peuvent être des moments extrêmement difficiles et stressants.

Lors des vacances de Noël, Kemper Sr emmène son fils chez ses parents qui vivent à North Fork, dans une ferme solitaire des collines de la Sierra Nevada. Le patriarche Kemper, le plus âgé des trois Edmund, a soixante et onze ans ; il est à la retraite, après avoir travaillé de nombreuses années pour le réseau autoroutier des travaux publics de Californie. Comme tous les hommes de la famille, il est sous la coupe de son épouse, Maude Kemper, âgée de soixante-cinq ans. Elle écrit et illustre des livres pour enfants, et aux yeux d'Ed, c'est une copie conforme – en pire – de sa mère. Ed encaisse un nouveau coup dur quand son père lui annonce pour la seconde fois en moins de trois mois qu'il ne retournera pas à Los Angeles à la fin des fêtes de Noël. Clarnell a eu son ex-mari au téléphone pour lui raconter l'épisode du chat siamois ; elle l'a prévenu :

— Ce Guy (le surnom familial d'Ed Kemper, qui signifie « gars ») est vraiment un drôle d'oiseau. Et tu prends des risques en le laissant avec tes parents. Un jour, tu auras peut-être la surprise de te réveiller un matin en apprenant qu'ils ont été tués.

Les grands-parents inscrivent Ed au collège de Sierra Joint Union, dans la ville voisine de Tollhouse. Ses notes sont satisfaisantes mais sans éclat, malgré son quotient intellectuel très élevé. Il ne connaît aucun problème disciplinaire et ses professeurs le jugent « calme et coopératif » sur un de ses bulletins scolaires. Encore une fois, il est incapable de nouer des liens d'amitié avec un de ses camarades de classe. Dans le bus de ramassage scolaire, il s'installe toujours à l'écart, généralement au dernier rang.

Son seul ami est un chien que son grand-père lui a donné. Mais c'est surtout un autre cadeau qu'il apprécie : une carabine 22 long rifle. Ed l'emporte avec lui lorsqu'il part accompagné de son chien dans de longues expéditions de chasse. Ses grands-parents lui octroient une prime d'argent de poche à chaque lapin ou taupe qu'il rapporte. Par contre, il reçoit l'ordre très strict de ne pas tirer sur les oiseaux. Du coup, Ed s'emploie à abattre tous les oiseaux qui croisent son chemin. Il apprécie ces longues expéditions en solitaire dont le calme est beaucoup trop souvent troublé par la voix de stentor de Maude Kemper qui hurle pour le faire revenir à la ferme. Les échos de ses rappels à l'ordre se répercutent à travers les monts de la Sierra Nevada et il a constamment l'impression qu'elle se trouve dans son dos à épier ses moindres faits et gestes. Pendant les repas, elle est toujours là pour lui rappeler à quel point cela lui coûte cher de l'entretenir. S'il mange trop, il a droit à des reproches, et quand il n'arrive pas à manger : « Si tu ne finis pas ton assiette, c'est du gâchis. Chez moi, on ne jette pas la nourriture. » Il encaisse tout en silence mais, à l'intérieur de sa tête, son cerveau est en ébullition. Ses fantasmes meurtriers fonctionnent à plein régime.

Sa grand-mère profite souvent du beau temps pour peindre à l'extérieur et, un jour, Ed la tient en joue pendant une bonne minute, le doigt crispé sur la détente. Il ne tire pas, mais ce n'est pas l'envie qui lui manque. Ce qui le retient ? Il craint l'arrivée de son grand-père qui peut, à tout moment, le surprendre s'il sort de la ferme. Une autre fois, tandis qu'elle se trouve dans la cabane de bois qui sert de toilettes à l'air libre, il s'imagine la truffer d'une rafale de plombs. L'image de sa grand-mère ensanglantée et affalée sur le siège dans une posture dégradante le fait sourire et libère sa tension. Mais le soulagement est passager.

L'année scolaire se termine en juin 1964. Les grands-parents écrivent pour indiquer qu'« Ed semble bien s'adapter à sa nouvelle existence ». Il retourne chez sa mère qui vient de se remarier pour la troisième fois. Le séjour dans le Montana est bref, tout juste deux semaines, car les vieux démons se sont réveillés. Et, malgré la haine et le mépris qu'il éprouve pour ses grands-parents, il préfère encore revenir à North Fork, le 12 août. Dans une brève missive adressée au père d'Ed, Maude Kemper signale « une rechute. Ed est d'humeur très maussade. C'est à peine s'il desserre les dents ».

Dans les deux semaines qui suivent son retour à la ferme, son ressentiment ne fait que grandir, à tel point que le moindre incident mineur prend des proportions gigantesques :

« Mes grands-parents possèdent un certain nombre d'armes à feu dans la maison. Et notamment un 45 automatique. Elle m'a fait promettre de ne jamais y toucher et j'ai suivi ses ordres. Un jour, je les vois partir faire des courses à Fresno et je me rends compte qu'elle glisse le 45 dans son sac. Je me dis, "Cette vieille peau. Elle ne me fait pas confiance". Je suis furieux et il me vient à l'idée de me venger en passant un coup de fil anonyme au chef de la police de Fresno pour l'avertir. "Vous savez, il y a cette petite vieille qui se balade en ville avec un calibre 45 dans son sac. Vous feriez mieux de l'embarquer parce qu'elle s'apprête à commettre un braquage." Je leur aurais donné une description physique, ainsi que le numéro de la plaque d'immatriculation de la bagnole. C'est pour vous indiquer l'état d'esprit qui m'anime cet été-là. »

Le 27 août 1964, Ed Kemper est attablé dans la cuisine en compagnie de sa grand-mère pour l'aider à corriger les épreuves de son dernier livre pour enfants. Tout d'un coup, elle se rend compte que les feuilles s'accumulent devant son petit-fils qui la contemple de son regard fixe et intense. Comme d'habitude, elle ne le supporte pas et prend mal cette attitude qu'elle considère comme une attaque personnelle. Les mots sont cinglants. L'ordre de stopper sur-le-champ est irrévocable.

Pour toute réponse, Ed se lève en silence pour prendre la carabine 22 long rifle et siffle son chien. Il annonce à sa grand-mère qu'il part chasser les lapins.

— D'accord. Mais fais attention de ne pas tirer sur les oiseaux.

Devant la fenêtre grillagée de la cuisine qui est ouverte, il s'arrête un instant. Toute la tension emmagasinée en lui semble se concentrer dans son cerveau. Une rage explosive s'engouffre dans tout son être. Ed a l'impression que ses sens ont acquis une acuité sans égale. Les mouches tourbillonnent autour de lui, tels des avions enragés. La chaleur de ce mois d'août ressemble tout d'un coup à une fournaise. Son regard s'abaisse sur la nuque de sa grand-mère. Elle est comme offerte à lui. Un sacrifice, une promesse. Il braque son arme, le canon est environ à cinquante centimètres du grillage de la fenêtre lorsqu'il presse sur la détente. Il a visé juste dès la première fois. La colère le fait tirer à nouveau à deux reprises. Cette fois, il a pris le dos pour cible.

Il se sent calme, comme apaisé. Pour éviter que le sang coule trop sur le sol de la cuisine, il prend une serviette et entoure la tête de sa grand-mère. Puis il entraîne le corps pour le déposer sur le lit de sa chambre à coucher. Quelques minutes à peine s'écoulent lorsqu'il entend le ronronnement encore lointain du moteur de la voiture de son grand-père. Il est pris de panique car il n'a pas pensé aux conséquences de son acte. Son grand-père range le véhicule dans le garage et prend le sac de courses qu'il est allé chercher en ville.

Ed s'empare à nouveau de son arme. Il vise avec soin et, de la main gauche, presse sur la détente. Une balle à l'arrière de la tête lui suffit. Mais l'écho du coup de feu ressemble à un coup de canon. Il craint que des voisins ne l'aient entendu. Il tire le cadavre de son grand-père jusqu'à l'intérieur du garage et referme la porte. Il y a du sang par terre. Il se dépêche de le dissoudre dans la terre avec un jet d'eau. Si les voisins arrivent, il expliquera que ses grands-parents sont partis faire des courses et qu'il a tiré sur une taupe. Mais comment expliquer leur absence prolongée ?

Finalement, il se résout à appeler sa mère dans le Montana. « Grand-maman est morte. Et Grand-papa aussi. » Tout d'abord, il tente d'expliquer qu'il s'agit d'un accident de chasse. Ses explications sont embrouillées et il se contredit à plusieurs reprises. Clarnell Kemper connaît son fils et elle sait lire à travers ses mensonges. Elle comprend la vérité et lui pose directement la question sur l'assassinat de ses grands-parents. Ed la supplie de trouver une solution. Elle lui conseille de téléphoner au bureau du shérif de Madera.

Ed suit son avis. Des policiers arrivent sur les lieux et emmènent Ed pour le questionner au commissariat. Il finit par avouer sa culpabilité et, pour toute motivation de son acte, se contente d'un « Je voulais juste savoir ce que cela ferait de tuer grand-maman ». Quant à son grand-père, il n'a pas vraiment voulu le tuer : il veut éviter qu'il n'ait une crise cardiaque en découvrant le corps de sa femme. En fait, Ed, qui craint par-dessus tout les confrontations physiques ou la bagarre, a eu peur que son grand-père ne se venge en le frappant ou en lui tirant dessus avec son 45 automatique. Un peu plus tard, il ajoute qu'il aurait dû profiter de l'occasion pour déshabiller sa grand-mère mais qu'il y a « renoncé parce que cette pensée était contre nature et qu'il ne souhaite pas en parler ».

« Je passe Noël en compagnie de mon père qui vient juste de se remarier mais, cette fois-ci, cela se déroule très mal avec ma belle-mère et mon demi-frère. Nous cherchions à attirer l'attention de mon père et son amour. Mais il a maintenant une nouvelle famille. Je suis désespérément à la recherche d'un homme adulte pour me guider. Mon père ne peut pas supporter cette tension et il m'envoie chez mes grands-parents pour se débarrasser de moi. Je suis déjà considéré comme un raté, alors on expédie le gêneur dans les montagnes. Je reste plusieurs mois et tout se passe bien au début, surtout parce que je suis loin du Montana. Mais, au bout d'un moment, le vernis se fissure, car ma grand-mère veut m'élever à la dure comme ses trois fils. Elle espère me libérer de l'influence négative de ma mère, en fait, elle la remplace par la sienne. Elle ne me laisse aucun répit. Et je suis totalement incapable d'appréhender des relations psychologiques aussi complexes. Dès que je pars en excursion dans le ranch, il faut qu'elle hurle mon nom toutes les heures pour savoir ce que je fabrique. Elle me parle toujours de la tranquillité de la campagne, de la paix et de l'amour des animaux. "Ne prends pas la carabine et ne fais pas de mal à nos petits amis." Et vous savez ce que j'ai fait ? J'ai dégommé tout ce qui bougeait ! Les oiseaux avaient l'habitude de survoler la propriété. Au bout de quelques semaines de ce massacre, ils ont dû se donner le mot puisqu'ils ont contourné le ranch. J'en rigole à présent, mais ce n'était pas drôle. Je tirais sur tout ce qui bougeait, je gagnais vingt-cinq cents à chaque fois que j'abattais un lapin ou un rongeur. A l'époque, j'ai détruit des êtres vivants pour voir si je pouvais y arriver. Les psys adorent ce genre de trucs (son ton de voix est très méprisant vis-à-vis des psychiatres. Il est visible que Kemper s'estime très supérieur à eux) : un gosse tue des oiseaux et il va devenir un maniaque. Tout cela bouillonne en moi. Les passions, les tensions, les frustrations. Je fantasmais sur la mort de ma grand-mère. Je pensais déjà à lui trancher la tête mais le crime a été spontané comme une explosion. Je ne l'avais pas prémédité. Je les ai abattus avec une 22 long rifle. Elle, je la poignarde ensuite avec un couteau de cuisine.

« Je tue en fait ma grand-mère parce que je veux tuer ma mère. Et ma grand-mère était pire que ma mère. Avec ma mère, j'ai ce complexe d'amour et de haine qui est très difficile à accepter et je fuis... je fuis cette réalité que je n'arrive pas à assimiler. Ce bloc de haine est si intense que je me sens complètement désarmé, et cet amour, elle me le balance en pleine gueule, il m'est imposé. »

IV. DÉMONS EN CAGE (1964-1969)

Au moment où il commet ses crimes, Ed Kemper est mineur ; il n'a pas encore seize ans. Son cas est confié au California Youth Authority qui le fait examiner par un psychiatre mandaté par la cour. Celui-ci le considère comme un paranoïaque schizophrène. Kemper est jugé irresponsable de ses actes, c'est-à-dire qu'il est légalement fou. L'expert estime que son patient est « psychotique, qu'il est confus et incapable de fonctionner. Il est à noter qu'il est plus paranoïaque envers les femmes, à l'exception de sa mère, qui est la véritable coupable. Il représente un danger à la fois pour lui-même et pour les autres. Il faudra très certainement beaucoup de temps pour le guérir de ses troubles ».

Le California Youth Authority décide, comme c'est l'habitude, d'une enquête détaillée de l'existence d'Ed Kemper par des assistants sociaux. Pendant trois semaines, il est examiné par leurs propres psychiatres dont les conclusions ne sont pas toutes en adéquation avec celles de l'expert mandaté par le tribunal. Mais on estime que « la prison ne pourrait qu'intensifier ses sentiments de culpabilité et l'empêcherait de recevoir un traitement adéquat ».

Le 6 décembre 1964, Edmund Emil Kemper est interné au California State Hospital d'Atascadero qui soigne un peu plus d'un millier de malades, y compris des meurtriers et des individus coupables de crimes sexuels. Il y reste cinq ans et déclare par la suite que c'est à Atascadero qu'il est « vraiment né ». Pour lui, c'est comme d'être en pension dans un collège. Sous la direction du Dr Frank Vanasek, il devient un prisonnier de confiance et fait passer aux autres des tests psychologiques. Il prend son travail très à cœur et n'a aucun problème pour assimiler les premiers rudiments de la psychologie. Il apprend à savoir ce que les médecins et thérapeutes attendent de lui, et il ne se prive pas pour donner les « bonnes réponses ».

Ses connaissances se développent aussi dans d'autres domaines, notamment celui des crimes sexuels. Lors de conversations privées et de thérapies de groupe avec d'autres détenus, condamnés pour des viols ou des meurtres, il absorbe avec passion de nouvelles informations qui titillent et alimentent ses fantasmes. Il prend de véritables « cours de viols » pour se rendre compte à quel point de nombreux violeurs se sont fait prendre après avoir été identifiés par leurs victimes. Une fois sorti d'Atascadero, si jamais l'envie lui vient de s'attaquer à des jeunes femmes pour des viols, il ne laissera pas de témoins. Naturellement, il se garde bien d'exprimer de vive voix de telles pensées afin de montrer son meilleur visage aux médecins qui le suivent. Mais certains rapports le jugent « immature et volatil » d'un point de vue émotionnel, possédant « un réservoir important d'hostilité latente et un caractère explosif ».

A l'époque de l'internement de Kemper, nous disposons de statistiques officielles sur les patients traités à Atascadero. Parmi ceux qui sont admis de manière définitive (car certains y sont placés uniquement à des fins d'observation pour être, par la suite, orientés vers des établissements pénitentiaires ou d'autres hôpitaux), 20 % n'ont fait aucun progrès médical et le reste, soit 80 %, est remis en liberté et considéré ne plus représenter un danger. Maintenant, si l'on prend en compte l'ensemble de ces malades libérés et donc « guéris », on effectue les constatations suivantes :

— 25 % sont totalement réhabilités ;

— 25 % connaîtront des problèmes, tout en étant capables de maintenir un équilibre dans leur existence quotidienne ;

— 25 % auront des difficultés plus sérieuses, mais éviteront aussi de replonger (du moins, dans les statistiques officielles ; en bref, ils ne vont pas se faire prendre, s'ils ont commis un forfait) ;

— 25 % récidivent à leur sortie d'Atascadero.

Comme on peut le constater, un pronostic est loin d'être sûr à 100 %. Le danger réside dans le fait qu'il est impossible de prévoir quel patient (parmi ceux qui semblent en voie de guérison) relâché récidivera. A l'époque, ce danger est encore accru par des restrictions budgétaires de l'Etat de Californie qui font que le suivi médical ou judiciaire est limité à sa plus simple expression. En théorie, un officier de probation doit rencontrer de manière régulière un détenu libéré en conditionnelle. (Ce problème est malheureusement toujours d'actualité comme on a pu s'en rendre compte lors des diverses libérations de Jeffrey Dahmer, le « Cannibale de Milwaukee », qui est l'objet de « contrôles » fréquents de la part de son agent de probation.)

Durant son séjour à Atascadero, Kemper se plonge avec intérêt dans la lecture de la Bible et il s'identifie de très près au personnage de Job. Il assiste régulièrement à des services religieux et, lors d'un de ces offices, voit un détenu sodomiser un autre. Ce spectacle le dégoûte au plus haut point et il refuse toute proposition homosexuelle pendant les cinq années de son internement ; quoi qu'il en soit, son impressionnante stature physique lui permet d'éviter toute tentative de viol. La préférence d'Ed Kemper pour des victimes féminines s'exprime lors de mes entretiens avec lui. Lorsque je lui pose une question sur ses fantasmes meurtriers, il me répond, « Posséder les têtes coupées de jeunes femmes. Les hommes ne me plaisent pas », avant d'éclater de rire. Plus tard, il m'explique plus en détail ce choix :

« Je suppose que j'aurais pu choisir des hommes, mais ils représentent un plus grand danger. Ils ne sont pas aussi vulnérables. Et cela aurait pu sembler bizarre, voire me faire remarquer plus, de prendre des hommes en stop et de les tuer. Question sexe, la motivation n'est pas la même, je préfère avoir une femme, qu'elle soit morte ou vivante. Enfin, n'oubliez pas que, pour un certain nombre de mes crimes, mon bras est cassé et j'ai un plâtre, ce qui rend les choses plus difficiles en cas de lutte avec un homme. Et les enfants ? Vous avez raison, les enfants sont vulnérables. Mais il y a deux choses qui vont à l'encontre d'un choix d'enfants, en ce qui me concerne. La première, la plus importante, c'est l'innocence des enfants. Les enfants sont encore ignorants des choses de la vie. C'est pour ça que j'ai toujours cherché à protéger les enfants. J'ai été un enfant moi-même et mon enfance n'a pas été des plus heureuses. Vous me dites que certaines de mes victimes étaient à peine sorties de l'enfance. Pour Aiko ? Je suppose que vous avez raison mais, si l'on excepte Aiko, j'ai toujours eu l'impression qu'elles étaient suffisamment âgées pour savoir ce qu'elles faisaient et, surtout, ce qu'elles n'auraient jamais dû faire. »

Pour en revenir à Atascadero, les médecins estiment dans leur grande majorité que Kemper est mûr pour une libération après cinq ans de traitement. Il est confié à la garde du California Youth Authority en 1969 qui, dans un premier temps, suit à la lettre les recommandations de l'équipe médicale d'Atascadero en plaçant Kemper pendant trois mois dans une maison en liberté surveillée. Pendant la journée, Ed suit des cours dans un collège de Central Valley où il obtient constamment les meilleures notes. Le soir venu, il est obligé de réintégrer cet établissement qui doit, en théorie, lui permettre de se réadapter à la vie en société. Mais, par-dessus toute autre recommandation, les médecins d'Atascadero ont affirmé avec force qu'Ed Kemper doit à tout prix être gardé à l'écart de sa mère qui est à la source de ses problèmes relationnels.

Pendant qu'Ed se trouve à Atascadero, sa mère a divorcé pour la troisième fois et est partie s'installer avec Allyn, la sœur cadette de Kemper, dans la ville côtière de Santa Cruz, en Californie. Un nouveau campus de l'Université de Californie vient de s'ouvrir dans la cité et Clarnell Strandberg est engagée comme secrétaire. Son énorme capacité de travail et son sens des responsabilités lui valent très rapidement une promotion comme assistante administrative d'un principal du campus. Elle ne tarde pas à se lier d'amitié avec des collègues de travail, à l'image de Sally Hallett, une femme un peu plus âgée que Clarnell, qui a souvent recours aux services d'Allyn comme baby-sitter.

Jusqu'en 1964, la petite cité balnéaire de Santa Cruz est surtout connue pour ses vertus touristiques et pour être proche de l'épicentre de la célèbre faille de San Andreas, ce lieu mythique qui devrait, un jour ou l'autre, engendrer « The Big One », un tremblement de terre cataclysmique pour la Californie. Dans les années 60, un afflux important de population draine principalement de jeunes étudiants qui s'inscrivent au Cabrillo College, situé entre les cités d'Aptos (où Kemper habitera au moment où il commet ses crimes) et de Soquel, ou à l'Université de Californie de Santa Cruz. Cette dernière, fondée en 1964 afin de désengorger Berkeley, est conçue comme une suite de petits collèges résidentiels construits dans les bois qui surplombent la ville de Santa Cruz et sa baie. A la fin des années 60, Santa Cruz compte 32 000 résidents permanents et le comté lui-même à peine plus de 120 000 habitants, pour une superficie à peine plus grande que le quart de l'Etat du Delaware.

Dans un premier temps, le California Youth Authority pense confier Kemper à la garde de son père, mais celui-ci a disparu dans la nature. Il a déménagé sans laisser d'adresse et son numéro de téléphone correspond à une ligne coupée d'un ancien domicile. C'est alors que l'administration commet l'erreur fatale de confier Ed Kemper à la garde de sa mère Clarnell Strandberg. En décembre 1969, il s'installe au 609 A Ord Drive, à Aptos, dans une maison peinte en vert qui comprend un rez-de-chaussée et un étage, avec un escalier extérieur qui mène directement au premier.

« Je quitte Atascadero le 30 juin 1969, à midi. On m'enchaîne pour prendre un petit avion en direction de Madera County où je dois être jugé par une cour de justice pour mineurs. On m'emprisonne sous le numéro de code 5100, ce qui signifie que j'étais malade en commettant mes crimes, mais que j'en suis légalement responsable. Je représente un danger pour moi-même et pour la société : j'ai besoin de suivre un traitement. Pendant mon séjour à Atascadero, mon code passe de 5100 à 5567, je deviens donc mentalement dangereux et non responsable de mes actes. Il vous suffit dans ce cas d'aller mieux et on vous laisse rentrer à la maison.

« Suite à ma libération d'Atascadero, je tombe sous le contrôle du California Youth Autority qui décide de m'envoyer dans une "halfway house" (maison de probation) afin que je puisse bénéficier d'un "environnement contrôlé" – c'est le terme employé –, d'une réorientation avant d'être relâché dans la nature. Pendant trois mois, je suis des cours universitaires où mes notes sont toujours excellentes. L'équipe médicale d'Atascadero avait recommandé qu'en aucun cas je sois obligé de retourner vivre auprès de ma mère. Bref, je passe devant le comité qui doit décider de ma libération sur parole. Je demande à être confié à un centre de réhabilitation, loin de ma mère. Raté ! Ils m'envoient chez ma mère pour une libération conditionnelle de dix-huit mois. J'aurais dû les envoyer promener. A l'époque, alcoolique, ma mère est officiellement déclarée mon amie et ma conseillère. Je me dis que les choses seront différentes maintenant que je suis devenu un dur, qu'elle aura changé et qu'elle sera fière de moi : j'ai suivi des études pendant mon incarcération. Au départ, les autorités du California Youth Department n'ont pas encore décidé s'ils vont me relâcher sur parole ou s'ils vont m'envoyer en prison ; en fait, je sais qu'ils sont plutôt favorables à un emprisonnement. Mais, au bout de deux mois, ils ont changé d'avis, ils sont tous d'accord pour une libération conditionnelle. Et ce n'est pas parce que je les ai baratinés, ce sont des gens très conservateurs, mais ils m'ont observé au jour le jour. Ils se rendent compte que je suis différent des autres de mon groupe. C'étaient les mêmes personnes qui m'ont vu cinq ans auparavant, j'avais quinze ans et j'étais dans un sale état. Non pas parce que j'étais couvert d'excréments, que je parlais aux murs ou que je me comportais bizarrement. Rien de tout ça. Quand j'ai quitté Atascadero, j'étais chargé du département blanchisserie de mon bloc. J'étais de deux ans le plus jeune de mon groupe. Je suis tellement imposant qu'ils m'ont presque mis dans le groupe des plus âgés d'Atascadero, ceux de vingt - vingt-cinq ans. J'étais passé du statut de grouillot, tout en bas de l'échelle, à celui de chef d'équipe, responsable de la blanchisserie. Et cinq ans après, je passe devant ce même comité, j'ai une impression de déjà-vu quand je vois le même paysage par la fenêtre. Je me dis : "Putain, c'est pas possible. Cinq années sont passées et je me retrouve là où tout a commencé." Je n'en crois pas mes yeux.

« Pendant mon séjour à Atascadero, j'ai sauvé la vie d'un gosse. Il se disputait avec ce grand costaud dans les douches au sujet d'une serviette de toilette. Le genre de dispute stupide mais qui éclate parfois dans un tel environnement. Le costaud saute sur le gosse et lui serre le cou avec la serviette. Il s'est assis sur sa victime qui commence à virer au pourpre. On est tous là bouche bée, car ça se déroule très vite. Je cours dans tous les sens, à la recherche d'un objet qui peut me servir à frapper l'agresseur s'il refuse d'entendre raison. Je trouve un récipient en métal. Je hurle : "Hé !" Le type est décontenancé et stoppe son attaque. Il se redresse et dit : "Dis-lui de me foutre la paix sinon..." Personne n'a rien dit de l'incident parce qu'être un mouchard en prison, il n'y a rien de pire.

« Mon séjour à Atascadero n'a pas été totalement négatif non plus. Grâce à mes entretiens avec des psychiatres et psychologues de l'établissement, j'ai appris beaucoup de choses sur moi-même et les autres. Au bout de quelque temps, j'étais même suffisamment calé de ce côté-là, et certains des psys me faisaient confiance pour faire passer des tests à leur place lorsqu'ils recevaient de nouveaux patients. Cela me passionnait. En arrivant à Atascadero, j'étais quelqu'un qui détestait toute forme de boulot. J'y ai appris la valeur de l'effort, du travail bien accompli. J'étais à présent fier des tâches que j'accomplissais. Lorsque je suis enfin libre, nous sommes dans une époque de récession, il n'y a pas beaucoup d'emplois, surtout pour quelqu'un qui a mon passé, et pas de hautes qualifications. Mais ce n'est pas quelque chose qui me rebute, en tout cas, plus maintenant. Du coup, je n'attends pas les offres d'emploi, je prends le taureau par les cornes et je rends visite à des employeurs potentiels. J'impressionne ces entrepreneurs qui m'ouvrent leurs portes. Un temps, je bosse pour une usine du Géant vert. En 1970, je vais voir une station-service locale de Union 76, où je discute avec le patron. Quelques jours plus tard, il me prend à l'essai pour laver les vitres et vérifier la pression des pneus. Peu après, je suis définitivement engagé. Et six mois après, toutes les différentes stations-service Union 76 du coin me proposent une augmentation de salaire si je viens travailler pour elles. Tout le monde me considérait comme quelqu'un d'honnête et franc. J'étais très content de moi. Hélas, j'étais plein d'amertume parce que les choses tournaient mal à la maison. Nous n'y arrivions pas. J'étais tout heureux de rentrer chez moi pour annoncer que j'étais engagé. Quelle fut sa réaction ? J'étais un bon à rien, à cause de moi elle ne pourrait plus trouver de maris, etc. C'était des disputes sans fin. Avant, je fermais ma gueule, mais maintenant, je lui répondais du tac au tac. Mais je ne la touchais pas. Pendant deux ans, je n'ai pas porté la main sur elle. Pourquoi ? Parce que je pouvais enfin l'affronter, la tête haute, droit dans les yeux, avec des mots. Et elle ? C'est bien simple, c'était le paradis : elle avait un homme qui osait l'attaquer, qui savait encaisser les coups et qui n'allait pas la quitter. Notre relation se limitait à un cercle vicieux qui fonctionnait en boucle, disputes, alcoolisme, puis nous faisions piteuse mine avant de nous réconcilier et de nous offrir des cadeaux, et puis ça redémarrait pour un tour. A un moment donné, la pression devenait trop forte pour moi et j'ai commencé à partir. J'ai vu que c'était une vraie maladie chez elle et qu'elle refusait de se faire soigner ; elle aurait dû aller voir un psy. Les voisins, qui entendaient nos disputes, étaient désolés pour moi. Certains m'ont invité chez eux pour en discuter ou passer la nuit tranquille. J'ai fait la connaissance de leurs filles. C'étaient eux qui faisaient partie du pâté de maisons que je m'imaginais massacrer systématiquement. J'aurais pu le faire. En fait, j'ai dit ça pour m'éloigner de tous ceux qui auraient pu éprouver de la pitié pour moi. Vous imaginez un peu leur réaction quand ils ont lu mes déclarations dans la presse. Après ça, vous croyez qu'ils ont eu envie de venir témoigner en ma faveur lors du procès. De raconter que c'était moi qui mettais un terme aux disputes avec ma mère, en fichant le camp. Qu'à leurs yeux, j'étais un jeune homme sympathique qui venait boire le café chez eux. Tous ces témoignages auraient peut-être pu influencer suffisamment les jurés pour qu'ils m'envoient chez les dingues plutôt qu'en taule. Mais je me suis mis tout le monde à dos.

« Je crois être le seul meurtrier à avoir quitté Atascadero avec un casier vierge. En fait, les psychiatres ne voulaient pas me relâcher. Ils étaient sur le point de me transférer à l'Agnew State Hospital où j'aurais été libéré au bout de nombreuses années, pour être ensuite étroitement surveillé. N'oubliez pas que je n'avais pas encore vingt et un ans, sans aucune expérience amoureuse ou sexuelle, et que je n'avais jamais travaillé de ma vie.

« A Atascadero, je m'étais retrouvé, mineur, dans un hôpital psychiatrique pour criminels endurcis. En 1964, l'âge moyen des prisonniers était de trente-six ans. D'après la loi, j'aurais dû me retrouver au Napa State Hospital, une institution à la sécurité minimale, mais le juge était tellement outré par mes crimes qu'il avait déclaré “ne pas vouloir envoyer ce jeune homme à Disneyland”. Voilà pourquoi je me suis retrouvé à Atascadero, avec des gens ayant, en moyenne, vingt ans de plus que moi. Croyez-moi, j'ai très vite grandi. »

V. PRÉPARATIFS MEURTRIERS

« De seize à vingt et un ans, je suis enfermé. C'est l'époque des hippies et de la fin de la guerre du Vietnam. A présent libre, je suis supposé me mêler au monde des adultes, m'insérer dans la société. Les adolescents ont complètement changé pendant mon incarcération. Tout ça s'est mal terminé. Pourquoi ? Ma mère travaille à l'université mais elle refuse que je rencontre des étudiantes parce que je suis un nul comme mon père et que je ne mérite pas de les rencontrer. Elle me les décrit comme trop bien pour moi. De fait, je détruis des icônes. Je lui fais du mal.

« A cause de ma mère, je n'arrive pas à me déterminer en tant qu'homme. Ma vie sexuelle est inexistante et ne peut devenir qu'aberrante. Je ne me suis jamais rendu dans un peep-show, j'avais trop peur. Je me masturbe énormément en fantasmant. J'ai quand même connu trois brèves liaisons, et, deux fois, j'ai attrapé la gonorrhée. Je n'utilisais pas de capotes. Maintenant, je serais un homme en sursis à cause du sida. »

La révolution sociale des années 60, la guerre du Vietnam, la libération sexuelle, la politisation des universités, tout cela Kemper ne l'a pas vécu. A sa sortie d'Atascadero, il est frappé par les nouvelles habitudes vestimentaires des jeunes et particulièrement écœuré par les hippies qu'il juge sales et indignes. Il continue à s'habiller de manière conservatrice, porte les cheveux coupés court et une moustache qu'il entretient avec soin. Parfois, lorsqu'il croise tous ces étudiants, Kemper a l'impression d'être un alien récemment débarqué sur terre. Il se sent à l'écart des autres, un paria de la société. Chez lui, ou plutôt chez sa mère, ce sentiment s'amplifie encore, car les disputes recommencent dès son retour, après une courte accalmie due à la célébration de son vingt et unième anniversaire, le 18 décembre 1969. Les voisins prennent l'habitude d'entendre les voix stridentes de la mère et du fils, généralement tard le soir. Les portes claquent et ce jeune homme immense, tranquille et si poli avec les voisins s'enfuit dans la nuit à bord d'une voiture ou de la moto qu'il s'est achetée, pour ne rentrer parfois qu'au petit matin. Ses horaires nocturnes sont totalement irréguliers. Un jour, après une querelle particulièrement violente, il vient s'excuser auprès d'une proche voisine : « Avec ma mère, nous ne nous cachons rien. En fait, nous sommes très proches l'un de l'autre et nous savons que ces disputes ne veulent rien dire. » Ed trouve souvent refuge dans l'alcool et il devient un client assidu du Jury Room qui se situe juste en face du palais de justice de Santa Cruz. C'est un bar qui est très fréquenté par les policiers et les hommes du shérif, lesquels sont favorablement impressionnés par ce jeune homme poli et respectueux qui n'hésite pas à leur offrir une tournée de bière ; à cette époque, les flics ont plutôt l'habitude que les jeunes les traitent de « pigs » (« porcs »). D'ailleurs ces mêmes policiers ne l'inquiètent pas lorsqu'il gare sa Ford Galaxie endommagée par un accident près de leurs motos ou voitures de patrouille ; il a grossièrement rafistolé le pare-chocs arrière et le feu de signalisation. Pourtant, quelques mois plus tard, certains de ces policiers connaissent les antécédents de Kemper et le refus qui lui a été signifié pour l'obtention d'un permis de port d'arme.

Plus que toute autre chose au monde, Ed Kemper aurait aimé devenir un policier – une fascination souvent partagée par les serial killers, qu'il s'agisse de Kenneth Bianchi, d'Angelo Buono, de John Wayne Gacy, de Richard Cottingham ou de Gerard Schaefer. A un moment donné, il se renseigne pour connaître les formalités d'engagement mais il est rejeté à cause de sa trop grande taille. Il croit pouvoir tenter sa chance auprès de la California Highway Patrol, la police motorisée, mais là aussi, on invoque cette même raison. C'est ce qui le pousse à s'acheter une moto, puis une voiture qu'il équipe d'un transmetteur radio branché sur les fréquences de la police et d'une longue antenne qui la fait ressembler à un véhicule de patrouille. Mais quand il démarre sa campagne meurtrière, il se rend compte que la voiture est trop facilement reconnaissable et il retire l'antenne.

« J'ai toujours été intimidé par les femmes. A ma sortie d'Atascadero, je commence à avoir des copains avec qui je partage des pizzas et des tournées de bière ; d'un point de vue boulot, ça marche très bien pour moi, mais pour trouver des petites amies, c'est toujours aussi difficile. Les disputes avec ma mère et lier des amitiés avec les femmes, c'est très *très* dur. Elle adore me voir me crisper, elle sait comment appuyer là où ça fait le plus mal. Et je la hais pour ça, surtout que je commence à m'ouvrir aux gens et à participer à une certaine vie sociale. Cela la dérange. POURQUOI ? Elle m'élève du mieux qu'elle peut, à la dure et avec beaucoup de difficultés. Elle est fière de ce qu'elle fait, avant que l'Etat lui prenne son fils et déclare qu'il est un assassin, condamné à cinq ans d'emprisonnement. Elle a toujours haï toute forme de bureaucratie et elle se retrouve à bosser pour l'université, dans un bureau. On lui rend son fils, qui a toujours été un bon à rien et qui, maintenant, travaille de manière obsessionnelle. Il est plutôt beau gosse, dur au travail, et il veut s'intégrer d'un point de vue social, cela la choque, elle n'en parle pas, mais elle a l'impression que c'est elle qui a merdé quelque part. Je suis là pour lui rappeler à quel point elle a été une mauvaise mère. Elle est trop fière pour confronter ses propres sentiments et reconnaître ses erreurs. Elle ne veut pas en entendre parler. Même l'Etat de Californie m'a mieux élevé qu'elle. Elle aurait souhaité que je sois violé en prison, que je devienne une pomme pourrie, mais, manque de chance, je suis sorti un homme meilleur qu'à mon arrivée. »

Au début de 1970, Kemper doit se décider quant à son avenir professionnel. Son rêve de devenir policier s'est évanoui. Il peut s'inscrire à l'université grâce aux recommandations et aux bonnes notes qu'il a obtenues auprès du California Youth Authority mais, à ses yeux, c'est impossible : sa mère travaille à l'université et il ne supporte pas l'idée d'être constamment à sa merci. Aussi commence-t-il par toute une série de petits boulots, pour une station-service locale, puis une usine du Géant Vert près de Watsonville avant d'être engagé par la California Division of Highways où, armé d'un drapeau, il fait signe aux automobilistes de ralentir à l'approche des travaux en cours. Au bout de quelques mois, il peut se permettre de quitter le domicile maternel (où il retourne parfois) pour partager un appartement avec un ami à Alameda, près d'Oakland. Ce n'est pas pour autant que sa mère le laisse tranquille puisqu'elle le harcèle de fréquents appels.

Kemper s'achète aussi une moto qu'il abandonne après deux accidents lors desquels il est blessé à la tête et se brise le bras gauche. L'argent de l'assurance lui permet de s'acheter une voiture d'occasion, une Ford Galaxie à deux portes, jaune et noir. Il commence à collectionner des armes, d'abord des couteaux, dont un auquel il s'attache particulièrement, qu'il surnomme le « Général » et aiguise régulièrement ; puis des armes à feu, ce qui est beaucoup plus difficile. Il en emprunte à ses collègues de travail, avant de racheter celle de son patron à qui l'argent de la vente permettra de s'offrir une virée avec sa maîtresse. La plupart du temps, il garde ces armes dans le coffre de sa voiture ou dans une cachette spécialement aménagée sous son siège.

« Ma mère s'est installée à Santa Cruz, en Californie, où elle travaille pour une université locale. Moi, j'ai été engagé dans les Ponts et Chaussées de l'Etat de Californie. Jour et nuit, je roule sans arrêt le long des autoroutes et je prends des auto-stoppeurs par dizaines, mais sans leur faire de mal. N'oubliez pas que j'ai été enfermé pendant cinq ans et demi. Je venais d'obtenir mon permis de conduire au moment où j'ai tué mes grands-parents et je n'avais pas pu en profiter. Et j'étais enfin libre. Conduire tout le temps était une manière d'exprimer ce sentiment de liberté et de me nettoyer l'esprit de toutes ces pensées négatives. Cela m'a aussi permis d'observer tous les changements qui s'étaient opérés pendant mon emprisonnement. J'ai toujours adoré conduire, de toute façon ; c'est quelque chose que je faisais dès l'âge de dix-douze ans. J'avais obtenu mon permis au Montana à l'âge de quinze ans. C'est mon passe-temps favori. Et je commence aussi à picoler beaucoup. »

En 1970 et 1971, Kemper passe le plus clair de son temps libre à parcourir des centaines de kilomètres sur le réseau autoroutier de Californie, un des plus denses du pays. Presque toutes les nuits et les week-ends, il n'hésite pas à parcourir plusieurs centaines de kilomètres d'une traite. Parfois, il va vers le nord, jusqu'à la frontière de l'Oregon, à près de quatre cent cinquante kilomètres de distance ; ou encore au sud, à Santa Barbara, située à trois cents kilomètres de Santa Cruz. Mais, la plupart du temps, il écume les alentours de

Santa Cruz et de Berkeley, le long des autoroutes 101, I-5 ou 580, sans oublier la mythique Route 99. Sur la banquette arrière de sa Ford Galaxie, il a installé un drap de velours bleu. Sous son siège, il a fabriqué une cachette pour le « Général » et ses autres couteaux et, au moins, une arme à feu. Dans le coffre, on trouve d'énormes sacs-poubelle très solides dont la contenance dépasse les cent cinquante litres. L'antenne radio et son matériel CB ont été retirés, à son regret, afin de ne pas attirer l'attention. Et Kemper a bricolé un système qui lui permet de bloquer la portière du côté passager, un piège mortel puisque son modèle de véhicule est un deux portes.

Durant ces deux années, selon ses estimations, Kemper prend environ cent cinquante auto-stoppeuses. Depuis le début des années 60, l'auto-stop fait partie intégrante de la contre-culture. C'est aussi devenu une nécessité pour de nombreux étudiants qui sont inscrits dans des universités en milieu rural, où il n'existe pratiquement pas de transports publics entre les campus et la ville la plus proche. Même dans les zones urbaines, le transport constitue souvent un problème. Souhaitant encourager une atmosphère collégiale et cloîtrée, de nombreux directeurs d'établissements rendent difficile l'utilisation d'une voiture. C'est le cas de l'Université de Californie de Santa Cruz où il n'y a pas de transports publics, étant donné la nature escarpée du lieu du campus. La multiplication des viols et assassinats d'auto-stoppeuses à travers le pays au début des années 70 provoque une campagne de sensibilisation des milieux universitaires visant à persuader les jeunes femmes d'arrêter cette pratique. Nombre d'entre elles préfèrent faire du stop par deux, convaincues qu'elles ne risquent plus rien.

Pendant tous ces trajets, il apprend à connaître les meilleurs endroits et moments pour prendre des auto-stoppeuses. Il affine sa technique afin de ne pas les effrayer ou éveiller leurs soupçons. Malgré sa taille, il parvient à se faire passer pour un brave géant. Grâce à des questions très étudiées (dont on retrouve une liste manuscrite lors de la fouille de sa chambre après son arrestation), Kemper sait comment séparer le bon grain de l'ivraie : il leur demande le métier de leurs parents, quel type d'études elles suivent, leur quartier d'habitation, etc. Car il ne veut surtout pas tomber sur une de « ces sales hippies » qui l'écœurent. Grâce à sa mère, il obtient un autocollant de l'Université de Californie qui lui permet de pénétrer et de se garer sans problème sur les campus universitaires de la région ; collé sur le pare-brise, il rassure aussi les auto-stoppeuses qui pensent avoir affaire à un étudiant comme elles.

Pendant ces longues heures nocturnes de conduite, Kemper laisse libre cours à ses fantasmes meurtriers :

« Je m'imagine commettre des meurtres de masse, où je rassemble en un même lieu un grand nombre de femmes sélectionnées à l'avance. Je les tue, puis je leur fais passionnément l'amour. Leur retirer la vie, prendre possession de tout ce qui leur appartient. Tout ça serait à moi. Absolument tout. »

Pendant le mois de juin 1971, Ed Kemper cherche à entrer en contact avec son père qu'il n'a pas vu depuis son internement à Atascadero. Comme il n'a ni adresse ni numéro de téléphone, il parvient à le retrouver grâce à l'annuaire du syndicat des électriciens de Los Angeles. Son père refuse de le recevoir à la maison, ayant en mémoire les réactions et les migraines de sa seconde épouse quand son fils est venu s'installer chez eux. Il accepte de le rencontrer dans un restaurant où ils passent plusieurs heures ensemble à boire, à discuter et à faire semblant de se disputer pour savoir qui réglerait la note des tournées d'alcool. Finalement, c'est Ed Jr qui paie l'addition.

« Je savais qu'il n'avait jamais de blé. Mais on en a profité pour résoudre tous nos problèmes, au sujet des grands-parents, et il m'a dit qu'il m'avait pardonné. »

Ce sera leur dernière rencontre. Sur le chemin du retour, Ed Kemper prend deux auto-stoppeuses à Santa Barbara pour les déposer à leur destination. Mais, dans sa tête, il fantasme et s'imagine à quoi elles ressembleraient une fois décapitées. Il est tout près de passer à l'acte. Kemper se rend compte à quel point il lui est maintenant facile de trouver des victimes. Il est comme une bombe à retardement sur le point d'exploser.

« Je savais comment me procurer des victimes, mais je n'étais pas intéressé par ces sales hippies que l'on voyait un peu partout à l'époque. Cela aurait été trop facile. J'aurais pu aisément en tuer des tas. Ce n'était pas mon but. Je voulais frapper la société là où cela lui faisait le plus de mal, en lui prenant ce qu'elle avait de plus précieux, les futurs membres de l'élite, des gosses de riches, avec leurs airs supérieurs, des garces hautaines. »

VI. ANITA ET MARY ANN (7 MAI 1972)

Le dimanche 7 mai 1972 est un de ces jours parfaits du printemps californien. Il fait un temps splendide et Kemper est en « chasse » à San Francisco, près du campus de Berkeley. Il se dirige vers le pont de Bay Bridge, le long d'Ashby Avenue. Il est à cran depuis plusieurs jours et cela ne peut plus durer. Aujourd'hui encore, il a revêtu sa tenue spéciale pour le jour « J », ce jour spécial où il finira bien par passer à l'acte. Il porte des jeans de couleur foncée et une chemise à carreaux. Il a même pris soin de retirer le pin's de la Junior Chamber of Commerce de sa veste en daim qui repose, pliée avec soin, sur le siège avant côté passager. Trop facile à identifier et puis, de toute façon, ces garces n'ont aucun respect pour ce type d'insigne.

Mary Ann Pesce et Anita Luchessa, toutes deux âgées de dix-huit ans, brandissent une pancarte qui indique « San Francisco », bien que leur destination soit l'Université de Stanford, à environ une heure de route ; ainsi, elles évitent les automobilistes qui prennent l'autoroute en direction d'Oakland. Il est environ 16 heures. Toutes les deux sont petites, jolies, Mary Ann a les cheveux noirs et des yeux bleus et porte un coûteux appareil photo en bandoulière, tandis qu'Anita porte des lunettes. Mary Ann Pesce vient d'une famille de cinq enfants qui a vécu à Wiesbaden, en Allemagne, durant les sept dernières années. Elle est habituée à l'auto-stop qu'elle a pratiqué en Europe, à chaque départ en vacances, alors que pour Anita la blonde et la plus timide des deux, c'est la première expérience, puisqu'elle a vécu jusque-là dans la ferme de ses parents, dans les Sierras. Lorsque la Ford Galaxie stoppe pour les prendre à son bord, les deux jeunes filles s'installent sur la banquette arrière.

« Quelque chose m'attire chez Mary Ann, qui me hante. Ce n'est pas pour dire que j'éprouve de la compassion pour elle lorsque j'en parle. En fait, elle représente justement ce qui me pousse à commettre ces crimes... Elle est hautaine, un peu dédaigneuse. Je revois une jeune fille ni belle ni laide. Une Californienne. Et elle joue la distante avec moi. Mary Ann était experte en auto-stop. Elle ne voulait pas monter à bord lorsque je me suis arrêté, mais j'avais mis au point une technique infaillible d'approche. Je regarde toujours ma montre, l'air du type qui se dit : "Est-ce que j'ai le temps de m'arrêter ?" C'est incroyable à quel point cela marche. Mary Ann monte avec sa copine. Nous roulons et je l'observe dans mon rétroviseur. Elle me regarde droit dans les yeux. Je porte des lunettes de soleil qui ne sont pas totalement opaques. Nos yeux se croisent et, au lieu de me demander pourquoi je la regarde, de me dire qu'il vaudrait mieux que je m'arrête pour les laisser descendre, elle continue à m'examiner. Cela fait partie de ce jeu, de cet échange qui existe quand un homme et une femme se mesurent. Cela faisait partie de mes fantasmes, prendre des auto-stoppeuses pour les tuer, mais jusqu'à présent j'avais toujours reculé l'échéance. Je maudis ma faiblesse. Je me dis qu'il faut enfin agir. C'est un peu comme la roulette russe, sauf que je ne risque pas ma vie. Je flirte en permanence avec le danger, une excitation. Je sais que si je sors une arme, il me faudra les tuer. Je ne peux pas les laisser s'échapper. Trop risqué, Mary Ann Pesce me fait basculer dans le crime par sa sophistication, la distance qu'elle met entre nous. Je ne peux plus supporter ça. Cela fait cinq ans que je n'ai pas baisé. J'étais trop impatient. »

Grâce à son jeu de questions élaboré à la perfection, Kemper découvre que les jeunes femmes ne connaissent pas la région. Au lieu de se diriger vers le sud, vers l'Université de Stanford, il prend une suite d'échangeurs, puis un embranchement vers l'est et l'arrière-pays forestier. A un endroit qu'il connaît bien pour s'y être fréquemment rendu, il tourne le long d'un petit chemin. Mary Ann et Anita commencent à s'inquiéter. C'est Mary Ann qui l'interpelle :

— Que faites-vous ? Où est-ce que vous nous emmenez ? Que voulez-vous ?

Kemper se contente d'un bref coup d'œil dans le rétroviseur. Il se baisse légèrement et se saisit, sous son siège, d'un pistolet Browning 9 mm qu'il a emprunté à un collègue de travail. Il le montre et se contente d'un bref :

— Vous savez très bien ce que je veux.

Anita est complètement tétanisée par l'effroi. Elle s'enfonce sur la banquette, comme si elle voulait disparaître. Mary Ann garde la tête froide et s'emploie à raisonner Kemper, à s'attirer sa sympathie, afin qu'il la considère comme un être humain plutôt qu'une victime. Il la trouve effectivement fort sympathique, mais il sait très bien ce qu'elle est en train de faire, ce n'est pas pour rien qu'il a assisté à toutes ces thérapies de groupe à Atascadero.

Finalement, il trouve un endroit isolé à sa convenance où il se gare. Pour les calmer, il déclare qu'il va enfermer l'une d'elles dans le coffre et qu'il les ramènera ensuite dans son appartement. Kemper attache Mary Ann avec des menottes au support métallique de la ceinture de sécurité, avant d'emmener Anita qui ne lui oppose aucune résistance. De retour à l'intérieur de la voiture, il menotte Mary Ann les mains dans le dos. En effectuant ce geste, il touche de manière involontaire la poitrine de sa prisonnière et il s'excuse, très gêné. Une fois immobilisée, il lui enfile un sac plastique sur la tête et tente de l'étrangler avec la cordelette d'une robe de chambre qu'il a spécialement emportée pour l'occasion.

Mais Mary Ann ne se laisse pas faire. Elle se débat de toutes ses forces. Avec ses dents, elle déchire le sac plastique et, en manœuvrant sa tête, elle arrive à éviter que la corde lui soit passée autour du cou. Furieux et terriblement frustré, Kemper s'empare d'un couteau et la frappe à deux reprises dans le dos. Elle gémit et il lui ordonne de se taire, mais elle continue ses cris. Il la frappe encore et encore, et elle ne se tait toujours pas. Elle parvient à se redresser en partie, le sac plastique tombe sur le plancher tandis que le couteau poursuit son œuvre de mort.

Elle est toujours vivante, Ed Kemper est stupéfait. Elle cherche de nouveau à dire quelque chose. En désespoir de cause, il l'agrippe par le menton pour lui trancher la gorge.

« Lorsque je passe à l'acte, c'est un choc terrible. Je multiplie les bêtises. Je veux l'étrangler, ça ne marche pas. Elle se débat et commence à crier. Je suis frustré. Je prends mon couteau et la poignarde. Elle ne meurt pas. Dans les films, vous êtes supposé mourir sur-le-champ. Dans la vie, ça ne se passe pas comme ça. Quand vous poignardez quelqu'un, le sang coule. La pression sanguine diminue. Je continue à la poignarder un peu partout dans le dos. Elle se retourne et ma main frôle un de ses seins. Je vise son estomac. J'ai peur de la frapper dans la poitrine. Pour moi, c'est embarrassant. Je veux la réduire au silence. Et elle finit par avoir la gorge tranchée d'une oreille à l'autre. Et croyez-moi, je sais ce que cela veut dire. (Kemper revit intensément la scène. Il mime les gestes où il tue sa victime. C'est très impressionnant. Pendant ce temps, je sens la preneuse de son de l'équipe de télévision à côté de moi qui détourne la tête. Elle a du mal à supporter le récit de Kemper.) Elle perd connaissance et décède probablement quelques secondes plus tard. Je sors de la voiture, les mains couvertes de sang, en me répétant : “Ca y est, je l'ai fait, ça y est, je l'ai fait.” Maintenant il faut que je tue l'autre. Je reste un moment assis, avec le revolver dans la ceinture. J'aurais pu rester à l'intérieur de la voiture si c'était le sexe qui m'avait motivé. Elle n'est pas encore tout à fait morte, son corps est encore chaud. Il m'aurait suffi de la retourner pour lui faire l'amour. Je suis encore sous le choc et je trébuche en sortant du véhicule. Je manque de peu m'étaler par terre. Pendant que je tue Mary Ann, je sais que sa copine a entendu les cris. A un moment donné, je lui ai couvert la bouche et le nez de mes mains, mais elle continuait quand même ses gémissements. Ça me fait flipper, je ne le supporte pas. C'est quelque chose que l'on n'oublie pas. Les poumons de Mary Ann sont tellement troués que les mots et les sons sortent comme des bulles qui gargouillent. J'ai l'impression que mon cerveau va exploser. C'est comme un cauchemar psychotique. Et je lui ai tranché la gorge. Lorsque je sors de la voiture, j'ai laissé le couteau à l'intérieur. J'ouvre le coffre de la voiture, et l'autre fille m'aperçoit, avec tout ce sang sur les mains. Je bredouille une vague excuse pour essayer de lui expliquer. Je sens qu'elle désire à tout prix me croire, car c'est son seul espoir de survie. Je lui ordonne de sortir du coffre. Elle ne se rend même pas compte que je tiens le couteau à la main. Et je commence à la poignarder. Elle se défend bec et ongles, en hurlant. Je la saisis par le bras en la frappant à deux reprises dans les flancs. Je m'attends à ce qu'elle tombe, mais elle continue à hurler et du sang gicle de sa bouche pour m'asperger le visage. Je lui crie de s'arrêter, ce qu'elle fait. Elle dit plusieurs fois : "Non ! non !" Je lui couvre la bouche avec une de mes mains. Elle me mord sauvagement les doigts. Je lui enfonce les doigts dans la bouche et c'est à ce moment-là qu'elle perd conscience. Elle est en train de mourir. Ses bras s'agitent dans tous les sens. Et puis, c'est insensé, mais elle reprend connaissance et me demande : "Pourquoi ?" Moi aussi, je veux savoir pourquoi et je m'approche d'elle. Quelques secondes plus tard, elle est prise de convulsions, ses bras battent l'air, il y a du sang partout et elle continue à parler. Elle répète alternativement : "Non ! non ! non !" et "Pourquoi ? pourquoi ? pourquoi ?" C'est complètement fou. Je n'éprouve plus rien, je ne fais plus partie de la race humaine, quelques instants plus tard elle meurt. »

Pendant qu'il découpe la tête d'Anita dans le coffre de la voiture, Kemper entend des voix. Cela le distrait un moment et il se coupe la main. Est-ce dans sa tête qu'il entend des voix ? Ou y a-t-il des témoins qui ont entendu ce qui se passe ? Un bref moment de panique s'empare de lui. Le corps d'Anita repose dans le coffre, il plie ses jambes, jette le couteau à l'intérieur, et le referme. De retour dans la Ford Galaxie, il pousse le cadavre de Mary Ann sur le plancher et le recouvre avec le drap de la banquette arrière et un manteau. Puis il démarre.

Un peu plus loin, il croise un couple en train d'examiner une maison à vendre. Voilà l'explication des voix qu'il a entendues. Il est sûr qu'ils ont dû remarquer les cris, mais il fait comme si de rien n'était et poursuit nonchalamment sa route. Il est aux environs de 18 heures. Il continue de rouler un petit moment avant de retourner à son appartement d'Alameda, d'où son colocataire est absent. Kemper apporte les deux cadavres enveloppés dans un drap. Une fois tranquille, il les déshabille et les photographie avec un Polaroïd. Ensuite, il les dissèque, décapite Mary Ann, tout en jouissant avec certaines parties des corps :

« Je retourne à mon appartement avec les deux corps dans la voiture. Le coffre est rempli de sang, une des victimes étant transpercée de coups de couteau. L'autre est sur le siège arrière. Le propriétaire est chez moi avec deux amis. Ils discutent entre eux et je m'imagine leur surprise si j'avais balancé les deux corps à leurs pieds. L'idée même me fait flipper... Ayant coupé les têtes, je les emporte dans ma chambre à coucher. Je les pose sur un fauteuil et reste à les regarder longuement, avant de les mettre sur mon lit où je joue avec. L'une des têtes roule par terre, sur le tapis, en faisant pas mal de bruit. Mon voisin du dessous me hait, car je fais toujours beaucoup de bruit jusque tard dans la nuit. Il prend un balai et frappe au plafond. Je lui réponds en hurlant : "Mon pote, je suis désolé, mais j'ai fait tomber ma tête. Désolé..." (Encore une fois, l'évocation de ce trait d'humour noir de Kemper le fait franchement rire.) Je suis quelquefois retourné sur les lieux où j'ai enterré Mary Ann. Je la souhaite près de moi... Parce que je l'aime et la désire. »

Il examine en détail le contenu des sacs des deux jeunes filles et empoche le peu d'argent qu'elles possèdent (en tout, 8 dollars et 28 cents) ; puis Kemper recopie leurs identités et adresses personnelles, et détruit tout. Il rapporte les corps décapités dans le coffre de sa voiture pour les enterrer dans les contrées sauvages et montagneuses qui surplombent Santa Cruz. Par contre, il garde les têtes, ses « trophées », pour assouvir ses désirs nécrophiliques. Mais, au bout d'un certain temps, il s'en débarrasse en les jetant dans un ravin.

« La plupart du temps, je tue quelqu'un suite à des disputes particulièrement violentes avec ma mère, mais dans le cas de Mary Ann, c'est différent. Elle m'irrite au plus haut point par sa suffisance, elle est hautaine et met de la distance entre nous. Malgré son jeune âge, elle se veut sophistiquée et ça, je ne peux pas l'encaisser. A ma sortie d'Atascadero, je suis encore trop naïf, trop impatient, je n'ai pas le temps de jouer à ce petit jeu-là. Cela fait plus de cinq ans que je suis emprisonné, sans sexe. Je ne suis pas doué pour toutes ces interactions psychologiques. Il m'est impossible d'aller voir des putes, je ne peux pas payer pour du sexe. Il aurait fallu que je trouve une femme qui m'aide à franchir ces obstacles, un à un, et avec patience, afin que je puisse avoir confiance en moi, pour être capable de faire des choses sans être embarrassé. Cela n'a pas toujours été ce massacre et ce catalogue de perversions sexuelles que j'ai parfois étalés avec complaisance lors du procès. Je le regrette, à présent, car certaines familles ont connu l'enfer par ma faute. Et les médias ont encore aggravé les choses par une surenchère permanente. Je me souviens de la une d'un journal qui indiquait : "Le nouveau tueur de masse californien prend son pied en coupant les têtes des femmes avec une scie électrique". Une scie électrique, vous vous rendez compte ! »

A présent qu'il a caché les corps et les têtes, il sait qu'il ne risque pas grand-chose. Les disparitions vont être signalées à la police qui croira à une fugue, surtout avec tous ces jeunes qui partent vivre en communauté à San Francisco et dans ses alentours. Effectivement, Gabriel Vincent Pesce et les parents d'Anita Luchessa font état de la disparition de leurs enfants dans un rapport officiel enregistré le 11 mai 1972 auprès des services du shérif de Santa Barbara. Malgré leur insistance sur le fait qu'il ne s'agit pas d'une fugue, la police ne prend pas l'affaire très au sérieux.

« Comme je vous l'ai expliqué, je ne tue pas toutes celles qui montent à bord de ma voiture. C'est un peu comme de jouer à la roulette russe, sauf que ce n'est pas moi qui risque la mort. Je flirte avec le danger, j'en suis tout à fait conscient. Je sais qu'à tout instant je peux passer à l'action, et c'est quelque chose qui m'excite. Dès l'instant où je montre mon arme, il faut que j'aille jusqu'au bout, il n'y a pas de marche arrière possible. Je leur dis qu'elles sont miennes, que je les possède et que je ferai ce que je veux. Si jamais je sors mon arme et que je les laisse partir, je sais très bien qu'elles vont porter plainte auprès de la police et que mes jours sont comptés. J'ai un casier où figure un double meurtre et, à présent, je kidnappe et menace des jeunes femmes. Qu'est-ce qui va se passer ? Ils ne vont pas hésiter une seule seconde à m'envoyer en taule pour un million d'années. Je regrette qu'ils ne l'aient pas fait. »

VII. UN TUEUR SUR LA ROUTE

« Vivantes, les femmes se montrent distantes avec moi. Elles ne partagent pas. J'essaie d'établir une relation, et en fait, il n'y en a pas. Lorsque je les tue, je sais qu'elles m'appartiennent. C'est la seule façon pour moi de les posséder. Je les veux pour moi seul. Qu'elles fassent un avec moi. Le fantasme des têtes coupées est un peu comme un trophée. C'est la tête qui fait la personne. Le corps n'est plus rien lorsque la tête est coupée. En fait, ce n'est pas tout à fait exact. Avec les femmes, il reste encore pas mal de choses intéressantes, même si la tête manque, mais la personnalité a disparu. »

Quatre mois s'écoulent jusqu'au crime suivant. Pourquoi un tel intervalle de temps ?

« C'était dû en partie à la peur. Il y a aussi un peu de regret. Et puis les occasions. Je ne sors pas tous les jours dans l'idée de me trouver des victimes. Vous remarquerez qu'il y a un plus grand intervalle de temps entre le premier double meurtre et le second, puis entre le deuxième et le troisième, qu'il n'y en a eu par la suite. Vers la fin, ça prend des proportions incontrôlables. Je crois que j'étais devenu encore plus malade, j'avais besoin de ma dose de sang, et en même temps, tout ce sang m'emmerde. C'est chiant à nettoyer. »

Pour assouvir ses fantasmes, Kemper se satisfait avec délectation dans la contemplation des clichés Polaroïd de ses deux victimes. Il apprend par le journal et les actualités télévisées locales que des promeneurs ont retrouvé la tête de Mary Ann Pesce qui a pu être identifiée grâce à ses fiches dentaires. Cela ne le bouleverse pas outre mesure, car plusieurs mois se sont écoulés depuis sa disparition. Entre-temps, Kemper a eu son second accident de moto, son bras gauche est cassé et on lui pose une plaque métallique. Il est maintenant en congé maladie : il décide d'en profiter pour remettre les pendules à zéro et faire effacer son casier judiciaire de mineur. Devoir admettre un double crime et cinq années de détention dans un hôpital psychiatrique n'est pas une tâche agréable lorsque vous cherchez du travail. De plus, il en a assez de toujours emprunter les armes à feu de ses collègues de travail. Un casier judiciaire vierge lui permettra d'obtenir un permis de port d'arme.

« Un moment, j'ai pensé arrêter mes crimes en me satisfaisant sexuellement avec les photos, mais leur effet dure deux semaines environ. Pour moi, la victime joue aussi un rôle, celui de la Californienne à qui tout est promis et qui peut tout se permettre. Un sourire éblouissant aux lèvres. Le fait de monter dans ma voiture est plutôt tragique, mais c'est comme si elle avait une pancarte dans le dos me signifiant clairement que je dois la tuer. Ces filles sont suffisamment âgées pour savoir ce qu'elles font et, surtout, ce qu'il ne faut pas faire, comme l'auto-stop. Cela m'a toujours étonné qu'elles aient continué à faire de l'auto-stop, même après la découverte des premiers corps. Elles me narguent du fait qu'elles s'octroient le droit d'agir comme bon leur semble. Cela me démontre que la société est aussi tordue que je le pense. C'est quelque chose qui me dérange : elles se sentent en sécurité dans une société où moi je ne le suis pas. »

Début septembre 1972, les pulsions le reprennent, l'effet des photos s'estompe, il se remet en chasse. Le 14 septembre, il roule le long de University Avenue, à Berkeley, lorsqu'il aperçoit une jeune fille asiatique qui fait du stop près d'un arrêt d'autobus. Aiko Koo a tout juste quinze ans et elle se rend à une classe de danse à San Francisco. Elle paraît plus âgée que son âge et attend avec impatience un bus qui ne vient pas ; elle craint d'être en retard pour son cours. Pour elle, la danse est une chose très sérieuse, une vocation. Sa mère lituanienne, aux moyens modestes, se prive pour payer des cours à sa fille qui a déjà donné des représentations professionnelles, à la fois en ballet classique et dans des styles coréens traditionnels. Elle n'a jamais connu son père coréen qui les a abandonnées avant sa naissance. Sa mère travaille à la bibliothèque de l'Université de Californie. Aiko n'est pas habituée à faire de l'auto-stop et elle n'hésite pas une seconde à monter à bord de la Ford Galaxie pour s'installer sur le siège avant, à côté de l'imposant conducteur.

Comme pour Mary Ann Pesce et Anita Luchessa, Kemper profite du système compliqué des échangeurs pour désorienter sa passagère, et se dirige vers le sud, le long de l'autoroute côtière. Quand elle se rend compte des manœuvres de Kemper, Aiko se met à crier et à supplier. Il sort un nouveau modèle d'arme à feu, un 357 Magnum qu'il a encore emprunté, et enfonce le canon dans les côtes de l'adolescente. Kemper, qui est gaucher, conduit avec cette main et se sert de l'autre pour menacer Aiko de son arme. Il tente de la calmer en lui jurant qu'il ne lui veut aucun mal ; en fait, explique-t-il, il veut se suicider et cherche juste quelqu'un à qui parler.

Il quitte l'autoroute pour de petites routes montagneuses qu'il connaît à merveille et se gare sur Bonny Doon Road, près de Santa Cruz. Il arrive à la convaincre de se laisser attacher et bâillonner. Elle commence à résister au moment où Kemper se jette de tout son poids sur elle, afin de couvrir sa bouche et son nez avec sa main. Aiko se débat avec l'énergie du désespoir, elle parvient même à lui agripper les testicules, mais il est trop fort. Il finit par l'étrangler avant de relâcher son emprise. A sa grande surprise, Aiko n'est pas morte et continue à se battre. Cette fois-ci, il s'assure qu'elle perd tout à fait conscience. Kemper la traîne hors du véhicule pour la violer : « Ça n'a pas pris plus de quinze ou vingt secondes avant que j'aie un orgasme. » Il l'étrangle à nouveau avec une écharpe.

Le corps est enveloppé dans un drap puis rangé dans le coffre. Un peu plus loin, il repère un petit bar sur Bonny Doon Road où il s'arrête pour boire deux ou trois bières. Avant d'entrer dans la salle, il ouvre le coffre pour examiner Aiko Koo. Il le fait à nouveau en sortant du bistrot : « A la fois pour vérifier qu'elle était bien morte et aussi pour savourer mon triomphe. Admirer mon boulot et sa beauté, un peu comme le ferait un pêcheur satisfait de sa prise. »

« Je tente tout d'abord de suffoquer Aiko Koo en lui pinçant les narines, mais elle se débat violemment. Je crois y être arrivé quand elle reprend connaissance et réalise ce qui se passe. Elle est prise de panique. Finalement, je l'étrangle avec son cache-col. Après le meurtre, je suis épuisé, j'ai chaud et très soif. Je m'arrête à un bar pour boire quelques bières, alors que le corps se trouve encore dans le coffre de ma voiture. En emportant le cadavre chez moi, j'ai failli me faire surprendre par des voisins. Le démembrer a exigé un travail méticuleux au couteau et à la hache. Cela me prend environ quatre heures de travail. Trancher les membres, me débarrasser du sang, laver complètement la baignoire et la salle de bains.

« Je la tue un jeudi soir. Le lendemain matin, je me fais porter malade auprès de mon patron. Je démembre son corps. Vendredi soir, je me débarrasse du cadavre, en gardant la tête et les mains qui sont aisément identifiables. Le samedi matin, je pars de chez moi en les emportant. Je cherche un endroit sûr pour les enterrer. Ce n'est pas facile de se débarrasser de ces choses-là. (Cette déclaration est capitale. Kemper ne se rend même pas compte de ce qu'il vient de dire, “ces choses-là” : il parle d'êtres humains en les dépersonnalisant. Pour lui, et pour la très grande majorité des serial killers, la victime n'est qu'un objet. Il n'a aucun remords. Tuer, mutiler, découper une femme est une chose “normale” aux yeux de Kemper.) Plusieurs fois, j'ai été sur le point de me faire surprendre en enterrant des corps, et si un cadavre est découvert, les témoins peuvent se souvenir d'une voiture arrêtée non loin de là. Samedi matin, je rends visite à mon psy à Fresno, et l'après-midi, je vois l'autre. Samedi soir, je suis avec ma fiancée et sa famille à Turlock, et dimanche soir je rentre chez moi. »

Après avoir quitté le bar où il s'est désaltéré, Kemper rend visite à sa mère, dans sa maison d'Aptos, pour se tester et jouir du sentiment de puissance qu'il éprouve : « Je lui ai parlé pendant une demi-heure de choses et d'autres, juste histoire de passer le temps, pour lui raconter ce que j'avais fait à San Francisco. Je voulais voir si elle se doutait de quelque chose par les expressions de mon visage, des gestes involontaires ou des paroles qui m'auraient échappé. Elle ne suspecte rien et ne me pose aucune question. » Lorsqu'il s'en va, Kemper regarde pour la troisième fois le corps d'Aiko Koo dans le coffre de la Ford Galaxie. « Il était environ 21 h 30 et je savais qu'elle était morte. Je voulais juste toucher son corps pour me rendre compte quelles parties étaient encore chaudes et aussi par simple curiosité. »

Il est 23 heures lorsqu'il arrive à son appartement d'Alameda. Il dépose le corps sur son lit et fouille le sac d'Aiko pour se faire une idée de l'existence à laquelle il vient de mettre un terme. Il est troublé par le fait qu'Aiko Koo n'appartient pas à cette caste de Californiennes « riches et hautaines » à laquelle il prétend s'attaquer. Pour s'en assurer, il passe devant le modeste domicile familial quelque temps après. Sa déception est atténuée lorsqu'il apprend avec surprise qu'elle appartient à une famille qui a des ascendances dans la noblesse.

Un peu plus tard dans la nuit, il dissèque le cadavre. Comme l'indique Kemper dans ses déclarations, il se rend chez deux psychiatres de Fresno pour tenter de faire effacer son casier judiciaire, s'il réussit à passer les tests qu'ils lui font subir. En chemin, il jette des morceaux du cadavre d'Aiko Koo dans les montagnes de Santa Cruz puis, un peu plus loin, c'est au tour des mains de disparaître dans la nature. Par contre, il conserve la tête dans le coffre de sa voiture. Elle y est toujours lorsqu'il se présente chez les deux experts psychiatres. L'idée même l'excite beaucoup, au point qu'il ouvre le coffre pour la regarder juste avant son rendez-vous.

« Les médias ont fait tout un fromage sur ces histoires de têtes coupées que je baladais avec moi dans le coffre de ma voiture. Cela m'est arrivé une seule fois. Et même si je l'avais voulu, ce n'était pas possible. Vous savez pourquoi ? Il faisait pas loin de quarante degrés dans la vallée, une véritable fournaise et ma voiture n'est pas climatisée. Je ne vais pas rouler avec une tête coupée qui va empester. Dès que je me gare, tous les chiens et les chats du voisinage vont se pointer pour renifler mon coffre. Ce jour-là, je l'ai emportée parce que la propriétaire de mon appartement est une fouille-merde. Aussi, lorsqu'il m'arrive de quitter les lieux deux ou trois jours pour rester chez ma mère ou chez un copain, qu'est-ce que je fais ? Je ne peux pas m'empêcher de penser qu'elle va se pointer chez moi pour voir si je n'ai pas du hasch planqué quelque part, elle va ouvrir le frigo pour regarder ce que contient ce sac en papier... Et elle tombe nez à nez avec cette tête coupée ! (Kemper rit.) Mais elle ne va pas penser à fouiner derrière ce grand fauteuil rangé dans un des coins du salon, c'est là que je la planque pendant deux jours ; bien sûr, j'aurais préféré la ranger dans le frigidaire pour éviter les mauvaises odeurs. Le sac en papier kraft est scellé de façon hermétique. Personne n'a rien trouvé. Dimanche soir, elle (la tête) est déjà bien mûre. Ce même soir, mon ex-officier de probation vient me rendre une petite visite et la tête se trouve juste derrière lui. (Il hésite longtemps avant de parler.) J'ai effectivement dévoré en partie ma troisième victime. J'avais découpé des lambeaux de chair que j'ai mis au congélateur. Vingt-quatre heures après l'avoir disséquée, j'ai cuit la chair dans une casserole de macaronis avec des oignons et du fromage, comme une charogne. Un vautour ou un ours. Vous connaissez le sang noir ? C'est du sang non oxygéné, on le voit l'espace d'un instant, avant qu'il entre en contact avec l'air. Après, le sang devient rouge. Lorsqu'il est dans le corps, le sang est noir comme du goudron. J'ai mangé un morceau de jambe que j'avais trempé dans du sang noir pendant près d'une journée. Et pourquoi j'ai fait ça ? Ayant chassé des animaux dans le Montana, je ne faisais que poursuivre une expérience en cannibalisme. Lorsque vous étiez enfant, je suis sûr que vous vous posiez cette question : comment réagir sur une île déserte, avec trois autres personnes et sans la moindre nourriture ? Si l'un de vous est malade ? Toutes ces histoires viennent de récits de la Seconde Guerre mondiale. J'en avais entendu parler par des anciens Marines. Et puis d'une certaine façon, je possède à nouveau ma victime en la mangeant... »

Avec son expérience acquise à Atascadero en matière de tests psychiatriques, Kemper n'a aucun mal à convaincre les deux médecins qu'il est guéri. Voici des extraits significatifs de leurs deux rapports :

« Le patient paraît avoir surmonté la terrible dissociation qui l'a amené à Atascadero. Son moi s'est réunifié et il peut verbaliser, se consacrer à des activités sociales, telles que le travail ou le sport, sans être perturbé par des névroses. Afin qu'il ait toute la liberté nécessaire pour exprimer son potentiel en tant qu'adulte, je recommande que son casier judiciaire soit effacé. J'ai appris avec plaisir qu'il avait renoncé à la moto et j'espère que sa décision sera irrévocable, car je trouve sa conduite en la matière plus dangereuse pour lui et sa santé qu'il ne le sera jamais vis-à-vis de la société. »

Le second psychiatre affirme pour sa part :

« Si j'avais ignoré le passé de cet homme, je dirais que je me trouve face à un jeune homme intelligent, équilibré et qui ne manque pas d'esprit d'initiative. Bref, quelqu'un dépourvu de troubles psychiatriques. (...) En fait, l'adolescent de quinze ans qui a commis cet acte atroce et le jeune homme de vingt-trois ans que j'ai rencontré dans mon cabinet sont deux personnes totalement différentes. (...) Cela prouve l'efficacité du traitement qu'il a reçu à Atascadero ; d'un point de vue psychiatrique, Edmund Emil Kemper ne représente aucun danger pour lui-même ou la société. »

Les avis des deux experts sont confirmés par le tribunal qui, le 29 novembre 1972, efface la condamnation du casier judiciaire de Kemper. Le 17 mai 1973, le médecin légiste identifie des restes trouvés dans les montagnes comme appartenant à Aiko Koo. Par un curieux effet du hasard, des promeneurs ont déjà découvert un squelette à la fin du mois de janvier 1973. Il s'agit de celui de Mary Guilfoyle, une étudiante de vingt-trois ans qui a disparu après avoir été vue en train de monter à bord d'une voiture bleue le 24 octobre 1972. Cette disparition et la découverte du corps de Mary Guilfoyle ont le don de rendre Ed Kemper fou de rage, car les médias et la police font un amalgame avec ses propres crimes. Or, selon lui, ce meurtre est du boulot « mal fait, torché à la va-vite ». Il est élucidé le 13 février 1973 avec l'arrestation de Herbert Mullin, un autre serial killer de Santa Cruz.

VIII. SANTA CRUZ, CAPITALE DU CRIME

A l'époque où Ed Kemper commet ses assassinats, Santa Cruz connaît une épidémie de crimes sans précédent qui lui vaut le titre de « Capitale du crime » aux Etats-Unis. Le 19 octobre 1970, le Dr

Victor Otah, un chirurgien reconnu, sa femme, ses deux jeunes fils et sa secrétaire ont été retrouvés sauvagement assassinés au domicile du médecin. Un des corps flotte dans la piscine de la maison qui surplombe la baie. Toutes les victimes ont été attachées et abattues. Plusieurs incendies sont en cours dans la demeure lorsque les pompiers arrivent sur place. La voie d'accès est bloquée par la Rolls Royce du docteur qui a été garée en travers par le meurtrier. Sur le pare-brise, une note manuscrite, fixée sous un essuie-glace, rappelle aux enquêteurs les échos malsains des massacres de Charles Manson et de sa bande, commis un an plus tôt :

« Halloween 1970. Aujourd'hui démarre la Troisième Guerre mondiale déclarée par le peuple de l'Univers Libre. A partir d'aujourd'hui, quiconque polluera l'environnement naturel ou le détruira subira un châtiment de mort des membres du peuple de l'Univers Libre. Moi et mes camarades lutterons jusqu'à la mort contre quiconque s'opposera à la vie naturelle sur cette planète. Le matérialisme doit mourir ou l'humanité disparaîtra.

Cavalier de Bâton – Cavalier de Coupe – Cavalier d'Epée. »

Cette ultime référence aux tarots suggère tout d'abord un groupe de maniaques féru d'occultisme. Mais, quatre jours plus tard, cette crainte s'efface avec l'arrestation de John Linley Frazier, un sans domicile fixe de vingt-quatre ans dont le casier judiciaire très chargé comprend notamment d'innombrables affaires liées à la drogue ; la plupart du temps, il survit dans une grange à bétail abandonnée se situant en bas de la colline où vivaient les Otah. Un examen psychiatrique montre que Frazier est un paranoïaque schizophrène. A partir d'éléments bibliques qu'il a mélangés à de vagues connaissances occultes, Frazier s'estime investi d'une mission sacrée où il doit débarrasser notre planète de ceux qui la détruisent et la polluent. Sa mère et son épouse, qu'il a quittée depuis de nombreux mois, ont tenté en vain de lui faire suivre un traitement psychiatrique.

Elles n'ont pas réussi, à la fois à cause du refus de Frazier, mais aussi parce que Ronald Reagan, futur gouverneur de Californie, a entrepris une campagne de longue haleine pour supprimer toute aide aux établissements psychiatriques, qui disparaissent l'un après l'autre. Lors de son procès, John Linley Frazier, en dépit de ses actes étranges, est considéré comme sain d'esprit par les jurés et condamné à la peine de mort, plus tard commuée en prison à perpétuité, à la suite de l'abolition de la peine de mort par la Cour suprême en 1971.

Outre Frazier, un autre serial killer, Herbert Mullin, commet des crimes en même temps que Kemper qui est d'ailleurs furieux qu'on lui fasse endosser des meurtres « faits sans soin » (selon ses propres termes), par voie de presse. Mullin, comme Kemper, a une mère ultra-possessive qui l'a éduqué selon les principes les plus stricts de la religion catholique. Physiquement, Herbert Mullin est presque l'opposé d'Ed Kemper. Petit, chétif, son chemin croise celui de « Big Ed » quand les deux hommes deviennent voisins de cellule.

Mullin ne manifeste aucun symptôme inquiétant pendant son enfance. Il réussit brillamment ses études tout en menant une carrière sportive. En 1964, à l'âge de dix-sept ans, il est élu « meilleur athlète » de son lycée. En juin 1965, la mort accidentelle de son meilleur ami assombrit la personnalité d'Herbert Mullin. Il transforme sa chambre à coucher en autel à la mémoire de son ami décédé et il avertit sa fiancée qu'il craint d'être homosexuel.

Fin 1969, son intérêt pour les religions orientales le fait décoller de la réalité, si bien que ses parents l'envoient à l'hôpital. Son refus de coopérer oblige les psychiatres à le relâcher au bout de quelques semaines. Mullin prend sans arrêt du LSD, il entend des voix dont il suit aveuglément les commandements, il se rase la tête ou se brûle le pénis avec une cigarette. De retour à l'hôpital il rédige des lettres délirantes à des inconnus dont il trouve les noms dans l'annuaire, et il signe ses diatribes par un « Herb Mullin, un sacrifice humain ». En septembre 1972, ses voix lui ordonnent de tuer.

Le 13 octobre 1972, Mullin assassine Lawrence White, un vieil homme sans domicile fixe. Il lui fracasse le crâne à coups de batte de base-ball. Le 24 octobre, c'est au tour de la jeune étudiante Mary Guilfoyle de tomber sous les coups de couteau de Mullin. Comme Ed Kemper, il l'éventre avant de jeter les restes près d'une route abandonnée : on ne les retrouve qu'en février de l'année suivante. Le 2 novembre 1972, il se confesse au père Tomei, qu'il poignarde dans l'église de St. Mary's. Le mois suivant, il s'achète un pistolet et se met à la recherche de Jim Gianera, un dealer : Mullin le croit responsable d'un complot destiné à lui détruire le cerveau. Gianera a déménagé, et Kathy Francis, la nouvelle locataire, lui indique sa nouvelle adresse. Mullin s'y rend et tue le couple Gianera avant de revenir abattre Kathy Francis et ses deux enfants.

Alors qu'il se promène, le 6 février 1973, dans les collines des alentours de Santa Cruz, Herbert Mullin entend cette voix qui lui ordonne de tuer. Il abat au pistolet quatre jeunes campeurs. Le 13 février, dans le centre de Santa Cruz, Mullin arrête sa voiture le long d'un trottoir et assassine Fred Perez qui travaille dans son jardin. Des témoins ont pu noter la plaque d'immatriculation du véhicule et Mullin est arrêté quelques minutes plus tard par une patrouille. Lors de son procès, il reconnaît ses crimes et affirme que « les meurtres étaient nécessaires pour prévenir des tremblements de terre qui auraient détruit la Californie ».

Quand deux serial killers du calibre d'Edmund Emil Kemper et Herbert Mullin se rencontrent, que se racontent-ils ? Nous le savons grâce à ce récit de Kemper :

« Pendant mon emprisonnement à Vacaville, j'ai été le voisin de cellule d'Herb Mullin pendant deux ans et demi à trois ans. A un moment donné, je lui ai même trouvé du boulot en cuisine. Le sergent est venu me voir pour que je parle à l'équipe afin qu'il n'y ait pas de violences, car il s'était fait beaucoup d'ennemis. Du coup, il n'y a pas eu d'histoires quand il est venu bosser avec nous. Il est resté quelques mois, avant de partir du jour au lendemain, pour servir les repas à la cantine. J'ai très bien connu Herbie. Je ne l'appelle pas "Herbert Mullin", de même que je ne me présente pas sous mon identité d'Edmund Emil Kemper III ! Je n'avais même jamais entendu prononcer ce nom jusqu'à ce qu'on me condamne à perpète. Mais "Little Herbie", lorsque j'ai fait sa connaissance à la prison de Redwood City, je lui ai piqué sa place dans la cellule où l'on était surveillé en permanence. Il s'est retrouvé dans la cellule voisine. Il ne pouvait plus prendre de douche et on devait déplacer d'autres prisonniers dans le couloir pour qu'il puisse se laver. Cela ne lui a pas plu. Un jour, je me retrouve avec lui pour prendre une douche et je constate qu'il a gardé la barre de savon pour lui, alors qu'il s'est déjà lavé.

— Excusez-moi, Mr Mullin, auriez-vous du savon ? Il n'y en a plus du tout.

— Non.

« Je me dis, "Attends un peu, mon salaud. Tu ne perds rien pour attendre". Cet individu de petite taille me déteste, il a toujours été intimidé par les gens plus grands que lui. Voilà comment nous avons fait connaissance. Et puis je découvre qu'il adore les cacahouètes de la marque Planters. J'en achète une vingtaine de paquets, je lui en donne et il doit se dire : "Tiens, ce type m'offre des cacahouètes alors que je n'ai rien fait pour lui ? Je ne le connais pourtant pas." Il s'approche de ma cellule, je lui tends le paquet, je vois cette petite main, une main de singe, hésiter entre les barreaux. Il la retire, sans doute parce qu'il pense que je vais lui arracher le bras. Je pose le paquet sur un des barreaux et me recule vers le fond de ma cellule. Il prend le paquet et je continue à lui en donner. Herbie reste des heures entières dans sa cellule à écrire. Mais il embête les autres prisonniers, surtout le samedi soir, lorsqu'ils regardent Saturday Night Live ou des programmes de rock à la télé. Herbie se met debout et lit les discours qu'il a écrits pendant la journée. Ce sont d'interminables tirades où il démontre à quel point la télé est mauvaise, et il hurle à tue-tête. Il le fait pendant toute la durée des programmes. Les autres tentent de lui balancer n'importe quoi au visage pour le faire taire, cela les rend fous de rage. Parfois, il chante d'une horrible voix de fausset. Même les gardiens sont énervés, au point que l'un d'eux est sur le point de lui envoyer un jet de bombe lacrymogène, alors qu'Herbie et moi sommes enchaînés ensemble. Je lui demande : "Herbie, pourquoi tu fais ça ?" Et il me répond qu'il a le droit d'agir comme bon lui semble. A partir de ce moment-là, je décide de modifier son comportement.

« Quand il est sage, je lui donne des cacahouètes et lorsqu'il se tient mal, je m'arrange pour lui balancer un seau d'eau à la figure, qui le laisse complètement trempé dans sa cellule. Lorsque je n'y arrive pas, je demande l'aide des autres prisonniers qui hurlent de joie à chaque fois que Herbie est touché. Cela prend environ trois semaines avant que son attitude ne s'améliore. Il demande la permission de chanter et ne le fait plus aux heures des shows télévisés, mais ça ne l'amuse plus et il s'arrête généralement au bout de deux ou trois minutes. J'avais trouvé un moyen de le changer. Les flics sont fascinés par mes résultats. Herbie est très coopératif, à présent. Je lui ai montré pourquoi les gens ne l'aimaient pas. Une fois, nous avons été ensemble au mitard et j'ai poursuivi mes expériences. Il était perpétuellement angoissé et il souffrait. Je lui ai posé toute une série de questions du style : "Quand tu te sers de ton arme, est-ce que tu tires à toute vitesse, en séquence rapide ?" Il a été très étonné : "Comment le sais-tu ?" "Parce que je faisais pareil." Il est fasciné de constater que j'arrive à lire ses moindres pensées, des choses qu'il n'a jamais avouées aux flics. Je vois mon semblable, un type qui faisait les mêmes choses que moi quand j'étais môme. Il avait passé pas mal de temps dans des hôpitaux psychiatriques, il se sentait rejeté par la race humaine. Nous avions pas mal de points communs. Je lui parle de ce qui se passe quand on tue quelqu'un. "Je sais, ils tombent morts", me dit-il. "Non, Herbie, ils crachent le sang, ils tentent de parler et quelques-uns bougent encore quand tu leur tires dessus... et tu recommences." "Comment sais-tu tout ça ? tu n'étais pourtant pas là ?" "Je le sais, parce que moi aussi j'ai fait pareil. Et surtout, Herbie, ne me raconte plus toutes ces conneries sur les tremblements de terre ou Dieu qui t'ordonne ceci ou cela. Tout ça, c'est du bidon, et tu le sais aussi bien que moi." "Tu as raison, Ed, mais je ne l'ai jamais dit à personne d'autre." Voilà quelles étaient mes relations avec Herbie Mullin. »

IX. LE TUEUR D'ÉTUDIANTES

« Il y a des choses dont j'ai encore maintenant du mal à parler, notamment mes relations avec ma fiancée. J'aimais cette jeune femme et elle m'a appris ce qui clochait en moi et, à ce moment-là, il était déjà trop tard pour faire marche arrière. C'est la belle-sœur de mon patron, le propriétaire de la station-service Union 76. Un jour, je me rends à son domicile, mon bras est dans le plâtre, je l'ai cassé dans un accident de moto, et elle passe l'été en sa compagnie. Il m'invite à rester pour dîner, nous faisons connaissance et elle se prend de sympathie pour moi. Nous continuons à nous voir et je lui achète un petit pendentif. Elle tombe amoureuse de moi, sa sœur aînée vient même me rencontrer pour me demander si j'ai l'intention de me marier ? Je ne peux pas refuser, je suis timide et je lui dis que oui. Nous sommes officiellement fiancés. Et pendant ce temps, les crimes continuent, du dimanche 7 mai au jeudi 14 septembre, puis ça saute aux mois de janvier et février. Le rythme s'intensifie, je sens que la fin est proche, ce n'était pas cyclique mais les pulsions reviennent de plus en plus souvent. Avant que tout ça se termine, je vis chez ma mère, à Aptos. Un jour, je me rends à Berkeley, sur Ashby Avenue, dans le but précis de me dégotter des étudiantes. De là, je me dirige vers l'autoroute A-13 et, juste avant d'arriver à ce grand hôtel, le Claymore, qui ressemble à un château, j'aperçois ces deux jeunes filles d'environ dix-huit ans qui font du stop pour se rendre à Mills College, à Oakland. Elles rendaient visites à des amies sur le campus de Berkeley. Elles mesurent moins d'un mètre soixante, elles sont menues, l'une blonde, l'autre brune, et elles portent toutes les deux ce que j'appelle des robes de grand-mère. Cela me glace le sang, car un an auparavant, je me trouvais pratiquement au même endroit, mais dans la direction opposée, lorsque j'ai tué mes deux premières « co-eds » (étudiantes) sur Ashby Avenue. J'ai le sentiment de passer un test que je m'impose. Est-ce que je peux contrôler mes pulsions ? J'ai une arme sous le siège de ma voiture. Vais-je pouvoir les laisser partir et épouser cette jeune femme afin de poursuivre une existence normale. Ces filles sont là comme des offrandes, c'est comme du déjà-vu. J'ai senti à cet instant que je ne pourrais pas toujours me contrôler et qu'il fallait que ça se termine au plus vite. Je ne pouvais quand même pas tuer toutes les étudiantes de Californie ? De plus, ma technique pour prendre des auto-stoppeuses était parfaitement au point. Je savais comment me comporter pour éviter toute paranoïa de leur part. Après tout, je suis un jeune homme seul dans sa voiture, mais je désamorçais la situation en m'approchant d'elle. Il m'a fallu beaucoup d'entraînement pour y parvenir. J'ai appris comment faire pour qu'elles montent à bord de mon véhicule. Si vous bavez en les regardant, ce n'est même pas la peine d'essayer, elles vous voient venir. Mais si vous regardez votre montre, que vous êtes relax, vous donnez alors l'impression d'être un businessman qui se rend à son boulot. Ensuite, nous discutions de ce qu'elles faisaient, de leurs études, de leurs parents, je sais que cela a été interprété comme de la préméditation de ma part. Ce n'est pas tout à fait exact, je vois plutôt ça comme une partie d'échecs qui se transforme brusquement en quelque chose d'horrible. Au début, je tâtonnais mais, par la suite, je suis devenu très bon, au point que j'aurais pu prendre des paris : ces deux filles-là, elles vont monter à bord de la voiture, etc. J'aurais gagné à tous les coups, car je savais comment désamorcer une situation potentiellement explosive en quelque chose d'inoffensif. Cela ne voulait pas automatiquement dire que j'allais les tuer. C'était comme un jeu. Plus tard, lorsque j'ai démarré ma série de crimes, je me suis servi de cette technique pour me trouver des victimes. Au départ, je cherchais à combler ce vide émotionnel de ces cinq années passées en marge de la société. J'ai loupé la "flower generation", j'ai raté la fin de la guerre du Vietnam, toutes ces choses-là... Et ces adolescents sont comme des aliens pour moi.

« Je n'ai pas sélectionné mes victimes. Elles étaient choisies au hasard mais c'était aussi de la passion. Si j'étais poussé à bout, elles mouraient, comme les deux dernières. J'étais animé d'une telle rage que j'aurais pu tuer quiconque montait à bord de ma voiture. Mais ce n'était pas toujours le cas. Je me souviens d'une fois où j'ai emmené cette femme et son fils. Nous étions loin de tout, en pleine campagne, sur une petite route départementale. Pas une voiture en vue. Quand soudain j'aperçois ces deux collégiennes qui font du stop pour aller en ville. Il est évident qu'elles ont quitté leur ferme en catimini pour se payer un peu de bon temps en ville, avant de retourner chez elles. Je suis en train de me battre avec mes pulsions en ce qui concerne cette femme et son gosse qui se rendent à Seattle.

Je ne veux pas le faire. “Mec, qu’est-ce que t’attends ? Fais-le.” Oui... non... oui... non... Cela dure toute la journée. Et quand j’arrive sur l’autoroute, je suis épuisé nerveusement. C’était une situation parfaite, je ne peux pas me faire prendre, personne ne me connaît dans ce comté, personne ne m’a vu le traverser, il y a un brouillard assez dense cette nuit-là. Un cadeau du ciel, des victimes offertes comme sur un plateau. Et je ne fais rien. J’étais mort de trouille. Je n’y arrivais pas. Cela m’est arrivé de nombreuses fois de prendre ainsi des gens et de les déposer, sans qu’il se passe quoi que ce soit. Pourquoi ? Je n’ai pas la tête à ça. Les fois où les gens se font tuer, c’est quand elle et moi nous nous disputons comme des chiffonniers. Je ne pouvais pas le supporter. Je crois que ces victimes étaient des substituts. C’est elle que je tuais, pas les autres. Je haïssais l’université pour ce qu’elle avait fait et faisait encore à ma mère. Elle se crevait le cul et elle gobait ça : vous voulez encore plus de responsabilités ? plus d’autorité ? Eh bien, servez-vous. Elle était dévorée à petit feu. Elle était sobre quand elle a accepté ce poste, elle a failli se faire virer parce qu’elle s’est pointée un jour à son travail complètement ivre. Cela la détruisait petit à petit. Si moi ou ma petite sœur on avait osé lui déclarer qu’elle avait besoin de suivre une cure de désintoxication, je crois qu’elle nous aurait arraché la peau. On ne pouvait rien lui dire, tellement elle en imposait aux autres. Ma petite sœur trompait son mari au moment où ma mère a été assassinée. Si elle l’avait su, je crois qu’elle l’aurait exclue à tout jamais de notre famille. L’adultère était un outrage à sa morale victorienne. »

Après l’effacement de son casier judiciaire le 29 novembre 1972, Kemper croit un bref instant que tout va maintenant aller pour le mieux dans son existence. Il est résolument optimiste, lorsqu’un nouveau coup dur le touche de plein fouet. Son accident de moto laisse des séquelles qui mettent du temps à guérir. Son bras est toujours handicapé et le médecin du travail rejette sa demande de reprise de son emploi à la California Division of Highways. Autre handicap, il n’a plus suffisamment d’argent et ne peut plus payer la location de son appartement à Alameda, d’autant que son colocataire lui doit des arriérés. La mort dans l’âme, il est obligé de retourner vivre dans la maison de sa mère au 609 A Ord Drive, à Aptos, où il s’installe au premier étage. Les disputes recommencent sur-le-champ et il passe le plus clair de son temps à boire au Jury Room. Sa consommation d’alcool est en très forte progression.

Il sent ses pulsions de mort remonter à la surface. Le 8 janvier 1973, il s’achète un automatique Rutger de calibre 22. Kemper est tellement fou de joie qu'il peut à peine se contenir lorsqu'il remplit les papiers. Enfin, une arme qui lui appartient. Le soir même, il part en chasse sur le campus de l'Université de Californie, à Santa Cruz. Par là même, il commet une énorme faute en dérogeant à la règle qu'il s'est lui-même édictée, à savoir de ne jamais tuer quelqu'un dans un endroit proche de son domicile.

« C'est un après-midi pluvieux, aux alentours de 17 heures, et il y a beaucoup de possibilités. En fait, j'ai porté mon choix sur trois filles, deux d'entre elles qui sont ensemble, mais je les élimine parce qu'il y a trop de monde autour ; en plus, il s'agit de gens qui semblent les connaître, des témoins potentiels trop dangereux. Mais toutes les autres conditions étaient réunies, car il pleut de plus en plus fort et les filles se précipitent vers n'importe quelle bagnole. Je commence à être un peu tendu parce que ça n'a pas marché avec ces deux-là, lorsque je la repère sur Mission Avenue. »

Cynthia Schall, dite Cindy, est une petite blonde bustée de dix-huit ans. Native du comté de Marin, près de San Francisco, elle est étudiante en deuxième année au Cabrillo College et se destine à une carrière dans l'enseignement. Elle vit avec sa famille à Santa Cruz et subvient à ses besoins en faisant du baby-sitting. Lorsque Kemper l'aperçoit, elle vient de terminer une garde d'enfant pour se rendre à un cours du soir.

Dès qu'elle monte à bord, il lui montre l'automatique Rutger qu'il vient de s'acheter le jour même. Pour la calmer, il lui raconte le même boniment qu'à Aiko Koo, qu'il est suicidaire et désire juste parler à quelqu'un de ses déboires.

« J'ai commencé à jouer à un petit jeu, vous savez. Que je ne vais pas péter les plombs, pour me contenter d'une conversation tranquille, un point c'est tout. J'ai réussi à la convaincre que je n'aime pas les armes à feu, enfin, des conneries, quoi ; je ne vais pas l'utiliser et, d'un geste nonchalant, j'ai planqué le flingue sous ma jambe. Pendant la conversation, je manipule l'automatique et je joue avec, c'est tout juste si je ne lui donne pas. Tout ça, c'est pour la calmer. Elle me supplie à plusieurs reprises de ne pas la tuer. Jamais je ne hausse la voix avec elle, ou quoi que ce soit. »

Ce jeu du chat et de la souris se poursuit pendant deux ou trois heures, jusqu'à ce que Kemper prenne la route de Watsonville, puis l'embranchement qui mène à la petite ville montagneuse de Freedom. Dès qu'il trouve un endroit désert, il se gare pour annoncer à Cindy qu'il va l'emmener chez sa mère afin de poursuivre leur discussion. Il lui ordonne de monter dans le coffre, affirmant qu'il ne veut pas que les voisins de sa mère le voient en compagnie d'une jeune fille. Cindy proteste qu'elle va manquer son cours et Kemper insiste en disant qu'elle en a pour dix minutes au maximum. Il lui donne un drap pour plus de confort. Au moment où elle se tourne pour s'allonger, Kemper braque son arme. Elle aperçoit son geste du coin de l'œil et lui fait face à l'instant où il presse la détente. Un unique coup de feu à la tête suffit à la tuer instantanément. Il est très surpris par la rapidité de sa mort par rapport à ses crimes précédents.

« Il n'y a eu aucune secousse de sa part. Dans tous les autres cas, il y a toujours eu au moins une sorte de réflexe, un mouvement. Là, rien. Elle a suivi le mouvement de sa tête. C'était stupéfiant. La seconde d'avant, elle bouge, et la seconde d'après, elle reste immobile. Et il n'y a rien entre les deux. Juste un bruit et un silence absolu. Il est 21 h 15. »

Kemper retourne chez sa mère. Cette dernière est absente ainsi que les voisins. Parfait ! A cause de son bras cassé, il a beaucoup de difficultés à emporter le corps du coffre jusqu'à sa chambre. Il la cache dans un placard. Clarnell Strandberg arrive peu de temps après. Il discute un moment avec elle et va se coucher. Il a du mal à s'endormir, non pas qu'il éprouve un quelconque remords. Non, ce n'est pas cela du tout. Il est tout simplement impatient que sa mère parte au travail le lendemain matin. Alors, il pourra jouer tout à loisir avec sa nouvelle amie...

En faisant sa toilette, il se rend compte que le plâtre de son bras cassé est taché de sang et il prend soin de le recouvrir avec du cirage blanc. Dès le départ de sa mère, il sort Cindy du placard et en abuse sexuellement de diverses manières. Une fois repu, Kemper la dépose sur les rideaux de douche qu'il a installés au fond de la baignoire et commence alors à la disséquer avec son couteau de chasse et une hache. Peu de temps après, il se débarrassera de la hache dans un dépôt d'ordures. Après avoir nettoyé les différents morceaux, il les met dans des sacs-poubelle en plastique. Il garde la tête dans le placard de sa chambre à coucher.

Outre la tête, il met de côté une bague de Cindy en « souvenir ». Il prend sa voiture en direction de Monterey et, sur une route escarpée au sud de Carmel, jette les sacs-poubelle du haut d'une falaise de près de cent mètres. Le soir même, il profite de l'absence de clients dans une laverie automatique ouverte 24 heures sur 24 pour placer les vêtements de Cindy dans un séchoir dont il a enclenché le bouton à son maximum, ce qui a pour résultat de les endommager sérieusement et de les rendre méconnaissables. Le lendemain, un motard de la route aperçoit un bras qui sort d'un sac plastique. En se penchant par-dessus la rampe, le policier découvre d'autres débris humains, tels des morceaux de jambes et une main. Une semaine plus tard, la marée dépose une cage thoracique sur la plage. Les restes sont suffisants pour identifier Cindy Schall.

« J'ai été à la fois très surpris et choqué d'apprendre par la radio que le corps avait été découvert moins de vingt-quatre heures après que je m'en fus débarrassé. Je me suis immédiatement précipité dans ma chambre pour récupérer la tête et l'enterrer dans le jardin, juste sous la fenêtre de la chambre à coucher de ma mère. Mais j'avais peur que les flics surveillent la maison et mes moindres faits et gestes. »

Le 5 février 1973, moins d'un mois après l'assassinat de Cindy Schall, est de nouveau un jour idéal pour tuer : il pleut à torrents. Et Ed Kemper est fou de rage. « Ma mère et moi avons eu une terrible dispute. Je lui ai dit que j'allais au cinéma et j'ai tout de suite foncé jusqu'à ma voiture pour me diriger vers le campus car il était encore tôt. »

La chance est avec lui malgré l'heure tardive : le campus bruisse d'activité à cause d'une conférence qui est organisée ce soir-là. Il a toujours craint de se faire remarquer en passant devant la guérite des gardes de l'université parce que son feu arrière et son pare-chocs ont été bricolés et qu'ils sont aisément identifiables. Mais les voitures sont nombreuses et le garde se contente de faire accélérer le flot des véhicules. Kemper a l'embarras du choix, les candidates à l'auto-stop sont nombreuses avec ce temps pluvieux.

Rosalind Thorpe, vingt-trois ans, étudiante en linguistique et en psychologie, partage un appartement à Santa Cruz avec une amie; d'habitude, elle se rend au campus en bicyclette mais le mauvais temps lui a fait changer d'avis.

« Je m'aperçois qu'elle jette un coup d'œil à l'autocollant qui m'autorise à me garer sur le campus. Elle me prend pour un autre étudiant et s'installe sans la moindre hésitation à côté de moi. Tout de suite, elle se met à parler. Je la laisse faire, elle est très ouverte, très sympathique. Et je me demande comment agir. Au bout d'un moment, j'ai décidé que c'était bon, qu'elle serait mienne, sûr et certain. D'ailleurs, si j'avais encore des doutes, j'ai eu ce que j'appelle un de ces petits zapples ("choc") qui m'a traversé le corps. A chaque fois que j'en avais un, elles mouraient; il ne m'est jamais arrivé d'avoir un zapple à un autre moment. C'est l'instant où tout se met en place, les circonstances sont idéales. Personne aux alentours, le garde n'a rien remarqué, aucun problème pour quitter le campus et elle ne se doute de rien.

« Et, bien sûr, c'est aussi quelqu'un que je ne connais absolument pas. C'est une de mes règles de conduite à laquelle je ne déroge pas. Avant, j'avais aussi décidé de ne jamais chasser dans les environs de Santa Cruz, parce que j'y habite, surtout avec mes antécédents judiciaires. On pourrait me considérer comme un suspect potentiel. Mais, au fur et à mesure de mes crimes, je deviens de plus en plus malade et je prends de moins en moins de précautions, à la fois dans mon approche, pendant et après, ce qui me semble évident vu le nombre croissant de preuves qu'on découvre, sous une forme ou une autre. »

Lorsqu'il est sur le point de quitter le campus, Kemper voit cette jeune fille d'origine chinoise qui fait du stop. Alice Liu, vingt et un ans, est la fille d'un ingénieur en aéronautique de Los Angeles et elle est en dernière année d'études à l'Université de Californie. Tout comme Rosalind Thorpe, elle vit à Santa Cruz dans un studio qu'elle partage avec une amie. Il stoppe le véhicule et la fait monter à l'arrière.

« Bon, nous sommes là en train de discuter, c'est d'ailleurs plutôt Rosalind qui mène la conversation et ça m'arrange. Je remarque Alice qui nous voit et nous adresse son plus beau sourire, le pouce dressé. Un geste d'une grande beauté, elle le fait de façon naturelle, avec beaucoup de grâce. Je crois qu'elle devait être une auto-stoppeuse expérimentée. Elle est superbe, avec tout ce qu'il faut où il faut, intelligente, vêtue de manière conservatrice, pas avec ces vêtements à la mode aux couleurs criardes et qu'on voit partout à cette époque. J'avoue que je suis soulagé que les deux filles ne se connaissent pas. Nous passons devant la guérite. Je regarde le garde avec insistance, afin qu'il ne pense pas jeter un coup d'œil à l'arrière de la voiture. Je suis certain qu'il n'a pas vu Alice car il fait nuit, elle est petite et porte des vêtements foncés.

« Quelques centaines de mètres plus loin, nous sommes seuls sur la route. La vue est superbe : on voit Santa Cruz qui est illuminée en contrebas. Je leur demande si elles n'ont pas d'objection à ce que je ralentisse pour observer le paysage. Rosalind acquiesce, enthousiasmée, mais je sens comme une réticence de la part d'Alice. J'ai la très nette impression que je la dégoûte, qu'elle est trop bonne pour un pauvre type comme moi. La voiture roule au pas. Je sors mon arme qui est cachée sous ma jambe, un pistolet noir, il fait sombre et Rosalind ne remarque rien. Nous continuons de discuter et je pointe mon arme. J'hésite peut-être une seconde, mais pas plus, car la fille sur la banquette arrière est obligée de me voir agir. Je n'ai pas stoppé la voiture volontairement afin que les warnings ne s'allument pas, au cas où un autre automobiliste nous croiserait.

« Thorpe a un front très large et j'essaie d'imaginer à quoi son cerveau peut bien ressembler, à l'intérieur de son crâne. Je veux que ma balle la frappe juste au milieu du cerveau. Une seconde avant, elle bouge encore, et la seconde d'après, elle est morte. Un bruit, puis le silence, un silence absolu... Liu, qui est assise sur le siège arrière, se couvre le visage de ses mains. Je me retourne et lui tire dessus à deux reprises, à travers les mains. Je la rate. La troisième fois est la bonne, en pleine tempe... Nous passons devant la guérite du campus et j'entends Liu qui meurt sur le siège arrière. Une fois sorti de la ville, je ralentis au maximum, avant de lui tourner la tête sur le côté et de l'abattre à bout portant. Je sais que c'est un risque important de prendre une étudiante directement sur le campus, alors, vous pensez bien qu'en prendre deux multiplie d'autant ce risque, mais je savais que je pouvais y arriver. Une fois, en plein jour, j'en ai pris trois sur University Avenue, à Berkeley, et j'ai failli les abattre. J'aurais pu, sans problème, à cause du vacarme de l'autoroute qui aurait couvert les coups de feu. Je bois de plus en plus. Je dois m'arrêter, car je perds tout self-control. Les flics me connaissent comme un gros buveur dans le bar que nous fréquentons, et c'est peut-être l'une des raisons pour laquelle ils ne m'ont pas suspecté. En public je suis presque toujours ivre, vin ou bière, ou sous l'influence de divers barbituriques, mais je reste sobre pour commettre mes crimes. Pourquoi ? Quand je suis ivre je n'arrive plus à agir. Voilà pourquoi je bois constamment : je veux stopper cette folie. Mais c'est difficile de rester soûl en permanence. J'ai avalé entre vingt-cinq et trente litres de vin par semaine, deux fois plus que ma mère. »

Dans un chemin à l'écart de la route, Kemper installe les deux corps dans le coffre. Il va faire le plein à une station-service et part aux toilettes nettoyer les taches de sang qui parsèment le plâtre de son bras et son jeans noir. De retour chez lui, il se gare dans la rue et raconte à sa mère qu'il s'est endormi en regardant un film au cinéma. Il la laisse devant la télévision et l'informe qu'il va s'acheter des cigarettes. Il est entre dix et onze heures du soir. Il n'y a personne dans la rue et il en profite pour ouvrir le coffre et décapiter les deux femmes à l'aide de son couteau de chasse.

Le lendemain matin, une fois sa mère partie au travail, Kemper ramène les deux têtes dans sa chambre, il les nettoie dans la salle de bains et en retire les balles. Ensuite, il emporte le cadavre d'Alice qu'il pose sur son lit pour la violer et il pense même à laver son corps pour en retirer toute trace de sperme, puis la remet dans le coffre où elle rejoint le corps sans tête de Rosalind. Sans trop savoir pourquoi, Kemper coupe les mains d'Alice. Cette fois-ci, il ne prend pas la peine de disséquer les cadavres. Ce n'est plus une chose qui l'excite comme la première fois. C'est maintenant devenu une routine. Il veut se débarrasser au plus vite de toutes traces compromettantes. Ed se dirige vers le nord, sur la route qui mène à San Francisco. Il pense y déposer les cadavres pour faire croire aux enquêteurs que le meurtrier est du coin. Il rend visite à un ami, prend le temps de dîner et d'aller au cinéma, et reprend la route de Eden Canyon Road vers deux heures du matin, où il jette les corps décapités. Il continue son chemin jusqu'à la ville de Pacifica, à Devil's Slide, où il balance les têtes et les mains des deux jeunes filles. Inquiet, il regrette de ne pas avoir enterré les deux têtes et retourne sur les lieux deux semaines plus tard, sur le coup de quatre heures du matin.

Les médias et la police sont sur les dents. Les disparitions et les découvertes macabres se multiplient. Le corps de Cynthia Schall est identifié le 24 janvier 1973, celui de Mary Guilfoyle (une victime d'Herbert Mullin), le 11 février. Le 8 février, les journaux annoncent à la une les disparitions de Rosalind Thorpe et Alice Liu. Par un curieux effet du hasard, deux collègues de travail de Kemper trouvent les cadavres décapités des deux jeunes filles le 14 février ; elles sont identifiées une semaine plus tard. Le médecin légiste indique aux enquêteurs que le ou les assassin(s) possède(nt) probablement des connaissances médicales ou agissent selon un rituel étrange, car les tendons d'Achille de Cindy ont été sectionnés. Kemper l'a fait pour assouvir ses désirs nécrophiles, afin d'empêcher la rigidité cadavérique et pour que le corps reste « chaud ».

Malgré cette pression médiatique et la formation d'une unité d'enquêteurs plurijuridictionnels (les crimes sont commis dans quatre comtés différents), Kemper garde de précieux « trophées », les sacs de Rosalind Thorpe et Alice Liu. Tous les jours, il examine les divers objets et fantasme sur les jeunes femmes. Vers la mi-avril, il décide de se débarrasser de tous les papiers et objets qu'il possède, y compris de quelques souvenirs de Cindy Schall, ainsi que de l'arme qui a servi à tuer les trois jeunes filles. L'ensemble est jeté à la mer.

« J'ai lu que dans l'Ouest américain on tannait la peau des pendus pour en faire des chaussures ou qu'on utilisait le crâne comme encrier. J'ai coupé les cheveux d'une de mes victimes pour en faire une natte. Au bout de deux ou trois semaines, je m'en suis débarrassé, c'était trop stressant. Cela me rappelait trop la réalité. Je fantasmais beaucoup, mais là, c'était comme un mauvais trip. Je connais des tueurs qui conservent des parties de cadavres dans des bocaux de formol. J'ai eu peur, car je savais que, petit à petit, j'allais en arriver à ce stade. Il me fallait arrêter si je ne voulais pas devenir un nouveau Ed Gein. Je teste les limites de mon univers. Je démontre que je peux y arriver au sein de ma communauté. Ils pensaient tous que j'étais un chic type. »

Ses nerfs sont à bout, il a constamment des ulcères. Il arrive à peine à manger et boit de plus en plus. Il est temps pour lui d'achever sa carrière criminelle par un coup d'éclat. De prouver au monde sa supériorité totale.

« Je voulais faire une démonstration aux autorités de Santa Cruz. Leur prouver que je ne plaisantais pas, qu'ils avaient vraiment affaire à un monstre. J'avais envie de détruire tous mes voisins, une douzaine de familles. Mon attaque aurait été lente, méthodique, silencieuse. Je savais que je pouvais le faire.

« Environ un mois et demi après avoir tué les dernières étudiantes, je m'impose un test. J'embarque deux filles, qui me font penser à mes victimes précédentes, et nous nous dirigeons sur l'autoroute A-13, en direction de la 580. Elles me demandent de les conduire vers Palomares Drive, où j'ai déjà tué. L'université se trouve de l'autre côté et elles ne me croient pas quand je leur affirme avec force qu'il faut que nous changions de direction. "Mais nous voulons aller par là", disent-elles. Même si nous n'allons pas à Palomares Drive, si nous nous arrêtons avant, il y a ce cul-de-sac. Et elles seront mortes si mes pulsions reprennent le dessus. Si nous continuons dans cette direction, le test ira trop loin. J'ai une impression de déjà-vu, comme pour les deux premières. J'ai peur de devoir les tuer. Je tente alors de me débarrasser de mes pulsions, un peu comme quelqu'un qui cherche à s'arrêter de fumer ou de boire. Et nous continuons à nous disputer. Si elles se mettent à crier, je suis foutu, car quelqu'un téléphonera aux flics. Et moi qui leur dis ce qu'il faut faire pour leur sauver la vie. Malheureusement, cela ne marche pas et elles prennent peur. Je leur dis de ne pas s'inquiéter et d'attendre le prochain croisement : "Si je me trompe, nous prendrons l'autre route, faites-moi confiance." Et je me dis "merde". Le revolver est sous mon siège. Nous arrivons sur l'autoroute, un panneau annonce la sortie de Mills College. Elles ont toujours peur. Je n'ai pas suivi leurs indications, leur route, et c'est ce qui les terrifie. Je dépose les deux filles devant l'entrée de l'université et je suis prêt à vous parier qu'elles feront attention avant de se remettre à l'auto-stop. Je suis presque sûr qu'elles ignorent toujours à ce jour à quel point elles ont frôlé la mort. Ce jour-là, j'ai compris que je ne pourrais pas m'arrêter. Je n'arrive plus à me contrôler. Je sais que je vais tuer à nouveau. C'est inéluctable. »

X. « POUR EN FINIR AVEC MAMAN... » (21 AVRIL 1973)

« On a beaucoup exagéré mes relations avec la police au moment de mes crimes. Je connaissais deux ou trois agents. Le bar où je me rendais ne se situait pas en face du commissariat, il est à plus de cinq cents mètres, en face du tribunal. The Jury Room, Joe Mandela's Jury Room. "Entrez et donnez-nous votre verdict", tel est le slogan qui figure sous l'enseigne. L'établissement est plutôt calme et un certain nombre de policiers le fréquentent. Pendant la période où je commets mes crimes, je me sers des liens d'amitié que j'ai tissés avec ces policiers pour en savoir plus sur le déroulement de l'enquête. *Crime et châtiment* de Dostoïevski, je l'ai lu lorsque j'étais plus jeune. (Kemper sourit.) Avec ce criminel qui sent la pression monter en lui. Est-ce qu'ils me suivent? Et il finit par craquer et avouer. Ça, c'est du roman. Moi, je veux éviter tout ça. Je n'ai eu aucun mal à leur soutirer des informations. Pourquoi? A cause de la structure même de la hiérarchie policière dont l'élite est représentée par la brigade criminelle. Ils se considèrent comme la crème de la crème et ils aiment se vanter de leurs exploits face aux autres flics. Du coup, il y a une certaine jalousie et des frictions entre les différents services. Quant à moi, je faisais un peu pareil en traînant autour de ces simples flics. Je me moquais bien d'être leur copain. J'avais déjà fait de la prison. Je n'aimais pas la police. Mais ils discutaient entre eux de ce qu'ils avaient pu entendre sur l'affaire en cours. Moi, je me trouvais à la périphérie. Ils me snobaient, comme eux se faisaient snober par les "superflics" de la Criminelle. Mais je n'étais pas gêné par leur présence, je n'agissais pas de manière bizarre face à eux et c'est quelque chose qu'ils ont dû sentir. D'habitude, tout citoyen qui s'adresse à un policier en uniforme est malhabile, comme s'il avait quelque chose à se reprocher, même s'il est tout à fait clean. Et je crois que les flics sont sensibles à ce genre de choses ; dès qu'ils enfilent un uniforme, ils savent tout de suite qu'ils ne sont plus comme les autres. Les relations sont faussées. C'est quelque chose qui doit les blesser quelque part. Mais si moi je n'agis pas de cette façon, si je ne les traite pas comme un insecte sous le microscope, alors j'ai glissé un pied dans l'entrebâillement de la porte. Petit à petit, on apprend à se payer des bières et à se tutoyer : "Ça va, Big Ed", "Super, et toi, Andy ?", etc. Et un an plus tard, je lui téléphone pour leur dire : "Je suis le tueur de co-eds. Je veux me rendre." "Ecoutez, je ne peux pas réveiller le lieutenant comme ça au milieu de la nuit." Je sens qu'il me pousse à donner mon identité. Alors je lui dis : "Okay, Andy. C'est Kemper." Silence total à l'autre bout du fil. "Bon Dieu de merde, ce mec m'a appelé par mon prénom." Lors de mon premier appel, il a déclaré : "Santa Cruz Police Department, Officer Crain. May I help you ?" J'ai tout de suite pensé, "Tiens, c'est Andy qui me paye un coup à boire au bar". Et c'est le même Andy qui m'avait donné, sans le savoir, un certain nombre d'informations sur mon cas. Mais je ne l'avais jamais questionné directement sur mon affaire. Je faisais très attention de ne pas attirer l'attention. La relation que j'ai eue avec ces flics était très relax. Ils ne m'ont jamais invité à une de leurs soirées. On s'est uniquement rencontrés au Jury Room ou, parfois, dans la rue lorsque je circulais en voiture. Après tout, cette série de crimes a été au centre de toutes les conversations à Santa Cruz pendant presque un an et il m'était donc facile d'orienter les discussions sur le sujet. Par un pur hasard, deux des flics que je connaissais étaient de service au commissariat la nuit où j'ai téléphoné pour me rendre. C'est avec Andrew Crain que j'ai parlé le plus longuement, mais il n'a pas appelé le lieutenant chez lui. Il m'a menti en affirmant qu'il n'était pas chez lui, car j'ai pu vérifier la chose un peu plus tard. Partout dans les journaux, on voyait cette photo du lieutenant avec son gros cigare à la bouche qui affirmait : "Je vais avoir ce salopard, même si c'est la dernière chose que je ferai sur cette terre." Il ouvre sa grande gueule dans les journaux. Par la suite, nous en avons beaucoup discuté puisque nous avons appris à nous connaître lors de l'enquête qui suivit mon arrestation. Au moment des crimes, je connaissais sa fille. J'avais travaillé à une station-service, Union 76, où de nombreux étudiants venaient faire le plein. On s'est connus bien avant que je commence mes crimes. Je venais de toucher pas mal d'argent de l'assurance suite à mon accident de moto et je m'étais loué une bagnole neuve chez Hertz, une Chevrolet, de nouvelles fringues. J'avais aussi racheté à mon patron un automatique Browning 9 mm pour cent dollars ; bien que marié, il avait besoin de ce fric pour emmener sa copine à Reno. Je me suis servi de cette arme pour mes assassinats, pas pour tirer, mais pour menacer les filles. J'avais un holster et trois chargeurs de treize balles, plus une balle dans le canon, soit quarante balles en tout. Ce flingue était toujours caché sous mon siège avec une paire de menottes.

« Un soir, je me balade et je rencontre cette jeune femme de dix-huit - dix-neuf ans sur Boardwalk qui se trouve en compagnie d'une amie de seize - dix-sept ans, originaire de Walnut Creek et qui habite chez ses parents. Je la connaissais un peu et j'en ai profité pour les inviter à dîner, puis au cinéma. Après quelques réticences, elles ont fini par accepter, à condition que le fiancé de la plus âgée les accompagne. Son père est juste au-dessus sur East Cliff Drive dans un ancien motel reconverti et à la vue imprenable sur le parc d'attractions en contrebas. Je remarque qu'il nous observe avec d'énormes jumelles. Je savais qu'il était policier. Nous avons pris nos voitures pour remonter le voir. Je fais sa connaissance, ce qui est plutôt ironique, mais je ne dis pas ça pour le gêner. Il incarne le cliché du flic irlandais costaud. J'ai les cheveux coupés court, des vêtements neufs, je le regarde droit dans les yeux et je lui serre la main. Il est content de me voir, d'autant plus que le fiancé de sa fille ne lui plaît visiblement pas, un gringalet chevelu qui est vendeur assistant chez Albertson's ; c'est-à-dire qu'il lave les légumes et prépare les rayonnages. Je constate que le paternel nous compare tous les deux et qu'il se dit : "Pourquoi ne sort-elle pas plutôt avec ce type ?" Un peu plus tard, il devait être aux alentours de minuit, lorsque je les ai ramenées, il m'a invité à venir dîner chez lui un soir. J'ai rencontré son épouse et son fils. En route pour notre rendez-vous, j'ai indiqué que je devais passer chez moi déposer quelque chose. Et la fille de ce lieutenant de la Criminelle me voit prendre le 9 mm sous mon siège. "Il est chargé ?" Je lui réponds que oui. "Mon Dieu, mais c'est interdit par la loi !" Du coup, je plaisante, "Eh bien, il va falloir que tu m'arrêtes pour me tabasser à coups de matraque". Tout le monde rigole. Je vois qu'elle est impressionnée par le fait que je ne veuille pas laisser une arme à feu dans la voiture.

« Quelque seize mois plus tard, ce même lieutenant est un de ceux qui me raccompagnent du Colorado jusqu'à Santa Cruz après que je me suis rendu. Le voyage est fait en voiture, ce qui donne aux policiers trois jours entiers pour me questionner avant que je puisse avoir un avocat. Mais ça m'est égal, puisque j'avais décidé de tout leur raconter. A un moment donné, le lieutenant, qui est sur le siège avant, se retourne et me demande en souriant : "Dis-moi, Ed, pourquoi as-tu déposé ce flingue devant ma fille, alors que tu savais que j'étais un flic ?" "Je savais que votre fille ne vous en parlerait pas." Car être un enfant de policier ne doit pas toujours être facile. Il ne l'avait appris qu'au moment où il quittait Santa Cruz pour venir me chercher. Sa fille le voit en train de faire ses bagages, tout excité. "Qu'est-ce qui se passe ?" "Le Co-ed Killer a été arrêté. C'est fini." "Qui est-ce ?" demande-t-elle. "Ed Kemper." Elle reste pétrifiée. Son père n'avait pas fait le rapprochement entre ma visite d'il y a seize mois et ce jeune homme qui l'avait si favorablement impressionné. Il ne se souvenait pas de mon nom, car je n'étais plus retourné chez lui. Quelquefois, je me demande ce qui se serait passé si j'avais accepté son invitation à dîner ? Cela m'aurait été facile, puisque je croisais parfois sa fille dans la rue. Je serais venu, nous aurions dîné, je sors mon arme et je les tue tous. Je leur coupe la tête et je les pose sur les assiettes, avant de me laver et de rentrer chez moi. Le lendemain, il ne se rend pas à son travail, son téléphone ne répond pas et ses collègues arrivent chez lui et découvrent l'horreur. Le type qui dirige toute cette enquête est dégommé, ainsi que toute sa famille. Je vous avoue que j'y ai parfois pensé. Pourquoi ne l'ai-je pas fait ? Lui-même m'a posé la question lors de ce long voyage de retour en voiture. "Parce que vous avez été gentil avec moi." Vous imaginez si j'avais fait ça ! Tout le monde à Hollywood aurait déjà fait plusieurs films sur mon histoire. Cela aurait été encore plus dingue que Charlie Manson ! Pour moi, ce n'était pas un jeu, je ne suis pas un héros de bande dessinée, il n'y a pas de superhéros ni de superméchants, ce n'était pas moi qui cherchais à attirer l'attention. Tout ça, je le laisse aux psys d'opérette, à tous ces pseudo-experts et je ne parle pas pour vous, car vous m'avez toujours traité avec respect et courtoisie. En plus, vous connaissez à fond mon dossier, ce qui n'était pas le cas de la plupart de ceux qui m'ont questionné et à qui j'ai souvent dit des conneries.

« La semaine qui précède l'assassinat de ma mère, je me fais tout un cinéma dans la tête. Ma mère va mourir. Je vais la tuer. Ensuite je me rendrai à la police avec l'espoir de me faire abattre en plein milieu de la rue. Et ils seront dans la merde. Ce sera à eux de tout expliquer puisque je ne serai pas là pour le faire. Toute la semaine, cette conviction m'envahit de plus en plus. Le Vendredi saint, je ne travaille que le matin, je rentre à Santa Cruz dans l'après-midi. Je bois pendant la soirée. Je dors quand ma mère rentre à la maison. Les événements se déroulent comme je les avais envisagés. Je me réveille après son retour. Les derniers mots, la dernière dispute. Je vais dans sa chambre pour discuter. Je ne cherche pas d'excuses pour expliquer mon geste. Je veux simplement vous dire qu'au fond de moi je souhaitais pouvoir prononcer les mots qu'il fallait, ou qu'elle dise quelque chose qui aurait stoppé net cette folie. J'avais ce petit espoir naïf en moi. Hélas... Elle est en train de lire, elle pose son livre et me déclare : "Oh, mon Dieu, tu vas rester debout toute la nuit pour me parler ?" C'était une de ses expressions favorites quand je venais dans sa chambre le soir. La plupart du temps, je répondais non et je tournais les talons. Elle savait alors qu'elle m'avait blessé, que le lendemain tout redeviendrait normal. Ce soir-là, j'avais décidé que nous ne parlerions pas. Je retourne dans ma chambre pour m'allonger un moment. Je reste deux ou trois heures sans pouvoir m'endormir. Il doit être quatre ou cinq heures du matin. Je vais dans sa chambre, le marteau à la main, et je lui défonce la tempe, je lui tranche la gorge, je soulève le menton et lui découpe le larynx avant de le jeter dans le vide-ordures : depuis que je suis tout petit, elle n'a jamais arrêté de hurler et de m'engueuler. J'ai toujours considéré ma mère comme quelqu'un de très impressionnant, un être quasiment indestructible. Elle a eu une influence considérable sur ma vie. Je suis très surpris de me rendre compte à quel point elle est vulnérable, aussi humaine que mes autres victimes. J'en reste choqué un bon moment, et j'en suis toujours bouleversé, même si sa disparition me soulage. »

La tête, sur le manteau de la cheminée, sert de cible aux fléchettes que Kemper lui lance en l'insultant. Cet acte odieux, Kemper refuse de le reconnaître. C'est la seule fois où il ne fait pas preuve de franchise. Il répète qu'il ne l'a pas commis et je sais qu'il ment, car j'ai vu les photos de police et lu les conclusions du médecin légiste. De même, il rejette l'accusation d'actes nécrophiliques sur le corps de sa mère. Le lendemain, il rencontre un ami qui lui doit dix dollars depuis pas mal de temps. Kemper s'apprête à le tuer mais l'homme le rembourse, ce qui lui sauve la vie. Du coup, Ed lui offre même une tournée de bière. De retour chez lui, il s'inquiète de savoir comment il peut expliquer l'absence de sa mère pendant le week-end pascal. Il lui vient l'idée de dire qu'elle est partie avec une amie. Ce sera d'autant plus convaincant si cette amie disparaît aussi. Kemper feuillette l'agenda de sa mère et téléphone à Sally Hallett. Ça ne répond pas et quelques heures s'écoulent lorsque la sonnerie du téléphone retentit vers 17 h 30. Sally Hallett demande à parler à sa mère. Ed lui explique qu'il organise un dîner surprise pour fêter son retour au travail. Il l'invite pour 19 h 30. Il se prépare à la venue de son invitée : portes et fenêtres sont fermées, il met une paire de menottes dans la poche de son jeans et essaime diverses armes prêtes à l'usage dans toute la maison.

« Elle m'avait toujours emmerdé avec ma mère. Dès son arrivée, elle se laisse tomber sur une chaise en me disant qu'elle est morte de fatigue. Après tout, je l'ai prise au mot. (A ce jeu de mots, Kemper sourit, visiblement satisfait de ce qu'il vient de dire.) Je l'assomme, puis je l'étrangle. Dans son cas, je me souviens d'une chose qui m'est probablement arrivée avant, mais la seule fois où j'ai remarqué une éjaculation a été au moment où j'ai tué Mrs Hallett dans la nuit de samedi à dimanche. Elle est en train de mourir, ça m'a demandé un grand effort physique, cela a été très difficile. J'ai eu un spasme total. Pendant qu'elle meurt, j'ai un orgasme. Pour les autres, l'effort physique a été moins exigeant. Sur ce, je vais m'endormir. »

Ed Kemper enfile des sacs en papier autour de la tête de Sally Hallett qu'il attache avec une cordelette et une écharpe pour s'assurer qu'elle est bien morte. Il dépose le cadavre sur son lit, le recouvre et part boire un coup au Jury Room. Personne ne remarque quoi que ce soit d'étrange dans son attitude extérieure. Il espère rencontrer des amis policiers qui pourraient le renseigner sur les progrès de l'enquête, mais fait chou blanc. De retour à la maison, il coupe la tête de Mrs Hallett et s'endort dans le lit de sa mère. Le lendemain matin, il dépose le corps dans le placard de sa chambre et laisse un mot près du cadavre :

« Samedi, 5 h 15 du matin. Pas besoin qu'elle souffre à cause de l'horrible "Boucher sanglant". Ce fut bref – elle dormait – je voulais qu'il en soit ainsi. C'est pas du travail négligé et incomplet, les gars. Simplement, un manque de temps. J'ai des choses à faire !!! »

Il est 10 heures du matin. Il s'installe au volant de sa voiture et roule sans s'arrêter pendant quarante-huit heures, grâce à des comprimés pour rester éveillé. Il se retrouve au Colorado :

« Je redoute que le moindre incident me fasse complètement perdre la boule. Jamais je n'avais ressenti une telle impression. J'ai eu peur. »

Il téléphone à ses amis policiers de Santa Cruz pour se rendre, mais, gag ultime, personne ne le croit ! On lui raccroche plusieurs fois au nez. Il parvient tout de même à convaincre un des policiers et on l'arrête.

« Vers la fin je devenais de plus en plus malade, assoiffé de sang, et pourtant ces flots de sang m'emmerdent. Ce n'est pas quelque chose que j'ai envie de voir. Ce que je désire ardemment, par contre, c'est assister à la mort, et savourer le triomphe que j'y associe, mon propre triomphe sur la mort des autres. C'est comme une drogue, qui me pousse à en vouloir toujours plus. Je veux triompher de ma victime. Vaincre la mort. (Pendant cette diatribe, il est très excité et son regard brille. Il revit intensément ces moments où il a été triomphant.) Elles sont mortes et moi, je suis vivant. C'est une victoire personnelle.

« Pourquoi je me suis rendu ? Pour stopper les meurtres. J'ai fui la Californie après les assassinats de ma mère et de Sally Hallett, je vais entendre l'info à la radio, qu'ils avaient découvert les corps à Santa Cruz et que l'affaire était en bonne voie ; ils ne donneraient pas mon nom. Dès l'instant où j'aurais entendu ça à la radio, je saurais qu'ils étaient à ma recherche. Moi et personne d'autre. Il me resterait alors quelques minutes ou une heure tout au plus. Je découvrirais ensuite un endroit où je pourrais me protéger convenablement pour tirer sur les flics, en tuer quelques-uns, car j'avais un fusil longue portée et j'étais un excellent tireur formé par la N.R.A. (National Rifle Association). A treize-quatorze ans, j'étais presque devenu un "Junior Rifleman" de la N.R.A., ce qui m'aurait permis de recevoir un diplôme du sénateur de l'Etat, une carte de membre à vie de la N.R.A., pour ensuite entrer dans la section "Adultes" où j'aurais pu participer à des compétitions rétribuées. Pour en revenir à ce duel final que j'envisageais, les flics auraient été tellement furieux que j'abatte un certain nombre d'entre eux qu'ils ne m'auraient pas laissé l'ombre d'une chance. J'aurais été criblé de balles. Mourir ne me faisait pas peur. La mort était presque devenue familière, puisque je la côtoyais depuis plus d'un an. La vie me causait une douleur insupportable. J'avais détruit mes liens familiaux, j'avais détruit des personnes que j'aurais pu apprécier, j'aurais pu aimer puisque j'avais été fiancé à deux jeunes femmes qui m'avaient appris des choses. En fait, ces deux jeunes femmes ressemblaient beaucoup à celles que j'avais tuées, ce qui m'a horrifié. Je devais épouser l'une d'elles, nous étions à six semaines d'une date de mariage que nous nous étions fixée. C'est aussi une des raisons qui m'a poussé à mettre un terme à toute cette merde. Je ne voulais pas qu'elle soit entraînée dans tout ça. Les médias l'auraient harcelée si elle avait été mon épouse. Elle aurait été anéantie. Elle était trop naïve. Vers la fin, j'ai essayé de quitter cette existence de meurtre pour aller vers une vie plus "normale". Et ça n'a pas marché. Le fossé était trop grand. Cela ne pouvait pas marcher. Je m'en suis rendu compte. La seule façon de stopper tout ça, ma mère meurt et puis ce sera mon tour. Et si je m'étais suicidé, il y aurait eu toute cette série de crimes qui serait restée sans solution.

« Lorsque la police m'arrête, ils découvrent un sabre chez moi, et pour eux, pas de doute, c'est l'arme qui m'a servi à couper les têtes.

Ils l'envoient pour des tests au F.B.I. qui leur répond, plutôt vertement, qu'il n'y a aucune trace de sang sur la lame. On comprend leur mécontentement quand on sait que des tests de ce genre coûtent plusieurs dizaines de milliers de dollars. En fait, je leur ai dit que ce sabre n'a servi qu'à frapper un arbre, mais ils ne m'ont pas cru. Et l'homme qui l'a utilisé est justement le chef de la police, le père de la fille avec qui j'étais sorti, à qui j'avais montré le sabre. Je l'avais aiguisé très souvent, en huilant la lame. Il est vrai que j'avais pensé m'en servir pour couper des têtes. Il faisait partie de mes fantasmes. Un autre expert se trompe également en affirmant qu'une scie électrique a servi à couper les têtes, à cause des marques sur les os. Non. J'ai utilisé un simple couteau de poche, une lame d'à peine dix centimètres. Je dois d'abord enfoncer la lame dans la chair, puis tourner le couteau pour débloquer la vertèbre. On a dit que j'avais toujours tranché les têtes entre les deuxième et troisième vertèbres cervicales. Vous avez déjà essayé de couper entre deux vertèbres ? C'est quasiment impossible. Les flics étaient des imbéciles. »

Six mois après son arrestation, le procès d'Ed Kemper démarre le 25 octobre 1973. James Jackson est appointé comme son défenseur et sa tâche est presque insurmontable. Kemper a tout avoué et son avocat ne trouve aucun psychiatre ni psychologue prêt à témoigner pour la défense. Il plaide non coupable pour folie de son client. L'accusation fait entendre les bandes enregistrées des confessions de Kemper. Pour la première fois, les familles et amis des victimes peuvent écouter l'assassin raconter dans ses moindres détails ses fantasmes, mutilations et perversions sexuels. L'accusé a demandé à être absent pendant cette diffusion, mais le juge Harry F. Brauer exige sa présence. La majeure partie des trois semaines du procès est consacrée aux témoignages des experts médicaux, tels que le Dr Joel Fort qui estime que Kemper est un maniaque sexuel, tout à fait conscient de la portée de ses actes, bref, un psychopathe. Il indique que les psychiatres ont commis une erreur de diagnostic en 1964 lorsqu'ils l'ont considéré comme un paranoïaque schizophrène.

Après le témoignage de sa sœur Allyn, Ed Kemper prend lui-même la parole le 1er novembre. Il est nerveux et montre enfin quelques prémices de remords pour les actes qu'il a commis. On le voit pleurer à plusieurs reprises.

Le 8 novembre 1973, le jury qui délibère pendant cinq heures estime Ed Kemper coupable de huit meurtres au premier degré. Le juge le condamne, le 14 novembre, à huit peines d'emprisonnement à perpétuité, étant donné que la peine de mort n'existe plus en

Californie à cette époque (elle est réinstaurée au début de l'année 1974). Kemper décide de ne pas faire appel.

XI. LES CONFESSIONS D'UN SERIAL KILLER

Lorsque vous vous retrouvez en face d'Ed Kemper, vous le qualifiez tout de suite de bonhomme impressionnant : il a quarante-quatre ans (au moment où je le rencontre pour la première fois) et mesure plus de deux mètres dix pour environ cent soixante kilos. Son quotient intellectuel est de 136. Condamné à huit reprises pour meurtre au premier degré, Kemper purge sa peine à Vacaville, non loin de San Francisco, la prison la plus peuplée du monde occidental avec près de dix mille détenus. J'avoue avoir une certaine angoisse à l'idée de questionner ce serial killer, car interroger Kemper n'est pas une tâche aisée. Quelques jours auparavant, John Douglas, patron du Département d'analyse criminelle du F.B.I., m'a relaté l'anecdote suivante : à la fin des années 70, son collègue Robert Ressler rend visite à Kemper, pour la troisième fois, dans sa prison de haute sécurité pour une interview en tête-à-tête. Au bout de quatre heures, Ressler appuie sur la sonnette pour appeler le gardien. En quinze minutes, il sonne trois fois. Pas de réponse. Kemper prévient son interviewer : cela ne sert à rien de s'énerver, c'est l'heure de la relève et du repas des condamnés à mort. Avec une pointe d'intimidation dans la voix, Kemper ajoute, en grimaçant, que personne ne répondra à l'appel avant au moins un quart d'heure :

— Et si je deviens dingue tout d'un coup, tu aurais pas mal de problèmes, n'est-ce pas ? Je pourrais te dévisser la tête et la placer sur la table pour souhaiter la bienvenue au gardien...

Pas très rassuré, Ressler lui répond que cela rendrait son séjour en prison encore plus difficile. Kemper lui réplique qu'un pareil traitement envers un agent du F.B.I. lui apporterait au contraire un énorme respect auprès des autres prisonniers :

— Tu t'imagines quand même pas que je suis venu ici sans moyen de défense ! dit l'homme du F.B.I.

— Tu sais aussi bien que moi que les armes sont interdites aux visiteurs, répond Kemper en se moquant.

Au fait des techniques de négociation en cas de prises d'otages, Robert Ressler cherche à gagner du temps. Il parle d'arts martiaux et d'autodéfense. Finalement, le garde fait son apparition et Ressler pousse un grand soupir de soulagement. En quittant la salle d'interview, Kemper lui adresse un clin d'œil et, en posant le bras sur son épaule, lui déclare :

— Tu te doutes bien que je ne faisais que plaisanter, hein ?

Depuis cet incident, les agents du F.B.I. n'ont plus le droit d'interroger seuls des tueurs en série. Cette anecdote me trotte dans la tête au moment où je m'apprête à me jeter dans la gueule de l'ogre de Santa Cruz... Je suis dans une grande salle réservée aux visiteurs de la prison, accompagné par un réalisateur, Olivier Raffet, et une preneuse de son. La nuit précédant l'entretien, je n'ai pratiquement pas dormi pour étudier à nouveau le dossier de Kemper. Je sais qu'il est très intelligent et extrêmement manipulateur. Dans le dossier, les photos de scènes de crimes, sur papier glacé et en gros plans, sont là pour me prouver la dangerosité du personnage. La directrice adjointe de la prison, un petit bout de femme haute comme trois pommes, est partie chercher Kemper. J'ai la gorge sèche et les mains moites. Au fond d'un couloir qui se termine par une porte grillagée, j'aperçois la directrice en compagnie d'un géant... Ed Kemper. Dans quelques secondes, il sera face à moi. Je lui serre la main. Il me dépasse de toute sa hauteur. La directrice me fait signer quelques papiers : en cas de prise d'otage, la prison se décharge de toute responsabilité. Pas très rassurant, mais cela fait partie de la routine des interviews en prison. A mon tour, je demande à Kemper de signer une demande où il accepte que mon entretien avec lui puisse être filmé ou publié.

Pendant les dizaines d'heures où je rencontre Kemper, seul à seul ou avec une équipe de télévision, la seule fois où je le sens ému ou quelque peu gêné, c'est quand je l'interroge sur l'assassinat de sa mère. D'ailleurs, à chaque fois qu'il se montre trop bavard ou que je souhaite reprendre le dessus pendant les interviews, il me suffit de parler de ce crime qui a pour effet de le déstabiliser. J'ai trouvé le point faible de Kemper.

« Ce qu'affirment ces "professionnels" me blessent dans mon ego. Ils m'ont à peine rencontré quelques heures et ils se permettent de déclarer telle ou telle chose. Eux ne sont pas là pour me suivre au quotidien toutes ces années, comme ceux qui me suivent en prison.

« Ces psychologues et psychiatres sont là huit heures par jour. Je suis leur patient et si je disjoncte, ils peuvent dire adieu à leur boulot. N'importe quel "professionnel" du dehors va vous déclarer que s'il explore mon cerveau à la recherche du passé et de mes émotions, il va y découvrir un potentiel de violence. Ils vont faire tomber le vernis de civilisation, briser mes protections, pour faire apparaître pas mal de choses. Quand je sors de ces séances de thérapie pour retrouver mon environnement, cette prison, un monde de violence et d'agressivité, c'est comme le contenu distillé de ce que l'on peut découvrir dans certains quartiers chauds. Ici, en prison, c'est le terminus pour tous ces criminels, c'est là qu'ils atterrissent. Et moi, je quitte cette séance de thérapie où le psy a épluché les différentes couches de mon esprit et de mon âme, pour essayer de découvrir ce qui me motive ou de recoller les morceaux, afin que je devienne pour la première fois un être humain à part entière. Et je quitte cette salle pour retrouver cet univers qui n'est pas très propice à une bonne santé mentale. Je suis tout à fait conscient de cette situation, mais le psy a déjà des idées bien arrêtées, à cause de ce qu'on lui a enseigné et des livres qu'il a pu lire. Les événements de mon existence semblent sauter des pages d'un livre, quelques chapitres à l'avance. Ils ne veulent pas aller plus loin, car mon type de criminalité correspond à leurs yeux à ce qu'ils ont pu lire. Ils restent en bordure du livre, se parent de leurs plumes, de leurs peintures faciales pour effectuer leur petit cérémonial de sorciers. Cela, je ne l'accepte pas, lorsqu'ils brandissent leur croix pour déclarer que je suis le mal incarné et que je vais les rouler pour mieux pouvoir piller, violer et tuer à loisir. Alors, quoi ? Je suis sur le fil du rasoir de l'humanité. Peu importe, après tout, puisqu'on m'a déjà mis à l'écart de la société.

« Petit à petit, j'ai appris à découvrir des choses, comme la capacité de l'esprit humain à se régénérer et à se guérir, du moins en partie. La possibilité de lier des amitiés ou de former des liens. Comme quand quelqu'un meurt du sida ou qu'un ami est blessé ou meurt de vieillesse parce qu'on ne l'a pas autorisé à être libéré alors qu'il est en train de mourir. On peut développer des sentiments maléfiques ou de tendresse et de tristesse, comme quand on est confronté à la veuve de cet homme par l'entremise d'un échange de courrier, même si celui-ci est censuré. C'est difficile à supporter... Mais, vous savez, c'est ce genre de choses qui me permet de rester "sain d'esprit" et de fonctionner correctement. De mener une existence avec toutes ces contraintes que j'ai occasionnées par mes actes, de placer çà et là dans cet univers des choses positives, comme le travail d'édition d'œuvres en braille que je mène depuis plusieurs années. Depuis quatorze ans, pour être exact. Maintenant, c'est moi qui supervise tout ce travail dans la prison. Quand vous êtes arrivé dans le hall d'entrée du pénitencier, vous avez aperçu cette vitrine qui contient des trophées ? Il y a plusieurs coupes qui portent mon nom comme le “Meilleur Volontaire” de l'année au service des handicapés. J'en suis très fier. De toute ma vie, on ne m'avait jamais donné ni médaille, ni ruban, ni aucune plaque.

« Si on y réfléchit, mon exécution n'aurait absolument pas fait avancer les choses, mis à part une vengeance de la société. Ils en seraient encore à se gratter la tête pour connaître les motivations d'un tueur en série, sauf à se rabattre sur les opinions des soi-disant “experts”. Malheureusement, ces gens-là sont, la plupart du temps, complètement à côté de la plaque.

« Pour moi, la définition d'un serial killer n'est pas quelque chose de figé. Vous savez, la société doit apprendre à relâcher son étreinte sur les individus. Prenons l'exemple de ces gardiens d'une prison-ferme de l'Arkansas qui, pour se débarrasser de prisonniers récalcitrants, les ont emmenés dans les sous-bois pour les tuer et les enterrer à la sauvette. Pour moi, ce sont aussi des serial killers. Les motivations sont différentes, mais il y a toutes sortes d'activités qui peuvent entrer dans une telle catégorie. On en a eu des exemples il y a une centaine d'années dans l'Ouest sauvage avec ces “Auberges rouges” où les clients s'arrêtaient pour ne plus jamais en ressortir. C'étaient des trappeurs qui ont tué pendant de nombreuses années avant de se faire prendre.

« Que faut-il faire des serial killers ? C'est une question difficile, de mon point de vue, car après tout, je suis partie prenante. Toute autre réponse que la peine de mort serait considérée comme égoïste. A l'époque de mon arrestation, j'avais d'ailleurs déclaré qu'il fallait me torturer, que je méritais la mort, sans autre forme de procès. La première fois que j'ai été envoyé en prison, j'avais adopté une attitude très défensive, afin de me préserver. Car tous ceux qui m'entouraient faisaient preuve d'une attitude très destructrice vis-à-vis de moi. Du coup, j'ai érigé des remparts pour me protéger.

« Quand on dit que le stylo est plus fort que l'épée, j'aimerais vous raconter une anecdote qui date de dix-huit ans, juste avant que j'aille en prison lors de mon procès. Cette journaliste m'avait interviewé pour un papier qui se voulait complet sur mon cas. Mon avocat ne voulait pas que je parle aux médias, mais cette jeune femme avait été assez juste dans ses propos me concernant. Elle m'avait fait cadeau d'un stylo en aluminium. Je me trouvais seul dans une cellule pour deux, avec une caméra qui m'espionnait et les lumières allumées vingt-quatre heures sur vingt-quatre. J'y suis resté cinq mois. J'ai donc ramené ce stylo avec moi dans la cellule, en le cachant dans mes papiers du procès, car on me fouillait à corps à chaque fois que j'entrais ou quittais la prison. Quelques mois plus tard, pendant le procès, j'ai brisé ce stylo sur le sol avec ma botte. Je suis parvenu à l'aiguiser en pointe pour me taillader le poignet. Je pissais du sang partout, il y a eu une énorme agitation tandis qu'on m'emmenait à l'hôpital pour me recoudre. Ils m'ont même aspergé d'une bonbonne entière de gaz lacrymogène pour me calmer. Et j'avais fait cette remarque d'humour noir sur le fait qu'un stylo était plus puissant qu'une épée ("The pen is mightier than the sword"). D'ailleurs mes deux tentatives de suicide ont été faites avec un stylo. J'avais trouvé ça assez amusant, mais les médias n'en ont pas parlé : ils étaient trop occupés à être sérieux.

« Je me souviens d'une expérience menée par un des médecins qui me suivait à la prison. Elle m'a permis d'envisager tous les aspects de mon existence, de mes crimes, de savoir qui j'étais vraiment, ce que je ressentais réellement, et cela sans toutes les protections que tout un chacun peut se construire. Pour moi, cela a été fascinant. J'étais à moitié conscient. En fait, j'étais conscient, mais je ne pouvais pas beaucoup bouger ni me déplacer. A la fin de cette session de deux heures, je ne voulais pas que ça s'arrête, je désirais continuer. Je n'avais même pas abordé la période qui concernait mes crimes. J'étais plutôt orienté vers d'autres problèmes qui gravitaient autour de mon existence. Le médecin ne voulait pas mais, devant mon insistance, il m'a fait une nouvelle injection pour prolonger la session de deux heures. Au bout d'un certain temps, il a dû quitter les lieux car il avait un autre rendez-vous et mon avocat en a fait de même. Du coup, je suis resté seul en compagnie de ces deux policiers et d'une infirmière qui m'observaient pendant que je redescendais de mon trip. A son départ, le docteur m'a administré une autre injection pour que je revienne les "pieds sur terre", comme il me l'a dit. Je lui ai demandé ce que c'était. De la Méthédrine, m'a-t-il répondu. Du "speed", quoi. Depuis, je me suis renseigné auprès de médecins et de psychiatres pour connaître leur opinion et savoir s'il avait eu raison d'agir ainsi. Ils m'ont tous indiqué que la méthode était, pour le moins, inhabituelle. Ils auraient dû me laisser récupérer de façon naturelle, par le sommeil. En amplifiant la réaction par l'injection de Méthédrine, le docteur devait savoir qu'il me préparait un voyage en enfer. Cela a amplifié tous mes sentiments et mes impressions. Pendant deux jours, je n'ai plus touché terre. On ne pouvait même plus me parler. Ils ont dû me placer dans une cellule nue : il y avait juste un matelas et un trou en guise de toilettes. Car j'avais refusé de retourner dans ma cellule habituelle. Je n'ai pas arrêté de délirer pendant deux jours entiers, sans dormir. Mes voisins de cellule que je connaissais bien pour discuter souvent avec eux, je les ai tous mis sur "front street" (expression d'argot signifiant "mettre à nu"). Je les insultais, les traitais de lâches, etc. C'est à ce moment que j'ai fait cette déclaration qui a souvent été reprise par les médias où je méritais qu'on m'attache la tête en bas à des barreaux pour me frapper quotidiennement pour tout ce que j'avais fait. Sous l'influence de cette drogue, je voyais mes actes sous une nouvelle perspective, en quelque sorte à travers les yeux de quelqu'un d'autre. Comme si j'avais été un observateur neutre de tous les actes horribles que j'avais commis. Toutes mes protections s'étaient effondrées. Une expérience terrifiante. Quelque chose que je n'oublierai jamais.

« Pour que vous puissiez mesurer l'impact de cette expérience, laissez-moi vous parler de l'infirmière qui m'a accueilli à l'hôpital. C'était presque une caricature de l'infirmière type. Vingt ans de carrière, une carrure impressionnante et elle poussait ce fauteuil roulant. Son visage sévère m'examinait avec un regard qui lançait des éclairs. J'ai senti que cela ne lui aurait rien fait de me couper en petits morceaux ! Je m'installe sur le fauteuil et, cinq heures plus tard, elle me pousse à nouveau jusqu'au véhicule qui doit me ramener à la prison. J'ai le visage défait, des larmes coulent sur mon visage, mes vêtements sont déchirés. Elle me regarde avec énormément de compassion et me dit : "Bonne chance." Elle connaissait mon histoire par le dossier et, à présent, elle avait vu ce qui était en moi, ce que je ressentais. Avec son expérience des traitements et des médicaments, elle savait que je ne trichais pas. Une fois de retour dans ma nouvelle cellule, j'ai même demandé aux deux gardiens qui m'avaient accompagné chez le médecin de me menotter aux barreaux du lit car je craignais de m'arracher les yeux. L'un d'eux qui me connaissait bien m'a dit : "Allons, Ed, ce n'est pas vraiment nécessaire." Je lui ai répondu : "Fais-le, sinon je crois que je suis capable de t'arracher ton ceinturon et de te flinguer." Vexé, il s'approche de moi les menottes à la main, mais, à cet instant, je suis comme pris de convulsions et d'un geste du bras je le balance de l'autre côté de la cellule. Du coup, il s'est dépêché de me menotter au lit. »

« On parle de différentes catégories de serial killers, mais tout ça, c'est une invention des gens de la côte est. (Kemper fait référence aux agents du F.B.I. qui l'ont étudié à la fin des années 70.) A l'époque où j'ai été arrêté, on nous appelait "mass murderers" ("meurtriers de masse"). Quiconque tuait plus de deux ou trois personnes était un meurtrier de masse, qu'il l'ait fait en une seule fois ou sur une longue période de temps. Ce n'est qu'au début des années 80 que la terminologie de "serial killing" a été inventée. A la base, c'est mener une double vie. Si on s'oriente vers le côté négatif, on dirait de cette personne qu'elle a pour unique but de tuer des gens. Mais ce concept n'est pas très réaliste : on ne vit pas pour tuer des personnes. Quand j'examine en détail ma vie, il y a un énorme trou dans mon existence, il manquait beaucoup de choses. Et ce n'était pas forcément les sentiments ou les émotions. J'avais muré ce vide de mon existence. Et une éducation que l'on pourrait qualifier de dysfonctionnelle. Des parents qui divorcent dès mon plus jeune âge, ma mère qui commence à boire beaucoup, elle travaillait pour élever trois gosses, nous n'étions pas très coopératifs... son alcoolisme qui s'accroît, de même que la sévérité de ses punitions, probablement poussée par le désespoir. Au lieu d'aller chez les boy-scouts et d'y gagner des médailles du mérite, je cherchais par tous les moyens à briser les règles qu'elle avait édictées. Je voyais les autres gosses du voisinage, comment ils vivaient et s'amusaient, tandis que notre vie familiale se détériorait à vue d'œil. Je n'aimais pas l'école de toute façon, l'ironie étant que je possède un QI très élevé. C'est un fait que je n'ai découvert qu'après mon premier séjour derrière les barreaux. J'avais toujours cru être quelque peu déficient du cerveau, qu'il me manquait quelque chose. A l'école, on m'affublait des termes de "stupide", "retardé", on me jugeait "lent". A l'époque, je n'avais aucune confiance en moi. Je ne me considérais pas comme un individu jusqu'à ce qu'un professeur change cet état d'esprit. Il m'a obligé à penser. Ce fut une expérience bouleversante, car les rouages de mon cerveau étaient rouillés, ils n'étaient pas habitués à fonctionner. Il m'a forcé à résoudre des petites énigmes, à me servir d'abstractions. Cela m'a fasciné. Et je me suis mis à penser de plus en plus.

« Vous savez, on m'a accusé de beaucoup de choses et certaines sont fausses. Je ne suis pas un violeur de cadavres. J'admets que j'ai tripoté certaines parties des corps de mes victimes, mais c'était par pure curiosité, je voulais savoir. A l'époque, quand j'ai avoué mes crimes à la police, je n'ai pas voulu le reconnaître. Pourquoi ? Parce que cela était embarrassant : j'aurais alors admis que j'étais un jeune chiot dysfonctionnel d'un point de vue sexuel. Un violeur, lui, il baise. Il m'est impossible de bander pendant qu'une jeune femme combat pour sa vie ou se trouve morte entre mes mains. Je n'avais pas envie de faire l'amour à un cadavre. *Je* voulais posséder. Je voulais qu'elles soient miennes, sans que je me sente gêné par la situation. Je n'arrivais pas à communiquer avec les gens. Cela me rappelle l'anecdote que vous évoquiez tout à l'heure avec ma sœur où elle me taquine sur l'attirance que j'éprouve pour mon institutrice. Elle me demande pourquoi je ne l'embrasse pas et je lui réponds : "Il faudrait d'abord que je la tue avant de l'embrasser." J'ai treize ans à l'époque, cette idée est très présente en moi et, une nuit, je me rends devant le domicile de ma maîtresse d'école avec la baïonnette de mon beau-père. J'imagine que je la tue, la décapite, puis ramène la tête dans ma chambre pour lui faire l'amour. Ensuite, ma sœur déballe tout à mon beau-père : il est très choqué, c'est tellement dément qu'il n'arrive pas à y croire. Moi, c'est terrible, car je me sens à nouveau trahi. J'avais partagé ce fantasme avec ma sœur, qui était ma confidente. Je me sens mort à l'intérieur. Voyez son attitude par la suite, puisqu'elle témoigne pour le procureur lors de mon procès. Et lorsque mon avocat la questionne à ce sujet, elle affirme avec aplomb ne pas connaître cette anecdote. Je ne vous raconte pas d'histoires, car cela figure dans les minutes du procès. Je ne dirais pas qu'elle a commis un parjure. Que dois-je penser, quand la veille de son témoignage, c'est le procureur en personne qui vient la chercher à l'aéroport pour l'emmener à son domicile pour y passer la nuit ? Pendant le dîner, il lui explique à quel point il est important que je sois condamné à une peine de prison et non pas à un enfermement psychiatrique, car je suis assez malin pour convaincre les psys que je suis guéri. A l'époque du procès, je m'en foutais complètement. J'ai offert ma vie sur un plateau, j'ai avoué, montré les preuves. C'était un procès digne de flics d'opérette. Je pourrais obtenir une révision de mon procès, si je le souhaitais.

« Nous parlions tout à l'heure des différentes catégories de serial killers. Lorsque j'ai quitté ma mère après l'avoir tuée, je voulais que les flics m'abattent, sans autre forme de procès. Une justice des rues, comme on dit en Californie. Surtout si c'est un criminel endurci qui passe au meurtre. Il y a de ça quelques années, j'ai lu l'histoire de ce type, avec un casier long comme le bras, qui faisait partie d'un gang hispanique. Il n'a jamais été condamné pour un quelconque crime sexuel. Il a une voisine qui lui plaît beaucoup. Alors, un jour, il la kidnappe, l'enchaîne dans un placard, la ligote pour s'en servir comme esclave sexuelle. Quand il en a assez, il l'étrangle et jette son cadavre en bas d'une falaise. Les flics la retrouvent et recherchent ce type qui continue ses crimes. Une nuit, il roule sur une des nombreuses autoroutes autour de San José. Sa camionnette zigzague, une voiture de patrouille le repère et les deux flics pensent qu'ils ont affaire à un conducteur en état d'ivresse. Un des policiers s'approche de la portière, le type ouvre la vitre et déclare : "Oh, je suis un malade", et il se tire une balle dans la tête. Les flics fouillent le véhicule et découvrent avec stupeur le corps nu d'une femme étranglée. L'homme caressait le cadavre, c'est pour ça qu'il zigzaguait sur l'autoroute. Il était passé du stade de braqueur, qui est acceptable dans la hiérarchie des prisons, à celui de violeur et de tueur en série. Ces fantasmes lui étaient venus, en grande partie, de la lecture de mon cas. Lui aussi avait ressenti le besoin de remplir ce trou noir qui était son existence. »

XII. EN GUISE DE CONCLUSION

« Il y a quelque temps, j'ai reçu la visite d'une femme très chrétienne qui est venue me voir en compagnie de son fils de treize ans. Son désir le plus cher était de posséder une carabine, un 22 long rifle. Ses meilleurs amis en avaient un. J'ai proposé au gosse d'aller prendre un soda à un des distributeurs, dans le couloir. Et je lui ai expliqué pourquoi il ne devrait pas avoir une arme à feu. Vous savez quoi ? Il en a acheté une, avec son argent de poche. Je lui ai montré à quel point un dérapage est facile : "Oui, tu peux avoir une carabine, mais uniquement si tu tires sur des cibles en carton, des boîtes de conserve ou des bouteilles. Mais n'oublie surtout pas de ramasser les débris de verre pour que personne ne puisse se blesser." Puis, il va voir un écureuil gambader, une cible mouvante. Il ne va peut-être pas tirer, mais son copain le fera. "Je suis une poule mouillée de ne pas avoir tiré." L'engrenage est enclenché, il a détruit un être vivant, à cause de la remarque d'un copain. Le voilà maintenant happé dans l'univers des armes à feu. Quelle est mon opinion sur les armes à feu ? Si vous êtes militaire ou policier, vous devez être armé. Vous n'en faites pas partie, pas d'armes à feu. Pourquoi ? Vous n'en avez pas besoin. Pendant que je commettais mes forfaits, il y a eu plusieurs cas de maris qui se sont fait tirer dessus par leurs épouses parce qu'ils rentraient chez eux à trois heures du matin. Cela s'est passé tout le temps pendant l'année de mes crimes à Santa Cruz. Je le lisais dans les éditoriaux de la presse locale. Des femmes dénonçaient leurs maris, du coup, il y a eu une flambée de divorces. Quant à moi, personne ne m'a dénoncé ! »

Depuis sa condamnation en 1973, Ed Kemper enseigne l'informatique et participe activement à un programme de transcription en braille d'œuvres littéraires pour les aveugles, ce qui lui vaut de recevoir plusieurs récompenses de l'administration américaine. Ces trophées, d'un autre genre que ceux collectionnés auparavant, sont exposés dans le hall de réception des visiteurs de la prison de Vacaville. Plusieurs plaques mentionnent le travail d'Ed Kemper. Depuis plusieurs années, Kemper est susceptible d'obtenir une libération sur parole, mais il est quasiment impossible qu'elle soit accordée. Il est d'ailleurs assez lucide sur ce point et il préfère rester en prison, où il est parfaitement à son aise.

L'agent du F.B.I. Robert Ressler, dont les entretiens avec Ed Kemper sont à la base du programme d'études des serial killers et autres criminels sexuels effectué par le F.B.I. à partir de 1979, a des mots très justes dans son remarquable ouvrage, *Chasseur de tueurs* :

« Au cours de nos entretiens, qui débutèrent cinq ans après sa condamnation, Kemper commença par se concentrer sur le détail de ses meurtres ; j'appris ainsi beaucoup de choses d'un grand intérêt pour nos recherches. Par exemple, il m'expliqua qu'il s'arrangeait pour que sa voiture ressemble à un véhicule de police ; qu'il arrachait les dents de ses victimes pour empêcher leur identification. Il parlait de ses meurtres sans émotion, comme s'il était revenu mille fois sur le sujet et que ses crimes avaient perdu pour lui toute réalité. Seul un anatomiste, se plaisait-il à déclarer, en savait autant que lui sur les cadavres ; ainsi, il racontait avec un air amusé que le médecin légiste qui avait examiné une de ses victimes croyait qu'il lui avait coupé le tendon d'Achille pour obéir à un rite mystérieux, alors que c'était en réalité pour empêcher la rigidité cadavérique qui entravait ses copulations avec le cadavre.

« Il me parla aussi longuement de son enfance, non pour attribuer à son éducation toute la responsabilité de ses meurtres, mais avec une sorte d'étonnement incrédule devant ce qu'il avait subi. A Atascadero, il avait commencé à comprendre à quel point le climat familial était malsain. Il s'en remettait à peine quand on l'avait libéré de l'hôpital pour le renvoyer dans le chaudron maternel. Je lui demandai s'il avait consommé l'acte sexuel avec sa mère après l'avoir tuée ; il me fixa d'un regard glacial, puis déclara qu'il avait “humilié son cadavre”. Il comprenait que, même s'il avait éliminé la source de ses problèmes, ceux-ci n'étaient pas réglés pour autant, et qu'il ne serait jamais apte à mener une vie normale s'il venait à être libéré. Tout aussi important, il déclara que c'étaient ses rêveries qui avaient déclenché les meurtres, et avoua que, au fil des massacres, ses fantasmes s'étaient développés en intégrant les meurtres et avaient acquis une violence infernale. Aucun meurtre ne se déroulait comme prévu ; il n'arrivait pas à les faire coller à ses fantasmes, essayait sans cesse de les perfectionner et c'était le souci de les réaliser enfin pleinement qui le poussait à recommencer. Sa conclusion : "La réalité n'est pas aussi parfaite que les fantasmes ; et elle ne le sera jamais."

« D'une certaine manière, Kemper, avec ses souvenirs précis, son regard critique sur les actes qui l'ont amené en prison, illustre parfaitement la nécessité pour la société de maintenir en vie ces meurtriers implacables. Je reste persuadé qu'on commet une grave erreur en les exécutant ; il faut au contraire les garder en prison, les soigner et, ce faisant, apprendre d'eux les moyens de combattre à l'avenir une criminalité qui nous dépasse. Oui, je maintiens que nous avons beaucoup à apprendre d'eux. Exécuter de tels assassins n'offre aucun avantage pour la société. La peine capitale n'a rien d'exemplaire, et n'empêchera certainement pas des serial killers en herbe de tuer, tout simplement parce que l'emprise de leurs fantasmes restera toujours la plus forte. De plus, il est faux de prétendre qu'une exécution économise l'argent de l'Etat : aujourd'hui, pour tuer un condamné, il faut dépenser des millions de dollars en frais de justice. Il est bien plus utile de garder des assassins comme Kemper en prison ; nous gagnons beaucoup à les étudier. »

Afin d'affiner l'analyse psychologique de Kemper, il m'a également paru intéressant d'obtenir l'avis autorisé du Dr Donald T. Lunde, de l'université de Stanford, qui est l'un des psychiatres qui a le mieux connu Kemper après son arrestation. Lorsqu'il eut visionné les bandes vidéo des interviews, le Dr Lunde, qui n'avait plus revu son patient depuis près de vingt ans, a bien voulu nous livrer quelques réflexions le concernant :

« Kemper est très intelligent. Son quotient intellectuel le place dans une catégorie qui représente à peine 1 à 2 % de la population. Il faut être très intelligent pour commettre une pareille série de meurtres sans se faire pincer, puisque c'est lui qui se livre à la police. Pour Kemper et les autres serial killers, il est très important pour leur ego de surpasser en finesse la police. Certains vont jusqu'à narguer les autorités par des lettres comme le "Fils de Sam", ou ces étranges missives codées du Zodiaque qui contiennent des morceaux de vêtements et du sang. Kenneth Bianchi, l'un des "Etrangleurs des Collines", a suivi des cours de police à l'université, et il a travaillé sous les ordres d'un shérif, ces tueurs sont fascinés par la police.

Lorsque Kemper téléphone pour se dénoncer, le policier éclate de rire : “Big Ed ? Big Ed Kemper ? Avec qui nous buvons au Jury Room ?” Le sergent lui raccroche plusieurs fois au nez, il croit à une plaisanterie. De même, lorsqu'il sort avec la fille du chef de la police et la ramène saine et sauve chez son père, ce qui lui importe c'est de démontrer qu'il est le plus malin. Quand il me racontait cette histoire, Kemper éclatait de rire à chaque fois. On retrouve ces caractéristiques chez la plupart des serial killers, mais nous n'avons pas encore suffisamment d'informations à leur sujet. Ils ont connu des expériences similaires avec leur mère durant leur enfance, un mélange d'agression et de comportements bizarres, très éloignés d'une enfance normale. Des mères qui peuvent les battre une minute, puis coucher avec eux cinq minutes plus tard. Du sexe et de l'agression. C'est un âge où l'enfant doit séparer le sexe et l'agression, mais ces individus apprennent justement le contraire. »

« Lorsque Kemper déclare : “Je voulais faire du mal à ma mère”, il touche du doigt la clef du problème. Kemper assassine des femmes qu'il associe à sa mère. Celle-ci travaillait à l'université, il choisit donc des étudiantes. Finalement, le vendredi de Pâques, Kemper tue sa mère et lui coupe la tête qu'il pose sur une étagère. Il passe son samedi à lui hurler des injures : “Je lui ai crié les choses que j'avais voulu lui dire toute ma vie et, pour la première fois, sans être interrompu.” Sa mère assassinée, il ne ressent plus le besoin de tuer à nouveau. En voyant ces images, Kemper semble plutôt relax et à son aise en prison : sa mission consistait à détruire la mère, mais il n'a pas agi de manière constante.

— Pourquoi Kemper dissèque-t-il ses premières victimes, pour arrêter par la suite ?

— Il est curieux, dit le Dr Lunde, mais il perd cette curiosité par la suite. Il existe aussi une autre raison bien plus déplaisante. Il garde des lambeaux de chair dans son frigidaire. Il possède aussi un stock de Polaroïd qui montrent les cadavres mutilés de ses premières victimes. Ce même Kemper, qui parle d'une voix si mesurée et semble parfaitement sensé, me racontait ses recettes cannibales : “Je préparais un succulent ragoût en cocotte avec ces morceaux de chair et des macaronis.” Il m'indiquait les proportions de fromage et d'oignons, il me décrivait le goût de ce plat. Il ressentait un réel plaisir à manger ses victimes en regardant les Polaroïd. Au bout de trois ou quatre semaines les pulsions meurtrières redevenaient trop violentes et il lui fallait tuer à nouveau. Lorsque les serial killers ne sont pas capturés, cet intervalle de temps entre chaque crime se raccourcit au fil des ans. Un peu comme une drogue.

— Kemper vous raconte, sans rien cacher, les détails les plus atroces, mais il se montre réticent à propos de sa mère. Il avoue son cannibalisme mais il nie s'être servi de la tête coupée comme cible d'un jeu de fléchettes. Il s'efforce de paraître sensé mais il explique néanmoins qu'il a découpé le larynx de sa mère, qu'il avait eu du mal à décapiter.

— Sa mère, dit le Dr Lunde, avait une très forte personnalité, elle le rabaissait constamment. Elle possédait une voix tonitruante et l'engueulait très souvent. Kemper s'en est plaint pendant des années. Il a pris la peine de couper cet organe essentiel à la voix pour le hacher menu dans le vide-ordures. Le symbole est évident, même pour un psychiatre débutant. Les serial killers, après coup, essaient de rationaliser leur comportement. Kemper a toujours eu du mal à avouer la nécrophilie. Il veut bien qu'on le considère comme un meurtrier, même un tueur cannibale, mais pas comme un pervers sexuel.

— Au cours de l'interview, docteur, il se contredit deux fois lorsqu'il évoque le choix délibéré ou non, d'un certain type de victimes. Qu'en est-il exactement ?

— Kemper choisissait ses victimes avec minutie. J'ai même vu une liste, écrite de sa main, qui mentionne les caractéristiques que ses futures victimes devaient absolument posséder. Les jeunes femmes qu'il prenait en auto-stop, il les bousculait de questions. Le métier de leur père ? Leur lieu d'habitation ? La description de leur maison ? A quelle université étaient-elles inscrites ? Sa mère lui répétait souvent que des étudiantes de bonne famille, éduquées, belles, intelligentes, refuseraient toujours de rencontrer un minable comme lui : c'est justement ce type de femmes que Kemper recherchait. Lorsque ces jeunes auto-stoppeuses ne correspondaient pas à ces critères, elles repartaient saines et sauves. D'après lui, Kemper en aurait embarqué entre trois et quatre cents à bord de sa voiture.

« Par ailleurs, ses meurtres sont soigneusement préparés, comme ceux de la plupart des serial killers non psychotiques. Il avait modifié sa voiture, il pouvait bloquer la portière de sa passagère en actionnant un mécanisme sous son siège. Une fois montée à bord, la fille est prise au piège. Les preuves ? Ces traces de griffures et d'ongles retrouvées sur la portière droite. Ted Bundy, Kenneth Bianchi et Angelo Buono avaient installé des systèmes similaires dans leurs voitures.

— Pensez-vous que Kemper soit encore dangereux à l'heure actuelle ?

— Là où il se trouve, non. Ce qui intéresse Kemper, c'est de tuer des femmes. La prison de Vacaville ne contient que des détenus masculins. Les pulsions meurtrières qui poussaient Kemper à tuer étaient dirigées contre sa mère. Celle-ci est morte et je ne pense pas qu'il serait dangereux, maintenant, même s'il rencontrait des femmes. »

Pour ma part et suite aux avis autorisés de Robert Ressler et du Dr Donald Lunde, j'ajouterai que personne n'a le droit de prendre le risque de relâcher Edmund Kemper, même s'il paraît s'être assagi au bout de vingt-cinq années d'emprisonnement ; une erreur similaire a déjà été commise à son égard par plusieurs psychiatres en 1969 et 1972. N'oublions pas que c'est ce même Kemper, condamné une seconde fois en 1973, qui fait la déclaration suivante :

« Vous vous demandez peut-être ce que l'on ressent à faire l'amour à un cadavre ? Ou quelle impression on éprouve assis sur son divan à regarder deux têtes coupées posées à vos côtés ? La première fois, ça vous rend malade. Pour vous faire partager mon état d'esprit de l'époque, que croyez-vous que je pense lorsque je croise une jolie fille dans la rue ? Une partie de moi se dit : "Whouah, quelle chouette nana. J'aimerais bien lui parler et sortir avec elle." Mon autre moitié pense : "Je me demande à quoi ressemblerait sa tête coupée enfoncée sur un pieu." »

BIBLIOGRAPHIE

* Ouvrages entièrement consacrés à Ed Kemper :

— Stéphane BOURGOIN : *L'Ogre de Santa Cruz* (1998).
— Margaret CHENEY : *The Co-Ed Killer* (1976).
— Margaret CHENEY : *Why – The Serial Killer in America* (1992).
— Ward DAMIO : *Urge to Kill* (1974).
— Donald WEST : *Sacrifice Unto Me* (1974).

* Ouvrages citant Ed Kemper :

Ed Kemper est cité dans des dizaines d'encyclopédies ou dictionnaires de serial killers et crimes sexuels, depuis *Encyclopedia of American Crime* de Carl Sifakis, en passant par le *Murderer's Who's Who* de Gaute & Odell, *The Encyclopedia of Serial Killers* de Lane ou *The A to Z Encyclopedia of Serial Killers* d'Everett. Il serait fastidieux de les citer tous, aussi je me contenterai des principaux ouvrages :

— Stéphane BOURGOIN : *Serial killers – Enquête sur les tueurs en série*, chapitre « Edmund Emil Kemper, le géant "Co-Ed Killer" de Santa Cruz », Grasset (1993 ; 1995 ; 1998 & 2003) & Le Livre de Poche (1995).
— John DOUGLAS & Mark OLSHAKER : *Mindhunter – Inside the FBI Elite Serial Crime Unit* (1995).
— Denis DUCLOS : *Le Complexe du loup-garou – La fascination de la violence dans la culture américaine*, Editions de la Découverte, collection « Essais » (1994).
— Georgina LLOYD : « Œdipus Revenged » in *One Was Not Enough – True Stories of Multiple Murderers* (1986).
— Donald T. LUNDE & Jefferson MORGAN : *The Die Song* (1980).
— Tom PHILBIN : *Murder U.S.A.* (1992).
— Robert K. RESSLER & Tom SHACHTMAN : *Chasseurs de tueurs* (*Whoever Fights Monsters* ; 1992), Presses de la Cité (1993) & France Loisirs (1993).
— Colin WILSON & Donald SEAMAN : *The Serial Killers – A Study in the Psychology of Violence* (1990).

* Principaux magazines ou revues :

— Front Page Detective (mars 1974) : une interview de Marj von Beroldingen.
— Murder Casebook n° 89 : *The Lonely Head-Hunter – Ed Kemper* (1991).
— *Newsweek* 81 (4 juin 1973) : *How To Tell Who Will Kill ?*
— Le Nouveau Détective n° 808 (11 mars 1998) : *Interview dans le couloir de la mort – 2e partie : Le décapiteur de Santa Cruz*, une interview & article de Stéphane Bourgoin.
— Polar Hors Série Spécial Ellroy (mars 1992) : *Des tueurs sur la route, les serial killers*, une interview & article de Stéphane Bourgoin.

* Documents vidéo & audio :

— *Ed Kemper Interview & Infamous Mass Murderers* (The Hope Organization). Une cassette audio produite par une organisation religieuse.
— *The Silence of the Lambs... The True Story – Written & Read by Martin Fido* (Tring International). Deux cassettes audio sur des serial killers tels qu'Ed Kemper, Gary Heidnik, Ted Bundy, Ed Gein, etc.
— *No Apparent Motive* (Etats-Unis), qui comprend une courte interview d'Ed Kemper.
— *Serial Killers – Enquête sur une déviance* (France 3 ; 9 mai 1992 ; rediffusion sur 13e Rue le samedi 11 septembre 2004). Une interview d'Ed Kemper par Stéphane Bourgoin dans ce documentaire de 60 minutes.
— *Paroles de criminels* (Arte ; 20 juin 1993). Une interview d'Ed Kemper par Stéphane Bourgoin dans ce documentaire de 22 minutes.
— *Y a pas photo* (TF1 ; septembre 1997). Pour cette première émission, des extraits d'interview avec Ed Kemper sont présentés.

Il n'existe aucun film de fiction sur le cas d'Ed Kemper, mais il est parfois cité (sans être nommé) dans quelques longs métrages, tels *The Boys Next Door* (1985) de Penelope Sheeris (pendant le générique) ou *Copycat* – lorsque Sigourney Weaver effectue sa conférence, on aperçoit une photo de Kemper, par exemple.

LE TUEUR DE LA GREEN RIVER

I. LA NUIT DES MORTS-VIVANTS

Avant que ne soit construite l'autoroute Interstate 5, l'artère principale entre Seattle et Tacoma, dotée d'un aéroport international, était la Washington Highway 99, que tout le monde appelait Pacific Highway South ou, plus familièrement, PHS. Dès le départ, ce lieu de transit devient une enfilade de bars ouverts 24 heures sur 24, de sex-shops, de clubs de strip-tease, de salles de jeu et de motels borgnes où les chambres se louent généralement à l'heure plutôt qu'à la journée. Dans les années 70, la drogue s'y installe en force et elle entraîne une dégradation des lieux.

Dix ans plus tard, les policiers des mœurs ont rebaptisé la Pacific Highway South « Nuit des morts-vivants », avec son cortège de zombies, de prostituées accros au crack surveillées par leurs macs, de dealers, de clients qui défilent jour et nuit à la recherche de chair fraîche et de mineures en fugue qui y atterrissent pour ne plus jamais décoller, tout ce petit monde hagard survivant sous la lueur blafarde des néons au rythme des phares de voitures.

Depuis la fin des années 70, le Vice Squad du Seattle Police Department (la brigade des mœurs) a perdu la guerre contre la prostitution. Malgré des arrestations de plus en plus nombreuses, le nombre des prostituées ne cesse d'augmenter. On en trouve à tous les coins de rues et intersections majeures du PHS qui s'étend sur près de dix kilomètres entre South 135th Street et Kent-Des Moines Highway.

Vers 1975, la majorité d'entre elles provient d'autres villes et Etats voisins, souvent de Los Angeles, Las Vegas ou San Francisco. Accompagnées de protecteurs – des « boyfriends » selon le terme usité –, ces femmes font le tour des différentes cités de l'ouest des États-Unis, se posant quelques mois à chaque étape, le temps de se faire arrêter plusieurs fois avant de reprendre leur errance. Par essence volatile, cette population représente une proie idéale pour les pervers de tous poils, d'autant que leur disparition ne suscite aucun émoi au sein des services de police qui peuvent difficilement suivre la trace de femmes qui changent constamment d'identité.

A Seattle, les proxénètes n'hésitent pas à augmenter leurs revenus en enrôlant des fugueuses en rupture de ban qui s'agglutinent dans des quartiers tels que First Avenue à Seattle, la basse ville de Tacoma, Pacific Highway South ou Pierce County's Ponders Corner, proche de Fort Lewis et de McChord, la base de l'US Air Force.

En 1977, la Cour suprême des États-Unis vote une nouvelle loi fédérale destinée à la prise en charge des mineurs en difficulté. De l'avis des législateurs, les cours de justice, les services des Affaires sociales et les différentes forces de police doivent s'occuper de ces adolescents à la dérive. Mais les budgets alloués étant en baisse et, inversement, les jeunes à problèmes en nombre croissant, on se trouve face à une équation impossible à résoudre. Du coup, les places institutionnelles sont chères et réservées aux délinquants les plus graves. Pour les autres ? Un placement dans des maisons de probation ou des pensions de famille financées par des subventions des collectivités locales. La plupart du temps, ces solutions de remplacement se révèlent aussi efficaces qu'un emplâtre sur une jambe de bois, car les adultes qui dirigent ces établissements ne sont pas (suffisamment) formés. Autre revers de la médaille, cette nouvelle loi du Juvenile Justice Reform Act accorde aux mineurs presque autant de droits qu'aux adultes, ce qui réduit dans une grande mesure l'action de la police : elle ne peut pas les empêcher de vivre dans la rue, ni les enfermer. Et même si elle avait pu le faire, les établissements adéquats font défaut.

Sur les 48 victimes reconnues officiellement – en fait, elles sont beaucoup plus nombreuses – par le « Green River Killer » lors de ses aveux, plus de la moitié ont moins de 18 ans. Il a déposé les cadavres de ses premières victimes dans le lit de la Green River, ce qui lui vaut ce surnom.

La très grande majorité des victimes est connue des services de police pour des faits de prostitution et/ou de drogue, sans qu'aucune réponse judiciaire et sociale ait pu être offerte pour les aider à quitter cette existence sordide. Certaines passent quelque temps dans une des différentes prisons des comtés, avant d'être libérées pour se retrouver dans des « maisons d'accueil », où des propriétaires leur offrent des lits-dortoirs installés dans des caves pour toucher les 11 dollars quotidiens payés par l'Etat pour chaque mineur hébergé. Certains de ces loueurs profitent de la situation pour abuser des enfants qui leur sont confiés, voire pour remplacer les proxénètes.

En 1984, le Seattle Police Department évalue à 4 500 le nombre des mineurs des deux sexes ayant quitté le domicile familial ou ayant été jetés à la rue par leurs parents. Beaucoup se tournent vers la prostitution pour survivre. Les policiers estiment leur nombre entre 300 et 500.

D'autres mineures évitent le système de protection juvénile en se faisant passer pour des adultes et s'arrangent avec d'autres prostituées pour louer une chambre de motel. Afin de protéger leurs boyfriends, elles les épousent. Le problème de la prostitution est aussi une source de discorde entre les deux forces de police indépendantes qui s'occupent de Seattle et de sa région. La police du comté de King gère les alentours immédiats de Seattle, tandis que le Seattle Police Department se concentre à l'intérieur des limites de la cité, sans qu'il y ait aucune coordination entre leurs services respectifs. Lorsque les autorités du comté estiment que les prostituées sont trop nombreuses autour de l'aéroport de Tacoma, elles accentuent la pression et les arrestations, ce qui a pour effet immédiat de déplacer le problème vers l'intérieur de la ville. Et inversement, lorsque la police de Seattle pense qu'il faut agir au nom de la communauté. On assiste ainsi à un éternel mouvement de va-et-vient qui ne s'attaque nullement aux vraies racines du mal.

Lorsque le Green River Killer donne la pleine mesure de ses crimes en 1982 et 1983, les chiffres d'interpellation les plus élevés des prostituées se situent dans deux districts proches de l'aéroport, sur Pacific Highway South. Entre South 140th Street et South 150th Street, dans le quartier de Riverton Heights, les nombreux motels permettent aux prostituées les plus expérimentées de travailler. Elles sont d'origines raciales diversifiées, plus expérimentées et âgées que la moyenne, fréquemment accros à des drogues telles que la cocaïne et l'héroïne, et aussi plus dures et enclines à voler leurs clients –

pour la plupart des ouvriers – que leurs « collègues ». Beaucoup sont armées. L'autre quartier chaud se trouve à l'intersection de Pacific Highway South et de South 188th Street. Le Red Lion Corner, tel qu'il est baptisé par ses habitants, attire une prostitution plus jeune et essentiellement de race blanche. La clientèle est plus aisée et provient de l'extérieur de la ville. Certaines des jeunes femmes « travaillent » dans les deux bars du Red Lion Inn et dans la salle du restaurant Denny's, de l'autre côté de l'autoroute. Les plus jeunes appâtent les hommes le long du parking du Red Lion, du bar topless My Place ou, un peu plus au sud, près du parc d'Angle Lake.

Le temps équivalant à de l'argent, aux yeux des prostituées, elles sont nombreuses à se passer d'une chambre d'hôtel pour monter à bord du véhicule de leur client. Le « car dating », qui consiste à faire la passe dans un endroit isolé, est une pratique beaucoup plus dangereuse pour ces jeunes femmes. D'autant plus lorsqu'elles sont confrontées à un prédateur tel que le Green River Killer.

EN PATROUILLE

C'est dans ces districts qu'il passe de nombreuses heures à circuler à bord de son pick-up, avant et après ses horaires de travail. Il « patrouille » les lieux, selon ses propres termes. Sur la portion d'autoroute proche de sa maison, entre la 218ᵉ Rue et South 88th Street, il estime avoir trouvé une quinzaine de ses victimes. Pour ce faire, il se gare sur le parking de l'épicerie 7-11 et observe « le trafic ». Afin de ruser, il soulève le capot de sa camionnette et fait semblant d'examiner le moteur.

« Je choisis des putes parce qu'elles sont faciles à aborder, elles ne se méfient pas et elles bougent beaucoup. Lorsqu'elles disparaissent, les flics s'en foutent ».

Il ne tue pas d'hommes « parce qu'ils ne m'apportent aucune satisfaction sexuelle ». Il n'éprouve pas de préférences raciales, même si la plupart de ses victimes sont d'origine caucasienne.

« J'aime mieux les Blanches, mais les Blacks, ça me va aussi. Vous savez, c'était juste des ordures... de la merde. Un truc qu'on baise, qu'on tue, pour s'en débarrasser par la suite. »

Il choisit plutôt des adolescentes : « Je discutais avec elles avant de les baiser et elles me disaient “J'ai fait ça que deux ou trois fois”. Je veux dire, si elle avait 13 ou 14 ans, vous pensez qu'elle dit la vérité. Si vous en avez une qui a 20 ou 25 ans, qui parle avec l'argot des putes et qui vous raconte “Je fais ça que depuis peu de temps”, c’est qu’elle vous ment et qu’elle a un casier judiciaire long comme le bras. Mais les plus jeunes se défendaient beaucoup plus en paroles, lorsqu’elles étaient en train de crever. »

Les crimes sont toujours prémédités avec soin, il ne s’agit pas de pulsions soudaines : « Quand je suis dans mon pick-up, que je circule et que je fais monter une femme, je sais que je vais tuer. Lorsque je ne suis pas dans cet état d’esprit, eh bien, je ne fais monter personne à bord. J’avais toujours... j’avais toujours dans l’idée de les crever. Pendant mes périodes les plus actives, il y en a eu quelques-unes que je n’ai pas tuées, mais elles étaient rares. »

Lorsqu’il tue souvent, le Green River Killer ne dort que deux heures par nuit environ, le reste du temps étant consacré à la « patrouille », aux meurtres et à la manière de se débarrasser des corps. Quand il est incapable d’assassiner une victime qu’il a présélectionnée, il devient fou de rage, ce qui accentue encore son envie de tuer.

« Je suis fou de colère contre certaines d’entre elles... car elles refusent de monter, elles demandent trop de fric, ou leur mac me suit... si j’en perds une, je vous fiche mon billet que la suivante, elle va monter à bord. Je supporte pas l’échec. Je vais me mettre en quatre pour la convaincre, afin que... je puisse tuer la salope, pour celle que j’ai pas pu avoir. Je vais tuer la suivante et je vais lui étrangler la tête... lui serrer le cou jusqu’à ce qu’il... qu’il se brise. »

Pour mettre en confiance ses victimes, il utilise plusieurs ruses qu’il met au point et qui fonctionnent, même quand la rumeur circule qu’un serial killer les décime. On lui demande à plusieurs reprises s’il n’est pas le Green River Killer. Il se sert de sa petite taille pour suggérer que sa carrure ne peut pas être celle d’un assassin. En revanche, deux ou trois fois, il indique à des victimes qu’il est en train d’étrangler qu’elles vont mourir et qu’il est le Green River Killer. Certaines craignent de monter à bord parce qu’elles pensent qu’elles vont avoir affaire à un policier en civil et, pour les rassurer, il tient toujours une canette de bière en évidence qu’il leur offre.

« Je les baratinais en leur disant que j’allais devenir un de leurs habitués, que je leur prêterais ma bagnole, que j’allais leur trouver un emploi, les nourrir. Elles étaient vraiment connes. J’avais pas à me faire du mouron pour ces promesses, de toute façon, elles étaient déjà mortes. Je discutais de ça et d’autres choses pour leur changer les idées, pour qu’elles ne soient plus nerveuses. Elles pensaient : “Ce type, il est sympa”, et c’était vraiment pas le cas. Je voulais juste qu’elles montent pour les tuer. »

Parfois, si les circonstances ne s'y prêtent pas, il s'abstient de tuer : « C'était un investissement pour l'avenir. Une première rencontre s'était bien déroulée, je pouvais repasser les voir, et les tuer lorsque les circonstances devenaient plus favorables. »

Pour les assassiner tranquillement à son domicile, il doit les convaincre de ne pas faire la « passe » dans la cabine de son pick-up. Il installe la roue de secours sur la banquette et prétend qu'il n'y a pas de place pour faire l'amour. Il utilise aussi la photo de son fils qu'il leur montre, ainsi que des jouets qu'il éparpille le long du tableau de bord. Lorsqu'ils arrivent à son domicile, il leur fait visiter la chambre de son fils : « Ça les rassure. Elles jettent un coup d'œil dans les chambres, il n'y a personne. La chambre du fiston, hé, ce gars a un fils, il ne va pas faire de mal à une mouche. Son prénom est inscrit sur la porte, il y a des jouets par terre. »

II. UNE ENFANCE ORDINAIRE ET DES FANTASMES MORBIDES

Gary Ridgway est né le 18 février 1949, à Salt Lake City, dans l'Utah, en plein pays mormon. Il est le deuxième enfant d'une famille de trois garçons. Ses parents, Thomas Newton et Mary Rita Ridgway, vivent dans une unique pièce louée près d'un lycée. Son frère aîné, Gregory Ridgway, est né en 1948, à Salt Lake City également. Le plus jeune, Thomas Edward Ridgway, voit le jour deux ans plus tard. Lorsque Gary a 11 ans, la famille déménage pour s'installer dans le comté de King, dans l'Etat de Washington. L'endroit est devenu la cité de SeaTac. La maison de ses parents, qui existe toujours, se trouve au 4404 South 175th Street, dans un quartier connu sous le nom de McMicken Heights, à proche distance des endroits où le Green River Killer dépose ses victimes à partir de 1982. A présent, des buissons et des arbres cachent la façade, mais, dans les années 60, la pelouse était vaste et ouverte, assez grande pour accueillir des matchs de football américain en famille.

Thomas Ridgway est conducteur de bus, tandis que son épouse travaille comme vendeuse chez J.C. Penney, à Renton. Mais c'est

Mary Ridgway qui est le chef de famille et qui la dirige d'une main de fer. Une des anciennes petites amies de Gary Ridgway évoque une relation très proche avec sa mère, mais le jeune garçon n'est jamais à la hauteur. Sa mère n'est jamais satisfaite de lui. Cela est confirmé par Marcia Winslow, la seconde épouse de Gary, qui affirme que « c'est Mary Ridgway qui porte la culotte ». Elle évoque des souvenirs de la mère de Gary hurlant constamment contre son époux. Lors d'un dîner, Marcia voit Mary briser une assiette sur la tête de son mari qui reste sans réagir. Gary se contente de se lever pour quitter la salle à manger.

Enfant, Gary souffre d'énurésie jusqu'à l'âge de 13 ans. A l'école de Chinook Junior High, il apprend et il lit avec beaucoup de difficultés. Un de ses copains d'école, Gilbert Mendiola, avoue sa stupéfaction lorsqu'il entend parler de Ridgway à la radio : « J'ai dit à ma femme, j'espère que ce n'est pas le Gary Ridgway que j'ai connu en classe. Plus tard, j'ai vu son visage et j'ai su que c'était lui. Cela m'a fait un choc. C'était vraiment triste. Il n'a jamais eu d'attitude bizarre envers les femmes à cette époque. C'était même plutôt le contraire. Il était très timide et effacé. »

Pendant les années 60, Bruce Revard est le voisin le plus proche des Ridgway. Enfant, il joue avec Eddie, le plus jeune des frères. Il évoque les matchs de football sur la pelouse des Ridgway et leur passion pour les voitures. Les enfants et le père sont toujours en train de bricoler dans le garage. Et plus particulièrement des Chrysler. Greg est le plus populaire des trois ; tout le monde se souvient de lui et de sa réussite au lycée. Il est extrêmement populaire auprès des jeunes filles, c'est aussi un champion local de l'équipe d'athlétisme et il est élu pour représenter ses camarades au lycée de Yee High School. Revard se rappelle de la sévérité des parents Ridgway vis-à-vis des deux plus jeunes frères. La mère hurle tout le temps pour leur donner des ordres et c'est le père qui est chargé d'administrer des fessées. « J'étais dans la cabane que je m'étais construite dans un arbre, explique Bruce Revard, et j'entendais les cris de "Non, Papa, Non", tandis qu'ils recevaient des raclées à coups de ceinture ou de bouts de bois. » Après l'école, les deux frères Ridgway n'ont pas droit à un goûter. Les garçons doivent attendre le retour des parents. « Un bout de pain après l'école était totalement interdit », raconte Revard.

Adolescent, Gary s'amuse à allumer des incendies, il donne de l'argent à un enfant pour lui tripoter les parties génitales, il vole à l'étalage un certain nombre d'objets et étrangle un chat. Dans divers écrits ultérieurs, Ridgway affirme qu'il commet toutes sortes d'actes de délinquance dès son entrée au collège. Il dérobe aussi des voitures et se laisse aller à des actes de vandalisme. Et il ne se préoccupe jamais des conséquences de ces gestes, au point de ne même pas se retourner lorsque, par exemple, il desserre le frein d'une camionnette garée en haut d'une colline.

Le remords est un sentiment inconnu à ses yeux. La seule chose qui le préoccupe, c'est de ne pas se faire prendre.

« J'AI TOUJOURS VOULU SAVOIR CE QUE ÇA FAISAIT DE TUER »

L'événement le plus grave de son adolescence survient en 1964, lorsqu'un garçon de 6 ans au chapeau de cow-boy pose cette question à Gary Ridgway, alors âgé de 15 ans :

— Pourquoi m'as-tu tué ?

Ridgway vient de lui planter un couteau dans le bas-côté. Du sang coule jusque dans ses bottes de cow-boy. Ridgway ne lui répond pas tout de suite. Il reste immobile, le couteau à la main, avant d'éclater de rire. Puis il s'approche de la victime pour essuyer les deux côtés de la lame sur la chemise à carreaux de l'enfant.

— J'ai toujours voulu savoir ce que ça faisait de tuer quelqu'un.

Des années plus tard, le garçon se souvient encore de la démarche de Ridgway, « la tête dans les étoiles et qui rigolait comme s'il venait de faire une bonne blague ». Il survit à sa blessure mais passe plusieurs semaines à l'hôpital. L'incision qui a permis de remettre son foie en état mesure plus de 30 cm. Il quitte le comté de King pour s'installer en Californie où les enquêteurs l'ont retrouvé en 2003. Des années plus tard, à la demande des policiers, Ridgway décrit ainsi son agression : « J'ai agi comme d'habitude. J'ai couru et je me suis caché. En espérant ne pas me faire attraper. Je ne savais même pas si je l'avais sérieusement blessé ou non. Et puis j'ai vite oublié. » Lorsque les policiers l'interrogent sur la nature de son geste :

— Avant cet acte, vous aviez déjà fantasmé sur l'idée de poignarder quelqu'un ?

— Non, sauf ma mère, explique Ridgway. Je rêvais de poignarder ma mère.

Dans « Notes by Ridgway on his Life », il évoque ses souvenirs d'adolescence au travers de plusieurs pages manuscrites, remplies de fautes d'orthographe assez grossières. Il est attiré sexuellement par sa mère. Il éprouve vis-à-vis d'elle des sentiments ambivalents qui sont un mélange de désir et d'humiliation. Comme il fait pipi au lit, il se souvient très bien de sa mère lui lavant les parties génitales. Plus tard, Ridgway fantasme beaucoup en s'imaginant prendre des douches avec des prostituées. Il se voit mutiler sa mère, la tuer ou brûler la maison familiale avec elle à l'intérieur : « Je me voyais la poignarder dans la poitrine ou au cœur... peut-être aussi lui taillader le visage et le bout d'un sein. Mais c'était juste un peu... un tout petit peu... pas une mutilation complète. »

Ridgway n'a jamais été victime d'abus et il n'a jamais eu de tendances suicidaires. En revanche, il a l'âme d'un prédateur et commence à traquer ses semblables dès l'école élémentaire : « J'avais une érection... en pensant à la femme comme à un but à atteindre si j'étais de l'autre côté du trottoir. Et je la suivais pour voir où elle habitait. » Il se remémore ses premières expériences sexuelles. A 13 ans, il rend visite à une voisine pour regarder des dessins animés. Il s'arrange toujours pour porter un short coupé au plus court afin de s'exhiber devant l'adolescente qui a un an de plus que lui. « J'avais le béguin pour elle », explique-t-il. Il dépeint son dépucelage, une vaine tentative pour déflorer une fillette et des attouchements sur une parente plus âgée de passage chez les Ridgway.

Vers la fin des années 60, il prend une jeune femme à bord de sa voiture et lui propose de la ramener chez elle. Il se gare sur un bas-côté et lui demande de faire l'amour, avant de lui toucher les seins. Il prétend l'avoir laissée partir. Gary se décrit comme un élève médiocre qui possède une très mauvaise mémoire. « J'ai toujours été en colère contre moi-même parce que j'avais du mal à lire et à parler en classe. J'étais incapable de me rappeler de tout un tas de trucs. »

La famille de Gilbert Mendiola s'installe dans la maison voisine des Ridgway et les deux garçons vont souvent à l'école ensemble. Contrairement aux souvenirs de Revard, Mendiola ne se rappelle pas d'une éducation stricte chez les Ridgway, mais il faut admettre qu'il ne les a pas souvent rencontrés. Pour lui, Gary est « juste un chic type » qui s'intéresse aux filles et au sport. D'autres camarades de classe évoquent des impressions similaires. Amical. Amateur de voitures. Joueur de football américain lors de sa première année comme étudiant. Quelqu'un de sympathique, mais de très ordinaire.

— C'était quelqu'un qu'on ne remarquait pas, indique Tim Shinners, un ancien copain de classe à Tyee.

Le samedi soir, Ridgway fréquente une discothèque pour jeunes adolescents dirigée par l'Eglise méthodiste locale. On le voit souvent dans le bureau du principal, mais uniquement pour des broutilles, des problèmes mineurs de discipline, rien de sérieux. Gary n'a pas de difficultés pour obtenir des rendez-vous galants.

UNE OBSESSION POUR LES PROSTITUÉES

Ridgway redouble à deux reprises et obtient son diplôme de fin d'études en juin 1969. Il travaille brièvement pour la Kenworth Motor Truck Company avant de quitter son emploi sans crier gare pour s'engager dans l'US Navy le 18 août 1969. Il a 20 ans. C'est dans l'armée que s'affirme son obsession pour les prostituées qui va le poursuivre durant le reste de son existence.

Quatre mois après son engagement, les médecins de la Navy diagnostiquent une gonorrhée. Au début des années 80, il déclare à une amie qu'il « déteste particulièrement les prostituées philippines à cause des contacts qu'il a eus avec elles durant son service ».

Le 15 août 1970, il épouse sa première femme, qu'il connaît depuis plusieurs années déjà. Ridgway rencontre Claudia Kraig à Seattle. Ils font l'amour dans la nature et sur la banquette arrière de la voiture de Ridgway. Pour leurs ébats en extérieur, le couple choisit un endroit boisé de Seward Park et une impasse qui donne sur Military Road South, des lieux à l'écart que Gary connaît à merveille. Après leur mariage, ils déménagent à San Diego et Ridgway part pour une croisière de six mois. Le 23 juillet 1971, il quitte la Navy et revient dans le comté de King.

Pendant son absence, Claudia a rencontré un autre homme avec qui elle entretient une relation. Le couple tente de sauver l'union, mais l'effort est vain. Ils s'installent tout d'abord au domicile des parents de Ridgway, puis trouvent un appartement près de l'aéroport de SeaTac. Au mois d'août, Claudia quitte Gary pour s'installer à San Diego et y retrouver son ami de cœur qu'elle épousera plus tard. Le 2 septembre 1971, cinq semaines après avoir quitté l'armée et un an après son mariage, Ridgway demande le divorce. Claudia ne remet plus jamais les pieds au domicile conjugal et ne se rend même pas à une citation à comparaître en octobre 1971. Le divorce est effectif le 14 janvier 1972. Le seul bien matériel qu'ils se disputent est une Ford Fairlane modèle 1963 que Ridgway finit par obtenir. Il en veut beaucoup à son ex-femme. A ses yeux, « elle est devenue une pute » pendant qu'il était à l'étranger. Il se plaint d'elle auprès de sa seconde épouse et de plusieurs petites amies.

Il déclare aussi qu'il l'aime toujours.

UN EMPLOYÉ MODÈLE PENDANT TRENTE ANS

En août 1971, il retourne travailler chez Kenworth où il restera fidèle au poste jusqu'à son arrestation, le 30 novembre 2001. Pendant vingt ans, il est employé à Seattle avant de s'installer en 1993 dans la nouvelle usine de Renton où il touche un meilleur salaire. Son emploi consiste à peindre les carrosseries de véhicules. La Kenworth Company se situe sur East Marginal Way South à Seattle, à quelques kilomètres à peine du quartier chaud où il croise la route de la plupart de ses victimes. L'usine Kenworth s'étend sur 100 000 mètres carrés, un bâtiment industriel aux murs jaune pâle dont le fronton s'orne d'un gigantesque néon rouge au nom de la société.

A l'intérieur, plus de 200 employés assemblent et peignent en moyenne une douzaine de cabines par jour. D'après ses collègues de travail, Ridgway est très efficace car extrêmement méticuleux. Le boulot nécessite une main ferme, une attention aux moindres détails et une grande capacité à se conformer au cahier des charges. Il prépare l'extérieur des cabines du conducteur avec du ruban adhésif, puis les peint à l'aide d'un pistolet. Le travail est très répétitif et ses horaires de travail sont 6 heures - 15 heures. Les ouvriers disposent d'une demi-heure pour manger et de deux pauses de quinze minutes. La plupart du temps, Ridgway en profite pour s'installer dans la salle à manger de l'usine et lire un exemplaire de *The Little Nickel*, un hebdomadaire local où il épluche les petites annonces à la recherche de vieux meubles et de matériel bon marché pour sa maison. Parfois, on le voit qui se plonge dans la lecture de la Bible, mais jamais il ne prêche pour sa paroisse auprès de ses collègues. Encore une fois, il est considéré comme un homme sociable et amical qui prend la peine de dire bonjour à tout le monde. Il porte souvent des jeans, des chemises de cow-boy à carreaux boutonnées jusqu'au col. Soucieux de son apparence, il a toujours un flacon de gel et un peigne sous la main pour se recoiffer les cheveux et la moustache.

Des rumeurs circulent dans les ateliers de travail lorsqu'on apprend qu'il est interpellé à plusieurs reprises pendant l'enquête sur le Green River Killer. Sa collègue Martha Parkhill, qui peint à ses côtés pendant de nombreux mois, est au courant : « Ici, c'est comme une cour d'école, tout se sait. » Elle ne se sent jamais tout à fait à l'aise en présence de Ridgway. « Il avait l'habitude d'arriver en silence derrière vous pour brusquement vous masser les épaules. Il a fait ça à plusieurs femmes de l'atelier. Cela ne me plaisait pas du tout. J'ai fait en sorte qu'il s'arrête. Mais pas en étant agressive, pas assez pour qu'il se mette en colère. Je voulais juste qu'il arrête d'agir ainsi. »

UNE TENTATIVE DE STRANGULATION SUR SA SECONDE ÉPOUSE

Durant l'été 1972, Ridgway croise la route de Marcia Winslow qui circule sur un boulevard périphérique de Renton. Il stoppe le véhicule de la jeune femme par une manœuvre que Marcia qualifie, des années plus tard, de digne d'un « contrôle de police ». D'ailleurs Gary cultive quelque peu le look de l'emploi avec ses cheveux courts et ses manières de militaire. Il reconnaît qu'il aurait bien voulu être un flic mais que sa demande a été rejetée. Ils se fréquentent et, les premières fois où ils font l'amour, Gary l'appelle « Claudia ». Ils vivent ensemble pendant un an avant de se marier en décembre 1973. Elle affirme qu'il aime beaucoup le sexe en pleine nature et qu'il est très intéressé par le bondage. Il l'emmène dans ses endroits favoris du comté de South King dont il paraît connaître les moindres recoins, qu'il s'agisse des circuits forestiers ou des sous-bois de Maple Valley, d'Enumclaw et de North Bend. Ou encore des sombres chemins proches de Highway 18, des berges de la Green River et de Star Lake.

Apre au gain et proche de ses sous, Gary aime fouiller les dépôts d'ordures pour récupérer tout ce qui peut se rafistoler, avant d'être revendu. Tout au long de son existence, Gary Ridgway accumule ainsi des objets qu'il achète et qu'il bazarde lors de vide-greniers.

En 1975, le couple voit la naissance de Matthew, le seul enfant de Gary Ridgway. Le 1er décembre 2001, le lendemain de son arrestation, un policier du comté de King s'envole pour San Diego (Californie) afin d'y rencontrer ce fils unique. Matthew est Marine, basé à Camp Pendleton. L'inspecteur Scott Strathy lui demande si son père l'a suivi lors de ses diverses activités scolaires. « Je n'ai pas souvenir d'une seule fois où il aurait manqué une de ces réunions », affirme Matthew. A ses yeux, son père est un homme tranquille, calme, ayant peu d'amis proches. Il trébuche sur les mots – à la limite du bégaiement –, dépense peu et dresse constamment des listes de choses à faire à cause de ses problèmes de mémoire.

Matthew passe d'innombrables week-ends à accompagner son père à des brocantes où celui-ci aime acheter des jouets endommagés ou des montres cassées afin de les réparer pour les revendre. Ensemble, ils vont camper et pêcher dans les bois, jouer au base-ball et faire de la moto. Il se souvient de son père venant le réveiller chez sa grand-mère, après avoir fini son horaire de nuit chez Kenworth Truck Co., pour l'emmener vers minuit manger ses beignets favoris saupoudrés de sucre. « Je ne me sentais pas aussi proche de mon père que je l'aurais souhaité. Après le divorce de mes parents, je ne le voyais que les week-ends. Notre relation s'est améliorée quand je me suis engagé dans les Marines en septembre 1994. » Il évoque le souvenir précis d'une balade nocturne le long de Pacific Highway South où, après avoir mangé des beignets, son père l'emmène à l'aéroport de Seattle-Tacoma International : « Nous nous sommes arrêtés devant le Red Lion Hotel. Tout était sombre et il y avait toutes ces lumières... les ascenseurs et leurs lueurs rouges qui montaient et descendaient... j'avais trouvé ça fascinant, avec le bruit des avions derrière nous. »

Lorsqu'il a 7 ou 8 ans, son père arrête la voiture près du lieu d'un accident, il ouvre le coffre pour en sortir une couverture de l'armée et l'étendre sur une des victimes blessées. Il ne parle jamais des « filles » à son fils. Le caractère de Gary Ridgway est égal : Matthew se souvient d'une seule et unique fessée durant toute son enfance. Son père n'est pas rancunier et, à partir du milieu des années 90, il lit énormément d'ouvrages religieux. Il aime aussi étudier longuement les vieilles cartes routières. Dans les années 80, l'ex-Mme Ridgway prévient Matthew que son ancien mari a été arrêté en compagnie d'une prostituée. Lorsqu'il fréquente l'école élémentaire, sa maman lui annonce que son père est l'un des suspects dans l'affaire du Green River Killer et que « si les médias viennent l'interroger, il doit répondre qu'il n'a pas de commentaires à faire ». Mais cela ne trouble guère Matthew parce qu'il sait qu'il y a des centaines de suspects et il se dit, « c'est mon père et ça ne peut pas être lui ».

Dans la mémoire de Matthew Ridgway, rien ne laissait soupçonner cette double personnalité. Lorsqu'il apprend que son père est le Green River Killer, Matthew indique au policier qu'il a tout de suite pensé à Ted Bundy, un autre tueur en série célèbre de l'Etat de Washington. « Il est une personne à un moment donné et, la minute suivante, il est quelqu'un d'autre. »

Après la naissance de leur fils en 1975, Gary et Marcia se mettent à fréquenter deux églises, dont l'une est baptiste. Ils font du prosélytisme et ils écument les rues du quartier. On leur claque quelquefois la porte au nez, ce qui a le don de mettre Ridgway en colère. D'après les témoignages de Marcia, il devient petit à petit un fanatique de religion. Il pleure fréquemment lors des services religieux et, la nuit venue, il regarde la télévision, une Bible sur les genoux.

Mais derrière cette apparence pieuse, Gary cache des fantasmes morbides : un soir, il tente d'étrangler Marcia en utilisant une technique des commandos, avec le coude replié qui enserre la gorge.

Le couple rentre d'une soirée bien arrosée chez des amis. Marcia descend du pick-up et trébuche en se dirigeant vers la porte d'entrée. Brusquement, elle sent des mains qui l'agrippent autour du cou et qui serrent de plus en plus fort. Elle se met à hurler et à se débattre sans se rendre compte tout de suite qu'il s'agit de son mari. Ridgway la relâche finalement avant de se précipiter de l'autre côté du véhicule pour tenter de lui faire croire que le responsable est un autre. Mais elle n'est pas dupe.

Lorsque le couple se promène en forêt, Gary Ridgway adore se cacher pour ramper derrière elle et lui faire peur. Il passe beaucoup de temps à s'entraîner à marcher en silence. Pendant les sept années de leur union, Ridgway s'amuse à l'étrangler quasiment tous les jours, « pour améliorer leur vie sexuelle. Il se glissait derrière moi pour m'attraper par la nuque, me faire tomber par terre et on finissait par faire l'amour ». Une fois, elle se réveille et Ridgway est en train de l'étouffer avec un coussin. Il ne paraît nullement gêné par son acte qu'il met une nouvelle fois sur le compte d'un jeu amoureux.

En 1978, les Ridgway habitent à Federal Way, non loin du parc de Dash Point State. La maison est faite de coins et de recoins au fond d'un cul-de-sac, entourée par des hectares d'une forêt dense et humide. A cette époque, Gary va de moins en moins à l'église et il est fréquemment absent le soir pendant de longues heures. Lorsqu'il revient au domicile familial, ses vêtements sont mouillés ou sales. Pendant les dernières années de leur union, Ridgway rentre de plus en plus tard du travail, sans donner d'explications logiques à ces absences. Tout comme Matthew, elle évoque le manque d'amis proches de Gary durant leur mariage. Marcia ignore s'il voit des prostituées mais il ne lui laisse jamais porter de maquillage ni de boucles d'oreilles car il estime que cela lui donne l'air d'une « pute ». Ils se séparent le 4 juillet 1980 et Marcia s'installe à Kent. Le 21 juillet, Marcia demande le divorce qui devient effectif le 27 mai 1981. Juste avant le divorce, elle se rappelle d'une curieuse remarque de Gary sur la prostitution. A cette époque, il affirme faire du jogging le long de Pacific Avenue pour perdre du poids et avoir aidé plusieurs prostituées à quitter leur boulot en leur parlant de Dieu et de la Bible. La maison de Federal Way est vendue en août 1980. Pendant la procédure, tous les deux déclarent craindre des actes de violence mutuels qui n'auront jamais lieu. Elle obtient la garde de Matthew que Ridgway voit un week-end sur deux et il lui verse une pension alimentaire de 275 dollars par mois.

POUR GARY RIDGWAY, IL Y A LES FEMMES ET LES PROSTITUÉES

Pendant les années qui suivent son divorce, il entretient des relations avec plusieurs femmes qu'il rencontre au sein d'une association, Parents Without Partners, où il s'inscrit au début de 1981. Ridgway fait la connaissance de Nancy Palmer en mai de cette année et il s'installe bientôt à son domicile de West Seattle. Ses préférences sexuelles pour l'amour en pleine nature ne tardent pas à refaire surface et il ligote sa petite amie à deux reprises – avec son consentement. Leur relation est purement physique mais Nancy doit exiger de Ridgway qu'il mette un frein à ces incessantes demandes de sexe. A cette époque, elle ne lui connaît aucun ami et il est complètement obnubilé par les femmes. En décembre 1981, elle lui demande de déménager, mais Ridgway a déjà lié connaissance avec une nouvelle amie, Sharon Herbert. Entre-temps, en novembre 1981, il achète une maison qui se situe au 21859 32nd Place South, à quelques centaines de mètres du quartier chaud de Seattle. Lors de ses aveux, il indique que c'est là qu'il tue des douzaines de victimes. Il y habite seul jusqu'en 1985, à l'exception de six mois en 1982 où il a des locataires. Aux yeux des voisins, tels que Debbie Roselieb, « la demeure est toujours close, comme si le propriétaire était parti en vacances. Il était très secret. Le jardin n'était pas entretenu. A plusieurs reprises, je l'ai croisé dans la rue en lui disant bonjour et il m'a toujours ignorée. Je dirais qu'il était plus solitaire que mal élevé J'avais le sentiment qu'il voulait qu'on le laisse tranquille ».

Lorsque Sharon Herbert retrouve Ridgway le 24 décembre 1981 vers 23 heures, ils assistent tous les deux à une réunion de l'association Parents Without Partners au White Shutters Inn. Il a l'air affolé, ce qui est inhabituel chez lui, en lui déclarant qu'il a failli tuer une femme. A l'époque, elle ne pense pas à lui demander plus de détails mais rétrospectivement elle a l'impression que

Ridgway lui parle d'une prostituée. Avec Sharon, Gary préfère faire l'amour à domicile plutôt qu'en pleine nature. En janvier 1982, il commence une relation amoureuse avec Roxanne Theno, tout en continuant de voir Sharon qui ignore tout des infidélités de son ami. Lorsqu'elle l'apprend, elle rompt avec lui.

Au mois d'avril 1982, Ridgway a des ennuis financiers et il loue une partie de sa maison à Rose Hahn et à son mari. Il emménage dans le garage mais il n'est quasiment jamais présent une fois la nuit tombée et toujours absent le week-end, d'après les déclarations des Hahn aux autorités. Ridgway passe les week-ends en compagnie de Roxanne.

Certaines nuits, il est ailleurs.

Le 11 mai 1982, il est arrêté pour avoir négocié une « passe » avec une femme-flic déguisée en prostituée. Son amie de cœur est au courant de l'arrestation et Gary lui indique que « les putes sont des choses » dont on se sert. Plus tard, il se fiance avec Roxanne et ils comptent se marier en juin 1984 lorsqu'elle rencontre un autre homme qu'elle décide d'épouser.

En février 1985, Ridgway fait la connaissance de Judith Lynch. Quelques mois plus tard, elle s'installe chez lui et ils se marient en juin 1988. Le couple achète une maison à Des Moines sur South 253rd Street. Ils y vivent jusqu'en 1997. Sous l'influence de sa troisième épouse, Ridgway devient extraverti, il prend la peine de parler à ses voisins. Il manifeste une obsession particulière à s'occuper de son jardin, alors qu'autrefois il ne s'y intéressait jamais. « Sa maison était entretenue avec soin, de même que tout le terrain autour, explique son voisin Mike Welch. Il était l'incarnation du voisin idéal. » Au moins deux fois par mois, il organise une brocante dans son garage avec tous les objets qu'il a pu récupérer. Certains comme Mike Welch le considèrent même comme trop amical. « Quand je bossais dehors, je ne pouvais rien faire car il m'adressait tout le temps la parole. » Mais aucune des paroles de Gary Ridgway ne sort de l'ordinaire et les conversations tournent autour du bricolage ou du jardinage.

Interrogée par des policiers du comté de King le 18 décembre 2002, Judith Ridgway se contente de réponses brèves aux questions de ses interrogateurs. Un exemple :

— Est-ce que Gary avait une face obscure dans sa personnalité ?

— Ça, je l'ignore.

— A-t-il été un bon mari ?

— Oh, oui. Même si j'aurais aimé qu'il fasse preuve de plus d'affection envers moi.

— Est-ce qu'il vous repoussait en quelque sorte ?

— Je ne sais pas. Je n'en suis pas sûre. J'avais toujours trouvé ça un peu bizarre. Je me suis souvent posé la question. Et puis je me faisais une raison.

— Qu'avez-vous pensé de son arrestation en novembre 2001 pour avoir sollicité une prostituée ?

— J'ai été surprise, car il ne m'avait jamais parlé de prostitution. Il m'a indiqué qu'il avait plaidé coupable parce que ça lui aurait coûté trop cher de prendre un avocat.

— En avril 1987, des policiers sont venus fouiller votre maison pour les besoins de l'enquête sur le Green River Killer : vous en avez parlé avec Gary ?

— Oui. Il m'a dit que c'était parce qu'il ressemblait à quelqu'un. Et qu'il n'avait rien fait. Qu'il était innocent.

— A un moment donné, vous avez eu des doutes sur sa fidélité ?

— Une seule fois. J'ai été très choquée en découvrant des paquets de préservatifs dans sa commode lorsque j'ai nettoyé le garage. J'ai essayé de pleurer. Je n'y suis pas arrivée. Alors j'ai pris une hachette et je me suis mise à couper du bois. Voilà ce que j'ai fait. J'avais l'estomac complètement noué.

Sur ces relations avec les femmes, Ridgway s'exprime par écrit en décembre 2003 : il sépare une feuille de papier en deux colonnes où il écrit « Mauvais Côté » et « Bon Côté » pour montrer comment il se comporte avec ses collègues de travail féminines et les prostituées. Ses collègues sont des « femmes » et il fait attention à son attitude lorsqu'il les fréquente : il évite les plaisanteries à caractère sexuel, il ne flirte pas et s'abstient même de les toucher. « Elles auraient pu le prendre mal. » Mais les prostituées sont des « dames » avec qui il peut se laisser aller et rigoler. « Je faisais l'amour avec les dames. Puis les tuais après la conversation. Je tuais autant de prostuées (il écrit « prostutes ») que je le pouvais. »

III. L'ENQUÊTE

Le 4 mai 1983, le nom de Ridgway apparaît pour la première fois dans les dossiers des enquêteurs, après la disparition de Marie

Malvar, une affaire traitée par le Des Moines Police Department. Les restes de Marie Molina Malvar ont été identifiés le 2 octobre 2003, plus de vingt ans après sa disparition. Lorsqu'elle s'évanouit le 30 avril 1983 sur Pacific Highway South, son père et son ami Robert Woods pointent du doigt Gary Leon Ridgway auprès des enquêteurs. Woods déclare avoir vu Malvar monter à bord d'un pick-up avec un homme âgé d'une trentaine d'années. Il les a suivis jusqu'à un motel dont ils repartent ensuite en direction de South 216th Street, avant de les perdre de vue à un croisement. Avec le père de Malvar, Woods a écumé le quartier pour retrouver la camionnette garée devant la maison de Ridgway, au 32nd Place South. Woods sonne à la porte et discute avec Ridgway qui admet avoir été arrêté une fois en compagnie d'une prostituée, tout en niant connaître Malvar. Les enquêteurs se rendent chez Ridgway mais ne trouvent rien de suspect.

Par la suite, Ridgway est interrogé à plusieurs reprises par les officiers de la Green River Task Force. Il se montre généralement coopératif, au point d'admettre qu'il fréquente souvent des prostituées, y compris certaines de celles qui ont disparu. Il reconnaît avoir agressé une prostituée, Rebecca Garde Guay, mais, selon ses dires, c'est parce qu'elle l'a mordu pendant une fellation. Au terme de l'un de ces interrogatoires, Ridgway accepte même de passer au détecteur de mensonges : il nie avoir tué des femmes. Les résultats du test sont probants et il n'est plus inquiété.

L'ADN PRÉLEVÉ EN 1987 EST IDENTIFIÉ EN 2001

Le 8 avril 1987, les membres de la Task Force, munis de mandats de perquisition, fouillent la maison de Ridgway, son placard de l'usine Kenworth et plusieurs véhicules. Ils saisissent des centaines d'articles – fibres de moquettes et de tapis, cordes, échantillons de peintures et de bâches plastiques – qui sont analysés par le Washington State Patrol Crime Laboratory. Les policiers obtiennent les relevés bancaires de Ridgway. Aucun de ces divers éléments ne le lie aux traces prélevées sur aucune des scènes de crime. Malgré tout, un élément va se révéler déterminant par la suite : un échantillon de la salive de Ridgway est recueilli.

Quatorze ans plus tard, en mars 2001, l'inspecteur Tom Jensen, qui fait partie de la toute première équipe d'enquêteurs du Green River Killer en 1982, soumet des traces biologiques de plusieurs des victimes au laboratoire de la police de Washington. En septembre 2001, Beverly Hymick, une experte en ADN, analyse les prélèvements effectués dans le vagin de Marcia Chapman. Elle découvre un profil ADN susceptible de correspondre à celui de Ridgway. Elle étudie ensuite des poils pubiens trouvés sur la victime Opal Mills qui sont, eux aussi, compatibles avec Ridgway. Parallèlement, une collègue du même laboratoire, Jean C. Johnston, se consacre aux traces trouvées dans le vagin de Carol Christensen. Le sperme correspond à l'ADN de Ridgway. En l'absence d'un jumeau identique, les certitudes mathématiques font qu'il s'agit bien de l'ADN de Gary Ridgway.

Malgré tout, ce lien ADN n'existe que pour une seule victime et une unique scène de crime. Une équipe est à nouveau formée : la Green River Homicides Investigation qui se consacre aux meurtres non élucidés du tueur.

Le 16 novembre 2001, Ridgway tente de faire monter à bord de son véhicule une policière qui se fait passer pour une prostituée du quartier chaud de Seattle. Il est arrêté et relâché le même jour. Il demande à ce que sa femme ne soit pas prévenue. Avec un culot monstre, il indique : « Contactez les membres de l'équipe du Green River Killer, ils me connaissent très bien. » Le 30 novembre 2001, Gary Ridgway est mis sous les verrous sous l'inculpation de meurtre lorsqu'il termine sa journée de travail à l'usine Kenworth de Renton.

Le 5 décembre 2001, il est mis en examen pour quatre homicides, ceux de Carol Christensen, Cynthia Hinds, Marcia Chapman et Opal Mills. Le 15 avril 2002, le procureur général du comté de King indique qu'il va demander la peine capitale. Pendant une année entière, des centaines d'éléments vont faire l'objet d'analyses supplémentaires par l'entremise de laboratoires publics et privés. Un établissement privé, Microtrace, indique que des minuscules traces de peinture découvertes sur les vêtements de deux victimes – Wendy Coffield et Debra Estes – sont identiques à la laque ultra-sophistiquée DuPont Imron qui est utilisée par l'usine Kenworth où Ridgway est employé.

Cinq victimes ont été retrouvées au même endroit entre juillet et août 1982. Wendy Coffield est la première et Ridgway a déjà été mis en examen pour les trois dernières : Opal Mills, Cynthia Hinds et Marcia Chapman. Les autorités le considèrent aussi comme responsable de l'assassinat de Debra Bonner dont le corps est découvert dans la Green River, à côté des quatre autres. Le 27 mars 2003, le procureur met en examen Ridgway pour trois homicides supplémentaires, ceux de Debra Bonner, Wendy Coffield et Debra Estes, ces deux dernières à cause des microparticules de peinture. A présent, Gary Ridgway est considéré comme responsable de 7 crimes, mais il n'existe aucune preuve matérielle pour le relier aux 41 autres meurtres de la liste « officielle » du Green River Killer. Le 13 juin 2003, les avocats de l'accusé et le procureur général du comté de King arrivent à un accord qui permet à Ridgway d'éviter la peine capitale en échange de ses aveux et de sa collaboration avec les enquêteurs. Aux termes de ce « contrat », Gary Ridgway accepte de se soumettre à plusieurs mois d'interrogatoire qui se déroulent dans le plus grand secret.

Lors de ces longues journées d'interrogatoire qui débutent en juin 2003 pour s'achever cinq mois plus tard, Gary Ridgway avoue avoir tué plus de 60 femmes dans le seul comté de King. A plusieurs reprises, il est pris en flagrant délit de mensonge par ses interrogateurs et il tente de minimiser son rôle. Il avance diverses hypothèses pour expliquer ses crimes : le fait que les prostituées feignent un orgasme, qu'elles tentent de lui soutirer plus d'argent ou de le voler, il blâme ses mauvaises relations avec ses épouses successives, ses problèmes financiers ou les divorces qui se passent mal. Cependant, il finit par admettre qu'une fois qu'une prostituée met les pieds chez lui, elle meurt quelle que soit son attitude ou les paroles qu'elle prononce. Au début, il insiste sur le fait qu'il s'arrête de tuer en 1985, avant de se rétracter pour indiquer 1987, puis 1991, et 1998, pour finalement en arriver à 2001 qui serait la date de son ultime crime. Parmi la liste « officielle » des victimes du Green River Killer établie par les enquêteurs, il nie avoir assassiné Amina Agisheff, Tammi Liles, Becky Marrero ainsi qu'une victime non identifiée : « Je ne vais pas reconnaître des victimes que je n'ai pas tuées. Pourquoi ? Parce que je suis fier de... de ce que j'ai fait. Et je n'ai pas envie de m'attribuer les actes d'un autre. »

IV. LA MÉTHODE DU TUEUR

Lorsqu'il discute avec les prostituées, Ridgway demande du « moitié-moitié », c'est-à-dire une fellation suivie d'un rapport. Il veut qu'elles soient dénudées. Une fois qu'il les ramène chez lui, il les encourage à utiliser la salle de bains avant de faire l'amour : « Je ne voulais pas... J'avais dans l'idée de les emmener ici pour les tuer. Je ne voulais pas qu'elles fassent sur mon lit. C'était la raison principale. » Par expérience, Ridgway sait que les victimes de strangulation souffrent fréquemment d'incontinence.

Le mode opératoire est presque toujours le même. Pendant le rapport, il déclare qu'il ne peut jouir qu'en pénétrant par-derrière. Il faut que la femme soit agenouillée : « Et après l'avoir pénétrée par-derrière – pénis/vagin – je jouis et d'habitude la femme redresse la tête, vous savez, le mec a fini, maintenant je peux me rhabiller. C'est au moment où elle lève la tête que je mets mon bras autour de son cou ou que j'utilise un objet pour l'étrangler. J'avais mis au point cette méthode parce qu'une fois je m'étais fait mordre. Je n'avais pas attendu qu'elle lève la tête. Parfois, je leur disais : "Attention, il y a une voiture", et elles levaient automatiquement la tête. »

Lorsqu'il commence à les étrangler, il leur dit que si elles arrêtent de se débattre, il va les laisser partir : « Mais ce n'était pas vrai. Je leur mentais uniquement pour les empêcher de lutter. Elles se laissaient faire et je continuais de les étouffer. »

Certaines ont quelquefois senti que Ridgway se prépare à les assassiner et elles vont tenter de le supplier : « Ne me tue pas » ; « Je suis trop jeune pour mourir » ; « J'ai une famille à nourrir » ; « J'ai une fille à la maison » ; « Je ne veux pas mourir ». Mais rien n'y fait parce que Ridgway tient à tout prix à les tuer. Il n'utilise pas d'arme à feu, ni de couteau, car « y a trop de sang, ça salope tout, et puis elles peuvent se mettre à hurler. Les étrangler, c'est plus personnel et ça apporte plus de satisfaction que de leur tirer dessus ».

Pour les empêcher de se débattre, il s'installe à califourchon sur elles, avec les jambes autour de leur corps. D'après ses estimations, la lutte dure moins de deux minutes. Après avoir été griffé à plusieurs reprises lorsqu'il les étrangle à mains nues, il décide de se servir de liens : une ceinture, un cordon de douche, un t-shirt, une cravate, un câble, une rallonge, des chaussettes ou une corde.

La plupart du temps, Ridgway tue à son domicile mais également dans la cabine de son pick-up ou en pleine nature. Lorsqu'il assassine chez lui – son lieu préféré –, il le fait dans la chambre à coucher, à l'exception d'une victime qui parvient à s'échapper jusqu'au salon où il l'achève. « Je ne les ai jamais torturées, je ne voulais pas leur infliger des souffrances supplémentaires. C'était pas mon truc. Une fois, j'ai essayé de mettre le feu aux cheveux de l'une d'elles après sa mort mais j'ai abandonné l'expérience car j'ai eu peur qu'on voie de la fumée. Une autre fois, après avoir étranglé une pute à l'arrière de ma camionnette, j'ai essayé de la faire revenir à elle, vous savez, en pompant sur la poitrine et tout le reste. Mais ça n'a pas marché. Si ça avait collé, j'aurais peut-être tenté autre chose, de la torturer peut-être. »

Gary Ridgway ne cherche pas à expérimenter de nouvelles façons de tuer, tout simplement « parce que ma méthode fonctionnait très bien. La strangulation, c'était mon truc, et j'étais plutôt doué ».

V. CAROL CHRISTENSEN : UN CRIME À PART

Parmi tous les assassinats reconnus du Green River Killer, il y en a un qui diffère des autres au point d'être longtemps resté une énigme pour les enquêteurs.

Le 8 mai 1983, les policiers découvrent le cadavre de Carol Christensen qui a disparu depuis cinq jours. Le meurtrier s'est laissé aller à un rituel élaboré que l'on ne retrouve pas dans les crimes précédents – ni pour aucun des suivants, d'ailleurs. Les seules exceptions demeurent le placement de pierres dans les vagins de Cynthia Hinds et Marcia Chapman. Pour Carol Christensen, Gary Ridgway a déposé une saucisse, deux poissons et une bouteille vide de vin Lambrusco sur son corps, ce qui fait dire à un profiler du F.B.I. que le tueur est animé de motivations religieuses, que c'est un « purificateur » qui cherche à se débarrasser des prostituées, parce qu'il fait référence à la Cène du Christ et de ses apôtres. De plus, Carol Christensen est toujours vêtue, au contraire de toutes les autres victimes du Green River Killer qui sont toujours dénudées.

Lorsqu'il est questionné sur le meurtre de Carol Christensen, Ridgway est, contrairement à son habitude, visiblement gêné, il a du mal à en parler. Il lui faut environ une heure d'atermoiements pour en arriver aux faits, même s'il se dédit par la suite à plusieurs reprises. Avant de la tuer le 3 mai 1983, Ridgway connaît déjà Carol qu'il a rencontrée à deux reprises. Elle est âgée de 21 ans et lorsqu'ils se voient pour faire l'amour, ce n'est pas une simple « passe » aux yeux de Ridgway. Il déclare que Carol le traite avec beaucoup de gentillesse et de patience, elle prend son temps et ils discutent longuement de leurs enfants respectifs. Mais la troisième fois, elle est pressée et l'indique à plusieurs reprises à Ridgway. « A chaque fois qu'elle m'a dit : “Dépêche-toi, je suis pressée”, ça m'a rendu de plus en plus fou de rage. Et je l'ai tuée. Elle comptait beaucoup pour moi. On s'entendait à merveille et pourquoi pas cette fois-là ? »

Après l'avoir étranglée avec une cordelette, Ridgway se blottit contre son cadavre pour pleurer à chaudes larmes et s'endort. Lorsqu'il se réveille, elle est froide et il décide de se débarrasser du corps en l'installant à bord de son pick-up. Une fois arrivé dans les sous-bois de la Maple Valley, il place un sac sur la tête de Carol Christensen, « afin que personne ne voie son visage ». Il positionne deux truites sur la poitrine, une bouteille de vin vide sur l'estomac et une saucisse sur les mains.

Pourquoi un tel acte ? Il place même le permis de conduire de Carol dans une des poches de son jeans. Ridgway donne plusieurs explications contradictoires à ce sujet. Il ne veut pas qu'on la retrouve nue, « humiliée » comme le sont les autres dont il n'a que faire. Une autre fois, il déclare que c'est pour brouiller les pistes, les autres corps ayant été découverts complètement nus. Ridgway raconte aussi qu'il souhaite que Carol soit rapidement découverte à cause de sa fille dont elle lui a parlé.

« ELLE ME TRAITAIT COMME UN HOMME »

La version la plus crédible parmi ses aveux est qu'après l'avoir étranglée à son domicile, il boit le vin pour se calmer les nerfs et décide d'emporter la bouteille vide avec lui. Quant aux deux truites, c'est quelqu'un qui venait de les pêcher et qui les lui a données. Il a proposé les poissons à Carol mais elle n'en a pas voulu, ce qui l'a vexé : « Maintenant, elle va les prendre », explique-t-il aux policiers. Il ne veut pas les manger parce qu'il ne supporte pas de préparer lui-même le poisson et, par-dessus tout, de leur couper la tête, ce qui est plutôt paradoxal pour un serial killer de sa nature !

Et la saucisse ? Il l'avait dans son réfrigérateur avec les deux truites. « Je me suis dit que ça allait peut-être attirer les animaux vers le corps. J'étais en colère contre elle parce que je l'avais tuée. C'était un peu de sa faute. Elle m'a fait tellement mal. C'était quelqu'un de spécial et elle... elle ne voulait plus de moi. » Lorsque les enquêteurs lui demandent s'il aimait Carol, Ridgway rétorque :

« J'aimais... j'aimais Carol, oui je peux dire que je l'aimais. Avant, elle était pas comme ça. Elle était heureuse et elle m'écoutait, je lui parlais. Elle me traitait comme un homme. »

Le 17 juin 2003, il ajoute qu'il est profondément blessé par l'attitude de Carol à son égard. « J'ai été obligé de la tuer. » Le lendemain, il a changé d'avis et affirme que sa mort est à l'image de celle des autres prostituées qu'il a assassinées. Elles le mettent en colère, un point c'est tout. Carol, comme les autres. A ce stade des interrogatoires, les policiers ont acquis de l'expérience au contact de Ridgway. Ils lui font distinguer l'« ancien » tueur et l'homme « nouveau » qui collabore avec eux :

— Le nouveau Gary voudrait que je présente les choses de manière différente mais je ne vais pas le faire. Je l'ai tuée parce que j'en avais envie. Je l'ai tuée parce que j'étais en colère... J'en avais rien à foutre de Carol Christensen.

Les poissons et la saucisse ont été placés sur le cadavre pour attirer les animaux sauvages.

— Je ne crois pas qu'elle ait fait quoi que ce soit pour me mettre en rogne. Elles n'ont jamais rien fait de mal. J'étais simplement en colère... juste enragé et je voulais les dégommer.

Les enquêteurs lui demandent si le « nouveau Gary » ressent les mêmes choses que l'ancien qui tuait dans les années 80 :

— Non, le nouveau Gary est aussi doux qu'un sucre d'orge... c'est une poule mouillée.

Il indique aux policiers que l'ancien Gary « n'avait pas les couilles pour tenir tête à quiconque... il laissait les femmes le contrôler, mais, moi, je veux tout contrôler ».

En contradiction avec ses affirmations précédentes, Ridgway déclare :

— La première fois que j'ai rencontré Christensen, je l'ai tuée. Et c'est la vérité.

Il aurait menti à son sujet parce qu'elle était « différente ». Dans les six mois d'interrogatoires qui suivent, il confirme et dément en alternance ses premiers aveux, comme il le fait d'ailleurs pour toutes ses autres confessions.

Où réside la vérité ?

— J'avoue que je l'ignore, reconnaît en toute franchise Tony Savage, l'avocat qui l'assiste pendant une bonne partie de ses longs interrogatoires. « Christensen a été traitée de façon très différente des autres victimes. Personne d'autre n'a eu droit aux poissons, à la saucisse et au vin, on peut donc penser qu'il y a une part de vérité dans ce qu'il dit. Peut-être qu'il a un peu connu Christensen avant de la tuer. Mais il faut surtout que vous compreniez que tous ces interrogatoires avec Gary ont été extrêmement longs et fastidieux. Il vous racontait blanc un jour et noir le lendemain. Ensuite, il fallait tout recommencer pour essayer d'entrevoir une part de vérité. Je pense que s'il a mis ces aliments sur le corps de Christensen, c'est tout simplement parce qu'il les avait à sa disposition. Vous savez, c'est un malin et un manipulateur, mais ce n'est pas un grand penseur. Il n'est pas compliqué d'un point de vue intellectuel. Il serait même plutôt basique. »

VI. LES CONFESSIONS D'UN NÉCROPHILE

En 1986, l'unique survivante connue du Green River Killer a décrit sa rencontre avec le tueur. Rebecca Garde Guay – que Ridgway a reconnu avoir voulu tuer en 2003 – explique que son client l'emmène dans les bois pour un rapport, qu'il se dévêt, qu'il semble étrangement absent, sans la moindre excitation sexuelle visible : « Cependant, à un moment donné, il y a eu comme un déclic et sa véritable personnalité est apparue. Il est devenu blanc comme un linge, sa peau était humide et froide. Il s'était complètement transformé. Vu que je ne l'intéressais pas sexuellement de mon vivant, je me suis dit qu'il allait me tuer et qu'il se préparait très certainement à me violer une fois morte. »

Lors des premiers interrogatoires de l'été 2003, Gary Ridgway réfute toute idée de relations post mortem avec ses victimes. Quelques jours plus tard, il admet du bout des lèvres qu'il a « peut-être éjaculé une fois juste après avoir étranglé ». Peu après, il reconnaît ses penchants nécrophiliques avec certaines victimes. Quelques-unes sont suffisamment décomposées pour qu'il voie les asticots apparaître sur le cadavre : « C'était, euh... après une bonne journée, le soir ou juste après ma journée de boulot et je lui faisais l'amour. Et ça durait généralement un ou deux jours jusqu'à ce que... jusqu'à l'apparition des mouches. Après, je les enterrais et je recouvrais leurs tombes. Ensuite, j'en cherchais une autre. Quelquefois, j'en tuais une un jour et la suivante dès le lendemain. Il n'y avait donc aucune raison d'y retourner. »

Parfois, les pulsions nécrophiles sont tellement fortes que

Ridgway est prêt à prendre beaucoup de risques. A un moment donné, il retourne auprès du corps d'une de ses victimes avec son fils dans la camionnette. Pendant que le garçon dort, Ridgway fait l'amour avec le cadavre qui se trouve à environ dix mètres du véhicule. Il assure les policiers abasourdis que son fils « a le sommeil lourd ». Il explique ces relations post mortem de la manière suivante : « C'était pour le sexe. Un point, c'est tout. Et c'était gratuit. J'avais pas besoin de payer la pute. Elle était morte. Je l'avais tuée. » Il admet préférer les femmes vivantes, mais « c'était gratuit et commode. Vous savez, pour patrouiller et trouver des femmes à tuer, je cherchais pendant des heures, ça me coûtait pas mal d'essence. Mais j'avais plus de mal à jouir avec les mortes. Elles étaient trop froides. Après, j'ai arrêté de le faire. Il me fallait quelqu'un de frais, pas quelqu'un de froid. C'est difficile de bander avec un cadavre refroidi ».

Un jour, il étrangle une prostituée dont il place le corps à l'arrière de sa camionnette, puis se rend à son travail. Pendant la pause-déjeuner, il retourne à l'endroit où il a « fait sa connaissance », avant de lui faire l'amour à l'arrière du véhicule. Il retourne ensuite travailler, le corps toujours dans son pick-up.

Ridgway ne se pose pas beaucoup de questions quant aux mobiles de ses actions. Lorsqu'on lui demande pourquoi il place des pierres dans le vagin de deux de ses victimes, il rétorque que les cailloux « sont là », avant d'ajouter que « c'était pour les boucher ». D'après sa seconde épouse, Ridgway aurait menacé de lui « coudre » le vagin pour l'empêcher d'avoir une relation adultérine. A certains moments des interrogatoires, il paraît suggérer qu'il s'est livré à des « expériences » sur les corps, sans en dire plus. Il admet seulement les actes qu'il ne peut nier – le placement de pierres dans les vagins de Cynthia Hinds et Marcia Chapman. Pour le reste, il garde ses secrets.

VII. « SE DÉBARRASSER DES CADAVRES ME COÛTAIT DU TEMPS ET DE L'ARGENT »

Ridgway affirme ne pas se souvenir de détails personnels concernant les victimes mais sa mémoire est intacte quant aux endroits où il a disposé les corps. Il déteste avoir à se débarrasser des cadavres : « C'est un fardeau de trouver un endroit pour les mettre. »

Dès qu'il tue à son domicile, Ridgway nettoie très rapidement les lieux. En moins d'une demi-heure, il a fini sa tâche. Il fait très attention lorsqu'il déplace les cadavres. Pour ce faire, il les traîne sur un tapis ou une bâche en plastique : « La fille est dans la chambre à coucher et je la fais tomber du lit sur le plastique, pour ensuite la tirer par les pieds. Ça glisse facilement et, en plus, je peux l'envelopper à l'intérieur pour la sortir de la maison. »

Son pick-up est garé juste devant la porte, il ouvre la portière arrière, charge le corps avant de refermer le hard-top. Les victimes sont dénudées afin d'éviter la découverte de tout indice matériel. « Je n'ai jamais gardé aucun des vêtements. De toute façon, c'était des guenilles. Juste des guenilles. » Il garde les bijoux : « Elles crèvent. Je prends les bijoux. »

Au fil des ans, Ridgway dépose une vingtaine de ces bijoux – montres, colliers, boucles d'oreilles – dans les toilettes des femmes de l'usine Kenworth où il travaille : « J'étais très excité à l'idée que quelqu'un se balade avec un des bijoux que j'avais laissés. »

Quand il se débarrasse des corps, Ridgway roule la nuit jusqu'à un endroit isolé où il les jette rapidement. Puis il remonte dans son véhicule, se gare à une certaine distance pour éviter qu'une éventuelle patrouille de police ne voie les cadavres en s'approchant du pick-up. Il s'assure qu'aucun automobiliste ne passe à ce moment-là, avant de retourner à pied à travers les bois pour traîner la victime loin de la route.

Il veut aussi être certain que les prostituées soient bien mortes car il craint qu'elles ne reprennent connaissance. Pour s'en assurer, il leur ligature le cou et il observe une buée éventuelle avec un miroir. A ses yeux, c'est très important qu'on ne découvre pas les corps :

— Ça voulait dire que cette belle personne m'appartenait... que c'était ma possession. Quelqu'un que moi seul je connaissais, ça me faisait comme un vide quand elles étaient retrouvées ou que j'oubliais où je les avais déposées.

— Qu'avez-vous ressenti, Gary, dans les années 80, lorsqu'on a trouvé les corps ?

— Cela me donnait l'impression qu'on me volait quelque chose qui m'appartenait. Après la découverte des deux premiers corps, j'ai mis les suivantes au fond de la Green River, avec des grosses pierres par-dessus. Et celles-là, je voulais pas qu'elles s'en aillent comme les autres.

Ridgway a un cauchemar récurrent dans lequel il est incapable de retrouver la position d'un de « ses » corps : « Je la contrôle pendant que je la tue et je reste toujours le maître lorsqu'elle n'est pas trouvée. Pendant qu'elle m'appartient, je la contrôle. »

Certaines victimes sont découvertes allongées sur le dos, les jambes écartées mais il ne s'agit pas d'un rituel de la part de Ridgway. C'est tout simplement la conséquence de ses actes nécrophiles. Pour violer le cadavre, il lui écarte les jambes et il le laisse dans cette position lorsqu'il quitte les lieux. Il les enterre rarement et, s'il le fait, c'est pour éviter que l'odeur de décomposition n'entraîne leur découverte. De nombreuses victimes sont couvertes de branchages, de feuilles ou de toutes sortes de débris : « C'est qu'une merde, alors... je lui mets de la merde dessus. »

Il s'est parfois blessé en se débarrassant de corps dans des endroits difficiles d'accès : « Une fois, je me suis fait mal à l'épaule et je suis allé à l'infirmerie de l'usine pour me plaindre. Comme ça, c'était remboursé comme un accident de travail. »

Ridgway alterne les sites de dépôt pour ne pas risquer de se faire prendre : « Et si je les jetais dans un même lieu, ce n'était jamais au même endroit. La raison ? C'est que je voulais pas que ça sente mauvais lorsque je revenais sur place. Me débarrasser des corps, ça me bouffait beaucoup de temps et d'argent en essence. Si j'avais pas eu ce fardeau, c'est sûr que j'en aurais tué beaucoup plus encore. Si j'avais pu trouver un puits très profond ou une ancienne mine à charbon, ça aurait été parfait. Je les aurais toutes collées au fond. » Il les place aussi dans des lieux où des objets sont repérables à distance : des gros arbres, des collines, des troncs d'arbres, etc. Cela lui permet de retrouver facilement les cadavres pour assouvir ses penchants nécrophiles.

VIII. POURQUOI J'AI TUÉ ?

Comme l'admet Ridgway, les 48 victimes qu'il a officiellement reconnues ne représentent qu'une fraction des femmes qu'il a tuées. Pourquoi a-t-il assassiné autant de jeunes femmes ? Il est impossible de répondre à cette question. En tout cas, Gary Ridgway ne souffre d'aucune maladie mentale qui pourrait atténuer ou absoudre sa responsabilité. Les aveux du tueur montrent clairement que c'est un psychopathe, une personnalité asociale capable d'évaluer la portée de ses actes.

Lorsqu'il tue l'une de ses toutes premières victimes à son domicile, il éprouve de la peur car il lui faut trouver un endroit où cacher le corps. Mais il est aussi soulagé de ne pas avoir à la reconduire et parce qu'il n'a pas besoin de la payer. Il ressent aussi « un petit peu de puissance ».

Lors des interrogatoires de l'été 2003, Ridgway reconnaît qu'il n'a jamais pensé à ce que ses victimes pouvaient ressentir pendant qu'il les tuait. L'idée ne l'a même jamais effleuré. Quand on lui demande s'il lui manque quelque chose par rapport à ses semblables, la réponse est sans appel : « l'empathie ». Il est fier de ce qu'il a « accompli » et que les enquêteurs n'aient jamais retrouvé certains de « ses » corps. Il n'a aucune envie de mourir mais il pense qu'il devrait être exécuté « pour avoir tué tant de femmes ». Ridgway pense qu'un célèbre auteur de livres sur les affaires criminelles de Seattle va rédiger un ouvrage sur lui. Le Green River Killer fait allusion à Anne Rule, auteur de nombreux best-sellers sur les affaires criminelles dont celui sur Ted Bundy est le plus connu, et qui est effectivement en train d'écrire un opus sur Gary Ridgway. Cette pensée l'obnubile à un tel point qu'il ne veut pas apparaître sous un « mauvais jour » dans ce futur ouvrage – et cela influence beaucoup ses aveux. Ridgway a du mal à admettre un certain nombre d'actes qu'il juge peu conformes à l'idée qu'il se fait de sa propre personne.

Au cours des interrogatoires, le tueur en série insiste énormément sur le fait qu'« aucun policier m'a attrapé. Si je me suis fait prendre, c'est à cause de cette nouvelle technologie » (l'ADN). Il voit son comportement homicide comme « une carrière ». Il se considère comme « un expert dans ce domaine. Qui est de tuer des putes ». Quelquefois, il a pensé à assassiner d'autres personnes, notamment son épouse actuelle et des membres de sa famille. Mais il renonce à ces projets, à cause du risque de se faire prendre.

Ridgway a sa fierté et il tient à souligner qu'il n'est pas un violeur : « Je vais avec une personne qui est d'accord pour du sexe, et ensuite je la tue. Je ne suis pas un de ces gars qui viole et tue des femmes, ça c'est des pauvres types. Je n'ai aucune considération pour eux. Je ne suis pas un violeur. Non. Je suis un meurtrier, pas un violeur. »

A plusieurs reprises, Ridgway emploie le mot « remords », alors qu'il veut plutôt dire « regrets ». Il pleure au sujet d'une de ses victimes et son interlocuteur le questionne :

— Si vous avez tué ces femmes avant 1990, pourquoi pleurer maintenant alors que... ?

— Eh bien, parce que j'ai déconné. J'ai déconné en les tuant. Peut-être parce que j'ai laissé trop...

— Trop de quoi ?

— Trop...

— ... d'indices ?

— Oui, trop d'indices.

Un peu plus tard, il parle à nouveau « d'un petit peu de remords » après un meurtre alors que son fils est présent dans la camionnette, non loin de là :

— La tuer avec Matthew présent n'était pas unc bonne solution.

— Pourquoi ?

— Parce que Matthew aurait pu voir quelque chose.

— Et cela aurait posé un problème ?

— Eh bien... il aurait eu ce souvenir pendant tout le reste de son existence.

— Peut-être qu'il aurait témoigné contre vous ? Et si ça avait été le cas, vous l'auriez tué ?

— Non, probablement pas. Je ne sais pas.

— Mais c'est une possibilité ?

— C'est possible.

— Vous y avez pensé à l'époque ?

— Oui.

Une autre fois, Ridgway paraît éprouver de la peine à raconter le meurtre d'une adolescente de 16 ans. Ce ne sont pas les remords qui l'étouffent mais c'est parce qu'il a changé sa façon d'opérer. Au lieu de l'étrangler par-derrière, il lui fait face : « Elle me regarde en me suppliant de ne pas la tuer. Et je ne voulais pas me rappeler de cet instant, je ne voulais pas voir son visage. C'est une chose que je préfère oublier, voilà pourquoi je les tue toujours par-derrière, pour ne pas croiser leur regard. J'ai continué à l'étrangler parce que je ne pouvais pas m'arrêter. Sinon elle m'aurait dénoncé. Et je n'aurais pas pu continuer de tuer. Et c'était important pour moi... de tuer. »

A plusieurs reprises, il indique qu'il aurait bien assassiné son épouse ou certaines de ses petites amies : « Ça m'aurait évité des frais de divorce mais j'aurais été le premier suspecté. » Quant aux prostituées, il semble trouver le fait de les assassiner tout à fait normal : « Vous savez, je vous ai rendu service, à vous autres flics. Tuer des prostituées que vous n'arrivez pas à contrôler, alors que moi j'y arrive. Vous pouvez pas leur faire de mal. Vous les arrêtez, vous leur passez des menottes, peut-être allez-vous les secouer de temps en temps mais ça s'arrête là. Mais vous n'arrivez pas à stopper le problème. Moi, je vous faisais une fleur. Je veux dire... si ce sont des étrangères sans papiers, vous pouvez les reconduire à la frontière ou les mettre à bord d'un avion. Mais si ce sont des prostituées, vous les arrêtez et, dès qu'elles sont dehors après avoir payé une amende, elles se retrouvent sur le trottoir avec une nouvelle identité et vous autres, vous avez toujours le même problème. Moi, j'avais trouvé la réponse. »

Quelques minutes plus tard, Ridgway ajoute : « Bien sûr, je suis désolé d'avoir fait ça mais je ne tuais pas des personnes. Je tuais... comment dire... elles se trouvaient juste au mauvais endroit et au mauvais moment.

— Vous vous considérez comme un serial killer ?

— Euh... oui.

— Et si on devait vous donner une note de 1 à 5, 5 étant pour le pire des assassins, combien vous vous donneriez ?

— Je dirais un 3.

— 3 ?

— Oui. D'abord, je les ai tuées... Par contre, je ne les ai pas torturées. Et elles sont parties vite... »

Gary Ridgway a assassiné ses victimes de manière délibérée, avec méthode et systématiquement. Il n'est pas inhibé par des questions morales. Lors des interrogatoires, il n'exprime jamais le moindre remords sincère.

Gary Ridgway tue parce qu'il le veut. Parce qu'il le peut. Et parce que cela lui fait plaisir.

IX. TED BUNDY MEILLEUR PROFILER QUE LE F.B.I.

L'année 1984 est une des années les plus prolifiques en nombre de victimes pour le Green River Killer et, le 1er octobre, Ted Bundy, un célèbre serial killer tueur de femmes, qui se trouve dans le Couloir de la Mort de la prison de Starke, en Floride, écrit à la Task Force à Seattle pour proposer ses services. Le policier Robert

Keppel, qui a travaillé sur les crimes de Ted Bundy et du Green River Killer, décide de lui répondre, avant de lui rendre visite à plusieurs reprises dans les années qui suivent. Il a consigné ces entretiens dans un ouvrage, *The Riverman – Ted Bundy and I Search for the Green River Killer*, publié en 1996.

Après l'arrestation de Gary Ridgway, il est intéressant de revenir sur les hypothèses de Ted Bundy concernant la personnalité du Green River Killer au moment où il commet ses actes et de les comparer avec le profil psychologique établi par John Douglas, un des profilers du F.B.I. En toute objectivité, Ted Bundy est incroyablement plus proche de Gary Ridgway que le F.B.I.

Pour Bundy, le meilleur moyen de capturer le Green River Killer est de placer sous surveillance tout nouveau site où l'on trouverait un ou plusieurs corps de prostituées : il estime que le tueur retourne fréquemment sur les lieux. Ted Bundy parle en connaisseur puisqu'il a agi de même avec ses victimes qu'il a cachées dans des sous-bois pour aller à sa guise violer les cadavres. Il est le seul à émettre l'hypothèse que le Green River Killer est un nécrophile, ce que Gary Ridgway reconnaît dans ses interrogatoires de l'été 2003. Pour que cette stratégie réussisse, Bundy recommande un silence média absolu sur toute nouvelle découverte de victimes.

UN FESTIVAL DE FILMS GORE POUR PIÉGER LE TUEUR

Une autre tactique proposée par Ted Bundy tient plus du gadget. Il suggère d'organiser dans deux salles de cinéma de Seattle et de Tacoma un festival de films gore ultraviolents dont les protagonistes seraient des psycho-killers tueurs de femmes ; ensuite de faire beaucoup de publicité autour de ces projections et de photographier tous les spectateurs masculins, tout en prenant soin de noter les plaques minéralogiques de leurs véhicules.

Pour Ted Bundy, le Green River Killer est un individu qui sait mettre en confiance ses victimes et que rien ne différencie de « monsieur-tout-le-monde ». C'est un homme qui fréquente assidûment les lieux et qui connaît le milieu de la prostitution parce qu'il est proxénète ou client. Le fait que les médias et les autorités sachent qu'il opère dans les quartiers chauds de Seattle ne le dérange pas. Pour le F.B.I., le tueur reste sur place parce qu'il n'a pas les moyens de partir ailleurs alors que pour Ted Bundy cette hypothèse n'est pas valable. A ses yeux, le Green River Killer se sent comme un poisson dans l'eau à Seattle et à Tacoma : le tueur sait fort bien que rien dans son attitude et son approche ne peut le mettre en évidence. D'après Bundy, il n'a pas d'emploi fixe parce qu'il investit beaucoup de temps et d'efforts dans sa série de crimes. Cette fois-ci, Bundy se trompe puisque Gary Ridgway a travaillé 30 ans pour la même entreprise. Lors des conversations avec Robert Keppel, Ted Bundy continue son profil du serial killer de Seattle : il doit garer son véhicule pour observer le manège des prostituées, avant de les aborder et de les emmener dans un endroit isolé où il peut agir sans être interrompu (ce qui est le cas, puisque la plupart des victimes sont tuées au domicile de Ridgway). Il pense que le tueur est un Blanc d'environ 25 ans – Ridgway a 32 ans lorsqu'il débute sa série – et qu'il ne cessera jamais de tuer. Ce qui est en contradiction avec l'hypothèse des enquêteurs qui supposent que le Green River Killer ne tue plus lorsque les homicides s'arrêtent en 1984. En fait, Ridgway tue sa dernière victime en 2001, confirmant ainsi la réflexion de Bundy.

Le fait que le Green River Killer ait changé à plusieurs reprises de lieux pour se débarrasser des corps est significatif selon Ted Bundy : « Il n'a pas envie de se faire prendre. Il ne veut pas que l'on découvre les cadavres. Avec le temps, il s'est amélioré et il a cherché des endroits plus isolés. » Il estime que le Green River Killer est un homme possessif pour qui le cadavre est tout aussi important que la victime pouvait l'être de son vivant. D'où son désir de préserver son « cimetière privé » afin de revenir « utiliser les corps pour une gratification quelconque » ; Bundy reste vague, car il est toujours embarrassé lorsqu'on lui parle de ses actes de nécrophilie.

UNE LETTRE DU TUEUR

Le profil du F.B.I. est extrêmement vague mais il contient surtout une grave erreur, due à une mauvaise interprétation du rapport d'autopsie de Marcia Chapman qui indique : « une ulcération compatible avec l'anthropophagie est localisée juste au-dessus du sein droit. » L'auteur du profil John Douglas en déduit que l'assassin appartient à la catégorie des *lust murderers* (tueurs sadiques sexuels) en raison de cette remarque sur l'anthropophagie. Or le médecin légiste se réfère à la définition exacte du terme : il s'agit de morsures d'animaux, et non pas d'humains. En fait, Marcia Chapman, qui est retrouvée dans le lit de la Green River, a été mordue par des poissons ! Cette comparaison entre le serial killer Ted Bundy qui s'exprime en connaissance de cause et le rapport de profilage du F.B.I. montre à quel point il est important de pouvoir s'entretenir avec des criminels, lorsque ceux-ci acceptent de livrer leurs secrets ou, du moins, une partie d'entre eux. Les conseils de Ted Bundy ne lui permettront pas de sauver sa peau et le tueur en série sera finalement exécuté le 24 janvier 1989 sur la chaise électrique de la prison de Starke, en Floride.

Cette erreur n'est pas la seule du célèbre profiler du F.B.I. et auteur de best-sellers, John Douglas, lorsqu'il travaille sur l'affaire du Green River Killer. En 1984, un journaliste du *Seattle Times* lui fait parvenir une supposée lettre du serial killer inconnu et, dans un rapport, Douglas estime que le courrier est « une faible tentative de la part d'un amateur » qui n'a « absolument aucun rapport avec les meurtres de la Green River ».

Encore une fois, John Douglas s'est complètement trompé.

Lors de ses aveux, Gary Ridgway a admis être l'auteur de cette lettre écrite pour brouiller les pistes. Rétrospectivement, les enquêteurs affirment que, s'ils l'avaient connue, elle aurait pu les aider à l'attraper plus tôt.

Ce courrier et la réponse de John Douglas ont été rendus publics le 25 novembre 2003. Le lendemain, dans un communiqué de presse, Douglas a tout d'abord nié avoir écrit cette conclusion, avant de se rétracter lorsqu'on lui montre sa signature, figurant au bas du document. Il finit par reconnaître qu'il ne s'en souvient plus. A sa décharge, Douglas analyse ce document de Ridgway en août 1984, après avoir subi une attaque causée par le stress lié à cette enquête en décembre 1983 : « Peut-être n'étais-je pas prêt mentalement à reprendre le travail à ce moment-là. »

Dans le courrier de Ridgway en date du 20 février 1984, est marqué « très important » sur l'enveloppe et il n'y a pas d'espace entre les mots ; exemple : « whatyouneedtoknowaboutthegreenriverman. » Il est signé « callmefred » et donne des détails que seul le véritable assassin peut connaître. Ainsi, le fait que les ongles des victimes soient coupés pour éliminer d'éventuelles traces, qu'il ait eu des rapports post mortem avec un certain nombre d'entre elles et qu'il ritualise une scène de crime en disposant un cadavre avec une bouteille de vin et du poisson.

Il y a quelques mois, John Douglas a ouvert un site Internet, www.johndouglasmindhunter.com, pour vendre ses ouvrages et divers objets de marchandisage, t-shirts, casquettes, etc. La page d'accueil indique qu'« il a traqué certains des tueurs les plus connus et les plus sadiques de notre époque », en indiquant notamment le Green River Killer.

X. UN TUEUR MÉTICULEUX

Si Gary Ridgway parvient à éviter de se faire prendre pendant près de deux décennies, c'est parce qu'il a eu cette capacité remarquable de rester silencieux pendant tout ce temps-là. A l'exception d'une vague remarque à un employé de Kenworth lors de son premier crime en 1982, il ne s'est jamais confié à ses épouses, ses amis, des membres de sa famille ou des collègues de travail. Jusqu'à son arrestation en 2001, il n'a parlé d'aucun de ses meurtres. Et il n'a jamais pensé qu'il devrait le faire un jour, car Gary Ridgway est persuadé qu'il ne serait jamais pris.

A chacune des étapes des meurtres, le risque de découverte est réduit à son strict minimum, depuis la sélection des victimes jusqu'à la manière de se débarrasser des cadavres. Ridgway agit toujours en sorte qu'il n'y ait aucun témoin lorsqu'il fait monter les prostituées à bord de son pick-up. Si c'est le cas, qu'il s'agisse d'une autre prostituée ou d'un proxénète, il décide de ne pas la tuer. Ridgway explique qu'il n'arrête presque jamais son véhicule devant le bout de trottoir où la jeune femme travaille. Il préfère continuer son chemin devant elle en lui faisant un signe de la tête ou en lui montrant une liasse de billets. Il la dépasse pour se garer un peu plus loin sur le parking d'un pâté d'immeubles ou dans une rue adjacente, où les témoins sont moins nombreux, en attendant que sa proie vienne le rejoindre.

Malgré tout, si un témoin l'aperçoit, Gary ne renonce pas forcément à la faire monter dans sa camionnette. Dans ce cas, il se contente d'une relation sexuelle ; cela lui permet aussi d'établir qu'il est un « bon client », sans histoires, au cas où il se ferait prendre par la suite.

Pour éviter de s'attaquer à des policières déguisées en prostituées, il observe à distance leur manège pour s'assurer qu'elles sont fiables. Il attend qu'elles s'installent à côté de lui avant de leur parler d'argent. Il leur demande aussi de montrer leur sexe ou leurs seins, car il sait qu'une femme-flic refusera de le faire. Malgré toutes ces précautions, Ridgway reconnaît quelques erreurs lors des interrogatoires. Selon ses dires, il tue deux prostituées après que des témoins les ont vus ensemble. Une autre fois, il se trompe et emmène une victime qu'il souhaite tuer à un endroit où il a déjà déposé un cadavre. D'après Ridgway, la jeune femme aperçoit le corps ou, du moins, une forme allongée, et exige de quitter immédiatement les lieux. Il accepte de la reconduire sur Pacific Highway South, avant de revenir rapidement sur place pour enterrer le corps.

Malgré son manque d'éducation, Ridgway est parfaitement au courant des méthodes d'enquête. Il ne laisse jamais d'indices sur les scènes de crime, prenant soin d'emporter tous les vêtements et les bijoux de la victime pour s'en débarrasser par la suite. Si jamais l'une des femmes le griffe pendant qu'il l'étrangle, il pense à lui couper les ongles avant de jeter le cadavre : « Eh bien, je reconnais que j'étais un petit peu fier de ne pas me faire prendre. De retirer les vêtements. De ne rien laisser... pas d'indices ni d'empreintes sur quoi que ce soit, d'enfiler des gants... De ne pas me vanter. De n'en parler à personne. » Autre exemple, il n'hésite pas à changer les pneus de son pick-up quand il pense avoir laissé des traces sur la scène de crime. Ensuite, il balance les pneus usagés dans deux endroits différents, au fond de la Green River. Les relevés de compte bancaire de Ridgway confirment cet achat peu de temps après la découverte du cadavre de Carol Christensen.

Les efforts de Ridgway pour éviter toute découverte ne s'arrêtent pas une fois qu'il s'est débarrassé de sa victime. S'il vient d'assassiner une jeune femme après être convenu d'un rendez-vous par téléphone avec son proxénète, il utilise une technique particulière. Il se sert à nouveau de la même fausse identité pour rappeler le maquereau et lui demander un nouveau rendez-vous avec sa « protégée ». Ainsi, espère-t-il faire croire aux enquêteurs qu'il estime que la prostituée est toujours vivante et qu'il ne peut pas en conséquence en être l'assassin.

Pour se protéger, Ridgway est prêt à tous les sacrifices, même les plus douloureux. Lorsque Marie Malvar se débat avec force avant de mourir, elle laisse de profondes marques de griffures sur les avant-bras de Ridgway. Afin de les cacher, Gary se brûle la peau avec de l'acide de batterie dont les cicatrices sont toujours visibles à l'heure actuelle.

Ridgway s'éloigne également de l'image stéréotypée du serial killer telle qu'elle a été véhiculée par le F.B.I. L'homme n'est pas un solitaire, il ne vit pas en marge de la société, il contrôle ses accès de colère et il n'est pas connu pour des faits de délinquance (même si Ridgway reconnaît par la suite en avoir commis). Pendant toute son existence d'adulte, il a été marié ou a eu régulièrement des petites amies. Il a travaillé pour le même employeur, Kenworth, pendant 30 ans : sa présence régulière lui vaut même de recevoir plusieurs trophées.

Après son arrestation en 2001, ses collègues, ses anciennes compagnes et des membres de sa famille lui ont fait part de leur sympathie en émettant des doutes quant à sa culpabilité. Son épouse a témoigné de l'excellence de leur relation. Même quand son frère apprend l'étendue des crimes de Gary, il insiste sur le fait que celui-ci n'a jamais fait preuve du moindre comportement anormal en sa présence. Tous ceux qui pensaient le connaître au mieux ne le connaissaient en fait pas du tout.

Ridgway cultive avec soin les aspects les plus inoffensifs de sa personnalité – sa petite taille, son air débonnaire, voire naïf. D'une certaine façon, il est parvenu à rouler dans la farine des dizaines de victimes pourtant endurcies par leur vie de droguées et de prostituées : « Les femmes, elles me prenaient pour un pauvre type... je ressemble à quelqu'un d'ordinaire... et je faisais tout pour que les prostituées se sentent à l'aise avec moi... je leur inspirais confiance en leur disant que j'allais les aider à quitter le métier... j'avais pas l'air musclé, j'étais pas tatoué, juste un type ordinaire et c'est ça qui les a perdues... mon apparence contredisait ce que j'étais vraiment. »

Et Ridgway utilise les mêmes méthodes lorsqu'il est confronté à d'innombrables reprises aux enquêteurs depuis le 4 mai 1983. Il donne l'impression de vouloir les aider et il accepte de coopérer. Ridgway admet tout ce qu'il pense que les autorités savent déjà de lui, tout en y ajoutant un petit détail supplémentaire. Par exemple, quand il sait qu'il a été aperçu par un témoin, il reconnaît tout de suite qu'il a eu des relations sexuelles avec certaines des victimes du Green River Killer. Lorsqu'il avoue être « accro » aux prostituées, il parvient à évacuer une grande partie des soupçons.

Au contraire de nombreux autres serial killers, Gary Ridgway ne garde aucun trophée ou souvenir de ses meurtres à son domicile, si bien que les fouilles policières ne mettent à jour aucun élément suspect. Il accepte d'être questionné sans la présence d'un avocat et de se soumettre au polygraphe, ce qui renforce encore son innocence aux yeux de la Task Force.

La psychopathie de Ridgway lui permet de réussir son passage au test du détecteur de mensonges, un appareil destiné à détecter le stress chez un individu. Lorsqu'il passe devant le polygraphe en 1984, il a déjà étranglé d'innombrables femmes : « J'étais très relax, et je ne me suis pas posé de questions. Je veux dire, je ne me suis pas entraîné ou préparé à quoi que ce soit... j'étais tranquille et j'ai répondu aux questions sans me faire de mouron... ça passait ou ça cassait... elles n'étaient pas très précises, enfin, j'en sais rien. Peut-être que j'étais même un peu trop relax. »

Au fur et à mesure de ses crimes, Ridgway passe d'une attitude passive à une phase active pour tenter d'éviter toute détection. Il essaie de tromper les enquêteurs en maquillant les scènes de crime : il dépose des mégots de cigarettes ou du chewing-gum, lui qui ne fume pas ou ne mâche pas de gomme. Une autre fois, il disperse diverses publicités pour des motels d'aéroports et des agences de location d'automobiles afin de faire croire que l'assassin est un représentant de commerce. Dans le hall de l'aéroport de SeaTac, il laisse le permis de conduire d'une des victimes pour suggérer qu'elle a quitté Seattle par avion.

En février 1984, dans la lettre à un journal local qui s'intitule « Ce que vous avez besoin de savoir sur le Green River man », Ridgway avance un certain nombre de fausses pistes sur l'identité du tueur. Un exemple ? Il émet l'hypothèse que le meurtrier est un voyageur de commerce ou un chauffeur routier dont les crimes sont motivés par le profit ou la vengeance. Le courrier indique aussi que les ongles des victimes ont été coupés (un fait inconnu des enquêteurs lorsque Ridgway leur en parle en 2003).

Ridgway met aussi en place un plan pour faire croire aux enquêteurs que le Green River Killer a déménagé dans un autre État. Comme il le reconnaît en 2003, « c'était pour vous tromper... que les corps étaient en Oregon et qu'elles avaient été tuées là-bas ». En automne 1984, Gary Ridgway se rend dans la région de Portland en compagnie de son fils en emportant dans le coffre de son véhicule les restes partiels de Shirley Sherrill, Denise Bush et d'une troisième victime non identifiée (et qui n'a toujours pas été retrouvée à ce jour). Il les dépose à Tigard, dans les faubourgs de Portland, où ils sont découverts en 1985.

Pendant son séjour dans l'Oregon, Ridgway prend soin de ne laisser aucune trace de son passage en réglant toutes ses dépenses en liquide. Son plan fonctionne en partie lorsque les corps de Sherrill et Bush sont mis au jour en 1985 ; plusieurs enquêteurs se rendent sur place, et au sein de la Task Force, nombreux sont ceux qui estiment que le Green River Killer a changé de terrain de chasse.

LA PISTE DE SAN DIEGO ET DE SES 45 PROSTITUÉES ASSASSINÉES

A San Diego, entre 1984 et 1992, 45 femmes, pour la plupart des prostituées et des toxicomanes, sont assassinées sans que Gary Ridgway y soit pour quelque chose. Mais les policiers de la Green River Killer Task Force sont frappés par la simultanéité entre l'arrêt du tueur dans leur région et cette nouvelle série qui démarre en Californie. La piste de San Diego est régulièrement explorée par les autorités du comté de King.

Pendant longtemps, ces crimes de prostituées de San Diego ont été ignorés par les enquêteurs qui attendent 1988 pour former un groupe de 32 policiers avec la Metropolitan Homicide Task Force. C'est grâce à la pression d'associations de victimes et de mouvements féministes, tels que Many Women Involved, que les autorités s'intéressent enfin à la question. Une campagne d'affichage en ville montre des agrandissements des visages des victimes, et une galerie d'art de San Diego expose des portraits de certaines des femmes assassinées. En 1990, un journal, *The Sacramento Bee*, publie l'interview d'un policier de San Diego qui explique : « A l'époque, ces meurtres de prostituées, de toxicomanes qui fréquentent les bikers, nous les appelions entre nous des NHI – No Humans Involved. Pour montrer qu'il ne s'agit pas d'êtres humains, mais de rebuts de la société. » En réalité, moins de la moitié des victimes se livre à la prostitution. Il y a des serveuses, des femmes au foyer, une infirmière, une employée d'épicerie, une aide cuisinière, un écrivain, une esthéticienne, etc.

La première hypothèse de la Task Force penche pour la possibilité de deux serial killers à l'œuvre qui traquent des prostituées le long de El Cajon Boulevard. Un des tueurs balance les corps dans des bennes à ordures et, pour deux d'entre elles, il y met le feu. L'autre assassine ses victimes dans un véhicule avant de se débarrasser des cadavres dans des zones rurales proches de San Diego, un peu à l'image des agissements du Green River Killer.

En 1990, lors de la première conférence de presse, le porte-parole de la Task Force annonce qu'un policier est peut-être l'auteur de cette série de meurtres. Les enquêteurs basent cette hypothèse sur l'assassinat de Donna Gentile, une prostituée de 22 ans retrouvée près de l'autoroute de Sunrise la bouche remplie de cailloux, un mois après qu'elle eut témoigné contre deux policiers. L'un des agents, Larry Avrech, est renvoyé, tandis que le lieutenant Carl Black redevient un simple agent. Pendant qu'elle est emprisonnée à Las Colinas pour des faits de prostitution, Gentile enregistre une cassette destinée à son avocat où elle raconte qu'elle se sent menacée par des officiers de police et qu'au cas où elle périrait de mort violente, la presse soit avertie : « J'ai le sentiment qu'un individu en uniforme et qui porte un écusson peut aussi être un dangereux criminel. »

Finalement, un ex-Marine et mécanicien d'Escondido, Ronald Elliott Porter, est suspecté du meurtre de Donna Gentile. Arrêté en 1988 pour viol avec violences, Porter est inculpé en septembre 1991 de l'assassinat de Sandra Cwik, une SDF de 43 ans, et de Carol Gushorowski, 26 ans, mère de deux enfants originaire d'El Cajon. Pour le procureur Dick Lewis, Porter est lié à 14 crimes par divers objets, fibres, taches de sang, ainsi que sur la base des déclarations de deux témoins. Mais il n'est inculpé que pour un seul de ces meurtres.

De nombreuses victimes décèdent le cou brisé selon une technique enseignée par les Marines. « Lorsque nous avons arrêté Porter en octobre 1988, explique Dick Lewis, il n'y a plus eu d'agression ni de meurtre. On ne retrouve plus de corps sur l'Interstate 8. Ni de femmes qui se plaignent d'agressions violentes lors de leurs admissions à l'hôpital d'El Cajon. » Le 26 octobre 1992, Ronald Porter est condamné à 27 ans de prison.

LES AUTRES SERIAL KILLERS DE SAN DIEGO

Le 25 juin 1992, Brian Maurice Jones est accusé de quatre des meurtres de San Diego et condamné à la peine de mort pour deux d'entre eux. A l'époque, il purge une peine de 22 ans à Corcoran State Prison pour des agressions sexuelles. La Task Force estime que c'est Jones qui se débarrasse des quatre corps dans des bennes à ordures d'un quartier est de San Diego.

Un autre serial killer local, Blake Raymond Taylor, 27 ans, originaire de Lemon Grove, est probablement responsable de trois assassinats de prostituées, bien que les autorités ne parviennent pas à le faire condamner par manque de preuves. Lorsqu'il est inculpé, Taylor est déjà enfermé pour une tentative de meurtre sur une prostituée qui lui vaut une condamnation à 9 ans de prison. En plus des 16 meurtres attribués à Porter et Taylor, dix autres crimes ont entraîné l'arrestation de 14 autres suspects.

La Task Force a aussi obtenu la condamnation d'Allan Michael Stevens, un motard de 48 ans connu sous le surnom de « Buzzard », pour le meurtre de Cynthia McVey, 26 ans. Le corps nu et étranglé de McVey est retrouvé ligoté dans un coin isolé de la réserve indienne de Pala le 29 novembre 1988. Elle a une chaussette pliée dans la bouche et tenue en place par du sparadrap qui porte les empreintes de Stevens. Il est considéré comme un suspect dans trois autres meurtres de femmes de San Diego.

Un dernier suspect, Richard Allen Sanders, a longtemps été considéré comme le probable Green River Killer. Sanders, officier de police, est tué en mars 1989 de deux coups de fusil à pompe dans le dos. On l'estime responsable de plusieurs des meurtres de San Diego et, outre le trafic de stupéfiants, il est suspecté d'avoir tourné des « snuff movies ».

Au bout de cinq années d'enquête, la Task Force de San Diego est démantelée après avoir résolu 26 des meurtres pour un coût total d'environ un million de dollars.

XI. D'AUTRES VICTIMES ?

Le procureur du comté de Lewis, Jeremy Randolph, a déclaré le 19 décembre 2003 qu'il croit que le Green River Killer s'est débarrassé de trois corps de femmes dans sa juridiction : « Je suis persuadé qu'elles sont des victimes de Ridgway et qu'elles n'ont pas été tuées dans ce comté. »

Il se déclare prêt à renoncer à la peine de mort si Gary Ridgway accepte de reconnaître ces crimes. Un laboratoire de police scientifique examine à l'heure actuelle les restes découverts en 1984, 1985 et 1991 mais les analyses n'ont pas encore permis d'extraire le profil ADN d'un suspect.

Le 5 novembre 2003, Ridgway a plaidé coupable pour l'assassinat de 48 femmes tuées dans le comté de King. En échange, les autorités du comté ont renoncé à demander la peine de mort. Le procureur du comté de King, Norm Maleng, a été très clair sur un point précis : si Ridgway a cherché à cacher des meurtres qu'il aurait commis à l'intérieur de cette juridiction et que les enquêteurs en acquièrent la certitude, l'accord serait aussitôt déclaré caduc. Ce qui implique que Gary Ridgway pourrait alors être condamné à la peine de mort.

Le 18 décembre 2003, il a été condamné à la prison à perpétuité sans possibilité de libération conditionnelle. Mais cet accord n'est valable que pour les meurtres commis dans le comté de King et ne concerne pas les autres crimes dont Ridgway pourrait être accusé ailleurs. L'Etat de l'Oregon le soupçonne ainsi de plusieurs assassinats, trois au moins, tandis que le Green River Killer a admis dans ses interrogatoires qu'il a tué ailleurs.

« Nous ignorons ce qu'il a pu faire ailleurs, explique l'inspecteur Randy Mullinax du comté de King. Nous ne possédons aucune information à ce sujet. Nous ne lui avons posé aucune question à ce sujet. »

Les trois victimes du comté de Lewis ressemblent beaucoup au profil des femmes de Seattle et de Tacoma que Ridgway a assassinées : des prostituées vulnérables et toxicomanes dont la disparition est passée inaperçue. Elles ont également été étranglées, comme toutes les autres victimes du tueur en série.

Monica Anderson, 32 ans, monte à bord d'un van marron sur Commerce Road à Tacoma le 24 ou 25 juin 1984. Son corps est découvert dans la Chehalis River le 12 août de la même année.

Susan L. Krueger, 41 ou 42 ans, est vue pour la dernière fois le 11 mars 1985 lorsqu'elle quitte la prison de Pierce County. Elle est retrouvée le 5 mai 1985 près de Lacamas Creek, entre Toledo et l'autoroute I-5.

Mignon Hensley, 21 ans, disparaît le 19 juin 1991 du club de strip-tease le Deja Vu sur Federal Way. Ses restes sont trouvés le 5 août 1991 dans des buissons le long de l'US Highway 12, à un kilomètre à l'est de l'autoroute I-5.

UNE PISTE CANADIENNE ?

On sait que Gary Ridgway a effectué de nombreux séjours à Vancouver dans l'ouest canadien où il a longuement résidé dans un mobile home et un camping-car. Selon Sheila Sullivan, porte-parole de la police locale, « Ridgway n'est pas éliminé comme suspect dans notre série de crimes. Nos enquêteurs vont se mettre en contact avec ceux de l'Etat de Washington. » On sait qu'à Vancouver, en l'espace de 25 ans, 61 femmes, pour la plupart des prostituées toxicomanes, ont disparu sans que la police s'en inquiète pendant de très nombreuses années. Il a fallu la pression des médias alertés par des associations de victimes pour qu'une enquête sérieuse soit mise en place. Elle aboutit à l'arrestation et à la mise en examen de Robert Pickton, un fermier à cochons, pour 32 de ces homicides. Son frère est également inculpé pour complicité et leur procès doit se dérouler d'ici à quelques mois.

71 VICTIMES AU TOTAL

Dans la masse de documents accumulés sur le Green River Killer et qui ont été rendus publics début 2004, on note 104 DVD des interrogatoires par les policiers et des psychologues, ainsi que 2 CD qui contiennent environ 35 000 pages. Parmi les centaines d'heures d'entretiens, Gary Ridgway annonce le nombre total des victimes qu'il a assassinées : 71. Sur ce chiffre, il admet quatre cas où il ne souhaitait pas tuer ces jeunes femmes au départ, des crimes qu'il qualifie de « meurtres non planifiés », parce qu'il était très stressé ce jour-là ou qu'il était devenu enragé à cause de l'attitude de la prostituée qui ne « s'occupait pas bien de moi ». Ce nombre est bien plus élevé que les 48 qu'il a reconnues officiellement au tribunal, le chiffre de 71 ayant été confirmé par le shérif Dave Reichert lors d'un entretien à Larry King Live sur CNN.

Il est impossible de confirmer le nombre exact des victimes que Gary Ridgway, 55 ans, a tuées en l'espace de deux décennies. Durant l'été 2003, la police du comté de King a fouillé près d'une vingtaine de sites différents où le tueur se serait débarrassé des corps, sans grand succès d'ailleurs.

Dans cet amas de documents, il y a l'ensemble de ses relevés bancaires, ses factures sur plus de vingt ans, ses reçus de cartes bleues mais aussi certains éléments qui nous éclairent sur sa personnalité :

Il a pris trois clichés de ses premières victimes sur les rives de la Green River avec un appareil Polaroïd. Plus tard, il a écrasé l'appareil photo de peur que des indices compromettants puissent s'y trouver. Ces photos sont restées cachées sous une poutre de ciment d'un petit réduit du SeaTac Red Lion Hotel où il peut « passer et y jeter un coup d'œil à n'importe quel moment », si le désir s'en fait sentir. Il s'y rend de façon régulière, au moins une fois toutes les deux semaines pendant quatre ans, avant de découper les clichés en petits morceaux et de les éparpiller par la vitre de son pick-up en 1987. « Je m'en suis débarrassé au moment où j'ai commencé à sortir avec Judith », explique-t-il.

En 1982, Ridgway se confie à un ami : « J'ai fait quelque chose dont on va parler demain dans les journaux ou à la télé. »

Lorsqu'en mai 1983, la police se rend chez Ridgway pour le questionner au sujet de la disparition de Marie Malvar, il détient les papiers d'identification de la victime dans la poche arrière de son pantalon. Le père de la prostituée de 18 ans, Jose Malvar Sr, indique aux enquêteurs que le pick-up de Ridgway ressemble à celui dans lequel sa fille est montée lorsqu'elle est vue pour la dernière fois le 30 avril 1983. Pendant plusieurs jours, Malvar circule dans le quartier du SeaTac à la recherche de ce véhicule qu'il finit par découvrir garé devant la maison du peintre carrossier. Selon les déclarations du tueur, Marie Malvar s'est battue jusqu'au bout de ses forces pendant que Gary Ridgway l'étranglait. Elle lui laboure les bras de ses ongles qui laissent des marques profondes et, lorsqu'il répond aux questions d'un inspecteur, Ridgway cache ses blessures en s'appuyant de l'épaule contre la barrière qui entoure son jardin. Il affirme tout ignorer de la disparition de la jeune femme et la police accepte ses déclarations.

Au milieu des années 80, Ridgway dessine un plan où il marque tous les emplacements des corps dont il s'est débarrassé. Plus tard, il prend peur et déchire cette carte pour qu'on ne puisse pas l'utiliser comme preuve à son encontre.

Sans le faire exprès, il montre son badge d'employé de Kenworth à une prostituée avec laquelle il a une relation sexuelle mais qu'il ne tue pas. Quelque temps après, elle parvient à retrouver sa trace pour lui téléphoner sur son lieu de travail. Mais elle n'insiste pas.

Ridgway jette presque toujours les vêtements de ses victimes dans des bennes destinées à recueillir les habits usagés pour des associations caritatives ; celles-ci se trouvent en majorité sur les parkings des supermarchés.

Avant qu'il ne commence à tuer, Ridgway se fait voler son portefeuille par deux prostituées. Un conducteur de bus le trouve, délesté de tout argent, et le lui adresse par la poste.

Il rencontre beaucoup de prostituées qu'il ne tue pas afin qu'elles lui servent d'alibi au cas où il serait soupçonné par les autorités. Il estime leur nombre entre 20 et 40 : « J'avais besoin de prostituées vivantes si jamais on m'attrapait. Pour dire que je ne leur avais pas fait de mal. » Ridgway épargne en priorité celles qui lui consacrent du temps et qui semblent apprécier sa compagnie, en fait celles qui flattent son ego.

Ridgway insiste énormément sur le fait qu'il n'est pas un violeur. Cela lui semble beaucoup plus grave que d'être considéré comme un serial killer. Il met un point d'honneur à marteler à tout bout de champ qu'il « ne frappe pas les dames », qu'il ne les attache pas, qu'il ne leur tire pas dessus ou qu'il ne les poignarde pas. « Je ne veux pas revendiquer des meurtres que je n'ai pas commis. » Il écrit aussi à ses avocats pour leur dire : « J'ai caché tout ça en moi pendant 19 ans... Je veux qu'aucune d'entre elles ne soit à jamais perdue. S'il vous plaît, aidez-moi à toutes les retrouver. Je me mets à genoux et je prie toutes les nuits pour qu'on y arrive. »

Après un meurtre, il fond en larmes la plupart du temps, ce qui déclenche chez lui un accès de colère vis-à-vis des victimes, au point qu'il leur demande : « Pourquoi m'avez-vous obligé à faire ça ? »

En 2003, Gary Ridgway écrit une note manuscrite d'une page remplie de fautes d'orthographe pour indiquer les meilleurs « moyens de capturer le GRK » (GRK pour Green River Killer) :

« 1. Tous les clients détestent se faire prendre en photo avec des prostituées. Toutes les voitures de police devraient posséder un petit appareil photo (35 mm) (Instamatic). Prendre des clichés des clients avec les dames. En voiture ou non. Ces appareils pourraient être utiles pour d'autres crimes. Si la dame meurt, le type sur la photo serait la dernière personne a avoir été vue avec elle.

2. De meilleures relations entre police et prostituées. Chaque prostituée devrait être interrogée sur ses mauvais clients. Et il faut leur demander si elles veulent porter plainte.

3. Prendre en vidéo toutes les personnes présentes sur une scène de crime. (Cela n'aurait pas marché avec moi, en tout cas.) Mais ça pourrait fonctionner avec un autre tueur...

4. Ma lettre au journal. J'en aurais sûrement posté une autre si vous l'aviez publiée ou fait passer à la TV. (Ridgway fait référence au courrier anonyme qu'il envoie en février 1984 et qui contient des détails seulement connus du tueur.)

5. Montrer aux prostituées les lieux où les corps sont déposés pour voir si elles y sont déjà allées (avec moi). Ce que j'ai fait parfois, mais sans les tuer.

6. Une caméra fixée sur un lampadaire. Pour voir qui vient chez moi. Vous m'auriez attrapé. »

Ce dernier conseil paraît pour le moins incongru car, à l'époque des crimes, Gary Ridgway est un suspect parmi des dizaines d'autres

Le 16 novembre 1983, lorsque l'inspecteur Larry Gross questionne Ridgway, ce dernier échappe aux soupçons en reconnaissant qu'il rencontre souvent des prostituées sur Pacific Highway South. Dans son rapport, Larry Gross écrit : « Il suggère que nous équipions nos véhicules de caméras pour prendre des clichés de toutes les voitures et plaques d'immatriculation, que nous utilisions des femmes policières déguisées en prostituées ; et que la communauté soit plus impliquée dans notre enquête. » Le policier conclut ainsi son rapport : « Il ne peut pas être considéré comme un suspect majeur. »

La lecture des rapports de l'affaire du Green River Killer montre rétrospectivement que le nom de Gary Ridgway apparaît à de nombreuses reprises. Par exemple, le 29 août 1982, il est interpellé par la police du Port of Seattle Department dans une impasse, à moins de cent mètres du lieu de découverte ultérieure de deux corps de victimes, sans qu'aucun rapprochement soit effectué par la suite. Le 23 février 1983, un rapport signale Ridgway en compagnie d'une prostituée qui disparaît un peu plus tard. En mai 1984, il passe avec succès le test du détecteur de mensonges devant Norman Matzke, un expert du polygraphe. Quelques années plus tard, deux autres spécialistes indépendants réfutent la validité du test de Ridgway et le jugent incomplet.

Suite à sa condamnation en décembre 2003, Gary Ridgway a été transféré dans le pénitencier d'Etat de Wala Wala où il passe le temps à soigner son physique : « Je fais des exercices une ou deux fois par jour depuis que je suis en taule. Voilà pourquoi j'ai l'air plus costaud qu'avant. Je le fais pour ma santé et pour la relaxation, pour enlever la pression. Pour me protéger des autres prisonniers. Cela m'aide à dormir la nuit. »

CHRONOLOGIE DU GREEN RIVER KILLER

1947

1er septembre – Le premier vol commercial de l'aéroport de Seattle-Tacoma. Des motels, hôtels et toutes sortes d'établissements commerciaux fleurissent le long de Pacific Highway South pour servir les passagers.

1949

18 février – Naissance de Gary Leon Ridgway à Salt Lake City. Il a deux frères, Gregory L. et Thomas E., plus âgés que lui, ainsi qu'un demi-frère, Roy Edward Hollowell.

1960

16 août – La famille Ridgway achète une maison au 4404 S. 175th Street à McMicken Heights qui fait maintenant partie de SeaTac.

1962

12 mai – Le barrage de Howard Hanson est inauguré sur la Green River. Il participe au développement du comté de King qui offre des maisons bon marché et des salaires peu élevés pour une population essentiellement ouvrière.

1968

31 juillet – Le centre commercial Southcenter ouvre ses portes à Tukwilla et devient un moteur économique pour la région.

1969

2 avril – Ridgway est engagé par Kenworth, le constructeur de camions. Il est payé selon un tarif horaire. Il y retourne après un bref séjour dans l'U.S. Navy.

Juin – Ridgway, qui a 20 ans, obtient son diplôme de fin d'études à la Tyee High School. Il a aussi étudié à la Chinook Junior High School et la Bow Lake Elementary School dans le district de Highline.

18 août – Ridgway s'engage dans l'U.S. Navy. Il commence son service en 1970 à San Diego. Il effectue une croisade de 6 mois dans le Pacifique Sud.

Décembre – Ridgway est atteint de gonorrhée d'après son bulletin médical de l'U.S. Navy.

1970

15 août – Ridgway épouse Claudia Kraig Barrows dans la chapelle de Fort Lawton.

1971

23 juillet – Ridgway quitte la Navy.

1972

14 janvier – Le divorce avec Claudia Barrows est effectif.

1973

14 décembre – Ridgway épouse Marcia Lorene Winslow.

1975

5 septembre – Naissance de Matthew, le fils unique de Ridgway et Marcia Winslow.

1977

4 juin – Ridgway achète un pick-up Dodge modèle 1975 de couleur marron ; la carrosserie est ornée de nombreuses taches d'apprêt de couleur rouille.

1980

17 Juillet – Marcia Ridgway dépose plainte auprès du Kent Police Department après avoir affirmé que son mari la harcèle au téléphone pour obtenir le divorce. Il aurait menacé d'acheter une arme pour « faire sauter le crâne de son petit ami ».

20 juillet – D'après la police de Kent, le couple se bagarre. Le rapport mentionne qu'ils ont tous les deux « mauvais caractère ».

21 juillet – Ridgway est accusé d'avoir « serré le cou » d'une prostituée.

1981

Mai – Ridgway rencontre Nancy Palmer à Parents Without Partners. Leur première relation sexuelle a lieu dans un bunker militaire de Fort Casey sur l'île de Whidbey. Parfois, il l'attache avant de faire l'amour.

21 mai – Ridgway divorce d'avec Marcia Winslow.

Automne – Nancy Palmer demande à Ridgway de quitter son appartement.

Novembre-décembre – Ridgway fait la connaissance de Sharon Herbert, toujours lors d'une réunion de Parents Without Partners. Il a une piètre opinion de lui-même et il lui confie qu'il ne s'est jamais montré à la hauteur des attentes de sa mère.

24 décembre – Ridgway arrive vers 23 heures à une réunion de Parents Without Partners à l'hôtel de White Shutters sur Pacific Highway South. Il paraît bouleversé et raconte à Sharon Herbert qu'il a failli tuer une femme, peut-être une prostituée.

1982

Les premières victimes sont découvertes et la presse surnomme l'affaire les « meurtres de la Green River ». En août, le Police Department du comté de King s'allie à d'autres forces de police pour mener une enquête d'envergure. Plusieurs articles de presse émettent l'hypothèse qu'un serial killer est à l'œuvre. La plupart des victimes sont des prostituées toxicomanes qui gravitent autour de SeaTac Strip, une portion de Highway 99 près de l'aéroport international de Seattle-Tacoma où de nombreux bars, clubs de strip-tease et motels se sont établis. Seize femmes disparaissent cette année-là ; les restes de 6 corps sont découverts.

Janvier 1982 à août 1989 – Gary Ridgway habite au 21859 32nd Place South à SeaTac, à environ 5 km de l'endroit de la Green River où l'on découvre les premiers cadavres.

Janvier – Ridgway rencontre Roxanne Theno pour la première fois à une réunion de Parents Without Partners. Ils dansent au Parc de Normandy.

18 février – Ridgway fête ses 33 ans.

Avril – Le couple Hahn s'installe comme locataires dans la maison de Ridgway, ce qui l'aide à payer ses factures. Il habite dans le garage qu'il transforme en lieu d'habitation. D'après Mme Hahn, il est très souvent absent la nuit.

11 mai – Ridgway est arrêté pour avoir sollicité une femme-policier qu'il prend pour une prostituée. Il est au volant d'un pick-up Dodge modèle 1975 de couleur marron.

Mai ou juin – Sharon Herbert rompt sa relation avec Ridgway. Roxanne Theno prévient Sharon qu'elle a eu un herpès à la suite de rapports avec Gary.

7 juillet – Amina Agisheff, 36 ans, est vue pour la dernière fois quittant un appartement de Seattle.

8 juillet – Wendy Lee Coffield, 16 ans, est aperçue pour la dernière fois à Tacoma.

15 juillet – Le corps de Coffield est découvert dans la Green River, à Kent, au nord du pont qui enjambe Meeker Street.

17 juillet – Gisele Ann Lovvorn, 17 ans, est vue pour la dernière fois près de l'aéroport international de Seattle-Tacoma.

19 juillet – Des policiers frappent à la porte de Virginia Coffield à Enumclaw pour l'avertir du décès de sa fille.

25 juillet – Debra Lynn Bonner, 23 ans, est vue pour la dernière fois au sud de SeaTac Airport.

1er août – Marcia Faye Chapman, 31 ans, disparaît alors qu'elle se dirige vers le SeaTac Strip.

11 août – Cynthia Jean Hinds, 17 ans, est aperçue pour la dernière fois près de SeaTac Strip.

12 août – Opal Charmaine Mills, 16 ans, sort d'une cabine téléphonique proche du SeaTac Strip lorsqu'elle disparaît.

12 août – Le cadavre de Deborah Lynn Bonner est trouvé dans la Green River.

15 août – Les corps de Marcia Chapman, Cynthia Hinds et Opal Mills sont découverts dans la Green River, à Kent.

27 août – A l'enterrement d'Opal Mills, le prêtre lance l'avertissement suivant : « Les jeunes gens d'aujourd'hui doivent faire attention à leur environnement. »

28 août – Kase Ann Lee, 16 ans, est vue pour la dernière fois par son mari à 11 h 30 à leur domicile au sud du comté de King. Ses restes n'ont jamais été retrouvés.

29 août – Un témoin aperçoit Ridgway à bord de son pick-up Dodge modèle 1975 à 1 h 14 du matin, au sud de 192nd Street, près du vieil immeuble de maintenance d'Alaska Airlines. Plus tard, les restes de trois victimes sont trouvés non loin de là.

29 août – Terry Rene Milligan, 16 ans, est remarquée pour la dernière fois sur Pacific Highway South, près de South 144th Street.

9 septembre – Un chauffeur de taxi d'une quarantaine d'années, Melvyn Foster, propose son aide aux policiers et il devient immédiatement un suspect.

15 septembre – Mary Bridget Meehan, 18 ans, est vue pour la dernière fois sur Pacific Highway South.

20 septembre – Debra Lorraine Estes, 15 ans, est aperçue pour la dernière fois au coin de South 333rd Street et Pacific Highway South.

25 septembre – Les restes de Gisele Lovvorn sont trouvés près d'un pommier dans le parc de Des Moines Creek, près de South 200th Street et 18th Avenue South. Elle a été étranglée.

Octobre – Le couple Hahn quitte la maison de Ridgway à SeaTac.

8 octobre – Denise Darcel Bush, 22 ans, disparaît vers midi sur Pacific Highway South.

9 octobre – Shawnda Lea Summers, 17 ans, est aperçue pour la dernière fois dans les quartiers sud de Seattle.

15 octobre – Le groupe d'enquête identifie un autre suspect, John Norris Hanks, 35 ans, qui est emprisonné en Californie. Il est mis en examen pour des strangulations à San Francisco.

20 octobre - 7 novembre – Shirley Marie Sherrill, 18 ans, est vue pour la dernière fois dans l'International District de Seattle.

9 novembre – Rebecca Garde Guay est violemment agressée par Ridgway lors d'une passe près de la 204th Street, non loin de Pacific Highway South. Elle dément l'avoir mordu pendant une fellation, ainsi qu'il l'affirme. Il tente de l'étrangler mais elle parvient à s'échapper.

3 décembre – Rebecca T. Marrero, 20 ans, disparaît du Western Six Motel sur Pacific Highway South. Ses restes ne sont jamais retrouvés.

24 décembre – Colleen Renee Brockman, 15 ans, est aperçue pour la dernière fois.

1983

Vingt-six jeunes femmes disparaissent cette année-là. Les restes de 8 d'entre elles sont trouvés près de SeaTac Airport, Mountain View Cemetary à Auburn, Maple Valley et Auburn-Black Diamond Road.

25 janvier – John Norris Hanks ne fait plus partie de la liste des suspects depuis son passage au détecteur de mensonges.

23 février – Ridgway rencontre Kelly McGinness à South 140th Street et 22nd Avenue South. Il est au volant de son pick-up Dodge modèle 1975. Il est interpellé par un agent du Port of Seattle Police Department.

Mars-mai – Ridgway emprunte le pick-up Dodge modèle 1970 de couleur bleu-vert appartenant à son frère, ainsi que celui de son père qui est brun pendant qu'il installe un moteur V-8 dans son véhicule.

3 mars – Alma Ann Smith, 18 ans, est vue pour la dernière fois par une amie prostituée sur Pacific Highway South. Cette amie s'entretient brièvement avec un homme au volant d'un pick-up bleu et blanc ; trois ans et

demi plus tard, elle croit reconnaître Ridgway parmi une galerie de photos, mais elle ne peut pas l'identifier avec certitude.

8 mars – Delores LaVerne Williams, 17 ans, est aperçue pour la dernière fois à un arrêt de bus sur Pacific Highway South.

10 avril – Gail Lynn Mathews, 24 ans, est vue pour la dernière fois dans un bar de South 208th Street et Pacific Highway South par son petit ami. Il quitte l'établissement pour aller jouer et elle monte à bord d'un pick-up bleu-vert.

16 avril – Andrea M. Childers, 19 ans, est supposée rendre visite à son père mais elle n'arrive jamais à destination.

17 avril – Sandra Kay Gabbert, 17 ans, est vue pour la dernière fois sur Pacific Highway South.

17 avril – Kimikai Pitsor, 16 ans, est aperçue pour la dernière fois par son petit ami qui sait qu'elle se prostitue.

30 avril – Marie Malvar, 18 ans, disparaît près de South 216th Street et Pacific Highway South. Son proxénète la voit à bord d'un pick-up de couleur sombre.

3 mai – Carol Christensen, 21 ans, est vue pour la dernière fois au Bar Door Tavern sur Pacific Highway South où elle travaille.

4 mai – Le proxénète de Marie Malvar contacte les enquêteurs du Des Moines Police Department pour indiquer qu'il a retrouvé le pick-up où elle a été vue pour la dernière fois. Un policier questionne Ridgway à son domicile du 21589 32nd Place South à SeaTac. Il dément toute participation à la disparition de Malvar. C'est la première fois que le groupe d'enquête de la Green River Task Force est confronté à Gary Ridgway.

8 mai – Les restes de Carol Christensen sont trouvés dans une région boisée de Maple Valley. Elle a été étranglée et la scène de crime est ritualisée.

22 mai – Martina Theresa Authorlee, 18 ans, est vue pour la dernière fois dans un hôtel de Pacific Highway South.

23 mai – Cheryl Lee Wims, 18 ans, est aperçue pour la dernière fois à Seattle.

31 mai – Yvonne Shelly Antosh, 19 ans, disparaît sur Pacific Highway South.

8 juin – Constance Elizabeth Noan, 21 ans, est aperçue pour la dernière fois sur Pacific Highway South.

9 juin – Tammie Charlene Liles, 16 ans, est vue pour la dernière fois dans les quartiers sud de Seattle.

28 juin – Kelly K. McGinness, 18 ans, disparaît sur Pacific Highway South. Ses restes ne sont jamais retrouvés.

19 juillet – Kelly Marie Ware, 22 ans, est vue pour la dernière fois à un arrêt de bus.

25 juillet – Tina Marie Thompson, 22 ans, est aperçue pour la dernière fois dans un motel du SeaTac Strip.

11 août – Les restes de Shawnda Leea Summers sont trouvés au nord de l'aéroport de SeaTac, près de South 146th Street et 16th Avenue South, au pied d'un pommier.

18 août - 1er septembre – April Dawn Buttram, 17 ans, est aperçue pour la dernière fois vers le numéro 7300 Rainier Avenue South de Seattle.

5 septembre – Debbie May Abernathy, 26 ans, est vue pour la dernière fois lorsqu'elle quitte son appartement pour se rendre dans les quartiers sud de Seattle.

12 septembre – Tracy Ann Winston, 19 ans, disparaît du Northgate Mall de Seattle.

18 septembre – Les restes de Gail Lynn Mathews sont découverts au pied d'un tronc d'arbre sur Star Lake Road près de 55th Avenue South et South 272nd Street, à Auburn.

28 septembre – Maureen Sue Feeney, 19 ans, est vue pour la dernière fois à un arrêt de bus à Seattle.

11 octobre – Mary Sue Bello, 25 ans, disparaît du SeaTac Strip.

15 octobre – Les restes d'Yvonne Shelly Antosh sont trouvés près de Soos Creek à Auburn.

20 octobre – Patricia Anne Osborne, 19 ans, est aperçue pour la dernière fois au 11500 Aurora Avenue North à Seattle. Ses restes n'ont jamais été retrouvés.

26 octobre – Pammy Avent, 16 ans, est vue pour la dernière fois au 4600 44th Avenue South, au sud de Seattle.

27 octobre – Les restes de Constance Elizabeth Naon sont découverts près du 2500 South 192nd Street, au sud de l'aéroport de SeaTac.

29 octobre – Les restes de Kelly Mary Ware sont trouvés près du 2500 South 192nd Street, au sud de l'aéroport de SeaTac.

30 octobre – Delise Louise Plager, 22 ans, est aperçue près d'un arrêt de bus du sud de Seattle.

Fin octobre – Ridgway commence à travailler de 15 h 30 à 0 h 10.

1er novembre – Kimberly L. Nelson, également connue sous les identités de Linda Lee Barkey et Tina Tomson, 26 ans, est aperçue par une amie prostituée à un arrêt de bus au coin de Pacific Highway South et South 144th Street. Elle part en compagnie d'un homme de race blanche, âgé de 25 à 30 ans, aux cheveux marron et portant moustache. Plus tard, elle identifie Ridgway dans un album de photos.

13 novembre – Les restes de Mary Bridget Meehan sont découverts partiellement enterrés près de South 192nd Street et 27th Avenue South, au sud de l'aéroport de SeaTac. Elle est enceinte d'un peu plus de huit mois.

16 novembre – Ridgway est interrogé par l'inspecteur Larry Gross de la Green River Task Force.

15 décembre – Le crâne de Kimikai Pitsor est trouvé près de Mountain View Cemetery à Auburn. Les autres restes de son corps sont découverts en janvier 1986.

23 décembre – Lisa Yates, 26 ans, disparaît des quartiers sud de Seattle.

1984

Le nombre des victimes augmente de manière sensible avec la découverte d'un groupe de quatre corps à Auburn West Hill près de Star Lake Road, ainsi que les restes de deux femmes trouvés par les ouvriers d'un chantier de construction près de Tigard, dans l'Oregon ; ces deux dernières ont été vues pour la dernière fois sur le SeaTac Strip. Six autres cadavres sont mis au jour dans des sous-bois proches de la State Route 410, à 15 km à l'est d'Enumclaw, près de la State Route 18 à l'est d'Auburn, ainsi que dans le nord du comté de Pierce. Le groupe d'enquête de la Green River Task Force est formé.

Janvier – La Green River Task Force est officiellement mise sur pied : elle comprend 36 enquêteurs.

3 février – Une prostituée contacte le groupe d'enquête pour pointer du doigt Ridgway. L'inspecteur Randy Mullinax est en charge des investigations le concernant.

6 février – Mary Exzetta West, 16 ans, est vue pour la dernière fois dans les quartiers sud de Seattle.

14 février – Les restes de Delise Louise Plager sont trouvés près de la sortie 38 de l'autoroute Interstate 90, à l'est de North Bend.

21 février – Le pick-up marron Dodge modèle 1975 de Ridgway est détruit dans un accident.

13 mars – Les restes de Lisa Yates sont trouvés près de la sortie 38 de l'autoroute Interstate 90, à l'est de North Bend.

21 mars – Cindy Anne Smith, 17 ans, est aperçue pour la dernière fois en train de faire du stop sur Pacific Highway South. Pendant près de 20 ans, on estime qu'il s'agit de la dernière victime du Green River Killer.

21 mars – Des restes sont trouvés au nord de SeaTac. Ils n'ont toujours pas fait l'objet d'une identification.

22 mars – Les restes de Cheryl Lee Wims sont découverts au nord de l'aéroport de SeaTac.

31 mars – Les restes de Delores LaVerne Williams sont trouvés près de Star Lake.

31 mars – Les restes de Debbie May Abernathy sont trouvés à 18 km à l'est d'Enumclaw, près d'un chemin forestier.

1er avril – Les restes de Terry Rene Milligan et Sandra Kay Gabbert sont trouvés près de Star Lake Road à Auburn.

2 avril – Les restes d'Alma Ann Smith sont trouvés près de Star Lake Road à Auburn.

12 avril – L'inspecteur Randy Mullinax interroge Ridgway. Ce dernier raconte sa rencontre avec Kelly McGinness, ainsi qu'avec d'autres prostituées de Pacific Highway South. Il indique qu'il a eu une relation sexuelle avec une des victimes, Kim Nelson.

18 avril – Les restes d'Amina Agisheff sont découverts près de Highway 18 et Interstate 90, presque deux ans après sa disparition. Les policiers sont emmenés sur les lieux par la voyante psychique Barbara Kubik-Patten.

20 avril – Les restes de Tina Marie Thompson sont trouvés près de Highway 18 et Interstate 90.

7 mai – Ridgway passe au détecteur de mensonges. Le test couplé avec une enquête « élimine Ridgway de la liste des suspects », d'après les documents officiels. Un examen ultérieur du polygraphe démontre que le test n'était pas complet et qu'il n'aurait jamais dû être validé.

24 mai – Les restes de Colleen Renee Brockman sont découverts près de Sumner dans le comté de Pierce.

Juin – Ridgway et Roxanne Theno envisagent de se marier mais elle renonce au projet lorsqu'elle apprend qu'il fréquente une autre femme. Il fait la connaissance de Judith Lynch qu'il épouse.

Juin – Le groupe d'enquête obtient un ordinateur de 200 000 dollars pour indexer et ficher tous les indices recueillis.

12 octobre – Les restes de Mary Sue Bello sont trouvés à environ 13 km d'Enumclaw sur la Highway 410.

8 novembre – Le capitaine Frank Adamson, qui dirige le groupe d'enquête, déclare que c'est une erreur de croire que les meurtres sont terminés, même si presque un an s'est écoulé depuis le dernier crime.

14 novembre – Les restes de Martina Theresa Authorlee sont découverts près d'Enumclaw.

29 novembre – La prostituée Rebecca Garde Quay téléphone au groupe d'enquête pour indiquer qu'elle a fait l'objet d'une violente agression en novembre 1982. Des investigations orientent les soupçons vers Ridgway. Il est questionné en 1985 et Quay en 1986.

1985

D'autres policiers renforcent les effectifs de la Green River Task Force. Lorsqu'une prostituée le dénonce pour une tentative de meurtre commise le 9 novembre 1982, Ridgway est à nouveau en ligne de mire. Le dossier Ridgway est transmis à deux agents du F.B.I. qui l'interrogent quelques mois plus tard.

23 février – Ridgway admet qu'il a tenté d'étrangler Rebecca Garde Quay en 1982 après avoir été mordu par elle lors d'une fellation. Il reconnaît aussi des rencontres avec des prostituées d'Aurora Avenue North et d'autres quartiers de Seattle. Il indique qu'il a probablement eu des relations sexuelles avec certaines des victimes du Green River Killer.

10 mars – Les restes de Carrie A. Rois sont découverts près de Star Lake à Auburn.

23 avril – Les restes de Tammie Charlene Liles sont trouvés à Tualatin, dans l'Oregon, au sud de Portland.

23 avril – Des restes non identifiés à ce jour sont découverts à Tualatin, dans l'Oregon.

12 juin – Le crâne de Denise Darcel Bush est trouvé à Tigard, dans l'Oregon, au sud de Portland. Les enquêteurs pensent que l'assassin a déplacé certaines parties du corps, car des restes squelettiques sont découverts dans des sous-bois de Tukwila le 10 février 1990.

14 juin – Les restes de Shirley Marie Sherrill sont découverts à Tigard, près de ceux de Denise Bush.

8 septembre – Les restes de Mary Exzetta West sont trouvés dans le parc de Seaward, à Seattle.

12 novembre – Le groupe d'enquête obtient un million de dollars de fonds fédéraux pour l'aider à résoudre les crimes du Green River Killer.

31 décembre – Des restes non identifiés à ce jour sont découverts au cimetière de Mountain View, à Auburn.

1986

Des restes squelettiques de quatre victimes supplémentaires sont mis au jour. L'opinion publique fait monter la pression sur les enquêteurs. Des groupes féministes déclarent que les meurtres seraient déjà résolus si les victimes avaient été des étudiantes au lieu d'être des prostituées. Les effectifs de la Green River Task Force sont encore augmentés : les policiers sont 55 à travailler à plein temps sur l'affaire. Le comté investit afin d'obtenir un nouveau système informatique capable de gérer les dizaines de milliers de suspects potentiels.

2 janvier – Des restes non identifiés à ce jour sont trouvés au sud du cimetière de Mountain View, à Auburn.

6 février – Le F.B.I. et le groupe d'enquête fouillent la maison de William McLean, un habitant de Riverton Heights. Considéré comme « fortement suspect », il est questionné pendant 11 heures.

17 mars – Ridgway indique aux agents du F.B.I. qu'il n'a plus rencontré de prostituées depuis un an et demi à cause des meurtres et parce qu'il

a attrapé une maladie vénérienne à au moins quinze reprises. Bien qu'il ait une fascination pour les prostituées, il explique qu'il se contente de les faire monter à bord de son véhicule pour leur parler. A ses yeux, « elles l'affectent aussi puissamment que le ferait l'alcool pour un poivrot ».

20 mars – Ridgway accepte de passer un second test de détecteur de mensonges sous la houlette du F.B.I., mais son avocat, David Middaugh, s'y oppose. Le F.B.I. décide de laisser tomber les investigations concernant Ridgway.

27 mars – Les restes de Tracy Ann Winston sont trouvés près de la Green River, dans le comté de Kent.

Mai – William McLean est innocenté mais il a toujours l'impression d'être considéré comme un suspect.

2 mai – Les restes de Maureen Sue Feeney sont découverts près de l'autoroute Interstate 90 proche de North Bend.

14 juin – Les restes de Kimberly L. Nelson sont trouvés sur Garcia Road, près de la sortie 38 de l'Interstate 90 proche de North Bend.

Juillet – Une étude universitaire démontre que les meurtres en série de la Green River figurent parmi les 25 affaires les moins traitées par les médias nationaux en 1985. Peut-être parce que les victimes sont essentiellement des prostituées et que nombre d'entre elles appartiennent à des minorités ethniques.

15 juillet – Des membres de l'association Women's Task Force to Stop the Green River Murders s'enchaînent à la porte du quartier général du groupe d'enquête au Palais de justice du comté de King.

12 août – Le groupe d'enquête questionne Paige Miley, une prostituée, qui leur donne des détails sur la disparition de Kimberly Nelson. Elle identifie Ridgway comme étant son dernier client « probable ».

14 septembre – Marcia Winslow, l'ex-femme de Ridgway, montre aux policiers les lieux favoris où le couple avait pour habitude de faire l'amour en pleine nature : Highway 18 et Interstate 90, la Snoqualmie River proche de North Bend, les environs de Greenwater à Enumclaw et Star Lake, près de Kent, où les restes de six victimes sont découverts.

18 septembre – Douze membres du groupe d'enquête quittent leurs fonctions. Les effectifs sont bientôt réduits à vingt officiers de police. Le budget de la Green River Task Force est de deux millions de dollars.

9 au 26 octobre – Ridgway est surveillé le matin et l'après-midi avant qu'il ne démarre son travail à 15 h 40 à l'usine de Kenworth Truck sur East Marginal Way, à Seattle. Il est parfois suivi lorsqu'il achève son service à minuit dix. On le voit rouler et se garer sur Pacific Highway South. A une reprise, il se rend sur Rainier Avenue South où quatre victimes ont disparu, notamment Pammy Avent et April Buttram.

17 octobre – Patricia Barczak, 19 ans, est vue pour la dernière fois près du Airporter Motel sur Pacific Highway South.

Décembre – Le groupe d'enquête est averti de la découverte des restes de deux femmes dans les sous-bois au nord-est de Vancouver, en Colombie-Britannique.

1987

Le laboratoire de police scientifique de l'Etat de Washington ne trouve aucune preuve matérielle pour relier Ridgway ou un quelconque objet saisi chez lui aux meurtres de la Green River.

Janvier – Le petit ami de Kimikai Pitsor n'est pas sûr à 100 % qu'elle est montée à bord d'un véhicule conduit par Ridgway lorsqu'on lui présente différents albums photographiques.

7 février – Roberta Hayes, 21 ans, est aperçue pour la dernière fois lorsqu'elle quitte la prison de Portland, où elle avait été emprisonnée pour prostitution.

8 avril – A la suite de l'émission d'un mandat, Ridgway donne des cheveux et des poils pubiens aux enquêteurs, ainsi qu'un échantillon de sa salive. Sa maison est à nouveau fouillée, ainsi que les trois véhicules dont il se sert et son casier personnel chez Kenworth Truck Plant.

Les policiers questionnent Thomas, le frère de Ridgway, qui leur indique que, durant l'été 1986, Gary a changé les tapis de sa maison.

Mai – Les prostituées reviennent en nombre s'installer sur le SeaTac Strip.

27 juin – Les restes de Cindy Anne Smith sont découverts près de Highway 18, à côté de Green River Community College.

1988

Gary Ridgway se marie pour la troisième fois. Le groupe d'enquête s'associe à une émission de télévision pour tenter de résoudre l'affaire.

30 mai – Les restes de Debra Lorraine Estes sont trouvés par des ouvriers d'un chantier sur South 348th Street et First Avenue South, à Federal Way. Elle a disparu cinq ans et demi auparavant.

12 juin – Ridgway, qui a 38 ans, épouse Judith Lorraine Lynch, 43 ans.

Août – Des policiers d'un groupe d'enquête de San Diego, en Californie, rendent visite à leurs collègues de Seattle pour voir s'il existe des similitudes entre leurs 34 meurtres de prostituées et ceux du Green River Killer.

7 décembre – Une émission spéciale de deux heures, Manhunt... Live, présentée par Patrick Duffy, est diffusée sur l'ensemble du pays et propose 100 000 dollars pour toute information permettant l'arrestation du tueur. Le standard reçoit 4 000 appels qui n'entraînent aucune arrestation dans l'immédiat.

Décembre – Les coûts du groupe d'enquête s'élèvent à 13 millions de dollars.

1989

Septembre 1989 à novembre 1997 – Gary Ridgway habite au 2139 South 253rd Street à Des Moines.

11 janvier – William J. Stevens II, un étudiant de 38 ans de Gonzaga University, est emprisonné comme suspect des meurtres. Il est interpellé après la diffusion de l'émission de télévision. Il ne sera jamais mis en examen.

11 octobre – Les restes d'Andrea M. Childers sont trouvés dans une tombe creusée dans les bois proches de l'aéroport de SeaTac.

LES ANNÉES 1990

Avec la fin apparente des meurtres, certains estiment que le tueur est déjà en prison, qu'il est décédé ou qu'il a déménagé. Mais des femmes continuent de disparaître dans cette région des États-Unis et du Canada. Au fur et à mesure que les années s'écoulent, seuls deux inspecteurs continuent de suivre l'affaire.

5 ou 6 mars 1990 – Marta Reeves, 36 ans, a un dernier contact avec son mari dont elle est séparée. Elle passe beaucoup de temps dans le centre de Seattle.

10 avril 1990 – Dans une interview avec le *Valley Daily News*, le shérif Dave Reichert admet que sa personnalité a changé à cause de son obsession à retrouver le tueur de la Green River. Il devient distant, au point d'ignorer sa famille.

20 septembre 1990 – Les restes de Marta Reeves sont trouvés par des chasseurs de champignons près de Highway 410, à l'est d'Enumclaw.

11 septembre 1991 – Les restes de Roberta Hayes sont découverts au bout d'un chemin forestier au nord de Highway 410, à l'est d'Enumclaw.

5 novembre 1991 – Les restes de Sarah Habakangas sont trouvés près de la sortie 38 d'Interstate 90. Bien qu'elle soit considérée comme une prostituée occasionnelle, son nom ne figure pas sur la liste officielle des victimes du Green River Killer.

Juillet 1992 – Dix ans se sont écoulés depuis la découverte du corps de Wendy Coffield. Le groupe d'enquête dispose d'une empreinte de chaussure, d'un certain nombre de témoignages concernant des pick-up et de quatre portraits-robots de suspects de race blanche.

7 novembre 1992 – Les restes de Nicole French sont trouvés dans la région de North Bend. Elle aussi a des liens avec le milieu de la prostitution, mais elle non plus ne figure pas sur la liste officielle des victimes du Green River Killer.

Février 1993 – Les restes de Patricia Barczak sont découverts sur Highway 18, près du champ de courses de Seattle International Raceway.

21 janvier 1998 – Le père de Ridgway, Thomas, 74 ans, décède de pneumonie. C'est un conducteur de bus à la retraite qui a connu des problèmes de démence lors des dernières années de son existence.

4 août 1998 – Le corps de Patricia Yellow Robe est trouvé à South Park, près d'un cimetière de voitures.

3 novembre 1999 – Des restes squelettiques découverts en 1986 sont identifiés grâce à une analyse ADN : il s'agit de Tracy Ann Winston.

2001

Des tests ADN effectués en septembre lient Ridgway à trois des victimes de la Green River : Opal Mills, Marcia Chapman et Carol Christensen. Ridgway est sous étroite surveillance. Il est ensuite arrêté.

18 février – Ridgway fête ses 52 ans.

15 août – Mary Rita, la mère de Ridgway, décède à 73 ans.

Septembre – Des tests ADN effectués par le Washington State Patrol Crime Lab se révèlent concluants concernant Gary Ridgway

11 septembre – Le shérif Dave Reichert demande au capitaine Jim Graddon, qui patrouillait les rues chaudes de Seattle il y a 25 ans, de former un groupe d'enquête pour revoir le dossier. Deux jours plus tard, Graddon apprend que leur cible est Ridgway. Le secret est absolu.

17 octobre – Ridgway est suivi lorsqu'il prend des chemins détournés pour rentrer chez lui et se retrouver sur Pacific Highway South. Il observe les prostituées.

16 novembre – Ridgway est arrêté à SeaTac devant le 16500 Pacific Highway South pour avoir sollicité une prostituée. Il est emmené à la prison du comté de King où il doit régler une amende de 500 dollars.

28 novembre – Sous surveillance, Ridgway quitte son domicile d'Auburn à 4 h 20 du matin pour se rendre à son travail à Renton. Il fait un détour pour rouler sur Pacific Highway South. Il met une heure pour effectuer ce trajet qui ne prend habituellement que 20 minutes. Il arrive avec 45 minutes d'avance à son poste.

30 novembre – Ridgway est arrêté en tant que suspect pour quatre des crimes de la Green River au moment où il termine son travail de la journée chez Kenworth Truck Plant.

30 novembre - début décembre – La maison de Ridgway à Auburn est fouillée, ainsi que ses propriétés précédentes ; il en est de même pour son casier et ses véhicules.

5 décembre – Ridgway est mis en examen pour quatre assassinats accompagnés de circonstances aggravantes dans les cas de Marcia Faye Chapman, Cynthia Jean Hinds, Opal Charmaine Mills et Carol Ann Christensen. Mills est la seule qui ne soit pas liée à Ridgway par une analyse ADN.

8 décembre – Ridgway engage Anthony Savage, un des meilleurs avocats de l'Etat de Washington.

18 décembre – Ridgway plaide non coupable. Le procureur doit décider s'il va réclamer la peine de mort.

2002

Les enquêteurs tentent de retrouver les nombreux véhicules utilisés par Ridgway lors de ces vingt dernières années. Ils accumulent des milliers de pages de preuves et d'indices pour renforcer l'accusation.

15 avril – Le procureur Norm Maleng annonce qu'il va demander la peine de mort à l'encontre de Ridgway.

5 septembre – Ridgway demande le divorce avec sa troisième femme, Judith.

2003

Le nouveau groupe d'enquête de la Green River Task Force fouille un peu plus d'une vingtaine de lieux différents à la recherche de restes des victimes. Quatre corps sont retrouvés. La rumeur circule que c'est Ridgway qui conseille les policiers en échange de la vie sauve.

27 mars – Ridgway est mis en examen pour l'assassinat avec circonstances aggravantes de trois autres victimes : Wendy Coffield, Debra Estes et Debra Bonner.

Juin – Ridgway est emmené dans un lieu tenu secret pour y être interrogé; on pense qu'il s'agit du quartier général du groupe d'enquête, à Boeing Field.

16 août – Les restes de Pammy Avent sont découverts près de Highway 410, à Enumclaw, près de vingt ans après sa disparition.

21 août – Un nombre total de 19 fragments d'os sont trouvés au pied d'une colline près de Kent-Des Moines Road, à Kent. Des tests ADN ne permettent pas de les relier à une victime connue du Green River Killer.

30 août-2 septembre – Les restes d'April Dawn Buttram sont découverts près de Snoqualmie, près de l'Interstate 90, vingt ans après sa disparition.

28 et 29 septembre – Les restes de Marie Malvar sont trouvés dans un ravin abrupt de West Hill, à Auburn.

5 novembre – Ridgway plaide coupable pour 48 assassinats de femmes; 42 d'entre elles figurent sur la liste officielle des victimes de la Green River. 4 des 6 femmes restantes ne sont toujours pas identifiées.

BIBLIOGRAPHIE

— Murder Casebook n° 108 : *Unfinished Business – Cleveland's Mad Butcher & The Green River Killer* (1991).

— Robert D. KEPPEL & William J. BIRNES : *The Riverman : Ted Bundy and I Search for the Green River Killer* (1996).

— Gary C. KING : « The Green River Killer ! » in *Serial Murderers* d'Art Crockett (1990) & « Reign of Terror of the Green River Killer ! » in *Unsolved Mysteries* de Rose Mandelsberg (1992).

— Journalistes du *King County Journal : Gary Ridgway : The Green River Killer* (2004).
— Stephen G. MICHAUD & Hugh AYNESWORTH : « Serial Killers » in *Wanted for Murder* (1990).
— Dave REICHERT : *Chasing the Devil : My Twenty Year Quest to Capture the Green River Killer* (2004).
— Ann RULE : *Running Red : The Real Story of the Green River Killer – America's Deadliste Serial Murderer* (2004).
— Carlton SMITH & Thomas GUILLEN : *The Search for the Green River Killer* (1991).
— Colin & Damon WILSON : *A Plague of Murder – The Rise of Serial Killing in the Modern Age* (1995).

FILMOGRAPHIE

THE RIVERMAN

USA. 2004.
Réalisateur : Bill Eagles.
Scénario : Tom Towler d'après le livre de Robert Keppel et William Birnes.
Interprètes : Bruce Greenwood (Robert Keppel), Cary Elwes (Ted Bundy), Kathleen Quinlan (Sande Keppel), David Brown (Gary Ridgway).

Remerciements : Isabelle Longuet pour la relecture – éprouvante – de l'ensemble des textes.

Pour me contacter :

stephane.bourgoin2@wanadoo.fr

Un site utile, celui de l'association « Victimes en série » (ViES) dont les objectifs sont de regrouper au plan international les victimes d'actes susceptibles de procéder d'une série criminelle pour :

1) Aider les victimes : les accueillir, les accompagner dans leur souffrance, leur permettre de se retrouver entre elles.
2) Alerter : mettre en place des moyens de circulation et d'analyse de l'information visant à déceler le plus rapidement possible l'activité de « criminels en série ».
3) Dénoncer les dysfonctionnements et améliorer l'efficacité : constituer une force de proposition, de vigilance, de conseil et d'exigence visant à améliorer le fonctionnement des enquêtes et de la justice criminelle.

Adresse : www.victimes-en-serie.org
e-mail : contact@victimes-en-serie.org

TABLE

Cet ouvrage a été imprimé par

FIRMIN DIDOT
GROUPE CPI

Mesnil-sur-l'Estrée

pour le compte des Éditions Grasset
en février 2006

Imprimé en France
Première édition, dépôt légal : novembre 2004
Nouveau tirage, dépôt légal : février 2006
N° d'édition : 14222 - N° d'impression : 78197
ISBN : 2-246-66191-9